JN449694

consolidated financial statement

연결재무제표 작성실무

머리말

회계실무자에게 회계에서 가장 어려운 분야가 무엇이냐고 물어보면 상당수는 연결재무제표 작성이라고 답할 것이다. 왜냐하면 연결재무제표를 작성하기 위해서는 회계학 교과과목 중 고급회계를 배워야 하는데 이는 공인회계사 시험을 준비하는 사람들이 배우는 경우가 대부분이며, 일반 회계담당자인 경우 고급회계를 배우지 않고 취업하는 경우가 상당히 많기 때문이다. 또한 고급회계 교과과정은 주로 지배회사와 종속회사가 각각 1개씩인 관계를 주로 설명하지만, 실무적으로 연결재무제표 작성을 하다 보면 지배회사와 종속회사가 한 개씩인 경우는 거의 없고, 종속회사가 여러개인 경우, 그리고 지배회사와 종속회사와의 관계도, 거미줄 같이 복잡한 지분구조로 구성되어 있는 경우가 일반적이다. 따라서 고급회계를 한 학기 듣는다 하더라도 실제 현장에 나가서 연결재무제표를 작성하다 보면 어려움을 겪게 되는 경우가 많다. 그리고 연결재무제표는 Microsoft Excel을 이용해서 작성하는 경우가 대부분이다 보니 Excel의 활용수준도 상당히 높아야 된다. 연결재무제표는 이론지식만으로는 작성하기 어려우며 실무프로그램을 가지고 실습을 하여야만 효율적이고 효과적으로 작성할 수 있다. 그러나 기존의 연결재무제표 작성 교재는 수험목적에 치우친 면이 많았고 실무프로그램과의 연계성이 부족하다 보니 회계담당자들에게 실질적인 도움을 주지 못하였다.

최근에 연결재무제표 작성능력 제고를 위하여 MS Excel과 연동되며 배우기 매우 쉬운 'Fraudit-ExCon'이 출시되었다. Fraudit-ExCon은 내부거래제거, 연결이연법인세, 복잡한 지배구조, 종속기업투자지분의 추가취득/처분, 해외종속법인 연결 등을 매우 빠르고 간단하게 수행할 수 있으며 연결조정분개의 자동 생성과 외부공표용 시산표로의 전환 기능을 갖추고 있다.

저자는 'Fraudit-ExCon'을 사용하면서 단순한 매뉴얼 차원을 넘어 보다 많은 회계담당자들이 연결이론과 동시에 이 솔루션을 익힐 수 있도록 하는 지침서를 만들고 싶었다. 본서는 이러한 의도의 산물이다. 본서의 1부에서는 연결회계의 이론을 충실히 설명하였으며, 각 이론 설명 말미에는 Fraudit-ExCon을 활용하여 본문의 사례를 솔루션을 이용하여 연결재무제표를 작성하게 함으로써 Fraudit-ExCon을 활용한 연결재무제표 작성과정의 중간결과 및 최종결과를 본문과 비교하여 다시 한번 확인할 수 있도록 하였다. 한편, 2부에서는 Fraudit-ExCon의 설치와 전체적인 구조에 대해서 설명하고 있다.

본 교재는 실무교재이기는 하지만 최근 공인회계사 시험에서 연결재무제표 작성이 별도의 과목(재무회계 Ⅱ)으로 분리되어 그 중요성이 강조됨에 따라 공인회계사/세무사 자격시험에도 대비할 수 있게 설명하고 있다. 또한 국가직무능력표준(NCS, National Competency Standards)에 맞추

어 산업현장에서 직무를 성공적으로 수행하기 위해 요구되는 능력을 갖출 수 있도록 내용을 구성하였기 때문에 대학교육 교재로도 활용할 수 있을 것이다.

본 교재를 출간하게 해주신 아진출판사 대표님과 기타 관계자분들께 감사를 드리는 바이다. 아무쪼록 본 교재가 많은 회계담당자들이 이론과 실무를 겸비한 회계실무전문가로 성장하는데 일조할 수 있다면 그 이상 기쁨은 없을 것이다. 앞으로 계속 노력하여 보다 충실한 교재로 거듭날 것을 약속하며 독자들의 충고와 질책을 바라는 바이다.

저자 김 태 식

차 례

머리말 I

차 례 III

제 1 부 이론 내 것으로 만들기

제1장 취득일의 연결 3

| 제1절 | 취득일의 연결 개요 5

01 연결재무제표 작성 절차 5

| 제2절 | 100% 소유 종속기업에 대한 취득일의 연결 9

01 사례 1 : 취득원가 = 종속기업 순자산 공정가치
= 종속기업 순자산 장부금액 9

02 사례 2 : 취득원가 > 종속기업의 순자산 공정가치
(>종속기업 순자산 장부금액) 17

03 사례 3 : 취득원가 < 종속기업의 순자산 공정가치
(> 종속기업 순자산 장부금액) 24

| 제3절 | 100% 미만 소유 종속기업에 대한 취득일의 연결 31

01 사례 4 : 취득원가 = 종속기업의 순자산 공정가치
(= 종속기업 순자산 장부금액) 31

02 사례 5 : 취득원가>종속기업의 순자산 공정가치
(>종속기업 순자산 장부금액 37

03 사례 6 : 취득원가<종속기업의 순자산 공정가치
(>종속기업 순자산 장부금액) 44

제2장 취득일 이후의 연결 51

| 제1절 | 취득일 이후 연결 개요 53

| 제2절 | 취득일 이후 연결 절차 54
01 취득일 이후 연결의 유형 54
02 취득일 이후 연결절차 54

| 제3절 | 원가법 및 비례적 측정(case 1) 56
01 취득년도 말 연결 56
02 취득년도 이후 연결 67

| 제4절 | 지분법 및 비례적 측정(case 3) 79
01 취득년도 말 연결 79
02 취득년도 이후 연결 89

제3장 내부거래와 미실현손익 99

| 제1절 | 내부거래와 미실현손익 개요 101
01 취득일 이후 연결의 유형 101
02 내부거래의 형태 102

| 제2절 | 재고자산 내부거래 103
01 매입 · 매출 내부거래 제거 103
02 기말 재고자산에 포함된 내부미실현손익 제거 105
03 기초 재고자산에 포함된 내부미실현손익 실현 109
04 재고자산 하향판매와 상향판매 110
05 재고자산 내부거래와 관련된 기타사항 144

| 제3절 | 유형자산 내부거래 154
01 비상각 유형자산에 대한 내부거래 미실현이익 154
02 상각 유형자산에 대한 내부거래 미실현이익 183

제4장 연결회계의 기타사항 225

| 제1절 | 기중 취득 227

| 제2절 | 종속기업에 대한 지분 변동 229
01 지배 성립 이후 종속기업 투자지분 추가 취득 229
02 지배 성립 이후 종속기업 투자지분의 처분 305

| 제3절 | 연결법인세 386

| 제4절 | 복잡한 지배구조 427
01 간접소유시 영업권 산정 428
02 간접소유 사례 430

| 제5절 | 지배성립 이후 종속기업 주식 추가 취득 454

| 제6절 | 해외종속법인 연결 484
01 해외종속법인 연결사례 485

제 2 부 Fraudit-ExCon 내 것으로 만들기

Fraudit-ExCon 프로그램 설치방법 508

제5장 Fraudit-ExCon 프로그램 개요 509

| 제1절 | Fraudit-ExCon 실행 511
01 Fraudit-ExCon 프로그램 설치방법 511
02 Fraudit-ExCon 프로그램 폴더 저장방법 511

| 제2절 | Fraudit-ExCon 프로그램 개요 513
01 연결대상회사의 기초정보 작성 513
02 [외화시산표.xlsx] 개요 516
03 [원화시산표.xlsx] 개요 518

이론 내 것으로 만들기

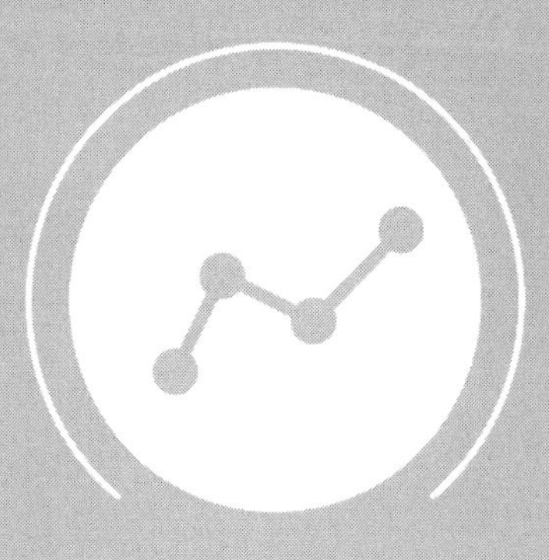

제1장 취득일의 연결

제 1 절 취득일의 연결 개요

01 연결재무제표 작성 절차

연결재무제표의 시발점은 사업결합이다. 즉, 연결은 사업결합을 통하여 단일 경제적 실체를 이룬 후에 독립된 둘 이상의 회사의 재무제표를 단순 합산한 후 내부거래를 제거하고 비지배지분에 대한 회계처리를 다루는 것에 초점을 맞추고 있다. 이를 위하여 **연결조정(분개)** 이라는 절차를 취하게 된다. 구체적으로 연결재무제표를 작성하기 위해서는 아래와 같은 절차를 필요로 한다.

준비단계 : 지배기업과 종속기업의 재무제표 합산
1단계 : 종속기업 투자지분과 종속기업 자본계정의 상계제거
2단계 : 영업권 및 공정가치차이의 후속처리
3단계 : 지배기업과 종속기업간의 내부거래 제거
4단계 : 종속기업의 배당에 대한 내부거래 제거
5단계 : 비지배지분의 증감 회계처리
6단계 : 종속기업투자지분의 이연법인세 회계처리

따라서 **연결조정(분개)**은 지배기업 및 종속기업 재무제표의 단순합산의 결과와 연결재무제표의 결과와의 차이를 나타내주는 것이라고 볼 수 있다. 연결재무제표의 핵심적인 결과 내용은 다음과 같다.

(1) 연결재무제표에는 종속기업의 자본항목과 지배기업의 종속기업투자지분이 표시되지 않아야 한다.
(2) 연결재무제표에는 종속기업 순자산에 대한 비지배지분이 표시되어야 한다.
(3) 연결재무제표에는 지배력 획득시 인식한 영업권(또는 염가매수차익)이 표시된다.
(4) 연결재무제표에는 종속기업 순자산 변동에 대한 지배기업의 지분이익과 비지배지분의 이익이 표시되어야 한다.
(5) 연결재무제표에는 지배기업이 종속기업으로부터 수령한 배당금이 수익으로 인식되지 않아야 한다.

연결의 1단계와 2단계를 설명하기 위하여 다음과 같은 간단한 상황을 가정해보자.

상황 1 종속기업의 지분 100% 인수

자산 100, 부채 60, 자본이 40인 회사가 다른 회사(자산 100, 부채 70, 자본 30)의 지분 100%를 현금 30을 지불하고 인수하였다.

지분 100% 취득시 별도재무제표상 회계처리는 다음과 같다.

계정과목	차변	대변
종속기업투자지분	30	
현금		30

지분 취득후 지배기업과 종속기업의 요약 재무상태표의 결과는 **【그림 1】**과 같다.

【그림 1】 100% 취득후 지배기업과 종속기업의 재무상태표

지배기업(장부금액)

차변		대변	
종속기업투자지분	30	부채	60
기타자산	70	자본	40

종속기업(장부금액 = 공정가치)

차변		대변	
자산	100	부채	70
		자본	30

(1) 준비단계 : 지배기업과 종속기업의 재무제표 합산

준비단계는 지배기업과 종속기업의 재무제표를 장부금액 그대로 단순 합산하는 과정이다. **【그림 1】**의 지배기업과 종속기업의 재무상태표를 단순 합산한 결과는 **【그림 2】**와 같다.

【그림 2】 100% 취득을 통한 인수시 연결의 준비단계

준비단계(단순 합산) 후

차변	금액	대변	금액
종속기업투자지분(지배기업)	30	부채(지배기업)	60
기타자산(지배기업)	70	자본(지배기업)	40
자산(종속기업)	100	부채(종속기업)	70
		자본(종속기업)	30

(2) 1단계 : 종속기업 투자지분과 종속기업 자본계정의 상계제거

1단계는 지배회사의 투자계정과 종속기업의 자본계정을 서로 상계하는 것이다. 왜냐하면 지배기업의 투자금액은 종속기업의 지분을 인수하기 위하여 지불한 자산이므로, 이 둘을 상계제거하지 않으면 동일한 것을 차변과 대변에 중복 인식하는 문제를 야기하기 때문이다. 따라서 중복표시의 문제를 없애기 위하여 아래와 같이 회계처리하는데, 이를 **종속기업 투자지분과 종속기업의 자본계정의 상계제거**라고 한다.

계정과목	차변	대변
자본(종속기업)	30	
종속기업투자지분		30

이 투자계정과 자본계정의 상계 분개를 적용한 결과는 다음 **【그림 3】**의 오른쪽과 같다.

【그림 3】 100% 취득을 통한 인수시 연결의 1단계

투자계정과 자본계정 상계 전 연결재무제표

차변	금액	대변	금액
종속기업투자지분 (지배기업)	30	부채 (지배기업)	60
기타자산 (지배기업)	70	자본 (지배기업)	40
자산 (종속기업)	100	부채 (종속기업)	70
		자본 (종속기업)	30

투자계정과 자본계정 상계 후 연결재무제표

차변	금액	대변	금액
기타자산 (지배기업)	70	부채 (지배기업)	60
자산 (종속기업)	100	부채 (종속기업)	70
		자본 (지배기업)	40

[상황 1]은 지분을 100% 취득하면서 취득대가가 순자산의 공정가치 및 장부금액과 동일하여 영업권이나 염가매수차익이 없는 경우를 가정하였다. 그런데 취득시점의 연결조정(분개)은 지배기업의 지분율에 따라, 또한 지불한 대가가 순자산의 공정가치(또는 장부금액)와 차이가 있는지에 따라 달라지고 복잡해진다. 따라서 이하에서는 다음과 같은 **6가지** 경우에 대해서 설명할 것이다.

【100% 소유 종속기업】

(1) 사례 1 : 취득원가 = 종속기업 순자산 공정가치 = 종속기업 순자산 장부금액

(2) 사례 2 : 취득원가 > 종속기업 순자산 공정가치(> 종속기업 순자산 장부금액)

(3) 사례 3 : 취득원가 < 종속기업 순자산 공정가치(> 종속기업 순자산 장부금액)

【100% 미만 소유 종속기업】

(4) 사례 4 : 취득원가 = 종속기업 순자산 공정가치 = 종속기업 순자산 장부금액

(5) 사례 5 : 취득원가 > 종속기업 순자산 공정가치(> 종속기업 순자산 장부금액)

(6) 사례 6 : 취득원가 < 종속기업 순자산 공정가치(> 종속기업 순자산 장부금액)

제 2 절 100% 소유 종속기업에 대한 취득일의 연결

01 사례 1 : 취득원가 = 종속기업 순자산 공정가치 = 종속기업 순자산 장부금액

기본정보 1 종속기업의 지분 100% 인수

(1) 취득일 : 2X01년 1월 1일
(2) 취득자 : P사
(3) 피취득자 : S사
(4) 취득시 지분율 : 100%
(5) 취득원가 : ₩60,000(취득부대비용 없음)
(6) P사 별도재무제표상 종속기업투자지분 회계처리 : **원가법**
(7) 취득일(2X01년 1월 1일)의 P사와 S사의 시산표는 다음과 같음

과목	P사 시산표		S사 시산표	
	차변	대변	차변	대변
현금	100,000		50,000	
매출채권	20,000		10,000	
재고자산	25,000		12,500	
토지	30,000		15,000	
건물	35,000		17,500	
기계장치	50,000		25,000	
매입채무		40,000		20,000
단기차입금		120,000		50,000
자본금		30,000		10,000
미처분이익잉여금		70,000		50,000
합계	260,000	260,000	130,000	130,000

(1) 취득시점 P사 회계처리

취득시점인 2X01년 1월 1일의 P사의 종속기업투자지분 회계처리는 다음과 같다.

계정과목	차변	대변
종속기업투자지분	60,000	
현금		60,000

상기 회계처리를 반영한 후의 P사와 S사의 시산표를 나타내면 다음과 같다.

과목	P사 시산표		S사 시산표	
	차변	대변	차변	대변
현금	40,000		50,000	
매출채권	20,000		10,000	
재고자산	25,000		12,500	
토지	30,000		15,000	
건물	35,000		17,500	
기계장치	50,000		25,000	
종속기업투자지분	60,000			
매입채무		40,000		20,000
단기차입금		120,000		50,000
자본금		30,000		10,000
미처분이익잉여금		70,000		50,000
합계	260,000	260,000	130,000	130,000

(2) 연결조정

■ 준비단계 : 지배기업과 종속기업의 재무제표 합산

과목	P사 시산표		S사 시산표		연결조정분개			연결 시산표	
	차변	대변	차변	대변	번호	차변	대변	차변	대변
현금	40,000		50,000						
매출채권	20,000		10,000						
재고자산	25,000		12,500						
토지	30,000		15,000						
건물	35,000		17,500						
기계장치	50,000		25,000						
종속기업투자지분	60,000								
매입채무		40,000		20,000					
단기차입금		120,000		50,000					
자본금		30,000		10,000					
미처분이익잉여금		70,000		50,000					
합계	260,000	260,000	130,000	130,000					

1단계 : 종속기업 투자지분과 종속기업 자본계정의 상계 제거

다음으로 1단계인 종속기업 투자지분과 종속기업 자본계정을 상계 제거한다. 관련 회계처리는 다음과 같다.

계정과목	차변	대변
① 종속기업투자지분		60,000
① 자본금	10,000	
① 미처분이익잉여금	50,000	

(3) 연결정산표

종속기업 투자지분과 종속기업 자본계정 상계 후 연결정산표를 작성하면 다음과 같다.

과목	P사 시산표		S사 시산표		연결조정분개			연결 시산표	
	차변	대변	차변	대변	번호	차변	대변	차변	대변
현금	40,000		50,000					90,000	
매출채권	20,000		10,000					30,000	
재고자산	25,000		12,500					37,500	
토지	30,000		15,000					45,000	
건물	35,000		17,500					52,500	
기계장치	50,000		25,000					75,000	
종속기업투자지분	60,000				①		60,000		
매입채무		40,000		20,000					60,000
단기차입금		120,000		50,000					170,000
자본금		30,000		10,000	①	10,000			30,000
미처분이익잉여금		70,000		50,000	①	50,000			70,000
합계	260,000	260,000	130,000	130,000		60,000	60,000	330,000	330,000

Fraudit ExCon 실 습 : 제1장_1

(1) 사례파일 : 제1장_1_기초정보.xlsx, 제1장_1_원화시산표.xlsx

(2) [기초정보.xlsx] 작성

1) 보고기간 sheet

	A	B	C	D
1	목차	구분	일자	검증_보고기간
2	보고기간	보고기간초	2001-01-01	OK
3	보고기간	보고기간말	2001-01-01	

① 보고기간 초와 보고기간 말을 입력한다.

주의 취득일의 연결이므로 보고기간초와 보고기간말을 동일하게 **2001-01-01**로 입력한다.

2) 기업목록 sheet

	A	B	C	D	E	F	G	H	I	J	K	L	M
1	일련번호	목차	기업명	약식명칭	기능통화	표시통화	세율	이연법인세계산	검증_기업명중복	검증_기능통화	검증_표시통화	검증_세율	검증_이연법인세계산
2	1	기업목록	지배	AA	원화	원화	0%	아니오	OK	OK	OK	OK	OK
3	2		종속	AB	원화	원화	0%	아니오	OK	OK	OK	OK	OK

① 기업명을 입력한다. 여기서는 **지배**와 **종속**으로 입력한다.
② 기능통화를 **원화**로 선택한다.
③ 표시통화를 **원화**로 선택한다.
④ 세율은 0%이므로 입력하지 않는다.
⑤ 이연법인세계산을 **아니오**로 선택한다.

3) 지분구조 sheet

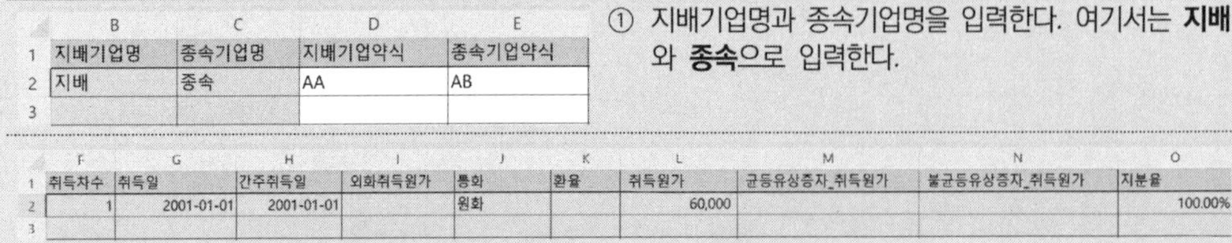

	B	C	D	E
1	지배기업명	종속기업명	지배기업약식	종속기업약식
2	지배	종속	AA	AB
3				

	F	G	H	I	J	K	L	M	N	O
1	취득차수	취득일	간주취득일	외화취득원가	통화	환율	취득원가	균등유상증자_취득원가	불균등유상증자_취득원가	지분율
2	1	2001-01-01	2001-01-01		원화		60,000			100.00%
3										

① 지배기업명과 종속기업명을 입력한다. 여기서는 **지배**와 **종속**으로 입력한다.

② 취득차수를 입력한다. 최초취득이므로 **1**을 입력한다.
주의 추가취득인 경우에는 해당 차수에 따라 2, 3, 4... 식으로 입력한다.
③ 최초취득일을 입력한다. 여기서는 **2001-01-01**로 입력한다.
④ 간주취득일을 입력한다. 여기서는 **2001-01-01**로 입력한다.
주의 간주취득일은 최초취득일로부터 가장 근접한 결산재무제표의 결산일을 의미한다.
⑤ 통화는 국내종속법인인 경우로 가정하여 **원화**를 선택한다.
⑥ 취득원가를 입력한다. 여기서는 **60,000**을 입력한다.
⑦ 지분율을 입력한다. 여기서는 **100%**로 입력한다.

4) 취득시지분구조_공정가치차이 sheet

	E	F	G	H	I	J	K	L	M
1	목차	기업명	약식명칭	취득차수_1	취득일_1	간주취득일_1	자본계정명_1	자본금액_1_외화	자본금액_1
2	자본_공정가치	종속	AB	1	2001-01-01	2001-01-01	자본금		10,000
3		종속	AB				이익잉여금		50,000
4		종속	AB						

① 종속의 2001-01-01일의 자본계정명_1(1차 취득시 자본계정명을 의미함)을 **K열**에 입력한다. 여기서는 **자본금**과 **이익잉여금**을 입력한다.
② 종속의 2001-01-01일의 자본금액_1(1차 취득시 자본금액을 의미함)을 **M열**에 입력한다. 여기서는 **자본금**은 **10,000**을, **이익잉여금**은 **50,000**을 입력한다.

5) 재무정보 sheet

	A	B	C	D	E	F	G
1	일련번호	목차	기업명	약식명칭	기간	계정명	금액
2	2	재무정보	종속	AB	2001-12-31	배당	
3						당기순이익	
4						기타포괄손익	
5						해외사업환산손익	

① 취득일자의 연결이므로 **G열**에 **금액을 기입하지 않는다**.

6) 내부거래현황 sheet

	A	B	C	D	E	F	G	H	I	J	K	L	M	N
1	목차	판매회사	매입회사	판매회사약식	매입회사약식	계정과목	상각여부	내부거래번호	통화	내부거래일	내부판매액	환율	환산후_내부판매액	장부금액_원화
2	내부거래현황												-	
3													-	
4													-	

① 취득일자의 연결이므로 내부거래정보가 없기 때문에 별도로 기입하지 않는다.

(3) [원화시산표.xlsx] 작성

1) 보고기간 sheet

	A	B
1	구분	일자
2	보고기간초	2001-01-01
3	보고기간말	2001-01-01

① 보고기간 초와 보고기간 말을 입력한다

주의 기초정보xlsx의 보고기간 sheet와 동일하게 입력한다.

2) 기업목록 sheet

	A	B	C	D	E	F	G
1	기업명	시산표일자	표시통화	ERP	검증_빈값	검증_표시통화	검증_ERP
2	지배	2001-01-01	원화	더존	OK	OK	OK
3	종속	2001-01-01	원화	더존	OK	OK	OK

① 기업명을 입력한다. 여기서는 **지배**와 **종속**으로 입력한다.
② 표시통화를 **원화**로 선택한다.
③ ERP는 **더존**이라고 가정하고 선택한다.

3) 원화시산표_1 sheet

	A	B	C	D	E	F	G	H
1	기업명	기능통화	시산표일자	ERP	계정코드	계정과목	차변	대변
2	지배	원화	2001-01-01	더존	10100	현금	40,000	
3					10800	매출채권	20,000	
4					14600	재고자산	25,000	
5					20100	토지	30,000	
6					20200	건물	35,000	
7					20600	기계장치	50,000	
8					19101	종속기업투자지분	60,000	
9					25100	매입채무		40,000
10					26000	단기차입금		120,000
11					33100	자본금		30,000
12					37700	미처분이익잉여금		70,000

① A열에 기업명을 입력한다. 여기서는 **지배**로 입력한다.
② 해당 계정코드, 계정과목, 차변, 대변 금액을 차례로 입력한다. **차변과 대변은 어느 한쪽만 입력하여야 한다.**
③ 검증 칼럼에서 OK가 아닌 경우 해당 원인을 해결한다.

4) 원화시산표_2 sheet

	A	B	C	D	E	F	G	H
1	기업명	기능통화	시산표일자	ERP	계정코드	계정과목	차변	대변
2	종속	원화	2001-01-01	더존	10100	현금	50,000	
3					10800	매출채권	10,000	
4					14600	재고자산	12,500	
5					20100	토지	15,000	
6					20200	건물	17,500	
7					20600	기계장치	25,000	
8					25100	매입채무		20,000
9					26000	단기차입금		50,000
10					33100	자본금		10,000
11					37700	미처분이익잉여금		50,000

① A열에 기업명을 입력한다. 여기서는 **종속**으로 입력한다.
② 해당 계정코드, 계정과목, 차변, 대변 금액을 차례로 입력한다. **차변과 대변은 어느 한쪽만 입력하여야 한다.**
③ 검증 칼럼에서 OK가 아닌 경우 해당 원인을 해결한다.

(4) [Fraudit-ExCon.exe] 실행

제1장_1_기초정보.xlsx, **제1장_1_원화시산표.xlsx**을 Fraudit-ExCon이 있는 폴더에 복사하여 이동한다. 그리고 **접두어를 제거**하고 **기초정보.xlsx**와 **원화시산표.xlsx**로 이름을 변경한다. **그 다음에 Fraudit-ExCon.exe를 실행한다.**

1) Main Sheet

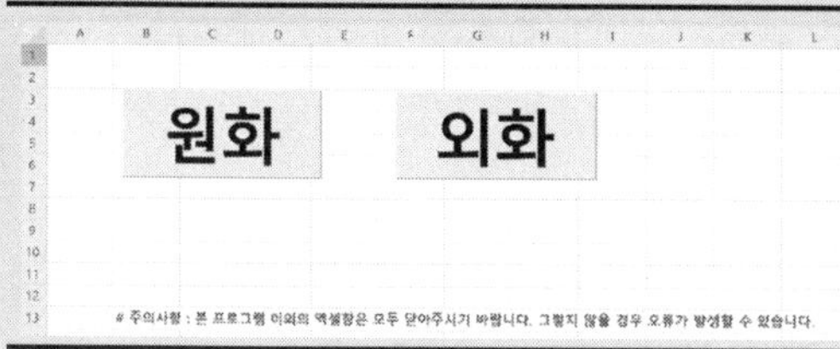

① 기능통화가 외화인 종속법인이 없으므로 원화 버튼을 누른다.

주의 원화 버튼을 누른 후 에러메시지가 뜨면 해당 에러원인을 **기초정보.xlsx, 원화시산표.xlsx**에서 적절하게 수정한 후 다시 누른다.

2) out_연결분개_투자자본_0 sheet

T	U	V	W
계정과목	계정유형	차변	대변
AA종속기업투자지분	BS	0	60000
AB자본금	HE	10000	0
AB이익잉여금	BS	50000	0
AB비지배지분	NCI	0	0

① 연결분개 중 투자와 자본 상계제거 분개 부분에 해당한다. 검증 목적으로 차변, 대변 칼럼의 금액과 계정과목을 확인하면 된다(분개에 대한 상세 설명은 본문에서 확인하기 바람).

3) tmp_연결분개_통합 sheet

	A	B	C	D	E	F	G	H	I	J
1	계정과목	매핑계정과목	신설필요_계정과목	후보_매핑계정과목_1	후보_매핑계정과목_2	차변잔액	대변잔액		확인	
2	AA종속기업투자지분	AA종속기업투자지분		AA종속기업투자지분		0	60,000			
3	AB이익잉여금	AB미처분이익잉여금		AB미처분이익잉여금		50,000	0			
4	AB자본금	AB자본금		AB자본금		10,000	0			

① 계정과목(A열)과 매핑계정과목(B열)을 비교한 후 매핑계정과목이 적절하지 않으면,
② 후보_매핑계정과목_1(D열)과 후보_매핑계정과목_2(E열)에서 적절한 매핑계정과목이 있는지를 검토하고,
③ 적절한 후보_매핑계정과목을 복사하여 매핑계정과목에 붙이거나,
④ 적절한 후보_매핑계정과목이 없는 경우 계정과목을 신설하여 신설필요_계정과목(C열)에 입력하고 이를 매핑계정과목(B열)에도 동일하게 입력한다. 여기서는 신설필요_계정과목에 넣을 필요가 없다.

주의 어떤 계정과목을 처음 신설하는 경우 **매핑계정과목**과 **신설필요_계정과목**에 모두 동일하게 기입하여야 한다. 한번 신설필요_계정과목을 생성하면 그 계정과목을 여러 매핑계정과목에 사용할 수 있다. 다만 동일한 신설필요_계정과목을 중복하여 신설하지 않도록 하여야 한다.

⑤ 확인 버튼을 누른다.

4) out_최종연결정산표 sheet

계정과목	차변잔액	대변잔액	정렬
건물	52,500	0	
기계장치	75,000	0	
단기차입금	0	170,000	
매입채무	0	60,000	
매출채권	30,000	0	
미처분이익잉여금	0	70,000	
자본금	0	30,000	
재고자산	37,500	0	
토지	45,000	0	
현금	90,000	0	

① 계정과목이 한글로 오름차순으로 되어 있다.
② 정렬 버튼을 누른다.

계정코드	계정과목	차변잔액	대변잔액	정렬
10100	현금	90,000	0	
10800	매출채권	30,000	0	
14600	재고자산	37,500	0	
20100	토지	45,000	0	
20200	건물	52,500	0	
20600	기계장치	75,000	0	
25100	매입채무	0	60000	
26000	단기차입금	0	170000	
33100	자본금	0	30000	
37700	미처분이익잉여금	0	70000	

③ 계정코드별로 오름차순되며, 계정코드가 없이 새롭게 삽입된 계정과목은 맨 아래에 위치하고 그러한 계정과목은 계정과목으로(한글순으로) 오름차순으로 정렬이 된다.

 사례 2 : 취득원가 > 종속기업의 순자산 공정가치(> 종속기업 순자산 장부금액)

기본정보 2 종속기업의 지분 100% 인수

(1) 취득일 : 2X01년 1월 1일
(2) 취득자 : P사
(3) 피취득자 : S사
(4) 취득시 지분율 : 100%
(5) 취득원가 : ₩70,000(취득부대비용 없음)
(6) P사 별도재무제표상 종속기업투자지분 회계처리 : **원가법**
(7) 취득일(2X01년 1월 1일)의 P사와 S사의 시산표는 다음과 같음

과목	P사		S사	
	차변	대변	차변	대변
현금	100,000		50,000	
매출채권	20,000		10,000	
재고자산	25,000		12,500	
토지	30,000		15,000	
건물	35,000		17,500	
기계장치	50,000		25,000	
매입채무		40,000		20,000
단기차입금		120,000		50,000
자본금		30,000		10,000
미처분이익잉여금		70,000		50,000
합계	260,000	260,000	130,000	130,000

(8) S사의 자산·부채 중 장부금액과 공정가치가 차이가 나는 항목은 다음과 같다.

과목	장부금액(시산표상)	공정가치
건물	17,500	19,500
기계장치	25,000	28,000

(1) 취득시점 P사 회계처리

취득시점인 2X01년 1월 1일의 P사의 종속기업투자지분 회계처리는 다음과 같다.

계정과목	차변	대변
종속기업투자지분	70,000	
현금		70,000

상기 회계처리를 반영한 후의 P사와 S사의 시산표를 나타내면 다음과 같다.

과목	P사		S사	
	차변	대변	차변	대변
현금	30,000		50,000	
매출채권	20,000		10,000	
재고자산	25,000		12,500	
토지	30,000		15,000	
건물	35,000		17,500	
기계장치	50,000		25,000	
종속기업투자지분	70,000			
매입채무		40,000		20,000
단기차입금		120,000		50,000
자본금		30,000		10,000
미처분이익잉여금		70,000		50,000
합계	260,000	260,000	130,000	130,000

(2) 연결조정

■ 준비단계 : 지배기업과 종속기업의 재무제표 합산

과목	P사		S사		연결조정분개			연결 시산표	
	차변	대변	차변	대변	번호	차변	대변	차변	대변
현금	30,000		50,000						
매출채권	20,000		10,000						
재고자산	25,000		12,500						
토지	30,000		15,000						
건물	35,000		17,500						
기계장치	50,000		25,000						
종속기업투자지분	70,000								
매입채무		40,000		20,000					
단기차입금		120,000		50,000					
자본금		30,000		10,000					
미처분이익잉여금		70,000		50,000					
합계	260,000	260,000	130,000	130,000					

■ 1단계 : 종속기업 투자지분과 종속기업 자본계정의 상계 제거

다음으로 1단계인 종속기업 투자지분과 종속기업 자본계정을 상계 제거한다. **[기본정보 2]** 에서는 취득원가가 순자산의 공정가치보다 크기 때문에 차액은 영업권으로 인식된다.

취득원가			₩70,000
순자산 공정가치			(65,000)
자본금(S사)		10,000	
이익잉여금(S사)		50,000	
건물	(₩19,500 − ₩17,500)	2,000	
기계장치	(₩28,000 − ₩25,000)	3,000	
영업권			₩5,000

종속기업 투자지분과 종속기업 자본계정의 상계 회계처리는 다음과 같다.

계정과목	차변	대변
① 종속기업투자지분		70,000
① 자본금	10,000	
① 미처분이익잉여금	50,000	
① 건물	2,000	
① 기계장치	3,000	
① 영업권	5,000	

(3) 연결정산표

종속기업 투자지분과 종속기업 자본계정 상계 후 연결정산표를 작성하면 다음과 같다.

과목	P사		S사		연결조정분개			연결 시산표	
	차변	대변	차변	대변	번호	차변	대변	차변	대변
현금	30,000		50,000					80,000	
매출채권	20,000		10,000					30,000	
재고자산	25,000		12,500					37,500	
토지	30,000		15,000					45,000	
건물	35,000		17,500		①	2,000		54,500	
기계장치	50,000		25,000		①	3,000		78,000	
종속기업투자지분	70,000				①		70,000		
영업권					①	5,000		5,000	
매입채무		40,000		20,000					60,000
단기차입금		120,000		50,000					170,000
자본금		30,000		10,000	①	10,000			30,000
미처분이익잉여금		70,000		50,000	①	50,000			70,000
합계	260,000	260,000	130,000	130,000		70,000	70,000	330,000	330,000

Fraudit ExCon 실 습 : 제1장_2

(1) 사례파일 : 제1장_2_기초정보.xlsx, 제1장_2_원화시산표.xlsx

(2) [기초정보.xlsx] 작성

1) 보고기간 sheet : 실습 제1장_1 과 동일

2) 기업목록 sheet : 실습 제1장_1 과 동일

3) 지분구조 sheet

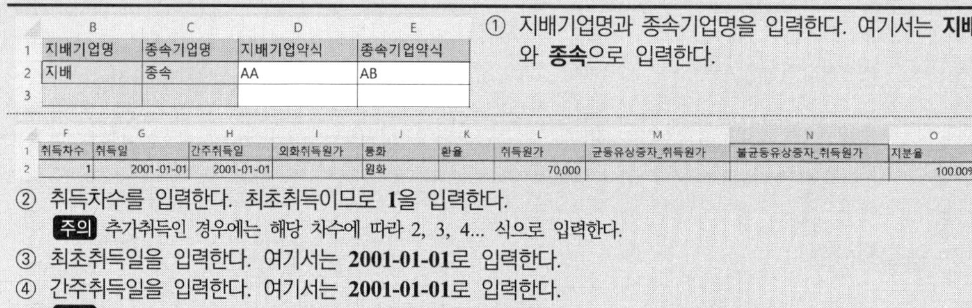

	B	C	D	E
1	지배기업명	종속기업명	지배기업약식	종속기업약식
2	지배	종속	AA	AB
3				

① 지배기업명과 종속기업명을 입력한다. 여기서는 **지배**와 **종속**으로 입력한다.

	F	G	H	I	J	K	L	M	N	O
1	취득차수	취득일	간주취득일	외화취득원가	통화	환율	취득원가	균등유상증자_취득원가	불균등유상증자_취득원가	지분율
2	1	2001-01-01	2001-01-01		원화		70,000			100.00%

② 취득차수를 입력한다. 최초취득이므로 **1**을 입력한다.
주의 추가취득인 경우에는 해당 차수에 따라 2, 3, 4... 식으로 입력한다.
③ 최초취득일을 입력한다. 여기서는 **2001-01-01**로 입력한다.
④ 간주취득일을 입력한다. 여기서는 **2001-01-01**로 입력한다.
주의 간주취득일은 최초취득일로부터 가장 근접한 결산재무제표의 결산일을 의미한다.
⑤ 통화는 국내종속법인인 경우로 가정하여 **원화**를 선택한다.
⑥ 취득원가를 입력한다. 여기서는 **70,000**을 입력한다.
⑦ 지분율을 입력한다. 여기서는 **100%**로 입력한다.

4) 취득시지분구조_공정가치차이 sheet

	E	F	G	H	I	J	K	L	M
1	목차	기업명	약식명칭	취득차수_1	취득일_1	간주취득일_1	자본계정명_1	자본금액_1_외화	자본금액_1
2	자본_공정가치	종속	AB	1	2001-01-01	2001-01-01	자본금		10,000
3		종속	AB				이익잉여금		50,000
4		종속	AB						

① 종속의 2001-01-01일의 자본계정명_1(1차 취득시 자본계정명을 의미함)을 **K열**에 입력한다. 여기서는 **자본금**과 **이익잉여금**을 입력한다.
② 종속의 2001-01-01일의 자본금액_1(1차 취득시 자본금액을 의미함)을 **M열**에 입력한다. 여기서는 **자본금**에 대해서는 **10,000**을, **이익잉여금**에 대해서는 **50,000**을 입력한다.

	N	O	P	Q	R	S
1	공정가치차이계정명	외화_공정가치차이금액	공정가치차이금액	상각여부	잔존내용연수_월	잔존가치
2	건물		2,000	상각	60	0
3	기계장치		3,000	상각	60	0

③ 공정가치와 장부금액이 차이가 나는 계정과목명을 N열에 입력한다. 여기서는 건물과 기계장치를 입력한다.
④ 공정가치와 장부금액의 차이금액을 P열에 입력한다. 건물에 대해서는 2,000(19,500 − 17,500)을 입력하고 기계장치에 대해서는 3,000(28,000 − 25,000)을 입력한다.
⑤ 공정가치와 장부금액이 차이가 나는 계정과목이 상각 또는 비상각대상인지를 선택한다. 여기서는 모두 상각을 선택한다.
⑥ 상각여부에서 상각을 선택하는 경우 잔존내용연수를 월할로 기입한다. 여기서는 잔존내용연수가 5년이므로 5×12 = 60을 입력한다.
⑦ 잔존가치를 입력한다. 여기서는 0을 입력한다.

5) 재무정보 sheet : 실습 제1장_1 과 동일

6) 내부거래현황 sheet : 실습 제1장_1 과 동일

(3) [원화시산표.xlsx] 작성

1) 보고기간 sheet : 실습 제1장_1 과 동일

2) 기업목록 sheet : 실습 제1장_1 과 동일

3) 원화시산표_1 sheet

	A	B	C	D	E	F	G	H
1	기업명	기능통화	시산표일자	ERP	계정코드	계정과목	차변	대변
2	지배	원화	2001-01-01	더존	10100	현금	30,000	
3					10800	매출채권	20,000	
4					14600	재고자산	25,000	
5					20100	토지	30,000	
6					20200	건물	35,000	
7					20600	기계장치	50,000	
8					19101	종속기업투자지분	70,000	
9					25100	매입채무		40,000
10					26000	단기차입금		120,000
11					33100	자본금		30,000
12					37700	미처분이익잉여금		70,000

① A열에 기업명을 입력한다. 여기서는 **지배**로 입력한다.
② 해당 계정코드, 계정과목, 차변, 대변 금액을 차례로 입력한다. **차변과 대변은 어느 한쪽만 입력하여야 한다.**
③ 검증 칼럼에서 OK가 아닌 경우 해당 원인을 해결한다.

4) 원화시산표_2 sheet

	A	B	C	D	E	F	G	H
1	기업명	기능통화	시산표일자	ERP	계정코드	계정과목	차변	대변
2	종속	원화	2001-01-01	더존	10100	현금	50,000	
3					10800	매출채권	10,000	
4					14600	재고자산	12,500	
5					20100	토지	15,000	
6					20200	건물	17,500	
7					20600	기계장치	25,000	
8					25100	매입채무		20,000
9					26000	단기차입금		50,000
10					33100	자본금		10,000
11					37700	미처분이익잉여금		50,000

① A열에 기업명을 입력한다. 여기서는 **종속**으로 입력한다.
② 해당 계정코드, 계정과목, 차변, 대변 금액을 차례로 입력한다. **차변과 대변은 어느 한쪽만 입력하여야 한다.**
③ 검증 칼럼에서 OK가 아닌 경우 해당 원인을 해결한다.

(4) [Fraudit-ExCon.exe] 실행

제1장_2_기초정보.xlsx, **제1장_2_원화시산표.xlsx**을 Fraudit-ExCon이 있는 폴더에 복사하여 이동한다. 그리고 **접두어를 제거**하고 **기초정보.xlsx**와 **원화시산표.xlsx**로 이름을 변경한다. **그 다음에 Fraudit-ExCon.exe를 실행한다.**

1) Main Sheet

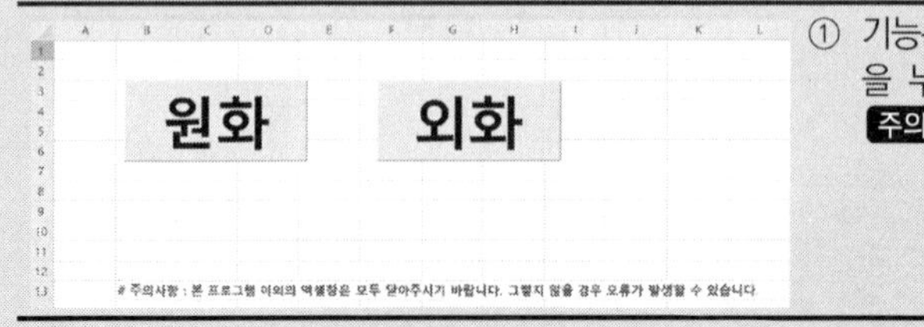

① 기능통화가 외화인 종속법인이 없으므로 원화 버튼을 누른다.

주의 원화 버튼을 누른 후 에러메시지가 뜨면 해당 에러 원인을 **기초정보.xlsx**, **원화시산표.xlsx**에서 적절하게 수정한 후 다시 누른다.

2) out_연결분개_투자자본_0 sheet

계정과목	계정유형	차변	대변
AA종속기업투자지분	BS	0	70000
AB자본금	HE	10000	0
AB이익잉여금	BS	50000	0
AB건물	BS	2000	0
AB이연법인세	BS	0	0
AB기계장치	BS	3000	0
AB이연법인세	BS	0	0
AB비지배지분	NCI	0	0
AB영업권	BS	5000	0

① 연결분개 중 투자와 자본 상계제거 분개 부분에 해당한다. 검증 목적으로 차변, 대변 칼럼의 금액과 계정과목을 확인하면 된다(분개에 대한 상세 설명은 본문에서 확인하기 바람).

3) tmp_연결분개_통합 sheet

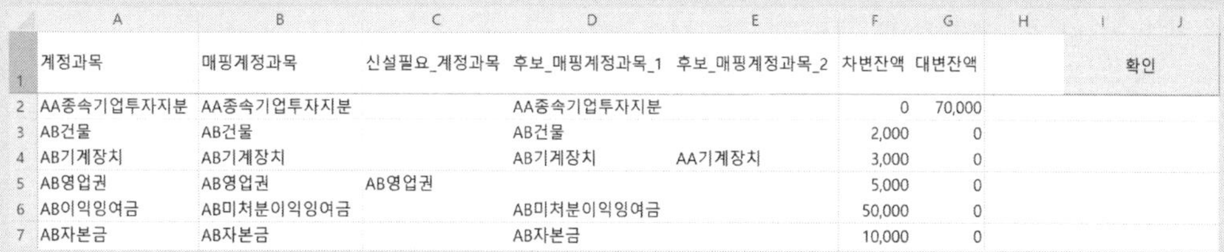

계정과목	매핑계정과목	신설필요_계정과목	후보_매핑계정과목_1	후보_매핑계정과목_2	차변잔액	대변잔액	확인
AA종속기업투자지분	AA종속기업투자지분		AA종속기업투자지분		0	70,000	
AB건물	AB건물		AB건물		2,000	0	
AB기계장치	AB기계장치		AB기계장치	AA기계장치	3,000	0	
AB영업권	AB영업권	AB영업권			5,000	0	
AB이익잉여금	AB미처분이익잉여금		AB미처분이익잉여금		50,000	0	
AB자본금	AB자본금		AB자본금		10,000	0	

① 계정과목(A열)과 매핑계정과목(B열)을 비교한 후 매핑계정과목이 적절하지 않으면,
② 후보_매핑계정과목_1(D열)과 후보_매핑계정과목_2(E열)에서 적절한 매핑계정과목이 있는지를 검토하고,
③ 적절한 후보_매핑계정과목을 복사하여 매핑계정과목에 붙이거나,
④ 적절한 후보_매핑계정과목이 없는 경우 계정과목을 신설하여 신설필요_계정과목(C열)에 입력하고 이를 매핑계정과목(B열)에도 동일하게 입력한다. 여기서는 신설필요_계정과목에 넣을 필요가 없다.

주의 어떤 계정과목을 처음 신설하는 경우 **매핑계정과목**과 **신설필요_계정과목**에 모두 동일하게 기입하여야 한다. 한번 신설필요_계정과목을 생성하면 그 계정과목을 여러 매핑계정과목에 사용할 수 있다. 다만 동일한 신설필요_계정과목을 중복하여 신설하지 않도록 하여야 한다.

⑤ 확인 버튼을 누른다.

4) out_최종연결정산표 sheet

계정과목	차변잔액	대변잔액	정렬
건물	54,500	0	
기계장치	78,000	0	
단기차입금	0	170,000	
매입채무	0	60,000	
매출채권	30,000	0	
미처분이익잉여금	0	70,000	
영업권	5,000	0	
자본금	0	30,000	
재고자산	37,500	0	
토지	45,000	0	
현금	80,000	0	

① 계정과목이 한글로 오름차순으로 되어 있다.
② 정렬 버튼을 누른다.

계정코드	계정과목	차변잔액	대변잔액	정렬
10100	현금	80,000	0	
10800	매출채권	30,000	0	
14600	재고자산	37,500	0	
20100	토지	45,000	0	
20200	건물	54,500	0	
20600	기계장치	78,000	0	
25100	매입채무	0	60000	
26000	단기차입금	0	170000	
33100	자본금	0	30000	
37700	미처분이익잉여금	0	70000	
영업권	영업권	5,000	0	

③ 계정코드별로 오름차순되며, 계정코드가 없이 새롭게 삽입된 계정과목은 맨 아래에 위치하고 그러한 계정과목은 계정과목으로(한글순으로) 오름차순으로 정렬이 된다.

03 사례 3 : 취득원가 < 종속기업의 순자산 공정가치(> 종속기업 순자산 장부금액)

기본정보 3 종속기업의 지분 100% 인수

(1) 취득일 : 2X01년 1월 1일
(2) 취득자 : P사
(3) 피취득자 : S사
(4) 취득시 지분율 : 100%
(5) 취득원가 : ₩50,000(취득부대비용 없음)
(6) P사 별도재무제표상 종속기업투자지분 회계처리 : **원가법**
(7) 취득일(2X01년 1월 1일)의 P사와 S사의 시산표는 다음과 같음

과목	P사		S사	
	차변	대변	차변	대변
현금	100,000		50,000	
매출채권	20,000		10,000	
재고자산	25,000		12,500	
토지	30,000		15,000	
건물	35,000		17,500	
기계장치	50,000		25,000	
매입채무		40,000		20,000
단기차입금		120,000		50,000
자본금		30,000		10,000
미처분이익잉여금		70,000		50,000
합계	260,000	260,000	130,000	130,000

(8) S사의 자산·부채 중 장부금액과 공정가치가 차이가 나는 항목은 다음과 같다.

과목	장부금액(시산표상)	공정가치
건물	17,500	19,500
기계장치	25,000	28,000

(1) 취득시점 P사 회계처리

취득시점인 2X01년 1월 1일의 P사의 종속기업투자지분 회계처리는 다음과 같다.

계정과목	차변	대변
종속기업투자지분	50,000	
현금		50,000

상기 회계처리를 반영한 후의 P사와 S사의 시산표를 나타내면 다음과 같다.

과목	P사		S사	
	차변	대변	차변	대변
현금	50,000		50,000	
매출채권	20,000		10,000	
재고자산	25,000		12,500	
토지	30,000		15,000	
건물	35,000		17,500	
기계장치	50,000		25,000	
종속기업투자지분	50,000			
매입채무		40,000		20,000
단기차입금		120,000		50,000
자본금		30,000		10,000
미처분이익잉여금		70,000		50,000
합계	260,000	260,000	130,000	130,000

(2) 연결조정

■ 준비단계 : 준비단계 : 지배기업과 종속기업의 재무제표 합산

과목	P사		S사		연결조정분개			연결 시산표	
	차변	대변	차변	대변	번호	차변	대변	차변	대변
현금	50,000		50,000						
매출채권	20,000		10,000						
재고자산	25,000		12,500						
토지	30,000		15,000						
건물	35,000		17,500						
기계장치	50,000		25,000						
종속기업투자지분	50,000								
매입채무		40,000		20,000					
단기차입금		120,000		50,000					
자본금		30,000		10,000					
미처분이익잉여금		70,000		50,000					
합계	260,000	260,000	130,000	130,000					

■ 1단계 : 종속기업 투자지분과 종속기업 자본계정의 상계 제거

다음으로 1단계인 종속기업 투자지분과 종속기업 자본계정을 상계 제거한다. **[기본정보 3]** 에서는 취득원가가 순자산의 공정가치보다 작기 때문에 차액은 염가매수차익으로 인식된다.

취득원가			₩50,000
순자산 공정가치			(65,000)
자본금(S사)		10,000	
이익잉여금(S사)		50,000	
건물	(₩19,500 – ₩17,500)	2,000	
기계장치	(₩28,000 – ₩25,000)	3,000	
염가매수차익			(₩15,000)

따라서 투자계정과 자본계정의 상계 분개는 다음과 같다.

계정과목	차변	대변
① 종속기업투자지분		50,000
① 자본금	10,000	
① 미처분이익잉여금	50,000	
① 건물	2,000	
① 기계장치	3,000	
① 염가매수차익		15,000

(3) 연결정산표

종속기업 투자지분과 종속기업 자본계정 상계 후 연결정산표를 작성하면 다음과 같다.

과목	P사		S사		연결조정분개			연결 시산표	
	차변	대변	차변	대변	번호	차변	대변	차변	대변
현금	50,000		50,000					100,000	
매출채권	20,000		10,000					30,000	
재고자산	25,000		12,500					37,500	
토지	30,000		15,000					45,000	
건물	35,000		17,500		①	2,000		54,500	
기계장치	50,000		25,000		①	3,000		78,000	
종속기업투자지분	50,000				①		50,000		
매입채무		40,000		20,000					60,000
단기차입금		120,000		50,000					170,000
자본금		30,000		10,000	①	10,000			30,000
미처분이익잉여금		70,000		50,000	①	50,000			70,000
염가매수차익					①		15,000		15,000
합계	260,000	260,000	130,000	130,000		65,000	65,000	345,000	345,000

Fraudit ExCon 실 습 : 제1장_3

(1) 사례파일 : 제1장_3_기초정보.xlsx, 제1장_3_원화시산표.xlsx

(2) [기초정보.xlsx] 작성

1) 보고기간 sheet : 실습 제1장_1 과 동일

2) 기업목록 sheet : 실습 제1장_1 과 동일

3) 지분구조 sheet

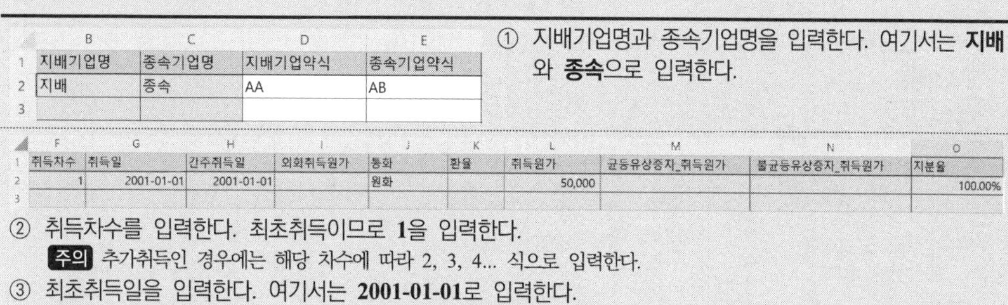

	B	C	D	E
1	지배기업명	종속기업명	지배기업약식	종속기업약식
2	지배	종속	AA	AB
3				

	F	G	H	I	J	K	L	M	N	O
1	취득차수	취득일	간주취득일	외화취득원가	통화	환율	취득원가	균등유상증자_취득원가	불균등유상증자_취득원가	지분율
2	1	2001-01-01	2001-01-01		원화		50,000			100.00%
3										

① 지배기업명과 종속기업명을 입력한다. 여기서는 **지배**와 **종속**으로 입력한다.

② 취득차수를 입력한다. 최초취득이므로 **1**을 입력한다.
 주의 추가취득인 경우에는 해당 차수에 따라 2, 3, 4... 식으로 입력한다.

③ 최초취득일을 입력한다. 여기서는 **2001-01-01**로 입력한다.

④ 간주취득일을 입력한다. 여기서는 **2001-01-01**로 입력한다.
 주의 간주취득일은 최초취득일로부터 가장 근접한 결산재무제표의 결산일을 의미한다.

⑤ 통화는 국내종속법인인 경우로 가정하여 **원화**를 선택한다.

⑥ 취득원가를 입력한다. 여기서는 **50,000**을 입력한다.

⑦ 지분율을 입력한다. 여기서는 **100%**로 입력한다.

4) 취득시지분구조_공정가치차이 sheet

	E	F	G	H	I	J	K	L	M
1	목차	기업명	약식명칭	취득차수_1	취득일_1	간주취득일_1	자본계정명_1	자본금액_1_외화	자본금액_1
2	자본_공정가치	종속	AB	1	2001-01-01	2001-01-01	자본금		10,000
3		종속	AB				이익잉여금		50,000
4		종속	AB						

① 종속의 2001-01-01일의 자본계정명_1(1차 취득시 자본계정명을 의미함)을 **K열**에 입력한다. 여기서는 **자본금**과 **이익잉여금**을 입력한다.
② 종속의 2001-01-01일의 자본금액_1(1차 취득시 자본금액을 의미함)을 **M열**에 입력한다. 여기서는 **자본금**에 대해서는 **10,000**을, **이익잉여금**에 대해서는 **50,000**을 입력한다.

	N	O	P	Q	R	S
1	공정가치차이계정명	외화_공정가치차이금액	공정가치차이금액	상각여부	잔존내용연수_월	잔존가치
2	건물		2,000	상각	60	0
3	기계장치		3,000	상각	60	0

③ 공정가치와 장부금액이 차이가 나는 계정과목명을 N열에 입력한다. 여기서는 건물과 기계장치를 입력한다.
④ 공정가치와 장부금액의 차이금액을 P열에 입력한다. 건물에 대해서는 2,000(19,500 − 17,500)을 입력하고 기계장치에 대해서는 3,000(28,000 − 25,000)을 입력한다.
⑤ 공정가치와 장부금액이 차이가 나는 계정과목이 상각 또는 비상각대상인지를 선택한다. 여기서는 모두 상각을 선택한다.
⑥ 상각여부에서 상각을 선택하는 경우 잔존내용연수를 월할로 기입한다. 여기서는 잔존내용연수가 5년이므로 5×12 = 60을 입력한다.
⑦ 잔존가치를 입력한다. 여기서는 0을 입력한다.

5) 재무정보 sheet : 실습 제1장_1 과 동일

6) 내부거래현황 sheet : 실습 제1장_1 과 동일

(3) [원화시산표.xlsx] 작성

1) 보고기간 sheet : 실습 제1장_1 과 동일

2) 기업목록 sheet : 실습 제1장_1 과 동일

3) 원화시산표_1 sheet

	A	B	C	D	E	F	G	H
1	기업명	기능통화	시산표일자	ERP	계정코드	계정과목	차변	대변
2	지배	원화	2001-01-01	더존	10100	현금	50,000	
3					10800	매출채권	20,000	
4					14600	재고자산	25,000	
5					20100	토지	30,000	
6					20200	건물	35,000	
7					20600	기계장치	50,000	
8					19101	종속기업투자지분	50,000	
9					25100	매입채무		40,000
10					26000	단기차입금		120,000
11					33100	자본금		30,000
12					37700	미처분이익잉여금		70,000

① A열에 기업명을 입력한다. 여기서는 **지배**로 입력한다.
② 해당 계정코드, 계정과목, 차변, 대변 금액을 차례로 입력한다. **차변과 대변은 어느 한쪽만 입력하여야 한다.**
③ 검증 칼럼에서 OK가 아닌 경우 해당 원인을 해결한다.

4) 원화시산표_2 sheet

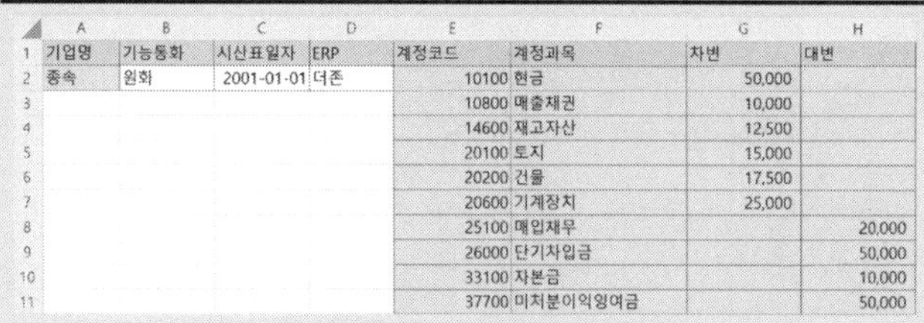

기업명	기능통화	시산표일자	ERP	계정코드	계정과목	차변	대변
종속	원화	2001-01-01	더존	10100	현금	50,000	
				10800	매출채권	10,000	
				14600	재고자산	12,500	
				20100	토지	15,000	
				20200	건물	17,500	
				20600	기계장치	25,000	
				25100	매입채무		20,000
				26000	단기차입금		50,000
				33100	자본금		10,000
				37700	미처분이익잉여금		50,000

① A열에 기업명을 입력한다. 여기서는 **종속**으로 입력한다.
② 해당 계정코드, 계정과목, 차변, 대변 금액을 차례로 입력한다. **차변과 대변은 어느 한쪽만 입력하여야 한다.**
③ 검증 칼럼에서 OK가 아닌 경우 해당 원인을 해결한다.

(4) [Fraudit-ExCon.exe] 실행

제1장_3_기초정보.xlsx, 제1장_3_원화시산표.xlsx을 Fraudit-ExCon이 있는 폴더에 복사하여 이동한다. 그리고 **접두어를 제거**하고 **기초정보.xlsx**와 **원화시산표.xlsx**로 이름을 변경한다. **그 다음에 Fraudit-ExCon.exe를 실행한다.**

1) Main Sheet

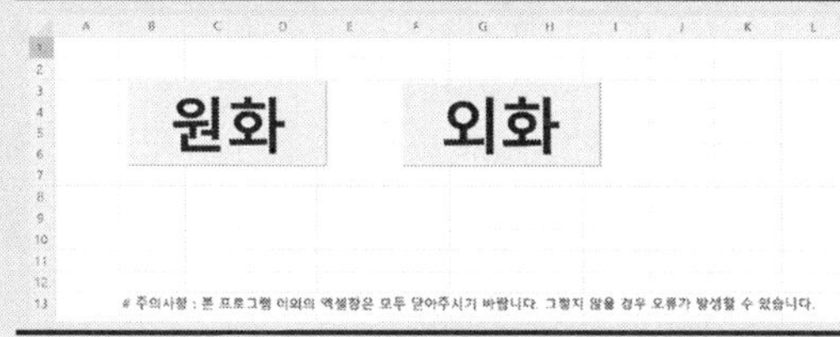

① 기능통화가 외화인 종속법인이 없으므로 원화 버튼을 누른다.

주의 원화 버튼을 누른 후 에러메시지가 뜨면 해당 에러 원인을 **기초정보.xlsx, 원화시산표.xlsx**에서 적절하게 수정한 후 다시 누른다.

2) out_연결분개_투자자본_0 sheet

계정과목	계정유형	차변	대변
AA종속기업투자지분	BS	0	50000
AB자본금	HE	10000	0
AB이익잉여금	BS	50000	0
AB건물	BS	2000	0
AB이연법인세	BS	0	0
AB기계장치	BS	3000	0
AB이연법인세	BS	0	0
AB비지배지분	NCI	0	0
AB염가매수차익	BS	0	15000

① 연결분개 중 투자와 자본 상계제거 분개 부분에 해당한다. 검증 목적으로 차변, 대변 칼럼의 금액과 계정과목을 확인하면 된다(분개에 대한 상세 설명은 본문에서 확인하기 바람).

3) tmp_연결분개_통합 sheet

	A	B	C	D	E	F	G	H	I	J
1	계정과목	매핑계정과목	신설필요_계정과목	후보_매핑계정과목_1	후보_매핑계정과목_2	차변잔액	대변잔액		확인	
2	AA종속기업투자지분	AA종속기업투자지분		AA종속기업투자지분		0	50,000			
3	AB건물	AB건물		AB건물		2,000	0			
4	AB기계장치	AB기계장치		AB기계장치	AA기계장치	3,000	0			
5	AB염가매수차익	염가매수차익		염가매수차익		0	15,000			
6	AB이익잉여금	AB미처분이익잉여금		AB미처분이익잉여금		50,000	0			
7	AB자본금	AB자본금		AB자본금		10,000	0			

① 계정과목(A열)과 매핑계정과목(B열)을 비교한 후 매핑계정과목이 적절하지 않으면,
② 후보_매핑계정과목_1(D열)과 후보_매핑계정과목_2(E열)에서 적절한 매핑계정과목이 있는지를 검토하고,
③ 적절한 후보_매핑계정과목을 복사하여 매핑계정과목에 붙이거나,
④ 적절한 후보_매핑계정과목이 없는 경우 계정과목을 신설하여 신설필요_계정과목(C열)에 입력하고 이를 매핑계정과목(B열)에도 동일하게 입력한다. 여기서는 신설필요_계정과목에 넣을 필요가 없다.

주의 어떤 계정과목을 처음 신설하는 경우 **매핑계정과목**과 **신설필요_계정과목**에 모두 동일하게 기입하여야 한다. 한번 신설필요_계정과목을 생성하면 그 계정과목을 여러 매핑계정과목에 사용할 수 있다. 다만 동일한 신설필요_계정과목을 중복하여 신설하지 않도록 하여야 한다.

⑤ 확인 버튼을 누른다.

4) out_최종연결정산표 sheet

	A	B	C	D	E	F	G	H
1	계정과목	차변잔액	대변잔액				정렬	
2	건물	54,500	0					
3	기계장치	78,000	0					
4	단기차입금	0	170,000					
5	매입채무	0	60,000					
6	매출채권	30,000	0					
7	미처분이익잉여금	0	70,000					
8	염가매수차익	0	15,000					
9	자본금	0	30,000					
10	재고자산	37,500	0					
11	토지	45,000	0					
12	현금	100,000	0					

① 계정과목이 한글로 오름차순으로 되어 있다.
② 정렬 버튼을 누른다.

	A	B	C	D	E	F	G	H
1	계정코드	계정과목	차변잔액	대변잔액			정렬	
2	10100	현금	100,000	0				
3	10800	매출채권	30,000	0				
4	14600	재고자산	37,500	0				
5	20100	토지	45,000	0				
6	20200	건물	54,500	0				
7	20600	기계장치	78,000	0				
8	25100	매입채무	0	60000				
9	26000	단기차입금	0	170000				
10	33100	자본금	0	30000				
11	37700	미처분이익잉여금	0	70000				
12	염가매수차익	염가매수차익	0	15000				

③ 계정코드별로 오름차순되며, 계정코드가 없이 새롭게 삽입된 계정과목은 맨 아래에 위치하고 그러한 계정과목은 계정과목으로(한글순으로) 오름차순으로 정렬이 된다.

제3절 100% 미만 소유 종속기업에 대한 취득일의 연결

사례 1, 2, 3은 S사의 지분을 100% 취득한 경우였다. 그러나 S사에 대한 지분이 100% 미만이 되면 S사는 P사 뿐만 아니라 다른 회사 또는 개인이 소유하게 된다. 지배기업인 P사 이외의 다른 회사 또는 개인이 소유하고 있는 S사의 지분을 비지배지분이라고 부른다. 따라서 지분율이 100% 미만인 경우에는 비지배지분을 분리하여 인식해야 한다.

01 사례 4 : 취득원가 = 종속기업의 순자산 공정가치(= 종속기업 순자산 장부금액)

기본정보 4 종속기업의 지분 80% 인수

(1) 취득일 : 2X01년 1월 1일
(2) 취득자 : P사
(3) 피취득자 : S사
(4) 취득시 지분율 : 80%
(5) 취득원가 : ₩48,000(취득부대비용 없음)
(6) P사 별도재무제표상 종속기업투자지분 회계처리 : **원가법**
(7) 취득일(2X01년 1월 1일)의 P사와 S사의 시산표는 다음과 같음

과목	P사		S사	
	차변	대변	차변	대변
현금	100,000		50,000	
매출채권	20,000		10,000	
재고자산	25,000		12,500	
토지	30,000		15,000	
건물	35,000		17,500	
기계장치	50,000		25,000	
매입채무		40,000		20,000
단기차입금		120,000		50,000
자본금		30,000		10,000
미처분이익잉여금		70,000		50,000
합계	260,000	260,000	130,000	130,000

(8) S사의 자산 · 부채 중 장부금액과 공정가치가 차이가 나는 항목은 없다.
(9) P사는 비지배지분에 대해서 순자산의 비례적 지분으로 측정한다

(1) 취득시점 P사 회계처리

취득시점인 2X01년 1월 1일의 P사의 종속기업투자지분 회계처리는 다음과 같다.

계정과목	차변	대변
종속기업투자지분	48,000	
현금		48,000

상기 회계처리를 반영한 후의 P사와 S사의 시산표를 나타내면 다음과 같다.

과목	P사		S사	
	차변	대변	차변	대변
현금	52,000		50,000	
매출채권	20,000		10,000	
재고자산	25,000		12,500	
토지	30,000		15,000	
건물	35,000		17,500	
기계장치	50,000		25,000	
종속기업투자지분	48,000			
매입채무		40,000		20,000
단기차입금		120,000		50,000
자본금		30,000		10,000
미처분이익잉여금		70,000		50,000
합계	260,000	260,000	130,000	130,000

(2) 연결조정

■ 준비단계 : 지배기업과 종속기업의 재무제표 합산

과목	P사		S사		연결조정분개			연결 시산표	
	차변	대변	차변	대변	번호	차변	대변	차변	대변
현금	52,000		50,000						
매출채권	20,000		10,000						
재고자산	25,000		12,500						
토지	30,000		15,000						
건물	35,000		17,500						
기계장치	50,000		25,000						
종속기업투자지분	48,000								
매입채무		40,000		20,000					
단기차입금		120,000		50,000					
자본금		30,000		10,000					
미처분이익잉여금		70,000		50,000					
합계	260,000	260,000	130,000	130,000					

■ 1단계 : 종속기업 투자지분과 종속기업 자본계정의 상계 제거

다음으로 1단계인 종속기업 투자지분과 종속기업 자본계정을 상계 제거한다. 관련 회계처리는 다음과 같다.

계정과목	차변	대변
① 종속기업투자지분		48,000
① 자본금	10,000	
① 미처분이익잉여금	50,000	
① 비지배지분		12,000

여기서 비지배지분 ₩12,000은 S사의 자본인 자본금과 이익잉여금의 합계(순자산의 공정가치)인 ₩60,000의 20%에 해당한다. 비지배지분은 연결재무제표에만 나타나며 P사의 별도재무제표에는 나타나지 아니한다. 한편, 비지배지분은 지배기업의 소유지분의 순자산과 구분하여 별도로 식별하고 표시한다.

(3) 연결정산표

투자계정과 자본계정의 상계 분개 반영 후 연결정산표를 작성하면 다음과 같다.

과목	P사		S사		연결조정분개			연결 시산표	
	차변	대변	차변	대변	번호	차변	대변	차변	대변
현금	52,000		50,000					102,000	
매출채권	20,000		10,000					30,000	
재고자산	25,000		12,500					37,500	
토지	30,000		15,000					45,000	
건물	35,000		17,500					52,500	
기계장치	50,000		25,000					75,000	
종속기업투자지분	48,000				①		48,000		
매입채무		40,000		20,000					60,000
단기차입금		120,000		50,000					170,000
자본금		30,000		10,000	①	10,000			30,000
미처분이익잉여금		70,000		50,000	①	50,000			70,000
비지배지분					①		12,000		12,000
합계	260,000	260,000	130,000	130,000		60,000	60,000	342,000	342,000

Fraudit ExCon 실 습 : 제1장_4

(1) 사례파일 : 제1장_4_기초정보.xlsx, 제1장_4_원화시산표.xlsx

(2) [기초정보.xlsx] 작성

1) 보고기간 sheet : 실습 제1장_1 과 동일

2) 기업목록 sheet : 실습 제1장_1 과 동일

3) 지분구조 sheet

	B	C	D	E
1	지배기업명	종속기업명	지배기업약식	종속기업약식
2	지배	종속	AA	AB
3				

① 지배기업명과 종속기업명을 입력한다. 여기서는 **지배**와 **종속**으로 입력한다.

	F	G	H	I	J	K	L	M	N	O
1	취득차수	취득일	간주취득일	외화취득원가	통화	환율	취득원가	균등유상증자_취득원가	불균등유상증자_취득원가	지분율
2	1	2001-01-01	2001-01-01		원화		48,000			80.00%
3										

② 취득차수를 입력한다. 최초취득이므로 **1**을 입력한다.
 주의 추가취득인 경우에는 해당 차수에 따라 2, 3, 4... 식으로 입력한다.
③ 최초취득일을 입력한다. 여기서는 **2001-01-01**로 입력한다.
④ 간주취득일을 입력한다. 여기서는 **2001-01-01**로 입력한다.
 주의 간주취득일은 최초취득일로부터 가장 근접한 결산재무제표의 결산일을 의미한다.
⑤ 통화는 국내종속법인인 경우로 가정하여 **원화**를 선택한다.
⑥ 취득원가를 입력한다. 여기서는 **48,000**을 입력한다.
⑦ 지분율을 입력한다. 여기서는 **80%**로 입력한다.

4) 취득시지분구조_공정가치차이 sheet

	E	F	G	H	I	J	K	L	M
1	목차	기업명	약식명칭	취득차수_1	취득일_1	간주취득일_1	자본계정명_1	자본금액_1_외화	자본금액_1
2	자본_공정가치	종속	AB	1	2001-01-01	2001-01-01	자본금		10,000
3		종속	AB				이익잉여금		50,000
4		종속	AB						

① 종속의 2001-01-01일의 자본계정명_1(1차 취득시 자본계정명을 의미함)을 **K열**에 입력한다.여기서는 **자본금**과 **이익잉여금**을 입력한다.
② 종속의 2001-01-01일의 자본금액_1(1차 취득시 자본금액을 의미함)을 **M열**에 입력한다. 여기서는 **자본금**에 대해서는 **10,000**을, **이익잉여금**에 대해서는 **50,000**을 입력한다.

5) 재무정보 sheet : 실습 제1장_1 과 동일

6) 내부거래현황 sheet : 실습 제1장_1 과 동일

(3) [원화시산표.xlsx] 작성

1) 보고기간 sheet : 실습 제1장_1 과 동일

2) 기업목록 sheet : 실습 제1장_1 과 동일

3) 원화시산표_1 sheet

기업명	기능통화	시산표일자	ERP	계정코드	계정과목	차변	대변
지배	원화	2001-01-01	더존	10100	현금	52,000	
				10800	매출채권	20,000	
				14600	재고자산	25,000	
				20100	토지	30,000	
				20200	건물	35,000	
				20600	기계장치	50,000	
				19101	종속기업투자지분	48,000	
				25100	매입채무		40,000
				26000	단기차입금		120,000
				33100	자본금		30,000
				37700	미처분이익잉여금		70,000

① A열에 기업명을 입력한다. 여기서는 **지배**로 입력한다.
② 해당 계정코드, 계정과목, 차변, 대변 금액을 차례로 입력한다. **차변과 대변은 어느 한쪽만 입력하여야 한다.**
③ 검증 칼럼에서 OK가 아닌 경우 해당 원인을 해결한다.

4) 원화시산표_2 sheet

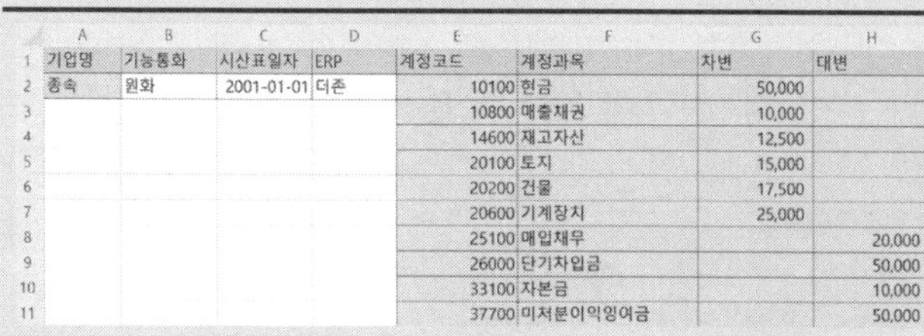

기업명	기능통화	시산표일자	ERP	계정코드	계정과목	차변	대변
종속	원화	2001-01-01	더존	10100	현금	50,000	
				10800	매출채권	10,000	
				14600	재고자산	12,500	
				20100	토지	15,000	
				20200	건물	17,500	
				20600	기계장치	25,000	
				25100	매입채무		20,000
				26000	단기차입금		50,000
				33100	자본금		10,000
				37700	미처분이익잉여금		50,000

① A열에 기업명을 입력한다. 여기서는 **종속**으로 입력한다.
② 해당 계정코드, 계정과목, 차변, 대변 금액을 차례로 입력한다. **차변과 대변은 어느 한쪽만 입력하여야 한다.**
③ 검증 칼럼에서 OK가 아닌 경우 해당 원인을 해결한다.

(4) [Fraudit-ExCon.exe] 실행

제1장_4_기초정보.xlsx, 제1장_4_원화시산표.xlsx을 Fraudit-ExCon이 있는 폴더에 복사하여 이동한다. 그리고 **접두어를 제거**하고 **기초정보.xlsx와 원화시산표.xlsx**로 이름을 변경한다. **그 다음에 Fraudit-ExCon.exe를 실행한다.**

1) Main Sheet

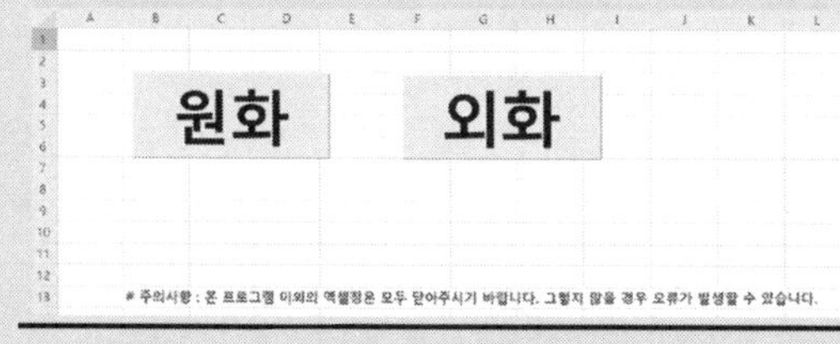

① 기능통화가 외화인 종속법인이 없으므로 원화 버튼을 누른다.

주의 원화 버튼을 누른 후 에러메시지가 뜨면 해당 에러 원인을 **기초정보.xlsx, 원화시산표.xlsx**에서 적절하게 수정한 후 다시 누른다.

2) out_연결분개_투자자본_0 sheet

계정과목	계정유형	차변	대변
AA종속기업투자지분	BS	0	48000
AB자본금	HE	10000	0
AB이익잉여금	BS	50000	0
AB비지배지분	NCI	0	12000

① 연결분개 중 투자와 자본 상계제거 분개 부분에 해당한다. 검증 목적으로 차변, 대변 칼럼의 금액과 계정과목을 확인하면 된다(분개에 대한 상세 설명은 본문에서 확인하기 바람).

3) tmp_연결분개_통합 sheet

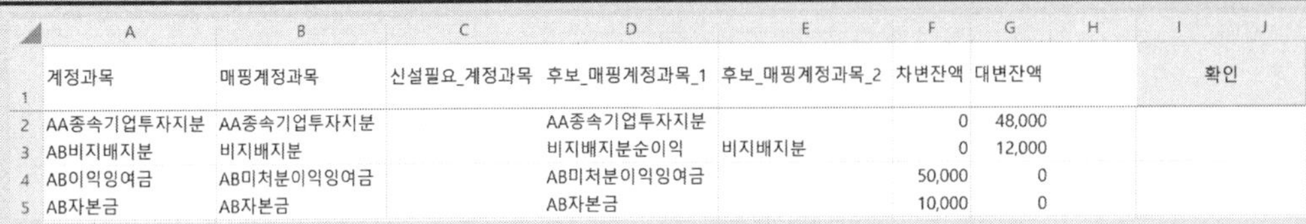

계정과목	매핑계정과목	신설필요_계정과목	후보_매핑계정과목_1	후보_매핑계정과목_2	차변잔액	대변잔액	확인
AA종속기업투자지분	AA종속기업투자지분		AA종속기업투자지분		0	48,000	
AB비지배지분	비지배지분		비지배지분순이익	비지배지분	0	12,000	
AB이익잉여금	AB미처분이익잉여금		AB미처분이익잉여금		50,000	0	
AB자본금	AB자본금		AB자본금		10,000	0	

① 계정과목(A열)과 매핑계정과목(B열)을 비교한 후 매핑계정과목이 적절하지 않으면,
② 후보_매핑계정과목_1(D열)과 후보_매핑계정과목_2(E열)에서 적절한 매핑계정과목이 있는지를 검토하고,
③ 적절한 후보_매핑계정과목을 복사하여 매핑계정과목에 붙이거나,
④ 적절한 후보_매핑계정과목이 없는 경우 계정과목을 신설하여 신설필요_계정과목(C열)에 입력하고 이를 매핑계정과목(B열)에도 동일하게 입력한다. 여기서는 신설필요_계정과목에 넣을 필요가 없다.

주의 어떤 계정과목을 처음 신설하는 경우 **매핑계정과목**과 **신설필요_계정과목**에 모두 동일하게 기입하여야 한다. 한번 신설필요_계정과목을 생성하면 그 계정과목을 여러 매핑계정과목에 사용할 수 있다. 다만 동일한 신설필요_계정과목을 중복하여 신설하지 않도록 하여야 한다.

⑤ 확인 버튼을 누른다.

4) out_최종연결정산표 sheet

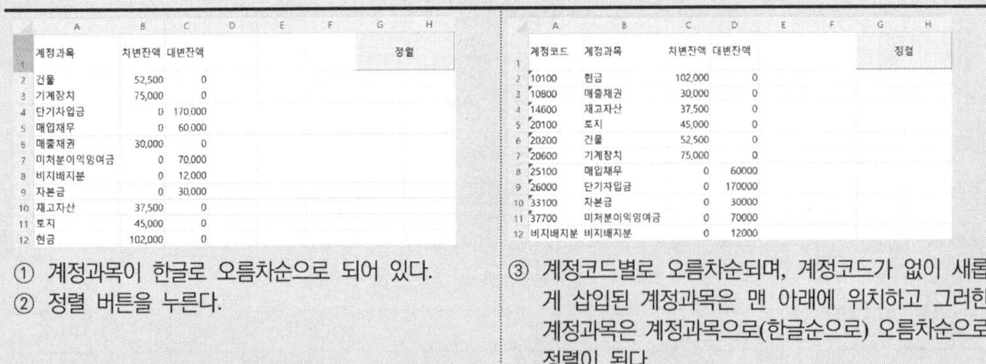

계정과목	차변잔액	대변잔액	정렬
건물	52,500	0	
기계장치	75,000	0	
단기차입금	0	170,000	
매입채무	0	60,000	
매출채권	30,000	0	
미처분이익잉여금	0	70,000	
비지배지분	0	12,000	
자본금	0	30,000	
재고자산	37,500	0	
토지	45,000	0	
현금	102,000	0	

① 계정과목이 한글로 오름차순으로 되어 있다.
② 정렬 버튼을 누른다.

계정코드	계정과목	차변잔액	대변잔액	정렬
10100	현금	102,000	0	
10800	매출채권	30,000	0	
14600	재고자산	37,500	0	
20100	토지	45,000	0	
20200	건물	52,500	0	
20600	기계장치	75,000	0	
25100	매입채무	0	60000	
26000	단기차입금	0	170000	
33100	자본금	0	30000	
37700	미처분이익잉여금	0	70000	
비지배지분	비지배지분	0	12000	

③ 계정코드별로 오름차순되며, 계정코드가 없이 새롭게 삽입된 계정과목은 맨 아래에 위치하고 그러한 계정과목은 계정과목으로(한글순으로) 오름차순으로 정렬이 된다.

02 사례 5 : 취득원가 > 종속기업의 순자산 공정가치(> 종속기업 순자산 장부금액)

기본정보 5 종속기업의 지분 80% 인수

(1) 취득일 : 2X01년 1월 1일
(2) 취득자 : P사
(3) 피취득자 : S사
(4) 취득시 지분율 : 80%
(5) 취득원가 : ₩55,000(취득부대비용 없음)
(6) P사 별도재무제표상 종속기업투자지분 회계처리 : **원가법**
(7) 취득일(2X01년 1월 1일)의 P사와 S사의 시산표는 다음과 같음

과목	P사		S사	
	차변	대변	차변	대변
현금	100,000		50,000	
매출채권	20,000		10,000	
재고자산	25,000		12,500	
토지	30,000		15,000	
건물	35,000		17,500	
기계장치	50,000		25,000	
매입채무		40,000		20,000
단기차입금		120,000		50,000
자본금		30,000		10,000
미처분이익잉여금		70,000		50,000
합계	260,000	260,000	130,000	130,000

(8) S사의 자산·부채 중 장부금액과 공정가치가 차이가 나는 항목은 다음과 같다.

과목	장부금액(시산표상)	공정가치
건물	17,500	19,500
기계장치	25,000	28,000

건물과 기계장치의 잔존내용연수는 취득일 기준 5년(60개월)이다.

(9) P사는 비지배지분에 대해서 순자산의 비례적 지분으로 측정한다.

(1) 취득시점 P사 회계처리

취득시점인 2X01년 1월 1일의 P사의 종속기업투자지분 회계처리는 다음과 같다.

계정과목	차변	대변
종속기업투자지분	55,000	
현금		55,000

상기 회계처리를 반영한 후의 P사와 S사의 시산표를 나타내면 다음과 같다.

과목	P사		S사	
	차변	대변	차변	대변
현금	45,000		50,000	
매출채권	20,000		10,000	
재고자산	25,000		12,500	
토지	30,000		15,000	
건물	35,000		17,500	
기계장치	50,000		25,000	
종속기업투자지분	55,000			
매입채무		40,000		20,000
단기차입금		120,000		50,000
자본금		30,000		10,000
미처분이익잉여금		70,000		50,000
합계	260,000	260,000	130,000	130,000

(2) 연결조정

■ 준비단계 : 지배기업과 종속기업의 재무제표 합산

과목	P사		S사		연결조정분개			연결 시산표	
	차변	대변	차변	대변	번호	차변	대변	차변	대변
현금	45,000		50,000						
매출채권	20,000		10,000						
재고자산	25,000		12,500						
토지	30,000		15,000						
건물	35,000		17,500						
기계장치	50,000		25,000						
종속기업투자지분	55,000								
매입채무		40,000		20,000					
단기차입금		120,000		50,000					
자본금		30,000		10,000					
미처분이익잉여금		70,000		50,000					
합계	260,000	260,000	130,000	130,000					

■ 1단계 : 종속기업 투자지분과 종속기업 자본계정의 상계 제거

다음으로 종속기업 투자지분과 종속기업 자본계정을 상계 제거한다. **[기본정보 5]**에서는 취득원가가 순자산의 공정가치보다 크기 때문에 차액은 영업권으로 인식된다.

취득원가			₩55,000
순자산 공정가치			(65,000)
자본금(S사)		10,000	
이익잉여금(S사)		50,000	
건물	(₩19,500 − ₩17,500)	2,000	
기계장치	(₩28,000 − ₩25,000)	3,000	
비지배지분	(65,000 × 20%)		13,000
영업권			₩3,000

투자계정과 자본계정의 상계 분개는 다음과 같다.

계정과목	차변	대변
① 종속기업투자지분		55,000
① 자본금	10,000	
① 미처분이익잉여금	50,000	
① 건물	2,000	
① 기계장치	3,000	
① 영업권	3,000	
① 비지배지분		13,000

여기서 비지배지분 ₩13,000은 S사의 자본인 자본금과 이익잉여금의 합계 및 건물과 기계장치의 공정가치 차이의 합계액인 ₩65,000의 20%에 해당한다.

(3) 연결정산표

종속기업 투자지분과 종속기업 자본계정분개 반영 후 연결정산표를 작성하면 다음과 같다.

과목	P사		S사		연결조정분개			연결 시산표	
	차변	대변	차변	대변	번호	차변	대변	차변	대변
현금	45,000		50,000					95,000	
매출채권	20,000		10,000					30,000	
재고자산	25,000		12,500					37,500	
토지	30,000		15,000					45,000	
건물	35,000		17,500		①	2,000		54,500	
기계장치	50,000		25,000		①	3,000		78,000	
영업권					①	3,000		3,000	
종속기업투자지분	55,000				①		55,000		
매입채무		40,000		20,000					60,000
단기차입금		120,000		50,000					170,000
자본금		30,000		10,000	①	10,000			30,000
미처분이익잉여금		70,000		50,000	①	50,000			70,000
비지배지분					①		13,000		13,000
합계	260,000	260,000	130,000	130,000		68,000	68,000	343,000	343,000

Fraudit ExCon 실 습 : 제1장_5

(1) 사례파일 : 제1장_5_기초정보.xlsx, 제1장_5_원화시산표.xlsx

(2) [기초정보.xlsx] 작성

1) 보고기간 sheet : 실습 제1장_1 과 동일

2) 기업목록 sheet : 실습 제1장_1 과 동일

3) 지분구조 sheet

	B	C	D	E
1	지배기업명	종속기업명	지배기업약식	종속기업약식
2	지배	종속	AA	AB
3				

① 지배기업명과 종속기업명을 입력한다. 여기서는 **지배**와 **종속**으로 입력한다.

	F	G	H	I	J	K	L	M	N	O
1	취득차수	취득일	간주취득일	외화취득원가	통화	환율	취득원가	균등유상증자_취득원가	불균등유상증자_취득원가	지분율
2	1	2001-01-01	2001-01-01		원화		55,000			80.00%
3										

② 취득차수를 입력한다. 최초취득이므로 **1**을 입력한다.

주의 추가취득인 경우에는 해당 차수에 따라 2, 3, 4... 식으로 입력한다.

③ 최초취득일을 입력한다. 여기서는 **2001-01-01**로 입력한다.

④ 간주취득일을 입력한다. 여기서는 **2001-01-01**로 입력한다.

주의 간주취득일은 최초취득일로부터 가장 근접한 결산재무제표의 결산일을 의미한다.

⑤ 통화는 국내종속법인인 경우로 가정하여 **원화**를 선택한다.

⑥ 취득원가를 입력한다. 여기서는 **55,000**을 입력한다.

⑦ 지분율을 입력한다. 여기서는 **80%**로 입력한다.

4) 취득시지분구조_공정가치차이 sheet

	E	F	G	H	I	J	K	L	M
1	목차	기업명	약식명칭	취득차수_1	취득일_1	간주취득일_1	자본계정명_1	자본금액_1_외화	자본금액_1
2	자본_공정가치	종속	AB	1	2001-01-01	2001-01-01	자본금		10,000
3		종속	AB				이익잉여금		50,000
4		종속	AB						

① 종속의 2001-01-01일의 자본계정명_1(1차 취득시 자본계정명을 의미함)을 **K열**에 입력한다. 여기서는 **자본금**과 **이익잉여금**을 입력한다.

② 종속의 2001-01-01일의 자본금액_1(1차 취득시 자본금액을 의미함)을 **M열**에 입력한다. 여기서는 **자본금**에 대해서는 **10,000**을, **이익잉여금**에 대해서는 **50,000**을 입력한다.

	N	O	P	Q	R	S
1	공정가치차이계정명	외화_공정가치차이금액	공정가치차이금액	상각여부	잔존내용연수_월	잔존가치
2	건물		2,000	상각	60	0
3	기계장치		3,000	상각	60	0

③ 공정가치와 장부금액이 차이가 나는 계정과목명을 N열에 입력한다. 여기서는 건물과 기계장치를 입력한다.
④ 공정가치와 장부금액의 차이금액을 P열에 입력한다. 건물에 대해서는 2,000(19,500 − 17,500)을 입력하고 기계장치에 대해서는 3,000(28,000 − 25,000)을 입력한다.
⑤ 공정가치와 장부금액이 차이가 나는 계정과목이 상각 또는 비상각대상인지를 선택한다. 여기서는 모두 상각을 선택한다.
⑥ 상각여부에서 상각을 선택하는 경우 잔존내용연수를 월할로 기입한다. 여기서는 잔존내용연수가 5년이므로 5×12 = 60을 입력한다.
⑦ 잔존가치를 입력한다. 여기서는 0을 입력한다.

5) 재무정보 sheet : 실습 제1장_1 과 동일

6) 내부거래현황 sheet : 실습 제1장_1 과 동일

(3) [원화시산표.xlsx] 작성

1) 보고기간 sheet : 실습 제1장_1 과 동일

2) 기업목록 sheet : 실습 제1장_1 과 동일

3) 원화시산표_1 sheet

	A	B	C	D	E	F	G	H
1	기업명	기능통화	시산표일자	ERP	계정코드	계정과목	차변	대변
2	지배	원화	2001-01-01	더존	10100	현금	45,000	
3					10800	매출채권	20,000	
4					14600	재고자산	25,000	
5					20100	토지	30,000	
6					20200	건물	35,000	
7					20600	기계장치	50,000	
8					19101	종속기업투자지분	55,000	
9					25100	매입채무		40,000
10					26000	단기차입금		120,000
11					33100	자본금		30,000
12					37700	미처분이익잉여금		70,000

① A열에 기업명을 입력한다. 여기서는 **지배**로 입력한다.
② 해당 계정코드, 계정과목, 차변, 대변 금액을 차례로 입력한다. **차변과 대변은 어느 한쪽만 입력하여야 한다.**
③ 검증 칼럼에서 OK가 아닌 경우 해당 원인을 해결한다.

4) 원화시산표_2 sheet

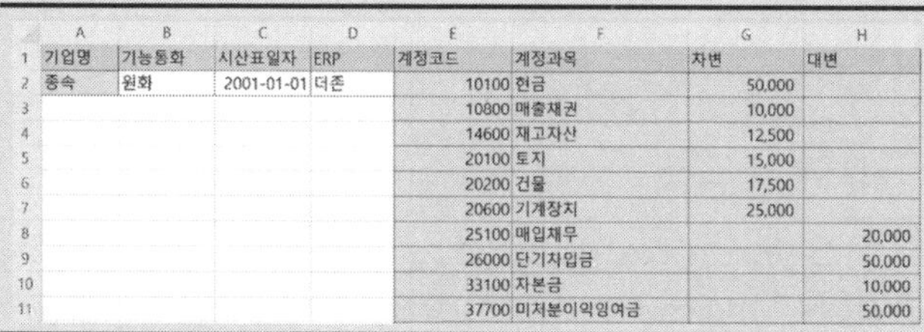

	A	B	C	D	E	F	G	H
1	기업명	기능통화	시산표일자	ERP	계정코드	계정과목	차변	대변
2	종속	원화	2001-01-01	더존	10100	현금	50,000	
3					10800	매출채권	10,000	
4					14600	재고자산	12,500	
5					20100	토지	15,000	
6					20200	건물	17,500	
7					20600	기계장치	25,000	
8					25100	매입채무		20,000
9					26000	단기차입금		50,000
10					33100	자본금		10,000
11					37700	미처분이익잉여금		50,000

① A열에 기업명을 입력한다. 여기서는 **종속**으로 입력한다.
② 해당 계정코드, 계정과목, 차변, 대변 금액을 차례로 입력한다. **차변과 대변은 어느 한쪽만 입력하여야 한다.**
③ 검증 칼럼에서 OK가 아닌 경우 해당 원인을 해결한다.

(4) [Fraudit-ExCon.exe] 실행

제1장_5_기초정보.xlsx, 제1장_5_원화시산표.xlsx을 Fraudit-ExCon이 있는 폴더에 복사하여 이동한다. 그리고 **접두어를 제거**하고 **기초정보.xlsx와 원화시산표.xlsx**로 이름을 변경한다. **그 다음에 Fraudit-ExCon.exe를 실행한다.**

1) Main Sheet

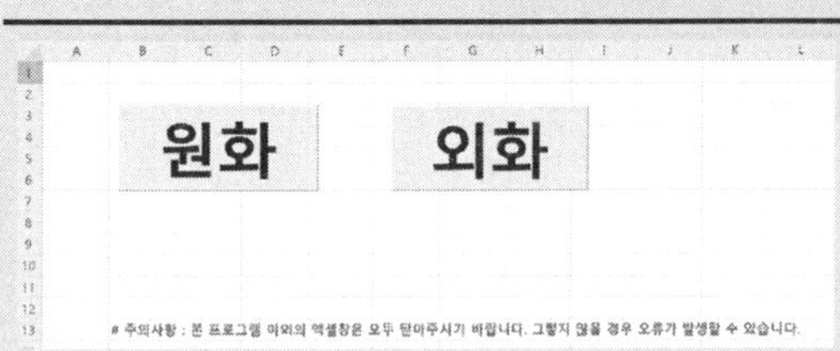

① 기능통화가 외화인 종속법인이 없으므로 원화 버튼을 누른다.

주의 원화 버튼을 누른 후 에러메시지가 뜨면 해당 에러 원인을 **기초정보.xlsx, 원화시산표.xlsx**에서 적절하게 수정한 후 다시 누른다.

2) out_연결분개_투자자본_0 sheet

T	U	V	W
계정과목	계정유형	차변	대변
AA종속기업투자지분	BS	0	55000
AB자본금	HE	10000	0
AB이익잉여금	BS	50000	0
AB건물	BS	2000	0
AB이연법인세	BS	0	0
AB기계장치	BS	3000	0
AB이연법인세	BS	0	0
AB비지배지분	NCI	0	13000
AB영업권	BS	3000	0

① 연결분개 중 투자와 자본 상계제거 분개 부분에 해당한다. 검증 목적으로 차변, 대변 칼럼의 금액과 계정과목을 확인하면 된다(분개에 대한 상세 설명은 본문에서 확인하기 바람).

3) tmp_연결분개_통합 sheet

	A	B	C	D	E	F	G	H	I	J
1	계정과목	매핑계정과목	신설필요_계정과목	후보_매핑계정과목_1	후보_매핑계정과목_2	차변잔액	대변잔액		확인	
2	AA종속기업투자지분	AA종속기업투자지분		AA종속기업투자지분		0	55,000			
3	AB건물	AB건물		AB건물		2,000	0			
4	AB기계장치	AB기계장치		AB기계장치	AA기계장치	3,000	0			
5	AB비지배지분	비지배지분		비지배지분순이익	비지배지분	0	13,000			
6	AB영업권	AB영업권	AB영업권			3,000	0			
7	AB이익잉여금	AB미처분이익잉여금		AB미처분이익잉여금		50,000	0			
8	AB자본금	AB자본금		AB자본금		10,000	0			

① 계정과목(A열)과 매핑계정과목(B열)을 비교한 후 매핑계정과목이 적절하지 않으면,
② 후보_매핑계정과목_1(D열)과 후보_매핑계정과목_2(E열)에서 적절한 매핑계정과목이 있는지를 검토하고,
③ 적절한 후보_매핑계정과목을 복사하여 매핑계정과목에 붙이거나,
④ 적절한 후보_매핑계정과목이 없는 경우 계정과목을 신설하여 신설필요_계정과목(C열)에 입력하고 이를 매핑계정과목(B열)에도 동일하게 입력한다. 여기서는 신설필요_계정과목을 AB영업권을 넣는다.

주의 어떤 계정과목을 처음 신설하는 경우 **매핑계정과목**과 **신설필요_계정과목**에 모두 동일하게 기입하여야 한다. 한번 신설필요_계정과목을 생성하면 그 계정과목을 여러 매핑계정과목에 사용할 수 있다. 다만 동일한 신설필요_계정과목을 중복하여 신설하지 않도록 하여야 한다.

⑤ 확인 버튼을 누른다.

4) out_최종연결정산표 sheet

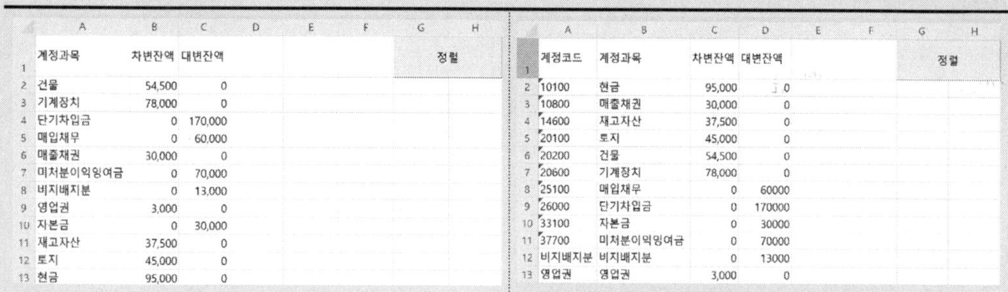

계정과목	차변잔액	대변잔액	정렬
건물	54,500	0	
기계장치	78,000	0	
단기차입금	0	170,000	
매입채무	0	60,000	
매출채권	30,000	0	
미처분이익잉여금	0	70,000	
비지배지분	0	13,000	
영업권	3,000	0	
자본금	0	30,000	
재고자산	37,500	0	
토지	45,000	0	
현금	95,000	0	

계정코드	계정과목	차변잔액	대변잔액	정렬
10100	현금	95,000	0	
10800	매출채권	30,000	0	
14600	재고자산	37,500	0	
20100	토지	45,000	0	
20200	건물	54,500	0	
20600	기계장치	78,000	0	
25100	매입채무	0	60000	
26000	단기차입금	0	170000	
33100	자본금	0	30000	
37700	미처분이익잉여금	0	70000	
비지배지분	비지배지분	0	13000	
영업권	영업권	3,000	0	

① 계정과목이 한글로 오름차순으로 되어 있다.
② 정렬 버튼을 누른다.

③ 계정코드별로 오름차순되며, 계정코드가 없이 새롭게 삽입된 계정과목은 맨 아래에 위치하고 그러한 계정과목은 계정과목으로(한글순으로) 오름차순으로 정렬이 된다.

03 사례 6 : 취득원가 < 종속기업의 순자산 공정가치(> 종속기업 순자산 장부금액)

기본정보 6 종속기업의 지분 80% 인수

(1) 취득일 : 2X01년 1월 1일
(2) 취득자 : P사
(3) 피취득자 : S사
(4) 취득시 지분율 : 80%
(5) 취득원가 : ₩50,000(취득부대비용 없음)
(6) P사 별도재무제표상 종속기업투자지분 회계처리 : 원가법
(7) 취득일(2X01년 1월 1일)의 P사와 S사의 시산표는 다음과 같음

과목	P사		S사	
	차변	대변	차변	대변
현금	100,000		50,000	
매출채권	20,000		10,000	
재고자산	25,000		12,500	
토지	30,000		15,000	
건물	35,000		17,500	
기계장치	50,000		25,000	
매입채무		40,000		20,000
단기차입금		120,000		50,000
자본금		30,000		10,000
미처분이익잉여금		70,000		50,000
합계	260,000	260,000	130,000	130,000

(8) S사의 자산·부채 중 장부금액과 공정가치가 차이가 나는 항목은 다음과 같다.

과목	장부금액(시산표상)	공정가치
건물	17,500	19,500
기계장치	25,000	28,000

(9) P사는 비지배지분에 대해서 순자산의 비례적 지분으로 측정한다.

(1) 취득시점 P사 회계처리

취득시점인 2X01년 1월 1일의 P사의 종속기업투자지분 회계처리는 다음과 같다.

계정과목	차변	대변
종속기업투자지분	50,000	
현금		50,000

상기 회계처리를 반영한 후의 P사와 S사의 시산표를 나타내면 다음과 같다.

과목	P사		S사	
	차변	대변	차변	대변
현금	50,000		50,000	
매출채권	20,000		10,000	
재고자산	25,000		12,500	
토지	30,000		15,000	
건물	35,000		17,500	
기계장치	50,000		25,000	
종속기업투자지분	50,000			
매입채무		40,000		20,000
단기차입금		120,000		50,000
자본금		30,000		10,000
미처분이익잉여금		70,000		50,000
합계	260,000	260,000	130,000	130,000

(2) 연결조정

■ 준비단계 : 지배기업과 종속기업의 재무제표 합산

과목	P사		S사		연결조정분개			연결 시산표	
	차변	대변	차변	대변	번호	차변	대변	차변	대변
현금	50,000		50,000						
매출채권	20,000		10,000						
재고자산	25,000		12,500						
토지	30,000		15,000						
건물	35,000		17,500						
기계장치	50,000		25,000						
종속기업투자지분	50,000								
매입채무		40,000		20,000					
단기차입금		120,000		50,000					
자본금		30,000		10,000					
미처분이익잉여금		70,000		50,000					
합계	260,000	260,000	130,000	130,000					

■ 1단계 : 종속기업 투자지분과 종속기업 자본계정의 상계 제거

다음으로 1단계인 종속기업 투자지분과 종속기업 자본계정을 상계 제거한다. **[기본정보 6]** 에서는 취득원가가 순자산의 공정가치보다 작기 때문에 차액은 **염가매수차익**으로 인식된다.

취득원가			₩50,000
순자산 공정가치			(65,000)
자본금(S사)		10,000	
이익잉여금(S사)		50,000	
건물	(₩19,500 － ₩17,500)	2,000	
기계장치	(₩28,000 － ₩25,000)	3,000	
비지배지분	(65,000 × 20%)		13,000
염가매수차익			(₩2,000)

종속기업 투자지분과 종속기업 자본계정의 상계 분개는 다음과 같다.

계정과목	차변	대변
① 종속기업투자지분		50,000
① 자본금	10,000	
① 미처분이익잉여금	50,000	
① 건물	2,000	
① 기계장치	3,000	
① 염가매수차익		2,000
① 비지배지분		13,000

여기서 비지배지분 ₩13,000은 S사의 자본인 자본금과 이익잉여금의 합계 및 건물과 기계장치의 공정가치 차이의 합계액인 ₩65,000의 20%에 해당한다.

(3) 연결정산표

종속기업 투자지분과 종속기업 자본계정의 상계 분개 반영 후 연결정산표를 작성하면 다음과 같다.

과목	P사		S사		연결조정분개			연결 시산표	
	차변	대변	차변	대변	번호	차변	대변	차변	대변
현금	50,000		50,000					100,000	
매출채권	20,000		10,000					30,000	
재고자산	25,000		12,500					37,500	
토지	30,000		15,000					45,000	
건물	35,000		17,500		①	2,000		54,500	
기계장치	50,000		25,000		①	3,000		78,000	
종속기업투자지분	50,000				①		50,000		
매입채무		40,000		20,000					60,000
단기차입금		120,000		50,000					170,000
자본금		30,000		10,000	①	10,000			30,000
미처분이익잉여금		70,000		50,000	①	50,000			70,000
비지배지분					①		13,000		13,000
염가매수차익					①		2,000		2,000
합계	260,000	260,000	130,000	130,000		65,000	65,000	345,000	345,000

Fraudit ExCon

실 습 : 제1장_6

(1) 사례파일 : 제1장_6_기초정보.xlsx, 제1장_6_원화시산표.xlsx

(2) [기초정보.xlsx] 작성

1) 보고기간 sheet : 실습 제1장_1 과 동일

2) 기업목록 sheet : 실습 제1장_1 과 동일

3) 지분구조 sheet

	B	C	D	E
1	지배기업명	종속기업명	지배기업약식	종속기업약식
2	지배	종속	AA	AB
3				

① 지배기업명과 종속기업명을 입력한다. 여기서는 **지배**와 **종속**으로 입력한다.

	G	H	I	J	K	L	M	N	O
1	취득일	간주취득일	외화취득원가	통화	환율	취득원가	균등유상증자_취득원가	불균등유상증자_취득원가	지분율
2	2001-01-01	2001-01-01		원화		50,000			80.00%
3									

② 취득차수를 입력한다. 최초취득이므로 **1**을 입력한다.

주의 추가취득인 경우에는 해당 차수에 따라 2, 3, 4... 식으로 입력한다.

③ 최초취득일을 입력한다. 여기서는 **2001-01-01**로 입력한다.

④ 간주취득일을 입력한다. 여기서는 **2001-01-01**로 입력한다.

주의 간주취득일은 최초취득일로부터 가장 근접한 결산재무제표의 결산일을 의미한다.

⑤ 통화는 국내종속법인인 경우로 가정하여 **원화**를 선택한다.

⑥ 취득원가를 입력한다. 여기서는 **50,000**을 입력한다.

⑦ 지분율을 입력한다. 여기서는 **80%**로 입력한다.

4) 취득시지분구조_공정가치차이 sheet

	E	F	G	H	I	J	K	L	M
1	목차	기업명	약식명칭	취득차수_1	취득일_1	간주취득일_1	자본계정명_1	자본금액_1_외화	자본금액_1
2	자본_공정가치	종속	AB	1	2001-01-01	2001-01-01	자본금		10,000
3		종속	AB				이익잉여금		50,000

① 종속의 2001-01-01일의 자본계정명_1(1차 취득시 자본계정명을 의미함)을 **K열**에 입력한다. 여기서는 **자본금**과 **이익잉여금**을 입력한다.

② 종속의 2001-01-01일의 자본금액_1(1차 취득시 자본금액을 의미함)을 **M열**에 입력한다. 여기서는 **자본금**에 대해서는 **10,000**을, **이익잉여금**에 대해서는 **50,000**을 입력한다.

	N	O	P	Q	R	S
1	공정가치차이계정명	외화_공정가치차이금액	공정가치차이금액	상각여부	잔존내용연수_월	잔존가치
2	건물		2,000	상각	60	0
3	기계장치		3,000	상각	60	0

③ 공정가치와 장부금액이 차이가 나는 계정과목명을 N열에 입력한다. 여기서는 건물과 기계장치를 입력한다.

④ 공정가치와 장부금액의 차이금액을 P열에 입력한다. 건물에 대해서는 2,000(19,500 − 17,500)을 입력하고 기계장치에 대해서는 3,000(28,000 − 25,000)을 입력한다.
⑤ 공정가치와 장부금액이 차이가 나는 계정과목이 상각 또는 비상각대상인지를 선택한다. 여기서는 모두 상각을 선택한다.
⑥ 상각여부에서 상각을 선택하는 경우 잔존내용연수를 월할로 기입한다. 여기서는 잔존내용연수가 5년이므로 5×12 = 60을 입력한다.
⑦ 잔존가치를 입력한다. 여기서는 0을 입력한다.

5) 재무정보 sheet : 실습 제1장_1 과 동일

6) 내부거래현황 sheet : 실습 제1장_1 과 동일

(3) [원화시산표.xlsx] 작성

1) 보고기간 sheet : 실습 제1장_1 과 동일

2) 기업목록 sheet : 실습 제1장_1 과 동일

3) 원화시산표_1 sheet

	A	B	C	D	E	F	G	H
1	기업명	기능통화	시산표일자	ERP	계정코드	계정과목	차변	대변
2	지배	원화	2001-01-01	더존	10100	현금	50,000	
3					10800	매출채권	20,000	
4					14600	재고자산	25,000	
5					20100	토지	30,000	
6					20200	건물	35,000	
7					20600	기계장치	50,000	
8					19101	종속기업투자지분	50,000	
9					25100	매입채무		40,000
10					26000	단기차입금		120,000
11					33100	자본금		30,000
12					37700	미처분이익잉여금		70,000

① A열에 기업명을 입력한다. 여기서는 **지배**로 입력한다.
② 해당 계정코드, 계정과목, 차변, 대변 금액을 차례로 입력한다. **차변과 대변은 어느 한쪽만 입력하여야 한다.**
③ 검증 칼럼에서 OK가 아닌 경우 해당 원인을 해결한다.

4) 원화시산표_2 sheet

	A	B	C	D	E	F	G	H
1	기업명	기능통화	시산표일자	ERP	계정코드	계정과목	차변	대변
2	종속	원화	2001-01-01	더존	10100	현금	50,000	
3					10800	매출채권	10,000	
4					14600	재고자산	12,500	
5					20100	토지	15,000	
6					20200	건물	17,500	
7					20600	기계장치	25,000	
8					25100	매입채무		20,000
9					26000	단기차입금		50,000
10					33100	자본금		10,000
11					37700	미처분이익잉여금		50,000

① A열에 기업명을 입력한다. 여기서는 **종속**으로 입력한다.
② 해당 계정코드, 계정과목, 차변, 대변 금액을 차례로 입력한다. **차변과 대변은 어느 한쪽만 입력하여야 한다.**
③ 검증 칼럼에서 OK가 아닌 경우 해당 원인을 해결한다.

(4) [Fraudit-ExCon.exe] 실행

제1장_6_기초정보.xlsx, **제1장_6_원화시산표.xlsx**을 Fraudit-ExCon이 있는 폴더에 복사하여 이동한다. 그리고 **접두어를 제거**하고 **기초정보.xlsx와 원화시산표.xlsx**로 이름을 변경한다. **그 다음에 Fraudit-ExCon.exe를 실행한다.**

1) Main Sheet

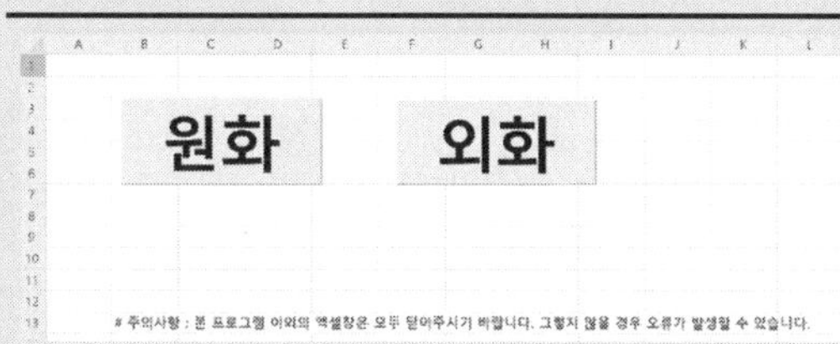

① 기능통화가 외화인 종속법인이 없으므로 원화 버튼을 누른다.

주의 원화 버튼을 누른 후 에러메시지가 뜨면 해당 에러 원인을 **기초정보.xlsx, 원화시산표.xlsx**에서 적절하게 수정한 후 다시 누른다.

2) out_연결분개_투자자본_0 sheet

T	U	V	W
계정과목	계정유형	차변	대변
AA종속기업투자지분	BS	0	50000
AB자본금	HE	10000	0
AB이익잉여금	BS	50000	0
AB건물	BS	2000	0
AB이연법인세	BS	0	0
AB기계장치	BS	3000	0
AB이연법인세	BS	0	0
AB비지배지분	NCI	0	13000
AB염가매수차익	BS	0	2000

① 연결분개 중 투자와 자본 상계제거 분개 부분에 해당한다. 검증 목적으로 차변, 대변 칼럼의 금액과 계정과목을 확인하면 된다(분개에 대한 상세 설명은 본문에서 확인하기 바람).

3) tmp_연결분개_통합 sheet

	A	B	C	D	E	F	G	H	I	J
1	계정과목	매핑계정과목	신설필요_계정과목	후보_매핑계정과목_1	후보_매핑계정과목_2	차변잔액	대변잔액		확인	
2	AA종속기업투자지분	AA종속기업투자지분		AA종속기업투자지분		0	50,000			
3	AB건물	AB건물		AB건물		2,000	0			
4	AB기계장치	AB기계장치		AB기계장치	AA기계장치	3,000	0			
5	AB비지배지분	비지배지분		비지배지분순이익	비지배지분	0	13,000			
6	AB염가매수차익	염가매수차익		염가매수차익		0	2,000			
7	AB이익잉여금	AB미처분이익잉여금		AB미처분이익잉여금		50,000	0			
8	AB자본금	AB자본금		AB자본금		10,000	0			

① 계정과목(A열)과 매핑계정과목(B열)을 비교한 후 매핑계정과목이 적절하지 않으면,
② 후보_매핑계정과목_1(D열)과 후보_매핑계정과목_2(E열)에서 적절한 매핑계정과목이 있는지를 검토하고,
③ 적절한 후보_매핑계정과목을 복사하여 매핑계정과목에 붙이거나,
④ 적절한 후보_매핑계정과목이 없는 경우 계정과목을 신설하여 신설필요_계정과목(C열)에 입력하고 이를 매핑계정과목(B열)에도 동일하게 입력한다. 여기서는 신설필요_계정과목을 넣을 필요가 없다.

주의 어떤 계정과목을 처음 신설하는 경우 **매핑계정과목**과 **신설필요_계정과목**에 모두 동일하게 기입하여야 한다. 한번 신설필요_계정과목을 생성하면 그 계정과목을 여러 매핑계정과목에 사용할 수 있다. 다만 동일한 신설필요_계정과목을 중복하여 신설하지 않도록 하여야 한다.

⑤ 확인 버튼을 누른다.

4) out_최종연결정산표 sheet

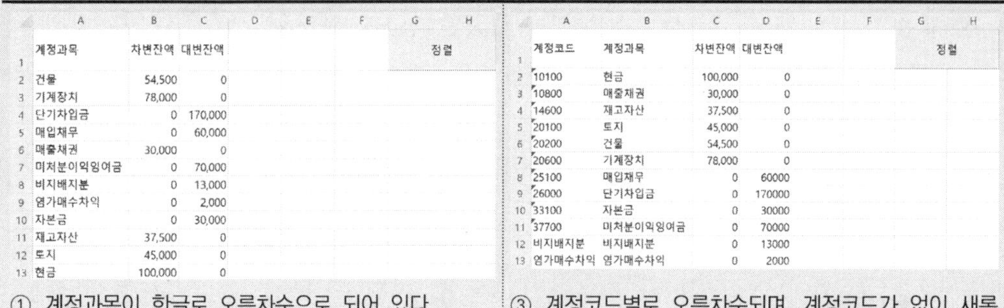

계정과목	차변잔액	대변잔액	정렬
건물	54,500	0	
기계장치	78,000	0	
단기차입금	0	170,000	
매입채무	0	60,000	
매출채권	30,000	0	
미처분이익잉여금	0	70,000	
비지배지분	0	13,000	
염가매수차익	0	2,000	
자본금	0	30,000	
재고자산	37,500	0	
토지	45,000	0	
현금	100,000	0	

① 계정과목이 한글로 오름차순으로 되어 있다.
② 정렬 버튼을 누른다.

계정코드	계정과목	차변잔액	대변잔액	정렬
10100	현금	100,000	0	
10800	매출채권	30,000	0	
14600	재고자산	37,500	0	
20100	토지	45,000	0	
20200	건물	54,500	0	
20600	기계장치	78,000	0	
25100	매입채무	0	60000	
26000	단기차입금	0	170000	
33100	자본금	0	30000	
37700	미처분이익잉여금	0	70000	
비지배지분	비지배지분	0	13000	
염가매수차익	염가매수차익	0	2000	

③ 계정코드별로 오름차순되며, 계정코드가 없이 새롭게 삽입된 계정과목은 맨 아래에 위치하고 그러한 계정과목은 계정과목으로(한글순으로) 오름차순으로 정렬이 된다.

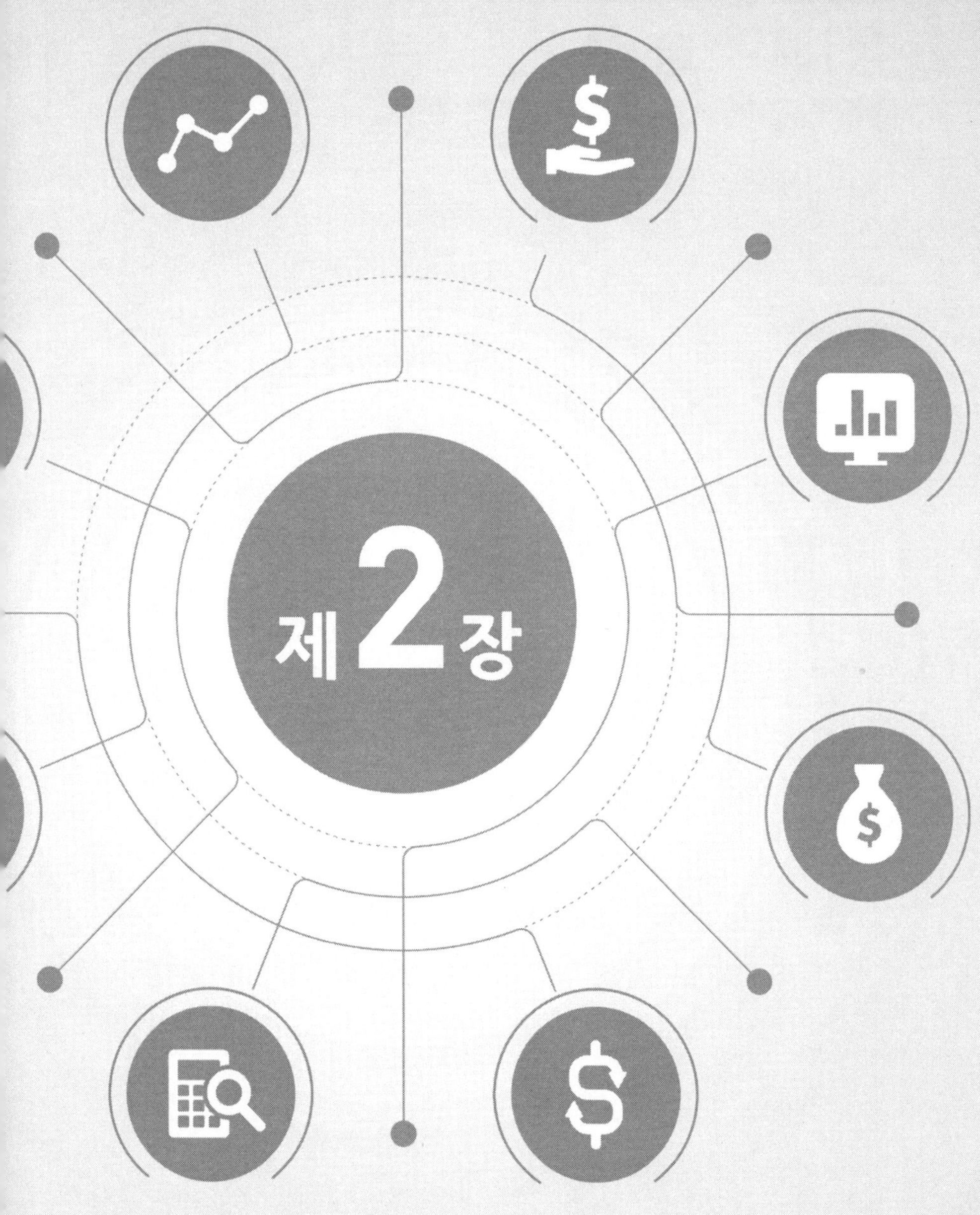

취득일 이후의 연결

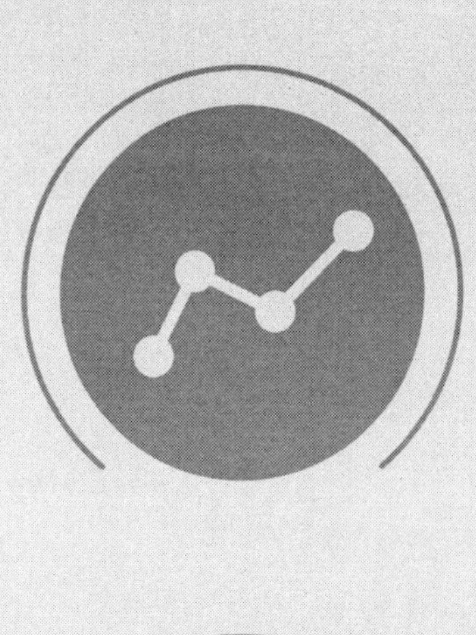

제 1 절 취득일 이후 연결 개요

제1장에서는 취득일 시점에 가장 간단한 연결재무제표 작성을 설명하면서 다음 세가지를 강조하였다.

> (1) 지배기업과 종속기업의 재무제표의 단순 합산
> (2) 종속기업 투자지분과 종속기업 자본계정의 상계 제거
> (3) 종속기업 투자지분과 종속기업 자본계정의 상계 과정에서 자산·부채의 장부금액과 공정가치의 차이 및 영업권(또는 염가매수차익)의 발생

취득일에는 연결해야 할 포괄손익계산서가 없으므로 취득일 시점에 행하는 연결의 특징은 재무상태표만을 연결한다는 것이다.

그런데, 취득일 이후, 예를 들어 취득한 회계연도 말에 연결재무제표를 작성하는 경우에는 재무상태표 뿐만 아니라 포괄손익계산서도 연결해야 한다. 이에 더해서 취득일 이후에는 종속기업의 당기순이익·이익잉여금·자본잉여금이 변동되므로 이를 연결재무제표에 반영하기 위해서는 추가적인 연결절차를 거쳐야 한다.

그러나 취득일(지배력 획득시점)이후 연결재무제표 작성의 시발점은 취득일(지배력 획득시점)의 연결재무상태표 작성이다. 따라서 연결재무제표를 작성하기 위해서는 필수적으로 **취득일**의 **사업결합회계처리를 계속적으로 관리**하여야 한다.

제 2 절 취득일 이후 연결 절차

01 취득일 이후 연결의 유형

비지배지분은 (1) **비례적**으로 측정할 수도 있고 (2) **공정가치**로 측정할 수도 있다. K-IFRS 1027 문단 10에서는 별도재무제표를 작성할 때, 종속기업에 대한 투자자산은 (1) **원가법,** (2) **K-IFRS 1109에 따른 방법,** (3) **K-IFRS 1028에 따른 지분법 중 한 가지 방법을 선택**하여 회계처리하도록 하고 있다. 여기서 K-IFRS 1109에 따른 방법이란 종속기업에 대한 투자자산을 기타포괄손익-공정가치측정 금융자산으로 보아 공정가치법을 사용한다는 것을 의미한다. 따라서 연결회계처리의 유형은 사업결합시 비지배지분의 측정방법과 별도재무제표상 종속기업 투자지분의 회계처리방법에 따라 크게 다음 6가지 경우로 구분할 수 있다.

종속기업투자지분 / 비지배지분	원가법	지분법	K-IFRS 1109 (기타포괄손익-공정가치측정 금융자산)
비례적 측정	case 1	case 3	case 5
공정가치로 측정	case 2	case 4	case 6

본서에서는 상기의 유형 중 **case 1, case 3**에 대해서 설명할 것이다.

02 취득일 이후 연결절차

연결의 순서는 일반적으로 다음과 같이 이루어진다.

준비단계 : 지배기업과 종속기업의 재무제표(시산표) 합산

1단계 : 종속기업투자지분과 종속기업 자본계정의 상계제거

(1) 종속기업투자지분과 종속기업의 자본계정 상계제거

(2) 종속기업 자산・부채의 장부금액과 공정가치의 차이(일명 '공정가치차이) 및 영업권(또는 염가매수차익) 발생

(3) 이연법인세 회계처리

2단계 : 영업권 및 공정가치차이의 후속처리

(1) 재고자산, 유·무형자산 등 공정가치차이의 후속처리
(2) 영업권의 후속처리(손상 등)
(3) 관련 비지배지분 증감 후속처리
(4) 관련 이연법인세 회계처리

3단계 : 지배기업과 종속기업간의 내부거래 제거

(1) 지배기업과 종속기업 간의 채권·채무 및 수익·비용 등의 내부거래 제거
(2) 지배기업과 종속기업 간의 내부거래로 인한 미실현손익 제거
(3) 관련 비지배지분 증감 후속처리
(4) 관련 이연법인세 회계처리

4단계 : 종속기업의 배당에 대한 내부거래 제거

(1) 당해연도 종속기업 배당 중 지배지분 배당금수익 제거
(2) 당해연도 종속기업 배당 중 비지배지분 해당분 제거

5단계 : 비지배지분의 증가(감소) 회계처리

(1) 취득일부터 직전년도 말까지 종속기업 자본(이익잉여금, 기타포괄손익, 기타자본 등)의 증감 중 비지배지분 해당액 처리
(2) 당해연도의 종속기업 자본(당기순이익, 기타포괄손익, 기타자본 등)의 증감 중 비지배지분 해당액 처리

6단계 : 종속기업투자지분에 대한 이연법인세 회계처리

제1장에서는 취득일에 연결재무제표를 작성하는 것을 가정하였기 때문에, 위의 연결 절차 중에서 1단계만을 설명하였다. 취득일 이후에 연결재무제표를 작성할 때는 위의 모든 절차를 거쳐야 한다. 그러나 이해의 편의상 **제2장**에서는 **3단계를 제외한 나머지 연결절차**를 설명한다. 즉, 지배회사와 종속회사가 존재하지만 둘 간의 내부거래는 없는 경우를 가정한다. 3단계인 내부거래의 제거에 대해서는 제3장에서 설명한다.

 보충설명 **종속회사 지분 추가 취득 또는 처분의 경우**

여기서는 설명의 편의상 종속회사 지분을 추가 취득하거나 처분하는 경우는 상기 단계에 포함시키기 않았으나, 이러한 경우가 발생하는 경우에는 추가적인 연결절차가 필요하다. 이는 제4장에서 설명할 것이다.

제 3 절 원가법 및 비례적 측정(case 1)

01 취득년도 말 연결

기본정보 1-1 취득일(2X01년 1월 1일) 및 취득년도 말(2X01년 말) 자료

(1) 취득일 : 2X01년 1월 1일
(2) 취득자 : P사 (3) 피취득자 : S사 (4) 취득시 지분율 : 80%
(5) 취득원가 : ₩228,000(취득부대비용 없음)
(6) 취득일의 S사 자본계정 : 자본금 ₩200,000, 이익잉여금 ₩60,000
취득일의 S사 자산・부채 장부금액은 공정가치와 일치(장부금액 = 공정가치)
(7) P사 별도재무제표상 종속기업투자지분 회계처리 : **원가법**
(8) 비지배지분 측정방법 : **비례적 측정**
(9) S사가 2X01년 중 지급한 현금 배당금 ₩1,000 중 ₩800을 P사가 수령
(10) P사와 S사의 2X01년 12월 31일 시산표

과목	P사 시산표		S사 시산표	
	차변	대변	차변	대변
현금	200,000		48,000	
매출채권	210,000		55,000	
재고자산	40,000		30,000	
종속기업투자지분	228,000			
토지	75,000		40,000	
건물	250,000		50,000	
기계장치	350,000		100,000	
매입채무		217,000		30,000
단기차입금		320,000		25,000
자본금		625,000		200,000
미처분이익잉여금		100,000		59,000
매출		999,200		180,000
배당금수익		800		
매출원가	859,000		166,000	
감가상각비	50,000		5,000	
합계	2,262,000	2,262,000	494,000	494,000

(11) 2X01년의 영업권 손상차손 : ₩4,000
(12) S사의 2X01년 당기순이익(총포괄이익과 동일) : ₩9,000

(1) 취득시점 및 배당금수령시 P사 회계처리

취득시점인 2X01년 1월 1일의 P사의 종속기업투자지분 회계처리는 다음과 같다.

계정과목	차변	대변
종속기업투자지분	228,000	
현금		228,000

종속기업투자지분은 원가법을 사용하므로 2X01년 12월 31일 P사의 종속기업투자지분 금액은 취득원가인 ₩228,000과 동일하다.

한편, 2X01년 중 S사가 지급한 배당금을 P사가 수령시 행하는 회계처리는 다음과 같다.

계정과목	차변	대변
현금	800	
배당금수익 주1)		800

주1) S사가 2X01년 중 지급한 현금 배당금 ₩1,000 × 80% = ₩800

(2) 취득년도(2X01년) 말 연결조정

■ 준비단계 : 지배기업과 종속기업의 시산표 합산

과목	P사 시산표		S사 시산표		연결조정분개			연결 시산표	
	차변	대변	차변	대변	번호	차변	대변	차변	대변
현금	200,000		48,000						
매출채권	210,000		55,000						
재고자산	40,000		30,000						
종속기업투자지분	228,000								
토지	75,000		40,000						
건물	250,000		50,000						
기계장치	350,000		100,000						
매입채무		217,000		30,000					
단기차입금		320,000		25,000					
자본금		625,000		200,000					
미처분이익잉여금		100,000		59,000					
매출		999,200		180,000					
배당금수익		800							
매출원가	859,000		166,000						
감가상각비	50,000		5,000						
합계	2,262,000	2,262,000	494,000	494,000					

■ 1단계 : 종속기업 투자지분과 종속기업 자본계정의 상계 제거

다음으로 1단계인 종속기업 투자지분과 종속기업 자본계정을 상계 제거한다. 관련 회계처리는 다음과 같다.

계정과목	차변	대변
① 종속기업투자지분		228,000
① 자본금	200,000	
① 미처분이익잉여금	60,000	
① 영업권	20,000	
① 비지배지분 [1]		52,000

주1) (₩200,000 + ₩60,000) × 비지배지분율 20% = ₩52,000

1단계에서 중요한 것은 **취득일의 종속기업투자지분과 종속기업 자본계정의 상계 분개가 취득일 이후 종속기업투자지분과 종속기업 자본계정의 상계 분개와 동일**하다는 것이다. 왜냐하면, 위의 분개에서 보듯이 종속기업 자산·부채의 장부금액과 공정가치의 차이와 영업권(또는 염가매수차익)은 취득시점에 결정되기 때문이다.

■ 2단계 : 영업권 및 공정가치차이의 후속처리

1단계에서 영업권이 발생하였기 때문에 취득일 이후에 영업권의 손상차손이 발생하였는지에 대한 손상검사를 하고 손상차손이 발생하였으면 이를 인식하여야 한다. **[기본정보1-1]**에서는 2X01년에 영업권손상차손이 ₩4,000이므로 이를 인식하여야 한다.

계정과목	차변	대변
② 영업권손상차손	4,000	
② 영업권		4,000

상기 영업권 손상차손은 비지배지분에 배분하지 않는다. 왜냐하면 비지배지분을 비례적지분으로 측정하였기 때문에 비지배지분에 귀속되는 영업권은 존재하지 않기 때문이다. 만약, 비지배지분을 공정가치로 측정하는 경우에는 비지배지분에 귀속되는 영업권손상차손을 비지배지분에 배분하여야 한다.

■ 3단계 : 지배기업과 종속기업간의 내부거래 제거

3단계에서는 내부거래를 상계하는 회계처리를 해야 하는데, **[기본정보1-1]**에서 P사와 S사간에 내부거래가 없기 때문에 이에 대한 회계처리는 발생하지 않는다.

■ 4단계 : 종속기업의 배당에 대한 내부거래 제거

4단계에서는 종속기업의 배당에 대한 내부거래를 제거하는 회계처리를 한다.

계정과목	차변	대변
③ 배당금수익	800	
③ 미처분이익잉여금		800

주1) S사의 배당 ₩1,000 × 80% = ₩800

한편, 상기 회계처리에서 종속기업(S사) 배당액 ₩1,000 중 지배기업의 배당금수익은 취소되었지만 비지배지분 해당액에 대한 회계처리가 반영되지 않았으므로 이에 대한 회계처리가 추가로 필요하다.

계정과목	차변	대변
④ 비지배지분	200	
④ 미처분이익잉여금		200

주1) S사의 배당 ₩1,000 × 20% = ₩200

보충설명 비지배주주에 대한 배당

종속기업의 배당금 지급시 회계처리는 다음과 같다.

S사	(차)	이익잉여금(배당금)	1,000	(대)	현금	1,000

지배기업 및 비지배주주의 배당금 수령시 회계처리는 각각 다음과 같다.

지배기업	(차)	현금	800	(대)	배당금수익	800
비지배주주	(차)	현금	200	(대)	배당금수익	200

기업실체이론상 지배기업의 배당금수익 및 비지배주주의 배당금수익을 모두 취소시켜주어야 하기 때문에 취소 회계처리는 다음과 같이 될 것이다.

지배기업	(차)	배당금수익	800	(대)	이익잉여금	800
비지배주주	(차)	배당금수익	200	(대)	이익잉여금	200

그런데 연결재무제표에서는 **비지배주주에 대한 배당금수익의 취소를 비지배지분의 감소**로 반영할 수 밖에 없기 때문에 비지배지분의 감소로 회계처리하는 것이다.

■ 5단계 : 비지배지분의 증감 회계처리

5단계에서는 당해연도의 종속기업(S사)의 자본의 증감 중 비지배지분 해당액에 대한 회계처리를 하여야 한다. **[기본정보1-1]**에서 배당을 제외한 종속기업의 자본 변동은 당기순이익으로 인한 이익잉여금의 증가만 발생하였으므로 이에 대한 회계처리를 한다. 이를 위해서 종속기업 당기순이익(당기순손실) 중 비지배지분에 해당하는 금액은 비지배지분순이익(순손실)으로 계상하고 이를 비지배지분의 증가(감소)로 기록해야 한다. **[기본정보1-1]**에서는 P사의 S사에 대한 지분이 80%이므로, S사의 당기순이익 중 20%는 P사가 아닌 비지배주주들에게 귀속시키는 회계처리를 하여야 한다.

계정과목	차변	대변
⑤ 비지배지분순이익	1,800	
⑤ 비지배지분		1,800

주1) S사의 당기순이익 ₩9,000 × 비지배지분율 20% = ₩1,800

(2) 취득년도(2X01년) 말 연결정산표

연결조정을 반영한 후 연결정산표를 작성하면 다음과 같다.

과목	P사 시산표		S사 시산표		연결조정분개			연결 시산표	
	차변	대변	차변	대변	번호	차변	대변	차변	대변
현금	200,000		48,000					248,000	
매출채권	210,000		55,000					265,000	
재고자산	40,000		30,000					70,000	
종속기업투자지분	228,000				①		228,000		
토지	75,000		40,000					115,000	
건물	250,000		50,000					300,000	
기계장치	350,000		100,000					450,000	
영업권					①	20,000		16,000	
					②		4,000		
매입채무		217,000		30,000					247,000
단기차입금		320,000		25,000					345,000
자본금		625,000		200,000	①	200,000			625,000
미처분이익잉여금		100,000		59,000	①	60,000			100,000
					③		800		
					④		200		
비지배지분순이익					⑤	1,800		1,800	
비지배지분					①		52,000		53,600
					④	200			
					⑤		1,800		
매출		999,200		180,000					1,179,200
배당금수익		800			③	800			
매출원가	859,000		166,000					1,025,000	
감가상각비	50,000		5,000					55,000	
영업권손상차손					②	4,000		4,000	
합계	2,262,000	2,262,000	494,000	494,000		286,800	286,800	2,549,800	2,549,800

Fraudit ExCon

실 습 : 제2장 1-1

(1) 사례파일 : 제2장_1-1_기초정보.xlsx, 제2장_1-1_원화시산표.xlsx

(2) [기초정보.xlsx] 작성

1) 보고기간 sheet

	A	B	C	D
1	목차	구분	일자	검증_보고기간
2	보고기간	보고기간초	2001-01-01	OK
3	보고기간	보고기간말	2001-12-31	

① 보고기간 초와 보고기간 말을 입력한다.

주의 취득일 이후의 연결이므로 보고기간초는 **2001-01-01**, 보고기간말은 **2001-12-31**로 입력한다.

2) 기업목록 sheet

	A	B	C	D	E	F	G	H	I	J	K	L	M
1	일련번호	목차	기업명	약식명칭	기능통화	표시통화	세율	이연법인세계산	검증_기업명중복	검증_기능통화	검증_표시통화	검증_세율	검증_이연법인세계산
2	1	기업목록	지배	AA	원화	원화	0%	아니오	OK	OK	OK	OK	OK
3	2		종속	AB	원화	원화	0%	아니오	OK	OK	OK	OK	OK

① 기업명을 입력한다. 여기서는 **지배**와 **종속**으로 입력한다.
② 기능통화를 **원화**로 선택한다.
③ 표시통화를 **원화**로 선택한다.
④ 세율은 0%이므로 입력하지 않는다.
⑤ 이연법인세계산을 **아니오**로 선택한다.

3) 지분구조 sheet

	B	C	D	E
1	지배기업명	종속기업명	지배기업약식	종속기업약식
2	지배	종속	AA	AB
3				

① 지배기업명과 종속기업명을 입력한다. 여기서는 **지배**와 **종속**으로 입력한다.

	F	G	H	I	J	K	L	M	N	O
1	취득차수	취득일	간주취득일	외화취득원가	통화	환율	취득원가	균등유상증자_취득원가	불균등유상증자_취득원가	지분율
2	1	2001-01-01	2001-01-01		원화		228,000			80.00%
3										

② 취득차수를 입력한다. 최초취득이므로 **1**을 입력한다.

주의 추가취득인 경우에는 해당 차수에 따라 2, 3, 4... 식으로 입력한다.

③ 최초취득일을 입력한다. 여기서는 **2001-01-01**로 입력한다.
④ 간주취득일을 입력한다. 여기서는 **2001-01-01**로 입력한다.

주의 간주취득일은 최초취득일로부터 가장 근접한 결산재무제표의 결산일을 의미한다.

⑤ 통화는 국내종속법인인 경우로 가정하여 **원화**를 선택한다.
⑥ 취득원가를 입력한다. 여기서는 **228,000**을 입력한다.
⑦ 지분율을 입력한다. 여기서는 **80%**로 입력한다.

4) 취득시지분구조_공정가치차이 sheet

	E	F	G	H	I	J	K	L	M
1	목차	기업명	약식명칭	취득차수_1	취득일_1	간주취득일_1	자본계정명_1	자본금액_1_외화	자본금액_1
2	자본_공정가치	종속	AB	1	2001-01-01	2001-01-01	자본금		200,000
3		종속	AB				이익잉여금		60,000
4		종속	AB						

① 종속의 2001-01-01일의 자본계정명_1(1차 취득시 자본계정명을 의미함)을 **K열**에 입력한다. 여기서는 **자본금**과 **이익잉여금**을 입력한다.

② 종속의 2001-01-01일의 자본금액_1(1차 취득시 자본금액을 의미함)을 **M열**에 입력한다. 여기서는 **자본금**에 대해서는 **200,000**을, **이익잉여금**에 대해서는 **60,000**을 입력한다.

5) 재무정보 sheet

	A	B	C	D	E	F	G
1	일련번호	목차	기업명	약식명칭	기간	계정명	금액
2	2	재무정보	종속	AB	2001-12-31	배당	1,000
3						당기순이익	9,000
4						기타포괄손익	
5						해외사업환산손익	

① **G열**에 **배당 1,000, 당기순이익 9,000**을 입력한다.

6) 내부거래현황 sheet

	A	B	C	D	E	F	G	H	I	J	K	L	M	N
1	목차	판매회사	매입회사	판매회사약식	매입회사약식	계정과목	상각여부	내부거래번호	통화	내부거래일	내부판매액	환율	환산후_내부판매액	장부금액_원화
2	내부거래현황												-	
3													-	
4													-	

① 거래정보가 없기 때문에 별도로 기입하지 않는다.

(3) [원화시산표.xlsx] 작성

1) 보고기간 sheet

	A	B
1	구분	일자
2	보고기간초	2001-01-01
3	보고기간말	2001-12-31

① 보고기간 초와 보고기간 말을 입력한다.

2) 기업목록 sheet

	A	B	C	D	E	F	G
1	기업명	시산표일자	표시통화	ERP	검증_빈값	검증_표시통화	검증_ERP
2	지배	2001-12-31	원화	더존	OK	OK	OK
3	종속	2001-12-31	원화	더존	OK	OK	OK

① 기업명을 입력한다. 여기서는 **지배**와 **종속**으로 입력한다.

② 표시통화를 **원화**로 선택한다.

③ ERP는 **더존**이라고 가정하고 선택한다.

3) 원화시산표_1 sheet

	A	B	C	D	E	F	G	H
1	기업명	기능통화	시산표일자	ERP	계정코드	계정과목	차변	대변
2	지배	원화	2001-12-31	더존	10100	현금	200,000	
3					10800	매출채권	210,000	
4					14600	재고자산	40,000	
5					19101	종속기업투자지분	228,000	
6					20100	토지	75,000	
7					20200	건물	250,000	
8					20600	기계장치	350,000	
9					25100	매입채무		217,000
10					26000	단기차입금		320,000
11					33100	자본금		625,000
12					37700	미처분이익잉여금		100,000
13					40100	매출		999,200
14					91000	배당금수익		800
15					45100	매출원가	859,000	
16					81800	감가상각비	50,000	

① A열에 기업명을 입력한다. 여기서는 **지배**로 입력한다.
② 해당 계정코드, 계정과목, 차변, 대변 금액을 차례로 입력한다. **차변과 대변은 어느 한쪽만 입력하여야 한다.**
③ 검증 칼럼에서 OK가 아닌 경우 해당 원인을 해결한다.

4) 원화시산표_2 sheet

	A	B	C	D	E	F	G	H
1	기업명	기능통화	시산표일자	ERP	계정코드	계정과목	차변	대변
2	종속	원화	2001-12-31	더존	10100	현금	48,000	
3					10800	매출채권	55,000	
4					14600	재고자산	30,000	
5					20100	토지	40,000	
6					20200	건물	50,000	
7					20600	기계장치	100,000	
8					25100	매입채무		30,000
9					26000	차입금		25,000
10					33100	자본금		200,000
11					37700	미처분이익잉여금		59,000
12					40100	상품매출		180,000
13					45100	상품매출원가	166,000	
14					81800	감가상각비	5,000	

① A열에 기업명을 입력한다. 여기서는 **종속**으로 입력한다.
② 해당 계정코드, 계정과목, 차변, 대변 금액을 차례로 입력한다. **차변과 대변은 어느 한쪽만 입력하여야 한다.**
③ 검증 칼럼에서 OK가 아닌 경우 해당 원인을 해결한다.

(4) [Fraudit-ExCon.exe] 실행

제2장_1-1_기초정보.xlsx, 제2장_1-1_원화시산표.xlsx을 Fraudit-ExCon이 있는 폴더에 복사하여 이동한다. 그리고 **접두어를 제거**하고 **기초정보.xlsx와 원화시산표.xlsx**로 이름을 변경한다. **그 다음에 Fraudit-ExCon.exe를 실행한다.**

1) Main Sheet

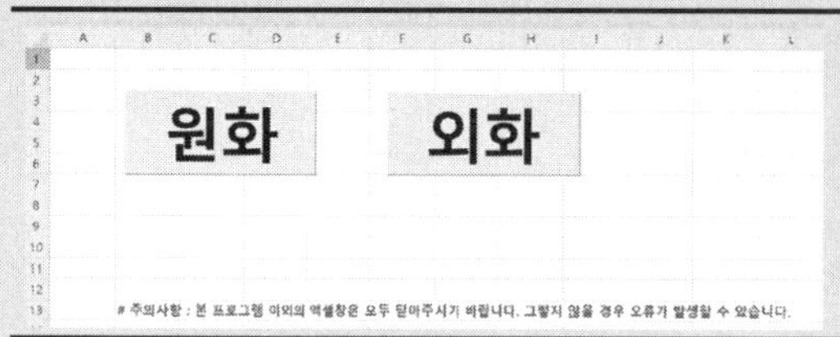

① 기능통화가 외화인 종속법인이 없으므로 원화 버튼을 누른다.

주의 원화 버튼을 누른 후 에러메시지가 뜨면 해당 에러 원인을 **기초정보.xlsx, 원화시산표.xlsx**에서 적절하게 수정한 후 다시 누른다.

2) out_연결분개_투자자본_0 sheet

계정과목	계정유형	차변	대변
AA종속기업투자지분	BS	0	228000
AB자본금	HE	200000	0
AB이익잉여금	BS	60000	0
AB비지배지분	NCI	0	52000
AB영업권	BS	20000	0

① 연결분개 중 투자와 자본 상계제거 분개 부분에 해당한다. 검증 목적으로 차변, 대변 칼럼의 금액과 계정과목을 확인하면 된다.

3) out_연결분개_기타_0, 1 sheet

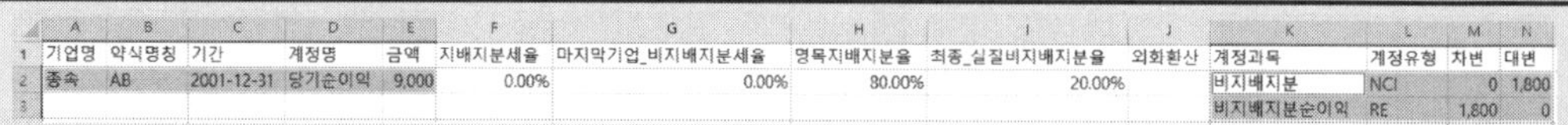

기업명	약식명칭	기간	계정명	금액	지배지분세율	마지막기업_비지배지분세율	명목지배지분율	최종_실질비지배지분율	외화환산	계정과목	계정유형	차변	대변
종속	AB	2001-12-31	당기순이익	9,000	0.00%	0.00%	80.00%	20.00%		비지배지분	NCI	0	1,800
										비지배지분순이익	RE	1,800	0

① **[out_연결분개_기타_0]** 종속의 2001년 당기순이익 9,000원에 대한 비지배지분 연결분개 부분에 해당한다(분개에 대한 상세 설명은 본문에서 확인하기 바람).

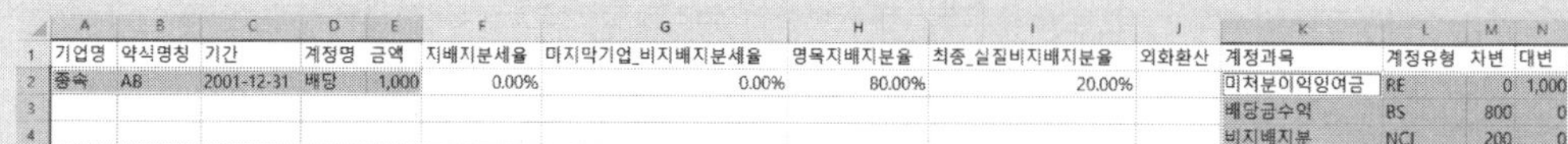

기업명	약식명칭	기간	계정명	금액	지배지분세율	마지막기업_비지배지분세율	명목지배지분율	최종_실질비지배지분율	외화환산	계정과목	계정유형	차변	대변
종속	AB	2001-12-31	배당	1,000	0.00%	0.00%	80.00%	20.00%		미처분이익잉여금	RE	0	1,000
										배당금수익	BS	800	0
										비지배지분	NCI	200	0

② **[out_연결분개_기타_1]** 종속의 2001년 배당 1,000원에 대한 비지배지분 연결분개 부분에 해당한다(분개에 대한 상세 설명은 본문에서 확인하기 바람).

4) tmp_연결분개_통합 sheet

	A	B	C	D	E	F	G	H	I	J
1	계정과목	매핑계정과목	신설필요_계정과목	후보_매핑계정과목_1	후보_매핑계정과목_2	차변잔액	대변잔액		확인	
2	AA종속기업투자지분	AA종속기업투자지분		AA종속기업투자지분		0	228,000			
3	AB비지배지분	비지배지분		비지배지분순이익	비지배지분	0	52,000			
4	AB영업권	AB영업권	AB영업권			20,000	0			
5	AB이익잉여금	AB미처분이익잉여금		AB미처분이익잉여금		60,000	0			
6	AB자본금	AB자본금		AB자본금		200,000	0			
7	미처분이익잉여금	AA미처분이익잉여금		AA미처분이익잉여금	AB미처분이익잉여금	0	1,000			
8	배당금수익	AA배당금수익		AA배당금수익		800	0			
9	비지배지분	비지배지분		비지배지분	비지배지분순이익	0	1,600			
10	비지배지분순이익	비지배지분순이익		비지배지분순이익	비지배지분	1,800	0			

① 계정과목(A열)과 매핑계정과목(B열)을 비교한 후 매핑계정과목이 적절하지 않으면,
② 후보_매핑계정과목_1(D열)과 후보_매핑계정과목_2(E열)에서 적절한 매핑계정과목이 있는지를 검토하고,
③ 적절한 후보_매핑계정과목을 복사하여 매핑계정과목에 붙이거나,
④ 적절한 후보_매핑계정과목이 없는 경우 계정과목을 신설하여 신설필요_계정과목(C열)에 입력하고 이를 매핑계정과목(B열)에도 동일하게 입력한다. 여기서는 신설필요_계정과목에 AB영업권을 넣는다.

주의 어떤 계정과목을 처음 신설하는 경우 **매핑계정과목**과 **신설필요_계정과목**에 모두 동일하게 기입하여야 한다. 한번 신설필요_계정과목을 생성하면 그 계정과목을 여러 매핑계정과목에 사용할 수 있다. 다만 동일한 신설필요_계정과목을 중복하여 신설하지 않도록 하여야 한다.

⑤ 영업권손상차손에 대한 연결분개가 포함되지 않았기 때문에 이 분개를 수동으로 입력하여야 한다.

주의 Fraudit-ExCon은 모든 연결분개가 자동으로 입력되지 않으므로 연결분개_통합 sheet를 확인한 후 필요한 연결분개는 수동으로 입력하여야 한다.

	A	B	C	D	E	F	G	H	I	J
1	계정과목	매핑계정과목	신설필요_계정과목	후보_매핑계정과목_1	후보_매핑계정과목_2	차변잔액	대변잔액		확인	
2	AA종속기업투자지분	AA종속기업투자지분		AA종속기업투자지분		0	228,000			
3	AB비지배지분	비지배지분		비지배지분순이익	비지배지분	0	52,000			
4	AB영업권	AB영업권	AB영업권			20,000	0			
5	AB이익잉여금	AB미처분이익잉여금		AB미처분이익잉여금		60,000	0			
6	AB자본금	AB자본금		AB자본금		200,000	0			
7	미처분이익잉여금	AA미처분이익잉여금		AA미처분이익잉여금	AB미처분이익잉여금	0	1,000			
8	배당금수익	AA배당금수익		AA배당금수익		800	0			
9	비지배지분	비지배지분		비지배지분	비지배지분순이익	0	1,600			
10	비지배지분순이익	비지배지분순이익		비지배지분순이익	비지배지분	1,800	0			
11										
12		AB매입채무								
13		AB차입금								
14		AB자본금								
15		AB미처분이익잉여금								
16		AB상품매출								
17		AB상품매출원가								
18		AB감가상각비								
19		이연법인세								
20		영업권								
21		염가매수차익								

⑥ 매핑계정과목에서 드롭다운 리스트를 열고 **영업권**을 선택한다. 기존 계정과목에서 선택하는 것이므로 신설필요_계정과목에서 신설할 필요가 없다.

	A	B	C	D	E	F	G
1	계정과목	매핑계정과목	신설필요_계정과목	후보_매핑계정과목_1	후보_매핑계정과목_2	차변잔액	대변잔액
2	AA종속기업투자지분	AA종속기업투자지분		AA종속기업투자지분		0	228,000
3	AB비지배지분	비지배지분		비지배지분순이익	비지배지분	0	52,000
4	AB영업권	AB영업권	AB영업권			20,000	0
5	AB이익잉여금	AB미처분이익잉여금		AB미처분이익잉여금		60,000	0
6	AB자본금	AB자본금		AB자본금		200,000	0
7	미처분이익잉여금	AA미처분이익잉여금		AA미처분이익잉여금	AB미처분이익잉여금	0	1,000
8	배당금수익	AA배당금수익		AA배당금수익		800	0
9	비지배지분	비지배지분		비지배지분	비지배지분순이익	0	1,600
10	비지배지분순이익	비지배지분순이익		비지배지분순이익	비지배지분	1,800	0
11		영업권					4,000
12							

확인

⑦ 대변잔액에 **4,000**을 입력한다.

	A	B	C	D	E	F	G
1	계정과목	매핑계정과목	신설필요_계정과목	후보_매핑계정과목_1	후보_매핑계정과목_2	차변잔액	대변잔액
2	AA종속기업투자지분	AA종속기업투자지분		AA종속기업투자지분		0	228,000
3	AB비지배지분	비지배지분		비지배지분순이익	비지배지분	0	52,000
4	AB영업권	AB영업권	AB영업권			20,000	0
5	AB이익잉여금	AB미처분이익잉여금		AB미처분이익잉여금		60,000	0
6	AB자본금	AB자본금		AB자본금		200,000	0
7	미처분이익잉여금	AA미처분이익잉여금		AA미처분이익잉여금	AB미처분이익잉여금	0	1,000
8	배당금수익	AA배당금수익		AA배당금수익		800	0
9	비지배지분	비지배지분		비지배지분	비지배지분순이익	0	1,600
10	비지배지분순이익	비지배지분순이익		비지배지분순이익	비지배지분	1,800	0
11		영업권					4,000
12		영업권손상차손	업권손상차손			4,000	

확인

⑧ **신설필요_계정과목**에 **영업권손상차손**을 입력하고 **매핑계정과목**에도 **동일하게** 입력한다.
⑨ 차변잔액에 **4,000**을 입력한다.
⑩ 확인 버튼을 누른다.

5) out_최종연결정산표 sheet

	A	B	C
1	계정과목	차변잔액	대변잔액
2	감가상각비	55,000	0
3	건물	300,000	0
4	기계장치	450,000	0
5	단기차입금	0	320,000
6	매입채무	0	247,000
7	매출	0	999,200
8	매출원가	859,000	0
9	매출채권	265,000	0
10	미처분이익잉여금	0	100,000
11	비지배지분	0	53,600
12	비지배지분순이익	1,800	0
13	상품매출	0	180,000
14	상품매출원가	166,000	0
15	영업권	16,000	0
16	영업권손상차손	4,000	0
17	자본금	0	625,000
18	재고자산	70,000	0
19	차입금	0	25,000
20	토지	115,000	0
21	현금	248,000	0

정렬

① 계정과목이 한글로 오름차순으로 되어 있다.
② 정렬 버튼을 누른다.

	A	B	C	D
1	계정코드	계정과목	차변잔액	대변잔액
2	10100	현금	248,000	0
3	10800	매출채권	265,000	0
4	14600	재고자산	70,000	0
5	20100	토지	115,000	0
6	20200	건물	300,000	0
7	20600	기계장치	450,000	0
8	25100	매입채무	0	247000
9	26000	단기차입금	0	320000
10	26000	차입금	0	25000
11	33100	자본금	0	625000
12	37700	미처분이익잉여금	0	100000
13	40100	매출	0	999200
14	40100	상품매출	0	180000
15	45100	매출원가	859,000	0
16	45100	상품매출원가	166,000	0
17	81800	감가상각비	55,000	0
18	비지배지분	비지배지분	0	53600
19	비지배지분순이익	비지배지분순이익	1,800	0
20	영업권	영업권	16,000	0
21	영업권손상차손	영업권손상차손	4,000	0

정렬

③ 계정코드별로 오름차순되며, 계정코드가 없이 새롭게 삽입된 계정과목은 맨 아래에 위치하고 그러한 계정과목은 계정과목으로(한글순으로) 오름차순으로 정렬이 된다.

이론 익히기

02 취득년도 이후 연결

취득년도 이후의 연결과정은 앞서 설명한 취득년도 말의 연결과정과 동일하다. 이를 이해하기 위하여 취득한 후 2년째인 2X02년의 연결과정을 살펴보자.

기본정보 1-2 취득년도 이후(2X02년말) 자료

P사와 S사의 2X01년 재무자료는 **[기본정보 1-1]**과 같다.

(1) P사와 S사의 2X02년 12월 31일 시산표

과목	P사 시산표		S사 시산표	
	차변	대변	차변	대변
현금	250,000		48,000	
매출채권	223,000		55,000	
재고자산	40,000		30,000	
종속기업투자지분	228,000			
토지	75,000		40,000	
건물	200,000		50,000	
기계장치	300,000		100,000	
매입채무		200,000		22,000
단기차입금		300,000		25,000
자본금		625,000		200,000
미처분이익잉여금		191,000		66,000
매출		907,400		145,000
배당금수익		1,600		
매출원가	859,000		130,000	
감가상각비	50,000		5,000	
합계	2,225,000	2,225,000	458,000	458,000

(2) 2X02년의 영업권 손상차손 : ₩0

(3) S사의 2X02년 당기순이익(총포괄이익과 동일하다고 가정) : ₩10,000

(4) S사의 2X02년 배당금 : ₩2,000

(1) 2X02년 배당금수령시 P사 회계처리

2X02년 중 S사가 지급한 배당금을 P사가 수령시 행하는 회계처리는 다음과 같다.

계정과목	차변	대변
현금	1,600	
배당금수익 주1)		1,600

주1) ₩2,000 × 80% = ₩1,600

(2) 2X02년 말 연결조정

■ 준비단계 : 지배기업과 종속기업의 시산표 합산

과목	P사 시산표		S사 시산표		연결조정분개			연결 시산표	
	차변	대변	차변	대변	번호	차변	대변	차변	대변
현금	250,000		48,000						
매출채권	223,000		55,000						
재고자산	40,000		30,000						
종속기업투자지분	228,000								
토지	75,000		40,000						
건물	200,000		50,000						
기계장치	300,000		100,000						
매입채무		200,000		22,000					
단기차입금		300,000		25,000					
자본금		625,000		200,000					
미처분이익잉여금		191,000		66,000					
매출		907,400		145,000					
배당금수익		1,600							
매출원가	859,000		130,000						
감가상각비	50,000		5,000						
합계	2,225,000	2,225,000	458,000	458,000					

■ 1단계 : 종속기업 투자지분과 종속기업 자본계정의 상계 제거

다음으로 1단계인 종속기업 투자지분과 종속기업 자본계정을 상계 제거한다. 관련 회계처리는 다음과 같다.

계정과목	차변	대변
① 종속기업투자지분		228,000
① 자본금	200,000	
① 미처분이익잉여금	60,000	
① 영업권	20,000	
① 비지배지분 주1)		52,000

주1) (₩200,000 + ₩60,000) × 비지배지분율 20% = ₩52,000

1단계에서 중요한 것은 **취득일의 {종속기업투자지분과 종속기업 자본계정의 상계 분개}가 취득일 이후 {종속기업투자지분과 종속기업 자본계정의 상계 분개}와 동일**하다는 것이다. 왜냐하면, 위의 분개에서 보듯이 종속기업 자산·부채의 장부금액과 공정가치의 차이와 영업권(또는 염가매수차익)은 취득시점에 결정되기 때문이다.

■ 2단계 : 영업권 및 공정가치 차이의 후속처리

1단계에서 영업권이 발생하였기 때문에 취득일 이후에 영업권의 손상차손이 발생하였는지에 대한 손상검사를 하고 손상차손이 발생하였으면 이를 인식하여야 한다. **[기본정보1-1]**에서 2X01년에 영업권손상차손이 ₩4,000이었으므로 이를 인식하여야 한다. 단, 2X01년에 인식한 영업권손상차손이므로 **이익잉여금**으로 처리한다.

계정과목	차변	대변
② 미처분이익잉여금(영업권손상차손) 주1)	4,000	
② 영업권		4,000

주1) 2X01년에 인식한 손상차손

상기 영업권 손상차손은 비지배지분에 배분하지 않는다. 왜냐하면 비지배지분을 비례적지분으로 측정하였기 때문에 비지배지분에 귀속되는 영업권은 존재하지 않기 때문이다. 2X02년에는 영업권손상차손이 없으므로 추가적인 분개는 없다.

한편, **[기본정보1-1]**에서 공정가치차이는 존재하지 않으므로 영업권의 후속처리만 발생한다.

■ 3단계 : 지배기업과 종속기업간의 내부거래 제거

3단계에서는 내부거래를 상계하는 회계처리를 해야 하는데, **[기본정보1-1]**과 **[기본정보1-2]**에서 P사와 S사 간에 내부거래가 없기 때문에 이에 대한 회계처리는 발생하지 않는다.

■ 4단계 : 종속기업의 배당에 대한 내부거래 제거

4단계에서는 종속기업의 배당에 대한 내부거래를 제거하는 회계처리를 해야 하는데, **[기본정보1-1]**과 **[기본정보1-2]**에서 종속기업이 각각 ₩1,000 및 ₩2,000을 배당하였으므로 이를 제거하는 분개를 한다.

〈전기 배당 중 지배기업 해당분 취소〉

계정과목	차변	대변
③ 미처분이익잉여금(S사)		800
③ 미처분이익잉여금(배당금수익) 주1)	800	

주1) 전기 S사의 배당 ₩1,000 × 80% = ₩800

〈전기 배당 중 비지배지분 해당분 취소〉

계정과목	차변	대변
④ 미처분이익잉여금(S사)		200
④ 비지배지분 주1)	200	

주1) 전기 S사의 배당 ₩1,000 × 20% = ₩200

〈당기 배당 중 지배기업 해당분 취소〉

계정과목	차변	대변
⑤ 미처분이익잉여금(S사)		1,600
⑤ 배당금수익 주1)	1,600	

주1) 당기 S사의 배당 ₩2,000 × 80% = ₩1,600

〈당기 배당 중 비지배지분 해당분 취소〉

계정과목	차변	대변
⑥ 미처분이익잉여금(S사)		400
⑥ 비지배지분 주1	400	

주2) 당기 S사의 배당 ₩2,000 × 20% = ₩400

■ 5단계 : 비지배지분의 증감 회계처리

5단계에서는 종속기업(S사)의 자본의 증감 중 비지배지분 해당액에 대한 회계처리를 하여야 한다.

〈전기 자본의 증감 중 비지배지분의 구분〉 : 2X01년 당기순이익

계정과목	차변	대변
⑦ 비지배지분 주1)		1,800
⑦ 미처분이익잉여금(전기 비지배지분순이익)	1,800	

주1) 전기 S사의 당기순이익 ₩9,000 × 비지배지분율 20% = ₩1,800

〈당기 자본의 증감 중 비지배지분의 구분〉 : 2X02년 당기순이익

계정과목	차변	대변
⑧ 비지배지분 주1)		2,000
⑧ 비지배지분순이익	2,000	

주1) 당기 S사의 당기순이익 ₩10,000 × 비지배지분율 20% = ₩2,000

(3) 2X02년 말 연결정산표

연결조정을 반영한 후 연결정산표를 작성하면 다음과 같다.

과목	P사 시산표		S사 시산표		연결조정분개			연결 시산표	
	차변	대변	차변	대변	번호	차변	대변	차변	대변
현금	250,000		48,000					298,000	
매출채권	223,000		55,000					278,000	
재고자산	40,000		30,000					70,000	
종속기업투자지분	228,000				①		228,000		
토지	75,000		40,000					115,000	
건물	200,000		50,000					250,000	
기계장치	300,000		100,000					400,000	
영업권					①	20,000		16,000	
					②		4,000		
매입채무		200,000		22,000					222,000
단기차입금		300,000		25,000					325,000
자본금		625,000		200,000	①	200,000			625,000
미처분이익잉여금		191,000		66,000	①	60,000			193,400
					②	4,000			
					③	800			
					③		800		
					④		200		
					⑤		1,600		
					⑥		400		
					⑦	1,800			
비지배지분순이익					⑧	2,000		2,000	
비지배지분					①		52,000		55,200
					④	200			
					⑥	400			
					⑦		1,800		
					⑧		2,000		
매출		907,400		145,000					1,052,400
배당금수익		1,600			④	1,600			
매출원가	859,000		130,000					989,000	
감가상각비	50,000		5,000					55,000	
합계	2,225,000	2,225,000	458,000	458,000		290,800	290,800	2,473,000	2,473,000

Fraudit ExCon 실 습 : 제2장 1-2

(1) 사례파일 : 제2장_1-2_기초정보.xlsx, 제2장_1-2_원화시산표.xlsx

(2) [기초정보.xlsx] 작성

1) 보고기간 sheet

	A	B	C	D
1	목차	구분	일자	검증_보고기간
2	보고기간	보고기간초	2002-01-01	OK
3	보고기간	보고기간말	2002-12-31	

① 보고기간 초와 보고기간 말을 입력한다.

주의 취득일 이후의 연결이므로 보고기간초는 **2002-01-01**, 보고기간말은 **2002-12-31**로 입력한다.

2) 기업목록 sheet

	A	B	C	D	E	F	G	H	I	J	K	L	M
1	일련번호	목차	기업명	약식명칭	기능통화	표시통화	세율	이연법인세계산	검증_기업명중복	검증_기능통화	검증_표시통화	검증_세율	검증_이연법인세계산
2	1	기업목록	지배	AA	원화	원화	0%	아니오	OK	OK	OK	OK	OK
3	2		종속	AB	원화	원화	0%	아니오	OK	OK	OK	OK	OK

① 기업명을 입력한다. 여기서는 **지배**와 **종속**으로 입력한다.
② 기능통화를 **원화**로 선택한다.
③ 표시통화를 **원화**로 선택한다.
④ 세율은 0%이므로 입력하지 않는다.
⑤ 이연법인세계산을 **아니오**로 선택한다.

3) 지분구조 sheet

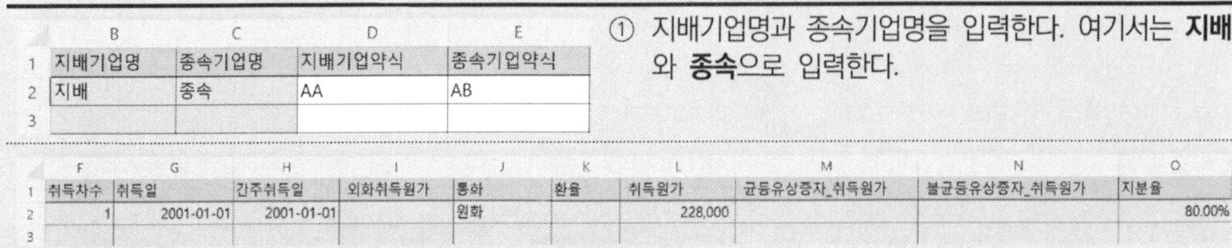

	B	C	D	E
1	지배기업명	종속기업명	지배기업약식	종속기업약식
2	지배	종속	AA	AB
3				

① 지배기업명과 종속기업명을 입력한다. 여기서는 **지배**와 **종속**으로 입력한다.

	F	G	H	I	J	K	L	M	N	O
1	취득차수	취득일	간주취득일	외화취득원가	통화	환율	취득원가	균등유상증자_취득원가	불균등유상증자_취득원가	지분율
2	1	2001-01-01	2001-01-01		원화		228,000			80.00%
3										

② 취득차수를 입력한다. 최초취득이므로 **1**을 입력한다.

주의 추가취득인 경우에는 해당 차수에 따라 2, 3, 4... 식으로 입력한다.

③ 최초취득일을 입력한다. 여기서는 **2001-01-01**로 입력한다.
④ 간주취득일을 입력한다. 여기서는 **2001-01-01**로 입력한다.

주의 간주취득일은 최초취득일로부터 가장 근접한 결산재무제표의 결산일을 의미한다.

⑤ 통화는 국내종속법인인 경우로 가정하여 **원화**를 선택한다.
⑥ 취득원가를 입력한다. 여기서는 **228,000**을 입력한다.
⑦ 지분율을 입력한다. 여기서는 **80%**로 입력한다.

4) 취득시지분구조_공정가치차이 sheet

	E	F	G	H	I	J	K	L	M
1	목차	기업명	약식명칭	취득차수_1	취득일_1	간주취득일_1	자본계정명_1	자본금액_1_외화	자본금액_1
2	자본_공정가치	종속	AB	1	2001-01-01	2001-01-01	자본금		200,000
3		종속	AB				이익잉여금		60,000
4		종속	AB						

① 종속의 2001-01-01일의 자본계정명_1(1차 취득시 자본계정명을 의미함)을 **K열**에 입력한다. 여기서는 **자본금**과 **이익잉여금**을 입력한다.

② 종속의 2001-01-01일의 자본금액_1(1차 취득시 자본금액을 의미함)을 **M열**에 입력한다. 여기서는 **자본금**에 대해서는 **200,000**을, **이익잉여금**에 대해서는 **60,000**을 입력한다.

5) 재무정보 sheet

	A	B	C	D	E	F	G
1	일련번호	목차	기업명	약식명칭	기간	계정명	금액
2	2	재무정보	종속	AB	2001-12-31	배당	1,000
3						당기순이익	9,000
4						기타포괄손익	
5						해외사업환산손익	
6	2		종속	AB	2002-12-31	배당	2,000
7						당기순이익	10,000
8						기타포괄손익	
9						해외사업환산손익	

① 2001-12-31 기간에 해당하는 **배당 1,000, 당기순이익 9,000**을 입력한다.

② 2002-12-31 기간에 해당하는 **배당 2,000, 당기순이익 10,000**을 입력한다.

6) 내부거래현황 sheet

	A	B	C	D	E	F	G	H	I	J	K	L	M	N
1	목차	판매회사	매입회사	판매회사약식	매입회사약식	계정과목	상각여부	내부거래번호	통화	내부거래일	내부판매액	환율	환산후_내부판매액	장부금액_원화
2	내부거래현황												-	
3													-	
4													-	

① 취득일자의 연결이므로 내부거래정보가 없기 때문에 별도로 기입하지 않는다.

(3) [원화시산표.xlsx] 작성

1) 보고기간 sheet

	A	B
1	구분	일자
2	보고기간초	2002-01-01
3	보고기간말	2002-12-31

① 보고기간 초와 보고기간 말을 입력한다.

주의 기초정보의 보고기간 초와 보고기간 말과 동일하여야 한다.

2) 기업목록 sheet

	A	B	C	D	E	F	G
1	기업명	시산표일자	표시통화	ERP	검증_빈값	검증_표시통화	검증_ERP
2	지배	2002-12-31	원화	더존	OK	OK	OK
3	종속	2002-12-31	원화	더존	OK	OK	OK

① 기업명을 입력한다. 여기서는 **지배**와 **종속**으로 입력한다.
② 표시통화를 **원화**로 선택한다.
③ ERP는 **더존**이라고 가정하고 선택한다.

3) 원화시산표_1 sheet

	A	B	C	D	E	F	G	H
1	기업명	기능통화	시산표일자	ERP	계정코드	계정과목	차변	대변
2	지배	원화	2002-12-31	더존	10100	현금	250,000	-
3					10800	매출채권	223,000	-
4					14600	재고자산	40,000	-
5					19101	종속기업투자지분	228,000	-
6					20100	토지	75,000	-
7					20200	건물	200,000	-
8					20600	기계장치	300,000	-
9					25100	매입채무	-	200,000
10					26000	단기차입금	-	300,000
11					33100	자본금	-	625,000
12					37700	미처분이익잉여금	-	191,000
13					40100	매출	-	907,400
14					91000	배당금수익	-	1,600
15					45100	매출원가	859,000	-
16					81800	감가상각비	50,000	-

① A열에 기업명을 입력한다. 여기서는 **지배**로 입력한다.
② 해당 계정코드, 계정과목, 차변, 대변 금액을 차례로 입력한다. **차변과 대변은 어느 한쪽만 입력하여야 한다.**
③ 검증 칼럼에서 OK가 아닌 경우 해당 원인을 해결한다.

4) 원화시산표_2 sheet

	A	B	C	D	E	F	G	H
1	기업명	기능통화	시산표일자	ERP	계정코드	계정과목	차변	대변
2	종속	원화	2002-12-31	더존	10100	현금	48,000	-
3					10800	매출채권	55,000	-
4					14600	재고자산	30,000	-
5					20100	토지	40,000	-
6					20200	건물	50,000	-
7					20600	기계장치	100,000	-
8					25100	매입채무	-	22,000
9					26000	차입금	-	25,000
10					33100	자본금	-	200,000
11					37700	미처분이익잉여금	-	66,000
12					40100	매출	-	145,000
13					91000	배당금수익		
14					45100	매출원가	130,000	-
15					81800	감가상각비	5,000	-

① A열에 기업명을 입력한다. 여기서는 **종속**으로 입력한다.
② 해당 계정코드, 계정과목, 차변, 대변 금액을 차례로 입력한다. **차변과 대변은 어느 한쪽만 입력하여야 한다**.
③ 검증 칼럼에서 OK가 아닌 경우 해당 원인을 해결한다.

(4) [Fraudit-ExCon.exe] 실행

제2장_1-2_기초정보.xlsx, **제2장_1-2_원화시산표.xlsx**을 Fraudit-ExCon이 있는 폴더에 복사하여 이동한다. 그리고 **접두어를 제거**하고 **기초정보.xlsx와 원화시산표.xlsx**로 이름을 변경한다. **그 다음에 Fraudit-ExCon.exe를 실행한다.**

1) Main Sheet

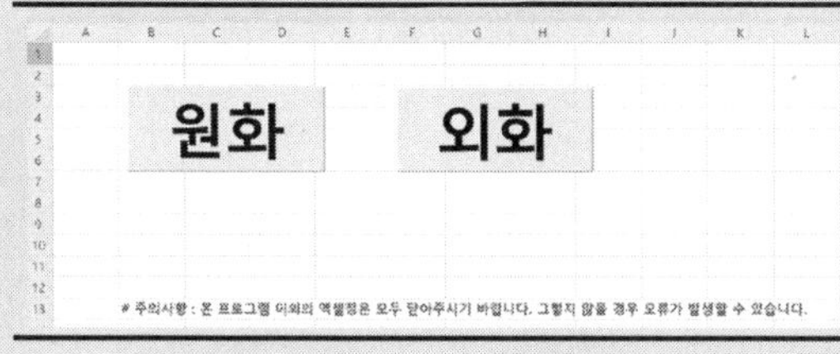

① 기능통화가 외화인 종속법인이 없으므로 원화 버튼을 누른다.

주의 원화 버튼을 누른 후 에러메시지가 뜨면 해당 에러 원인을 **기초정보.xlsx, 원화시산표.xlsx**에서 적절하게 수정한 후 다시 누른다.

2) out_연결분개_투자자본_0 sheet

계정과목	계정유형	차변	대변
AA종속기업투자지분	BS	0	228000
AB자본금	HE	200000	0
AB이익잉여금	BS	60000	0
AB비지배지분	NCI	0	52000
AB영업권	BS	20000	0

① 연결분개 중 투자와 자본 상계제거 분개 부분에 해당한다. 검증 목적으로 차변, 대변 칼럼의 금액과 계정과목을 확인하면 된다(분개에 대한 상세 설명은 본문에서 확인하기 바람).

3) out_연결분개_기타_0, 1, 2, 3 sheet

기업명	약식명칭	기간	계정명	금액	지배지분세율	마지막기업_비지배지분세율	명목지배지분율	최종_실질비지배지분율	외화환산	계정과목	계정유형	차변	대변
종속	AB	2001-12-31	당기순이익	9,000	0.00%	0.00%	80.00%	20.00%		비지배지분	NCI	0	1,800
										미처분이익잉여금	RE	1,800	0

① **[out_연결분개_기타_0]** 종속의 2001년 당기순이익 9,000원에 대한 비지배지분 연결분개 부분에 해당한다(분개에 대한 상세 설명은 본문에서 확인하기 바람).

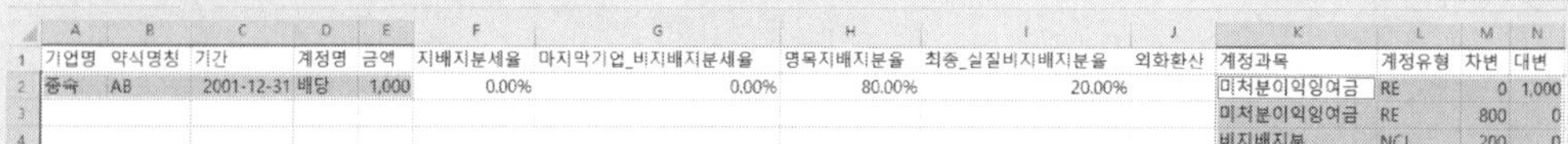

기업명	약식명칭	기간	계정명	금액	지배지분세율	마지막기업_비지배지분세율	명목지배지분율	최종_실질비지배지분율	외화환산	계정과목	계정유형	차변	대변
종속	AB	2001-12-31	배당	1,000	0.00%	0.00%	80.00%	20.00%		미처분이익잉여금	RE	0	1,000
										미처분이익잉여금	RE	800	0
										비지배지분	NCI	200	0

② **[out_연결분개_기타_1]** 종속의 2001년 배당 1,000원에 대한 비지배지분 연결분개 부분에 해당한다(분개에 대한 상세 설명은 본문에서 확인하기 바람).

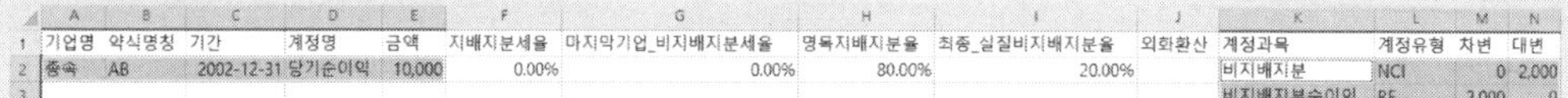

기업명	약식명칭	기간	계정명	금액	지배지분세율	마지막기업_비지배지분세율	명목지배지분율	최종_실질비지배지분율	외화환산	계정과목	계정유형	차변	대변
종속	AB	2002-12-31	당기순이익	10,000	0.00%	0.00%	80.00%	20.00%		비지배지분	NCI	0	2,000
										비지배지분순이익	RE	2,000	0

③ **[out_연결분개_기타_2]** 종속의 2002년 당기순이익 10,000원에 대한 비지배지분 연결분개 부분에 해당한다(분개에 대한 상세 설명은 본문에서 확인하기 바람).

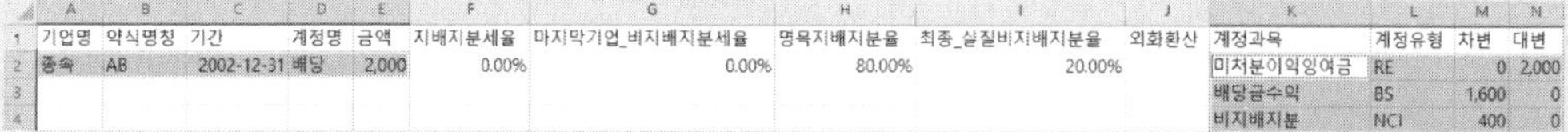

기업명	약식명칭	기간	계정명	금액	지배지분세율	마지막기업_비지배지분세율	명목지배지분율	최종_실질비지배지분율	외화환산	계정과목	계정유형	차변	대변
종속	AB	2002-12-31	배당	2,000	0.00%	0.00%	80.00%	20.00%		미처분이익잉여금	RE	0	2,000
										배당금수익	BS	1,600	0
										비지배지분	NCI	400	0

④ **[out_연결분개_기타_3]** 종속의 2002년 배당 2,000원에 대한 비지배지분 연결분개 부분에 해당한다(분개에 대한 상세 설명은 본문에서 확인하기 바람).

4) tmp_연결분개_통합 sheet

	A	B	C	D	E	F	G	H	I	J
1	계정과목	매핑계정과목	신설필요_계정과목	후보_매핑계정과목_1	후보_매핑계정과목_2	차변잔액	대변잔액		확인	
2	AA종속기업투자지분	AA종속기업투자지분		AA종속기업투자지분		0	228,000			
3	AB비지배지분	비지배지분		비지배지분순이익	비지배지분	0	52,000			
4	AB영업권	AB영업권	AB영업권			20,000	0			
5	AB이익잉여금	AB미처분이익잉여금		AB미처분이익잉여금		60,000	0			
6	AB자본금	AB자본금		AB자본금		200,000	0			
7	미처분이익잉여금	AA미처분이익잉여금		AA미처분이익잉여금	AB미처분이익잉여금	0	1,000			
8	배당금수익	AA배당금수익		AA배당금수익		800	0			
9	비지배지분	비지배지분		비지배지분	비지배지분순이익	0	1,600			
10	비지배지분순이익	비지배지분순이익		비지배지분순이익	비지배지분	1,800	0			
11										
12		AB매입채무								
13		AB차입금								
14		AB자본금								
15		AB미처분이익잉여금								
16		AB상품매출								
17		AB상품매출원가								
18		AB감가상각비								
19		이연법인세								
20		영업권								
21		염가매수차익								

① 매핑계정과목에서 드롭다운 리스트를 열고 **영업권**을 선택한다. 기존 계정과목에서 선택하는 것이므로 신설필요_계정과목에서 신설할 필요가 없다.

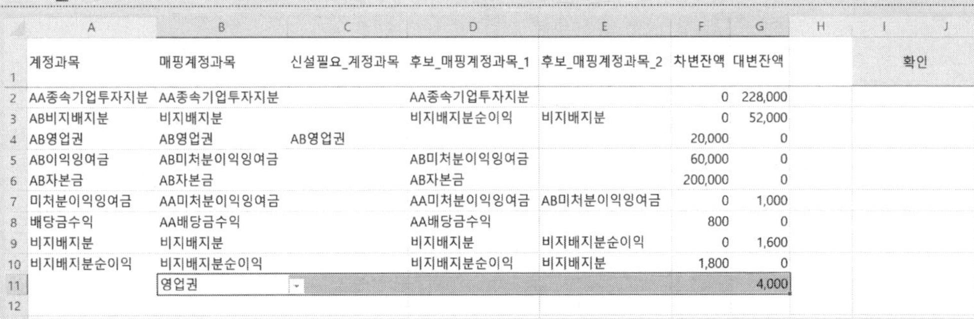

	A	B	C	D	E	F	G	H	I	J
1	계정과목	매핑계정과목	신설필요_계정과목	후보_매핑계정과목_1	후보_매핑계정과목_2	차변잔액	대변잔액		확인	
2	AA종속기업투자지분	AA종속기업투자지분		AA종속기업투자지분		0	228,000			
3	AB비지배지분	비지배지분		비지배지분순이익	비지배지분	0	52,000			
4	AB영업권	AB영업권	AB영업권			20,000	0			
5	AB이익잉여금	AB미처분이익잉여금		AB미처분이익잉여금		60,000	0			
6	AB자본금	AB자본금		AB자본금		200,000	0			
7	미처분이익잉여금	AA미처분이익잉여금		AA미처분이익잉여금	AB미처분이익잉여금	0	1,000			
8	배당금수익	AA배당금수익		AA배당금수익		800	0			
9	비지배지분	비지배지분		비지배지분	비지배지분순이익	0	1,600			
10	비지배지분순이익	비지배지분순이익		비지배지분순이익	비지배지분	1,800	0			
11		영업권					4,000			
12										

② 대변잔액에 **4,000**을 입력한다.

	A	B	C	D	E	F	G	H	I	J
1	계정과목	매핑계정과목	신설필요_계정과목	후보_매핑계정과목_1	후보_매핑계정과목_2	차변잔액	대변잔액		확인	
2	AA종속기업투자지분	AA종속기업투자지분		AA종속기업투자지분		0	228,000			
3	AB비지배지분	비지배지분		비지배지분순이익	비지배지분	0	52,000			
4	AB영업권	AB영업권	AB영업권			20,000	0			
5	AB이익잉여금	AB미처분이익잉여금		AB미처분이익잉여금		60,000	0			
6	AB자본금	AB자본금		AB자본금		200,000	0			
7	미처분이익잉여금	AA미처분이익잉여금		AA미처분이익잉여금	AB미처분이익잉여금	0	400			
8	배당금수익	AA배당금수익		AA배당금수익	AB배당금수익	1,600	0			
9	비지배지분	비지배지분		비지배지분	비지배지분순이익	0	3,200			
10	비지배지분순이익	비지배지분순이익		비지배지분순이익	비지배지분	2,000	0			
11		영업권					4,000			
12		AA미처분이익잉여금				4,000				

③ **매핑계정과목**에서 드롭다운 리스트 중 **AA미처분이익잉여금**을 선택하고 차변잔액에 **4,000**을 입력한다.
④ 확인 버튼을 누른다.

5) out_최종연결정산표 sheet

	A	B	C	D	E	F	G	H
1	계정과목	차변잔액	대변잔액				정렬	
2	감가상각비	55,000	0					
3	건물	250,000	0					
4	기계장치	400,000	0					
5	단기차입금	0	300,000					
6	매입채무	0	222,000					
7	매출	0	1,052,400					
8	매출원가	989,000	0					
9	매출채권	278,000	0					
10	미처분이익잉여금	0	193,400					
11	비지배지분	0	55,200					
12	비지배지분순이익	2,000	0					
13	영업권	16,000	0					
14	자본금	0	625,000					
15	재고자산	70,000	0					
16	차입금	0	25,000					
17	토지	115,000	0					
18	현금	298,000	0					

① 계정과목이 한글로 오름차순으로 되어 있다.
② 정렬 버튼을 누른다.

	A	B	C	D	E	F	G	H
1	계정코드	계정과목	차변잔액	대변잔액			정렬	
2	10100	현금	298,000	0				
3	10800	매출채권	278,000	0				
4	14600	재고자산	70,000	0				
5	20100	토지	115,000	0				
6	20200	건물	250,000	0				
7	20600	기계장치	400,000	0				
8	25100	매입채무	0	222000				
9	26000	단기차입금	0	300000				
10	26000	차입금	0	25000				
11	33100	자본금	0	625000				
12	37700	미처분이익잉여금	0	193400				
13	40100	매출	0	1052400				
14	45100	매출원가	989,000	0				
15	81800	감가상각비	55,000	0				
16	비지배지분	비지배지분	0	55200				
17	비지배지분순이익	비지배지분순이익	2,000	0				
18	영업권	영업권	16,000	0				

③ 계정코드별로 오름차순되며, 계정코드가 없이 새롭게 삽입된 계정과목은 맨 아래에 위치하고 그러한 계정과목은 계정과목으로(한글순으로) 오름차순으로 정렬이 된다.

제4절 지분법 및 비례적 측정(case 3)

01 취득년도 말 연결

기본정보 2-1 취득일(2X01년 1월 1일) 및 취득년도 말(2X01년 말) 자료

(1) 취득일 : 2X01년 1월 1일
(2) 취득자 : P사 (3) 피취득자 : S사 (4) 취득시 지분율 : 80%
(5) 취득원가 : ₩228,000(취득부대비용 없음)
(6) 취득일의 S사 자본계정 : 자본금 ₩200,000, 이익잉여금 ₩60,000
취득일의 S사 자산·부채 장부금액은 공정가치와 일치(장부금액 = 공정가치)
(7) P사 별도재무제표상 종속기업투자지분 회계처리 : **지분법**
(8) 비지배지분 측정방법 : **비례적 측정**
(9) S사가 2X01년 중 지급한 현금 배당금 ₩1,000 중 ₩800을 P사가 수령
(10) P사와 S사의 2X01년 12월 31일 시산표

과목	P사 시산표		S사 시산표	
	차변	대변	차변	대변
현금	200,000		48,000	
매출채권	210,000		55,000	
재고자산	40,000		30,000	
종속기업투자지분	230,400			
토지	75,000		40,000	
건물	250,000		50,000	
기계장치	350,000		100,000	
매입채무		217,000		30,000
단기차입금		320,000		25,000
자본금		625,000		200,000
미처분이익잉여금		100,000		59,000
매출		999,200		180,000
지분법이익		3,200		
매출원가	859,000		166,000	
감가상각비	50,000		5,000	
합계	2,264,400	2,264,400	494,000	494,000

(11) 2X01년의 영업권 손상차손 : ₩4,000
(12) S사의 2X01년 당기순이익(총포괄이익과 동일) : ₩9,000

(1) P사 별도재무제표상 회계처리

취득시점인 2X01년 1월 1일의 P사의 종속기업투자지분 회계처리는 다음과 같다.

계정과목	차변	대변
종속기업투자지분	228,000	
현금		228,000

종속기업투자지분은 **지분법**을 사용하므로 2X01년 P사의 지분법 회계처리는 다음과 같다.

〈종속기업(S사) 당기순이익에 대한 지분〉

계정과목	차변	대변
종속기업투자지분	7,200	
지분법이익 주1)		7,200

주1) 종속기업 당기순이익 ₩9,000 × 80% = ₩7,200

〈종속기업(S사)으로부터 배당금 수령〉

계정과목	차변	대변
현금	800	
종속기업투자지분 주1)		800

주1) 종속기업의 배당 ₩1,000 × 80% = ₩800

〈영업권 손상차손〉

계정과목	차변	대변
지분법이익	4,000	
종속기업투자지분 주1)		4,000

주1) 영업권 손상차손 ₩4,000

그러므로 2X01년 12월 31일 P사의 종속기업투자지분과 지분법손익은 다음과 같다.

종속기업 투자지분 : ₩228,000 + ₩7,200 − ₩800 − ₩4,000 = ₩230,400
지분법이익 : ₩7,200 − ₩4,000 = ₩3,200

(2) 취득년도(2X01년) 말 연결조정

■ 준비단계 : 지배기업과 종속기업의 시산표 합산

과목	P사 시산표		S사 시산표		연결조정분개			연결 시산표	
	차변	대변	차변	대변	번호	차변	대변	차변	대변
현금	200,000		48,000						
매출채권	210,000		55,000						
재고자산	40,000		30,000						
종속기업투자지분	230,400								
토지	75,000		40,000						
건물	250,000		50,000						
기계장치	350,000		100,000						
매입채무		217,000		30,000					
단기차입금		320,000		25,000					
자본금		625,000		200,000					
미처분이익잉여금		100,000		59,000					
매출		999,200		180,000					
지분법이익		3,200							
매출원가	859,000		166,000						
감가상각비	50,000		5,000						
합계	2,264,400	2,264,400	494,000	494,000					

■ 1단계 : 종속기업 투자지분과 종속기업 자본계정의 상계 제거

다음으로 1단계인 종속기업 투자지분과 종속기업 자본계정을 상계 제거한다. 관련 회계처리는 다음과 같다.

계정과목	차변	대변
① 종속기업투자지분		228,000
① 자본금	200,000	
① 미처분이익잉여금	60,000	
① 영업권	20,000	
① 비지배지분 [1)]		52,000

주1) (₩200,000 + ₩60,000) × 비지배지분율 20% = ₩52,000

1단계에서 중요한 것은 **취득일의 {종속기업투자지분과 종속기업 자본계정의 상계 분개}가 취득일 이후 {종속기업투자지분과 종속기업 자본계정의 상계 분개}와 동일**하다는 것이다. 왜냐하면, 위의 분개에서 보듯이 종속기업 자산·부채의 장부금액과 공정가치의 차이와 영업권(또는 염가매수차익)은 취득시점에 결정되기 때문이다.

■ 2단계 : 영업권 및 공정가치 차이의 후속처리

1단계에서 영업권이 발생하였기 때문에 취득일 이후에 영업권의 손상차손이 발생하였는지에 대한 손상검사를 하고 손상차손이 발생하였으면 이를 인식하여야 한다. **[기본정보2-1]**에서 2X01년에 영업권손상차손이 ₩4,000이었으므로 이를 인식하여야 한다.

계정과목	차변	대변	Fraudit-Excon
② 영업권손상차손	4,000		tmp_연결분개_통합
② 영업권		4,000	연결분개 수작업 추가

상기 영업권 손상차손은 비지배지분에 배분하지 않는다. 왜냐하면 비지배지분을 비례적지분으로 측정하였기 때문에 비지배지분에 귀속되는 영업권은 존재하지 않기 때문이다.

한편, P사 별도재무제표상 지분법회계처리에서 영업권손상차손을 이미 반영하였기 때문에 이를 취소한다.

〈지분법 회계처리 취소〉

계정과목	차변	대변	Fraudit-Excon
③ 종속기업투자지분	4,000		tmp_연결분개_통합
③ 지분법이익 주1)		4,000	연결분개 수작업 추가

주1) 영업권 손상차손 ₩4,000

보충설명 지분법 회계처리 취소

만약 P사(지배기업)의 별도재무제표상 영업권 손상차손에 대한 회계처리를 지분법에서 반영하지 않았다면 상기 지분법 회계처리 취소도 발생하지 않을 것이다.

■ 3단계 : 지배기업과 종속기업간의 내부거래 제거

3단계에서는 내부거래를 상계하는 회계처리를 해야 하는데, **[기본정보 2-1]**에서 P사와 S사간에 내부거래가 없기 때문에 이에 대한 회계처리는 발생하지 않는다.

■ 4단계 : 종속기업의 배당에 대한 내부거래 제거

4단계에서는 종속기업의 배당에 대한 내부거래를 제거하는 회계처리를 해야 하는데, P사가 S사로부터 배당금을 수령시 P사 별도재무제표에서 종속기업투자지분을 감소시켰기 때문에 이를 취소하는 분개를 해야 한다.

계정과목	차변	대변	Fraudit-Excon
④ 미처분이익잉여금		800	tmp_연결분개_통합 연결분개 수정
④ 종속기업투자지분 주1)	800		(배당금수익 → 종속기업투자지분)

주1) S사의 배당 ₩1,000 × 80% = ₩800

한편, 상기 회계처리에서 종속기업(S사) 배당액 ₩1,000 중 지배기업의 배당금수익은 취소되었지만 비지배지분 해당액에 대한 회계처리가 반영되지 않았으므로 이에 대한 회계처리가 추가로 필요하다.

계정과목	차변	대변
⑤ 미처분이익잉여금(S사)		200
⑤ 비지배지분 주1)	200	

주1) S사의 배당 ₩1,000 × 20% = ₩200

■ 5단계 : 비지배지분의 증가(감소) 회계처리

5단계에서는 당해연도의 종속기업(S사)의 자본의 증감 중 비지배지분 해당액에 대한 회계처리를 하여야 한다. **[기본정보 2-1]**에서 배당을 제외한 종속기업의 자본 변동은 당기순이익으로 인한 이익잉여금의 증가만 발생하였으므로 이에 대한 회계처리를 한다. 이를 위해서 종속기업 당기순이익(당기순손실) 중 비지배지분에 해당하는 금액은 비지배지분순이익(순손실)으로 계상하고 이를 비지배지분의 증가(감소)로 기록해야 한다. **[기본정보 2-1]**에서는 P사의 S사에 대한 지분이 80%이므로, S사의 당기순이익 중 20%는 P사가 아닌 비지배주주들에게 귀속시키는 회계처리를 하여야 한다.

계정과목	차변	대변
⑥ 비지배지분		1,800
⑥ 비지배지분순이익 주1)	1,800	

주1) S사의 당기순이익 ₩9,000 × 비지배지분율 20% = ₩1,800

한편, P사 별도재무제표상 지분법회계처리에서 반영한 당기 지분법손익을 취소한다.

〈지분법 회계처리 취소〉

계정과목	차변	대변	Fraudit-Excon
⑦ 지분법이익 주1)	7,200		tmp_연결분개_통합
⑦ 종속기업투자지분		7,200	연결분개 수작업 추가

주1) S사의 당기순이익 ₩9,000 × 지배지분율 80% = ₩7,200

(3) 취득년도(2X01년) 말 연결정산표

연결조정을 반영한 후 연결정산표를 작성하면 다음과 같다.

과목	P사 시산표		S사 시산표		연결조정분개			연결 시산표	
	차변	대변	차변	대변	번호	차변	대변	차변	대변
현금	200,000		48,000					248,000	
매출채권	210,000		55,000					265,000	
재고자산	40,000		30,000					70,000	
종속기업투자지분	230,400				①		228,000		
					③	4,000			
					④	800			
					⑦		7,200		
토지	75,000		40,000					115,000	
건물	250,000		50,000					300,000	
기계장치	350,000		100,000					450,000	
영업권					①	20,000		16,000	
					②		4,000		
매입채무		217,000		30,000					247,000
단기차입금		320,000		25,000					345,000
자본금		625,000		200,000	①	200,000			625,000
미처분이익잉여금		100,000		59,000	①	60,000			100,000
					④		800		
					⑤		200		
비지배지분순이익					⑥	1,800		1,800	
비지배지분					①		52,000		53,600
					⑤	200			
					⑥		1,800		
매출		999,200		180,000					1,179,200
지분법이익		3,200			③		4,000		
					⑦	7,200			
매출원가	859,000		166,000					1,025,000	
감가상각비	50,000		5,000					55,000	
영업권손상차손					②	4,000		4,000	
합계	2,264,400	2,264,400	494,000	494,000		298,000	298,000	2,549,800	2,549,800

Fraudit ExCon

실 습 : 제2장 2-1

(1) 사례파일 : 제2장_2-1_기초정보.xlsx, 제2장_2-1_원화시산표.xlsx

(2) [기초정보.xlsx] 작성 : 제2장_1-1 과 동일하게 작성한다.

(3) [원화시산표.xlsx] 작성

1) 보고기간 sheet : 제2장_1-1과 동일하게 작성한다.

2) 기업목록 sheet : 제2장_1-1과 동일하게 작성한다.

3) 원화시산표_1 sheet

	A	B	C	D	E	F	G	H
1	기업명	기능통화	시산표일자	ERP	계정코드	계정과목	차변	대변
2	지배	원화	2001-12-31	더존	10100	현금	200,000	
3					10800	매출채권	210,000	
4					14600	재고자산	40,000	
5					19101	종속기업투자지분	230,400	
6					20100	토지	75,000	
7					20200	건물	250,000	
8					20600	기계장치	350,000	
9					25100	매입채무		217,000
10					26000	단기차입금		320,000
11					33100	자본금		625,000
12					37700	미처분이익잉여금		100,000
13					40100	매출		999,200
14					91000	지분법이익		3,200
15					45100	매출원가	859,000	
16					81800	감가상각비	50,000	

① A열에 기업명을 입력한다. 여기서는 **지배**로 입력한다.
② 해당 계정코드, 계정과목, 차변, 대변 금액을 차례로 입력한다. **차변과 대변은 어느 한쪽만 입력하여야 한다.**
③ 검증 칼럼에서 OK가 아닌 경우 해당 원인을 해결한다.

4) 원화시산표_2 sheet

	A	B	C	D	E	F	G	H
1	기업명	기능통화	시산표일자	ERP	계정코드	계정과목	차변	대변
2	종속	원화	2001-12-31	더존	10100	현금	48,000	
3					10800	매출채권	55,000	
4					14600	재고자산	30,000	
5					20100	토지	40,000	
6					20200	건물	50,000	
7					20600	기계장치	100,000	
8					25100	매입채무		30,000
9					26000	차입금		25,000
10					33100	자본금		200,000
11					37700	미처분이익잉여금		59,000
12					40100	상품매출		180,000
13					45100	상품매출원가	166,000	
14					81800	감가상각비	5,000	

① A열에 기업명을 입력한다. 여기서는 **종속**으로 입력한다.
② 해당 계정코드, 계정과목, 차변, 대변 금액을 차례로 입력한다. **차변과 대변은 어느 한쪽만 입력하여야 한다.**
③ 검증 칼럼에서 OK가 아닌 경우 해당 원인을 해결한다.

(4) [Fraudit-ExCon.exe] 실행

제2장_2-1_기초정보.xlsx, **제2장_2-1_원화시산표.xlsx**을 Fraudit-ExCon이 있는 폴더에 복사하여 이동한다. 그리고 **접두어를 제거**하고 **기초정보.xlsx와 원화시산표.xlsx**로 이름을 변경한다. **그 다음에 Fraudit-ExCon.exe를 실행한다.**

1) Main Sheet

① 기능통화가 외화인 종속법인이 없으므로 원화 버튼을 누른다.

주의 원화 버튼을 누른 후 에러메시지가 뜨면 해당 에러 원인을 **기초정보.xlsx, 원화시산표.xlsx**에서 적절하게 수정한 후 다시 누른다.

2) out_연결분개_투자자본_0 sheet

T	U	V	W
계정과목	계정유형	차변	대변
AA종속기업투자지분	BS	0	228000
AB자본금	HE	200000	0
AB이익잉여금	BS	60000	0
AB비지배지분	NCI	0	52000
AB영업권	BS	20000	0

① 연결분개 중 투자와 자본 상계제거 분개 부분에 해당한다. 검증 목적으로 차변, 대변 칼럼의 금액과 계정과목을 확인하면 된다(분개에 대한 상세 설명은 본문에서 확인하기 바람).

3) out_연결분개_기타_0, 1 sheet

기업명	약식명칭	기간	계정명	금액	지배지분세율	마지막기업_비지배지분세율	명목지배지분율	최종_실질비지배지분율	외화환산	계정과목	계정유형	차변	대변
종속	AB	2001-12-31	당기순이익	9,000	0.00%	0.00%	80.00%	20.00%		비지배지분	NCI	0	1,800
										비지배지분순이익	RE	1,800	0

① **[out_연결분개_기타_0]** 종속의 2001년 당기순이익 9,000원에 대한 비지배지분 연결분개 부분에 해당한다(분개에 대한 상세 설명은 본문에서 확인하기 바람).

기업명	약식명칭	기간	계정명	금액	지배지분세율	마지막기업_비지배지분세율	명목지배지분율	최종_실질비지배지분율	외화환산	계정과목	계정유형	차변	대변
종속	AB	2001-12-31	배당	1,000	0.00%	0.00%	80.00%	20.00%		미처분이익잉여금	RE	0	1,000
										배당금수익	BS	800	0
										비지배지분	NCI	200	0

② **[out_연결분개_기타_1]** 종속의 2001년 배당 1,000원에 대한 비지배지분 연결분개 부분에 해당한다(분개에 대한 상세 설명은 본문에서 확인하기 바람).

4) tmp_연결분개_통합 sheet

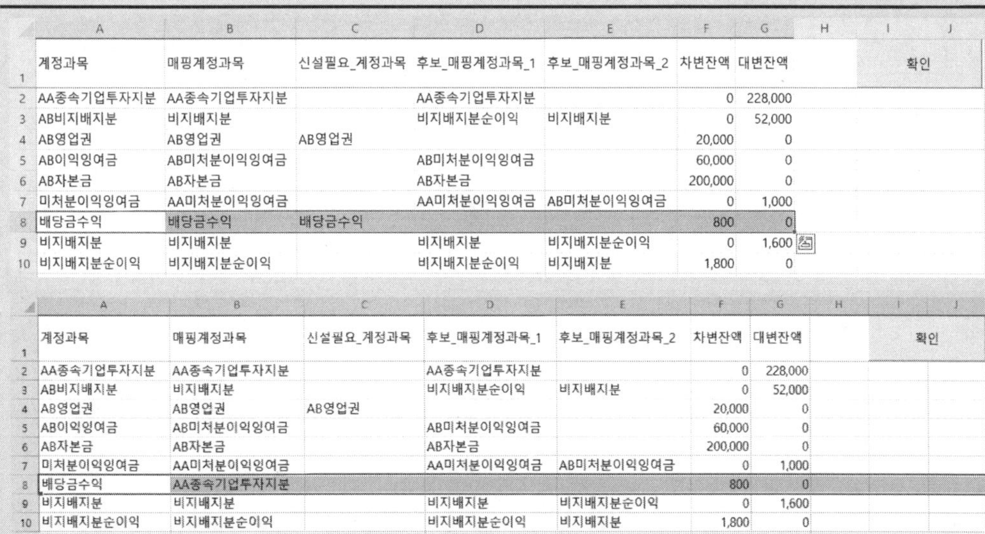

계정과목	매핑계정과목	신설필요_계정과목	후보_매핑계정과목_1	후보_매핑계정과목_2	차변잔액	대변잔액	확인
AA종속기업투자지분	AA종속기업투자지분		AA종속기업투자지분		0	228,000	
AB비지배지분	비지배지분		비지배지분순이익	비지배지분	0	52,000	
AB영업권	AB영업권	AB영업권			20,000	0	
AB이익잉여금	AB미처분이익잉여금		AB미처분이익잉여금		60,000	0	
AB자본금	AB자본금		AB자본금		200,000	0	
미처분이익잉여금	AA미처분이익잉여금		AA미처분이익잉여금	AB미처분이익잉여금	0	1,000	
배당금수익	배당금수익	배당금수익			800	0	
비지배지분	비지배지분		비지배지분	비지배지분순이익	0	1,600	
비지배지분순이익	비지배지분순이익		비지배지분순이익	비지배지분	1,800	0	

계정과목	매핑계정과목	신설필요_계정과목	후보_매핑계정과목_1	후보_매핑계정과목_2	차변잔액	대변잔액	확인
AA종속기업투자지분	AA종속기업투자지분		AA종속기업투자지분		0	228,000	
AB비지배지분	비지배지분		비지배지분순이익	비지배지분	0	52,000	
AB영업권	AB영업권	AB영업권			20,000	0	
AB이익잉여금	AB미처분이익잉여금		AB미처분이익잉여금		60,000	0	
AB자본금	AB자본금		AB자본금		200,000	0	
미처분이익잉여금	AA미처분이익잉여금		AA미처분이익잉여금	AB미처분이익잉여금	0	1,000	
배당금수익	AA종속기업투자지분				800	0	
비지배지분	비지배지분		비지배지분	비지배지분순이익	0	1,600	
비지배지분순이익	비지배지분순이익		비지배지분순이익	비지배지분	1,800	0	

① 지분법에서는 배당금을 수령하는 경우 배당금수익의 차감 대신 **종속기업투자지분**의 차감이 발생하므로 배당금수익을 종속기업투자지분으로 변경한다.

주의 Fraudit-ExCon은 원가법을 기준으로 실행되므로 지분법을 적용하는 경우 tmp_연결분개_통합 sheet에서 수동으로 추가 분개를 하여야 한다.

계정과목	매핑계정과목	신설필요_계정과목	후보_매핑계정과목_1	후보_매핑계정과목_2	차변잔액	대변잔액	확인
AA종속기업투자지분	AA종속기업투자지분		AA종속기업투자지분		0	228,000	
AB비지배지분	비지배지분		비지배지분순이익	비지배지분	0	52,000	
AB영업권	AB영업권	AB영업권			20,000	0	
AB이익잉여금	AB미처분이익잉여금		AB미처분이익잉여금		60,000	0	
AB자본금	AB자본금		AB자본금		200,000	0	
미처분이익잉여금	AA미처분이익잉여금		AA미처분이익잉여금	AB미처분이익잉여금	0	1,000	
배당금수익	AA종속기업투자지분				800	0	
비지배지분	비지배지분		비지배지분	비지배지분순이익	0	1,600	
비지배지분순이익	비지배지분순이익		비지배지분순이익	비지배지분	1,800	0	
	영업권					4,000	
	영업권손상차손	영업권손상차손			4,000		
	AA종속기업투자지분				4,000		
	AA지분법이익					4,000	
	AA지분법이익				7,200		
	AA종속기업투자지분					7,200	

② 제4절 01 취득년도 말 연결 기본정보 2-1에 대한 연결조정에서 음영 친 부분을 반영한다. 즉, **지분법 회계처리를 취소한다.**

주의 영업권의 경우 AB영업권을 입력하여도 되고 드롭다운 리스트에서 영업권을 선택하여도 된다. 단, AB영업권을 입력하는 경우 신설필요_계정과목에 이미 AB영업권을 입력하였으므로 밑에서 추가로 신설필요_계정과목에 입력하지 않도록 한다. 영업권손상차손은 신설필요_계정과목에 신설을 하고 매핑계정과목에도 동일하게 입력한다.

③ 확인 버튼을 누른다.

5) out_최종연결정산표 sheet

계정과목	차변잔액	대변잔액	정렬
감가상각비	55,000	0	
건물	300,000	0	
기계장치	450,000	0	
단기차입금	0	320,000	
매입채무	0	247,000	
매출	0	999,200	
매출원가	859,000	0	
매출채권	265,000	0	
미처분이익잉여금	0	100,000	
비지배지분	0	53,600	
비지배지분순이익	1,800	0	
상품매출	0	180,000	
상품매출원가	166,000	0	
영업권	16,000	0	
영업권손상차손	4,000	0	
자본금	0	625,000	
재고자산	70,000	0	
차입금	0	25,000	
토지	115,000	0	
현금	248,000	0	

① 계정과목이 한글로 오름차순으로 되어 있다.

② 정렬 버튼을 누른다.

계정코드	계정과목	차변잔액	대변잔액	정렬
10100	현금	248,000	0	
10800	매출채권	265,000	0	
14600	재고자산	70,000	0	
20100	토지	115,000	0	
20200	건물	300,000	0	
20600	기계장치	450,000	0	
25100	매입채무	0	247000	
26000	단기차입금	0	320000	
26000	차입금	0	25000	
33100	자본금	0	625000	
37700	미처분이익잉여금	0	100000	
40100	매출	0	999200	
40100	상품매출	0	180000	
45100	매출원가	859,000	0	
45100	상품매출원가	166,000	0	
81800	감가상각비	55,000	0	
비지배지분	비지배지분	0	53600	
비지배지분순이익	비지배지분순이익	1,800	0	
영업권	영업권	16,000	0	
영업권손상차손	영업권손상차손	4,000	0	

③ 계정코드별로 오름차순되며, 계정코드가 없이 새롭게 삽입된 계정과목은 맨 아래에 위치하고 그러한 계정과목은 계정과목으로(한글순으로) 오름차순으로 정렬이 된다.

주의 단기차입금과 차입금은 성격이 동일한지를 검토한 후 하나의 계정과목으로 처리할지를 결정한다.

02 취득년도 이후 연결

기본정보 2-2 취득년도 이후(2X02년말) 자료

P사와 S사의 2X01년 재무자료는 **[기본정보 2-1]**과 같다.

(1) P사와 S사의 2X02년 12월 31일 시산표

과목	P사 시산표		S사 시산표	
	차변	대변	차변	대변
현금	250,000		63,000	
매출채권	223,000		58,000	
재고자산	40,000		40,000	
종속기업투자지분	236,800			
토지	75,000		40,000	
건물	200,000		40,000	
기계장치	300,000		80,000	
매입채무		197,600		25,000
단기차입금		300,000		20,000
자본금		625,000		200,000
미처분이익잉여금		193,400		66,000
매출		909,800		181,000
지분법이익		8,000		
매출원가	859,000		166,000	
감가상각비	50,000		5,000	
합계	2,233,800	2,233,800	492,000	492,000

(2) 2X02년의 영업권 손상차손 : ₩0

(3) S사의 2X02년 당기순이익(총포괄이익과 동일하다고 가정) : ₩10,000

(4) S사의 2X02년 배당금 : ₩2,000

(1) P사 별도재무제표상 회계처리

종속기업투자지분은 **지분법**을 사용하므로 2X02년 P사의 지분법 회계처리는 다음과 같다.

〈종속기업(S사) 당기순이익에 대한 지분〉

계정과목	차변	대변
종속기업투자지분	8,000	
지분법이익 주1)		8,000

주1) 종속기업 당기순이익 ₩10,000 × 80% = ₩8,000

〈종속기업(S사)으로부터 배당금 수령〉

계정과목	차변	대변
현금	1,600	
종속기업투자지분 주1)		1,600

주1) 종속기업의 배당 ₩2,000 × 80% = ₩1,600

그러므로 2X02년 12월 31일 P사의 종속기업투자지분과 지분법손익은 다음과 같다.

종속기업 투자지분 : ₩230,400 + ₩8,000 − ₩1,600 = ₩236,800
지분법이익 : ₩8,000

(2) 2X02년 말 연결조정

■ 준비단계 : 지배기업과 종속기업의 시산표 합산

과목	P사 시산표		S사 시산표		연결조정분개			연결 시산표	
	차변	대변	차변	대변	번호	차변	대변	차변	대변
현금	250,000		63,000						
매출채권	223,000		58,000						
재고자산	40,000		40,000						
종속기업투자지분	236,800								
토지	75,000		40,000						
건물	200,000		40,000						
기계장치	300,000		80,000						
매입채무		197,600		25,000					
단기차입금		300,000		20,000					
자본금		625,000		200,000					
미처분이익잉여금		193,400		66,000					
매출		909,800		181,000					
지분법이익		8,000							
매출원가	859,000		166,000						
감가상각비	50,000		5,000						
합계	2,233,800	2,233,800	492,000	492,000					

■ 1단계 : 종속기업 투자지분과 종속기업 자본계정의 상계 제거

다음으로 1단계인 종속기업 투자지분과 종속기업 자본계정을 상계 제거한다. 관련 회계처리는 다음과 같다.

계정과목	차변	대변
① 종속기업투자지분		228,000
① 자본금	200,000	
① 미처분이익잉여금	60,000	
① 영업권	20,000	
① 비지배지분 [1)]		52,000

주1) (₩200,000 + ₩60,000) × 비지배지분율 20% = ₩52,000

■ 2단계 : 영업권 및 공정가치차이의 후속처리

1단계에서 영업권이 발생하였기 때문에 취득일 이후에 영업권의 손상차손이 발생하였는지에 대한 손상검사를 하고 손상차손이 발생하였으면 이를 인식하여야 한다. **[기본정보2-1]**에서 2X01년에 영업권손상차손이 ₩4,000이었으므로 이를 인식하여야 한다.

계정과목	차변	대변	Fraudit-Excon
② 미처분이익잉여금(영업권손상차손) [주1)]	4,000		tmp_연결분개_통합
② 영업권		4,000	연결분개 수작업 추가

주1) 2X01년에 인식한 손상차손

상기 영업권 손상차손은 비지배지분에 배분하지 않는다. 왜냐하면 비지배지분을 비례적지분으로 측정하여 비지배지분에 귀속되는 영업권은 존재하지 않기 때문이다.

한편, P사 별도재무제표상 지분법회계처리에서 영업권손상차손을 이미 반영하였기 때문에 이를 취소한다.

〈지분법 회계처리 취소〉

계정과목	차변	대변	Fraudit-Excon
③ 종속기업투자지분	4,000		tmp_연결분개_통합
③ 미처분이익잉여금 [주1)]		4,000	연결분개 수작업 추가

주1) 전기 지분법이익

2X02년에는 영업권손상차손이 없으므로 추가적인 분개는 없다.

■ 3단계 : 지배기업과 종속기업간의 내부거래 제거

3단계에서는 내부거래를 상계하는 회계처리를 해야 하는데, **[기본정보 2-1]**과 **[기본정보 2-2]**에서 P사와 S사 간에 내부거래가 없기 때문에 이에 대한 회계처리는 발생하지 않는다.

■ 4단계 : 종속기업의 배당에 대한 내부거래 제거

4단계에서는 종속기업의 배당에 대한 내부거래를 제거하는 회계처리를 해야 하는데, **[기본정보 2-1]과 [기본정보 2-2]**에서 종속기업이 각각 ₩1,000 및 ₩2,000을 배당하였으므로 이를 제거하는 분개를 한다.

〈전기 배당 중 지배기업 해당분 취소〉

계정과목	차변	대변	Fraudit-Excon
④ 미처분이익잉여금		800	tmp_연결분개_통합 연결분개 수정
④ 종속기업투자지분 주1)	800		

주1) 전기 S사의 배당 ₩1,000 × 80% = ₩800

〈전기 배당 중 비지배주주 해당분 취소〉

계정과목	차변	대변
⑤ 미처분이익잉여금(S사)		200
⑤ 비지배지분 주1)	200	

주1) 전기 S사의 배당 ₩1,000 × 20% = ₩200

〈당기 배당 중 지배기업 해당분 취소〉

계정과목	차변	대변	Fraudit-Excon
⑥ 미처분이익잉여금(S사)		1,600	tmp_연결분개_통합 연결분개 수정
⑥ 종속기업투자지분 주1)	1,600		(배당금수익 → 종속기업투자지분)

주1) 당기 S사의 배당 ₩2,000 × 80% = ₩1,600

〈당기 배당 중 비지배주주 해당분 취소〉

계정과목	차변	대변
⑦ 비지배지분 주1)	400	
⑦ 미처분이익잉여금(S사)		400

주1) 당기 S사의 배당 ₩2,000 × 20% = ₩400

■ 5단계 : 비지배지분의 증가(감소) 회계처리

5단계에서는 종속기업(S사)의 자본의 증감 중 비지배지분 해당액에 대한 회계처리를 하여야 한다.

〈전기 자본의 증감 중 비지배지분의 구분〉 : 2X01년 당기순이익

계정과목	차변	대변
⑧ 비지배지분		1,800
⑧ 미처분이익잉여금(전기 비지배지분순이익)	1,800	

주1) 전기 S사의 당기순이익 ₩9,000 × 비지배지분율 20% = ₩1,800

〈당기 자본의 증감 중 비지배지분의 구분〉 : 2X02년 당기순이익

계정과목	차변	대변
⑨ 비지배지분		2,000
⑨ 비지배지분순이익	2,000	

주1) 당기 S사의 당기순이익 ₩10,000 × 비지배지분율 20% = ₩2,000

한편, P사 별도재무제표상 지분법회계처리에서 반영한 당기 지분법손익을 취소한다.

〈전기 지분법 회계처리 취소〉

계정과목	차변	대변	Fraudit-Excon
⑩ 미처분이익잉여금(전기 지분법이익) 주1)	7,200		tmp_연결분개_통합
⑩ 종속기업투자지분		7,200	연결분개 수작업 추가

주1) 전기 S사의 당기순이익 ₩9,000 × 지배지분율 80% = ₩7,200

〈당기 지분법 회계처리 취소〉

계정과목	차변	대변	Fraudit-Excon
⑪ 지분법이익 주1)	8,000		tmp_연결분개_통합
⑪ 종속기업투자지분		8,000	연결분개 수작업 추가

주1) 당기 S사의 당기순이익 ₩10,000 × 지배지분율 80% = ₩8,000

(3) 2X02년 말 연결정산표

연결조정을 반영한 후 연결정산표를 작성하면 다음과 같다.

과목	P사 시산표		S사 시산표		연결조정분개			연결 시산표	
	차변	대변	차변	대변	번호	차변	대변	차변	대변
현금	250,000		63,000					313,000	
매출채권	223,000		58,000					281,000	
재고자산	40,000		40,000					80,000	
종속기업투자지분	236,800				①		228,000		
					③	4,000			
					④	800			
					⑥	1,600			
					⑩		7,200		
					⑪		8,000		
토지	75,000		40,000					115,000	
건물	200,000		40,000					240,000	
기계장치	300,000		80,000					380,000	
영업권					①	20,000		16,000	
					②		4,000		
매입채무		197,600		25,000					222,600
단기차입금		300,000		20,000					320,000
자본금		625,000		200,000	①	200,000			625,000
미처분이익잉여금		193,400		66,000	①	60,000			193,400
					②	4,000			
					③		4,000		
					④		800		
					⑤		200		
					⑥		1,600		
					⑦		400		
					⑧	1,800			
					⑩	7,200			
비지배지분순이익					⑨	2,000		2,000	
비지배지분					①		52,000		55,200
					⑤	200			
					⑦	400			
					⑧		1,800		
					⑨		2,000		
매출		909,800		181,000					1,090,800
지분법이익		8,000			⑪	8,000			
매출원가	859,000		166,000					1,025,000	
감가상각비	50,000		5,000					55,000	
합계	2,233,800	2,233,800	492,000	492,000		310,000	310,000	2,507,000	2,507,000

Fraudit ExCon

실 습 : 제2장 2-2

(1) 사례파일 : 제2장_2-2_기초정보.xlsx, 제2장_2-2_원화시산표.xlsx

(2) [기초정보.xlsx] 작성 : 제2장_1-2 와 동일하게 작성한다.

(3) [원화시산표.xlsx] 작성

1) 보고기간 sheet : 제2장_1-2와 동일하게 작성한다.

2) 기업목록 sheet : 제2장_1-2와 동일하게 작성한다.

3) 원화시산표_1 sheet

	A	B	C	D	E	F	G	H
1	기업명	기능통화	시산표일자	ERP	계정코드	계정과목	차변	대변
2	지배	원화	2002-12-31	더존	10100	현금	250,000	
3					10800	매출채권	223,000	
4					14600	재고자산	40,000	
5					19101	종속기업투자지분	236,800	
6					20100	토지	75,000	
7					20200	건물	200,000	
8					20600	기계장치	300,000	
9					25100	매입채무		197,600
10					26000	단기차입금		300,000
11					33100	자본금		625,000
12					37700	미처분이익잉여금		193,400
13					40100	매출		909,800
14					91000	지분법이익		8,000
15					45100	매출원가	859,000	
16					81800	감가상각비	50,000	

① A열에 기업명을 입력한다. 여기서는 **지배**로 입력한다.
② 해당 계정코드, 계정과목, 차변, 대변 금액을 차례로 입력한다. **차변과 대변은 어느 한쪽만 입력하여야 한다.**
③ 검증 칼럼에서 OK가 아닌 경우 해당 원인을 해결한다.

4) 원화시산표_2 sheet

	A	B	C	D	E	F	G	H
1	기업명	기능통화	시산표일자	ERP	계정코드	계정과목	차변	대변
2	종속	원화	2002-12-31	더존	10100	현금	63,000	
3					10800	매출채권	58,000	
4					14600	재고자산	40,000	
5					20100	토지	40,000	
6					20200	건물	40,000	
7					20600	기계장치	80,000	
8					25100	매입채무		25,000
9					26000	차입금		20,000
10					33100	자본금		200,000
11					37700	미처분이익잉여금		66,000
12					40100	상품매출		181,000
13					45100	상품매출원가	166,000	
14					81800	감가상각비	5,000	

① A열에 기업명을 입력한다. 여기서는 **종속**으로 입력한다.
② 해당 계정코드, 계정과목, 차변, 대변 금액을 차례로 입력한다. **차변과 대변은 어느 한쪽만 입력하여야 한다.**
③ 검증 칼럼에서 OK가 아닌 경우 해당 원인을 해결한다.

(4) [Fraudit-ExCon.exe] 실행

제2장_2-2_기초정보.xlsx, 제2장_2-2_원화시산표.xlsx을 Fraudit-ExCon이 있는 폴더에 복사하여 이동한다. 그리고 **접두어를 제거**하고 **기초정보.xlsx와 원화시산표.xlsx**로 이름을 변경한다. **그 다음에 Fraudit-ExCon.exe를 실행한다.**

1) Main Sheet

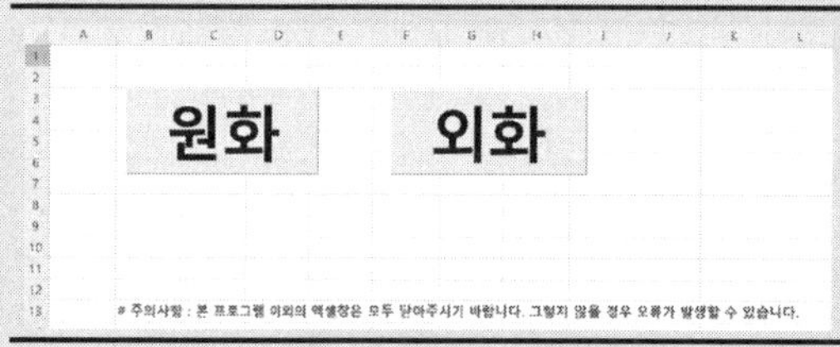

① 기능통화가 외화인 종속법인이 없으므로 원화 버튼을 누른다.

주의 원화 버튼을 누른 후 에러메시지가 뜨면 해당 에러 원인을 **기초정보.xlsx, 원화시산표.xlsx**에서 적절하게 수정한 후 다시 누른다.

2) out_연결분개_투자자본_0 sheet

T	U	V	W
계정과목	계정유형	차변	대변
AA종속기업투자지분	BS	0	228000
AB자본금	HE	200000	0
AB이익잉여금	BS	60000	0
AB비지배지분	NCI	0	52000
AB영업권	BS	20000	0

① 연결분개 중 투자와 자본 상계제거 분개 부분에 해당한다. 검증 목적으로 차변, 대변 칼럼의 금액과 계정과목을 확인하면 된다(분개에 대한 상세 설명은 본문에서 확인하기 바람).

3) out_연결분개_기타_0, 1, 2, 3 sheet

기업명	약식명칭	기간	계정명	금액	지배지분세율	마지막기업_비지배지분세율	명목지배지분율	최종_실질비지배지분율	외화환산	계정과목	계정유형	차변	대변
종속	AB	2001-12-31	당기순이익	9,000	0.00%	0.00%	80.00%	20.00%		비지배지분	NCI	0	1,800
										미처분이익잉여금	RE	1,800	0

① **[out_연결분개_기타_0]** 종속의 2001년 당기순이익 9,000원에 대한 비지배지분 연결분개 부분에 해당한다(분개에 대한 상세 설명은 본문에서 확인하기 바람).

기업명	약식명칭	기간	계정명	금액	지배지분세율	마지막기업_비지배지분세율	명목지배지분율	최종_실질비지배지분율	외화환산	계정과목	계정유형	차변	대변
종속	AB	2001-12-31	배당	1,000	0.00%	0.00%	80.00%	20.00%		미처분이익잉여금	RE	0	1,000
										미처분이익잉여금	RE	800	0
										비지배지분	NCI	200	0

② **[out_연결분개_기타_1]** 종속의 2001년 배당 1,000원에 대한 비지배지분 연결분개 부분에 해당한다(분개에 대한 상세 설명은 본문에서 확인하기 바람).

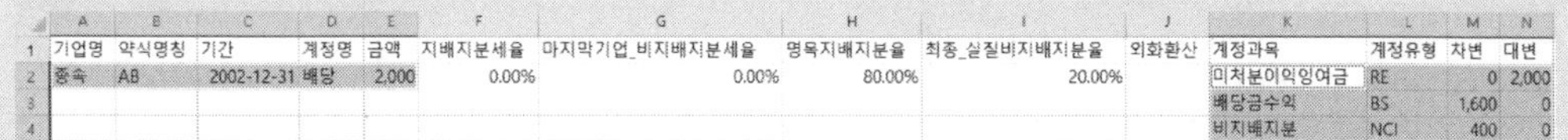

기업명	약식명칭	기간	계정명	금액	지배지분세율	마지막기업_비지배지분세율	명목지배지분율	최종_실질비지배지분율	외화환산	계정과목	계정유형	차변	대변
종속	AB	2002-12-31	당기순이익	10,000	0.00%	0.00%	80.00%	20.00%		비지배지분	NCI	0	2,000
										비지배지분순이익	RE	2,000	0

③ **[out_연결분개_기타_2]** 종속의 2002년 당기순이익 10,000원에 대한 비지배지분 연결분개 부분에 해당한다(분개에 대한 상세 설명은 본문에서 확인하기 바람).

기업명	약식명칭	기간	계정명	금액	지배지분세율	마지막기업_비지배지분세율	명목지배지분율	최종_실질비지배지분율	외화환산	계정과목	계정유형	차변	대변
종속	AB	2002-12-31	배당	2,000	0.00%	0.00%	80.00%	20.00%		미처분이익잉여금	RE	0	2,000
										배당금수익	BS	1,600	0
										비지배지분	NCI	400	0

④ **[out_연결분개_기타_3]** 종속의 2002년 배당 2,000원에 대한 비지배지분 연결분개 부분에 해당한다(분개에 대한 상세 설명은 본문에서 확인하기 바람).

4) tmp_연결분개_통합 sheet

계정과목	매핑계정과목	신설필요_계정과목	후보_매핑계정과목_1	후보_매핑계정과목_2	차변잔액	대변잔액	확인
AA종속기업투자지분	AA종속기업투자지분		AA종속기업투자지분		0	228,000	
AB비지배지분	비지배지분		비지배지분순이익	비지배지분	0	52,000	
AB영업권	AB영업권	AB영업권			20,000	0	
AB이익잉여금	AB미처분이익잉여금		AB미처분이익잉여금		60,000	0	
AB자본금	AB자본금		AB자본금		200,000	0	
미처분이익잉여금	AA미처분이익잉여금		AA미처분이익잉여금	AB미처분이익잉여금	0	400	
배당금수익	배당금수익	배당금수익			1,600	0	
비지배지분	비지배지분		비지배지분	비지배지분순이익	0	3,200	
비지배지분순이익	비지배지분순이익		비지배지분순이익	비지배지분	2,000	0	

계정과목	매핑계정과목	신설필요_계정과목	후보_매핑계정과목_1	후보_매핑계정과목_2	차변잔액	대변잔액	확인
AA종속기업투자지분	AA종속기업투자지분		AA종속기업투자지분		0	228,000	
AB비지배지분	비지배지분		비지배지분순이익	비지배지분	0	52,000	
AB영업권	AB영업권	AB영업권			20,000	0	
AB이익잉여금	AB미처분이익잉여금		AB미처분이익잉여금		60,000	0	
AB자본금	AB자본금		AB자본금		200,000	0	
미처분이익잉여금	AA미처분이익잉여금		AA미처분이익잉여금	AB미처분이익잉여금	0	400	
배당금수익	AA종속기업투자지분				1,600	0	
비지배지분	비지배지분		비지배지분	비지배지분순이익	0	3,200	
비지배지분순이익	비지배지분순이익		비지배지분순이익	비지배지분	2,000	0	

① 지분법에서는 배당금을 수령하는 경우 배당금수익의 차감 대신 **종속기업투자지분**의 차감이 발생하므로 배당금수익을 종속기업투자지분으로 변경한다.

주의 Fraudit-ExCon은 원가법을 기준으로 실행되므로 지분법을 적용하는 경우 tmp_연결분개_통합 sheet에서 수동으로 추가 분개를 하여야 한다.

계정과목	매핑계정과목	신설필요_계정과목	후보_매핑계정과목_1	후보_매핑계정과목_2	차변잔액	대변잔액
AA종속기업투자지분	AA종속기업투자지분		AA종속기업투자지분		0	228,000
AB비지배지분	비지배지분		비지배지분순이익	비지배지분	0	52,000
AB영업권	AB영업권	AB영업권			20,000	0
AB이익잉여금	AB미처분이익잉여금		AB미처분이익잉여금		60,000	0
AB자본금	AB자본금		AB자본금		200,000	0
미처분이익잉여금	AA미처분이익잉여금		AA미처분이익잉여금	AB미처분이익잉여금	0	400
배당금수익	AA종속기업투자지분				1,600	0
비지배지분	비지배지분		비지배지분	비지배지분순이익	0	3,200
비지배지분순이익	비지배지분순이익		비지배지분순이익	비지배지분	2,000	0
	영업권					4,000
	AA미처분이익잉여금				4,000	
	AA종속기업투자지분				4,000	
	AA미처분이익잉여금					4,000
	AA미처분이익잉여금					800
	AA종속기업투자지분				800	
	AA미처분이익잉여금				7,200	
	AA종속기업투자지분					7,200
	AA지분법이익				8,000	
	AA종속기업투자지분					8,000

확인

② 제4절 02 취득년도 이후 연결 기본정보 2-2에 대한 연결조정에서 음영 친 부분을 반영한다. 즉, **지분법 회계처리를 취소한다.**

주의 영업권의 경우 AB영업권을 입력하여도 되고 드롭다운 리스트에서 영업권을 선택하여도 된다. 단, AB영업권을 입력하는 경우 신설필요_계정과목에 이미 AB영업권을 입력하였으므로 밑에서 추가로 신설필요_계정과목에 입력하지 않도록 한다.

③ 확인 버튼을 누른다.

5) out_최종연결정산표 sheet

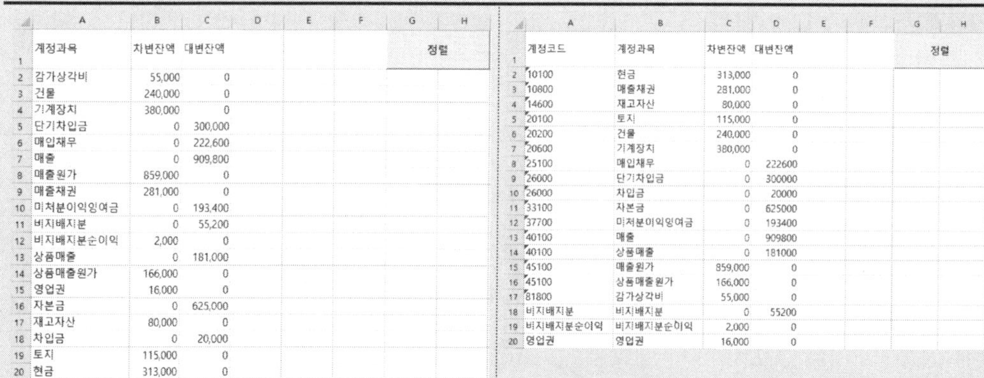

계정과목	차변잔액	대변잔액
감가상각비	55,000	0
건물	240,000	0
기계장치	380,000	0
단기차입금	0	300,000
매입채무	0	222,600
매출	0	909,800
매출원가	859,000	0
매출채권	281,000	0
미처분이익잉여금	0	193,400
비지배지분	0	55,200
비지배지분순이익	2,000	0
상품매출	0	181,000
상품매출원가	166,000	0
영업권	16,000	0
자본금	0	625,000
재고자산	80,000	0
차입금	0	20,000
토지	115,000	0
현금	313,000	0

정렬

계정코드	계정과목	차변잔액	대변잔액
10100	현금	313,000	0
10800	매출채권	281,000	0
14600	재고자산	80,000	0
20100	토지	115,000	0
20200	건물	240,000	0
20600	기계장치	380,000	0
25100	매입채무	0	222600
26000	단기차입금	0	300000
26000	차입금	0	20000
33100	자본금	0	625000
37700	미처분이익잉여금	0	193400
40100	매출	0	909800
40100	상품매출	0	181000
45100	매출원가	859,000	0
45100	상품매출원가	166,000	0
81800	감가상각비	55,000	0
비지배지분	비지배지분	0	55200
비지배지분순이익	비지배지분순이익	2,000	0
영업권	영업권	16,000	0

정렬

① 계정과목이 한글로 오름차순으로 되어 있다.

② 정렬 버튼을 누른다.

③ 계정코드별로 오름차순되며, 계정코드가 없이 새롭게 삽입된 계정과목은 맨 아래에 위치하고 그러한 계정과목은 계정과목으로(한글순으로) 오름차순으로 정렬이 된다.

주의 단기차입금과 차입금은 성격이 동일한지를 검토한 후 하나의 계정과목으로 처리할지를 결정한다.

내부거래와 미실현손익

제 1 절 내부거래와 미실현손익 개요

01 취득일 이후 연결의 유형

연결재무제표는 연결대상회사가 하나의 기업실체인 것으로 보아 그 회사들의 재무상태와 경영성과를 나타내기 위하여 작성되는 것이다. 이 목적을 달성하기 위하여 연결재무제표에서 연결대상기업간의 거래 즉, 내부거래를 제거하는 것이 필요하다. 연결실체 내에서의 연결대상회사간의 내부거래는 경제적 실질이 없기 때문이다.

예를 들어, P사가 원가가 ₩80인 재고자산을 S사에게 ₩100에 판매하였으며, S사는 그 재고자산 전부를 고객에게 ₩120에 판매한 경우를 가정하자. 각 개별기업의 관점인 별도재무제표에서는 P사(매출 ₩100과 매입 ₩80)와 S사(매출 ₩120과 매입 ₩100)가 각각 매입과 매출을 기록한다. 그러나 아래의 그림에서 볼 수 있듯이, 연결실체의 관점에서는 P사와 S사가 한 실체이며, 연결실체 외부와의 거래만이 경제적 실질을 가지므로 매출 ₩120과 매입 ₩80만을 인식해야한다. 따라서 연결재무제표의 작성을 위해서는 별도재무제표 상의 P사의 매출 ₩100과 S사의 매입 ₩100을 상계제거해야 한다. 이를 **내부거래의 제거**라고 한다.

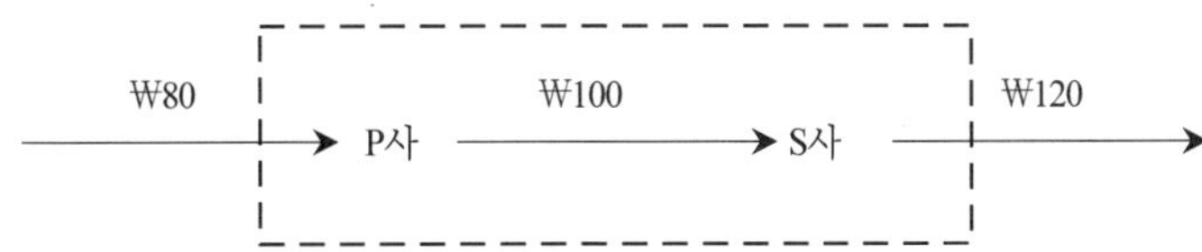

02 내부거래의 형태

내부거래는 다양한 형태로 이루어진다. 예를 들면, 연결대상기업간 매출거래로 인하여 위에서 설명한 매출·매입(매출원가)의 상호거래 외에도 매출채권·매입채무의 상호거래가 발생한다. 연결대상기업간 어음상의 대출거래는 수입이자 및 지급이자의 상호거래는 물론 받을어음과 지급어음의 상호거래를 갖게 한다.

그러므로 연결실체 내 회사 간의 거래에서 생긴 자산·부채의 기말 잔액, 수익·비용과 배당금을 포함한 내부거래는 모두 제거한다. 내부거래에서 발생한 손익이 보고기간 말 현재 연결실체 내 회사의 보유 자산(예: 재고자산, 유형자산)의 장부금액에 반영되어 있는 금액도 전액 제거한다. 본서에서는 연결실체간 일반적으로 이루어지는 다음의 내부거래 제거를 살펴보기로 한다.

(1) **재고자산**과 관련된 매출·매입 거래
(2) **유형자산**의 매매거래

제 2 절 재고자산 내부거래

연결실체에 포함되는 한 기업이 다른 연결대상기업에게 재고자산을 매출한다고 가정하자. 이 재고자산을 구입하는 기업이 포괄손익계산서를 기능별 분류 방법으로 표시하고 실지재고조사법을 적용한다면 매출 및 매입의 상호계정이 발생하며, 구입하는 기업이 계속기록법을 적용하고 있으면 매출 및 매출원가의 상호계정이 발생하게 된다. 이러한 상호계정 금액은 연결포괄손익계산서를 작성할 때 연결실체의 매출 및 매출원가를 보고하기 위하여 제거된다. 본 교재에서는 재고자산에 대하여 계속기록법을 적용한다고 가정한다.

01 매입 · 매출 내부거래 제거

연결실체 관점에서 연결매출액은 연결실체 외부에 대한 매출을 의미하며, 연결매출원가(또는 매입액)는 연결실체 외부로부터의 매입액을 의미하므로 **연결대상기업간 매입과 매출은 제거**되어야 한다. 다음의 **[기본정보 1-1]**에서 자세히 살펴보기로 한다.

기본정보 1-1 연결실체 외부로 전액 판매시 매입 · 매출 내부거래 제거

(1) 취득일 : 2X01년 1월 1일 (2) 취득자 : P사 (3) 피취득자 : S사

(4) 취득시 지분율 : 100%

(5) 내부거래

일자	판매 회사	외부 매입원가	내부 판매액	매출총 이익률	매입 회사	연결외부 판매액	기말재고에 남아있는 부분(판매가)
2X01.02.01.	P	₩20,000	₩25,000	20%	S		
2X01.12.01.						₩30,000	₩0

P사와 S사는 2X01년에 각각 다음과 같은 분개를 하였다.

P사	(차변)	(대변)	S사	(차변)	(대변)
<2X01년 2월 1일 내부매출>			**<2X01년 2월 1일 내부매입>**		
매출채권(S사에 대한) ①	25,000		재고자산	25,000	
매출(S사에 대한) ②		25,000	매입채무(P사에 대한) ①		25,000
매출원가(S사에 대한)	20,000				
재고자산		20,000			
			<2X01년 12월 1일 연결외부 매출>		
			매출채권(연결외부에 대한)	30,000	
			매출(연결외부에 대한)		30,000
			매출원가(연결외부에 대한) ②	25,000	
			재고자산		25,000

연결재무제표 상으로는 연결실체 외부에 판매한 것만이 인식되어야 하므로 매출이 ₩30,000이며 매출원가는 ₩20,000이 된다. 따라서 그 외의 분개는 다음과 같이 제거하여야 한다.

(1) P사의 매출채권(S사) ₩25,000과 S사의 매입채무(P사) ₩25,000을 제거

계정과목	차변	대변
① 매입채무(P사에 대한)	25,000	
① 매출채권(S사에 대한)		25,000

(2) P사의 매출 ₩25,000과 S사의 매출원가 ₩25,000은 연결재무제표를 위한 단순합계시 중복이 되므로 이를 제거하여야 한다.

계정과목	차변	대변
② 매출(S사에 대한)	25,000	
② 매출원가(연결외부에 대한)		25,000

이에 따라 연결정산표 중 연결매출액 및 매출원가와 관련된 부분만을 나타내면 다음과 같다. 즉, 내부거래를 제거하면 연결실체의 외부와의 거래만이 남는다.

	P사	S사	연결조정분개		연결
			차변	대변	
매출채권	25,000	–		25,000	–
매입채무	–	25,000	25,000		–
매출	25,000	30,000	25,000		30,000
매출원가	20,000	25,000		25,000	20,000

02 기말 재고자산에 포함된 내부미실현손익 제거

연결대상기업간의 매출로 인한 내부미실현손익은 해당 재고자산이 외부로 판매된 회계기간에 실현되어 인식된다. 앞의 **[기본정보 1-1]**은 내부미실현이익이 전액 실현된 경우를 가정하였다.

그러나 해당 재고자산이 외부로 판매되지 않은 경우에는 연결대상기업간의 매출로 인한 이익도 실현되지 않은 것이므로 그 영향은 연결과정에서 제거되어야 한다. 연결대상기업간의 매출에 대하여 미실현손익이 있는 경우, 그것은 매입하는 연결대상기업의 기말재고자산에 반영된다.

재고자산에 대하여 계속기록법이 적용되는 경우의 연결조정분개는 내부미실현손익에 대하여 매출원가를 차변에, 기말재고자산을 대변에 분개함으로써 이루어진다. 다음의 **[기본정보 1-2]**와 **[기본정보 1-3]**에서 보다 자세히 살펴보기로 하자.

기본정보 1-2 기말재고자산에 포함된 내부미실현손익 제거

(1) 취득일 : 2X01년 1월 1일　　(2) 취득자 : P사　　(3) 피취득자 : S사

(4) 취득시 지분율 : 100%

(5) 내부거래

일자	판매회사	외부 매입원가	내부 판매액	매출총 이익률	매입 회사	연결외부 판매액	기말재고에 남아있는 부분(판매가)
2X01.02.01.	P	₩20,000	₩25,000	20%	S	₩0	₩25,000

2X01년에 P사와 S사는 각각 다음과 같은 분개를 하였다.

P사	(차변)	(대변)	S사	(차변)	(대변)
<2X01년 2월 1일 내부매출>			**<2X01년 2월 1일 내부매입>**		
매출채권(S사에 대한) ①	25,000		재고자산	25,000	
매 출(S사에 대한) ②		25,000	매입채무(P사에 대한) ①		25,000
매출원가(S사에 대한) ③	20,000				
재고자산		20,000			

2X01년 12월 31일의 S사 재고자산에는 P사로부터 매입한 재고자산 ₩25,000이 포함되어 있다. 이 재고자산은 연결외부로 판매되지 않고 재고로 남아 있으므로 ₩5,000(=₩25,000 − ₩20,000)만큼은 P사의 매출총이익이 과대계상된 것이다. 따라서 이를 제거하여야 한다. 이를 **내부거래 미실현이익의 제거**라고 한다. 다시 말해서 연결실체의 관점에서 보면, 연결재무제표 상에는 매출과 매출원가는 ₩0이라는 것이다. 따라서 다음과 같이 제거하여야 한다.

(1) P사의 매출채권(S사에 대한) ₩25,000과 S사의 매입채무(P사에 대한) ₩25,000을 제거

계정과목	차변	대변
① 매입채무(P사에 대한)	25,000	
① 매출채권(S사에 대한)		25,000

(2) P사의 매출 ₩25,000과 매출원가 ₩25,000을 제거한다.

계정과목	차변	대변
② 매출(S사에 대한)	25,000	
③ 매출원가(S사에 대한)		25,000

상기 분개에서 매출원가(S사에 대한) ₩25,000을 제거하는 이유는 아래 (3)분개에서 S사에 포함되어 있는 미실현이익을 재고자산에서 차감하고 그만큼 매출원가를 증가시켜 ₩20,000의 매출원가를 제거하는 궁극적인 결과를 얻을 수 있기 때문이다.

(3) ₩5,000의 미실현이익이 S사 재고자산에 포함되어 있으므로 재고자산 ₩5,000을 감소시키며 상대계정으로 매출원가를 증가시킨다.

계정과목	차변	대변
③ 매출원가(S사에 대한)	5,000	
재고자산(S사)		5,000

이에 따라 연결정산표 중 연결매출액 및 매출원가와 관련된 부분만을 나타내면 다음과 같다.

	P사	S사	연결조정분개		연결
			차변	대변	
매출채권	25,000	–		25,000	–
매입채무	–	25,000	25,000		–
재고자산		25,000		5,000	20,000
매출	25,000	–	25,000		–
매출원가	20,000	–		20,000	–

기본정보 1-3 기말재고자산에 포함된 내부미실현손익 제거

(1) 취득일 : 2X01년 1월 1일 (2) 취득자 : P사 (3) 피취득자 : S사

(4) 취득시 지분율 : 100%

(5) 내부거래

일자	판매회사	외부 매입원가	내부 판매액	매출총 이익률	매입 회사	연결외부 판매액	기말재고에 남아있는 부분(판매가)
2X01.02.01.	P	₩20,000	₩25,000	20%	S	₩0	
2X01.12.01.						₩30,000	₩3,000

2X01년에 P사와 S사는 각각 다음과 같은 분개를 하였다.

P사		(차변)	(대변)	S사		(차변)	(대변)
<2X01년 2월 1일 내부매출>				**<2X01년 2월 1일 내부매입>**			
매출채권(S사에 대한)	①	25,000		재고자산		25,000	
매출(S사에 대한)	②		25,000	매입채무(P사에 대한)	①		25,000
매출원가(S사에 대한)	③	20,000					
재고자산			20,000				
				<2X01년 12월 1일 연결외부 매출>			
				매출채권(연결외부에 대한)		30,000	
				매출(연결외부에 대한)			30,000
				매출원가(연결외부에 대한)		22,000	
				재고자산			22,000

2X01년 12월 31일에 S사 재고자산에는 P사로부터 매입한 재고자산 ₩3,000이 포함되어 있다. 이 재고자산은 연결외부로 판매되지 않고 재고로 남아 있으므로 ₩3,000 × 20%(매출총이익률) = ₩600만큼은 P사의 매출총이익이 과대계상된 것이다. 따라서 이를 제거하여야 한다. 이를 **내부거래 미실현이익의 제거**라고 한다.

연결재무제표 상으로는 연결실체 외부에 판매한 것만이 인식되어야 하므로 매출이 ₩30,000이며 매출원가는 ₩17,600(₩20,000 – (₩3,000 – ₩600))이 된다. 따라서 다음과 같이 제거하여야 한다.

(1) P사의 매출채권(S사에 대한) ₩25,000과 S사의 매입채무(P사에 대한) ₩25,000을 제거

계정과목	차변	대변
① 매입채무(P사에 대한)	25,000	
① 매출채권(S사에 대한)		25,000

(2) P사의 매출 ₩25,000과 매출원가 ₩25,000을 제거한다.

계정과목	차변	대변
② 매출(S사에 대한)	25,000	
③ 매출원가(S사에 대한)		25,000

(3) ₩600의 미실현이익이 S사 재고자산에 포함되어 있으므로 재고자산 ₩600을 감소시키며 상대계정으로 매출원가를 증가시킨다.

계정과목	차변	대변
매출원가(S사에 대한)	600	
재고자산(S사)		600

보충설명 (2)와 (3)의 상계방법

원래 상기 (2)와 (3)은 다음과 같이 분개하여야 한다.

계정과목	차변	대변
매출(S사에 대한)	25,000	
매출원가(연결외부에 대한)		22,000
매출원가(S사에 대한) 주1)		3,000
매출원가(S사에 대한)	600	
재고자산(S사의) 주2)		600

주1) S사 재고자산 중 ₩3,000이 기말에 남아 있으므로 매출원가를 취소시키는 분개
주2) S사 재고자산 중 ₩3,000중 미실현이익 부분을 취소시키는 분개

그러나 연결실체의 매출원가는 위와 같이 하거나 본문에 있는 방법을 하거나 금액은 동일하므로 편의상 본문의 방법을 택하였다.

이에 따라 연결정산표 중 연결매출액 및 매출원가와 관련된 부분만을 나타내면 다음과 같다.

	P사	S사	연결조정분개		연결
			차변	대변	
매출채권	25,000	–		25,000	–
매입채무	–	25,000	25,000		–
재고자산		3,000		600	2,400
매출	25,000	30,000	25,000		30,000
매출원가	20,000	22,000	600	25,000	17,600

03 기초 재고자산에 포함된 내부미실현손익 실현

기말재고자산에 포함된 내부미실현이익은 그 재고자산이 연결실체의 외부로 판매되는 시점에 연결재무제표상 실현된다. 기말재고자산에 포함된 내부미실현이익은 재고자산의 회전율이 급격히 낮은 경우가 아닌 일반적인 경우에는 다음연도에 실현된다. 따라서 연결에서는 전년도의 내부미실현이익의 실현을 인식하기 위한 연결분개가 필요하다. 계속기록법을 적용하는 경우 기초재고자산이 매출원가에 반영되기 때문이다. 다음의 **[기본정보 1-4]**에서 자세히 살펴보기로 하자.

기본정보 1-4 기초 재고자산에 포함된 내부미실현손익 실현

[기본정보 1-3]에 이어지는 상황이다.

(1) 취득일 : 2X01년 1월 1일 (2) 취득자 : P사 (3) 피취득자 : S사

(4) 취득시 지분율 : 100%

(5) 내부거래

일자	판매 회사	외부 매입원가	내부 판매액	매출총 이익률	매입 회사	연결외부 판매액	기말재고에 남아있는 부분(판매가)
2X01.02.01.	P	₩20,000	₩25,000	20%	S	₩0	
2X01.12.01.						₩30,000	₩3,000
2X02.12.01.						₩3,800	₩0

2X02년에 P사와 S사는 각각 다음과 같은 분개를 하였다.

P사	(차변)	(대변)	S사	(차변)	(대변)
			<2X02년 12월 1일 연결외부 매출>		
			매출채권(외부)	3,800	
			매출		3,800
			매출원가	3,000	
			재고자산		3,000

2X02년에는 내부거래가 없으므로 내부거래 제거분개가 필요하지 않지만, 2X01년에 판매되지 않아서 2X02년의 기초재고자산에 포함되어 있던 내부미실현이익을 실현시키는 분개를 다음과 같이 한다.

계정과목	차변	대변
이익잉여금(전기매출원가)	600	
재고자산		600
재고자산	600	
매출원가		600

보충설명 **상기 분개의 이유**

첫번째 분개는 **[기본정보 1-3]**에서 ₩600의 미실현이익을 제거하는 분개를 현재시점에서 반영하는 것이며, 두번째 분개는 S사 입장에서 재고자산은 모두 연결외부로 판매되었으므로 이를 반영한 결과이다. 즉, 당기초 재고자산(전기말 재고자산)의 증가는 매출원가공식(기초재고 + 당기매입 – 기말재고)에 따라 매출원가를 ₩600 과대평가시키므로 이를 감소시켜주는 분개가 필요한 것이다.

이에 따라 연결정산표 중 연결매출액 및 매출원가와 관련된 부분만을 나타내면 다음과 같다.

	P사	S사	연결조정분개		연결
			차변	대변	
이익잉여금	×××	×××	600		×××
매출	×××	3,800			×××
매출원가	×××	3,000		600	×××

04 재고자산 하향판매와 상향판매

종속기업에 대한 지배기업의 매출을 **하향판매**라 하고, 지배기업에 대한 종속기업의 매출을 **상향판매**라 한다. 상향이나 하향이라는 용어는 지배기업을 상위에 두는 관행에서 비롯된 것이다.

매출과 매출원가의 상호계정 금액은 그 매출이 상향이든 하향이든 간에 연결재무제표에서 제거된다. 마찬가지로 재고자산에 포함된 내부미실현이익도 하향 및 상향판매의 모든 경우에 전부 제거된다. 그러나 내부미실현이익이 지배기업귀속 당기순이익과 비지배지분 당기순이익에 미치는 영향은 연결회사간 매출의 방향에 의하여 결정된다.

(1) 재고자산 하향판매

이를 조금 더 자세히 설명하면, 지배기업이 종속기업에게 매출을 하게 되면(하향판매가 이루어지면) 지배기업의 매출·매출원가·매출총이익을 증가시키지만 그 재고자산이 연결외부실체에게 판매되기 전에는 종속기업의 당기순이익에 영향을 미치지 않는다. 따라서 하향판매된 재고자산이 연결실체 외부에 판매되지 않은 경우에는, 하향판매되어 종속기업의 재고자산에 포함되어 있는 재고자산의 매출총이익 전액은 지배기업의 당기순이익을 과대표시하게 하므로 그 전액을 지배기업 포괄손익계산서에서 제거하여야 한다.

기본정보 2-1 재고자산 하향판매

(1) 취득일 : 2X01년 1월 1일 (2) 취득자 : P사 (3) 피취득자 : S사

(4) 취득시 지분율 : 80%

(5) 내부거래

일자	판매회사	외부매입원가	내부판매액	매출총이익률	매입회사	연결외부판매액	기말재고에 남아있는 부분(판매가)
2X01.02.01.	P	₩20,000	₩25,000	20%	S	₩0	₩25,000

즉, **[기본상황 2-1]**은 하향판매의 경우로, 2X01년에 P사와 S사는 각각 다음과 같은 분개를 한다.

P사	(차변)	(대변)	S사	(차변)	(대변)
<2X01년 2월 1일 내부매출>			**<2X01년 2월 1일 내부매입>**		
매출채권(S사에 대한)	25,000		재고자산	25,000	
매출(S사에 대한)		25,000	매입채무(P사에 대한)		25,000
매출원가(S사에 대한)	20,000				
재고자산		20,000			

연결실체의 관점에서 보면, 연결재무제표 상에는 매출과 매출원가는 ₩0이어야 한다. 따라서 연결조정분개에서는 다음과 같이 상계하여야 한다.

(1) P사의 매출채권(S사에 대한) ₩25,000과 S사의 매입채무(P사에 대한) ₩25,000을 상계

계정과목	차변	대변
매입채무(P사에 대한)	25,000	
매출채권(S사에 대한)		25,000

(2) P사의 매출 ₩25,000과 매출원가 ₩25,000을 상계한다.

계정과목	차변	대변
매출(S사에 대한)	25,000	
매출원가(S사에 대한)		25,000

(3) ₩5,000의 미실현이익이 S사 재고자산에 포함되어 있으므로 재고자산 ₩5,000을 감소시키며 상대계정으로 매출원가를 증가시킨다.

계정과목	차변	대변
매출원가(S사에 대한)	5,000	
재고자산(S사)		5,000

(2) 재고자산 상향판매

종속기업이 지배기업에게 매출을 하게 되는 경우(상향판매가 이루어진 경우), 매출・매출원가・매출총이익이 증가되는 것은 종속기업이다. 따라서 지배기업이 그 재고자산을 외부에 판매하기 전에는 지배기업이 보유하는 기말재고자산에 포함되어 있는 미실현이익만큼 과대계상되고 이에 따라 매출원가는 그만큼 과소계상된다. 따라서 이를 수정하기 위하여 매출원가를 증가시키고 기말재고자산을 감소시키는 연결조정분개가 필요하다. 이는 하향판매와 동일하다.

그러나 하향판매의 경우에는 지배기업이 인식한 미실현이익을 제거해야 하지만, 상향판매의 경우에는 종속기업이 인식한 미실현이익을 제거해야 한다는 점에서 크게 다르다. 즉, 하향판매의 경우에 제거하는 미실현손익은 지배기업이 인식했던 것이므로 모두 지배기업귀속당기순이익에서 제거하면 된다. 그러나 상향판매의 경우에 제거하는 미실현손익은 종속기업이 인식했던 것을 제거하는 것이므로, 제거되는 미실현이익을 지배지분과 비지배지분으로 구분해야 한다. 왜냐하면 종속기업의 당기순이익은 지배주주 뿐 아니라 비지배주주에게도 귀속되어 있기 때문이다.

즉, 하향판매의 경우에는 미실현이익의 100%를 지배기업귀속당기순이익에서 제거해야하지만, 상향판매의 경우에는 미실현이익 중 지분율에 해당하는 부분만 지배기업귀속당기순이익에서 제거하고 나머지 부분은 비지배지분에서 제거해야한다는 것이다.

기본정보 2-2 재고자산 상향판매

(1) 취득일 : 2X01년 1월 1일　　(2) 취득자 : P사　　(3) 피취득자 : S사

(4) 취득시 지분율 : 80%

(5) 내부거래

일자	판매 회사	외부 매입원가	내부 판매액	매출총 이익률	매입 회사	연결외부 판매액	기말재고에 남아있는 부분(판매가)
2X01.02.01.	S	₩20,000	₩25,000	20%	P	₩0	₩25,000

[기본정보 2-2]는 상향판매의 경우로, 2X01년에 P사와 S사는 각각 다음과 같은 분개를 한다.

P사	(차변)	(대변)	S사	(차변)	(대변)
<2X01년 2월 1일 내부매입>			**<2X01년 2월 1일 내부매출>**		
재고자산	25,000		매출채권(S사에 대한)	25,000	
매입채무(P사에 대한)		25,000	매 출(S사에 대한)		25,000
			매출원가(S사에 대한)	20,000	
			재고자산		20,000

연결실체의 관점에서 보면, 연결재무제표 상에는 매출과 매출원가는 ₩0이어야 한다. 따라서 **[기본정보 2-2]**에서도 다음과 같은 상계분개를 해야 한다.

(1) S사의 매출채권(P사에 대한) ₩25,000과 P사의 매입채무(S사에 대한) ₩25,000을 상계

계정과목	차변	대변
매입채무(P사에 대한)	25,000	
매출채권(S사에 대한)		25,000

(2) S사의 매출 ₩25,000과 매출원가 ₩25,000을 상계한다.

계정과목	차변	대변
매출(P사에 대한)	25,000	
매출원가(P사에 대한)		25,000

(3) ₩5,000의 미실현이익이 P사 재고자산에 포함되어 있으므로 재고자산 ₩5,000을 감소시키며 상대계정으로 매출원가를 증가시킨다.

계정과목	차변	대변
매출원가(P사에 대한)	5,000	
재고자산(P사)		5,000

[기본정보 2-1]과 **[기본정보 2-2]**를 비교해 보면, 상향판매의 경우에도 내부거래의 제거는

하향판매의 경우와 크게 다르지 않다. 그러나 자세히 보면, 상향판매의 경우에는 미실현이익이 S사에서 발생했으며, P사의 지분율이 80%임을 알 수 있다. 이는 S사에서 발생한 미실현이익 ₩5,000 중 80%인 ₩4,000은 지배기업에 귀속되나, 나머지 20%에 해당하는 ₩1,000은 비지배지분에 귀속된다. 따라서 이를 비지배지분에 배분해주는 다음과 같은 회계처리가 추가적으로 필요하다.

계정과목	차변	대변
비지배지분	1,000	
비지배지분순이익(이익잉여금)		1,000

재고자산의 상향과 하향판매를 조금 더 잘 이해하기 위하여 **[기본정보 2-3]**과 **[기본정보 2-4]**를 살펴본다. 여기서는 재고자산 관련 내부거래의 제거를 연결의 전 과정과 함께 살펴보기로 한다.

기본정보 2-3 재고자산 내부거래 (원가법)

(1) 취득일 : 2X01년 1월 1일 (2) 취득자 : P사 (3) 피취득자 : S사

(4) 취득시 취득원가 : ₩945,000(P사는 종속기업투자지분을 **원가법**으로 처리)

(5) 취득시 지분율 : 90%

(6) 취득당시 S사 순자산 : 자본금 ₩1,000,000과 이익잉여금 ₩50,000(순자산 공정가치와 장부금액은 동일함)

(7) P사는 취득시 비지배지분을 S사 순자산에 비례적으로 측정함

(8) S사는 2X01년과 2X02년에 각각 ₩30,000과 ₩45,000의 당기순이익을 보고하였으며 동 기간 중에 배당금은 없었다.

(9) P사와 S사는 재고자산과 관련하여 다음과 같은 내부거래를 전액으로 현금으로 하였다. 단, 다음의 내부거래는 각각 독립적인 상황이다.

[하향판매]

기간	판매회사	외부매입원가	내부판매액	매출총이익률	매입회사	연결외부판매액	연결외부판매비율	기말재고에 남아있는 부분(내부판매액)
2X01년	P	₩150,000	₩200,000	25%	S	₩156,000	60%	₩80,000
2X02년						₩104,000	40%	–

[상향판매]

기간	판매회사	외부매입원가	내부판매액	매출총이익률	매입회사	연결외부판매액	연결외부판매비율	기말재고에 남아있는 부분(내부판매액)
2X01년	S	₩150,000	₩200,000	25%	P	₩156,000	60%	₩80,000
2X02년						₩104,000	40%	–

2X01년 연결조정분개					
[기본정보 2-3] 하향판매	(차변)	(대변)	[기본정보 2-3] 상향판매	(차변)	(대변)
1단계 : 투자와 자본 상계제거					
자본금(S사)	1,000,000		자본금(S사)	1,000,000	
이익잉여금(S사)	50,000		이익잉여금(S사)	50,000	
종속기업투자지분		945,000	종속기업투자지분		945,000
비지배지분 주1)		105,000	비지배지분 주1)		105,000
주1) (₩1,000,000 + ₩50,000) × 10% = ₩105,000					
3단계 : 지배기업과 종속기업간의 내부거래 제거					
① 내부 매출·매출원가 상계 제거					
매출	200,000		매출	200,000	
매출원가		200,000	매출원가		200,000
P사 ➠ S사 매출 및 매출원가 상계 제거			S사 ➠ P사 매출 및 매출원가 상계 제거		
② 내부거래 미실현손익 제거					
재고자산 주1)		50,000	재고자산 주1)		50,000
매출원가	50,000		매출원가	50,000	
			비지배지분	5,000	
			비지배지분순이익(이익잉여금) 주2)		5,000
주1) 내부거래 미실현이익 전액 제거			주2) P사 ← S사 에서 S사 내부거래미실현이익 ₩50,000을 전액 차감하였으므로 비지배지분 해당액인 ₩5,000(₩50,000 ×10%)도 비지배지분에서 차감한다. 즉, 차변인 매출원가가 손익이므로 이에 대응하는 대변은 비지배지분순이익으로 처리하는 것이다.		
매출원가		30,000	매출원가		30,000
재고자산 주1)	30,000		재고자산 주1)	30,000	
			비지배지분		3,000
			비지배지분순이익(이익잉여금) 주2)	3,000	
주1) ₩50,000(내부거래미실현이익) × 60%(판매로 인한 실현)					
주2) P사 ← S사 에서 S사 내부거래미실현이익 ₩30,000이 실현되었으므로 비지배지분 해당액인 ₩3,000(₩30,000 ×10%)도 비지배지분에서 가산한다. 즉, 대변인 매출원가가 손익이므로 이에 대응하는 차변은 비지배지분순이익으로 처리하는 것이다.					
5단계 : 비지배지분의 증감 회계처리					
비지배지분 주1)		3,000	비지배지분 주1)		3,000
비지배지분순이익(이익잉여금)	3,000		비지배지분순이익(이익잉여금)	3,000	
주1) S사의 당기순이익 ₩30,000 × 비지배지분율 10% = ₩3,000					

2X02년 연결조정분개					
[기본정보 2-3] 하향판매	(차변)	(대변)	[기본정보 2-3] 상향판매	(차변)	(대변)
1단계 : 투자와 자본 상계제거					
자본금(S사)	1,000,000		자본금(S사)	1,000,000	
이익잉여금(S사)	50,000		이익잉여금(S사)	50,000	
종속기업투자지분		945,000	종속기업투자지분		945,000
비지배지분 주1)		105,000	비지배지분 주1)		105,000
주1) (₩1,000,000 + ₩50,000) × 10% = ₩105,000					
3단계 : 지배기업과 종속기업간의 내부거래 제거					
① 전기 내부거래 미실현손익 제거					
재고자산 주1)		50,000	재고자산 주1)		50,000
이익잉여금	50,000		이익잉여금	50,000	
			비지배지분	5,000	
			이익잉여금 주2)		5,000
주1) 전기 내부거래 미실현이익 전액 제거 주2) P사 ← S사 에서 S사 전년도 내부거래미실현이익 ₩50,000을 전액 차감하였으므로 비지배지분 해당액인 ₩5,000(₩50,000 ×10%)도 비지배지분에서 차감한다.					
이익잉여금		30,000	이익잉여금		30,000
재고자산 주1)	30,000		재고자산 주1)	30,000	
			비지배지분		3,000
			이익잉여금 주2)	3,000	
주1) ₩50,000(전기 내부거래미실현이익) × 60%(전기 판매로 인한 실현) 주2) P사 ← S사 에서 S사 전기 내부거래미실현이익 ₩30,000이 실현되었으므로 비지배지분 해당액인 ₩3,000(₩30,000 ×10%)도 비지배지분에서 가산한다.					
매출원가		20,000	매출원가		20,000
재고자산 주1)	20,000		재고자산 주1)	20,000	
			비지배지분		2,000
			비지배지분순이익(이익잉여금) 주2)	2,000	
주1) ₩50,000(전 내부거래미실현이익) × 40%(당기 판매로 인한 실현) 주2) 전기 내부거래미실현이익 중 나머지 ₩20,000이 실현되었으므로 비지배지분 해당액인 ₩2,000(₩20,000 ×10%)도 비지배지분에서 가산한다.					
5단계 : 비지배지분의 증감 회계처리					
① 2X01년 S사 당기순이익에 대한 비지배지분 증감					
비지배지분 주1)		3,000	비지배지분 주1)		3,000
이익잉여금	3,000		이익잉여금	3,000	
주1) 2X01년 S사의 당기순이익 ₩30,000 × 비지배지분율 10% = ₩3,000					
② 2X02년 S사 당기순이익에 대한 비지배지분 증감					
비지배지분 주1)		4,500	비지배지분 주1)		4,500
비지배지분순이익(이익잉여금)	4,500		비지배지분순이익(이익잉여금)	4,500	
주1) 2X02년 S사의 당기순이익 ₩45,000 × 비지배지분율 10% = ₩4,500					

Fraudit ExCon 실 습 : 제3장 2-3 1차년도

(1) 사례파일

제3장_2-3_1차년도_원가법_기초정보.xlsx, 제3장_2-3_1차년도_원가법_원화시산표.xlsx

(2) [기초정보.xlsx] 작성

1) 보고기간 sheet

	A	B	C	D
1	목차	구분	일자	검증_보고기간
2	보고기간	보고기간초	2001-01-01	OK
3	보고기간	보고기간말	2001-12-31	

① 보고기간 초와 보고기간 말을 입력한다.

주의 취득일 이후의 연결이므로 보고기간초는 **2001-01-01**, 보고기간말은 **2001-12-31**로 입력한다.

2) 기업목록 sheet

	A	B	C	D	E	F	G	H	I	J	K	L	M
1	일련번호	목차	기업명	약식명칭	기능통화	표시통화	세율	이연법인세계산	검증_기업명중복	검증_기능통화	검증_표시통화	검증_세율	검증_이연법인세계산
2	1	기업목록	지배	AA	원화	원화	0%	아니오	OK	OK	OK	OK	OK
3	2		종속	AB	원화	원화	0%	아니오	OK	OK	OK	OK	OK

① 기업명을 입력한다. 여기서는 **지배**와 **종속**으로 입력한다.
② 기능통화를 **원화**로 선택한다.
③ 표시통화를 **원화**로 선택한다.
④ 세율은 0%이므로 입력하지 않는다.
⑤ 이연법인세계산을 **아니오**로 선택한다.

3) 지분구조 sheet

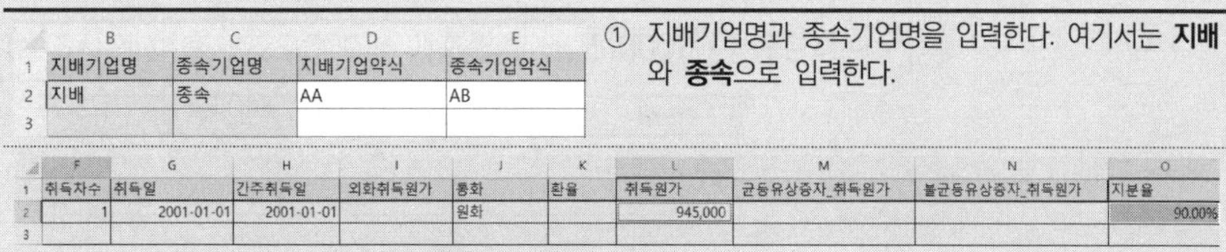

	B	C	D	E
1	지배기업명	종속기업명	지배기업약식	종속기업약식
2	지배	종속	AA	AB
3				

	F	G	H	I	J	K	L	M	N	O
1	취득차수	취득일	간주취득일	외화취득원가	통화	환율	취득원가	균등유상증자_취득원가	불균등유상증자_취득원가	지분율
2	1	2001-01-01	2001-01-01		원화		945,000			90.00%
3										

① 지배기업명과 종속기업명을 입력한다. 여기서는 **지배**와 **종속**으로 입력한다.

② 취득차수를 입력한다. 최초취득이므로 **1**을 입력한다.

주의 추가취득인 경우에는 해당 차수에 따라 2, 3, 4... 식으로 입력한다.

③ 최초취득일을 입력한다. 여기서는 **2001-01-01**로 입력한다.
④ 간주취득일을 입력한다. 여기서는 **2001-01-01**로 입력한다.

주의 간주취득일은 최초취득일로부터 가장 근접한 결산재무제표의 결산일을 의미한다.

⑤ 통화는 국내종속법인인 경우로 가정하여 **원화**를 선택한다.
⑥ 취득원가를 입력한다. 여기서는 **945,000**을 입력한다.
⑦ 지분율을 입력한다. 여기서는 **90%**로 입력한다.

4) 취득시지분구조_공정가치차이 sheet

	E	F	G	H	I	J	K	L	M
1	목차	기업명	약식명칭	취득차수_1	취득일_1	간주취득일_1	자본계정명_1	자본금액_1_외화	자본금액_1
2	자본_공정가치	종속	AB	1	2001-01-01	2001-01-01	자본금		1,000,000
3		종속	AB				이익잉여금		50,000
4		종속	AB						

① 종속의 2001-01-01일의 자본계정명_1(1차 취득시 자본계정명을 의미함)을 **K열**에 입력한다. 여기서는 **자본금**과 **이익잉여금**을 입력한다.

② 종속의 2001-01-01일의 자본금액_1(1차 취득시 자본금액을 의미함)을 **M열**에 입력한다. 여기서는 **자본금**에 대해서는 **1,000,000**을, **이익잉여금**에 대해서는 **50,000**을 입력한다.

5) 재무정보 sheet

	A	B	C	D	E	F	G
1	일련번호	목차	기업명	약식명칭	기간	계정명	금액
2	2	재무정보	종속	AB	2001-12-31	배당	
3						당기순이익	30,000
4						기타포괄손익	
5						해외사업환산손익	

① G열에 종속회사의 2001년 **당기순이익 30,000**을 입력한다.

6) 내부거래현황 sheet

	B	C	D	E	F	G	H	I	J	K	L
1	판매회사	매입회사	판매회사약식	매입회사약식	계정과목	상각여부	내부거래번호	통화	내부거래일	내부판매액	환율
2	지배	종속	AA	AB	상품	비상각	AA001	원화	2001-02-01	200,000	1
3	종속	지배	AB	AA	상품	비상각	AB001	원화	2001-02-01	200,000	1

① 재고자산 하향 판매와 상향 판매를 각각 넣는다. 계정과목은 제품으로 하고 상각여부는 비상각, 내부거래번호는 판매회사의 약식 표시가 먼저 들어가게 하면서 시퀀스로 넣는다. 통화는 원화로, 내부거래일은 상하향 모두 2001-02-01로 한다. 내부판매액은 200,000으로 하고 원화거래이므로 환율은 1로 입력한다.

	M	N	O	P	Q	R	S
1	환산후_내부판매액	장부금액_원화	내부거래이익	잔존내용연수_월	잔존가치	외부판매일_1차	외부판매비율_1차
2	200,000	150,000	50,000			2001-02-01	60.00%
3	200,000	150,000	50,000			2001-03-01	60.00%

② 장부금액은 150,000으로, 외부판매일_1차는 하향의 경우 2001-02-01로, 상향의 경우는 2001-03-01로 입력한다. 외부판매비율_1차는 모두 60%로 입력한다.

(3) [원화시산표.xlsx] 작성

1) 보고기간 sheet

	A	B
1	구분	일자
2	보고기간초	2001-01-01
3	보고기간말	2001-12-31

① 보고기간 초와 보고기간 말을 입력한다.

주의 기초정보의 보고기간 초와 보고기간 말과 동일하여야 한다.

2) 기업목록 sheet

	A	B	C	D	E	F	G
1	기업명	시산표일자	표시통화	ERP	검증_빈값	검증_표시통화	검증_ERP
2	지배	2001-12-31	원화	더존	OK	OK	OK
3	종속	2001-12-31	원화	더존	OK	OK	OK

① 기업명을 입력한다. 여기서는 **지배**와 **종속**으로 입력한다.
② 표시통화를 **원화**로 선택한다.
③ ERP는 **더존**이라고 가정하고 선택한다.

3) 원화시산표_1 sheet

	A	B	C	D	E	F	G	H
1	기업명	기능통화	시산표일자	ERP	계정코드	계정과목	차변	대변
2	지배	원화	2001-12-31	더존	10100	현금	100,000	
3					10800	매출채권	440,000	
4					14600	재고자산	40,000	
5					19101	종속기업투자지분	945,000	
6					20100	토지	1,000,000	
7					20200	건물	200,000	
8					20600	기계장치	300,000	
9					25100	매입채무		200,000
10					26000	단기차입금		300,000
11					33100	자본금		2,000,000
12					37700	미처분이익잉여금		275,000
13					40100	상품매출		1,000,000
14					45100	상품매출원가	700,000	
15					81800	감가상각비	50,000	

① A열에 기업명을 입력한다. 여기서는 **지배**로 입력한다.
② 해당 계정코드, 계정과목, 차변, 대변 금액을 차례로 입력한다. **차변과 대변은 어느 한쪽만 입력하여야 한다.**
③ 검증 칼럼에서 OK가 아닌 경우 해당 원인을 해결한다.

4) 원화시산표_2 sheet

	A	B	C	D	E	F	G	H
1	기업명	기능통화	시산표일자	ERP	계정코드	계정과목	차변	대변
2	종속	원화	2001-12-31	더존	10100	현금	300,000	
3					10800	매출채권	220,000	
4					14600	재고자산	205,000	
5					20100	토지	200,000	
6					20200	건물	100,000	
7					20600	기계장치	130,000	
8					25100	매입채무		25,000
9					26000	차입금		20,000
10					33100	자본금		1,000,000
11					37700	미처분이익잉여금		80,000
12					40100	상품매출		201,000
13					45100	상품매출원가	166,000	
14					81800	감가상각비	5,000	

① A열에 기업명을 입력한다. 여기서는 **종속**으로 입력한다.
② 해당 계정코드, 계정과목, 차변, 대변 금액을 차례로 입력한다. **차변과 대변은 어느 한쪽만 입력하여야 한다.**
③ 검증 칼럼에서 OK가 아닌 경우 해당 원인을 해결한다.

(4) [Fraudit-ExCon.exe] 실행

제3장_2-3_1차년도_원가법_기초정보.xlsx과 **제3장_2-3_1차년도_원가법_원화시산표.xlsx**을 Fraudit-ExCon이 있는 폴더에 복사하여 이동한다. 그리고 **접두어를 제거**하고 **기초정보.xlsx**와 **원화시산표.xlsx**로 이름을 변경한다. 그 다음에 Fraudit-ExCon.exe를 실행한다.

1) Main Sheet

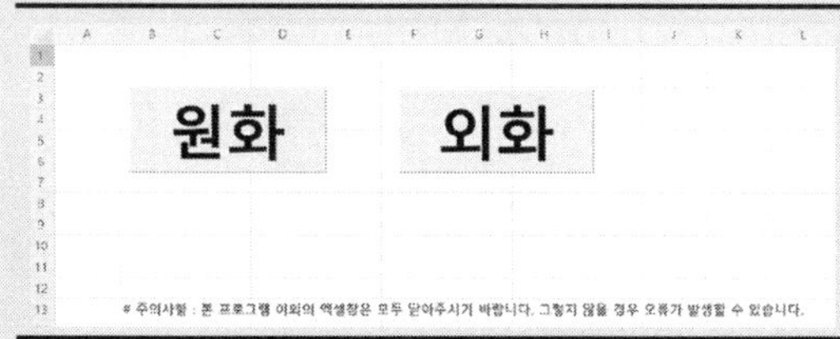

① 기능통화가 외화인 종속법인이 없으므로 원화 버튼을 누른다.

주의 원화 버튼을 누른 후 에러메시지가 뜨면 해당 에러원인을 **기초정보.xlsx**, **원화시산표.xlsx**에서 적절하게 수정한 후 다시 누른다.

2) out_연결분개_투자자본_0 sheet

계정과목	계정유형	차변	대변
AA종속기업투자지분	BS	0	945000
AB자본금	HE	1000000	0
AB이익잉여금	BS	50000	0
AB비지배지분	NCI	0	105000

① 연결분개 중 지배와 종속의 투자와 자본 상계제거 분개 부분에 해당한다. 검증 목적으로 차변, 대변 칼럼의 금액과 계정과목을 확인하면 된다(분개에 대한 상세 설명은 본문에서 확인하기 바람).

3) out_연결분개_내부거래_0, 1 sheet

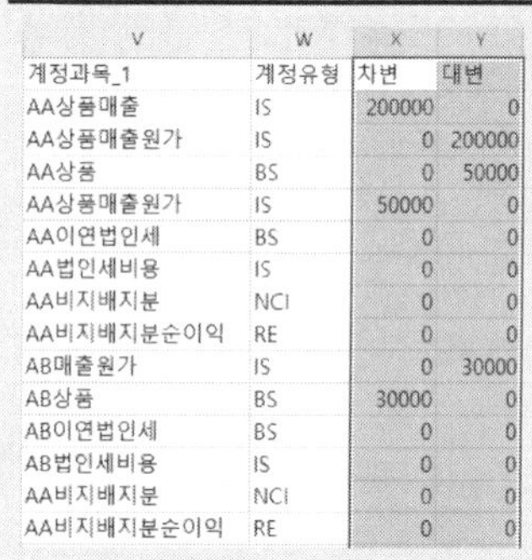

계정과목_1	계정유형	차변	대변
AA상품매출	IS	200000	0
AA상품매출원가	IS	0	200000
AA상품	BS	0	50000
AA상품매출원가	IS	50000	0
AA이연법인세	BS	0	0
AA법인세비용	IS	0	0
AA비지배지분	NCI	0	0
AA비지배지분순이익	RE	0	0
AB매출원가	IS	0	30000
AB상품	BS	30000	0
AB이연법인세	BS	0	0
AB법인세비용	IS	0	0
AA비지배지분	NCI	0	0
AA비지배지분순이익	RE	0	0

① **[out_연결분개_내부거래_0]** 내부거래번호 AA001(하향판매)에 대한 연결분개 내부거래제거 부분에 해당한다(분개에 대한 상세 설명은 본문에서 확인하기 바람).

계정과목_1	계정유형	차변	대변
AB상품매출	IS	200000	0
AB상품매출원가	IS	0	200000
AB상품	BS	0	50000
AB상품매출원가	IS	50000	0
AB이연법인세	BS	0	0
AB법인세비용	IS	0	0
AB비지배지분	NCI	5000	0
AB비지배지분순이익	RE	0	5000
AA매출원가	IS	0	30000
AA상품	BS	30000	0
AA이연법인세	BS	0	0
AA법인세비용	IS	0	0
AB비지배지분	NCI	0	3000
AB비지배지분순이익	RE	3000	0

② **[out_연결분개_내부거래_1]** 내부거래번호 AB001(상향판매)에 대한 연결분개 내부거래제거 부분에 해당한다(분개에 대한 상세 설명은 본문에서 확인하기 바람).

4) out_연결분개_기타_0 sheet

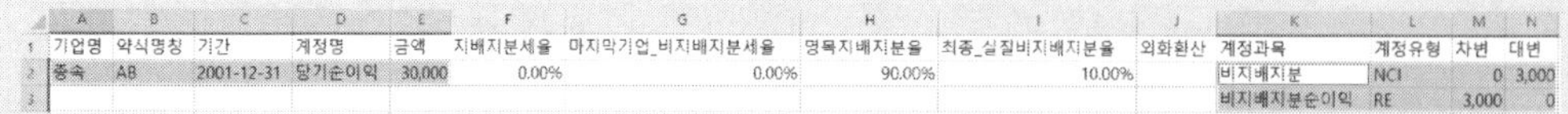

기업명	약식명칭	기간	계정명	금액	지배지분세율	마지막기업_비지배지분세율	명목지배지분율	최종_실질비지배지분율	외화환산	계정과목	계정유형	차변	대변
종속	AB	2001-12-31	당기순이익	30,000	0.00%	0.00%	90.00%	10.00%		비지배지분	NCI	0	3,000
										비지배지분순이익	RE	3,000	0

① 종속의 2001년 당기순이익에 대한 비지배지분 연결분개 부분에 해당한다(분개에 대한 상세 설명은 본문에서 확인하기 바람).

5) tmp_연결분개_통합 sheet

	A	B	C	D	E	F	G	H	I	J
1	계정과목	매핑계정과목	신설필요_계정과목	후보_매핑계정과목_1	후보_매핑계정과목_2	차변잔액	대변잔액		확인	
2	AA매출원가	AA매출채권		AA매출채권	AA상품매출원가	0	30,000			
3	AA상품	AA상품매출		AA상품매출	AA상품매출원가	0	20,000			
4	AA상품매출	AA상품매출		AA상품매출	AA상품매출원가	200,000	0			
5	AA상품매출원가	AA상품매출원가		AA상품매출원가	AA상품매출	0	150,000			
6	AA종속기업투자지분	AA종속기업투자지분		AA종속기업투자지분		0	945,000			
7	AB매출원가	AB매출채권		AB매출채권	AB상품매출원가	0	30,000			
8	AB비지배지분	비지배지분		비지배지분순이익	비지배지분	0	103,000			
9	AB비지배지분순이익	비지배지분순이익		비지배지분순이익		0	2,000			
10	AB상품	AB상품매출		AB상품매출	AB상품매출원가	0	20,000			
11	AB상품매출	AB상품매출		AB상품매출	AB상품매출원가	200,000	0			
12	AB상품매출원가	AB상품매출원가		AB상품매출원가	AB상품매출	0	150,000			
13	AB이익잉여금	AB미처분이익잉여금		AB미처분이익잉여금		50,000	0			
14	AB자본금	AB자본금		AB자본금		1,000,000	0			
15	비지배지분	비지배지분		비지배지분	비지배지분순이익	0	3,000			
16	비지배지분순이익	비지배지분순이익		비지배지분순이익	비지배지분	3,000	0			

	A	B	C	D	E	F	G	H	I	J
1	계정과목	매핑계정과목	신설필요_계정과목	후보_매핑계정과목_1	후보_매핑계정과목_2	차변잔액	대변잔액		확인	
2	AA매출원가	AA매출채권		AA매출채권	AA상품매출원가	0	30,000			
3	AA상품	AA재고자산		AA상품매출	AA상품매출원가	0	20,000			
4	AA상품매출	AA상품매출		AA상품매출	AA상품매출원가	200,000	0			
5	AA상품매출원가	AA상품매출원가		AA상품매출원가	AA상품매출	0	150,000			
6	AA종속기업투자지분	AA종속기업투자지분		AA종속기업투자지분		0	945,000			
7	AB매출원가	AB매출채권		AB매출채권	AB상품매출원가	0	30,000			
8	AB비지배지분	비지배지분		비지배지분순이익	비지배지분	0	103,000			
9	AB비지배지분순이익	비지배지분순이익		비지배지분순이익		0	2,000			
10	AB상품	AB재고자산		AB상품매출	AB상품매출원가	0	20,000			
11	AB상품매출	AB상품매출		AB상품매출	AB상품매출원가	200,000	0			
12	AB상품매출원가	AB상품매출원가		AB상품매출원가	AB상품매출	0	150,000			
13	AB이익잉여금	AB미처분이익잉여금		AB미처분이익잉여금		50,000	0			
14	AB자본금	AB자본금		AB자본금		1,000,000	0			
15	비지배지분	비지배지분		비지배지분	비지배지분순이익	0	3,000			
16	비지배지분순이익	비지배지분순이익		비지배지분순이익	비지배지분	3,000	0			

① 계정과목 AA상품과 AB상품의 적절한 매핑계정과목을 드롭다운 리스트에서 찾아 매핑한다. 여기서는 각각 AA재고자산, AB재고자산으로 매핑한다.

주의 경우에 따라서는 적절한 계정과목을 신설할 필요가 발생할 수 있다. 이러한 경우에는 신설필요_계정과목에 신설하고 동일한 계정과목을 매핑계정과목에 입력하여야 한다.

② 확인 버튼을 누른다.

6) out_최종연결정산표 sheet

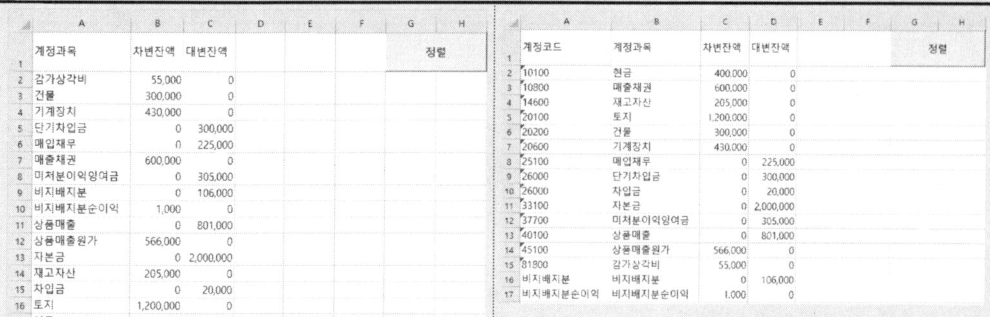

	A	B	C	D	E	F	G	H
1	계정과목	차변잔액	대변잔액				정렬	
2	감가상각비	55,000	0					
3	건물	300,000	0					
4	기계장치	430,000	0					
5	단기차입금	0	300,000					
6	매입채무	0	225,000					
7	매출채권	600,000	0					
8	미처분이익잉여금	0	305,000					
9	비지배지분	0	106,000					
10	비지배지분순이익	1,000	0					
11	상품매출	0	801,000					
12	상품매출원가	566,000	0					
13	자본금	0	2,000,000					
14	재고자산	205,000	0					
15	차입금	0	20,000					
16	토지	1,200,000	0					
17	현금	400,000	0					

	A	B	C	D	E	F	G	H
1	계정코드	계정과목	차변잔액	대변잔액			정렬	
2	10100	현금	400,000	0				
3	10800	매출채권	600,000	0				
4	14600	재고자산	205,000	0				
5	20100	토지	1,200,000	0				
6	20200	건물	300,000	0				
7	20600	기계장치	430,000	0				
8	25100	매입채무	0	225,000				
9	26000	단기차입금	0	300,000				
10	26000	차입금	0	20,000				
11	33100	자본금	0	2,000,000				
12	37700	미처분이익잉여금	0	305,000				
13	40100	상품매출	0	801,000				
14	45100	상품매출원가	566,000	0				
15	81800	감가상각비	55,000	0				
16	비지배지분	비지배지분	0	106,000				
17	비지배지분순이익	비지배지분순이익	1,000	0				

① 계정과목이 한글로 오름차순으로 되어 있다.
② 정렬 버튼을 누른다.

③ 계정코드별로 오름차순되며, 계정코드가 없이 새롭게 삽입된 계정과목은 맨 아래에 위치하고 그러한 계정과목은 계정과목으로(한글순으로) 오름차순으로 정렬이 된다.

Fraudit ExCon 실 습 : 제3장 2-3 2차년도

(1) 사례파일

제3장_2-3_2차년도_원가법_기초정보.xlsx, 제3장_2-3_2차년도_원가법_원화시산표.xlsx

(2) [기초정보.xlsx] 작성

1) 보고기간 sheet

	A	B	C	D
1	목차	구분	일자	검증_보고기간
2	보고기간	보고기간초	2002-01-01	OK
3	보고기간	보고기간말	2002-12-31	

① 보고기간 초와 보고기간 말을 입력한다.

주의 취득일 이후의 연결이므로 보고기간초는 **2001-01-01**, 보고기간말은 **2001-12-31**로 입력한다.

2) 기업목록 sheet

	A	B	C	D	E	F	G	H	I	J	K	L	M
1	일련번호	목차	기업명	약식명칭	기능통화	표시통화	세율	이연법인세계산	검증_기업명중복	검증_기능통화	검증_표시통화	검증_세율	검증_이연법인세계산
2	1	기업목록	지배	AA	원화	원화	0%	아니오	OK	OK	OK	OK	OK
3	2		종속	AB	원화	원화	0%	아니오	OK	OK	OK	OK	OK

① 기업명을 입력한다. 여기서는 **지배**와 **종속**으로 입력한다.
② 기능통화를 **원화**로 선택한다.
③ 표시통화를 **원화**로 선택한다.
④ 세율은 0%이므로 입력하지 않는다.
⑤ 이연법인세계산을 **아니오**로 선택한다.

3) 지분구조 sheet

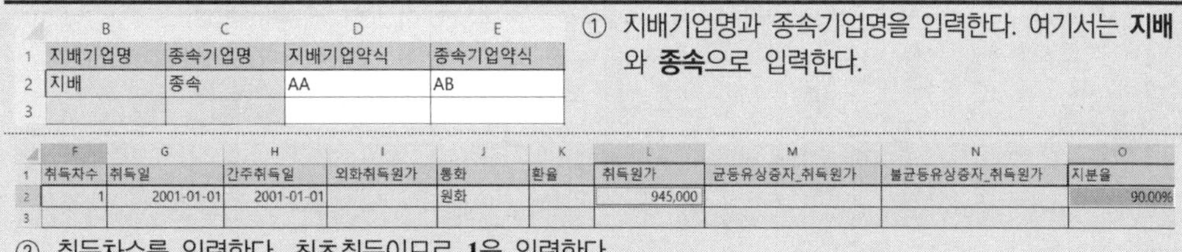

	B	C	D	E
1	지배기업명	종속기업명	지배기업약식	종속기업약식
2	지배	종속	AA	AB
3				

① 지배기업명과 종속기업명을 입력한다. 여기서는 **지배**와 **종속**으로 입력한다.

	F	G	H	I	J	K	L	M	N	O
1	취득차수	취득일	간주취득일	외화취득원가	통화	환율	취득원가	균등유상증자_취득원가	불균등유상증자_취득원가	지분율
2	1	2001-01-01	2001-01-01		원화		945,000			90.00%
3										

② 취득차수를 입력한다. 최초취득이므로 **1**을 입력한다.
주의 추가취득인 경우에는 해당 차수에 따라 2, 3, 4... 식으로 입력한다.
③ 최초취득일을 입력한다. 여기서는 **2001-01-01**로 입력한다.
④ 간주취득일을 입력한다. 여기서는 **2001-01-01**로 입력한다.
주의 간주취득일은 최초취득일로부터 가장 근접한 결산재무제표의 결산일을 의미한다.
⑤ 통화는 국내종속법인인 경우로 가정하여 **원화**를 선택한다.
⑥ 취득원가를 입력한다. 여기서는 **945,000**을 입력한다.
⑦ 지분율을 입력한다. 여기서는 **90%**로 입력한다.

4) 취득시지분구조_공정가치차이 sheet

	E	F	G	H	I	J	K	L	M
1	목차	기업명	약식명칭	취득차수_1	취득일_1	간주취득일_1	자본계정명_1	자본금액_1_외화	자본금액_1
2	자본_공정가치	종속	AB	1	2001-01-01	2001-01-01	자본금		1,000,000
3		종속	AB				이익잉여금		50,000
4		종속	AB						

① 종속의 2001-01-01일의 자본계정명_1(1차 취득시 자본계정명을 의미함)을 **K열**에 입력한다. 여기서는 **자본금**과 **이익잉여금**을 입력한다.

② 종속의 2001-01-01일의 자본금액_1(1차 취득시 자본금액을 의미함)을 **M열**에 입력한다. 여기서는 **자본금**에 대해서는 **1,000,000**을, **이익잉여금**에 대해서는 **50,000**을 입력한다.

5) 재무정보 sheet

	A	B	C	D	E	F	G
1	일련번호	목차	기업명	약식명칭	기간	계정명	금액
2	2	재무정보	종속	AB	2001-12-31	배당	
3						당기순이익	30,000
4						기타포괄손익	
5						해외사업환산손익	
6	2		종속	AB	2002-12-31	배당	
7						당기순이익	45,000
8						기타포괄손익	
9						해외사업환산손익	

① G열에 종속회사의 **2001년 당기순이익 30,000**, **2002년 당기순이익 45,000**을 입력한다.

6) 내부거래현황 sheet

	B	C	D	E	F	G	H	I	J	K	L
1	판매회사	매입회사	판매회사약식	매입회사약식	계정과목	상각여부	내부거래번호	통화	내부거래일	내부판매액	환율
2	지배	종속	AA	AB	상품	비상각	AA001	원화	2001-02-01	200,000	1
3	종속	지배	AB	AA	상품	비상각	AB001	원화	2001-02-01	200,000	1

① 재고자산 하향 판매와 상향 판매를 각각 넣는다. 계정과목은 제품으로 하고 상각여부는 비상각, 내부거래번호는 판매회사의 약식 표시가 먼저 들어가게 하면서 시퀀스로 넣는다. 통화는 원화로, 내부거래일은 상하향 모두 2001-02-01로 한다. 내부판매액은 200,000으로 하고 원화거래이므로 환율은 1로 입력한다.

	M	N	O	P	Q	R	S	T	U
1	환산후_내부판매액	장부금액_원화	내부거래이익	잔존내용연수_월	잔존가치	외부판매일_1차	외부판매비율_1차	외부판매일_2차	외부판매비율_2차
2	200,000	150,000	50,000			2001-02-01	60.00%	2002-02-01	40.00%
3	200,000	150,000	50,000			2001-03-01	60.00%	2002-03-01	40.00%

② 장부금액은 150,000으로 입력한다.

③ 하향판매의 외부판매일_1차는 2001-02-01로, 외부판매비율_1차는 60%, 외부판매일_2차는 2002-02-01, 외부판매비율_2차는 40%를 입력한다.

④ 상향판매의 외부판매일_1차는 2001-03-01로, 외부판매비율_1차는 60%, 외부판매일_2차는 2002-03-01, 외부판매비율_2차는 40%를 입력한다.

(3) [원화시산표.xlsx] 작성

1) 보고기간 sheet

구분	일자
보고기간초	2002-01-01
보고기간말	2002-12-31

① 보고기간 초와 보고기간 말을 입력한다.

주의 기초정보의 보고기간 초와 보고기간 말과 동일하여야 한다.

2) 기업목록 sheet

기업명	시산표일자	표시통화	ERP	검증_빈값	검증_표시통화	검증_ERP
지배	2001-12-31	원화	더존	OK	OK	OK
종속	2001-12-31	원화	더존	OK	OK	OK

① 기업명을 입력한다. 여기서는 **지배**와 **종속**으로 입력한다.
② 표시통화를 **원화**로 선택한다.
③ ERP는 **더존**이라고 가정하고 선택한다.

3) 원화시산표_1 sheet

기업명	기능통화	시산표일자	ERP	계정코드	계정과목	차변	대변
지배	원화	2002-12-31	더존	10100	현금	100,000	
				10800	매출채권	440,000	
				14600	재고자산	40,000	
				19101	종속기업투자지분	945,000	
				20100	토지	1,000,000	
				20200	건물	200,000	
				20600	기계장치	300,000	
				25100	매입채무		200,000
				26000	단기차입금		300,000
				33100	자본금		2,000,000
				37700	미처분이익잉여금		275,000
				40100	상품매출		1,000,000
				45100	상품매출원가	700,000	
				81800	감가상각비	50,000	

① A열에 기업명을 입력한다. 여기서는 **지배**로 입력한다.
② 해당 계정코드, 계정과목, 차변, 대변 금액을 차례로 입력한다. **차변과 대변은 어느 한쪽만 입력하여야 한다.**
③ 검증 칼럼에서 OK가 아닌 경우 해당 원인을 해결한다.

4) 원화시산표_2 sheet

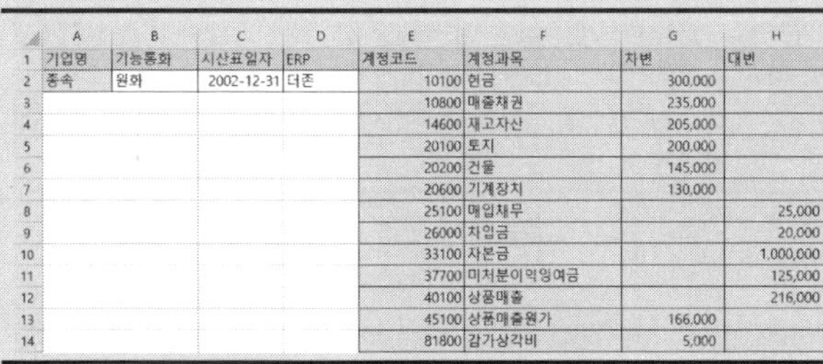

기업명	기능통화	시산표일자	ERP	계정코드	계정과목	차변	대변
종속	원화	2002-12-31	더존	10100	현금	300,000	
				10800	매출채권	235,000	
				14600	재고자산	205,000	
				20100	토지	200,000	
				20200	건물	145,000	
				20600	기계장치	130,000	
				25100	매입채무		25,000
				26000	차입금		20,000
				33100	자본금		1,000,000
				37700	미처분이익잉여금		125,000
				40100	상품매출		216,000
				45100	상품매출원가	166,000	
				81800	감가상각비	5,000	

① A열에 기업명을 입력한다. 여기서는 **종속**으로 입력한다.
② 해당 계정코드, 계정과목, 차변, 대변 금액을 차례로 입력한다. **차변과 대변은 어느 한쪽만 입력하여야 한다.**
③ 검증 칼럼에서 OK가 아닌 경우 해당 원인을 해결한다.

(4) [Fraudit-ExCon.exe] 실행

제3장_2-3_2차년도_원가법_기초정보.xlsx과 제3장_2-3_2차년도_원가법_원화시산표.xlsx을 Fraudit-ExCon이 있는 폴더에 복사하여 이동한다. 그리고 **접두어를 제거**하고 **기초정보.xlsx와 원화시산표.xlsx**로 이름을 변경한다. **그 다음에 Fraudit-ExCon.exe를 실행한다.**

1) Main Sheet

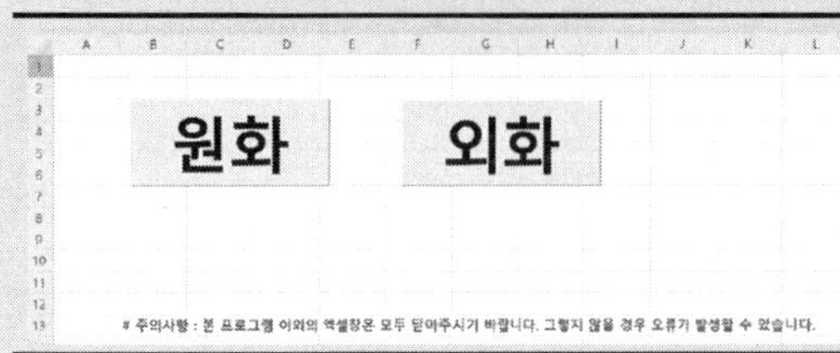

① 기능통화가 외화인 종속법인이 없으므로 원화 버튼을 누른다.

주의 원화 버튼을 누른 후 에러메시지가 뜨면 해당 에러 원인을 **기초정보.xlsx**, **원화시산표.xlsx**에서 적절하게 수정한 후 다시 누른다.

2) out_연결분개_투자자본_0 sheet

T	U	V	W
계정과목	계정유형	차변	대변
AA종속기업투자지분	BS	0	945000
AB자본금	HE	1000000	0
AB이익잉여금	BS	50000	0
AB비지배지분	NCI	0	105000

① 연결분개 중 지배와 종속의 투자와 자본 상계제거 분개 부분에 해당한다. 검증 목적으로 차변, 대변 칼럼의 금액과 계정과목을 확인하면 된다(분개에 대한 상세 설명은 본문에서 확인하기 바람).

3) out_연결분개_내부거래_0, 1 sheet

V	W	X	Y
계정과목_1	계정유형	차변	대변
AA상품	BS	0	50000
AA미처분이익잉여금	RE	50000	0
AA이연법인세	BS	0	0
AA미처분이익잉여금	RE	0	0
AA비지배지분	NCI	0	0
AA미처분이익잉여금	RE	0	0
AB미처분이익잉여금	RE	0	30000
AB상품	BS	30000	0
AB이연법인세	BS	0	0
AB미처분이익잉여금	RE	0	0
AA비지배지분	NCI	0	0
AA미처분이익잉여금	RE	0	0
AB매출원가	IS	0	20000
AB상품	BS	20000	0
AB이연법인세	BS	0	0
AB법인세비용	IS	0	0
AA비지배지분	NCI	0	0
AA비지배지분순이익	RE	0	0

① **[out_연결분개_내부거래_0]** 내부거래번호 AA001(하향판매)에 대한 연결분개 내부거래제거 부분에 해당한다(분개에 대한 상세 설명은 본문에서 확인하기 바람).

V	W	X	Y
계정과목_1	계정유형	차변	대변
AB상품	BS	0	50000
AB미처분이익잉여금	RE	50000	0
AB이연법인세	BS	0	0
AB미처분이익잉여금	RE	0	0
AB비지배지분	NCI	5000	0
AB미처분이익잉여금	RE	0	5000
AA미처분이익잉여금	RE	0	30000
AA상품	BS	30000	0
AA이연법인세	BS	0	0
AA미처분이익잉여금	RE	0	0
AB비지배지분	NCI	0	3000
AB미처분이익잉여금	RE	3000	0
AA매출원가	IS	0	20000
AA상품	BS	20000	0
AA이연법인세	BS	0	0
AA법인세비용	IS	0	0
AB비지배지분	NCI	0	2000
AB비지배지분순이익	RE	2000	0

② **[out_연결분개_내부거래_1]** 내부거래번호 AB001(상향판매)에 대한 연결분개 내부거래제거 부분에 해당한다(분개에 대한 상세 설명은 본문에서 확인하기 바람).

4) out_연결분개_기타_0, 1 sheet

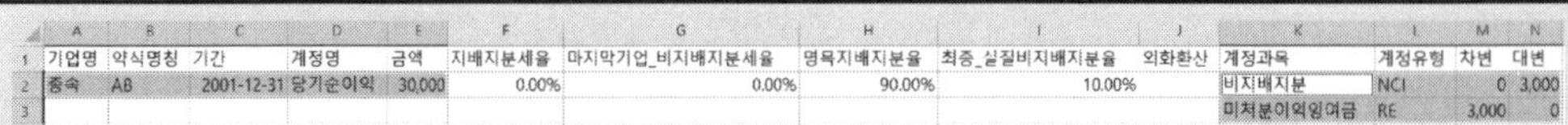

	A	B	C	D	E	F	G	H	I	J	K	L	M	N
1	기업명	약식명칭	기간	계정명	금액	지배지분세율	마지막기업_비지배지분세율	명목지배지분율	최종_실질비지배지분율	외화환산	계정과목	계정유형	차변	대변
2	종속	AB	2001-12-31	당기순이익	30,000	0.00%	0.00%	90.00%	10.00%		비지배지분	NCI	0	3,000
3											미처분이익잉여금	RE	3,000	0

① **[out_연결분개_기타_0]** 종속의 2001년 당기순이익에 대한 비지배지분 연결분개 부분에 해당한다(분개에 대한 상세 설명은 본문에서 확인하기 바람).

	A	B	C	D	E	F	G	H	I	J	K	L	M	N
1	기업명	약식명칭	기간	계정명	금액	지배지분세율	마지막기업_비지배지분세율	명목지배지분율	최종_실질비지배지분율	외화환산	계정과목	계정유형	차변	대변
2	종속	AB	2002-12-31	당기순이익	45,000	0.00%	0.00%	90.00%	10.00%		비지배지분	NCI	0	4,500
3											비지배지분순이익	RE	4,500	0

② **[out_연결분개_기타_1]** 종속의 2002년 당기순이익에 대한 비지배지분 연결분개 부분에 해당한다(분개에 대한 상세 설명은 본문에서 확인하기 바람).

5) tmp_연결분개_통합 sheet

	A	B	C	D	E	F	G	H	I–J
1	계정과목	매핑계정과목	신설필요_계정과목	후보_매핑계정과목_1	후보_매핑계정과목_2	차변잔액	대변잔액		확인
2	AA매출원가	AA매출채권		AA매출채권	AA상품매출원가	0	20,000		
3	AA미처분이익잉여금	AA미처분이익잉여금		AA미처분이익잉여금	AB미처분이익잉여금	20,000	0		
4	AA상품	AA상품매출		AA상품매출	AA상품매출원가	0	0		
5	AA종속기업투자지분	AA종속기업투자지분		AA종속기업투자지분		0	945,000		
6	AB매출원가	AB매출채권		AB매출채권	AB상품매출원가	0	20,000		
7	AB미처분이익잉여금	AB미처분이익잉여금		AB미처분이익잉여금	AA미처분이익잉여금	18,000	0		
8	AB비지배지분	비지배지분		비지배지분순이익	비지배지분	0	105,000		
9	AB비지배지분순이익	비지배지분순이익		비지배지분순이익		2,000	0		
10	AB상품	AB상품매출		AB상품매출	AB상품매출원가	0	0		
11	AB이익잉여금	AB미처분이익잉여금		AB미처분이익잉여금		50,000	0		
12	AB자본금	AB자본금		AB자본금		1,000,000	0		
13	미처분이익잉여금	AA미처분이익잉여금		AA미처분이익잉여금	AB미처분이익잉여금	3,000	0		
14	비지배지분	비지배지분		비지배지분	비지배지분순이익	0	7,500		
15	비지배지분순이익	비지배지분순이익		비지배지분순이익	비지배지분	4,500	0		

① 계정과목 AA상품과 AB상품의 적절한 매핑계정과목을 드롭다운 리스트에서 찾아 매핑한다. 여기서는 각각 AA재고자산, AB재고자산으로 매핑한다. AB매출원가는 AB상품매출원가로 매핑한다.

	A	B	C	D	E	F	G	H	I–J
1	계정과목	매핑계정과목	신설필요_계정과목	후보_매핑계정과목_1	후보_매핑계정과목_2	차변잔액	대변잔액		확인
2	AA매출원가	AA매출채권		AA매출채권	AA상품매출원가	0	20,000		
3	AA미처분이익잉여금	AA미처분이익잉여금		AA미처분이익잉여금	AB미처분이익잉여금	20,000	0		
4	AA상품	AA재고자산		AA상품매출	AA상품매출원가	0	0		
5	AA종속기업투자지분	AA종속기업투자지분		AA종속기업투자지분		0	945,000		
6	AB매출원가	AB상품매출원가		AB매출채권	AB상품매출원가	0	20,000		
7	AB미처분이익잉여금	AB미처분이익잉여금		AB미처분이익잉여금	AA미처분이익잉여금	18,000	0		
8	AB비지배지분	비지배지분		비지배지분순이익	비지배지분	0	105,000		
9	AB비지배지분순이익	비지배지분순이익		비지배지분순이익		2,000	0		
10	AB상품	AB재고자산		AB상품매출	AB상품매출원가	0	0		
11	AB이익잉여금	AB미처분이익잉여금		AB미처분이익잉여금		50,000	0		
12	AB자본금	AB자본금		AB자본금		1,000,000	0		
13	미처분이익잉여금	AA미처분이익잉여금		AA미처분이익잉여금	AB미처분이익잉여금	3,000	0		
14	비지배지분	비지배지분		비지배지분	비지배지분순이익	0	7,500		
15	비지배지분순이익	비지배지분순이익		비지배지분순이익	비지배지분	4,500	0		

② 확인 버튼을 누른다.

6) out_최종연결정산표 sheet

	A	B	C	D	E	F	G–H
1	계정과목	차변잔액	대변잔액				정렬
2	감가상각비	55,000	0				
3	건물	345,000	0				
4	기계장치	430,000	0				
5	단기차입금	0	300,000				
6	매입채무	0	225,000				
7	매출채권	655,000	0				
8	미처분이익잉여금	0	309,000				
9	비지배지분	0	112,500				
10	비지배지분순이익	6,500	0				
11	상품매출	0	1,216,000				
12	상품매출원가	846,000	0				
13	자본금	0	2,000,000				
14	재고자산	245,000	0				
15	차입금	0	20,000				
16	토지	1,200,000	0				
17	현금	400,000	0				

① 계정과목이 한글로 오름차순으로 되어 있다.

② 정렬 버튼을 누른다.

	A	B	C	D	E	F	G–H
1	계정코드	계정과목	차변잔액	대변잔액			정렬
2	10100	현금	400,000	0			
3	10800	매출채권	655,000	0			
4	14600	재고자산	245,000	0			
5	20100	토지	1,200,000	0			
6	20200	건물	345,000	0			
7	20600	기계장치	430,000	0			
8	25100	매입채무	0	225,000			
9	26000	단기차입금	0	300,000			
10	26000	차입금	0	20,000			
11	33100	자본금	0	2,000,000			
12	37700	미처분이익잉여금	0	309,000			
13	40100	상품매출	0	1,216,000			
14	45100	상품매출원가	846,000	0			
15	81800	감가상각비	55,000	0			
16	비지배지분	비지배지분	0	112,500			
17	비지배지분순이익	비지배지분순이익	6,500	0			

③ 계정코드별로 오름차순되며, 계정코드가 없이 새롭게 삽입된 계정과목은 맨 아래에 위치하고 그러한 계정과목은 계정과목으로(한글순으로) 오름차순으로 정렬이 된다.

기본정보 2-4 재고자산 내부거래 (지분법)

(1) 취득일 : 2X01년 1월 1일 (2) 취득자 : P사 (3) 피취득자 : S사
(4) 취득시 취득원가 : ₩945,000(P사는 종속기업투자지분을 **지분법**으로 처리)
(5) 취득시 지분율 : 90%
(6) 취득당시 S사 순자산 : 자본금 ₩1,000,000과 이익잉여금 ₩50,000(순자산 공정가치와 장부금액은 동일함)
(7) P사는 취득시 비지배지분을 S사 순자산에 비례적으로 측정함
(8) S사는 2X01년과 2X02년에 각각 ₩30,000과 ₩45,000의 당기순이익을 보고하였으며 동 기간 중에 배당금은 없었다.
(9) P사와 S사는 재고자산과 관련하여 다음과 같은 내부거래를 전액으로 현금으로 하였다. 단, 다음의 내부거래는 각각 독립적인 상황이다.

[하향판매]

기간	판매 회사	외부 매입원가	내부 판매액	매출총 이익률	매입 회사	연결외부 판매액	연결외부 판매비율	기말재고에 남아있는 부분(내부판매액)
2X01년	P	₩150,000	₩200,000	25%	S	₩156,000	60%	₩80,000
2X02년						₩104,000	40%	–

[상향판매]

기간	판매 회사	외부 매입원가	내부 판매액	매출총 이익률	매입 회사	연결외부 판매액	연결외부 판매비율	기말재고에 남아있는 부분(내부판매액)
2X01년	S	₩150,000	₩200,000	25%	P	₩156,000	60%	₩80,000
2X02년						₩104,000	40%	–

2X01년 별도재무제표상 지분법 회계처리

[기본정보 2-4] 하향판매	(차변)	(대변)	[기본정보 2-4] 상향판매	(차변)	(대변)
<S사 당기순이익 인식>					
종속기업투자지분 주1)	27,000		종속기업투자지분 주1)	27,000	
지분법이익		27,000	지분법이익		27,000
주1) ₩30,000 × 90% = ₩27,000					
<내부거래 미실현이익 제거>					
종속기업투자지분 주1)		20,000	종속기업투자지분 주1)		18,000
지분법이익	20,000		지분법이익	18,000	
주1) ₩50,000 × 40% = ₩20,000			주1) ₩50,000 × 40% × 90% = ₩18,000		
[종속기업투자지분 계정 잔액]					
₩945,000 + ₩27,000 – ₩20,000 = ₩952,000			₩945,000 + ₩27,000 – ₩18,000 = ₩954,000		
[지분법이익]					
₩27,000 – ₩20,000 = ₩7,000			₩27,000 – ₩18,000 = ₩9,000		

2X01년 연결조정분개					
[기본정보 2-4] 하향판매	(차변)	(대변)	[기본정보 2-4] 상향판매	(차변)	(대변)
1단계 : 종속기업 투자지분과 종속기업 자본계정의 상계제거					
자본금(S사)	1,000,000		자본금(S사)	1,000,000	
이익잉여금(S사)	50,000		이익잉여금(S사)	50,000	
종속기업투자지분		945,000	종속기업투자지분		945,000
비지배지분 주1)		105,000	비지배지분 주1)		105,000
주1) (₩1,000,000 + ₩50,000) × 10% = ₩105,000					
3단계 : 지배기업과 종속기업간의 내부거래 제거					
① 내부 매출·매출원가 상계 제거					
매출	200,000		매출	200,000	
매출원가		200,000	매출원가		200,000
P사 ➡ S사 매출 및 매출원가 상계 제거					
② 내부거래 미실현손익 제거					
재고자산 주1)		50,000	재고자산 주1)		50,000
매출원가	50,000		매출원가	50,000	
			비지배지분	5,000	
			비지배지분순이익(이익잉여금) 주2)		5,000
주1) 내부거래 미실현이익 전액 제거					
주2) 내부거래미실현이익 ₩50,000을 전액 차감하였으므로 비지배지분 해당액인 ₩5,000(₩50,000 ×10%)도 비지배지분에서 차감한다.					
매출원가		30,000	매출원가		30,000
재고자산 주1)	30,000		재고자산 주1)	30,000	
			비지배지분		3,000
			비지배지분순이익(이익잉여금) 주2)	3,000	
주1) ₩50,000(내부거래미실현이익) × 60%(판매로 인한 실현)					
주2) 내부거래미실현이익 ₩30,000이 실현되었으므로 비지배지분 해당액인 ₩3,000(₩30,000 ×10%)도 비지배지분에서 가산한다.					
<내부거래 미실현이익 제거에 관한 당기 지분법 회계처리 취소>					
종속기업투자지분 주1)	20,000		종속기업투자지분 주1)	18,000	
지분법이익		20,000	지분법이익		18,000
주1) ₩50,000 × 40% = ₩20,000			주1) ₩50,000 × 40% × 90% = ₩18,000		
5단계 : 비지배지분의 증감 회계처리					
비지배지분 주1)		3,000	비지배지분 주1)		3,000
비지배지분순이익(이익잉여금)	3,000		비지배지분순이익(이익잉여금)	3,000	
주1) S사의 당기순이익 ₩30,000 × 비지배지분율 10% = ₩3,000					
<S사 당기순이익에 관한 당기 지분법 회계처리 취소>					
종속기업투자지분 주1)		27,000	종속기업투자지분 주1)		27,000
지분법이익	27,000		지분법이익	27,000	
주1) S사의 당기순이익 ₩30,000 × 90% = ₩27,000					

2X02년 별도재무제표상 지분법 회계처리					
[기본정보 2-4] 하향판매	(차변)	(대변)	[기본정보 2-4] 상향판매	(차변)	(대변)
<S사 당기순이익 인식>					
종속기업투자지분 주1)	40,500		종속기업투자지분 주1)	40,500	
지분법이익		40,500	지분법이익		40,500
주1) ₩45,000 × 90% = ₩40,500					
<내부거래 미실현이익 실현>					
종속기업투자지분 주1)	20,000		종속기업투자지분 주1)	18,000	
지분법이익		20,000	지분법이익		18,000
주1) ₩50,000 × 40% = ₩20,000			주1) ₩50,000 × 40% × 90% = ₩18,000		
[종속기업투자지분 계정 잔액]					
₩945,000 + ₩27,000 − ₩20,000 +₩40,500 + ₩20,000 = ₩1,012,500			₩945,000 + ₩27,000 − ₩18,000 +₩40,500 + ₩18,000 = ₩1,012,500		
[지분법이익]					
₩40,500 + ₩20,000 = ₩60,500			₩40,500 + ₩18,000 = ₩58,500		

2X02년 연결조정분개					
[기본정보 2-4] 하향판매	(차변)	(대변)	[기본정보 2-4] 상향판매	(차변)	(대변)
1단계 : 종속기업 투자지분과 종속기업 자본계정의 상계제거>					
자본금(S사)	1,000,000		자본금(S사)	1,000,000	
이익잉여금(S사)	50,000		이익잉여금(S사)	50,000	
종속기업투자지분		945,000	종속기업투자지분		945,000
비지배지분 주1)		105,000	비지배지분 주1)		105,000
주1) (₩1,000,000 + ₩50,000) × 10% = ₩105,000					
3단계 : 지배기업과 종속기업간의 내부거래 제거					
재고자산 주1)		50,000	재고자산 주1)		50,000
이익잉여금	50,000		이익잉여금	50,000	
			비지배지분	5,000	
			이익잉여금 주2)		5,000
주1) 전기 내부거래 미실현이익 전액 제거					
주2) 전기 내부거래 미실현이익 전액 제거×10%(비지배지분율 = ₩5,000					
이익잉여금		30,000	이익잉여금		30,000
재고자산 주1)	30,000		재고자산 주1)	30,000	
			비지배지분		3,000
			이익잉여금 주2)	3,000	
주1) ₩50,000(전기 내부거래미실현이익) × 60%(전기 판매로 인한 실현) = ₩30,000					
주2) ₩50,000(전기 내부거래미실현이익) × 60%(전기 판매로 인한 실현) × 10%(비지배지분율) = ₩3,000					
매출원가		20,000	매출원가		20,000
재고자산 주1)	20,000		재고자산 주1)	20,000	
			비지배지분		2,000
			비지배지분순이익(이익잉여금) 주2)	2,000	
주1) ₩50,000(전 내부거래미실현이익) × 40%(당기 판매로 인한 실현) = ₩20,000					
주2) ₩50,000(전 내부거래미실현이익) × 40%(당기 판매로 인한 실현) × 10%(비지배지분율) = ₩2,000					
<내부거래 미실현이익에 관한 당기 지분법 회계처리 취소>					
이익잉여금		20,000	이익잉여금		18,000
지분법이익 주1)	20,000		지분법이익 주1)	18,000	

주1) 내부거래 미실현손익이 제거되고 다시 실현되었으므로 종속기업투자지분에 대한 영향은 자동적으로 처리되었음. 다만, 지분법이익은 전년도에 줄어들었고, 당년도에 증가되었으므로 그 영향을 이익잉여금에서 조정함

2X02년 연결조정분개					
[기본정보 2-4] 하향판매	(차변)	(대변)	[기본정보 2-4] 상향판매	(차변)	(대변)
5단계 : 비지배지분의 증감 회계처리					
① 2X01년 S사 당기순이익에 대한 비지배지분 증감					
비지배지분 주1)		3,000	비지배지분 주1)		3,000
이익잉여금	3,000		이익잉여금	3,000	
주1) 2X01년 S사의 당기순이익 ₩30,000 × 비지배지분율 10% = ₩3,000					
② 2X02년 S사 당기순이익에 대한 비지배지분 증감					
비지배지분 주1)		4,500	비지배지분 주1)		4,500
비지배지분순이익(이익잉여금)	4,500		비지배지분순이익(이익잉여금)	4,500	
주1) 2X02년 S사의 당기순이익 ₩45,000 × 비지배지분율 10% = ₩4,500					
<S사 당기순이익에 관한 전기 지분법 회계처리 취소>					
종속기업투자지분 주1)		27,000	종속기업투자지분 주1)		27,000
이익잉여금	27,000		이익잉여금	27,000	
주1) 2X01년 S사의 이익잉여금(당기순이익) ₩30,000 × 90% = ₩27,000					
<S사 당기순이익에 관한 당기 지분법 회계처리 취소>					
종속기업투자지분 주1)		40,500	종속기업투자지분 주1)		40,500
지분법이익	40,500		지분법이익	40,500	
주1) 2X02년 S사의 당기순이익 ₩45,000 × 90% = ₩40,500					

Fraudit ExCon 실 습 : 제3장 2-4 1차년도

(1) 사례파일

제3장_2-4_1차년도_지분법_기초정보.xlsx, 제3장_2-4_1차년도_지분법_원화시산표.xlsx

(2) [기초정보.xlsx] 작성

1) 보고기간 sheet

	A	B	C	D
1	목차	구분	일자	검증_보고기간
2	보고기간	보고기간초	2001-01-01	OK
3	보고기간	보고기간말	2001-12-31	

① 보고기간 초와 보고기간 말을 입력한다.

주의 취득일 이후의 연결이므로 보고기간초는 **2001-01-01**, 보고기간말은 **2001-12-31**로 입력한다.

2) 기업목록 sheet

	A	B	C	D	E	F	G	H	I	J	K	L	M
1	일련번호	목차	기업명	약식명칭	기능통화	표시통화	세율	이연법인세계산	검증_기업명중복	검증_기능통화	검증_표시통화	검증_세율	검증_이연법인세계산
2	1	기업목록	지배	AA	원화	원화	0%	아니오	OK	OK	OK	OK	OK
3	2		종속	AB	원화	원화	0%	아니오	OK	OK	OK	OK	OK

① 기업명을 입력한다. 여기서는 **지배**와 **종속**으로 입력한다.
② 기능통화를 **원화**로 선택한다.
③ 표시통화를 **원화**로 선택한다.
④ 세율은 0%이므로 입력하지 않는다.
⑤ 이연법인세계산을 **아니오**로 선택한다.

3) 지분구조 sheet

	B	C	D	E
1	지배기업명	종속기업명	지배기업약식	종속기업약식
2	지배	종속	AA	AB
3				

① 지배기업명과 종속기업명을 입력한다. 여기서는 **지배**와 **종속**으로 입력한다.

	F	G	H	I	J	K	L	M	N	O
1	취득차수	취득일	간주취득일	외화취득원가	통화	환율	취득원가	균등유상증자_취득원가	불균등유상증자_취득원가	지분율
2	1	2001-01-01	2001-01-01		원화		945,000			90.00%
3										

② 취득차수를 입력한다. 최초취득이므로 **1**을 입력한다.

주의 추가취득인 경우에는 해당 차수에 따라 2, 3, 4... 식으로 입력한다.

③ 최초취득일을 입력한다. 여기서는 **2001-01-01**로 입력한다.
④ 간주취득일을 입력한다. 여기서는 **2001-01-01**로 입력한다.

주의 간주취득일은 최초취득일로부터 가장 근접한 결산재무제표의 결산일을 의미한다.

⑤ 통화는 국내종속법인인 경우로 가정하여 **원화**를 선택한다.
⑥ 취득원가를 입력한다. 여기서는 **945,000**을 입력한다.
⑦ 지분율을 입력한다. 여기서는 **90%**로 입력한다.

4) 취득시지분구조_공정가치차이 sheet

	E	F	G	H	I	J	K	L	M
1	목차	기업명	약식명칭	취득차수_1	취득일_1	간주취득일_1	자본계정명_1	자본금액_1_외화	자본금액_1
2	자본_공정가치	종속	AB	1	2001-01-01	2001-01-01	자본금		1,000,000
3		종속	AB				이익잉여금		50,000
4		종속	AB						

① 종속의 2001-01-01일의 자본계정명_1(1차 취득시 자본계정명을 의미함)을 **K열**에 입력한다. 여기서는 **자본금**과 **이익잉여금**을 입력한다.

② 종속의 2001-01-01일의 자본금액_1(1차 취득시 자본금액을 의미함)을 **M열**에 입력한다. 여기서는 **자본금**에 대해서는 **1,000,000**을, **이익잉여금**에 대해서는 **50,000**을 입력한다.

5) 재무정보 sheet

	A	B	C	D	E	F	G
1	일련번호	목차	기업명	약식명칭	기간	계정명	금액
2	2	재무정보	종속	AB	2001-12-31	배당	
3						당기순이익	30,000
4						기타포괄손익	
5						해외사업환산손익	

① G열에 종속회사의 2001년 **당기순이익 30,000**을 입력한다.

6) 내부거래현황 sheet

	B	C	D	E	F	G	H	I	J	K	L
1	판매회사	매입회사	판매회사약식	매입회사약식	계정과목	상각여부	내부거래번호	통화	내부거래일	내부판매액	환율
2	지배	종속	AA	AB	상품	비상각	AA001	원화	2001-02-01	200,000	1
3	종속	지배	AB	AA	상품	비상각	AB001	원화	2001-02-01	200,000	1

① 재고자산 하향 판매와 상향 판매를 각각 넣는다. 계정과목은 제품으로 하고 상각여부는 비상각, 내부거래번호는 판매회사의 약식 표시가 먼저 들어가게 하면서 시퀀스로 넣는다. 통화는 원화로, 내부거래일은 상하향 모두 2001-02-01로 한다. 내부판매액은 200,000으로 하고 원화거래이므로 환율은 1로 입력한다.

	M	N	O	P	Q	R	S
1	환산후_내부판매액	장부금액_원화	내부거래이익	잔존내용연수_월	잔존가치	외부판매일_1차	외부판매비율_1차
2	200,000	150,000	50,000			2001-02-01	60.00%
3	200,000	150,000	50,000			2001-03-01	60.00%

② 장부금액은 150,000으로, 외부판매일_1차는 하향의 경우 2001-02-01로, 상향의 경우는 2001-03-01로 입력한다. 외부판매비율_1차는 모두 60%로 입력한다.

(3) [원화시산표.xlsx] 작성

1) 보고기간 sheet

	A	B
1	구분	일자
2	보고기간초	2001-01-01
3	보고기간말	2001-12-31

① 보고기간 초와 보고기간 말을 입력한다.

주의 기초정보의 보고기간 초와 보고기간 말과 동일하여야 한다.

2) 기업목록 sheet

	A	B	C	D	E	F	G
1	기업명	시산표일자	표시통화	ERP	검증_빈값	검증_표시통화	검증_ERP
2	지배	2001-12-31	원화	더존	OK	OK	OK
3	종속	2001-12-31	원화	더존	OK	OK	OK

① 기업명을 입력한다. 여기서는 **지배**와 **종속**으로 입력한다.
② 표시통화를 **원화**로 선택한다.
③ ERP는 **더존**이라고 가정하고 선택한다.

3) 원화시산표_1 sheet

	A	B	C	D	E	F	G	H
1	기업명	기능통화	시산표일자	ERP	계정코드	계정과목	차변	대변
2	지배	원화	2001-12-31	더존	10100	현금	100,000	
3					10800	매출채권	440,000	
4					14600	재고자산	40,000	
5					19101	종속기업투자지분	954,000	
6					20100	토지	1,000,000	
7					20200	건물	200,000	
8					20600	기계장치	300,000	
9					25100	매입채무		200,000
10					26000	단기차입금		300,000
11					33100	자본금		2,000,000
12					37700	미처분이익잉여금		275,000
13					40100	상품매출		1,000,000
14					45100	상품매출원가	700,000	
15					81800	감가상각비	50,000	
16					81900	지분법이익		9,000

① A열에 기업명을 입력한다. 여기서는 **지배**로 입력한다.
② 해당 계정코드, 계정과목, 차변, 대변 금액을 차례로 입력한다. **차변과 대변은 어느 한쪽만 입력하여야 한다**.
③ 검증 칼럼에서 OK가 아닌 경우 해당 원인을 해결한다.

4) 원화시산표_2 sheet

	A	B	C	D	E	F	G	H
1	기업명	기능통화	시산표일자	ERP	계정코드	계정과목	차변	대변
2	종속	원화	2001-12-31	더존	10100	현금	300,000	
3					10800	매출채권	220,000	
4					14600	재고자산	205,000	
5					20100	토지	200,000	
6					20200	건물	100,000	
7					20600	기계장치	130,000	
8					25100	매입채무		25,000
9					26000	차입금		20,000
10					33100	자본금		1,000,000
11					37700	미처분이익잉여금		80,000
12					40100	상품매출		201,000
13					45100	상품매출원가	166,000	
14					81800	감가상각비	5,000	

① A열에 기업명을 입력한다. 여기서는 **종속**으로 입력한다.
② 해당 계정코드, 계정과목, 차변, 대변 금액을 차례로 입력한다. **차변과 대변은 어느 한쪽만 입력하여야 한다**.
③ 검증 칼럼에서 OK가 아닌 경우 해당 원인을 해결한다.

(4) [Fraudit-ExCon.exe] 실행

제3장_2-4_1차년도_지분법_기초정보.xlsx과 제3장_2-4_1차년도_지분법_원화시산표.xlsx을 Fraudit-ExCon이 있는 폴더에 복사하여 이동한다. 그리고 **접두어를 제거**하고 **기초정보.xlsx와 원화시산표.xlsx**로 이름을 변경한다. **그 다음에 Fraudit-ExCon.exe를 실행한다.**

1) Main Sheet

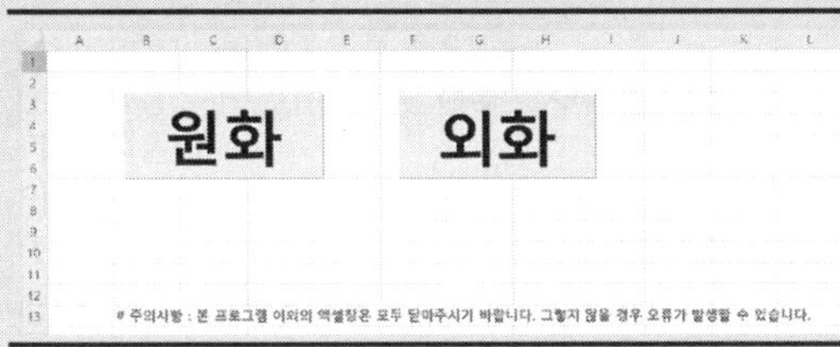

① 기능통화가 외화인 종속법인이 없으므로 원화 버튼을 누른다.

주의 원화 버튼을 누른 후 에러메시지가 뜨면 해당 에러 원인을 **기초정보.xlsx, 원화시산표.xlsx**에서 적절하게 수정한 후 다시 누른다.

2) out_연결분개_투자자본_0 sheet

T	U	V	W
계정과목	계정유형	차변	대변
AA종속기업투자지분	BS	0	945000
AB자본금	HE	1000000	0
AB이익잉여금	BS	50000	0
AB비지배지분	NCI	0	105000

① 연결분개 중 지배와 종속의 투자와 자본 상계제거 분개 부분에 해당한다. 검증 목적으로 차변, 대변 칼럼의 금액과 계정과목을 확인하면 된다(분개에 대한 상세 설명은 본문에서 확인하기 바람).

3) out_연결분개_내부거래_0, 1 sheet

V	W	X	Y
계정과목_1	계정유형	차변	대변
AA상품매출	IS	200000	0
AA상품매출원가	IS	0	200000
AA상품	BS	0	50000
AA상품매출원가	IS	50000	0
AA이연법인세	BS	0	0
AA법인세비용	IS	0	0
AA비지배지분	NCI	0	0
AA비지배지분순이익	RE	0	0
AB매출원가	IS	0	30000
AB상품	BS	30000	0
AB이연법인세	BS	0	0
AB법인세비용	IS	0	0
AA비지배지분	NCI	0	0
AA비지배지분순이익	RE	0	0

① **[out_연결분개_내부거래_0]** 내부거래번호 AA001(하향판매)에 대한 연결분개 내부거래제거 부분에 해당한다(분개에 대한 상세 설명은 본문에서 확인하기 바람).

V	W	X	Y
계정과목_1	계정유형	차변	대변
AB상품매출	IS	200000	0
AB상품매출원가	IS	0	200000
AB상품	BS	0	50000
AB상품매출원가	IS	50000	0
AB이연법인세	BS	0	0
AB법인세비용	IS	0	0
AB비지배지분	NCI	5000	0
AB비지배지분순이익	RE	0	5000
AA매출원가	IS	0	30000
AA상품	BS	30000	0
AA이연법인세	BS	0	0
AA법인세비용	IS	0	0
AB비지배지분	NCI	0	3000
AB비지배지분순이익	RE	3000	0

② **[out_연결분개_내부거래_1]** 내부거래번호 AB001(상향판매)에 대한 연결분개 내부거래제거 부분에 해당한다(분개에 대한 상세 설명은 본문에서 확인하기 바람).

4) out_연결분개_기타_0 sheet

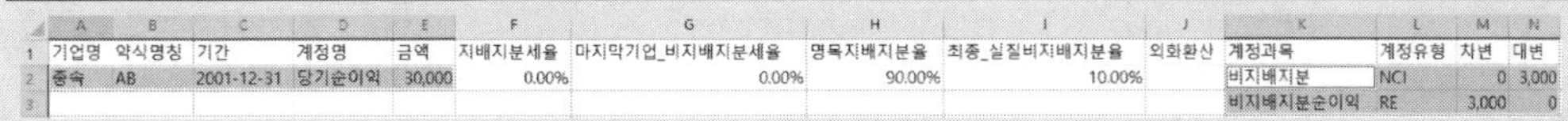

	A	B	C	D	E	F	G	H	I	J	K	L	M	N
1	기업명	약식명칭	기간	계정명	금액	지배지분세율	마지막기업_비지배지분세율	명목지배지분율	최종_실질비지배지분율	외화환산	계정과목	계정유형	차변	대변
2	종속	AB	2001-12-31	당기순이익	30,000	0.00%	0.00%	90.00%	10.00%		비지배지분	NCI	0	3,000
3											비지배지분순이익	RE	3,000	0

① 종속의 2001년 당기순이익에 대한 비지배지분 연결분개 부분에 해당한다(분개에 대한 상세 설명은 본문에서 확인하기 바람).

5) tmp_연결분개_통합 sheet

	A	B	C	D	E	F	G	H	I	J
1	계정과목	매핑계정과목	신설필요_계정과목	후보_매핑계정과목_1	후보_매핑계정과목_2	차변잔액	대변잔액		확인	
2	AA매출원가	AA매출채권		AA매출채권	AA상품매출원가	0	30,000			
3	AA상품	AA상품매출		AA상품매출	AA상품매출원가	0	20,000			
4	AA상품매출	AA상품매출		AA상품매출	AA상품매출원가	200,000	0			
5	AA상품매출원가	AA상품매출원가		AA상품매출원가	AA상품매출	0	150,000			
6	AA종속기업투자지분	AA종속기업투자지분		AA종속기업투자지분		0	945,000			
7	AB매출원가	AB매출채권		AB매출채권	AB상품매출원가	0	30,000			
8	AB비지배지분	비지배지분		비지배지분순이익	비지배지분	0	103,000			
9	AB비지배지분순이익	비지배지분순이익		비지배지분순이익		0	2,000			
10	AB상품	AB상품매출		AB상품매출	AB상품매출원가	0	20,000			
11	AB상품매출	AB상품매출		AB상품매출	AB상품매출원가	200,000	0			
12	AB상품매출원가	AB상품매출원가		AB상품매출원가	AB상품매출	0	150,000			
13	AB이익잉여금	AB미처분이익잉여금		AB미처분이익잉여금		50,000	0			
14	AB자본금	AB자본금		AB자본금		1,000,000	0			
15	비지배지분	비지배지분		비지배지분	비지배지분순이익	0	3,000			
16	비지배지분순이익	비지배지분순이익		비지배지분순이익	비지배지분	3,000	0			

① 상기 음영 친 부분은 적절한 매핑계정과목을 드롭다운 리스트에 찾던지 새롭게 신설하여야 한다. 여기서는 아래와 같이 변경한다.

주의 적절한 계정과목을 신설하여야 하는 경우에는 신설필요_계정과목에 신설하고 동일한 계정과목을 매핑계정과목에 입력하여야 한다.

	A	B	C	D	E	F	G	H	I	J
1	계정과목	매핑계정과목	신설필요_계정과목	후보_매핑계정과목_1	후보_매핑계정과목_2	차변잔액	대변잔액		확인	
2	AA매출원가	AA상품매출원가		AA매출채권	AA상품매출원가	0	30,000			
3	AA상품	AA재고자산		AA상품매출	AA상품매출원가	0	20,000			
4	AA상품매출	AA상품매출		AA상품매출	AA상품매출원가	200,000	0			
5	AA상품매출원가	AA상품매출원가		AA상품매출원가	AA상품매출	0	150,000			
6	AA종속기업투자지분	AA종속기업투자지분		AA종속기업투자지분		0	945,000			
7	AB매출원가	AB상품매출원가		AB매출채권	AB상품매출원가	0	30,000			
8	AB비지배지분	비지배지분		비지배지분순이익	비지배지분	0	103,000			
9	AB비지배지분순이익	비지배지분순이익		비지배지분순이익		0	2,000			
10	AB상품	AB재고자산		AB상품매출	AB상품매출원가	0	20,000			
11	AB상품매출	AB상품매출		AB상품매출	AB상품매출원가	200,000	0			
12	AB상품매출원가	AB상품매출원가		AB상품매출원가	AB상품매출	0	150,000			
13	AB이익잉여금	AB미처분이익잉여금		AB미처분이익잉여금		50,000	0			
14	AB자본금	AB자본금		AB자본금		1,000,000	0			
15	비지배지분	비지배지분		비지배지분	비지배지분순이익	0	3,000			
16	비지배지분순이익	비지배지분순이익		비지배지분순이익	비지배지분	3,000	0			

	A	B	C	D	E	F	G	H	I	J
1	계정과목	매핑계정과목	신설필요_계정과목	후보_매핑계정과목_1	후보_매핑계정과목_2	차변잔액	대변잔액		확인	
2	AA매출원가	AA상품매출원가		AA매출채권	AA상품매출원가	0	30,000			
3	AA상품	AA재고자산		AA상품매출	AA상품매출원가	0	20,000			
4	AA상품매출	AA상품매출		AA상품매출	AA상품매출원가	200,000	0			
5	AA상품매출원가	AA상품매출원가		AA상품매출원가	AA상품매출	0	150,000			
6	AA종속기업투자지분	AA종속기업투자지분		AA종속기업투자지분		0	945,000			
7	AB매출원가	AB상품매출원가		AB매출채권	AB상품매출원가	0	30,000			
8	AB비지배지분	비지배지분		비지배지분순이익	비지배지분	0	103,000			
9	AB비지배지분순이익	비지배지분순이익		비지배지분순이익		0	2,000			
10	AB상품	AB재고자산		AB상품매출	AB상품매출원가	0	20,000			
11	AB상품매출	AB상품매출		AB상품매출	AB상품매출원가	200,000	0			
12	AB상품매출원가	AB상품매출원가		AB상품매출원가	AB상품매출	0	150,000			
13	AB이익잉여금	AB미처분이익잉여금		AB미처분이익잉여금		50,000	0			
14	AB자본금	AB자본금		AB자본금		1,000,000	0			
15	비지배지분	비지배지분		비지배지분	비지배지분순이익	0	3,000			
16	비지배지분순이익	비지배지분순이익		비지배지분순이익	비지배지분	3,000	0			
17		AA종속기업투자지분				18,000				
18		AA지분법이익					18,000			
19		AA종속기업투자지분					27,000			
20		AA지분법이익				27,000				

② 상기 음영 부분과 같이 별도재무제표에서의 지분법 회계처리를 취소시킨다.

③ 확인 버튼을 누른다.

6) out_최종연결정산표 sheet

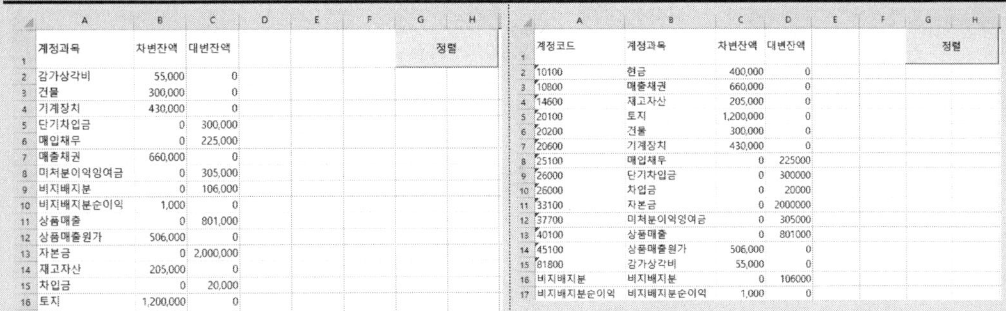

계정과목	차변잔액	대변잔액
감가상각비	55,000	0
건물	300,000	0
기계장치	430,000	0
단기차입금	0	300,000
매입채무	0	225,000
매출채권	660,000	0
미처분이익잉여금	0	305,000
비지배지분	0	106,000
비지배지분순이익	1,000	0
상품매출	0	801,000
상품매출원가	506,000	0
자본금	0	2,000,000
재고자산	205,000	0
차입금	0	20,000
토지	1,200,000	0
현금	400,000	0

정렬

계정코드	계정과목	차변잔액	대변잔액
10100	현금	400,000	0
10800	매출채권	660,000	0
14600	재고자산	205,000	0
20100	토지	1,200,000	0
20200	건물	300,000	0
20600	기계장치	430,000	0
25100	매입채무	0	225000
26000	단기차입금	0	300000
26000	차입금	0	20000
33100	자본금	0	2000000
37700	미처분이익잉여금	0	305000
40100	상품매출	0	801000
45100	상품매출원가	506,000	0
81800	감가상각비	55,000	0
비지배지분	비지배지분	0	106000
비지배지분순이익	비지배지분순이익	1,000	0

정렬

① 계정과목이 한글로 오름차순으로 되어 있다.
② 정렬 버튼을 누른다.

③ 계정코드별로 오름차순되며, 계정코드가 없이 새롭게 삽입된 계정과목은 맨 아래에 위치하고 그러한 계정과목은 계정과목으로(한글순으로) 오름차순으로 정렬이 된다.

Fraudit ExCon 실 습 : 제3장 2-4 2차년도

(1) 사례파일

제3장_2-4_2차년도_지분법_기초정보.xlsx, 제3장_2-4_2차년도_지분법_원화시산표.xlsx

(2) [기초정보.xlsx] 작성

1) 보고기간 sheet

	A	B	C	D
1	목차	구분	일자	검증_보고기간
2	보고기간	보고기간초	2002-01-01	OK
3	보고기간	보고기간말	2002-12-31	

① 보고기간 초와 보고기간 말을 입력한다.

2) 기업목록 sheet

	A	B	C	D	E	F	G	H	I	J	K	L	M
1	일련번호	목차	기업명	약식명칭	기능통화	표시통화	세율	이연법인세계산	검증_기업명중복	검증_기능통화	검증_표시통화	검증_세율	검증_이연법인세계산
2	1	기업목록	지배	AA	원화	원화	0%	아니오	OK	OK	OK	OK	OK
3	2		종속	AB	원화	원화	0%	아니오	OK	OK	OK	OK	OK

① 기업명을 입력한다. 여기서는 **지배**와 **종속**으로 입력한다.
② 기능통화를 **원화**로 선택한다.
③ 표시통화를 **원화**로 선택한다.
④ 세율은 0%이므로 입력하지 않는다.
⑤ 이연법인세계산을 **아니오**로 선택한다.

3) 지분구조 sheet

	B	C	D	E
1	지배기업명	종속기업명	지배기업약식	종속기업약식
2	지배	종속	AA	AB
3				

① 지배기업명과 종속기업명을 입력한다. 여기서는 **지배**와 **종속**으로 입력한다.

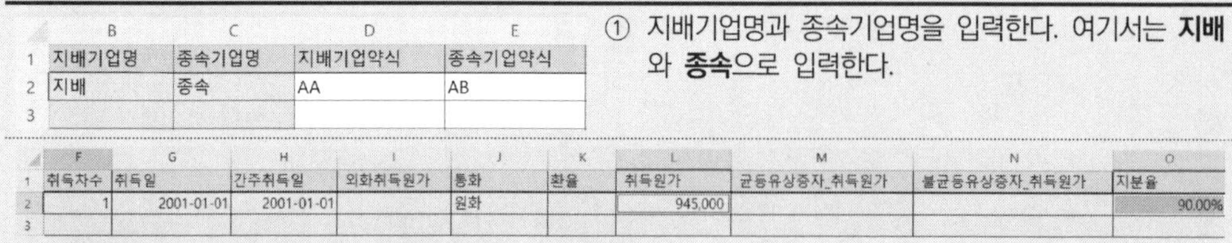

	F	G	H	I	J	K	L	M	N	O
1	취득차수	취득일	간주취득일	외화취득원가	통화	환율	취득원가	균등유상증자_취득원가	불균등유상증자_취득원가	지분율
2	1	2001-01-01	2001-01-01		원화		945,000			90.00%
3										

② 취득차수를 입력한다. 최초취득이므로 **1**을 입력한다.

주의 추가취득인 경우에는 해당 차수에 따라 2, 3, 4... 식으로 입력한다.

③ 최초취득일을 입력한다. 여기서는 **2001-01-01**로 입력한다.
④ 간주취득일을 입력한다. 여기서는 **2001-01-01**로 입력한다.

주의 간주취득일은 최초취득일로부터 가장 근접한 결산재무제표의 결산일을 의미한다.

⑤ 통화는 국내종속법인인 경우로 가정하여 **원화**를 선택한다.
⑥ 취득원가를 입력한다. 여기서는 **945,000**을 입력한다.
⑦ 지분율을 입력한다. 여기서는 **90%**로 입력한다.

4) 취득시지분구조_공정가치차이 sheet

	E	F	G	H	I	J	K	L	M
1	목차	기업명	약식명칭	취득차수_1	취득일_1	간주취득일_1	자본계정명_1	자본금액_1_외화	자본금액_1
2	자본_공정가치	종속	AB	1	2001-01-01	2001-01-01	자본금		1,000,000
3		종속	AB				이익잉여금		50,000
4		종속	AB						

① 종속의 2001-01-01일의 자본계정명_1(1차 취득시 자본계정명을 의미함)을 **K열**에 입력한다. 여기서는 **자본금**과 **이익잉여금**을 입력한다.

② 종속의 2001-01-01일의 자본금액_1(1차 취득시 자본금액을 의미함)을 **M열**에 입력한다. 여기서는 **자본금**에 대해서는 **1,000,000**을, **이익잉여금**에 대해서는 **50,000**을 입력한다.

5) 재무정보 sheet

	A	B	C	D	E	F	G
1	일련번호	목차	기업명	약식명칭	기간	계정명	금액
2	2	재무정보	종속	AB	2001-12-31	배당	
3						당기순이익	30,000
4						기타포괄손익	
5						해외사업환산손익	
6	2		종속	AB	2002-12-31	배당	
7						당기순이익	45,000
8						기타포괄손익	
9						해외사업환산손익	

① G열에 종속회사의 2001년 **당기순이익 30,000**을 입력한다.

② G열에 종속회사의 2002년 **당기순이익 45,000**을 입력한다.

6) 내부거래현황 sheet

	B	C	D	E	F	G	H	I	J	K	L
1	판매회사	매입회사	판매회사약식	매입회사약식	계정과목	상각여부	내부거래번호	통화	내부거래일	내부판매액	환율
2	지배	종속	AA	AB	상품	비상각	AA001	원화	2001-02-01	200,000	1
3	종속	지배	AB	AA	상품	비상각	AB001	원화	2001-02-01	200,000	1

① 재고자산 하향 판매와 상향 판매를 각각 넣는다. 계정과목은 제품으로 하고 상각여부는 비상각, 내부거래번호는 판매회사의 약식 표시가 먼저 들어가게 하면서 시퀀스로 넣는다. 통화는 원화로, 내부거래일은 상하향 모두 2001-02-01로 한다. 내부판매액은 200,000으로 하고 원화거래이므로 환율은 1로 입력한다.

	M	N	O	P	Q	R	S	T	U
1	환산후_내부판매액	장부금액_원화	내부거래이익	잔존내용연수_월	잔존가치	외부판매일_1차	외부판매비율_1차	외부판매일_2차	외부판매비율_2차
2	200,000	150,000	50,000			2001-02-01	60.00%	2002-02-01	40.00%
3	200,000	150,000	50,000			2001-03-01	60.00%	2002-03-01	40.00%

② 장부금액_원화, 외부판매일_1차, 외부판매비율_1차, 외부판매일_2차, 외부판매비율_2차를 상기와 같이 입력한다.

(3) [원화시산표.xlsx] 작성

1) 보고기간 sheet

	A	B
1	구분	일자
2	보고기간초	2002-01-01
3	보고기간말	2002-12-31

① 보고기간 초와 보고기간 말을 입력한다.

주의 기초정보의 보고기간 초와 보고기간 말과 동일하여야 한다.

2) 기업목록 sheet

	A	B	C	D	E	F	G
1	기업명	시산표일자	표시통화	ERP	검증_빈값	검증_표시통화	검증_ERP
2	지배	2001-12-31	원화	더존	OK	OK	OK
3	종속	2001-12-31	원화	더존	OK	OK	OK

① 기업명을 입력한다. 여기서는 **지배**와 **종속**으로 입력한다.
② 표시통화를 **원화**로 선택한다.
③ ERP는 **더존**이라고 가정하고 선택한다.

3) 원화시산표_1 sheet

	A	B	C	D	E	F	G	H
1	기업명	기능통화	시산표일자	ERP	계정코드	계정과목	차변	대변
2	지배	원화	2002-12-31	더존	10100	현금	100,000	
3					10800	매출채권	189,500	
4					14600	재고자산	40,000	
5					19101	종속기업투자지분	1,012,500	
6					20100	토지	1,009,000	
7					20200	건물	200,000	
8					20600	기계장치	300,000	
9					25100	매입채무		267,500
10					26000	단기차입금		300,000
11					33100	자본금		2,000,000
12					37700	미처분이익잉여금		275,000
13					40100	매출		700,000
14					45100	매출원가	700,000	
15					81800	감가상각비	50,000	
16					81810	지분법이익		58,500

① A열에 기업명을 입력한다. 여기서는 **지배**로 입력한다.
② 해당 계정코드, 계정과목, 차변, 대변 금액을 차례로 입력한다. **차변과 대변은 어느 한쪽만 입력하여야 한다**.
③ 검증 칼럼에서 OK가 아닌 경우 해당 원인을 해결한다.

4) 원화시산표_2 sheet

	A	B	C	D	E	F	G	H
1	기업명	기능통화	시산표일자	ERP	계정코드	계정과목	차변	대변
2	종속	원화	2002-12-31	더존	10100	현금	300,000	
3					10800	매출채권	235,000	
4					14600	재고자산	205,000	
5					20100	토지	200,000	
6					20200	건물	100,000	
7					20600	기계장치	130,000	
8					25100	매입채무		25,000
9					26000	차입금		20,000
10					33100	자본금		1,000,000
11					37700	미처분이익잉여금		80,000
12					40100	상품매출		216,000
13					45100	상품매출원가	166,000	
14					81800	감가상각비	5,000	

① A열에 기업명을 입력한다. 여기서는 **종속**으로 입력한다.
② 해당 계정코드, 계정과목, 차변, 대변 금액을 차례로 입력한다. **차변과 대변은 어느 한쪽만 입력하여야 한다**.
③ 검증 칼럼에서 OK가 아닌 경우 해당 원인을 해결한다.

(4) [Fraudit-ExCon.exe] 실행

제3장_2-4_2차년도_지분법_기초정보.xlsx과 제3장_2-4_2차년도_지분법_원화시산표.xlsx을 Fraudit-ExCon이 있는 폴더에 복사하여 이동한다. 그리고 **접두어를 제거**하고 **기초정보.xlsx와 원화시산표.xlsx**로 이름을 변경한다. **그 다음에 Fraudit-ExCon.exe를 실행한다.**

1) Main Sheet

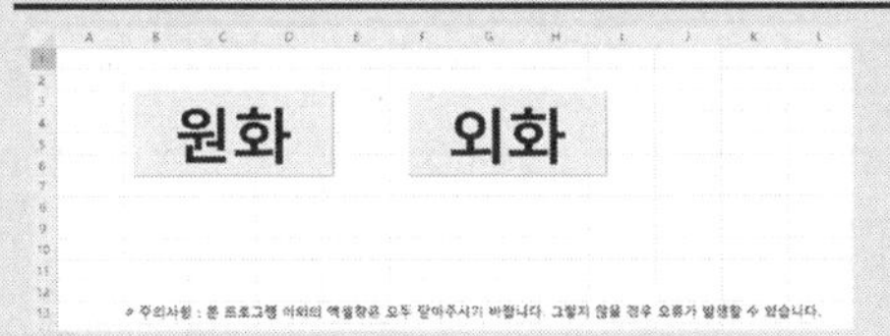

① 기능통화가 외화인 종속법인이 없으므로 원화 버튼을 누른다.

주의 원화 버튼을 누른 후 에러메시지가 뜨면 해당 에러 원인을 **기초정보.xlsx, 원화시산표.xlsx**에서 적절하게 수정한 후 다시 누른다.

2) out_연결분개_투자자본_0 sheet

T	U	V	W
계정과목	계정유형	차변	대변
AA종속기업투자지분	BS	0	945000
AB자본금	HE	1000000	0
AB이익잉여금	BS	50000	0
AB비지배지분	NCI	0	105000

① 연결분개 중 지배와 종속의 투자와 자본 상계제거 분개 부분에 해당한다. 검증 목적으로 차변, 대변 칼럼의 금액과 계정과목을 확인하면 된다(분개에 대한 상세 설명은 본문에서 확인하기 바람).

3) out_연결분개_내부거래_0, 1 sheet

V	W	X	Y
계정과목_1	계정유형	차변	대변
AA상품	BS	0	50000
AA미처분이익잉여금	RE	50000	0
AA이연법인세	BS	0	0
AA미처분이익잉여금	RE	0	0
AA비지배지분	NCI	0	0
AA미처분이익잉여금	RE	0	0
AB미처분이익잉여금	RE	0	30000
AB상품	BS	30000	0
AB이연법인세	BS	0	0
AB미처분이익잉여금	RE	0	0
AA비지배지분	NCI	0	0
AA미처분이익잉여금	RE	0	0
AB매출원가	IS	0	20000
AB상품	BS	20000	0
AB이연법인세	BS	0	0
AB법인세비용	IS	0	0
AA비지배지분	NCI	0	0
AA비지배지분순이익	RE	0	0

① 내부거래번호 AA001(하향판매)에 대한 연결분개 내부거래제거 부분에 해당한다(분개에 대한 상세 설명은 본문에서 확인하기 바람).

V	W	X	Y
계정과목_1	계정유형	차변	대변
AB상품	BS	0	50000
AB미처분이익잉여금	RE	50000	0
AB이연법인세	BS	0	0
AB미처분이익잉여금	RE	0	0
AB비지배지분	NCI	5000	0
AB미처분이익잉여금	RE	0	5000
AA미처분이익잉여금	RE	0	30000
AA상품	BS	30000	0
AA이연법인세	BS	0	0
AA미처분이익잉여금	RE	0	0
AB비지배지분	NCI	0	3000
AB미처분이익잉여금	RE	3000	0
AA매출원가	IS	0	20000
AA상품	BS	20000	0
AA이연법인세	BS	0	0
AA법인세비용	IS	0	0
AB비지배지분	NCI	0	2000
AB비지배지분순이익	RE	2000	0

② 내부거래번호 AB001(상향판매)에 대한 연결분개 내부거래제거 부분에 해당한다(분개에 대한 상세 설명은 본문에서 확인하기 바람).

4) out_연결분개_기타_0, 1 sheet

기업명	약식명칭	기간	계정명	금액	지배지분세율	마지막기업_비지배지분세율	명목지배지분율	최종_실질비지배지분율	외화환산	계정과목	계정유형	차변	대변
종속	AB	2001-12-31	당기순이익	30,000	0.00%	0.00%	90.00%	10.00%		비지배지분	NCI	0	3,000
										미처분이익잉여금	RE	3,000	0

① **[out_연결분개_기타_0]** 종속의 2001년 당기순이익에 대한 비지배지분 연결분개 부분에 해당한다(분개에 대한 상세 설명은 본문에서 확인하기 바람).

기업명	약식명칭	기간	계정명	금액	지배지분세율	마지막기업_비지배지분세율	명목지배지분율	최종_실질비지배지분율	외화환산	계정과목	계정유형	차변	대변
종속	AB	2002-12-31	당기순이익	45,000	0.00%	0.00%	90.00%	10.00%		비지배지분	NCI	0	4,500
										비지배지분순이익	RE	4,500	0

② **[out_연결분개_기타_1]** 종속의 2002년 당기순이익에 대한 비지배지분 연결분개 부분에 해당한다(분개에 대한 상세 설명은 본문에서 확인하기 바람).

5) tmp_연결분개_통합 sheet

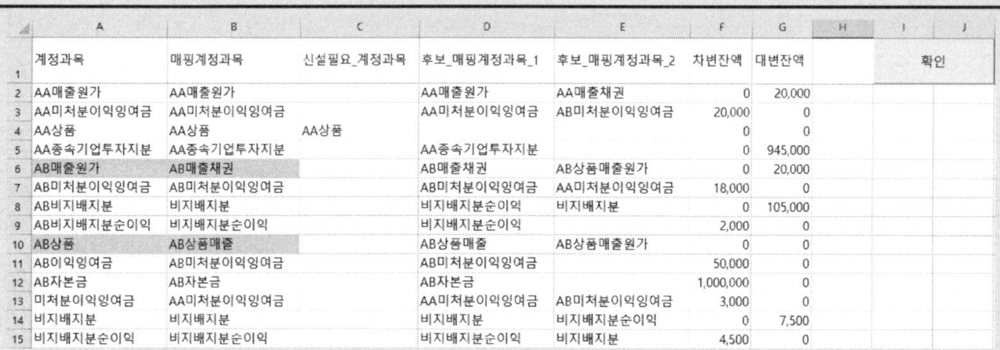

계정과목	매핑계정과목	신설필요_계정과목	후보_매핑계정과목_1	후보_매핑계정과목_2	차변잔액	대변잔액		확인	
AA매출원가	AA매출원가		AA매출원가	AA매출채권	0	20,000			
AA미처분이익잉여금	AA미처분이익잉여금		AA미처분이익잉여금	AB미처분이익잉여금	20,000	0			
AA상품	AA상품	AA상품			0	0			
AA종속기업투자지분	AA종속기업투자지분		AA종속기업투자지분		0	945,000			
AB매출원가	AB매출채권		AB매출채권	AB상품매출원가	0	20,000			
AB미처분이익잉여금	AB미처분이익잉여금		AB미처분이익잉여금	AA미처분이익잉여금	18,000	0			
AB비지배지분	비지배지분		비지배지분순이익	비지배지분	0	105,000			
AB비지배지분순이익	비지배지분순이익		비지배지분순이익		2,000	0			
AB상품	AB상품매출		AB상품매출	AB상품매출원가	0	0			
AB이익잉여금	AB미처분이익잉여금		AB미처분이익잉여금		50,000	0			
AB자본금	AB자본금		AB자본금		1,000,000	0			
미처분이익잉여금	AA미처분이익잉여금		AA미처분이익잉여금	AB미처분이익잉여금	3,000	0			
비지배지분	비지배지분		비지배지분	비지배지분순이익	0	7,500			
비지배지분순이익	비지배지분순이익		비지배지분순이익	비지배지분	4,500	0			

① 상기 음영 친 부분은 적절한 매핑계정과목을 드롭다운 리스트에 찾던지 새롭게 신설하여야 한다. 여기서는 아래와 같이 변경한다.

주의 적절한 계정과목을 신설하여야 하는 경우에는 신설필요_계정과목에 신설하고 동일한 계정과목을 매핑계정과목에 입력하여야 한다.

계정과목	매핑계정과목	신설필요_계정과목	후보_매핑계정과목_1	후보_매핑계정과목_2	차변잔액	대변잔액		확인	
AA매출원가	AA매출원가		AA매출원가	AA매출채권	0	20,000			
AA미처분이익잉여금	AA미처분이익잉여금		AA미처분이익잉여금	AB미처분이익잉여금	20,000	0			
AA상품	AA상품	AA상품			0	0			
AA종속기업투자지분	AA종속기업투자지분		AA종속기업투자지분		0	945,000			
AB매출원가	AB상품매출원가		AB매출채권	AB상품매출원가	0	20,000			
AB미처분이익잉여금	AB미처분이익잉여금		AB미처분이익잉여금	AA미처분이익잉여금	18,000	0			
AB비지배지분	비지배지분		비지배지분순이익	비지배지분	0	105,000			
AB비지배지분순이익	비지배지분순이익		비지배지분순이익		2,000	0			
AB상품	AB재고자산		AB상품매출	AB상품매출원가	0	0			
AB이익잉여금	AB미처분이익잉여금		AB미처분이익잉여금		50,000	0			
AB자본금	AB자본금		AB자본금		1,000,000	0			
미처분이익잉여금	AA미처분이익잉여금		AA미처분이익잉여금	AB미처분이익잉여금	3,000	0			
비지배지분	비지배지분		비지배지분	비지배지분순이익	0	7,500			
비지배지분순이익	비지배지분순이익		비지배지분순이익	비지배지분	4,500	0			

계정과목	매핑계정과목	신설필요_계정과목	후보_매핑계정과목_1	후보_매핑계정과목_2	차변잔액	대변잔액	확인
AA매출원가	AA매출원가		AA매출원가	AA매출채권	0	20,000	
AA미처분이익잉여금	AA미처분이익잉여금		AA미처분이익잉여금	AB미처분이익잉여금	20,000	0	
AA상품	AA상품	AA상품			0	0	
AA종속기업투자지분	AA종속기업투자지분		AA종속기업투자지분		0	945,000	
AB매출원가	AB상품매출원가		AB매출채권	AB상품매출원가	0	20,000	
AB미처분이익잉여금	AB미처분이익잉여금		AB미처분이익잉여금	AA미처분이익잉여금	18,000	0	
AB비지배지분	비지배지분		비지배지분순이익	비지배지분	0	105,000	
AB비지배지분순이익	비지배지분순이익		비지배지분순이익		2,000	0	
AB상품	AB재고자산		AB상품매출	AB상품매출원가	0	0	
AB이익잉여금	AB미처분이익잉여금		AB미처분이익잉여금		50,000	0	
AB자본금	AB자본금		AB자본금		1,000,000	0	
미처분이익잉여금	AA미처분이익잉여금		AA미처분이익잉여금	AB미처분이익잉여금	3,000	0	
비지배지분	비지배지분		비지배지분	비지배지분순이익	0	7,500	
비지배지분순이익	비지배지분순이익		비지배지분순이익	비지배지분	4,500	0	
	AA미처분이익잉여금					18,000	
	AA지분법이익				18,000		
	AA종속기업투자지분					27,000	
	AA미처분이익잉여금				27,000		
	AA종속기업투자지분					40,500	
	AA지분법이익				40,500		

② 상기 음영 부분과 같이 별도재무제표에서의 지분법 회계처리를 취소시킨다.
③ 확인 버튼을 누른다.

6) out_최종연결정산표 sheet

계정과목	차변잔액	대변잔액	정렬
감가상각비	55,000	0	
건물	300,000	0	
기계장치	430,000	0	
단기차입금	0	300,000	
매입채무	0	292,500	
매출	0	700,000	
매출원가	680,000	0	
매출채권	424,500	0	
미처분이익잉여금	0	255,000	
비지배지분	0	112,500	
비지배지분순이익	6,500	0	
상품매출	0	216,000	
상품매출원가	146,000	0	
자본금	0	2,000,000	
재고자산	245,000	0	
차입금	0	20,000	
토지	1,209,000	0	
현금	400,000	0	

① 계정과목이 한글로 오름차순으로 되어 있다.
② 정렬 버튼을 누른다.

계정코드	계정과목	차변잔액	대변잔액	정렬
10100	현금	400,000	0	
10800	매출채권	424,500	0	
14600	재고자산	245,000	0	
20100	토지	1,209,000	0	
20200	건물	300,000	0	
20600	기계장치	430,000	0	
25100	매입채무	0	292500	
26000	단기차입금	0	300000	
26000	차입금	0	20000	
33100	자본금	0	2000000	
37700	미처분이익잉여금	0	255000	
40100	매출	0	700000	
40100	상품매출	0	216000	
45100	매출원가	680,000	0	
45100	상품매출원가	146,000	0	
81800	감가상각비	55,000	0	
비지배지분	비지배지분	0	112500	
비지배지분순이익	비지배지분순이익	6,500	0	

③ 계정코드별로 오름차순되며, 계정코드가 없이 새롭게 삽입된 계정과목은 맨 아래에 위치하고 그러한 계정과목은 계정과목으로(한글순으로) 오름차순으로 정렬이 된다.

05 재고자산 내부거래와 관련된 기타사항

(1) 연결대상기업 간 내부거래에서 발생하는 운반비

연결대상기업 간 내부거래에서 발생하는 운반비에 대해서는 K-IFRS 1002 '재고자산'을 준용하여 처리하는 것이 타당하다.

K-IFRS 1002 문단 16에서는 후속 생산단계에 투입하기 전에 **보관이 필요한 경우 이외의 보관원가는** 재고자산 취득원가에 포함할 수 없으며 **발생기간의 비용**으로 인식하도록 하고 있다. 따라서 재고자산 내부거래에서 발생하는 운반비가 이와 같은 성격이라면 이는 내부거래제거 대상이 아니라 발생한 기업의 **비용**처리하는 것이 타당하다.

(2) 내부거래 미실현손실이 저가법에 의한 평가감에 해당되는 경우

1) 내부거래 이전에 이미 손상의 징후가 있는 경우

재고자산의 순실현가능가치가 취득원가보다 하락하였고 지배.종속기업 간에 시가를 기준으로 매매가 이루어진 경우에 이 재고자산이 외부에 판매되지 않고 재고자산으로 남아 있다면 그 재고자산의 취득원가와 순실현가능가치와의 차액을 미실현손실로 볼 수 있으나 이러한 미실현손실이 저가법에 의한 평가감에 해당한다면 당기비용으로 인식하는 것이 타당하다.

예를 들어, 지배기업이 원가 ₩150,000의 상품을 순실현가능가치의 하락으로 인하여 종속기업에 ₩90,000에 판매하였고 종속회사는 이 상품을 외부에 판매하지 않고 재고로 보유하고 있다면 연결실체의 관점에서는 ₩60,000이 미실현손실이므로 이를 제거한다. 그러나 내부거래시 손실을 보면서까지 판매한 이유가 저가법에 의한 평가감 때문이라면 이는 즉시 당기 비용으로 인식하여야 한다(즉, 내부거래 미실현손실의 제거로 처리하지 아니한다). 왜냐하면 이 재고자산이 종속기업에 판매되지 않았다 하더라도 지배기업은 저가법에 의하여 재고자산을 ₩90,000에 평가해야 하기 때문이다. 만약 미실현손실 ₩60,000을 제거한다면 재고자산을 다시 ₩150,000에 평가하는 불합리한 결과를 초래한다.

2) 내부거래 이후에 손상의 징후가 발견된 경우

그러나 지배·종속기업 간에 내부거래로 인한 재고자산을 매입한 기업이 저가기준에 의하여 평가하였다면 이 경우에는 미실현이익을 어떻게 처리할 것인지가 문제가 된다.

예를 들어 ₩150,000의 상품을 종속기업에게 ₩200,000에 판매하였고 종속회사는 이 상품을 재고로 보유하고 있었으나 그 재고자산의 판매가격이 하락하여 저가법에 의하여

₩180,000으로 평가하였다면 연결정산표상에서 제거하여야 할 금액은 당초의 취득원가 ₩150,000과 저가법에 의한 평가금액 ₩180,000과의 차액인 ₩30,000을 미실현이익으로 제거하여야 할 것이다. 한편, ₩200,000과 ₩180,000의 차액인 ₩20,000은 매입한 기업의 stand-alone 재무제표에 재고자산평가손실로 반영하는 것이 타당하다(외부매출로 인한 실현과 같이 본다는 의미이다).

기본정보 3 내부거래 미실현손실이 저가법에 의한 평가감에 해당되는 경우

(1) 취득일 : 2X01년 1월 1일　　(2) 취득자 : P사　　(3) 피취득자 : S사
(4) 취득시 취득원가 : ₩945,000(P사는 종속기업투자지분을 **원가법**으로 처리)
(5) 취득시 지분율 : 90%
(6) 취득당시 S사 순자산 : 자본금 ₩1,000,000과 이익잉여금 ₩50,000(순자산 공정가치와 장부금액은 동일함)
(7) P사는 취득시 비지배지분을 S사 순자산에 비례적으로 측정함
(8) S사는 2X01년과 2X02년에 각각 ₩30,000과 ₩45,000의 당기순이익을 보고하였으며 동 기간 중에 배당금은 없었다.
(9) P사와 S사는 재고자산과 관련하여 다음과 같은 내부거래를 전액으로 현금으로 하였다.

기간	판매회사	외부 매입원가	내부 판매액	매출총이익률	매입회사	연결외부 판매액	연결외부 판매비율	기말재고에 남아있는 부분(내부판매액)
2X01년	P	₩150,000	주1)₩90,000	-40%	S	₩81,000	70%	₩27,000
2X02년						₩35,000	30%	–

주1) 저가로 판매한 사유는 K-IFRS 1002상 저가법의 사유에 해당된다고 가정한다.

[기본정보 3]에서 P사가 원가 ₩150,000의 상품을 ₩90,000에 판매한 이유가 저가법의 사유에 해당된다면, ₩60,000(=₩150,000 – ₩90,000)을 P사 별도재무제표에서 즉시 비용으로 인식한다(즉, 내부거래 미실현손실이 아니라 실현손실로 본다는 것이다). 이에 대한 회계처리는 다음과 같다.

	(차변)	(대변)
<저가법에 의한 평가감 회계처리>		
비용(매출원가) 주1)	60,000	
재고자산		60,000
주1) 내부거래 미실현손실 제거 대상이 아니다. 즉, 별도재무제표상 비용처리하고 환입의 사유가 발생하면 별도재무제표에서 반영한다.		
<내부 매출 회계처리>		
현금	90,000	
매출		90,000
매출원가	90,000	
재고자산		90,000

한편, **[기본정보 3]**에서 2X01년말 연결조정분개는 다음과 같다.

2X01년말 연결조정분개	(차변)	(대변)
1단계 : 종속기업 투자지분과 종속기업 자본의 상계제거		
자본금(S사)	1,000,000	
이익잉여금(S사)	50,000	
종속기업투자지분		945,000
비지배지분 주1)		105,000
주1) 내부거래 미실현손실 제거 대상이 아니다. 즉, 별도재무제표상 비용처리하고 환입의 사유가 발생하면 별도재무제표에서 반영한다.		
3단계 : 지배기업과 종속기업간의 내부거래 제거		
매출	90,000	
매출원가		90,000
5단계 : 비지배지분의 증감 회계처리		
배지분 주1)		3,000
비지배지분순이익(이익잉여금)	3,000	
주1) S사의 당기순이익 ₩30,000 × 비지배지분율 10% = ₩3,000		

Fraudit ExCon 실 습 : 제3장 3 1차년도

(1) 사례파일

제3장_3_1차년도_원가법_기초정보.xlsx, 제3장_3_1차년도_원가법_원화시산표.xlsx

(2) [기초정보.xlsx] 작성

1) 보고기간 sheet

	A	B	C	D
1	목차	구분	일자	검증_보고기간
2	보고기간	보고기간초	2001-01-01	OK
3	보고기간	보고기간말	2001-12-31	

① 보고기간 초와 보고기간 말을 입력한다.

주의 취득일 이후의 연결이므로 보고기간초는 **2001-01-01**, 보고기간말은 **2001-12-31**로 입력한다.

2) 기업목록 sheet

	A	B	C	D	E	F	G	H	I	J	K	L	M
1	일련번호	목차	기업명	약식명칭	기능통화	표시통화	세율	이연법인세계산	검증_기업명중복	검증_기능통화	검증_표시통화	검증_세율	검증_이연법인세계산
2	1	기업목록	지배	AA	원화	원화	0%	아니오	OK	OK	OK	OK	OK
3	2		종속	AB	원화	원화	0%	아니오	OK	OK	OK	OK	OK

① 기업명을 입력한다. 여기서는 **지배**와 **종속**으로 입력한다.
② 기능통화를 **원화**로 선택한다.
③ 표시통화를 **원화**로 선택한다.
④ 세율은 0%이므로 입력하지 않는다.
⑤ 이연법인세계산을 **아니오**로 선택한다.

3) 지분구조 sheet

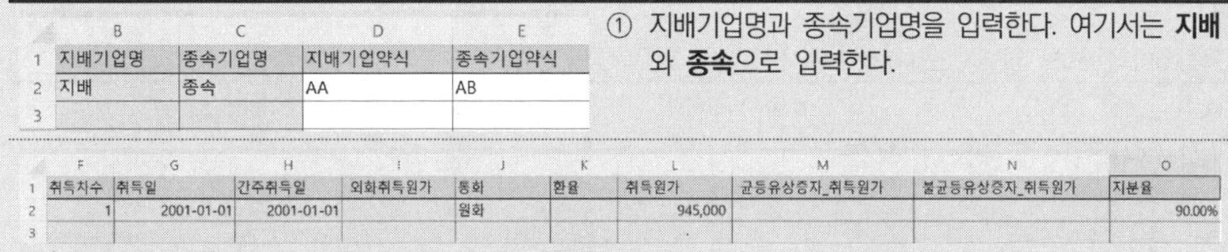

	B	C	D	E
1	지배기업명	종속기업명	지배기업약식	종속기업약식
2	지배	종속	AA	AB
3				

	F	G	H	I	J	K	L	M	N	O
1	취득차수	취득일	간주취득일	외화취득원가	통화	환율	취득원가	균등유상증자_취득원가	불균등유상증자_취득원가	지분율
2	1	2001-01-01	2001-01-01		원화		945,000			90.00%
3										

① 지배기업명과 종속기업명을 입력한다. 여기서는 **지배**와 **종속**으로 입력한다.

② 취득차수를 입력한다. 최초취득이므로 **1**을 입력한다.

주의 추가취득인 경우에는 해당 차수에 따라 2, 3, 4... 식으로 입력한다.

③ 최초취득일을 입력한다. 여기서는 **2001-01-01**로 입력한다.
④ 간주취득일을 입력한다. 여기서는 **2001-01-01**로 입력한다.

주의 간주취득일은 최초취득일로부터 가장 근접한 결산재무제표의 결산일을 의미한다.

⑤ 통화는 국내종속법인인 경우로 가정하여 **원화**를 선택한다.
⑥ 취득원가를 입력한다. 여기서는 **945,000**을 입력한다.
⑦ 지분율을 입력한다. 여기서는 **90%**로 입력한다.

4) 취득시지분구조_공정가치차이 sheet

	E	F	G	H	I	J	K	L	M
1	목차	기업명	약식명칭	취득차수_1	취득일_1	간주취득일_1	자본계정명_1	자본금액_1_외화	자본금액_1
2	자본_공정가치	종속	AB	1	2001-01-01	2001-01-01	자본금		1,000,000
3		종속	AB				이익잉여금		50,000
4		종속	AB						

① 종속의 2001-01-01일의 자본계정명_1(1차 취득시 자본계정명을 의미함)을 **K열**에 입력한다. 여기서는 **자본금**과 **이익잉여금**을 입력한다.

② 종속의 2001-01-01일의 자본금액_1(1차 취득시 자본금액을 의미함)을 **M열**에 입력한다. 여기서는 **자본금**에 대해서는 **1,000,000**을, **이익잉여금**에 대해서는 **50,000**을 입력한다.

5) 재무정보 sheet

	A	B	C	D	E	F	G
1	일련번호	목차	기업명	약식명칭	기간	계정명	금액
2	2	재무정보	종속	AB	2001-12-31	배당	
3						당기순이익	30,000
4						기타포괄손익	
5						해외사업환산손익	

① G열에 종속회사의 2001년 **당기순이익 30,000**을 입력한다.

6) 내부거래현황 sheet

	A	B	C	D	E	F	G	H	I	J	K	L
1	목차	판매회사	매입회사	판매회사약식	매입회사약식	계정과목	상각여부	내부거래번호	통화	내부거래일	내부판매액	환율
2	내부거래현황	지배	종속	AA	AB	상품	비상각	AA001	원화	2001-02-01	90,000	1

① 재고자산 하향 판매를 넣는다. 계정과목은 **상품**으로 하고 상각여부는 비상각, 내부거래번호는 판매회사의 약식표시가 먼저 들어가게 하면서 시퀀스로 넣는다. 통화는 원화로, 내부거래일은 2001-02-01로 한다. 내부판매액은 **90,000**으로 하고 원화거래이므로 환율은 1로 입력한다.

	M	N	O	P	Q	R	S
1	환산후_내부판매액	장부금액_원화	내부거래이익	잔존내용연수_월	잔존가치	외부판매일_1차	외부판매비율_1차
2	90,000	90,000	-			2001-02-01	70.00%

② 장부금액_원화, 외부판매일_1차, 외부판매비율_1차를 상기와 같이 입력한다.

(3) [원화시산표.xlsx] 작성

1) 보고기간 sheet

	A	B
1	구분	일자
2	보고기간초	2001-01-01
3	보고기간말	2001-12-31

① 보고기간 초와 보고기간 말을 입력한다.

주의 기초정보의 보고기간 초와 보고기간 말과 동일하여야 한다.

2) 기업목록 sheet

기업명	시산표일자	표시통화	ERP	검증_빈값	검증_표시통화	검증_ERP
지배	2001-12-31	원화	더존	OK	OK	OK
종속	2001-12-31	원화	더존	OK	OK	OK

① 기업명을 입력한다. 여기서는 **지배**와 **종속**으로 입력한다.
② 표시통화를 **원화**로 선택한다.
③ ERP는 **더존**이라고 가정하고 선택한다.

3) 원화시산표_1 sheet

기업명	기능통화	시산표일자	ERP	계정코드	계정과목	차변	대변
지배	원화	2001-12-31	더존	10100	현금	100,000	
				10800	매출채권	498,500	
				14600	재고자산	40,000	
				19101	종속기업투자지분	945,000	
				20100	토지	1,009,000	
				20200	건물	200,000	
				20600	기계장치	300,000	
				25100	매입채무		267,500
				26000	단기차입금		300,000
				33100	자본금		2,000,000
				37700	미처분이익잉여금		275,000
				40100	매출		1,000,000
				45100	매출원가	700,000	
				81800	감가상각비	50,000	

① A열에 기업명을 입력한다. 여기서는 **지배**로 입력한다.
② 해당 계정코드, 계정과목, 차변, 대변 금액을 차례로 입력한다. **차변과 대변은 어느 한쪽만 입력하여야 한다.**
③ 검증 칼럼에서 OK가 아닌 경우 해당 원인을 해결한다.

4) 원화시산표_2 sheet

기업명	기능통화	시산표일자	ERP	계정코드	계정과목	차변	대변
종속	원화	2001-12-31	더존	10100	현금	300,000	
				10800	매출채권	220,000	
				14600	재고자산	205,000	
				20100	토지	200,000	
				20200	건물	100,000	
				20600	기계장치	130,000	
				25100	매입채무		25,000
				26000	차입금		20,000
				33100	자본금		1,000,000
				37700	미처분이익잉여금		80,000
				40100	상품매출		201,000
				45100	상품매출원가	166,000	
				81800	감가상각비	5,000	

① A열에 기업명을 입력한다. 여기서는 **종속**으로 입력한다.
② 해당 계정코드, 계정과목, 차변, 대변 금액을 차례로 입력한다. **차변과 대변은 어느 한쪽만 입력하여야 한다.**
③ 검증 칼럼에서 OK가 아닌 경우 해당 원인을 해결한다.

(4) [Fraudit-ExCon.exe] 실행

제3장_3_1차년도_원가법_기초정보.xlsx과 **제3장_3_1차년도_원가법_원화시산표.xlsx**을 Fraudit-ExCon이 있는 폴더에 복사하여 이동한다. 그리고 **접두어를 제거**하고 **기초정보.xlsx**와 **원화시산표.xlsx**로 이름을 변경한다. **그 다음에 Fraudit-ExCon.exe를 실행한다.**

1) Main Sheet

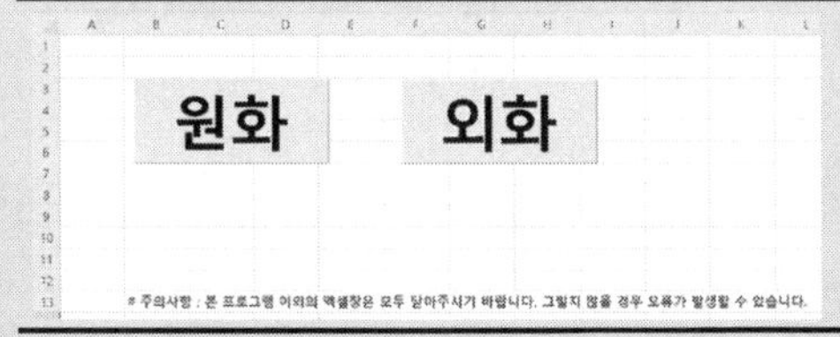

① 기능통화가 외화인 종속법인이 없으므로 원화 버튼을 누른다.

주의 원화 버튼을 누른 후 에러메시지가 뜨면 해당 에러 원인을 **기초정보.xlsx**, **원화시산표.xlsx**에서 적절하게 수정한 후 다시 누른다.

2) out_연결분개_투자자본_0 sheet

계정과목	계정유형	차변	대변
AA종속기업투자지분	BS	0	945000
AB자본금	HE	1000000	0
AB이익잉여금	BS	50000	0
AB비지배지분	NCI	0	105000

① 연결분개 중 지배와 종속의 투자와 자본 상계제거 분개 부분에 해당한다. 검증 목적으로 차변, 대변 칼럼의 금액과 계정과목을 확인하면 된다(분개에 대한 상세 설명은 본문에서 확인하기 바람).

3) out_연결분개_내부거래_0 sheet

계정과목_1	계정유형	차변	대변
AA상품매출	IS	90000	0
AA상품매출원가	IS	0	90000
AA상품	BS	0	0
AA상품매출원가	IS	0	0
AA이연법인세	BS	0	0
AA법인세비용	IS	0	0
AA비지배지분	NCI	0	0
AA비지배지분순이익	RE	0	0
AB매출원가	IS	0	0
AB상품	BS	0	0
AB이연법인세	BS	0	0
AB법인세비용	IS	0	0
AA비지배지분	NCI	0	0
AA비지배지분순이익	RE	0	0

① 내부거래번호 AA001(하향판매)에 대한 연결분개 내부거래제거 부분에 해당한다(분개에 대한 상세 설명은 본문에서 확인하기 바람).

4) out_연결분개_기타_0 sheet

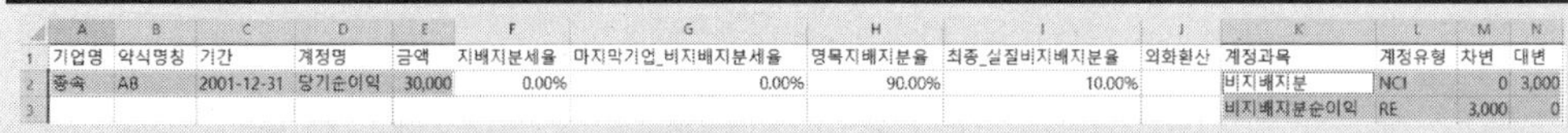

기업명	약식명칭	기간	계정명	금액	지배지분세율	마지막기업_비지배지분세율	명목지배지분율	최종_실질비지배지분율	외화환산	계정과목	계정유형	차변	대변
종속	AB	2001-12-31	당기순이익	30,000	0.00%	0.00%	90.00%	10.00%		비지배지분	NCI	0	3,000
										비지배지분순이익	RE	3,000	0

① 종속의 2001년 당기순이익에 대한 비지배지분 연결분개 부분에 해당한다(분개에 대한 상세 설명은 본문에서 확인하기 바람).

5) tmp_연결분개_통합 sheet

계정과목	매핑계정과목	신설필요_계정과목	후보_매핑계정과목_1	후보_매핑계정과목_2	차변잔액	대변잔액	확인
AA상품매출	AB상품매출		AB상품매출	AB상품매출원가	90,000	0	
AA상품매출원가	AB상품매출원가		AB상품매출원가	AA매출원가	0	90,000	
AA종속기업투자지분	AA종속기업투자지분		AA종속기업투자지분		0	945,000	
AB비지배지분	비지배지분		비지배지분순이익	비지배지분	0	105,000	
AB이익잉여금	AB미처분이익잉여금		AB미처분이익잉여금		50,000	0	
AB자본금	AB자본금		AB자본금		1,000,000	0	
비지배지분	비지배지분		비지배지분	비지배지분순이익	0	3,000	
비지배지분순이익	비지배지분순이익		비지배지분순이익	비지배지분	3,000	0	
	AA매출원가				60,000		
	AA재고자산					60,000	

① 상기 음영 친 부분은 내부거래 미실현손실 제거 분개가 아니라 별도재무제표상 재고자산평가감(비용) 분개이다. 여기서는 별도재무제표에서 재고자산평가감(비용) 분개를 하지 않았다고 가정하고 상기 음영처럼 반영한다.

주의 적절한 계정과목을 신설하여야 하는 경우에는 신설필요_계정과목에 신설하고 동일한 계정과목을 매핑계정과목에 입력하여야 한다.

② 확인 버튼을 누른다.

6) out_최종연결정산표 sheet

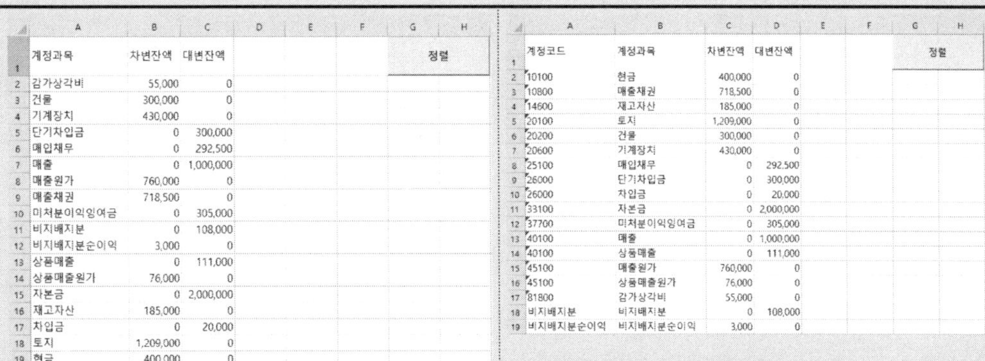

계정과목	차변잔액	대변잔액
감가상각비	55,000	0
건물	300,000	0
기계장치	430,000	0
단기차입금	0	300,000
매입채무	0	292,500
매출	0	1,000,000
매출원가	760,000	0
매출채권	718,500	0
미처분이익잉여금	0	305,000
비지배지분	0	108,000
비지배지분순이익	3,000	0
상품매출	0	111,000
상품매출원가	76,000	0
자본금	0	2,000,000
재고자산	185,000	0
차입금	0	20,000
토지	1,209,000	0
현금	400,000	0

정렬

계정코드	계정과목	차변잔액	대변잔액
10100	현금	400,000	0
10800	매출채권	718,500	0
14600	재고자산	185,000	0
20100	토지	1,209,000	0
20200	건물	300,000	0
20600	기계장치	430,000	0
25100	매입채무	0	292,500
26000	단기차입금	0	300,000
26000	차입금	0	20,000
33100	자본금	0	2,000,000
37700	미처분이익잉여금	0	305,000
40100	매출	0	1,000,000
40100	상품매출	0	111,000
45100	매출원가	760,000	0
45100	상품매출원가	76,000	0
81800	감가상각비	55,000	0
비지배지분	비지배지분	0	108,000
비지배지분순이익	비지배지분순이익	3,000	0

정렬

① 계정과목이 한글로 오름차순으로 되어 있다.

② 정렬 버튼을 누른다.

③ 계정코드별로 오름차순되며, 계정코드가 없이 새롭게 삽입된 계정과목은 맨 아래에 위치하고 그러한 계정과목은 계정과목으로(한글순으로) 오름차순으로 정렬이 된다.

(3) 내부거래와 관련된 미수채권의 대손상각비

지배·종속기업 간에 내부거래로 인하여 발생한 미수채권의 대손상각비는 어떻게 처리할 것인지가 문제가 된다.

예를 들어 지배기업인 P사가 ₩20,000의 상품을 종속기업인 S사에게 ₩25,000에 판매하였고 매출채권 ₩25,000을 보유하고 있었는데 기말에 해당 매출채권의 회수가능성이 매우 낮아 전액 대손처리하였다고 가정해보자. 회계처리는 다음과 같다.

P사	(차변)	(대변)	S사	(차변)	(대변)
<2X01년 2월 1일 내부매출>			**<2X01년 2월 1일 내부매입>**		
매출채권(S사에 대한) ①	25,000		재고자산	25,000	
매출(S사에 대한)		25,000	매입채무(P사에 대한) ①		25,000
매출원가(S사에 대한)	20,000				
재고자산		20,000			
<2X01년 12월 31일 대손상각비 인식>					
대손상각비	25,000				
매출채권(S사에 대한)		25,000			

상기의 경우 P사의 대손회계처리를 취소하는 분개를 먼저 하고(즉, 내부거래 제거 분개의 일환으로 추가 연결분개를 한다는 의미이다) **[기본정보 1-2]**와 같이 내부거래 제거 분개를 하는 것이 타당하다.

(4) 진행률에 따른 공사수익을 인식하는 경우

지배.종속기업간 공사계약을 체결하여 진행률에 따라 공사수익을 인식하는 경우 일시적으로 초과청구공사가 발생할 수 있다. 예를 들어, 종속기업이 공사계약을 발주하고 지배기업이 진행률에 따라 공사수익을 인식하는 과정에서 초과청구공사가 발생하였다고 가정해보자. 회계처리는 다음과 같다.

P사	(차변)	(대변)	S사	(차변)	(대변)
<2X01년 진행률에 따른 공사수익인식>					
공사수익(S사에 대한) ①	25,000		(회계처리 없음)		
초과청구공사 ①		25,000			

상기의 경우 P사의 초과청구공사 취소 분개를 먼저 하고(즉, 내부거래 제거 분개의 일환으로 추가 연결분개를 한다는 의미이다) 내부거래 제거 분개를 하는 것이 타당하다.

보충설명 초과청구공사에 대한 지분법 회계처리

초과청구공사 분개를 별도재무제표에서 처리할 때 종속기업투자지분에 대한 지분법상 미치는 영향은 없다. 따라서 초과청구공사 취소분개를 내부거래 제거 분개의 일환으로 수행할 때 종속기업투자지분에 대한 지분법상 추가로 발생하는 분개는 필요하지 않다.

제3절 유형자산 내부거래

연결대상기업 간 유형자산 거래는 연결실체의 관점에서 볼 때 내부미실현이익을 발생시키게 된다. 유형자산에 대한 내부미실현이익을 제거할 때 연결조정분개는 재고자산 내부거래 미실현이익과 유사하지만 약간 차이가 있다.

재고자산 관련 내부미실현이익은 일반적으로 두 회계기간(영업주기가 1회계기간이라고 가정)이 지나면 자동적으로 조정되지만, 유형자산 관련 내부미실현이익은 그 자산이 연결실체의 외부로 매각되거나 취득한 연결대상기업에 의하여 사용되어 완전히 소멸될 때까지 재무제표에 영향을 미친다.

01 비상각 유형자산에 대한 내부거래 미실현이익

비상각 유형자산을 장부금액과 다른 가격으로 연결대상기업에 매각하면 연결실체 관점에서 볼 때 내부미실현이익이 발생하게 된다. 연결대상기업간의 내부미실현이익은 매각하는 연결대상기업의 매각년도 포괄손익계산서에 나타나게 되지만, 그 이익은 실현된 것이 아니므로 연결재무제표 작성시 그 영향을 제거하여야 한다. 아래의 **[기본정보 4-1]**과 **[기본정보 4-2]**에서 보다 구체적으로 살펴보기로 한다.

기본정보 4-1 비상각 유형자산에 대한 내부거래(원가법)

(1) 취득일 : 2X01년 1월 1일　　(2) 취득자 : P사　　(3) 피취득자 : S사

(4) 취득시 지분율 : 90%

(5) 내부거래

일자	판매회사	외부 매입원가	내부 판매액	이익률	매입회사	연결외부 매각액	연결외부 매각비율	기말에 남아있는 부분(판매가)
2X01.02.01.	P	₩150,000	₩200,000	25%	S	₩240,000	100%	₩0

[기본정보 4-1]은 P사가 S사에 매각한 비상각유형자산인 토지가 모두 연결실체의 외부에 판매되어서 내부미실현이익이 없는 경우로 내부미실현이익과 관련된 연결조정분개가 필요

없다. 연결정산표 중 유형자산처분이익 및 토지와 관련된 부분은 다음과 같다.

	P사	S사	연결조정분개		연결
			차변	대변	
유형자산처분이익	50,000	40,000			90,000
토지	-	-			-

기본정보 4-2 비상각 유형자산에 대한 내부거래(원가법)

(1) 취득일 : 2X01년 1월 1일 (2) 취득자 : P사 (3) 피취득자 : S사

(4) 취득시 지분율 : 90%

(5) P사와 S사는 토지와 관련하여 다음과 같은 내부거래를 전액으로 현금으로 하였다. 단, 내부거래는 각각 독립적인 상황이다.

[하향판매]

일자	판매회사	외부매입원가	내부판매액	이익률	매입회사	연결외부매각액	연결외부매각비율	기말에 남아있는 부분(판매가)
2X01년	P	₩150,000	₩200,000	25%	S	₩0	0%	₩200,000

[상향판매]

일자	판매회사	외부매입원가	내부판매액	이익률	매입회사	연결외부매각액	연결외부매각비율	기말에 남아있는 부분(판매가)
2X01년	S	₩150,000	₩200,000	25%	P	₩0	0%	₩200,000

[기본정보 4-2]는 P사가 연결대상기업간에 매각.매입한 비상각유형자산인 토지가 연결실체의 외부에 판매되지 않아 내부미실현이익이 있는 경우이다. 이 경우 내부미실현이익을 제거하는 연결조정분개가 필요하다.

■ 하향판매 연결조정분개

계정과목	차변	대변
유형자산처분이익(P사)	50,000	
토지		50,000

■ 상향판매 연결조정분개

계정과목	차변	대변
유형자산처분이익(S사)	50,000	
토지		50,000
비지배지분	5,000	
비지배지분순이익(이익잉여금)		5,000

상향판매의 경우에는 S사가 인식한 내부미실현이익(유형자산처분이익) 중 비지배지분에 귀속되는 부분이 있다. 따라서 제거하는 미실현이익의 일부를 비지배지분에 배분해주는 회계처리를 하여야 한다.

위의 **[기본정보 4-1]**과 **[기본정보 4-2]**는 내부거래의 대상인 비상각 유형자산이 모두 외부로 매각되었던지 아니면 모두 매각되지 않은 비교적 간단한 상황을 가정하였다. **[기본정보 4-3]**에서는 비상각 유형자산의 일부가 매각되어 일부는 연결실체 내부에 남아있는 조금 더 복잡한 상황의 내부거래제거 회계처리를 살펴본다.

기본정보 4-3 비상각 유형자산에 대한 내부거래(원가법)

(1) 취득일 : 2X01년 1월 1일 (2) 취득자 : P사 (3) 피취득자 : S사

(4) 취득시 취득원가 : ₩945,000(P사는 종속기업투자지분을 **원가법**으로 처리함)

(5) 취득시 지분율 : 90%

(6) 취득당시 S사 순자산 : 자본금 ₩1,000,000과 이익잉여금 ₩50,000(순자산 공정가치와 장부금액은 동일함)

(7) P사는 취득시 비지배지분을 S사 순자산에 **비례적으로 측정**하였다.

(8) S사는 2X01년과 2X02년에 각각 ₩30,000과 ₩45,000의 당기순이익을 보고하였으며 동 기간 중에 배당금은 없었다.

(9) P사와 S사는 토지와 관련하여 다음과 같은 내부거래를 전액으로 현금으로 하였다. 단, 내부거래는 각각 독립적인 상황이다.

[하향판매]

일자	판매회사	외부매입원가	내부판매액	이익률	매입회사	연결외부매각액	연결외부매각비율	기말에 남아있는 부분(판매가)
2X01년	P	₩150,000	₩200,000	25%	S	₩156,000	60%	₩80,000
2X02년						₩104,000	40%	–

[상향판매]

일자	판매회사	외부매입원가	내부판매액	이익률	매입회사	연결외부매각액	연결외부매각비율	기말에 남아있는 부분(판매가)
2X01년	S	₩150,000	₩200,000	25%	P	₩156,000	60%	₩80,000
2X02년						₩104,000	40%	–

2X01년과 2X02년의 연결조정분개는 다음과 같다.

2X01년 연결조정분개					
[기본정보 4-3] 하향판매	(차변)	(대변)	[기본정보 4-3] 상향판매	(차변)	(대변)
1단계 : 종속기업 투자지분과 종속기업 자본계정 상계제거					
자본금(S사)	1,000,000		자본금(S사)	1,000,000	
이익잉여금(S사)	50,000		이익잉여금(S사)	50,000	
종속기업투자지분		945,000	종속기업투자지분		945,000
비지배지분 주1)		105,000	비지배지분 주1)		105,000
주1) (₩1,000,000 + ₩50,000) × 10% = ₩105,000					
3단계 : 지배기업과 종속기업간의 내부거래 제거					
① 내부거래 미실현손익 제거					
토지 주1)		50,000	토지 주1)		50,000
유형자산처분이익	50,000		유형자산처분이익	50,000	
			비지배지분	5,000	
			비지배지분순이익(이익잉여금) 주2)		5,000
주1) 내부거래 미실현이익 전액 제거					
주2) S사 내부거래미실현이익 ₩50,000을 전액 차감하였으므로 비지배지분 해당액인 ₩5,000(₩50,000 ×10%)도 비지배지분에서 차감한다.					
유형자산처분이익		30,000	유형자산처분이익		30,000
토지 주1)	30,000		토지 주1)	30,000	
			비지배지분		3,000
			비지배지분순이익(이익잉여금) 주2)	3,000	
주1)₩50,000(내부거래미실현이익) × 60%(판매로 인한 실현)					
주2) S사 내부거래미실현이익 ₩30,000이 실현되었으므로 비지배지분 해당액인 ₩3,000(₩30,000 ×10%)도 비지배지분에서 가산한다.					
5단계 : 비지배지분의 증감 회계처리					
비지배지분 주1)		3,000	비지배지분 주1)		3,000
비지배지분순이익(이익잉여금)	3,000		비지배지분순이익(이익잉여금)	3,000	
주1) 2X01년 S사의 당기순이익 ₩30,000 × 비지배지분율 10% = ₩3,000					

2X02년 연결조정분개					
[기본정보 4-3] 하향판매	(차변)	(대변)	[기본정보 4-3] 상향판매	(차변)	(대변)
1단계 : 종속기업 투자지분과 종속기업 자본계정의 상계제거					
자본금(S사)	1,000,000		자본금(S사)	1,000,000	
이익잉여금(S사)	50,000		이익잉여금(S사)	50,000	
종속기업투자지분		945,000	종속기업투자지분		945,000
비지배지분 주1)		105,000	비지배지분 주1)		105,000
주1) (₩1,000,000 + ₩50,000) × 10% = ₩105,000					
3단계 : 지배기업과 종속기업간의 내부거래 제거					
① 전기 내부거래미실현이익 제거 및 실현					
토지 주1)		50,000	토지 주1)		50,000
이익잉여금	50,000		이익잉여금	50,000	
			비지배지분	5,000	
			이익잉여금주2)		5,000
주1) 전기 내부거래 미실현이익 전액 제거					
주2) P사 ← S사 에서 S사 전기 내부거래미실현이익 ₩50,000을 전액 차감하였으므로 비지배지분 해당액인 ₩5,000(₩50,000 ×10%)도 비지배지분에서 차감한다. 즉, 차변이 이익잉여금이므로 이에 대응하는 대변은 비지배지분순이익으로 처리하는 것이다.					
이익잉여금		30,000	이익잉여금		30,000
토지 주1)	30,000		토지 주1)	30,000	
			비지배지분		3,000
			이익잉여금 주2)	3,000	
주1) ₩50,000(전기 내부거래미실현이익) × 60%(판매로 인한 실현)					
주2) P사 ← S사 에서 S사 전기 내부거래미실현이익 중 ₩30,000이 실현되었으므로 비지배지분 해당액인 ₩3,000(₩30,000 ×10%)도 비지배지분에서 가산한다. 즉, 대변이 이익잉여금이므로 이에 대응하는 차변은 이익잉여금으로 처리하는 것이다.					
② 당기 내부거래미실현이익 실현					
유형자산처분이익		20,000	유형자산처분이익		20,000
토지 주1)	20,000		토지 주1)	20,000	
			비지배지분		2,000
			비지배지분순이익(이익잉여금) 주2)	2,000	
주1)₩50,000(내부거래미실현이익) × 40%(판매로 인한 실현) = ₩20,000					
주2) P사 ← S사 에서 S사 내부거래미실현이익 중 ₩20,000이 실현되었으므로 비지배지분 해당액인 ₩2,000(₩20,000 ×10%)도 비지배지분에서 가산한다.					
5단계 : 비지배지분의 증감 회계처리					
① 2X01년 S사 당기순이익에 대한 비지배지분 증감					
비지배지분 주1)		3,000	비지배지분 주1)		3,000
이익잉여금	3,000		이익잉여금	3,000	
주1) 2X01년 S사의 당기순이익 ₩30,000 × 비지배지분율 10% = ₩3,000					
② 2X02년 S사 당기순이익에 대한 비지배지분 증감					
비지배지분 주1)		4,500	비지배지분 주1)		4,500
비지배지분순이익(이익잉여금)	4,500		비지배지분순이익(이익잉여금)	4,500	
주1) 2X02년 S사 당기순이익 ₩45,000 × 비지배지분율 10% = ₩4,500					

Fraudit ExCon 실 습 : 제3장 4-3 1차년도 원가법

(1) 사례파일

제3장_4-3_1차년도_원가법_기초정보.xlsx, 제3장_4-3_1차년도_원가법_원화시산표.xlsx

(2) [기초정보.xlsx] 작성

1) 보고기간 sheet

	A	B	C	D
1	목차	구분	일자	검증_보고기간
2	보고기간	보고기간초	2001-01-01	OK
3	보고기간	보고기간말	2001-12-31	

① 보고기간 초와 보고기간 말을 입력한다.

주의 취득일 이후의 연결이므로 보고기간초는 **2001-01-01**, 보고기간말은 **2001-12-31**로 입력한다.

2) 기업목록 sheet

	A	B	C	D	E	F	G	H	I	J	K	L	M
1	일련번호	목차	기업명	약식명칭	기능통화	표시통화	세율	이연법인세계산	검증_기업명중복	검증_기능통화	검증_표시통화	검증_세율	검증_이연법인세계산
2	1	기업목록	지배	AA	원화	원화	0%	아니오	OK	OK	OK	OK	OK
3	2		종속	AB	원화	원화	0%	아니오	OK	OK	OK	OK	OK

① 기업명을 입력한다. 여기서는 **지배**와 **종속**으로 입력한다.
② 기능통화를 **원화**로 선택한다.
③ 표시통화를 **원화**로 선택한다.
④ 세율은 0%이므로 입력하지 않는다.
⑤ 이연법인세계산을 **아니오**로 선택한다.

3) 지분구조 sheet

	B	C	D	E
1	지배기업명	종속기업명	지배기업약식	종속기업약식
2	지배	종속	AA	AB
3				

① 지배기업명과 종속기업명을 입력한다. 여기서는 **지배**와 **종속**으로 입력한다.

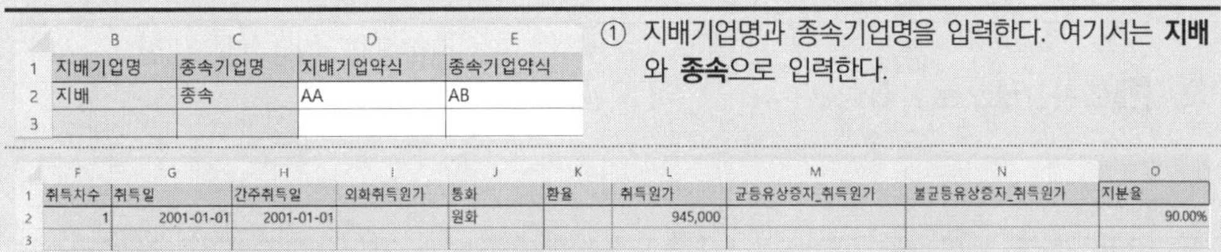

	F	G	H	I	J	K	L	M	N	O
1	취득차수	취득일	간주취득일	외화취득원가	통화	환율	취득원가	균등유상증자_취득원가	불균등유상증자_취득원가	지분율
2	1	2001-01-01	2001-01-01		원화		945,000			90.00%
3										

② 취득차수를 입력한다. 최초취득이므로 **1**을 입력한다.

주의 추가취득인 경우에는 해당 차수에 따라 2, 3, 4... 식으로 입력한다.

③ 최초취득일을 입력한다. 여기서는 **2001-01-01**로 입력한다.
④ 간주취득일을 입력한다. 여기서는 **2001-01-01**로 입력한다.

주의 간주취득일은 최초취득일로부터 가장 근접한 결산재무제표의 결산일을 의미한다.

⑤ 통화는 국내종속법인인 경우로 가정하여 **원화**를 선택한다.
⑥ 취득원가를 입력한다. 여기서는 **945,000**을 입력한다.
⑦ 지분율을 입력한다. 여기서는 **90%**로 입력한다.

4) 취득시지분구조_공정가치차이 sheet

	E	F	G	H	I	J	K	L	M
1	목차	기업명	약식명칭	취득차수_1	취득일_1	간주취득일_1	자본계정명_1	자본금액_1_외화	자본금액_1
2	자본_공정가치	종속	AB	1	2001-01-01	2001-01-01	자본금		1,000,000
3		종속	AB				이익잉여금		50,000
4		종속	AB						

① 종속의 2001-01-01일의 자본계정명_1(1차 취득시 자본계정명을 의미함)을 **K열**에 입력한다. 여기서는 **자본금**과 **이익잉여금**을 입력한다.
② 종속의 2001-01-01일의 자본금액_1(1차 취득시 자본금액을 의미함)을 **M열**에 입력한다. 여기서는 **자본금**에 대해서는 **1,000,000**을, **이익잉여금**에 대해서는 **50,000**을 입력한다.

5) 재무정보 sheet

	A	B	C	D	E	F	G
1	일련번호	목차	기업명	약식명칭	기간	계정명	금액
2	2	재무정보	종속	AB	2001-12-31	배당	
3						당기순이익	30,000
4						기타포괄손익	
5						해외사업환산손익	

① G열에 종속회사의 2001년 **당기순이익 30,000**을 입력한다.

6) 내부거래현황 sheet

	A	B	C	D	E	F	G	H	I	J	K	L
1	목차	판매회사	매입회사	판매회사약식	매입회사약식	계정과목	상각여부	내부거래번호	통화	내부거래일	내부판매액	환율
2	내부거래현황	지배	종속	AA	AB	토지	비상각	AA001	원화	2001-02-01	200,000	1
3		종속	지배	AB	AA	토지	비상각	AB001	원화	2001-02-01	200,000	1

	M	N	O	P	Q	R	S
1	환산후_내부판매액	장부금액_원화	내부거래이익	잔존내용연수_월	잔존가치	외부판매일_1차	외부판매비율_1차
2	200,000	150,000	50,000			2001-02-01	60.00%
3	200,000	150,000	50,000			2001-02-01	60.00%

① 노란색 음영 부분을 상기와 같이 입력한다.

(3) [원화시산표.xlsx] 작성

1) 보고기간 sheet

	A	B
1	구분	일자
2	보고기간초	2001-01-01
3	보고기간말	2001-12-31

① 보고기간 초와 보고기간 말을 입력한다.
주의 기초정보의 보고기간 초와 보고기간 말과 동일하여야 한다.

2) 기업목록 sheet

기업명	시산표일자	표시통화	ERP	검증_빈값	검증_표시통화	검증_ERP
지배	2001-12-31	원화	더존	OK	OK	OK
종속	2001-12-31	원화	더존	OK	OK	OK

① 기업명을 입력한다. 여기서는 **지배**와 **종속**으로 입력한다.
② 표시통화를 **원화**로 선택한다.
③ ERP는 **더존**이라고 가정하고 선택한다.

3) 원화시산표_1 sheet

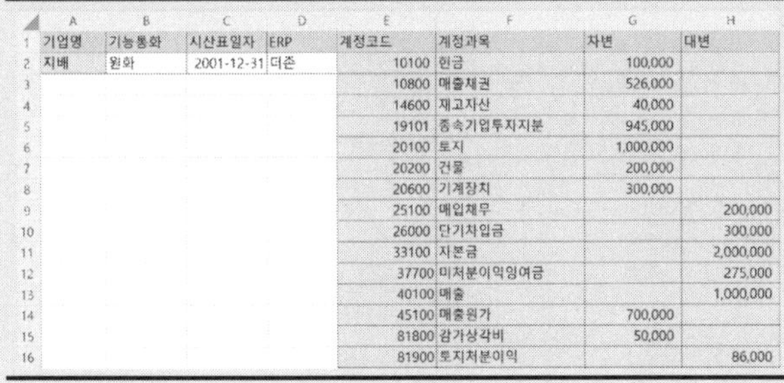

기업명	기능통화	시산표일자	ERP	계정코드	계정과목	차변	대변
지배	원화	2001-12-31	더존	10100	현금	100,000	
				10800	매출채권	526,000	
				14600	재고자산	40,000	
				19101	종속기업투자지분	945,000	
				20100	토지	1,000,000	
				20200	건물	200,000	
				20600	기계장치	300,000	
				25100	매입채무		200,000
				26000	단기차입금		300,000
				33100	자본금		2,000,000
				37700	미처분이익잉여금		275,000
				40100	매출		1,000,000
				45100	매출원가	700,000	
				81800	감가상각비	50,000	
				81900	토지처분이익		86,000

① A열에 기업명을 입력한다. 여기서는 **지배**로 입력한다.
② 해당 계정코드, 계정과목, 차변, 대변 금액을 차례로 입력한다. **차변과 대변은 어느 한쪽만 입력하여야 한다.**
③ 검증 칼럼에서 OK가 아닌 경우 해당 원인을 해결한다.

4) 원화시산표_2 sheet

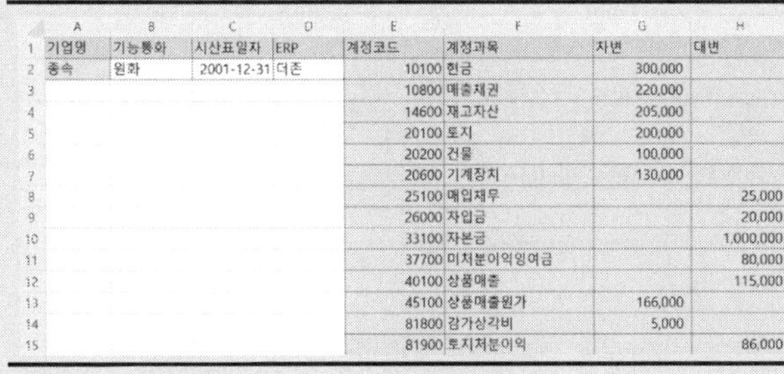

기업명	기능통화	시산표일자	ERP	계정코드	계정과목	차변	대변
종속	원화	2001-12-31	더존	10100	현금	300,000	
				10800	매출채권	220,000	
				14600	재고자산	205,000	
				20100	토지	200,000	
				20200	건물	100,000	
				20600	기계장치	130,000	
				25100	매입채무		25,000
				26000	차입금		20,000
				33100	자본금		1,000,000
				37700	미처분이익잉여금		80,000
				40100	상품매출		115,000
				45100	상품매출원가	166,000	
				81800	감가상각비	5,000	
				81900	토지처분이익		86,000

① A열에 기업명을 입력한다. 여기서는 **종속**으로 입력한다.
② 해당 계정코드, 계정과목, 차변, 대변 금액을 차례로 입력한다. **차변과 대변은 어느 한쪽만 입력하여야 한다.**
③ 검증 칼럼에서 OK가 아닌 경우 해당 원인을 해결한다.

(4) [Fraudit-ExCon.exe] 실행

제3장_4-3_1차년도_원가법_기초정보.xlsx와 제3장_4-3_1차년도_원가법_원화시산표.xlsx을 Fraudit-ExCon이 있는 폴더에 복사하여 이동한다. 그리고 **접두어를 제거**하고 **기초정보.xlsx와 원화시산표.xlsx**로 이름을 변경한다. **그 다음에 Fraudit-ExCon.exe를 실행한다.**

1) Main Sheet

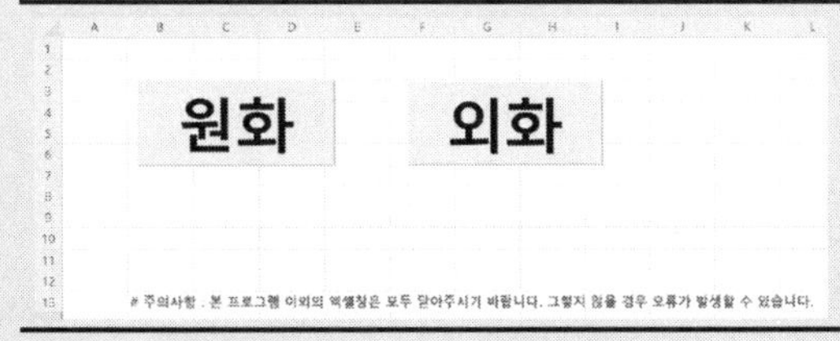

① 기능통화가 외화인 종속법인이 없으므로 원화 버튼을 누른다.

주의 원화 버튼을 누른 후 에러메시지가 뜨면 해당 에러 원인을 **기초정보.xlsx, 원화시산표.xlsx**에서 적절하게 수정한 후 다시 누른다.

2) out_연결분개_투자자본_0 sheet

계정과목	계정유형	차변	대변
AA종속기업투자지분	BS	0	945000
AB자본금	HE	1000000	0
AB이익잉여금	BS	50000	0
AB비지배지분	NCI	0	105000

① 연결분개 중 지배와 종속의 투자와 자본 상계제거 분개 부분에 해당한다. 검증 목적으로 차변, 대변 칼럼의 금액과 계정과목을 확인하면 된다(분개에 대한 상세 설명은 본문에서 확인하기 바람).

3) out_연결분개_내부거래_0, 1 sheet

계정과목_1	계정유형	차변	대변
AA토지	BS	0	50000
AA토지처분이익	BS	50000	0
AA이연법인세	BS	0	0
AA법인세비용	IS	0	0
AA비지배지분	NCI	0	0
AA비지배지분순이익	RE	0	0
AB토지처분이익	BS	0	30000
AB토지	BS	30000	0
AB이연법인세	BS	0	0
AB법인세비용	IS	0	0
AB비지배지분	NCI	0	0
AB비지배지분순이익	RE	0	0

① **[out_연결분개_내부거래_0]** 내부거래래번호 AA001(하향판매)에 대한 연결분개 내부거래제거 부분에 해당한다(분개에 대한 상세 설명은 본문에서 확인하기 바람).

계정과목_1	계정유형	차변	대변
AB토지	BS	0	50000
AB토지처분이익	BS	50000	0
AB이연법인세	BS	0	0
AB법인세비용	IS	0	0
AB비지배지분	NCI	5000	0
AB비지배지분순이익	RE	0	5000
AA토지처분이익	BS	0	30000
AA토지	BS	30000	0
AA이연법인세	BS	0	0
AA법인세비용	IS	0	0
AA비지배지분	NCI	0	3000
AA비지배지분순이익	RE	3000	0

② **[out_연결분개_내부거래_1]** 내부거래번호 AB001(상향판매)에 대한 연결분개 내부거래제거 부분에 해당한다(분개에 대한 상세 설명은 본문에서 확인하기 바람).

4) out_연결분개_기타_0 sheet

기업명	약식명칭	기간	계정명	금액	지배지분세율	마지막기업_비지배지분세율	명목지배지분율	최종_실질비지배지분율	외화환산	계정과목	계정유형	차변	대변
종속	AB	2001-12-31	당기순이익	30,000	0.00%	0.00%	90.00%	10.00%		비지배지분	NCI	0	3,000
										비지배지분순이익	RE	3,000	0

① 종속의 2001년 당기순이익에 대한 비지배지분 연결분개 부분에 해당한다(분개에 대한 상세 설명은 본문에서 확인하기 바람).

5) tmp_연결분개_통합 sheet

계정과목	매핑계정과목	신설필요_계정과목	후보_매핑계정과목_1	후보_매핑계정과목_2	차변잔액	대변잔액	확인
AA비지배지분	비지배지분		비지배지분순이익	비지배지분	0	3,000	
AA비지배지분순이익	비지배지분순이익		비지배지분순이익		3,000	0	
AA종속기업투자지분	AA종속기업투자지분		AA종속기업투자지분		0	945,000	
AA토지	AA토지		AA토지	AA토지처분이익	0	20,000	
AA토지처분이익	AA토지처분이익		AA토지처분이익	AB토지처분이익	20,000	0	
AB비지배지분	비지배지분		비지배지분순이익	비지배지분	0	100,000	
AB비지배지분순이익	비지배지분순이익		비지배지분순이익		0	5,000	
AB이익잉여금	AB미처분이익잉여금		AB미처분이익잉여금		50,000	0	
AB자본금	AB자본금		AB자본금		1,000,000	0	
AB토지	AB토지		AB토지	AB토지처분이익	0	20,000	
AB토지처분이익	AB토지처분이익		AB토지처분이익	AA토지처분이익	20,000	0	
비지배지분	비지배지분		비지배지분	비지배지분순이익	0	3,000	
비지배지분순이익	비지배지분순이익		비지배지분순이익	비지배지분	3,000	0	

① 여기서는 매핑이 잘 이루어졌으므로 특별히 수정할 필요는 없다.

주의 적절한 계정과목을 신설하여야 하는 경우에는 신설필요_계정과목에 신설하고 동일한 계정과목을 매핑계정과목에 입력하여야 한다.

② 확인 버튼을 누른다.

6) out_최종연결정산표 sheet

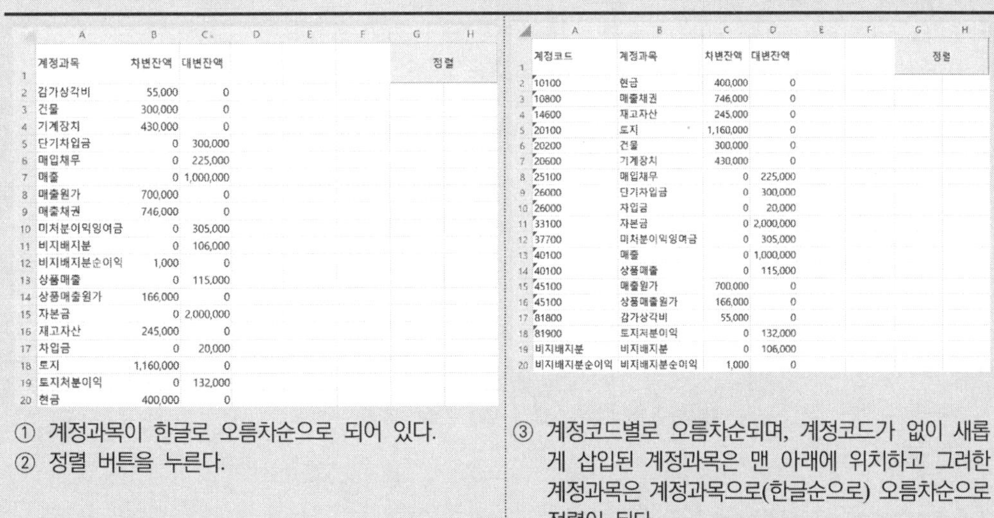

계정과목	차변잔액	대변잔액	정렬
감가상각비	55,000	0	
건물	300,000	0	
기계장치	430,000	0	
단기차입금	0	300,000	
매입채무	0	225,000	
매출	0	1,000,000	
매출원가	700,000	0	
매출채권	746,000	0	
미처분이익잉여금	0	305,000	
비지배지분	0	106,000	
비지배지분순이익	1,000	0	
상품매출	0	115,000	
상품매출원가	166,000	0	
자본금	0	2,000,000	
재고자산	245,000	0	
차입금	0	20,000	
토지	1,160,000	0	
토지처분이익	0	132,000	
현금	400,000	0	

계정코드	계정과목	차변잔액	대변잔액	정렬
10100	현금	400,000	0	
10800	매출채권	746,000	0	
14600	재고자산	245,000	0	
20100	토지	1,160,000	0	
20200	건물	300,000	0	
20600	기계장치	430,000	0	
25100	매입채무	0	225,000	
26000	단기차입금	0	300,000	
26000	차입금	0	20,000	
33100	자본금	0	2,000,000	
37700	미처분이익잉여금	0	305,000	
40100	매출	0	1,000,000	
40100	상품매출	0	115,000	
45100	매출원가	700,000	0	
45100	상품매출원가	166,000	0	
81800	감가상각비	55,000	0	
81900	토지처분이익	0	132,000	
비지배지분	비지배지분	0	106,000	
비지배지분순이익	비지배지분순이익	1,000	0	

① 계정과목이 한글로 오름차순으로 되어 있다.

② 정렬 버튼을 누른다.

③ 계정코드별로 오름차순되며, 계정코드가 없이 새롭게 삽입된 계정과목은 맨 아래에 위치하고 그러한 계정과목은 계정과목으로(한글순으로) 오름차순으로 정렬이 된다.

Fraudit ExCon 실 습 : 제3장 4-3 2차년도 원가법

(1) 사례파일

제3장_4-3_2차년도_원가법_기초정보.xlsx, 제3장_4-3_2차년도_원가법_원화시산표.xlsx

(2) [기초정보.xlsx] 작성

1) 보고기간 sheet

	A	B	C	D
1	목차	구분	일자	검증_보고기간
2	보고기간	보고기간초	2002-01-01	OK
3	보고기간	보고기간말	2002-12-31	

① 보고기간 초와 보고기간 말을 입력한다.

2) 기업목록 sheet

	A	B	C	D	E	F	G	H	I	J	K	L	M
1	일련번호	목차	기업명	약식명칭	기능통화	표시통화	세율	이연법인세계산	검증_기업명중복	검증_기능통화	검증_표시통화	검증_세율	검증_이연법인세계산
2	1	기업목록	지배	AA	원화	원화	0%	아니오	OK	OK	OK	OK	OK
3	2		종속	AB	원화	원화	0%	아니오	OK	OK	OK	OK	OK

① 기업명을 입력한다. 여기서는 **지배**와 **종속**으로 입력한다.
② 기능통화를 **원화**로 선택한다.
③ 표시통화를 **원화**로 선택한다.
④ 세율은 **0%**이므로 입력하지 않는다.
⑤ 이연법인세계산을 **아니오**로 선택한다.

3) 지분구조 sheet

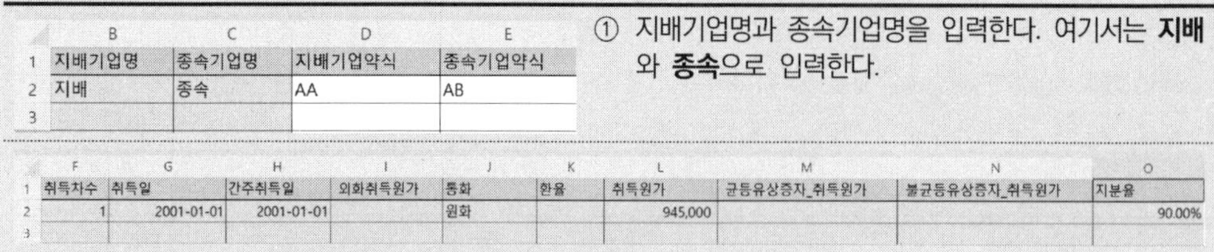

	B	C	D	E
1	지배기업명	종속기업명	지배기업약식	종속기업약식
2	지배	종속	AA	AB
3				

	F	G	H	I	J	K	L	M	N	O
1	취득차수	취득일	간주취득일	외화취득원가	통화	환율	취득원가	균등유상증자_취득원가	불균등유상증자_취득원가	지분율
2	1	2001-01-01	2001-01-01		원화		945,000			90.00%
3										

① 지배기업명과 종속기업명을 입력한다. 여기서는 **지배**와 **종속**으로 입력한다.

② 취득차수를 입력한다. 최초취득이므로 **1**을 입력한다.
주의 추가취득인 경우에는 해당 차수에 따라 2, 3, 4... 식으로 입력한다.
③ 최초취득일을 입력한다. 여기서는 **2001-01-01**로 입력한다.
④ 간주취득일을 입력한다. 여기서는 **2001-01-01**로 입력한다.
주의 간주취득일은 최초취득일로부터 가장 근접한 결산재무제표의 결산일을 의미한다.
⑤ 통화는 국내종속법인인 경우로 가정하여 **원화**를 선택한다.
⑥ 취득원가를 입력한다. 여기서는 **945,000**을 입력한다.
⑦ 지분율을 입력한다. 여기서는 **90%**로 입력한다.

4) 취득시지분구조_공정가치차이 sheet

	E	F	G	H	I	J	K	L	M
1	목차	기업명	약식명칭	취득차수_1	취득일_1	간주취득일_1	자본계정명_1	자본금액_1_외화	자본금액_1
2	자본_공정가치	종속	AB	1	2001-01-01	2001-01-01	자본금		1,000,000
3		종속	AB				이익잉여금		50,000
4		종속	AB						

① 종속의 2001-01-01일의 자본계정명_1(1차 취득시 자본계정명을 의미함)을 **K열**에 입력한다. 여기서는 **자본금**과 **이익잉여금**을 입력한다.
② 종속의 2001-01-01일의 자본금액_1(1차 취득시 자본금액을 의미함)을 **M열**에 입력한다. 여기서는 **자본금**에 대해서는 **1,000,000**을, **이익잉여금**에 대해서는 **50,000**을 입력한다.

5) 재무정보 sheet

	A	B	C	D	E	F	G
1	일련번호	목차	기업명	약식명칭	기간	계정명	금액
2	2	재무정보	종속	AB	2001-12-31	배당	
3						당기순이익	30,000
4						기타포괄손익	
5						해외사업환산손익	
6	2		종속	AB	2002-12-31	배당	
7						당기순이익	45,000
8						기타포괄손익	
9						해외사업환산손익	

① G열에 종속회사의 **2001년 당기순이익 30,000**과 **2002년 당기순이익 45,000**을 입력한다.

6) 내부거래현황 sheet

	A	B	C	D	E	F	G	H	I	J	K	L
1	목차	판매회사	매입회사	판매회사약식	매입회사약식	계정과목	상각여부	내부거래번호	통화	내부거래일	내부판매액	환율
2	내부거래현황	지배	종속	AA	AB	토지	비상각	AA001	원화	2001-02-01	200,000	1
3		종속	지배	AB	AA	토지	비상각	AB001	원화	2001-02-01	200,000	1

	M	N	O	P	Q	R	S	T	U
1	환산후_내부판매액	장부금액_원화	내부거래이익	잔존내용연수_월	잔존가치	외부판매일_1차	외부판매비율_1차	외부판매일_2차	외부판매비율_2차
2	200,000	150,000	50,000			2001-02-01	60.00%	2002-02-01	40.00%
3	200,000	150,000	50,000			2001-02-01	60.00%	2002-02-01	40.00%

① 노란색 음영 부분을 상기와 같이 입력한다.

(3) [원화시산표.xlsx] 작성

1) 보고기간 sheet

	A	B
1	구분	일자
2	보고기간초	2002-01-01
3	보고기간말	2002-12-31

① 보고기간 초와 보고기간 말을 입력한다.
주의 기초정보의 보고기간 초와 보고기간 말과 동일하여야 한다.

2) 기업목록 sheet

기업명	시산표일자	표시통화	ERP	검증_빈값	검증_표시통화	검증_ERP
지배	2001-12-31	원화	더존	OK	OK	OK
종속	2001-12-31	원화	더존	OK	OK	OK

① 기업명을 입력한다. 여기서는 **지배**와 **종속**으로 입력한다.
② 표시통화를 **원화**로 선택한다.
③ ERP는 **더존**이라고 가정하고 선택한다.

3) 원화시산표_1 sheet

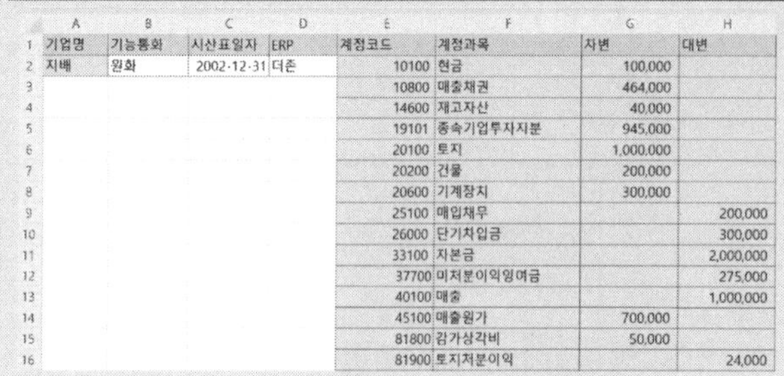

기업명	기능통화	시산표일자	ERP	계정코드	계정과목	차변	대변
지배	원화	2002-12-31	더존	10100	현금	100,000	
				10800	매출채권	464,000	
				14600	재고자산	40,000	
				19101	종속기업투자지분	945,000	
				20100	토지	1,000,000	
				20200	건물	200,000	
				20600	기계장치	300,000	
				25100	매입채무		200,000
				26000	단기차입금		300,000
				33100	자본금		2,000,000
				37700	미처분이익잉여금		275,000
				40100	매출		1,000,000
				45100	매출원가	700,000	
				81800	감가상각비	50,000	
				81900	토지처분이익		24,000

① A열에 기업명을 입력한다. 여기서는 **지배**로 입력한다.
② 해당 계정코드, 계정과목, 차변, 대변 금액을 차례로 입력한다. **차변과 대변은 어느 한쪽만 입력하여야 한다.**
③ 검증 칼럼에서 OK가 아닌 경우 해당 원인을 해결한다.

4) 원화시산표_2 sheet

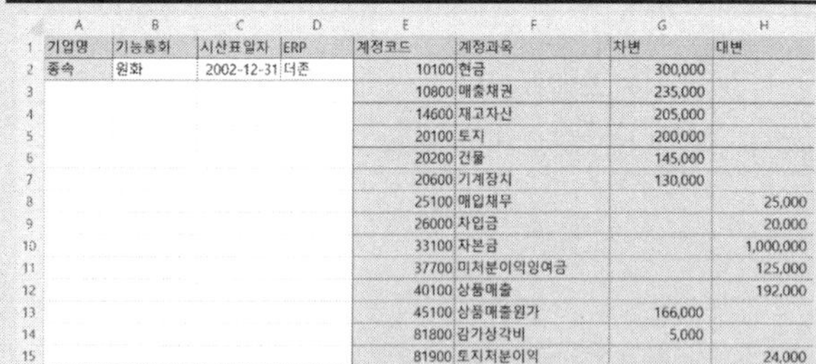

기업명	기능통화	시산표일자	ERP	계정코드	계정과목	차변	대변
종속	원화	2002-12-31	더존	10100	현금	300,000	
				10800	매출채권	235,000	
				14600	재고자산	205,000	
				20100	토지	200,000	
				20200	건물	145,000	
				20600	기계장치	130,000	
				25100	매입채무		25,000
				26000	차입금		20,000
				33100	자본금		1,000,000
				37700	미처분이익잉여금		125,000
				40100	상품매출		192,000
				45100	상품매출원가	166,000	
				81800	감가상각비	5,000	
				81900	토지처분이익		24,000

① A열에 기업명을 입력한다. 여기서는 **종속**으로 입력한다.
② 해당 계정코드, 계정과목, 차변, 대변 금액을 차례로 입력한다. **차변과 대변은 어느 한쪽만 입력하여야 한다.**
③ 검증 칼럼에서 OK가 아닌 경우 해당 원인을 해결한다.

(4) [Fraudit-ExCon.exe] 실행

제3장_4-3_2차년도_원가법_기초정보.xlsx와 **제3장_4-3_2차년도_원가법_원화시산표.xlsx**을 Fraudit-ExCon이 있는 폴더에 복사하여 이동한다. 그리고 **접두어를 제거**하고 **기초정보.xlsx와 원화시산표.xlsx**로 이름을 변경한다. **그 다음에 Fraudit-ExCon.exe를 실행한다.**

1) Main Sheet

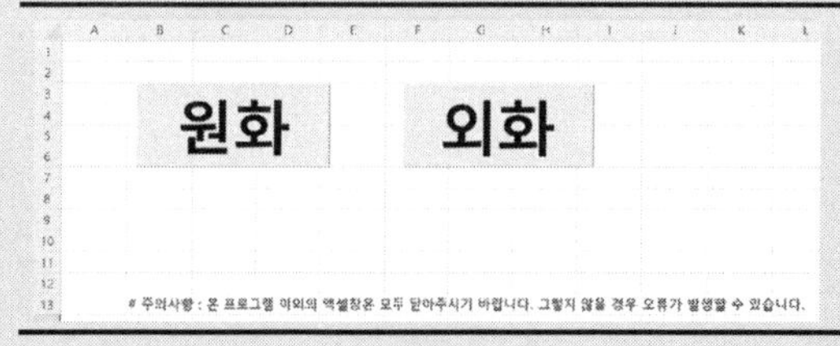

① 기능통화가 외화인 종속법인이 없으므로 원화 버튼을 누른다.

주의 원화 버튼을 누른 후 에러메시지가 뜨면 해당 에러 원인을 **기초정보.xlsx, 원화시산표.xlsx**에서 적절하게 수정한 후 다시 누른다.

2) out_연결분개_투자자본_0 sheet

T	U	V	W
계정과목	계정유형	차변	대변
AA종속기업투자지분	BS	0	945000
AB자본금	HE	1000000	0
AB이익잉여금	BS	50000	0
AB비지배지분	NCI	0	105000

① 연결분개 중 지배와 종속의 투자와 자본 상계제거 분개 부분에 해당한다. 검증 목적으로 차변, 대변 칼럼의 금액과 계정과목을 확인하면 된다(분개에 대한 상세 설명은 본문에서 확인하기 바람).

3) out_연결분개_내부거래_0, 1 sheet

V	W	X	Y
계정과목_1	계정유형	차변	대변
AA토지	BS	0	50000
AA미처분이익잉여금	RE	50000	0
AA이연법인세	BS	0	0
AA미처분이익잉여금	RE	0	0
AA비지배지분	NCI	0	0
AA미처분이익잉여금	RE	0	0
AB미처분이익잉여금	RE	0	30000
AB토지	BS	30000	0
AB이연법인세	BS	0	0
AB미처분이익잉여금	RE	0	0
AA비지배지분	NCI	0	0
AA미처분이익잉여금	RE	0	0
AB토지처분이익	BS	0	20000
AB토지	BS	20000	0
AB이연법인세	BS	0	0
AB법인세비용	IS	0	0
AB비지배지분	NCI	0	0
AB비지배지분순이익	RE	0	0

① **[out_연결분개_내부거래_0]** 내부거래번호 AA001(하향판매)에 대한 연결분개 내부거래제거 부분에 해당한다(분개에 대한 상세 설명은 본문에서 확인하기 바람).

V	W	X	Y
계정과목_1	계정유형	차변	대변
AB토지	BS	0	50000
AB미처분이익잉여금	RE	50000	0
AB이연법인세	BS	0	0
AB미처분이익잉여금	RE	0	0
AB비지배지분	NCI	5000	0
AB미처분이익잉여금	RE	0	5000
AA미처분이익잉여금	RE	0	30000
AA토지	BS	30000	0
AA이연법인세	BS	0	0
AA미처분이익잉여금	RE	0	0
AB비지배지분	NCI	0	3000
AB미처분이익잉여금	RE	3000	0
AA토지처분이익	BS	0	20000
AA토지	BS	20000	0
AA이연법인세	BS	0	0
AA법인세비용	IS	0	0
AA비지배지분	NCI	0	2000
AA비지배지분순이익	RE	2000	0

② **[out_연결분개_내부거래_1]** 내부거래번호 AB001(상향판매)에 대한 연결분개 내부거래제거 부분에 해당한다(분개에 대한 상세 설명은 본문에서 확인하기 바람).

4) out_연결분개_기타_0, 1 sheet

	A	B	C	D	E	F	G	H	I	J	K	L	M	N
1	기업명	약식명칭	기간	계정명	금액	지배지분세율	마지막기업_비지배지분세율	명목지배지분율	최종_실질비지배지분율	외화환산	계정과목	계정유형	차변	대변
2	종속	AB	2001-12-31	당기순이익	30,000	0.00%	0.00%	90.00%	10.00%		비지배지분	NCI	0	3,000
3											미처분이익잉여금	RE	3,000	0

① **[out_연결분개_기타_0]** 종속의 2001년 당기순이익에 대한 비지배지분 연결분개 부분에 해당한다(분개에 대한 상세 설명은 본문에서 확인하기 바람).

	A	B	C	D	E	F	G	H	I	J	K	L	M	N
1	기업명	약식명칭	기간	계정명	금액	지배지분세율	마지막기업_비지배지분세율	명목지배지분율	최종_실질비지배지분율	외화환산	계정과목	계정유형	차변	대변
2	종속	AB	2002-12-31	당기순이익	45,000	0.00%	0.00%	90.00%	10.00%		비지배지분	NCI	0	4,500
3											비지배지분순이익	RE	4,500	0

② **[out_연결분개_기타_1]** 종속의 2002년 당기순이익에 대한 비지배지분 연결분개 부분에 해당한다(분개에 대한 상세 설명은 본문에서 확인하기 바람).

5) tmp_연결분개_통합 sheet

계정과목	매핑계정과목	신설필요_계정과목	후보_매핑계정과목_1	후보_매핑계정과목_2	차변잔액	대변잔액
AA미처분이익잉여금	AA미처분이익잉여금		AA미처분이익잉여금	AB미처분이익잉여금	20,000	0
AA비지배지분	비지배지분		비지배지분순이익	비지배지분	0	2,000
AA비지배지분순이익	비지배지분순이익		비지배지분순이익		2,000	0
AA종속기업투자지분	AA종속기업투자지분		AA종속기업투자지분		0	945,000
AA토지	AA토지		AA토지	AA토지처분이익	0	0
AA토지처분이익	AA토지처분이익		AA토지처분이익	AB토지처분이익	0	20,000
AB미처분이익잉여금	AB미처분이익잉여금		AB미처분이익잉여금	AA미처분이익잉여금	18,000	0
AB비지배지분	비지배지분		비지배지분순이익	비지배지분	0	103,000
AB이익잉여금	AB미처분이익잉여금		AB미처분이익잉여금		50,000	0
AB자본금	AB자본금		AB자본금		1,000,000	0
AB토지	AB토지		AB토지	AB토지처분이익	0	0
AB토지처분이익	AB토지처분이익		AB토지처분이익	AA토지처분이익	0	20,000
미처분이익잉여금	AA미처분이익잉여금		AA미처분이익잉여금	AB미처분이익잉여금	3,000	0
비지배지분	비지배지분		비지배지분	비지배지분순이익	0	7,500
비지배지분순이익	비지배지분순이익		비지배지분순이익	비지배지분	4,500	0

확인

① 여기서는 매핑이 잘 이루어졌으므로 특별히 수정할 필요는 없다.

주의 적절한 계정과목을 신설하여야 하는 경우에는 신설필요_계정과목에 신설하고 동일한 계정과목을 매핑계정과목에 입력하여야 한다.

② 확인 버튼을 누른다.

6) out_최종연결정산표 sheet

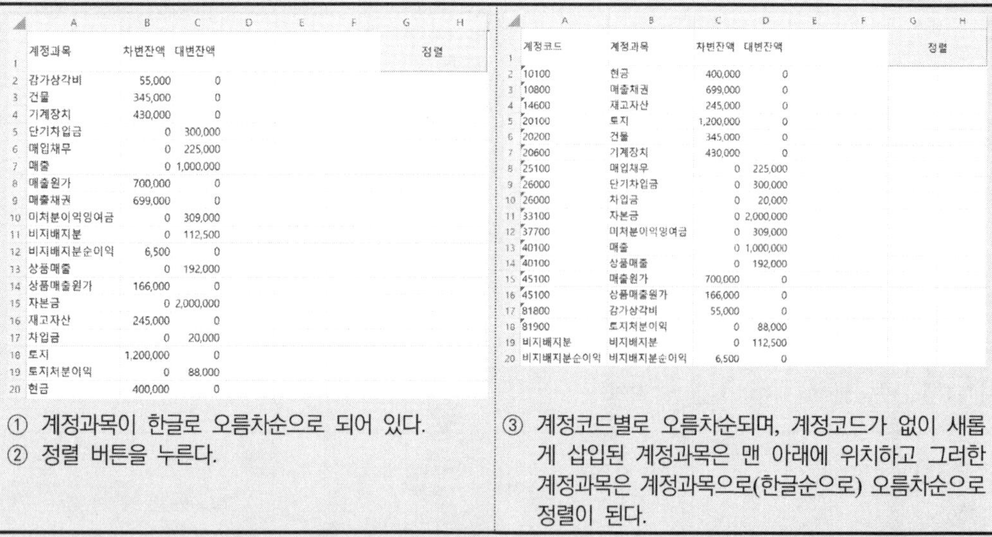

계정과목	차변잔액	대변잔액
감가상각비	55,000	0
건물	345,000	0
기계장치	430,000	0
단기차입금	0	300,000
매입채무	0	225,000
매출	0	1,000,000
매출원가	700,000	0
매출채권	699,000	0
미처분이익잉여금	0	309,000
비지배지분	0	112,500
비지배지분순이익	6,500	0
상품매출	0	192,000
상품매출원가	166,000	0
자본금	0	2,000,000
재고자산	245,000	0
차입금	0	20,000
토지	1,200,000	0
토지처분이익	0	88,000
현금	400,000	0

정렬

계정코드	계정과목	차변잔액	대변잔액
10100	현금	400,000	0
10800	매출채권	699,000	0
14600	재고자산	245,000	0
20100	토지	1,200,000	0
20200	건물	345,000	0
20600	기계장치	430,000	0
25100	매입채무	0	225,000
26000	단기차입금	0	300,000
26000	차입금	0	20,000
33100	자본금	0	2,000,000
37700	미처분이익잉여금	0	309,000
40100	매출	0	1,000,000
40100	상품매출	0	192,000
45100	매출원가	700,000	0
45100	상품매출원가	166,000	0
81800	감가상각비	55,000	0
81900	토지처분이익	0	88,000
비지배지분	비지배지분	0	112,500
비지배지분순이익	비지배지분순이익	6,500	0

정렬

① 계정과목이 한글로 오름차순으로 되어 있다.

② 정렬 버튼을 누른다.

③ 계정코드별로 오름차순되며, 계정코드가 없이 새롭게 삽입된 계정과목은 맨 아래에 위치하고 그러한 계정과목은 계정과목으로(한글순으로) 오름차순으로 정렬이 된다.

기본정보 4-4 비상각 유형자산에 대한 내부거래(지분법)

(1) 취득일 : 2X01년 1월 1일 (2) 취득자 : P사 (3) 피취득자 : S사
(4) 취득시 취득원가 : ₩945,000(P사는 종속기업투자지분을 **지분법**으로 처리함)
(5) 취득시 지분율 : 90%
(6) 취득당시 S사 순자산 : 자본금 ₩1,000,000과 이익잉여금 ₩50,000(순자산 공정가치와 장부금액은 동일함)
(7) P사는 취득시 비지배지분을 S사 순자산에 **비례적으로 측정**하였다.
(8) S사는 2X01년과 2X02년에 각각 ₩30,000과 ₩45,000의 당기순이익을 보고하였으며 동 기간 중에 배당금은 없었다.
(9) P사와 S사는 토지와 관련하여 다음과 같은 내부거래를 전액으로 현금으로 하였다. 단, 내부거래는 각각 독립적인 상황이다.

[하향판매]

일자	판매회사	외부 매입원가	내부 판매액	이익률	매입회사	연결외부 매각액	연결외부 매각비율	기말에 남아있는 부분(판매가)
2X01년	P	₩150,000	₩200,000	25%	S	₩156,000	60%	₩80,000
2X02년						₩104,000	40%	–

[상향판매]

일자	판매회사	외부 매입원가	내부 판매액	이익률	매입회사	연결외부 매각액	연결외부 매각비율	기말에 남아있는 부분(판매가)
2X01년	S	₩150,000	₩200,000	25%	P	₩156,000	60%	₩80,000
2X02년						₩104,000	40%	–

2X01년과 2X02년의 연결조정분개는 다음과 같다.

2X01년 별도재무제표상 지분법 회계처리					
[기본정보 4-4] 하향판매	(차변)	(대변)	[기본정보 4-4] 상향판매	(차변)	(대변)
<S사 당기순이익 인식>					
종속기업투자지분 주1)	27,000		종속기업투자지분 주1)	27,000	
지분법이익		27,000	지분법이익		27,000
주1) ₩30,000 × 90% = ₩27,000					
<내부거래 미실현이익 제거>					
종속기업투자지분 주1)		20,000	종속기업투자지분 주1)		18,000
지분법이익	20,000		지분법이익	18,000	
주1) ₩50,000 × 40% = ₩20,000			주1) ₩50,000 × 40% × 90% = ₩18,000		
[종속기업투자지분 계정 잔액]					
₩945,000 + ₩27,000 – ₩20,000 = ₩952,000			₩945,000 + ₩27,000 – ₩18,000 = ₩954,000		
[지분법이익]					
₩27,000 – ₩20,000 = ₩7,000			₩27,000 – ₩18,000 = ₩9,000		

2X01년 연결조정분개					
[기본정보 4-4] 하향판매	**(차변)**	**(대변)**	**[기본정보 4-4] 상향판매**	**(차변)**	**(대변)**
1단계 : 종속기업 투자지분과 종속기업 자본계정의 상계제거>					
자본금(S사)	1,000,000		자본금(S사)	1,000,000	
이익잉여금(S사)	50,000		이익잉여금(S사)	50,000	
종속기업투자지분		945,000	종속기업투자지분		945,000
비지배지분 주1)		105,000	비지배지분 주1)		105,000
주1) (₩1,000,000 + ₩50,000) × 10% = ₩105,000					
3단계 : 지배기업과 종속기업간의 내부거래 제거					
① 내부거래 미실현손익 제거					
토지 주1)		50,000	토지 주1)		50,000
유형자산처분이익	50,000		유형자산처분이익	50,000	
			비지배지분	5,000	
			비지배지분순이익(이익잉여금) 주2)		5,000
주1) 내부거래 미실현이익 전액 제거					
주2) 내부거래미실현이익 ₩50,000을 전액 차감하였으므로 비지배지분 해당액인 ₩5,000(₩50,000 ×10%)도 비지배지분에서 차감한다.					
유형자산처분이익		30,000	유형자산처분이익		30,000
토지 주1)	30,000		토지 주1)	30,000	
			비지배지분		3,000
			비지배지분순이익(이익잉여금) 주2)	3,000	
주1) ₩50,000(내부거래미실현이익) × 60%(판매로 인한 실현)					
주2) 내부거래미실현이익 ₩30,000이 실현되었으므로 비지배지분 해당액인 ₩3,000(₩30,000 ×10%)도 비지배지분에서 가산한다.					
<내부거래 미실현이익에 관한 당기 지분법 회계처리 취소>					
종속기업투자지분 주1)	20,000		종속기업투자지분 주1)	18,000	
지분법이익		20,000	지분법이익		18,000
주1) ₩20,000(내부거래미실현이익)			주1) ₩20,000(내부거래미실현이익) × 90% = ₩18,000		
5단계 : 비지배지분의 증감 회계처리					
비지배지분 주1)		3,000	비지배지분 주1)		3,000
비지배지분순이익(이익잉여금)	3,000		비지배지분순이익(이익잉여금)	3,000	
주1) 2X01년 S사의 당기순이익 ₩30,000 × 비지배지분율 10% = ₩3,000					
<S사 당기순이익 인식에 관한 당기 지분법 회계처리 취소>					
종속기업투자지분 주1)		27,000	종속기업투자지분 주1)		27,000
지분법이익	27,000		지분법이익	27,000	
주1) 2X01년 S사의 당기순이익 ₩30,000 × 90% = ₩27,000					

2X02년 별도재무제표상 지분법 회계처리					
[기본정보 4-4] 하향판매	**(차변)**	**(대변)**	**[기본정보 4-4] 상향판매**	**(차변)**	**(대변)**
<S사 당기순이익 인식>					
종속기업투자지분 [주1)]	40,500		종속기업투자지분 [주1)]	40,500	
지분법이익		40,500	지분법이익		40,500
주1) ₩45,000 × 90% = ₩40,500					
<내부거래 미실현이익 실현>					
종속기업투자지분 [주1)]	20,000		종속기업투자지분 [주1)]	18,000	
지분법이익		20,000	지분법이익		18,000
주1) ₩50,000 × 40% = ₩20,000			주1) ₩50,000 × 40% × 90% = ₩18,000		
[종속기업투자지분 계정 잔액]					
₩945,000 + ₩27,000 − ₩20,000 + ₩40,500 + ₩20,000= ₩1,012,500			₩945,000 + ₩27,000 − ₩18,000 + ₩40,500 + ₩18,000 = ₩1,012,500		
[지분법이익]					
₩40,500 + ₩20,000 = ₩60,500			₩40,500 + ₩18,000 = ₩58,500		

2X02년 연결조정분개					
[기본정보 4-4] 하향판매	**(차변)**	**(대변)**	**[기본정보 4-4] 상향판매**	**(차변)**	**(대변)**
1단계 : 종속기업 투자지분과 종속기업 자본계정 상계제거					
자본금(S사)	1,000,000		자본금(S사)	1,000,000	
이익잉여금(S사)	50,000		이익잉여금(S사)	50,000	
종속기업투자지분		945,000	종속기업투자지분		945,000
비지배지분 [주1)]		105,000	비지배지분 [주1)]		105,000
주1) (₩1,000,000 + ₩50,000) × 10% = ₩105,000					
3단계 : 지배기업과 종속기업간의 내부거래 제거					
① 전기 내부거래미실현이익 제거 및 실현					
토지 [주1)]		50,000	토지 [주1)]		50,000
이익잉여금	50,000		이익잉여금	50,000	
			비지배지분	5,000	
			이익잉여금[주2)]		5,000
주1) 전기 내부거래 미실현이익 전액 제거					
주2) S사 전기 내부거래미실현이익 ₩50,000을 전액 차감하였으므로 비지배지분 해당액인 ₩5,000(₩50,000 ×10%)도 비지배지분에서 차감한다.					
이익잉여금		30,000	이익잉여금		30,000
토지 [주1)]	30,000		토지 [주1)]	30,000	
			비지배지분		3,000
			이익잉여금 [주2)]	3,000	
주1) ₩50,000(전기 내부거래미실현이익) × 60%(판매로 인한 실현)					
주2) S사 전기 내부거래미실현이익 중 ₩30,000이 실현되었으므로 비지배지분 해당액인 ₩3,000(₩30,000 ×10%)도 비지배지분에서 가산한다.					
② 당기 내부거래미실현이익 실현					
유형자산처분이익		20,000	유형자산처분이익		20,000
토지 [주1)]	20,000		토지 [주1)]	20,000	
			비지배지분		2,000
			비지배지분순이익(이익잉여금) [주2)]	2,000	
주1)₩50,000(내부거래미실현이익) × 40%(판매로 인한 실현) = ₩20,000					
주2) P사 ← S사 에서 S사 내부거래미실현이익 중 ₩20,000이 실현되었으므로 비지배지분 해당액인 ₩2,000(₩20,000 ×10%)도 비지배지분에서 가산한다.					

2X02년 연결조정분개					
[기본정보 4-4] 하향판매	(차변)	(대변)	[기본정보 4-4] 상향판매	(차변)	(대변)
<내부거래 미실현이익에 관한 당기 지분법 회계처리 취소>					
이익잉여금		20,000	이익잉여금		18,000
지분법이익 주1)	20,000		지분법이익 주1)	18,000	
주1) 내부거래 미실현손익이 제거되고 다시 실현되었으므로 종속기업투자지분에 대한 영향은 자동적으로 처리되었음. 다만, 지분법이익은 전년도에 줄어들었고, 당년도에 증가되었으므로 그 영향을 이익잉여금에서 조정함					
5단계 : 비지배지분의 증감 회계처리					
① 2X01년 S사 당기순이익에 대한 비지배지분 증감					
비지배지분 주1)		3,000	비지배지분 주1)		3,000
이익잉여금	3,000		이익잉여금	3,000	
주1) 2X01년 S사의 당기순이익 ₩30,000 × 비지배지분율 10% = ₩3,000					
② 2X02년 S사 당기순이익에 대한 비지배지분 증감					
비지배지분 주1)		4,500	비지배지분 주1)		4,500
비지배지분순이익(이익잉여금)	4,500		비지배지분순이익(이익잉여금)	4,500	
주1) 2X02년 S사 당기순이익 ₩45,000 × 비지배지분율 10% = ₩4,500					
<S사 당기순이익 인식에 관한 전기 지분법 회계처리 취소>					
종속기업투자지분 주1)		27,000	종속기업투자지분 주1)		27,000
이익잉여금	27,000		이익잉여금	27,000	
주1) 2X01년 S사의 당기순이익 ₩30,000 × 90% = ₩27,000					
<S사 당기순이익 인식에 관한 당기 지분법 회계처리 취소>					
종속기업투자지분 주1)		40,500	종속기업투자지분 주1)		40,500
지분법이익	40,500		지분법이익	40,500	
주1) 2X02년 S사의 당기순이익 ₩45,000 × 90% = ₩40,500					

Fraudit ExCon 실 습 : 제3장 4-4 1차년도 지분법

(1) 사례파일

제3장_4-4_1차년도_지분법_기초정보.xlsx, 제3장_4-4_1차년도_지분법_원화시산표.xlsx

(2) [기초정보.xlsx] 작성

1) 보고기간 sheet

	A	B	C	D
1	목차	구분	일자	검증_보고기간
2	보고기간	보고기간초	2001-01-01	OK
3	보고기간	보고기간말	2001-12-31	

① 보고기간 초와 보고기간 말을 입력한다.

2) 기업목록 sheet

	A	B	C	D	E	F	G	H	I	J	K	L	M
1	일련번호	목차	기업명	약식명칭	기능통화	표시통화	세율	이연법인세계산	검증_기업명중복	검증_기능통화	검증_표시통화	검증_세율	검증_이연법인세계산
2	1	기업목록	지배	AA	원화	원화	0%	아니오	OK	OK	OK	OK	OK
3	2		종속	AB	원화	원화	0%	아니오	OK	OK	OK	OK	OK

① 기업명을 입력한다. 여기서는 **지배**와 **종속**으로 입력한다.
② 기능통화를 **원화**로 선택한다.
③ 표시통화를 **원화**로 선택한다.
④ 세율은 0%이므로 입력하지 않는다.
⑤ 이연법인세계산을 **아니오**로 선택한다.

3) 지분구조 sheet

	B	C	D	E
1	지배기업명	종속기업명	지배기업약식	종속기업약식
2	지배	종속	AA	AB
3				

① 지배기업명과 종속기업명을 입력한다. 여기서는 **지배**와 **종속**으로 입력한다.

	F	G	H	I	J	K	L	M	N	O
1	취득차수	취득일	간주취득일	외화취득원가	통화	환율	취득원가	균등유상증자_취득원가	불균등유상증자_취득원가	지분율
2	1	2001-01-01	2001-01-01		원화		945,000			90.00%
3										

② 취득차수를 입력한다. 최초취득이므로 **1**을 입력한다.
주의 추가취득인 경우에는 해당 차수에 따라 2, 3, 4... 식으로 입력한다.
③ 최초취득일을 입력한다. 여기서는 **2001-01-01**로 입력한다.
④ 간주취득일을 입력한다. 여기서는 **2001-01-01**로 입력한다.
주의 간주취득일은 최초취득일로부터 가장 근접한 결산재무제표의 결산일을 의미한다.
⑤ 통화는 국내종속법인인 경우로 가정하여 **원화**를 선택한다.
⑥ 취득원가를 입력한다. 여기서는 **945,000**을 입력한다.
⑦ 지분율을 입력한다. 여기서는 **90%**로 입력한다.

4) 취득시지분구조_공정가치차이 sheet

	E	F	G	H	I	J	K	L	M
1	목차	기업명	약식명칭	취득차수_1	취득일_1	간주취득일_1	자본계정명_1	자본금액_1_외화	자본금액_1
2	자본_공정가치	종속	AB	1	2001-01-01	2001-01-01	자본금		1,000,000
3		종속	AB				이익잉여금		50,000
4		종속	AB						

① 종속의 2001-01-01일의 자본계정명_1(1차 취득시 자본계정명을 의미함)을 **K열**에 입력한다. 여기서는 **자본금**과 **이익잉여금**을 입력한다.
② 종속의 2001-01-01일의 자본금액_1(1차 취득시 자본금액을 의미함)을 **M열**에 입력한다. 여기서는 **자본금**에 대해서는 **1,000,000**을, **이익잉여금**에 대해서는 **50,000**을 입력한다.

5) 재무정보 sheet

	A	B	C	D	E	F	G
1	일련번호	목차	기업명	약식명칭	기간	계정명	금액
2	2	재무정보	종속	AB	2001-12-31	배당	
3						당기순이익	30,000
4						기타포괄손익	
5						해외사업환산손익	

① G열에 종속회사의 2001년 **당기순이익 30,000**을 입력한다.

6) 내부거래현황 sheet

	A	B	C	D	E	F	G	H	I	J	K	L
1	목차	판매회사	매입회사	판매회사약식	매입회사약식	계정과목	상각여부	내부거래번호	통화	내부거래일	내부판매액	환율
2	내부거래현황	종속	지배	AB	AA	토지	비상각	AA001	원화	2001-02-01	200,000	1
3												

	M	N	O	P	Q	R	S
1	환산후_내부판매액	장부금액_원화	내부거래이익	잔존내용연수_월	잔존가치	외부판매일_1차	외부판매비율_1차
2	200,000	150,000	50,000			2001-02-01	60.00%
3	-		-				

① 노란색 음영 부분을 상기와 같이 입력한다.

(3) [원화시산표.xlsx] 작성

1) 보고기간 sheet

	A	B
1	구분	일자
2	보고기간초	2001-01-01
3	보고기간말	2001-12-31

① 보고기간 초와 보고기간 말을 입력한다.
주의 기초정보의 보고기간 초와 보고기간 말과 동일하여야 한다.

2) 기업목록 sheet

기업명	시산표일자	표시통화	ERP	검증_빈값	검증_표시통화	검증_ERP
지배	2001-12-31	원화	더존	OK	OK	OK
종속	2001-12-31	원화	더존	OK	OK	OK

① 기업명을 입력한다. 여기서는 **지배**와 **종속**으로 입력한다.
② 표시통화를 **원화**로 선택한다.
③ ERP는 **더존**이라고 가정하고 선택한다.

3) 원화시산표_1 sheet

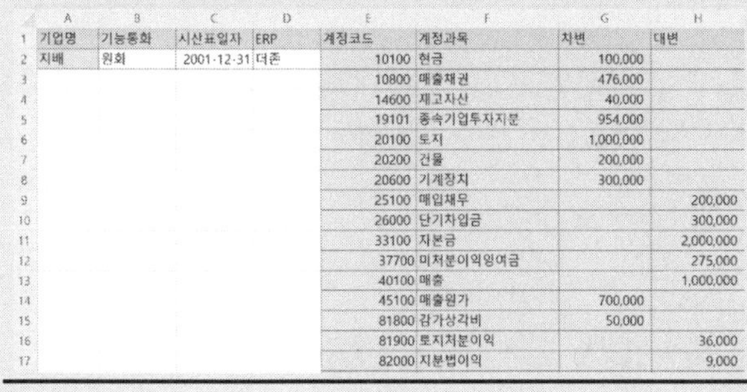

기업명	기능통화	시산표일자	ERP	계정코드	계정과목	차변	대변
지배	원화	2001-12-31	더존	10100	현금	100,000	
				10800	매출채권	476,000	
				14600	재고자산	40,000	
				19101	종속기업투자지분	954,000	
				20100	토지	1,000,000	
				20200	건물	200,000	
				20600	기계장치	300,000	
				25100	매입채무		200,000
				26000	단기차입금		300,000
				33100	자본금		2,000,000
				37700	미처분이익잉여금		275,000
				40100	매출		1,000,000
				45100	매출원가	700,000	
				81800	감가상각비	50,000	
				81900	토지처분이익		36,000
				82000	지분법이익		9,000

① A열에 기업명을 입력한다. 여기서는 **지배**로 입력한다.
② 해당 계정코드, 계정과목, 차변, 대변 금액을 차례로 입력한다. **차변과 대변은 어느 한쪽만 입력하여야 한다.**
③ 검증 칼럼에서 OK가 아닌 경우 해당 원인을 해결한다.

4) 원화시산표_2 sheet

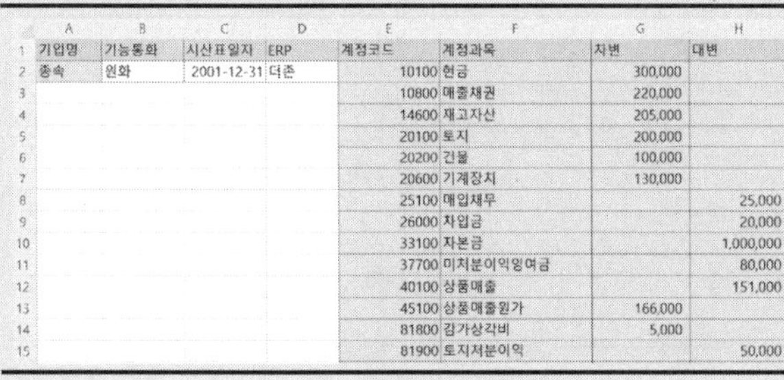

기업명	기능통화	시산표일자	ERP	계정코드	계정과목	차변	대변
종속	원화	2001-12-31	더존	10100	현금	300,000	
				10800	매출채권	220,000	
				14600	재고자산	205,000	
				20100	토지	200,000	
				20200	건물	100,000	
				20600	기계장치	130,000	
				25100	매입채무		25,000
				26000	차입금		20,000
				33100	자본금		1,000,000
				37700	미처분이익잉여금		80,000
				40100	상품매출		151,000
				45100	상품매출원가	166,000	
				81800	감가상각비	5,000	
				81900	토지처분이익		50,000

① A열에 기업명을 입력한다. 여기서는 **종속**으로 입력한다.
② 해당 계정코드, 계정과목, 차변, 대변 금액을 차례로 입력한다. **차변과 대변은 어느 한쪽만 입력하여야 한다.**
③ 검증 칼럼에서 OK가 아닌 경우 해당 원인을 해결한다.

(4) [Fraudit-ExCon.exe] 실행

제3장_4-4_1차년도_지분법_기초정보.xlsx와 **제3장_4-4_1차년도_지분법_원화시산표.xlsx**을 Fraudit-ExCon이 있는 폴더에 복사하여 이동한다. 그리고 **접두어를 제거**하고 **기초정보.xlsx와 원화시산표.xlsx**로 이름을 변경한다. **그 다음에 Fraudit-ExCon.exe를 실행한다.**

1) Main Sheet

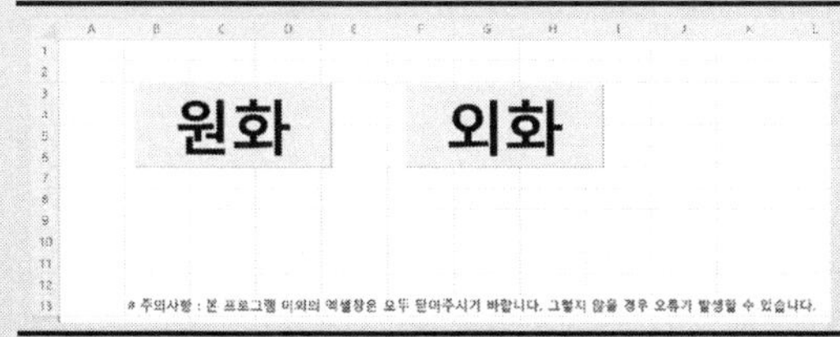

① 기능통화가 외화인 종속법인이 없으므로 원화 버튼을 누른다.

주의 원화 버튼을 누른 후 에러메시지가 뜨면 해당 에러 원인을 **기초정보.xlsx, 원화시산표.xlsx**에서 적절하게 수정한 후 다시 누른다.

2) out_연결분개_투자자본_0 sheet

T	U	V	W
계정과목	계정유형	차변	대변
AA종속기업투자지분	BS	0	9450
AB자본금	HE	1000000	
AB이익잉여금	BS	50000	
AB비지배지분	NCI	0	1050

① 연결분개 중 지배와 종속의 투자와 자본 상계제거 분개 부분에 해당한다. 검증 목적으로 차변, 대변 칼럼의 금액과 계정과목을 확인하면 된다(분개에 대한 상세 설명은 본문에서 확인하기 바람).

3) out_연결분개_내부거래_0 sheet

V	W	X	Y
계정과목_1	계정유형	차변	대변
AB토지	BS	0	50000
AB토지처분이익	BS	50000	0
AB이연법인세	BS	0	0
AB법인세비용	IS	0	0
AB비지배지분	NCI	5000	0
AB비지배지분순이익	RE	0	5000
AA토지처분이익	BS	0	30000
AA토지	BS	30000	0
AA이연법인세	BS	0	0
AA법인세비용	IS	0	0
AA비지배지분	NCI	0	3000
AA비지배지분순이익	RE	3000	0

① 내부거래번호 AA001(상향판매)에 대한 연결분개 내부거래제거 부분에 해당한다(분개에 대한 상세 설명은 본문에서 확인하기 바람).

4) out_연결분개_기타_0 sheet

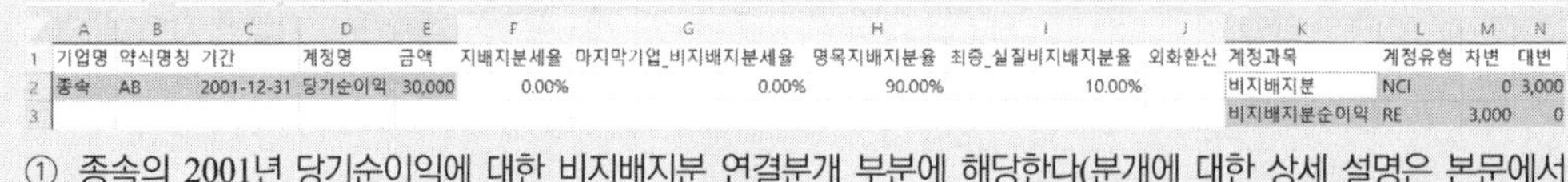

	A	B	C	D	E	F	G	H	I	J	K	L	M	N
1	기업명	약식명칭	기간	계정명	금액	지배지분세율	마지막기업_비지배지분세율	명목지배지분율	최종_실질비지배지분율	외화환산	계정과목	계정유형	차변	대변
2	종속	AB	2001-12-31	당기순이익	30,000	0.00%	0.00%	90.00%	10.00%		비지배지분	NCI	0	3,000
3											비지배지분순이익	RE	3,000	0

① 종속의 2001년 당기순이익에 대한 비지배지분 연결분개 부분에 해당한다(분개에 대한 상세 설명은 본문에서 확인하기 바람).

5) tmp_연결분개_통합 sheet

	A	B	C	D	E	F	G	H	I	J
1	계정과목	매핑계정과목	신설필요_계정과목	후보_매핑계정과목_1	후보_매핑계정과목_2	차변잔액	대변잔액		확인	
2	AA비지배지분	비지배지분		비지배지분순이익	비지배지분	0	3,000			
3	AA비지배지분순이익	비지배지분순이익		비지배지분순이익		3,000	0			
4	AA종속기업투자지분	AA종속기업투자지분		AA종속기업투자지분		0	945,000			
5	AA토지	AA토지		AA토지	AA토지처분이익	30,000	0			
6	AA토지처분이익	AA토지처분이익		AA토지처분이익	AB토지처분이익	0	30,000			
7	AB비지배지분	비지배지분		비지배지분순이익	비지배지분	0	100,000			
8	AB비지배지분순이익	비지배지분순이익		비지배지분순이익		0	5,000			
9	AB이익잉여금	AB미처분이익잉여금		AB미처분이익잉여금		50,000	0			
10	AB자본금	AB자본금		AB자본금		1,000,000	0			
11	AB토지	AB토지		AB토지	AB토지처분이익	0	50,000			
12	AB토지처분이익	AB토지처분이익		AB토지처분이익	AA토지처분이익	50,000	0			
13	비지배지분	비지배지분		비지배지분	비지배지분순이익	0	3,000			
14	비지배지분순이익	비지배지분순이익		비지배지분순이익	비지배지분	3,000	0			
15		AA종속기업투자지분				18,000				
16		AA지분법이익					18,000			
17		AA종속기업투자지분					27,000			
18		AA지분법이익				27,000				

① 지분법 처리 취소 분개를 음영처럼 추가한다.
② 확인 버튼을 누른다.

6) out_최종연결정산표 sheet

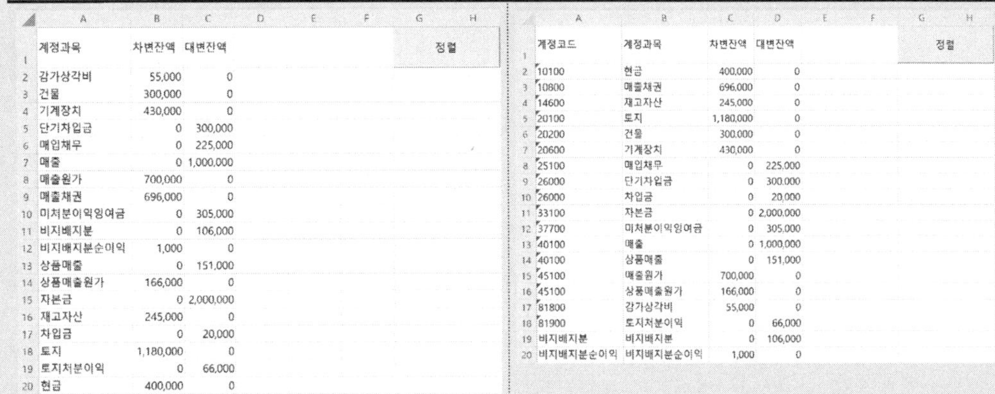

	A	B	C	...	G-H
1	계정과목	차변잔액	대변잔액		정렬
2	감가상각비	55,000	0		
3	건물	300,000	0		
4	기계장치	430,000	0		
5	단기차입금	0	300,000		
6	매입채무	0	225,000		
7	매출	0	1,000,000		
8	매출원가	700,000	0		
9	매출채권	696,000	0		
10	미처분이익잉여금	0	305,000		
11	비지배지분	0	106,000		
12	비지배지분순이익	1,000	0		
13	상품매출	0	151,000		
14	상품매출원가	166,000	0		
15	자본금	0	2,000,000		
16	재고자산	245,000	0		
17	차입금	0	20,000		
18	토지	1,180,000	0		
19	토지처분이익	0	66,000		
20	현금	400,000	0		

	A	B	C	D	G-H
1	계정코드	계정과목	차변잔액	대변잔액	정렬
2	10100	현금	400,000	0	
3	10800	매출채권	696,000	0	
4	14600	재고자산	245,000	0	
5	20100	토지	1,180,000	0	
6	20200	건물	300,000	0	
7	20600	기계장치	430,000	0	
8	25100	매입채무	0	225,000	
9	26000	단기차입금	0	300,000	
10	26000	차입금	0	20,000	
11	33100	자본금	0	2,000,000	
12	37700	미처분이익잉여금	0	305,000	
13	40100	매출	0	1,000,000	
14	40100	상품매출	0	151,000	
15	45100	매출원가	700,000	0	
16	45100	상품매출원가	166,000	0	
17	81800	감가상각비	55,000	0	
18	81900	토지처분이익	0	66,000	
19	비지배지분	비지배지분	0	106,000	
20	비지배지분순이익	비지배지분순이익	1,000	0	

① 계정과목이 한글로 오름차순으로 되어 있다.
② 정렬 버튼을 누른다.

③ 계정코드별로 오름차순되며, 계정코드가 없이 새롭게 삽입된 계정과목은 맨 아래에 위치하고 그러한 계정과목은 계정과목으로(한글순으로) 오름차순으로 정렬이 된다.

Fraudit ExCon 실 습 : 제3장 4-4 2차년도 지분법

(1) 사례파일

제3장_4-4_2차년도_지분법_기초정보.xlsx, 제3장_4-4_2차년도_지분법_원화시산표.xlsx

(2) [기초정보.xlsx] 작성

1) 보고기간 sheet

	A	B	C	D
1	목차	구분	일자	검증_보고기간
2	보고기간	보고기간초	2002-01-01	OK
3	보고기간	보고기간말	2002-12-31	

① 보고기간 초와 보고기간 말을 입력한다.

2) 기업목록 sheet

	A	B	C	D	E	F	G	H	I	J	K	L	M
1	일련번호	목차	기업명	약식명칭	기능통화	표시통화	세율	이연법인세계산	검증_기업명중복	검증_기능통화	검증_표시통화	검증_세율	검증_이연법인세계산
2	1	기업목록	지배	AA	원화	원화	0%	아니오	OK	OK	OK	OK	OK
3	2		종속	AB	원화	원화	0%	아니오	OK	OK	OK	OK	OK

① 기업명을 입력한다. 여기서는 **지배**와 **종속**으로 입력한다.
② 기능통화를 **원화**로 선택한다.
③ 표시통화를 **원화**로 선택한다.
④ 세율은 0%이므로 입력하지 않는다.
⑤ 이연법인세계산을 **아니오**로 선택한다.

3) 지분구조 sheet

	B	C	D	E
1	지배기업명	종속기업명	지배기업약식	종속기업약식
2	지배	종속	AA	AB
3				

① 지배기업명과 종속기업명을 입력한다. 여기서는 **지배**와 **종속**으로 입력한다.

	F	G	H	I	J	K	L	M	N	O
1	취득차수	취득일	간주취득일	외화취득원가	통화	환율	취득원가	균등유상증자_취득원가	불균등유상증자_취득원가	지분율
2	1	2001-01-01	2001-01-01		원화		945,000			90.00%
3										

② 취득차수를 입력한다. 최초취득이므로 **1**을 입력한다.
주의 추가취득인 경우에는 해당 차수에 따라 2, 3, 4... 식으로 입력한다.
③ 최초취득일을 입력한다. 여기서는 **2001-01-01**로 입력한다.
④ 간주취득일을 입력한다. 여기서는 **2001-01-01**로 입력한다.
주의 간주취득일은 최초취득일로부터 가장 근접한 결산재무제표의 결산일을 의미한다.
⑤ 통화는 국내종속법인인 경우로 가정하여 **원화**를 선택한다.
⑥ 취득원가를 입력한다. 여기서는 **945,000**을 입력한다.
⑦ 지분율을 입력한다. 여기서는 **90%**로 입력한다.

4) 취득시지분구조_공정가치차이 sheet

	E	F	G	H	I	J	K	L	M
1	목차	기업명	약식명칭	취득차수_1	취득일_1	간주취득일_1	자본계정명_1	자본금액_1_외화	자본금액_1
2	자본_공정가치	종속	AB	1	2001-01-01	2001-01-01	자본금		1,000,000
3		종속	AB				이익잉여금		50,000
4		종속	AB						

① 종속의 2001-01-01일의 자본계정명_1(1차 취득시 자본계정명을 의미함)을 **K열**에 입력한다. 여기서는 **자본금**과 **이익잉여금**을 입력한다.

② 종속의 2001-01-01일의 자본금액_1(1차 취득시 자본금액을 의미함)을 **M열**에 입력한다. 여기서는 **자본금**에 대해서는 **1,000,000**을, **이익잉여금**에 대해서는 **50,000**을 입력한다.

5) 재무정보 sheet

	A	B	C	D	E	F	G
1	일련번호	목차	기업명	약식명칭	기간	계정명	금액
2	2	재무정보	종속	AB	2001-12-31	배당	
3						당기순이익	30,000
4						기타포괄손익	
5						해외사업환산손익	
6	2		종속	AB	2002-12-31	배당	
7						당기순이익	45,000
8						기타포괄손익	
9						해외사업환산손익	

① G열에 종속회사의 **2001년 당기순이익 30,000**과 **2002년 당기순이익 45,000**을 입력한다.

6) 내부거래현황 sheet

	A	B	C	D	E	F	G	H	I	J	K	L
1	목차	판매회사	매입회사	판매회사약식	매입회사약식	계정과목	상각여부	내부거래번호	통화	내부거래일	내부판매액	환율
2	내부거래현황	종속	지배	AB	AA	토지	비상각	AA001	원화	2001-02-01	200,000	1
3												

	M	N	O	P	Q	R	S	T	U
1	환산후_내부판매액	장부금액_원화	내부거래이익	잔존내용연수_월	잔존가치	외부판매일_1차	외부판매비율_1차	외부판매일_2차	외부판매비율_2차
2	200,000	150,000	50,000			2001-02-01	60.00%	2002-02-01	40.00%
3	-		-						

① 노란색 음영 부분을 상기와 같이 입력한다.

(3) [원화시산표.xlsx] 작성

1) 보고기간 sheet

	A	B
1	구분	일자
2	보고기간초	2002-01-01
3	보고기간말	2002-12-31

① 보고기간 초와 보고기간 말을 입력한다.

주의 기초정보의 보고기간 초와 보고기간 말과 동일하여야 한다.

2) 기업목록 sheet

기업명	시산표일자	표시통화	ERP	검증_빈값	검증_표시통화	검증_ERP
지배	2001-12-31	원화	더존	OK	OK	OK
종속	2001-12-31	원화	더존	OK	OK	OK

① 기업명을 입력한다. 여기서는 **지배**와 **종속**으로 입력한다.
② 표시통화를 **원화**로 선택한다.
③ ERP는 **더존**이라고 가정하고 선택한다.

3) 원화시산표_1 sheet

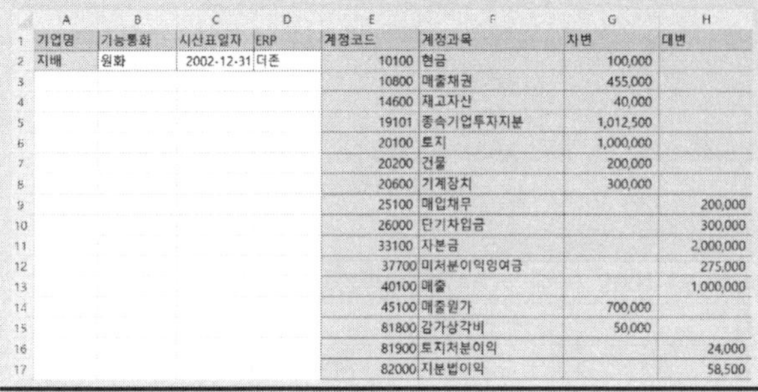

기업명	기능통화	시산표일자	ERP	계정코드	계정과목	차변	대변
지배	원화	2002-12-31	더존	10100	현금	100,000	
				10800	매출채권	455,000	
				14600	재고자산	40,000	
				19101	종속기업투자지분	1,012,500	
				20100	토지	1,000,000	
				20200	건물	200,000	
				20600	기계장치	300,000	
				25100	매입채무		200,000
				26000	단기차입금		300,000
				33100	자본금		2,000,000
				37700	미처분이익잉여금		275,000
				40100	매출		1,000,000
				45100	매출원가	700,000	
				81800	감가상각비	50,000	
				81900	토지처분이익		24,000
				82000	지분법이익		58,500

① A열에 기업명을 입력한다. 여기서는 **지배**로 입력한다.
② 해당 계정코드, 계정과목, 차변, 대변 금액을 차례로 입력한다. **차변과 대변은 어느 한쪽만 입력하여야 한다.**
③ 검증 칼럼에서 OK가 아닌 경우 해당 원인을 해결한다.

4) 원화시산표_2 sheet

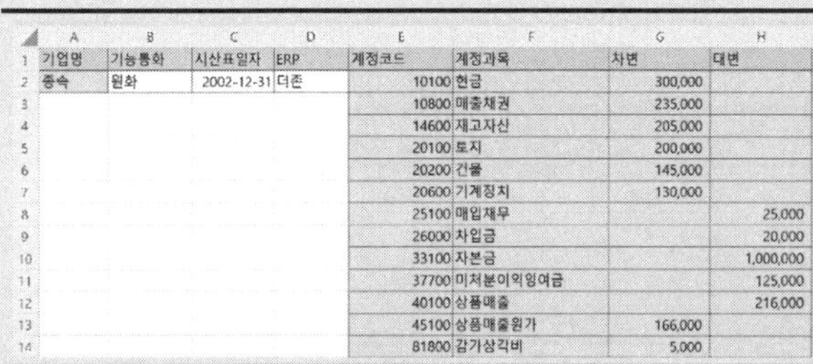

기업명	기능통화	시산표일자	ERP	계정코드	계정과목	차변	대변
종속	원화	2002-12-31	더존	10100	현금	300,000	
				10800	매출채권	235,000	
				14600	재고자산	205,000	
				20100	토지	200,000	
				20200	건물	145,000	
				20600	기계장치	130,000	
				25100	매입채무		25,000
				26000	차입금		20,000
				33100	자본금		1,000,000
				37700	미처분이익잉여금		125,000
				40100	상품매출		216,000
				45100	상품매출원가	166,000	
				81800	감가상각비	5,000	

① A열에 기업명을 입력한다. 여기서는 **종속**으로 입력한다.
② 해당 계정코드, 계정과목, 차변, 대변 금액을 차례로 입력한다. **차변과 대변은 어느 한쪽만 입력하여야 한다.**
③ 검증 칼럼에서 OK가 아닌 경우 해당 원인을 해결한다.

(4) [Fraudit-ExCon.exe] 실행

제3장_4-4_2차년도_지분법_기초정보.xlsx와 제3장_4-4_2차년도_지분법_원화시산표.xlsx을 Fraudit-ExCon이 있는 폴더에 복사하여 이동한다. 그리고 **접두어를 제거**하고 **기초정보.xlsx와 원화시산표.xlsx**로 이름을 변경한다. **그 다음에 Fraudit-ExCon.exe를 실행한다.**

1) Main Sheet

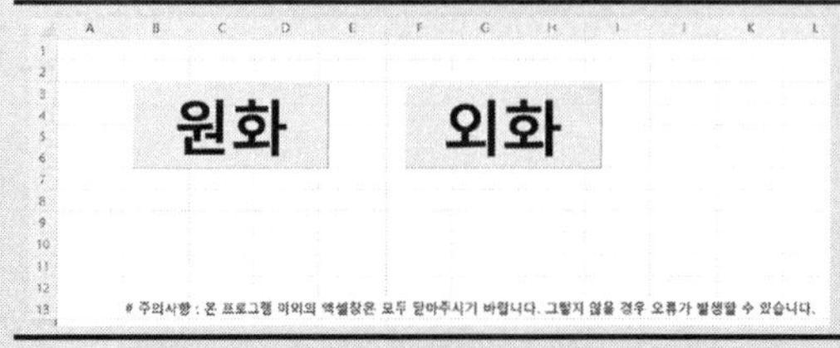

① 기능통화가 외화인 종속법인이 없으므로 원화 버튼을 누른다.

주의 원화 버튼을 누른 후 에러메시지가 뜨면 해당 에러원인을 **기초정보.xlsx, 원화시산표.xlsx**에서 적절하게 수정한 후 다시 누른다.

2) out_연결분개_투자자본_0 sheet

계정과목	계정유형	차변	대변
AA종속기업투자지분	BS	0	945000
AB자본금	HE	1000000	0
AB이익잉여금	BS	50000	0
AB비지배지분	NCI	0	105000

① 연결분개 중 지배와 종속의 투자와 자본 상계제거 분개 부분에 해당한다. 검증 목적으로 차변, 대변 칼럼의 금액과 계정과목을 확인하면 된다(분개에 대한 상세 설명은 본문에서 확인하기 바람).

3) out_연결분개_내부거래_0 sheet

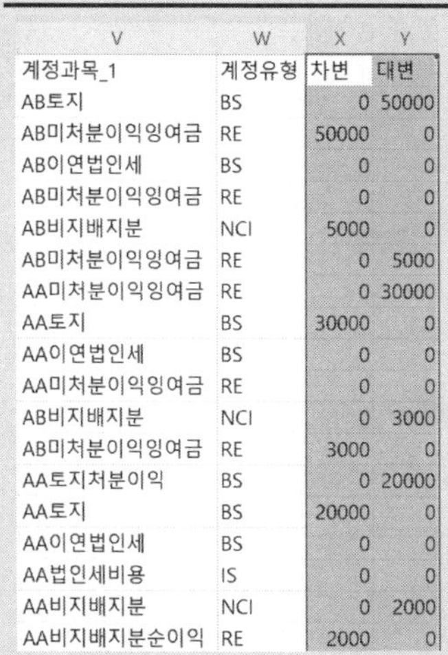

계정과목_1	계정유형	차변	대변
AB토지	BS	0	50000
AB미처분이익잉여금	RE	50000	0
AB이연법인세	BS	0	0
AB미처분이익잉여금	RE	0	0
AB비지배지분	NCI	5000	0
AB미처분이익잉여금	RE	0	5000
AA미처분이익잉여금	RE	0	30000
AA토지	BS	30000	0
AA이연법인세	BS	0	0
AA미처분이익잉여금	RE	0	0
AB비지배지분	NCI	0	3000
AB미처분이익잉여금	RE	3000	0
AA토지처분이익	BS	0	20000
AA토지	BS	20000	0
AA이연법인세	BS	0	0
AA법인세비용	IS	0	0
AA비지배지분	NCI	0	2000
AA비지배지분순이익	RE	2000	0

① 내부거래번호 AA001(상향판매)에 대한 연결분개 내부거래제거 부분에 해당한다(분개에 대한 상세 설명은 본문에서 확인하기 바람).

4) out_연결분개_기타_0, 1 sheet

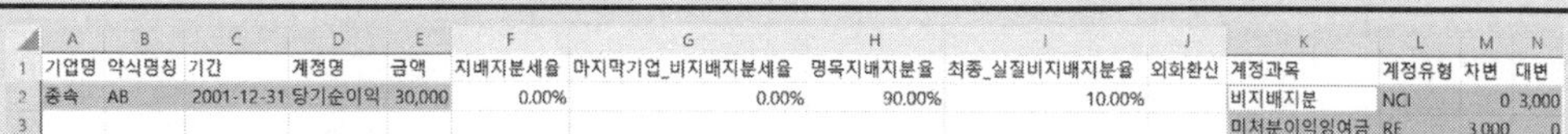

기업명	약식명칭	기간	계정명	금액	지배지분세율	마지막기업_비지배지분세율	명목지배지분율	최종_실질비지배지분율	외화환산	계정과목	계정유형	차변	대변
종속	AB	2001-12-31	당기순이익	30,000	0.00%	0.00%	90.00%	10.00%		비지배지분	NCI	0	3,000
										미처분이익잉여금	RE	3,000	0

① **[out_연결분개_기타_0]** 종속의 2001년 당기순이익에 대한 비지배지분 연결분개 부분에 해당한다(분개에 대한 상세 설명은 본문에서 확인하기 바람).

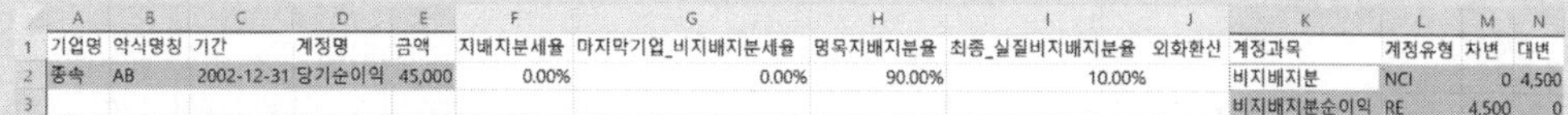

기업명	약식명칭	기간	계정명	금액	지배지분세율	마지막기업_비지배지분세율	명목지배지분율	최종_실질비지배지분율	외화환산	계정과목	계정유형	차변	대변
종속	AB	2002-12-31	당기순이익	45,000	0.00%	0.00%	90.00%	10.00%		비지배지분	NCI	0	4,500
										비지배지분순이익	RE	4,500	0

② **[out_연결분개_기타_1]** 종속의 2002년 당기순이익에 대한 비지배지분 연결분개 부분에 해당한다(분개에 대한 상세 설명은 본문에서 확인하기 바람).

5) tmp_연결분개_통합 sheet

	A	B	C	D	E	F	G	H	I	J
1	계정과목	매핑계정과목	신설필요_계정과목	후보_매핑계정과목_1	후보_매핑계정과목_2	차변잔액	대변잔액		확인	
2	AA미처분이익잉여금	AA미처분이익잉여금		AA미처분이익잉여금	AB미처분이익잉여금	0	30,000			
3	AA비지배지분	비지배지분		비지배지분순이익	비지배지분	0	2,000			
4	AA비지배지분순이익	비지배지분순이익		비지배지분순이익		2,000	0			
5	AA종속기업투자지분	AA종속기업투자지분		AA종속기업투자지분		0	945,000			
6	AA토지	AA토지		AA토지	AA토지처분이익	50,000	0			
7	AA토지처분이익	AA토지처분이익		AA토지처분이익	AA토지	0	20,000			
8	AB미처분이익잉여금	AB미처분이익잉여금		AB미처분이익잉여금	AA미처분이익잉여금	48,000	0			
9	AB비지배지분	비지배지분		비지배지분순이익	비지배지분	0	103,000			
10	AB이익잉여금	AB미처분이익잉여금		AB미처분이익잉여금		50,000	0			
11	AB자본금	AB자본금		AB자본금		1,000,000	0			
12	AB토지	AB토지		AB토지		0	50,000			
13	미처분이익잉여금	AA미처분이익잉여금		AA미처분이익잉여금	AB미처분이익잉여금	3,000	0			
14	비지배지분	비지배지분		비지배지분	비지배지분순이익	0	7,500			
15	비지배지분순이익	비지배지분순이익		비지배지분순이익	비지배지분	4,500	0			
16		AA미처분이익잉여금					18,000			
17		AA지분법이익				18,000				
18		AA종속기업투자지분					27,000			
19		AA미처분이익잉여금				27,000				
20		AA종속기업투자지분					40,500			
21		AA지분법이익				40,500				

① 지분법 처리 취소 분개를 음영처럼 추가한다.
② 확인 버튼을 누른다.

6) out_최종연결정산표 sheet

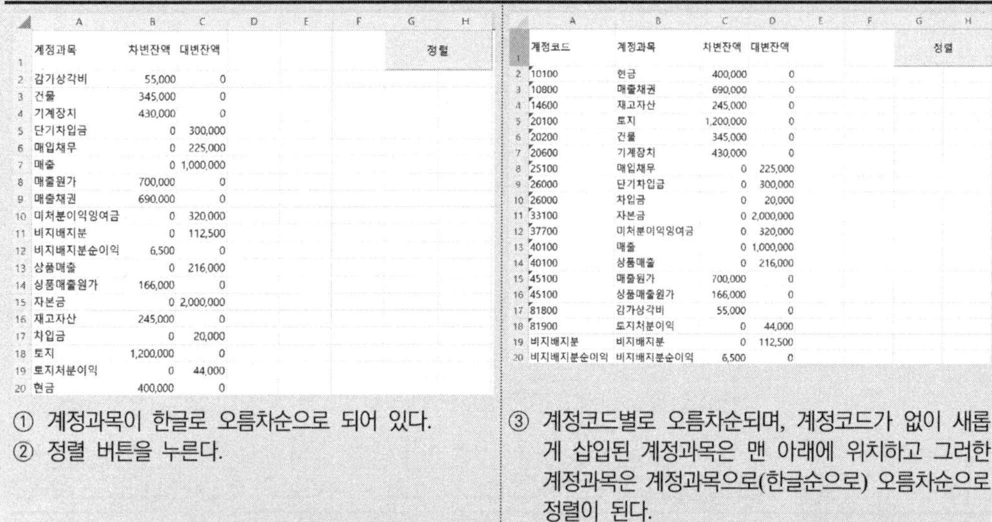

	A	B	C	D	E	F	G	H
1	계정과목	차변잔액	대변잔액				정렬	
2	감가상각비	55,000	0					
3	건물	345,000	0					
4	기계장치	430,000	0					
5	단기차입금	0	300,000					
6	매입채무	0	225,000					
7	매출	0	1,000,000					
8	매출원가	700,000	0					
9	매출채권	690,000	0					
10	미처분이익잉여금	0	320,000					
11	비지배지분	0	112,500					
12	비지배지분순이익	6,500	0					
13	상품매출	0	216,000					
14	상품매출원가	166,000	0					
15	자본금	0	2,000,000					
16	재고자산	245,000	0					
17	차입금	0	20,000					
18	토지	1,200,000	0					
19	토지처분이익	0	44,000					
20	현금	400,000	0					

	A	B	C	D	E	F	G	H
1	계정코드	계정과목	차변잔액	대변잔액			정렬	
2	10100	현금	400,000	0				
3	10800	매출채권	690,000	0				
4	14600	재고자산	245,000	0				
5	20100	토지	1,200,000	0				
6	20200	건물	345,000	0				
7	20600	기계장치	430,000	0				
8	25100	매입채무	0	225,000				
9	26000	단기차입금	0	300,000				
10	26000	차입금	0	20,000				
11	33100	자본금	0	2,000,000				
12	37700	미처분이익잉여금	0	320,000				
13	40100	매출	0	1,000,000				
14	40100	상품매출	0	216,000				
15	45100	매출원가	700,000	0				
16	45100	상품매출원가	166,000	0				
17	81800	감가상각비	55,000	0				
18	81900	토지처분이익	0	44,000				
19	비지배지분	비지배지분	0	112,500				
20	비지배지분순이익	비지배지분순이익	6,500	0				

① 계정과목이 한글로 오름차순으로 되어 있다.
② 정렬 버튼을 누른다.

③ 계정코드별로 오름차순되며, 계정코드가 없이 새롭게 삽입된 계정과목은 맨 아래에 위치하고 그러한 계정과목은 계정과목으로(한글순으로) 오름차순으로 정렬이 된다.

02 상각 유형자산에 대한 내부거래 미실현이익

상각 유형자산을 장부금액과 다른 가격으로 연결대상기업에 매각을 하면 연결실체 관점에서 볼 때 내부미실현이익이 발생하게 된다. 연결대상기업간의 내부미실현이익은 외부실체로의 판매나 연결실체 내에서의 사용을 통하여 실현되기 전까지는 지배회사의 재무제표와 연결재무제표에서 제거된다. 상각 유형자산에 대한 내부미실현이익이 연결재무제표에 미치는 영향을 제거하기 위한 연결조정분개는 비상각 유형자산의 경우보다 복잡하다. 여기서는 상각유형자산에 대하여만 설명하지만 상각의 대상이 되는 무형자산에도 동일하게 적용된다. 아래에서 보다 구체적으로 살펴보기로 한다.

기본정보 5-1 상각 유형자산에 대한 내부거래(원가법)

(1) 취득일 : 2X01년 1월 1일 (2) 취득자 : P사 (3) 피취득자 : S사

(4) 취득시 취득원가 : ₩945,000(P사는 종속기업투자지분을 **원가법**으로 처리함)

(5) 취득시 지분율 : 90%

(6) 취득당시 S사 순자산 : 자본금 ₩1,000,000과 이익잉여금 ₩50,000(순자산 공정가치와 장부금액은 동일함)

(7) P사는 취득시 비지배지분을 S사 순자산에 **비례적으로 측정**하였다.

(8) S사는 2X01년, 2X02년, 2X03년에 각각 ₩30,000, ₩45,000, ₩60,000의 당기순이익을 보고하였으며 동 기간 중에 배당금은 없었다.

(9) P사와 S사는 기계장치와 관련하여 다음과 같은 내부거래를 전액으로 현금으로 하였다. 단, 내부거래는 각각 독립적인 상황이다.

[하향판매] : **내부매각시 잔존내용연수** 5년, **잔존가치** ₩0, **감가상각방법은 정액법이다.**

일자	판매회사	취득원가	감가상각누계액	장부금액	내부매각액	구입회사	연결외부매각액	연결외부판매비율
2X01년 12월 31일	P	₩250,000	₩100,000	₩150,000	170,000	S	–	–
2X02년							–	–
2X03년 12월 31일							₩220,000	100%

[상향판매] : **내부매각시 잔존내용연수** 5년, **잔존가치** ₩0, **감가상각방법은 정액법이다.**

일자	판매회사	취득원가	감가상각누계액	장부금액	내부매각액	구입회사	연결외부매각액	연결외부판매비율
2X01년 12월 31일	S	₩250,000	₩100,000	₩150,000	170,000	P	–	–
2X02년							–	–
2X03년 12월 31일							₩220,000	100%

2X01년 연결조정분개					
[기본정보 5-1] 하향판매	(차변)	(대변)	[기본정보 5-1] 상향판매	(차변)	(대변)
1단계 : 종속기업 투자지분과 종속기업 자본계정 상계제거					
자본금(S사)	1,000,000		자본금(S사)	1,000,000	
이익잉여금(S사)	50,000		이익잉여금(S사)	50,000	
종속기업투자지분		945,000	종속기업투자지분		945,000
비지배지분 [주1)]		105,000	비지배지분 [주1)]		105,000
주1) (₩1,000,000 + ₩50,000) × 10% = ₩105,000					
3단계 : 지배기업과 종속기업간의 내부거래 제거					
① 내부거래 미실현손익 제거					
기계장치(순액) [주1)]		20,000	기계장치(순액) [주1)]		20,000
유형자산처분이익	20,000		유형자산처분이익	20,000	
			비지배지분	2,000	
			비지배지분순이익(이익잉여금) [주2)]		2,000
주1) 내부거래 미실현이익 전액 제거					
주2) S사 내부거래미실현이익 ₩20,000을 전액 차감하였으므로 비지배지분 해당액인 ₩2,000(₩20,000 ×10%)도 비지배지분에서 차감한다.					
5단계 : 비지배지분의 증감 회계처리					
비지배지분 [주1)]		3,000	비지배지분 [주1)]		3,000
비지배지분순이익(이익잉여금)	3,000		비지배지분순이익(이익잉여금)	3,000	
주1) S사의 당기순이익 ₩30,000 × 비지배지분율 10% = ₩3,000					

2X02년 연결조정분개					
[기본정보 5-1] 하향판매	(차변)	(대변)	[기본정보 5-1] 상향판매	(차변)	(대변)
1단계 : 종속기업 투자지분과 종속기업 자본계정 상계제거					
자본금(S사)	1,000,000		자본금(S사)	1,000,000	
이익잉여금(S사)	50,000		이익잉여금(S사)	50,000	
종속기업투자지분		945,000	종속기업투자지분		945,000
비지배지분 [주1)]		105,000	비지배지분 [주1)]		105,000
주1) (₩1,000,000 + ₩50,000) × 10% = ₩105,000					
3단계 : 지배기업과 종속기업간의 내부거래 제거					
① 전기 내부거래 미실현손익 제거					
기계장치(순액) [주1)]		20,000	기계장치(순액) [주1)]		20,000
이익잉여금	20,000		이익잉여금	20,000	
			비지배지분	2,000	
			이익잉여금 [주2)]		2,000
주1) 전기 내부거래 미실현이익 전액 제거					
주2) S사 전기 내부거래미실현이익 ₩20,000을 전액 차감하였으므로 비지배지분 해당액인 ₩2,000(₩20,000 ×10%)도 비지배지분에서 차감한다.					
② 당기 감가상각으로 인한 미실현손익 실현					
기계장치(순액)	4,000		기계장치(순액)	4,000	
감가상각비 [주1)]		4,000	감가상각비 [주1)]		4,000
			비지배지분		400
			비지배지분순이익(이익잉여금) [주2)]	400	
주1) 전기 미실현이익 중 당기 감가상각으로 실현된 부분 : ₩20,000/5년 = ₩4,000					
주2) S사 당기 감가상각으로 실현된 부분 ₩4,000을 전액 차감하였으므로 비지배지분 해당액인 ₩400(₩4,000 ×10%)도 비지배지분에 가산한다.					

2X02년 연결조정분개					
[기본정보 5-1] 하향판매	(차변)	(대변)	[기본정보 5-1] 상향판매	(차변)	(대변)
5단계 : 비지배지분의 증감 회계처리					
① 2X01년 S사 이익잉여금에 대한 비지배지분 증감					
비지배지분 주1)		3,000	비지배지분 주1)		3,000
이익잉여금	3,000		이익잉여금	3,000	
주1) 2X01년 S사의 이익잉여금(당기순이익) ₩30,000 × 비지배지분율 10% = ₩3,000					
② 2X02년 S사 당기순이익에 대한 비지배지분 증감					
비지배지분 주1)		4,500	비지배지분 주1)		4,500
비지배지분순이익(이익잉여금)	4,500		비지배지분순이익(이익잉여금)	4,500	
주1) 2X02년 S사의 당기순이익 ₩45,000 × 비지배지분율 10% = ₩4,500					

2X03년 연결조정분개					
[기본정보 5-1] 하향판매	(차변)	(대변)	[기본정보 5-1] 상향판매	(차변)	(대변)
1단계 : 종속기업 투자지분과 종속기업 자본계정 상계제거					
자본금(S사)	1,000,000		자본금(S사)	1,000,000	
이익잉여금(S사)	50,000		이익잉여금(S사)	50,000	
종속기업투자지분		945,000	종속기업투자지분		945,000
비지배지분 주1)		105,000	비지배지분 주1)		105,000
주1) (₩1,000,000 + ₩50,000) × 10% = ₩105,000					
3단계 : 지배기업과 종속기업간의 내부거래 제거					
① 전기 내부거래 미실현손익 제거					
기계장치(순액) 주1)		20,000	기계장치(순액) 주1)		20,000
이익잉여금	20,000		이익잉여금	20,000	
			비지배지분	2,000	
			이익잉여금 주2)		2,000
주1) 전기 내부거래 미실현이익 전액 제거 주2) S사 전기 내부거래미실현이익 ₩20,000을 전액 차감하였으므로 비지배지분 해당액인 ₩2,000(₩20,000 ×10%)도 비지배지분에서 차감한다.					
② 전기 감가상각으로 인한 미실현손익 실현					
기계장치(순액)	4,000		기계장치(순액)	4,000	
이익잉여금 주1)		4,000	이익잉여금 주1)		4,000
			비지배지분		400
			이익잉여금 주2)	400	
주1) 전기 미실현이익 중 전기 감가상각으로 실현된 부분 : ₩20,000/5년 = ₩4,000 주2) S사 전기 감가상각으로 실현된 부분 ₩4,000을 전액 차감하였으므로 비지배지분 해당액인 ₩400(₩4,000 ×10%)도 비지배지분에 가산한다.					
③ 당기 감가상각으로 인한 미실현손익 실현					
기계장치(순액)	4,000		기계장치(순액)	4,000	
감가상각비 주1)		4,000	감가상각비 주1)		4,000
			비지배지분		400
			비지배지분순이익(이익잉여금) 주2)	400	
주1) 전기 미실현이익 중 전기 감가상각으로 실현된 부분 : ₩20,000/5년 = ₩4,000 주2) S사 전기 감가상각으로 실현된 부분 ₩4,000을 전액 차감하였으므로 비지배지분 해당액인 ₩400(₩4,000 ×10%)도 비지배지분에 가산한다.					
④ 당기 외부매각으로 인한 미실현손익의 실현					
유형자산처분이익 주1)		12,000	유형자산처분이익 주1)		12,000
기계장치(순액)	12,000		기계장치(순액)	12,000	

2X03년 연결조정분개					
[기본정보 5-1] 하향판매	(차변)	(대변)	[기본정보 5-1] 상향판매	(차변)	(대변)
			비지배지분		1,200
			비지배지분순이익(이익잉여금) 주2)	1,200	

주1) ₩20,000 – ₩4,000 – ₩4,000 = ₩12,000

주2) S사 당기 처분으로 실현된 미실현이익 ₩12,000을 전액 인식하였으므로 비지배지분 해당액인 ₩1,200(₩12,000 ×10%)도 비지배지분에 가산한다.

5단계 : 비지배지분의 증감 회계처리

① 2X01년 S사 당기순이익에 대한 비지배지분 증감

비지배지분 주1)		3,000	비지배지분 주1)		3,000
이익잉여금	3,000		이익잉여금	3,000	

주1) 2X01년 S사의 당기순이익 ₩30,000 × 비지배지분율 10% = ₩3,000

② 2X02년 S사 당기순이익에 대한 비지배지분 증감

비지배지분 주1)		4,500	비지배지분 주1)		4,500
이익잉여금	4,500		이익잉여금	4,500	

주1) 2X02년 S사의 이익잉여금(당기순이익) ₩45,000 × 비지배지분율 10% = ₩4,500

③ 2X03년 S사 당기순이익에 대한 비지배지분 증감

비지배지분 주1)		6,000	비지배지분 주1)		6,000
비지배지분순이익(이익잉여금)	6,000		비지배지분순이익(이익잉여금)	6,000	

주1) 2X03년 S사의 당기순이익 ₩60,000 × 비지배지분율 10% = ₩6,000

Fraudit ExCon 실 습 : 제3장 5-1 1차년도 원가법

(1) 사례파일

제3장_5-1_1차년도_원가법_기초정보.xlsx, 제3장_5-1_1차년도_원가법_원화시산표.xlsx

(2) [기초정보.xlsx] 작성

1) 보고기간 sheet

	A	B	C	D
1	목차	구분	일자	검증_보고기간
2	보고기간	보고기간초	2001-01-01	OK
3	보고기간	보고기간말	2001-12-31	

① 보고기간 초와 보고기간 말을 입력한다.

2) 기업목록 sheet

	A	B	C	D	E	F	G	H	I	J	K	L	M
1	일련번호	목차	기업명	약식명칭	기능통화	표시통화	세율	이연법인세계산	검증_기업명중복	검증_기능통화	검증_표시통화	검증_세율	검증_이연법인세계산
2	1	기업목록	지배	AA	원화	원화	0%	아니오	OK	OK	OK	OK	OK
3	2		종속	AB	원화	원화	0%	아니오	OK	OK	OK	OK	OK

① 기업명을 입력한다. 여기서는 **지배**와 **종속**으로 입력한다.
② 기능통화를 **원화**로 선택한다.
③ 표시통화를 **원화**로 선택한다.
④ 세율은 0%이므로 입력하지 않는다.
⑤ 이연법인세계산을 **아니오**로 선택한다.

3) 지분구조 sheet

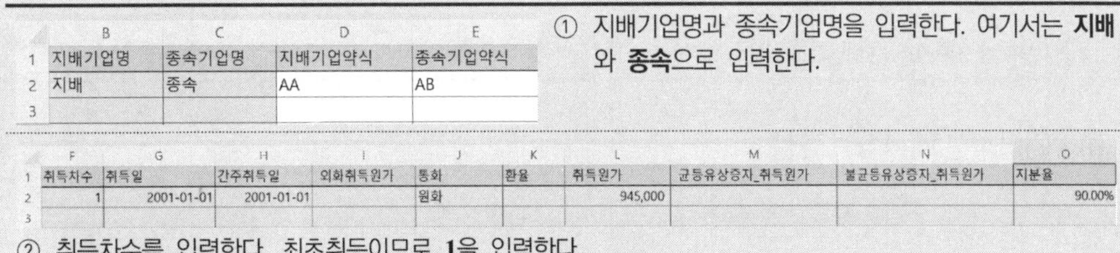

	B	C	D	E
1	지배기업명	종속기업명	지배기업약식	종속기업약식
2	지배	종속	AA	AB
3				

① 지배기업명과 종속기업명을 입력한다. 여기서는 **지배**와 **종속**으로 입력한다.

	F	G	H	I	J	K	L	M	N	O
1	취득차수	취득일	간주취득일	외화취득원가	통화	환율	취득원가	균등유상증자_취득원가	불균등유상증자_취득원가	지분율
2	1	2001-01-01	2001-01-01		원화		945,000			90.00%
3										

② 취득차수를 입력한다. 최초취득이므로 **1**을 입력한다.
주의 추가취득인 경우에는 해당 차수에 따라 2, 3, 4... 식으로 입력한다.
③ 최초취득일을 입력한다. 여기서는 **2001-01-01**로 입력한다.
④ 간주취득일을 입력한다. 여기서는 **2001-01-01**로 입력한다.
주의 간주취득일은 최초취득일로부터 가장 근접한 결산재무제표의 결산일을 의미한다.
⑤ 통화는 국내종속법인인 경우로 가정하여 **원화**를 선택한다.
⑥ 취득원가를 입력한다. 여기서는 **945,000**을 입력한다.
⑦ 지분율을 입력한다. 여기서는 **90%**로 입력한다.

4) 취득시지분구조_공정가치차이 sheet

	E	F	G	H	I	J	K	L	M
1	목차	기업명	약식명칭	취득차수_1	취득일_1	간주취득일_1	자본계정명_1	자본금액_1_외화	자본금액_1
2	자본_공정가치	종속	AB	1	2001-01-01	2001-01-01	자본금		1,000,000
3		종속	AB				이익잉여금		50,000
4		종속	AB						

① 종속의 2001-01-01일의 자본계정명_1(1차 취득시 자본계정명을 의미함)을 **K열**에 입력한다. 여기서는 **자본금**과 **이익잉여금**을 입력한다.

② 종속의 2001-01-01일의 자본금액_1(1차 취득시 자본금액을 의미함)을 **M열**에 입력한다. 여기서는 **자본금**에 대해서는 **1,000,000**을, **이익잉여금**에 대해서는 **50,000**을 입력한다.

5) 재무정보 sheet

	A	B	C	D	E	F	G
1	일련번호	목차	기업명	약식명칭	기간	계정명	금액
2	2	재무정보	종속	AB	2001-12-31	배당	
3						당기순이익	30,000
4						기타포괄손익	
5						해외사업환산손익	

① G열에 종속회사의 2001년 **당기순이익 30,000**을 입력한다.

6) 내부거래현황 sheet

	A	B	C	D	E	F	G	H	I	J	K	L
1	목차	판매회사	매입회사	판매회사약식	매입회사약식	계정과목	상각여부	내부거래번호	통화	내부거래일	내부판매액	환율
2	내부거래현황	종속	지배	AB	AA	기계장치	상각	AA001	원화	2001-12-31	170,000	1
3												

	M	N	O	P	Q
1	환산후_내부판매액	장부금액_원화	내부거래이익	잔존내용연수_월	잔존가치
2	170,000	150,000	20,000	60	0
3	-		-		

① 노란색 음영 부분을 상기와 같이 입력한다.

(3) [원화시산표.xlsx] 작성

1) 보고기간 sheet

	A	B
1	구분	일자
2	보고기간초	2001-01-01
3	보고기간말	2001-12-31

① 보고기간 초와 보고기간 말을 입력한다.

주의 기초정보의 보고기간 초와 보고기간 말과 동일하여야 한다.

2) 기업목록 sheet

기업명	시산표일자	표시통화	ERP	검증_빈값	검증_표시통화	검증_ERP
지배	2001-12-31	원화	더존	OK	OK	OK
종속	2001-12-31	원화	더존	OK	OK	OK

① 기업명을 입력한다. 여기서는 **지배**와 **종속**으로 입력한다.
② 표시통화를 **원화**로 선택한다.
③ ERP는 **더존**이라고 가정하고 선택한다.

3) 원화시산표_1 sheet

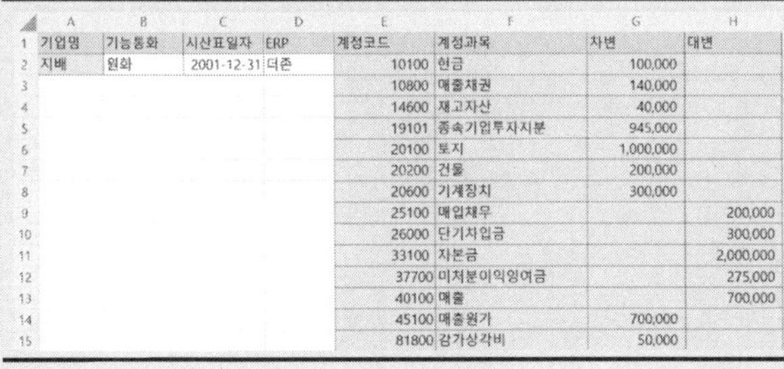

기업명	기능통화	시산표일자	ERP	계정코드	계정과목	차변	대변
지배	원화	2001-12-31	더존	10100	현금	100,000	
				10800	매출채권	140,000	
				14600	재고자산	40,000	
				19101	종속기업투자지분	945,000	
				20100	토지	1,000,000	
				20200	건물	200,000	
				20600	기계장치	300,000	
				25100	매입채무		200,000
				26000	단기차입금		300,000
				33100	자본금		2,000,000
				37700	미처분이익잉여금		275,000
				40100	매출		700,000
				45100	매출원가	700,000	
				81800	감가상각비	50,000	

① A열에 기업명을 입력한다. 여기서는 **지배**로 입력한다.
② 해당 계정코드, 계정과목, 차변, 대변 금액을 차례로 입력한다. **차변과 대변은 어느 한쪽만 입력하여야 한다.**
③ 검증 칼럼에서 OK가 아닌 경우 해당 원인을 해결한다.

4) 원화시산표_2 sheet

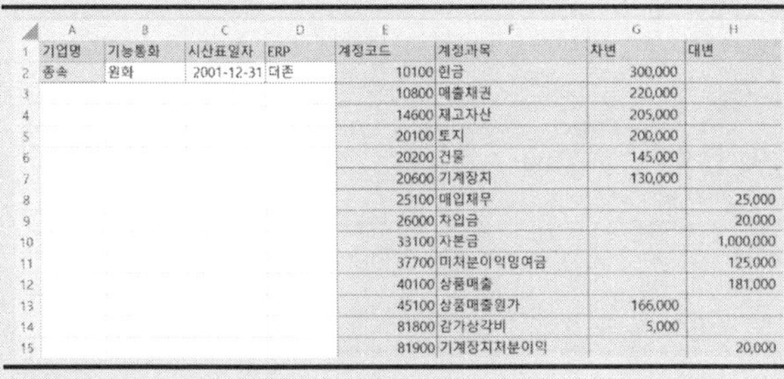

기업명	기능통화	시산표일자	ERP	계정코드	계정과목	차변	대변
종속	원화	2001-12-31	더존	10100	현금	300,000	
				10800	매출채권	220,000	
				14600	재고자산	205,000	
				20100	토지	200,000	
				20200	건물	145,000	
				20600	기계장치	130,000	
				25100	매입채무		25,000
				26000	차입금		20,000
				33100	자본금		1,000,000
				37700	미처분이익잉여금		125,000
				40100	상품매출		181,000
				45100	상품매출원가	166,000	
				81800	감가상각비	5,000	
				81900	기계장치처분이익		20,000

① A열에 기업명을 입력한다. 여기서는 **종속**으로 입력한다.
② 해당 계정코드, 계정과목, 차변, 대변 금액을 차례로 입력한다. **차변과 대변은 어느 한쪽만 입력하여야 한다.**
③ 검증 칼럼에서 OK가 아닌 경우 해당 원인을 해결한다.

(4) [Fraudit-ExCon.exe] 실행

제3장_5-1_1차년도_원가법_기초정보.xlsx와 제3장_5-1_1차년도_원가법_원화시산표.xlsx을 Fraudit-ExCon이 있는 폴더에 복사하여 이동한다. 그리고 **접두어를 제거**하고 **기초정보.xlsx와 원화시산표.xlsx**로 이름을 변경한다. **그 다음에 Fraudit-ExCon.exe를 실행한다.**

1) Main Sheet

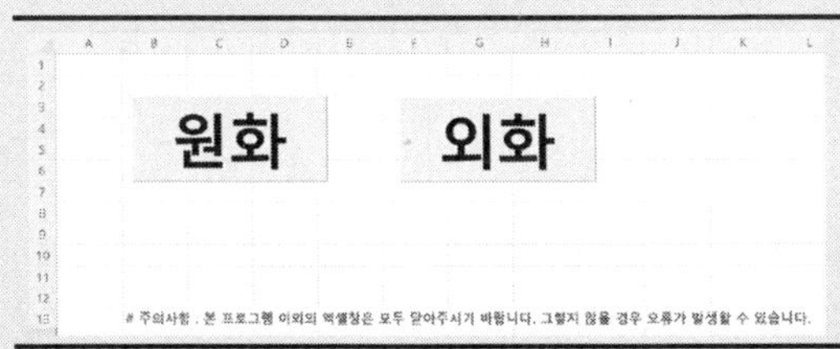

① 기능통화가 외화인 종속법인이 없으므로 원화 버튼을 누른다.

주의 원화 버튼을 누른 후 에러메시지가 뜨면 해당 에러 원인을 **기초정보.xlsx, 원화시산표.xlsx**에서 적절하게 수정한 후 다시 누른다.

2) out_연결분개_투자자본_0 sheet

T	U	V	W
계정과목	계정유형	차변	대변
AA종속기업투자지분	BS	0	945000
AB자본금	HE	1000000	0
AB이익잉여금	BS	50000	0
AB비지배지분	NCI	0	105000

① 연결분개 중 지배와 종속의 투자와 자본 상계제거 분개 부분에 해당한다. 검증 목적으로 차변, 대변 칼럼의 금액과 계정과목을 확인하면 된다(분개에 대한 상세 설명은 본문에서 확인하기 바람).

3) out_연결분개_내부거래_0 sheet

V	W	X	Y
계정과목_1	계정유형	차변	대변
AB기계장치감가상각누계액	BS	0	20000
AB기계장치처분이익	BS	20000	0
AB이연법인세	BS	0	0
AB법인세비용	IS	0	0
AB비지배지분	NCI	2000	0
AB비지배지분순이익	RE	0	2000
AA기계장치감가상각누계액	BS	0	0
AA기계장치감가상각비	IS	0	0
AA이연법인세	BS	0	0
AA법인세비용	IS	0	0
AA비지배지분	NCI	0	0
AA비지배지분순이익	RE	0	0

① 내부거래번호 AA001(상향판매)에 대한 연결분개 내부거래제거 부분에 해당한다(분개에 대한 상세 설명은 본문에서 확인하기 바람).

4) out_연결분개_기타_0 sheet

	A	B	C	D	E	F	G	H	I	J	K	L	M	N
1	기업명	약식명칭	기간	계정명	금액	지배지분세율	마지막기업_비지배지분세율	명목지배지분율	최종_실질비지배지분율	외화환산	계정과목	계정유형	차변	대변
2	종속	AB	2001-12-31	당기순이익	30,000	0.00%	0.00%	90.00%	10.00%		비지배지분	NCI	0	3,000
3											비지배지분순이익	RE	3,000	0

① 종속의 2001년 당기순이익에 대한 비지배지분 연결분개 부분에 해당한다(분개에 대한 상세 설명은 본문에서 확인하기 바람).

5) tmp_연결분개_통합 sheet

계정과목	매핑계정과목	신설필요_계정과목	후보_매핑계정과목_1	후보_매핑계정과목_2	차변잔액	대변잔액	확인
AA종속기업투자지분	AA종속기업투자지분		AA종속기업투자지분		0	945,000	
AB기계장치감가상각누계액	AB기계장치		AB기계장치	AB기계장치처분이익	0	20,000	
AB기계장치처분이익	AB기계장치처분이익		AB기계장치처분이익	AB기계장치	20,000	0	
AB비지배지분	비지배지분		비지배지분순이익	비지배지분	0	103,000	
AB비지배지분순이익	비지배지분순이익		비지배지분순이익		0	2,000	
AB이익잉여금	AB미처분이익잉여금		AB미처분이익잉여금		50,000	0	
AB자본금	AB자본금		AB자본금		1,000,000	0	
비지배지분	비지배지분		비지배지분	비지배지분순이익	0	3,000	
비지배지분순이익	비지배지분순이익		비지배지분순이익	비지배지분	3,000	0	

① 여기서는 매핑이 잘 이루어졌으므로 특별히 수정할 필요는 없다.

주의 적절한 계정과목을 신설하여야 하는 경우에는 신설필요_계정과목에 신설하고 동일한 계정과목을 매핑계정과목에 입력하여야 한다.

② 확인 버튼을 누른다.

6) out_최종연결정산표 sheet

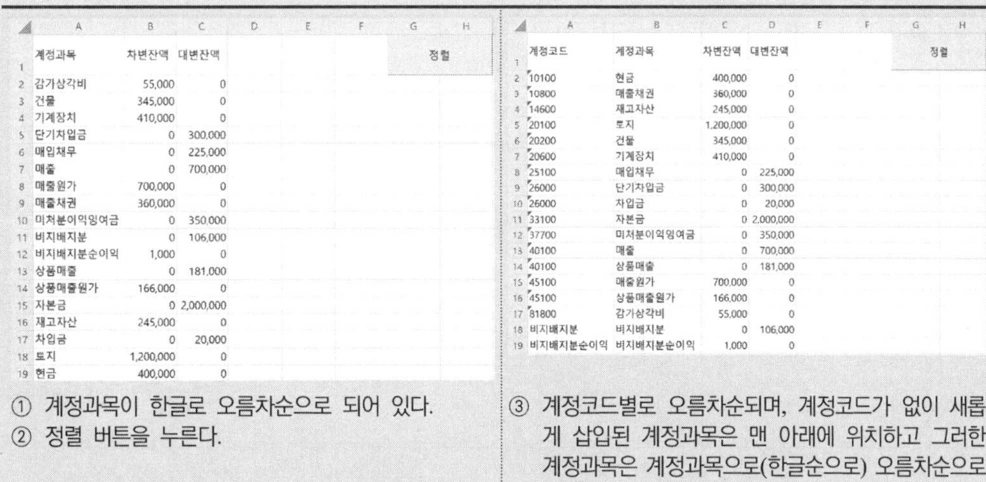

계정과목	차변잔액	대변잔액
감가상각비	55,000	0
건물	345,000	0
기계장치	410,000	0
단기차입금	0	300,000
매입채무	0	225,000
매출	0	700,000
매출원가	700,000	0
매출채권	360,000	0
미처분이익잉여금	0	350,000
비지배지분	0	106,000
비지배지분순이익	1,000	0
상품매출	0	181,000
상품매출원가	166,000	0
자본금	0	2,000,000
재고자산	245,000	0
차입금	0	20,000
토지	1,200,000	0
현금	400,000	0

정렬

① 계정과목이 한글로 오름차순으로 되어 있다.

② 정렬 버튼을 누른다.

계정코드	계정과목	차변잔액	대변잔액
10100	현금	400,000	0
10800	매출채권	360,000	0
14600	재고자산	245,000	0
20100	토지	1,200,000	0
20200	건물	345,000	0
20600	기계장치	410,000	0
25100	매입채무	0	225,000
26000	단기차입금	0	300,000
26000	차입금	0	20,000
33100	자본금	0	2,000,000
37700	미처분이익잉여금	0	350,000
40100	매출	0	700,000
40100	상품매출	0	181,000
45100	매출원가	700,000	0
45100	상품매출원가	166,000	0
81800	감가상각비	55,000	0
비지배지분	비지배지분	0	106,000
비지배지분순이익	비지배지분순이익	1,000	0

정렬

③ 계정코드별로 오름차순되며, 계정코드가 없이 새롭게 삽입된 계정과목은 맨 아래에 위치하고 그러한 계정과목은 계정과목으로(한글순으로) 오름차순으로 정렬이 된다.

Fraudit ExCon 실 습 : 제3장 5-1 2차년도 원가법

(1) 사례파일

제3장_5-1_2차년도_원가법_기초정보.xlsx, 제3장_5-1_2차년도_원가법_원화시산표.xlsx

(2) [기초정보.xlsx] 작성

1) 보고기간 sheet

	A	B	C	D
1	목차	구분	일자	검증_보고기간
2	보고기간	보고기간초	2002-01-01	OK
3	보고기간	보고기간말	2002-12-31	

① 보고기간 초와 보고기간 말을 입력한다.

2) 기업목록 sheet

	A	B	C	D	E	F	G	H	I	J	K	L	M
1	일련번호	목차	기업명	약식명칭	기능통화	표시통화	세율	이연법인세계산	검증_기업명중복	검증_기능통화	검증_표시통화	검증_세율	검증_이연법인세계산
2	1	기업목록	지배	AA	원화	원화	0%	아니오	OK	OK	OK	OK	OK
3	2		종속	AB	원화	원화	0%	아니오	OK	OK	OK	OK	OK

① 기업명을 입력한다. 여기서는 **지배**와 **종속**으로 입력한다.
② 기능통화를 **원화**로 선택한다.
③ 표시통화를 **원화**로 선택한다.
④ 세율은 0%이므로 입력하지 않는다.
⑤ 이연법인세계산을 **아니오**로 선택한다.

3) 지분구조 sheet

	B	C	D	E
1	지배기업명	종속기업명	지배기업약식	종속기업약식
2	지배	종속	AA	AB
3				

① 지배기업명과 종속기업명을 입력한다. 여기서는 **지배**와 **종속**으로 입력한다.

	F	G	H	I	J	K	L	M	N	O
1	취득차수	취득일	간주취득일	외화취득원가	통화	환율	취득원가	균등유상증자_취득원가	불균등유상증자_취득원가	지분율
2	1	2001-01-01	2001-01-01		원화		945,000			90.00%
3										

② 취득차수를 입력한다. 최초취득이므로 **1**을 입력한다.
주의 추가취득인 경우에는 해당 차수에 따라 2, 3, 4... 식으로 입력한다.
③ 최초취득일을 입력한다. 여기서는 **2001-01-01**로 입력한다.
④ 간주취득일을 입력한다. 여기서는 **2001-01-01**로 입력한다.
주의 간주취득일은 최초취득일로부터 가장 근접한 결산재무제표의 결산일을 의미한다.
⑤ 통화는 국내종속법인인 경우로 가정하여 **원화**를 선택한다.
⑥ 취득원가를 입력한다. 여기서는 **945,000**을 입력한다.
⑦ 지분율을 입력한다. 여기서는 **90%**로 입력한다.

4) 취득시지분구조_공정가치차이 sheet

	E	F	G	H	I	J	K	L	M
1	목차	기업명	약식명칭	취득차수_1	취득일_1	간주취득일_1	자본계정명_1	자본금액_1_외화	자본금액_1
2	자본_공정가치	종속	AB	1	2001-01-01	2001-01-01	자본금		1,000,000
3		종속	AB				이익잉여금		50,000
4		종속	AB						

① 종속의 2001-01-01일의 자본계정명_1(1차 취득시 자본계정명을 의미함)을 **K열**에 입력한다. 여기서는 **자본금**과 **이익잉여금**을 입력한다.
② 종속의 2001-01-01일의 자본금액_1(1차 취득시 자본금액을 의미함)을 **M열**에 입력한다. 여기서는 **자본금**에 대해서는 **1,000,000**을, **이익잉여금**에 대해서는 **50,000**을 입력한다.

5) 재무정보 sheet

	A	B	C	D	E	F	G
1	일련번호	목차	기업명	약식명칭	기간	계정명	금액
2	2	재무정보	종속	AB	2001-12-31	배당	
3						당기순이익	30,000
4						기타포괄손익	
5						해외사업환산손익	
6	2		종속	AB	2002-12-31	배당	
7						당기순이익	45,000
8						기타포괄손익	
9						해외사업환산손익	

① G열에 종속회사의 **2001년 당기순이익 30,000**과 **2002년 당기순이익 45,000**을 입력한다.

6) 내부거래현황 sheet

	A	B	C	D	E	F	G	H	I	J	K	L
1	목차	판매회사	매입회사	판매회사약식	매입회사약식	계정과목	상각여부	내부거래번호	통화	내부거래일	내부판매액	환율
2	내부거래현황	종속	지배	AB	AA	기계장치	상각	AA001	원화	2001-12-31	170,000	1
3												

	M	N	O	P	Q
1	환산후_내부판매액	장부금액_원화	내부거래이익	잔존내용연수_월	잔존가치
2	170,000	150,000	20,000	60	0
3	-		-		

① 노란색 음영 부분을 상기와 같이 입력한다.

(3) [원화시산표.xlsx] 작성

1) 보고기간 sheet

	A	B
1	구분	일자
2	보고기간초	2002-01-01
3	보고기간말	2002-12-31

① 보고기간 초와 보고기간 말을 입력한다.
주의 기초정보의 보고기간 초와 보고기간 말과 동일하여야 한다.

2) 기업목록 sheet

기업명	시산표일자	표시통화	ERP	검증_빈값	검증_표시통화	검증_ERP
지배	2001-12-31	원화	더존	OK	OK	OK
종속	2001-12-31	원화	더존	OK	OK	OK

① 기업명을 입력한다. 여기서는 **지배**와 **종속**으로 입력한다.
② 표시통화를 **원화**로 선택한다.
③ ERP는 **더존**이라고 가정하고 선택한다.

3) 원화시산표_1 sheet

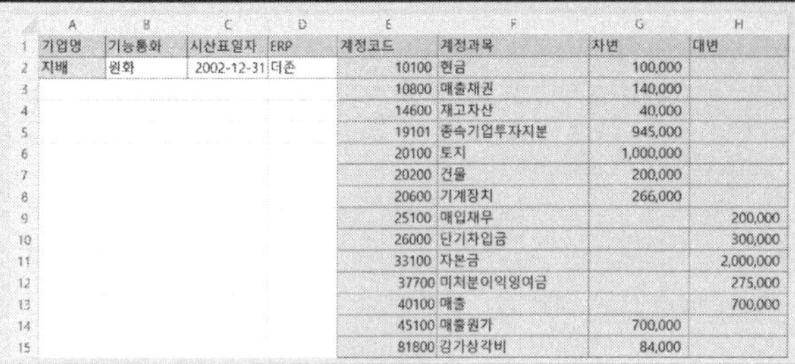

기업명	기능통화	시산표일자	ERP	계정코드	계정과목	차변	대변
지배	원화	2002-12-31	더존	10100	현금	100,000	
				10800	매출채권	140,000	
				14600	재고자산	40,000	
				19101	종속기업투자지분	945,000	
				20100	토지	1,000,000	
				20200	건물	200,000	
				20600	기계장치	266,000	
				25100	매입채무		200,000
				26000	단기차입금		300,000
				33100	자본금		2,000,000
				37700	미처분이익잉여금		275,000
				40100	매출		700,000
				45100	매출원가	700,000	
				81800	감가상각비	84,000	

① A열에 기업명을 입력한다. 여기서는 **지배**로 입력한다.
② 해당 계정코드, 계정과목, 차변, 대변 금액을 차례로 입력한다. **차변과 대변은 어느 한쪽만 입력하여야 한다.**
③ 검증 칼럼에서 OK가 아닌 경우 해당 원인을 해결한다.

4) 원화시산표_2 sheet

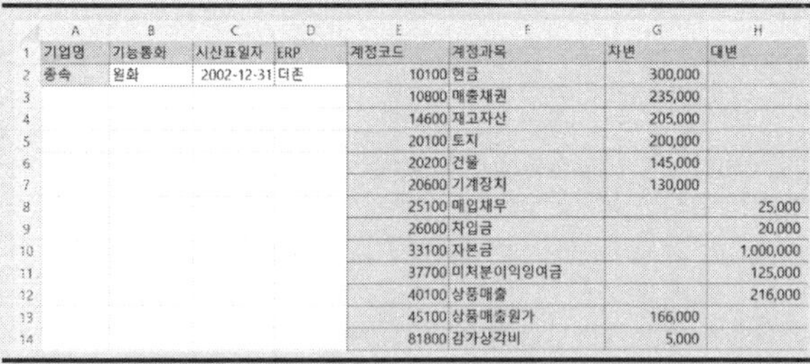

기업명	기능통화	시산표일자	ERP	계정코드	계정과목	차변	대변
종속	원화	2002-12-31	더존	10100	현금	300,000	
				10800	매출채권	235,000	
				14600	재고자산	205,000	
				20100	토지	200,000	
				20200	건물	145,000	
				20600	기계장치	130,000	
				25100	매입채무		25,000
				26000	차입금		20,000
				33100	자본금		1,000,000
				37700	미처분이익잉여금		125,000
				40100	상품매출		216,000
				45100	상품매출원가	166,000	
				81800	감가상각비	5,000	

① A열에 기업명을 입력한다. 여기서는 **종속**으로 입력한다.
② 해당 계정코드, 계정과목, 차변, 대변 금액을 차례로 입력한다. **차변과 대변은 어느 한쪽만 입력하여야 한다.**
③ 검증 칼럼에서 OK가 아닌 경우 해당 원인을 해결한다.

(4) [Fraudit-ExCon.exe] 실행

제3장_5-1_2차년도_원가법_기초정보.xlsx와 제3장_5-1_2차년도_원가법_원화시산표.xlsx을 Fraudit-ExCon이 있는 폴더에 복사하여 이동한다. 그리고 **접두어를 제거**하고 **기초정보.xlsx와 원화시산표.xlsx**로 이름을 변경한다. **그 다음에 Fraudit-ExCon.exe를 실행한다.**

1) Main Sheet

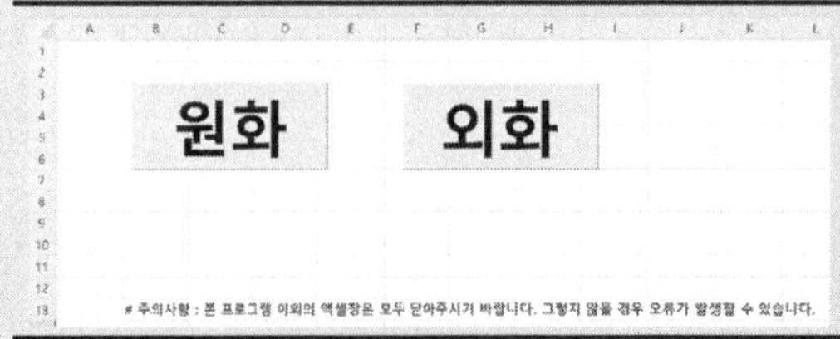

① 기능통화가 외화인 종속법인이 없으므로 원화 버튼을 누른다.

주의 원화 버튼을 누른 후 에러메시지가 뜨면 해당 에러 원인을 **기초정보.xlsx, 원화시산표.xlsx**에서 적절하게 수정한 후 다시 누른다.

2) out_연결분개_투자자본_0 sheet

계정과목	계정유형	차변	대변
AA종속기업투자지분	BS	0	945000
AB자본금	HE	1000000	0
AB이익잉여금	BS	50000	0
AB비지배지분	NCI	0	105000

① 연결분개 중 지배와 종속의 투자와 자본 상계제거 분개 부분에 해당한다. 검증 목적으로 차변, 대변 칼럼의 금액과 계정과목을 확인하면 된다(분개에 대한 상세 설명은 본문에서 확인하기 바람).

3) out_연결분개_내부거래_0 sheet

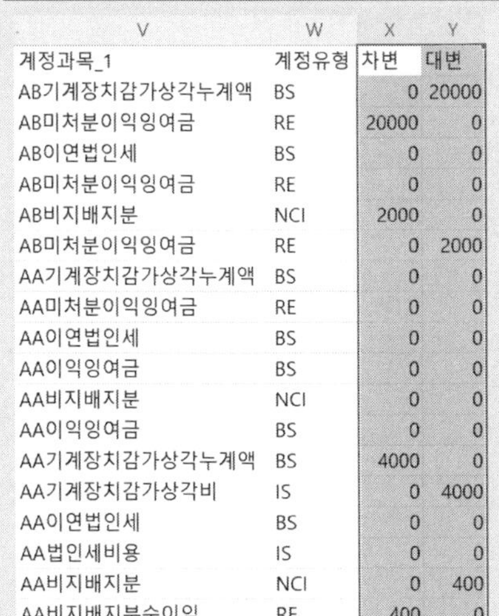

계정과목_1	계정유형	차변	대변
AB기계장치감가상각누계액	BS	0	20000
AB미처분이익잉여금	RE	20000	0
AB이연법인세	BS	0	0
AB미처분이익잉여금	RE	0	0
AB비지배지분	NCI	2000	0
AB미처분이익잉여금	RE	0	2000
AA기계장치감가상각누계액	BS	0	0
AA미처분이익잉여금	RE	0	0
AA이연법인세	BS	0	0
AA이익잉여금	BS	0	0
AA비지배지분	NCI	0	0
AA이익잉여금	BS	0	0
AA기계장치감가상각누계액	BS	4000	0
AA기계장치감가상각비	IS	0	4000
AA이연법인세	BS	0	0
AA법인세비용	IS	0	0
AA비지배지분	NCI	0	400
AA비지배지분순이익	RE	400	0

① 내부거래번호 AA001(상향판매)에 대한 연결분개 내부거래제거 부분에 해당한다(분개에 대한 상세 설명은 본문에서 확인하기 바람).

4) out_연결분개_기타_0 sheet

기업명	약식명칭	기간	계정명	금액	지배지분세율	마지막기업_비지배지분세율	명목지배지분율	최종_실질비지배지분율	외화환산	계정과목	계정유형	차변	대변
종속	AB	2001-12-31	당기순이익	30,000	0.00%	0.00%	90.00%	10.00%		비지배지분	NCI	0	3,000
										미처분이익잉여금	RE	3,000	0

① **[out_연결분개_기타_0]** 종속의 2001년 당기순이익에 대한 비지배지분 연결분개 부분에 해당한다(분개에 대한 상세 설명은 본문에서 확인하기 바람).

기업명	약식명칭	기간	계정명	금액	지배지분세율	마지막기업_비지배지분세율	명목지배지분율	최종_실질비지배지분율	외화환산	계정과목	계정유형	차변	대변
종속	AB	2002-12-31	당기순이익	45,000	0.00%	0.00%	90.00%	10.00%		비지배지분	NCI	0	4,500
										비지배지분순이익	RE	4,500	0

② **[out_연결분개_기타_1]** 종속의 2002년 당기순이익에 대한 비지배지분 연결분개 부분에 해당한다(분개에 대한 상세 설명은 본문에서 확인하기 바람).

5) tmp_연결분개_통합 sheet

	계정과목	매핑계정과목	신설필요_계정과목	후보_매핑계정과목_1	후보_매핑계정과목_2	차변잔액	대변잔액	확인
2	AA기계장치감가상각누계액	AA기계장치		AA기계장치		4,000	0	
3	AA기계장치감가상각비	AA감가상각비		AA기계장치		0	4,000	
4	AA비지배지분	비지배지분		비지배지분순이익	비지배지분	0	400	
5	AA비지배지분순이익	비지배지분순이익		비지배지분순이익		400	0	
6	AA종속기업투자지분	AA종속기업투자지분		AA종속기업투자지분		0	945,000	
7	AB기계장치감가상각누계액	AB기계장치		AB기계장치		0	20,000	
8	AB미처분이익잉여금	AB미처분이익잉여금		AB미처분이익잉여금	AA미처분이익잉여금	18,000	0	
9	AB비지배지분	비지배지분		비지배지분순이익	비지배지분	0	103,000	
10	AB이익잉여금	AB미처분이익잉여금		AB미처분이익잉여금		50,000	0	
11	AB자본금	AB자본금		AB자본금		1,000,000	0	
12	미처분이익잉여금	AA미처분이익잉여금		AA미처분이익잉여금	AB미처분이익잉여금	3,000	0	
13	비지배지분	비지배지분		비지배지분	비지배지분순이익	0	7,500	
14	비지배지분순이익	비지배지분순이익		비지배지분순이익	비지배지분	4,500	0	

① 상기 음영 부분을 AA감가상각비로 매핑한다.

주의 적절한 계정과목을 신설하여야 하는 경우에는 신설필요_계정과목에 신설하고 동일한 계정과목을 매핑계정과목에 입력하여야 한다.

② 확인 버튼을 누른다.

6) out_최종연결정산표 sheet

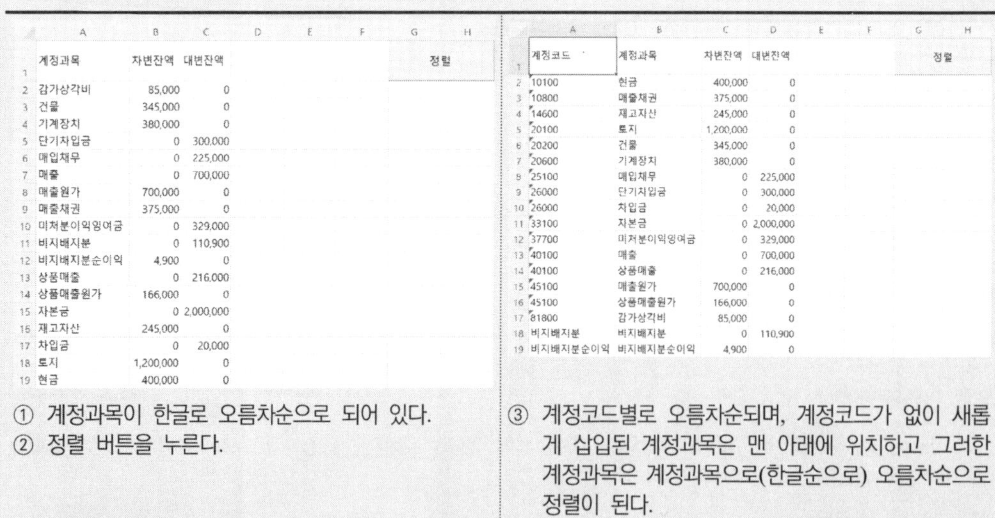

	계정과목	차변잔액	대변잔액	정렬
2	감가상각비	85,000	0	
3	건물	345,000	0	
4	기계장치	380,000	0	
5	단기차입금	0	300,000	
6	매입채무	0	225,000	
7	매출	0	700,000	
8	매출원가	700,000	0	
9	매출채권	375,000	0	
10	미처분이익잉여금	0	329,000	
11	비지배지분	0	110,900	
12	비지배지분순이익	4,900	0	
13	상품매출	0	216,000	
14	상품매출원가	166,000	0	
15	자본금	0	2,000,000	
16	재고자산	245,000	0	
17	차입금	0	20,000	
18	토지	1,200,000	0	
19	현금	400,000	0	

	계정코드	계정과목	차변잔액	대변잔액	정렬
2	10100	현금	400,000	0	
3	10800	매출채권	375,000	0	
4	14600	재고자산	245,000	0	
5	20100	토지	1,200,000	0	
6	20200	건물	345,000	0	
7	20600	기계장치	380,000	0	
8	25100	매입채무	0	225,000	
9	26000	단기차입금	0	300,000	
10	26000	차입금	0	20,000	
11	33100	자본금	0	2,000,000	
12	37700	미처분이익잉여금	0	329,000	
13	40100	매출	0	700,000	
14	40100	상품매출	0	216,000	
15	45100	매출원가	700,000	0	
16	45100	상품매출원가	166,000	0	
17	81800	감가상각비	85,000	0	
18	비지배지분	비지배지분	0	110,900	
19	비지배지분순이익	비지배지분순이익	4,900	0	

① 계정과목이 한글로 오름차순으로 되어 있다.

② 정렬 버튼을 누른다.

③ 계정코드별로 오름차순되며, 계정코드가 없이 새롭게 삽입된 계정과목은 맨 아래에 위치하고 그러한 계정과목은 계정과목으로(한글순으로) 오름차순으로 정렬이 된다.

Fraudit ExCon 실 습 : 제3장 5-1 3차년도 원가법

(1) 사례파일

제3장_5-1_3차년도_원가법_기초정보.xlsx, 제3장_5-1_3차년도_원가법_원화시산표.xlsx

(2) [기초정보.xlsx] 작성

1) 보고기간 sheet

	A	B	C	D
1	목차	구분	일자	검증_보고기간
2	보고기간	보고기간초	2003-01-01	OK
3	보고기간	보고기간말	2003-12-31	

① 보고기간 초와 보고기간 말을 입력한다.

2) 기업목록 sheet

	A	B	C	D	E	F	G	H	I	J	K	L	M
1	일련번호	목차	기업명	약식명칭	기능통화	표시통화	세율	이연법인세계산	검증_기업명중복	검증_기능통화	검증_표시통화	검증_세율	검증_이연법인세계산
2	1	기업목록	지배	AA	원화	원화	0%	아니오	OK	OK	OK	OK	OK
3	2		종속	AB	원화	원화	0%	아니오	OK	OK	OK	OK	OK

① 기업명을 입력한다. 여기서는 **지배**와 **종속**으로 입력한다.
② 기능통화를 **원화**로 선택한다.
③ 표시통화를 **원화**로 선택한다.
④ 세율은 0%이므로 입력하지 않는다.
⑤ 이연법인세계산을 **아니오**로 선택한다.

3) 지분구조 sheet

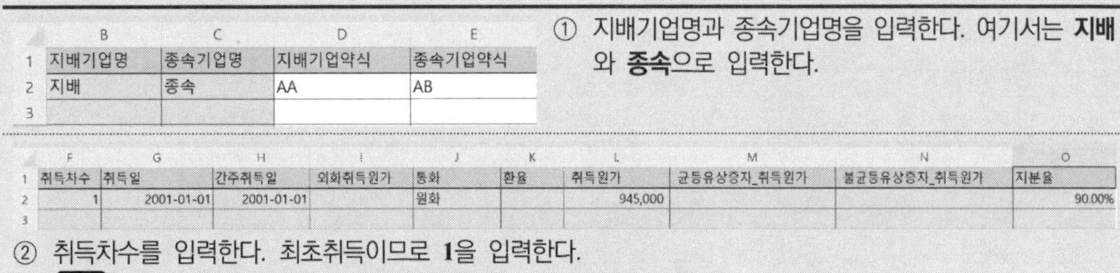

	B	C	D	E
1	지배기업명	종속기업명	지배기업약식	종속기업약식
2	지배	종속	AA	AB
3				

	F	G	H	I	J	K	L	M	N	O
1	취득차수	취득일	간주취득일	외화취득원가	통화	환율	취득원가	균등유상증자_취득원가	불균등유상증자_취득원가	지분율
2	1	2001-01-01	2001-01-01		원화		945,000			90.00%
3										

① 지배기업명과 종속기업명을 입력한다. 여기서는 **지배**와 **종속**으로 입력한다.

② 취득차수를 입력한다. 최초취득이므로 **1**을 입력한다.
주의 추가취득인 경우에는 해당 차수에 따라 2, 3, 4... 식으로 입력한다.
③ 최초취득일을 입력한다. 여기서는 **2001-01-01**로 입력한다.
④ 간주취득일을 입력한다. 여기서는 **2001-01-01**로 입력한다.
주의 간주취득일은 최초취득일로부터 가장 근접한 결산재무제표의 결산일을 의미한다.
⑤ 통화는 국내종속법인인 경우로 가정하여 **원화**를 선택한다.
⑥ 취득원가를 입력한다. 여기서는 **945,000**을 입력한다.
⑦ 지분율을 입력한다. 여기서는 **90%**로 입력한다.

4) 취득시지분구조_공정가치차이 sheet

	E	F	G	H	I	J	K	L	M
1	목차	기업명	약식명칭	취득차수_1	취득일_1	간주취득일_1	자본계정명_1	자본금액_1_외화	자본금액_1
2	자본_공정가치	종속	AB	1	2001-01-01	2001-01-01	자본금		1,000,000
3		종속	AB				이익잉여금		50,000
4		종속	AB						

① 종속의 2001-01-01일의 자본계정명_1(1차 취득시 자본계정명을 의미함)을 **K열**에 입력한다. 여기서는 **자본금**과 **이익잉여금**을 입력한다.

② 종속의 2001-01-01일의 자본금액_1(1차 취득시 자본금액을 의미함)을 **M열**에 입력한다. 여기서는 **자본금**에 대해서는 **1,000,000**을, **이익잉여금**에 대해서는 **50,000**을 입력한다.

5) 재무정보 sheet

	A	B	C	D	E	F	G
1	일련번호	목차	기업명	약식명칭	기간	계정명	금액
2	2	재무정보	종속	AB	2001-12-31	배당	
3						당기순이익	30,000
4						기타포괄손익	
5						해외사업환산손익	
6	2		종속	AB	2002-12-31	배당	
7						당기순이익	45,000
8						기타포괄손익	
9						해외사업환산손익	
10	2		종속	AB	2003-12-31	배당	
11						당기순이익	60,000
12						기타포괄손익	
13						해외사업환산손익	

① G열에 종속회사의 **2001년 당기순이익 30,000**과 **2002년 당기순이익 45,000, 2003년 당기순이익 60,000**을 입력한다.

6) 내부거래현황 sheet

	A	B	C	D	E	F	G	H	I	J	K	L
1	목차	판매회사	매입회사	판매회사약식	매입회사약식	계정과목	상각여부	내부거래번호	통화	내부거래일	내부판매액	환율
2	내부거래현황	종속	지배	AB	AA	기계장치	상각	AA001	원화	2001-12-31	170,000	1
3												

	M	N	O	P	Q	R	S
1	환산후_내부판매액	장부금액_원화	내부거래이익	잔존내용연수_월	잔존가치	외부판매일_1차	외부판매비율_1차
2	170,000	150,000	20,000	60	0	2003-12-31	100.00%
3	-		-				

① 노란색 음영 부분을 상기와 같이 입력한다.

(3) [원화시산표.xlsx] 작성

1) 보고기간 sheet

구분	일자
보고기간초	2003-01-01
보고기간말	2003-12-31

① 보고기간 초와 보고기간 말을 입력한다.

주의 기초정보의 보고기간 초와 보고기간 말과 동일하여야 한다.

2) 기업목록 sheet

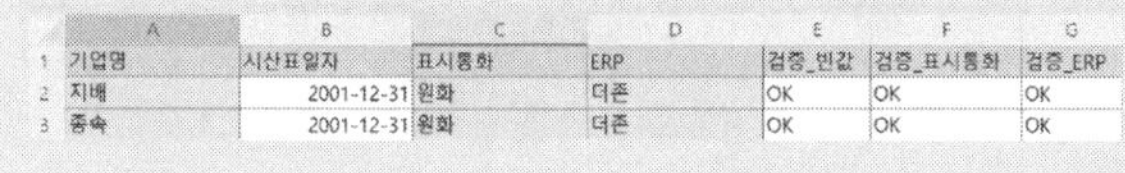

기업명	시산표일자	표시통화	ERP	검증_빈값	검증_표시통화	검증_ERP
지배	2001-12-31	원화	더존	OK	OK	OK
종속	2001-12-31	원화	더존	OK	OK	OK

① 기업명을 입력한다. 여기서는 **지배**와 **종속**으로 입력한다.
② 표시통화를 **원화**로 선택한다.
③ ERP는 **더존**이라고 가정하고 선택한다.

3) 원화시산표_1 sheet

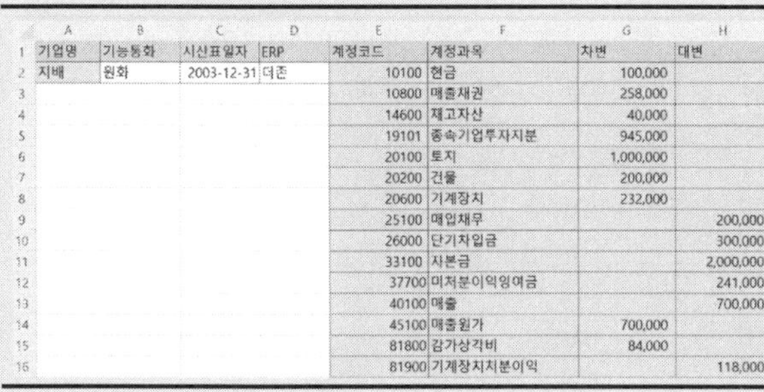

기업명	기능통화	시산표일자	ERP	계정코드	계정과목	차변	대변
지배	원화	2003-12-31	더존	10100	현금	100,000	
				10800	매출채권	258,000	
				14600	재고자산	40,000	
				19101	종속기업투자지분	945,000	
				20100	토지	1,000,000	
				20200	건물	200,000	
				20600	기계장치	232,000	
				25100	매입채무		200,000
				26000	단기차입금		300,000
				33100	자본금		2,000,000
				37700	미처분이익잉여금		241,000
				40100	매출		700,000
				45100	매출원가	700,000	
				81800	감가상각비	84,000	
				81900	기계장치처분이익		118,000

① A열에 기업명을 입력한다. 여기서는 **지배**로 입력한다.
② 해당 계정코드, 계정과목, 차변, 대변 금액을 차례로 입력한다. **차변과 대변은 어느 한쪽만 입력하여야 한다.**
③ 검증 칼럼에서 OK가 아닌 경우 해당 원인을 해결한다.

4) 원화시산표_2 sheet

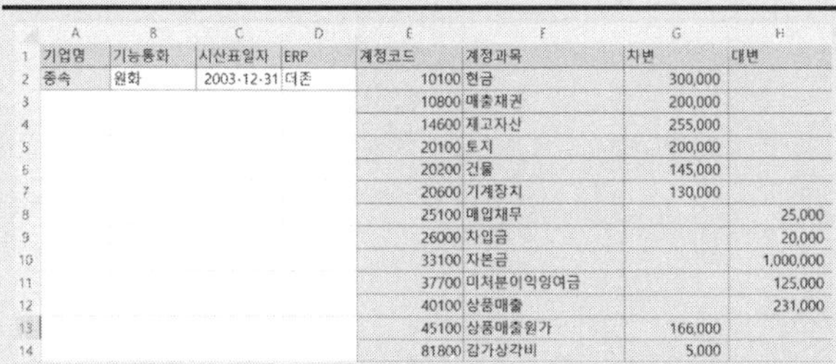

기업명	기능통화	시산표일자	ERP	계정코드	계정과목	차변	대변
종속	원화	2003-12-31	더존	10100	현금	300,000	
				10800	매출채권	200,000	
				14600	재고자산	255,000	
				20100	토지	200,000	
				20200	건물	145,000	
				20600	기계장치	130,000	
				25100	매입채무		25,000
				26000	차입금		20,000
				33100	자본금		1,000,000
				37700	미처분이익잉여금		125,000
				40100	상품매출		231,000
				45100	상품매출원가	166,000	
				81800	감가상각비	5,000	

① A열에 기업명을 입력한다. 여기서는 **종속**으로 입력한다.
② 해당 계정코드, 계정과목, 차변, 대변 금액을 차례로 입력한다. **차변과 대변은 어느 한쪽만 입력하여야 한다.**
③ 검증 칼럼에서 OK가 아닌 경우 해당 원인을 해결한다.

(4) [Fraudit-ExCon.exe] 실행

제3장_5-1_3차년도_원가법_기초정보.xlsx와 제3장_5-1_3차년도_원가법_원화시산표.xlsx을 Fraudit-ExCon이 있는 폴더에 복사하여 이동한다. 그리고 **접두어를 제거**하고 **기초정보.xlsx와 원화시산표.xlsx**로 이름을 변경한다. **그 다음에 Fraudit-ExCon.exe를 실행한다.**

1) Main Sheet

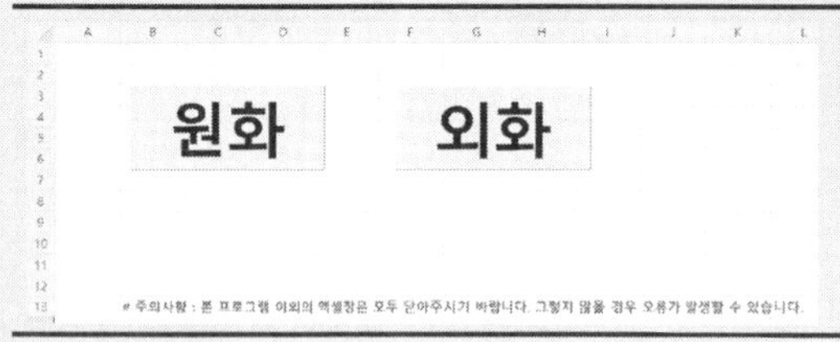

① 기능통화가 외화인 종속법인이 없으므로 원화 버튼을 누른다.

주의 원화 버튼을 누른 후 에러메시지가 뜨면 해당 에러 원인을 **기초정보.xlsx, 원화시산표.xlsx**에서 적절하게 수정한 후 다시 누른다.

2) out_연결분개_투자자본_0 sheet

계정과목	계정유형	차변	대변
AA종속기업투자지분	BS	0	945000
AB자본금	HE	1000000	0
AB이익잉여금	BS	50000	0
AB비지배지분	NCI	0	105000

① 연결분개 중 지배와 종속의 투자와 자본 상계제거 분개 부분에 해당한다. 검증 목적으로 차변, 대변 칼럼의 금액과 계정과목을 확인하면 된다(분개에 대한 상세 설명은 본문에서 확인하기 바람).

3) out_연결분개_내부거래_0 sheet

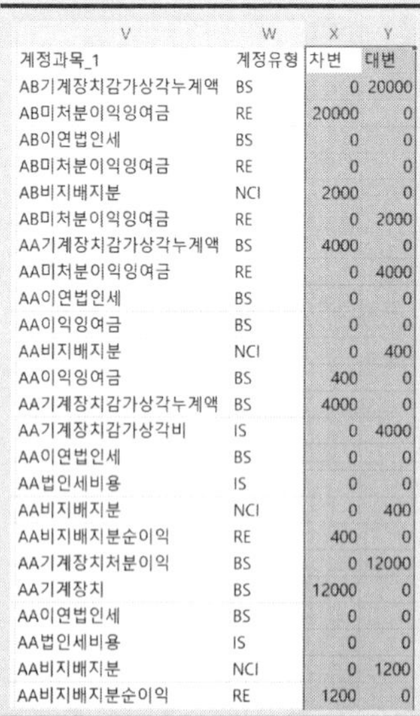

계정과목_1	계정유형	차변	대변
AB기계장치감가상각누계액	BS	0	20000
AB미처분이익잉여금	RE	20000	0
AB이연법인세	BS	0	0
AB미처분이익잉여금	RE	0	0
AB비지배지분	NCI	2000	0
AB미처분이익잉여금	RE	0	2000
AA기계장치감가상각누계액	BS	4000	0
AA미처분이익잉여금	RE	0	4000
AA이연법인세	BS	0	0
AA이익잉여금	BS	0	0
AA비지배지분	NCI	0	400
AA이익잉여금	BS	400	0
AA기계장치감가상각누계액	BS	4000	0
AA기계장치감가상각비	IS	0	4000
AA이연법인세	BS	0	0
AA법인세비용	IS	0	0
AA비지배지분	NCI	0	400
AA비지배지분순이익	RE	400	0
AA기계장치처분이익	BS	0	12000
AA기계장치	BS	12000	0
AA이연법인세	BS	0	0
AA법인세비용	IS	0	0
AA비지배지분	NCI	0	1200
AA비지배지분순이익	RE	1200	0

① 내부거래번호 AA001(상향판매)에 대한 연결분개 내부거래제거 부분에 해당한다(분개에 대한 상세 설명은 본문에서 확인하기 바람).

4) out_연결분개_기타_0, 1, 2 sheet

기업명	약식명칭	기간	계정명	금액	지배지분세율	마지막기업_비지배지분세율	명목지배지분율	최종_실질비지배지분율	외화환산	계정과목	계정유형	차변	대변
종속	AB	2001-12-31	당기순이익	30,000	0.00%	0.00%	90.00%	10.00%		비지배지분	NCI	0	3,000
										미처분이익잉여금	RE	3,000	0

① **[out_연결분개_기타_0]** 종속의 2001년 당기순이익에 대한 비지배지분 연결분개 부분에 해당한다(분개에 대한 상세 설명은 본문에서 확인하기 바람).

기업명	약식명칭	기간	계정명	금액	지배지분세율	마지막기업_비지배지분세율	명목지배지분율	최종_실질비지배지분율	외화환산	계정과목	계정유형	차변	대변
종속	AB	2002-12-31	당기순이익	45,000	0.00%	0.00%	90.00%	10.00%		비지배지분	NCI	0	4,500
										미처분이익잉여금	RE	4,500	0

② **[out_연결분개_기타_1]** 종속의 2002년 당기순이익에 대한 비지배지분 연결분개 부분에 해당한다(분개에 대한 상세 설명은 본문에서 확인하기 바람).

기업명	약식명칭	기간	계정명	금액	지배지분세율	마지막기업_비지배지분세율	명목지배지분율	최종_실질비지배지분율	외화환산	계정과목	계정유형	차변	대변
종속	AB	2003-12-31	당기순이익	60,000	0.00%	0.00%	90.00%	10.00%		비지배지분	NCI	0	6,000
										비지배지분순이익	RE	6,000	0

③ **[out_연결분개_기타_2]** 종속의 2003년 당기순이익에 대한 비지배지분 연결분개 부분에 해당한다(분개에 대한 상세 설명은 본문에서 확인하기 바람).

5) tmp_연결분개_통합 sheet

계정과목	매핑계정과목	신설필요_계정과목	후보_매핑계정과목_1	후보_매핑계정과목_2	차변잔액	대변잔액	확인
AA기계장치	AA기계장치		AA기계장치	AA기계장치처분이익	12,000	0	
AA기계장치감가상각누계액	AA기계장치		AA기계장치	AA기계장치처분이익	8,000	0	
AA기계장치감가상각비	AA감가상각비		AA기계장치	AA기계장치처분이익	0	4,000	
AA기계장치처분이익	AA기계장치처분이익		AA기계장치처분이익	AA기계장치	0	12,000	
AA미처분이익잉여금	AA미처분이익잉여금		AA미처분이익잉여금	AB미처분이익잉여금	0	4,000	
AA비지배지분	비지배지분		비지배지분순이익	비지배지분	0	2,000	
AA비지배지분순이익	비지배지분순이익		비지배지분순이익		1,600	0	
AA이익잉여금	AA미처분이익잉여금		AA미처분이익잉여금		400	0	
AA종속기업투자지분	AA종속기업투자지분		AA종속기업투자지분		0	945,000	
AB기계장치감가상각누계액	AB기계장치		AB기계장치		0	20,000	
AB미처분이익잉여금	AB미처분이익잉여금		AB미처분이익잉여금	AA미처분이익잉여금	18,000	0	
AB비지배지분	비지배지분		비지배지분순이익	비지배지분	0	103,000	
AB이익잉여금	AB미처분이익잉여금		AB미처분이익잉여금		50,000	0	
AB자본금	AB자본금		AB자본금		1,000,000	0	
미처분이익잉여금	AA미처분이익잉여금		AA미처분이익잉여금	AB미처분이익잉여금	7,500	0	
비지배지분	비지배지분		비지배지분	비지배지분순이익	0	13,500	
비지배지분순이익	비지배지분순이익		비지배지분순이익	비지배지분	6,000	0	

① 상기 음영 부분을 AA감가상각비로 매핑한다.

주의 적절한 계정과목을 신설하여야 하는 경우에는 신설필요_계정과목에 신설하고 동일한 계정과목을 매핑계정과목에 입력하여야 한다.

② 확인 버튼을 누른다.

6) out_최종연결정산표 sheet

	A	B	C	D	E	F	G	H
1	계정과목	차변잔액	대변잔액				정렬	
2	감가상각비	85,000	0					
3	건물	345,000	0					
4	기계장치	362,000	0					
5	기계장치처분이익	0	130,000					
6	단기차입금	0	300,000					
7	매입채무	0	225,000					
8	매출	0	700,000					
9	매출원가	700,000	0					
10	매출채권	458,000	0					
11	미처분이익잉여금	0	294,100					
12	비지배지분	0	118,500					
13	비지배지분순이익	7,600	0					
14	상품매출	0	231,000					
15	상품매출원가	166,000	0					
16	자본금	0	2,000,000					
17	재고자산	295,000	0					
18	차입금	0	20,000					
19	토지	1,200,000	0					
20	현금	400,000	0					

① 계정과목이 한글로 오름차순으로 되어 있다.
② 정렬 버튼을 누른다.

	A	B	C	D	E	F	G	H
1	계정코드	계정과목	차변잔액	대변잔액			정렬	
2	10100	현금	400,000	0				
3	10800	매출채권	458,000	0				
4	14600	재고자산	295,000	0				
5	20100	토지	1,200,000	0				
6	20200	건물	345,000	0				
7	20600	기계장치	362,000	0				
8	25100	매입채무	0	225,000				
9	26000	단기차입금	0	300,000				
10	26000	차입금	0	20,000				
11	33100	자본금	0	2,000,000				
12	37700	미처분이익잉여금	0	294,100				
13	40100	매출	0	700,000				
14	40100	상품매출	0	231,000				
15	45100	매출원가	700,000	0				
16	45100	상품매출원가	166,000	0				
17	81800	감가상각비	85,000	0				
18	81900	기계장치처분이익	0	130,000				
19	비지배지분	비지배지분	0	118,500				
20	비지배지분순이익	비지배지분순이익	7,600	0				

③ 계정코드별로 오름차순되며, 계정코드가 없이 새롭게 삽입된 계정과목은 맨 아래에 위치하고 그러한 계정과목은 계정과목으로(한글순으로) 오름차순으로 정렬이 된다.

기본정보 5-2 상각 유형자산에 대한 내부거래(지분법)

(1) 취득일 : 2X01년 1월 1일 (2) 취득자 : P사 (3) 피취득자 : S사

(4) 취득시 취득원가 : ₩945,000(P사는 종속기업투자지분을 **지분법**으로 처리함)

(5) 취득시 지분율 : 90%

(6) 취득당시 S사 순자산 : 자본금 ₩1,000,000과 이익잉여금 ₩50,000(순자산 공정가치와 장부금액은 동일함)

(7) P사는 취득시 비지배지분을 S사 순자산에 **비례적으로 측정**하였다.

(8) S사는 2X01년, 2X02년, 2X03년에 각각 ₩30,000, ₩45,000, ₩60,000의 당기순이익을 보고하였으며 동 기간 중에 배당금은 없었다.

(9) P사와 S사는 기계장치와 관련하여 다음과 같은 내부거래를 전액으로 현금으로 하였다. 단, 아래 내부거래는 각각 독립적인 상황이다.

[하향판매] : **내부매각시 잔존내용연수** 5년, **잔존가치** ₩0, **감가상각방법은 정액법이다.**

일자	판매회사	취득원가	감가상각누계액	장부금액	내부매각액	구입회사	연결외부매각액	연결외부판매비율
2X01년 12월 31일	P	₩250,000	₩100,000	₩150,000	170,000	S	–	–
2X02년							–	–
2X03년 12월 31일							₩220,000	100%

[상향판매] : **내부매각시 잔존내용연수** 5년, **잔존가치** ₩0, **감가상각방법은 정액법이다.**

일자	판매회사	취득원가	감가상각누계액	장부금액	내부매각액	구입회사	연결외부매각액	연결외부판매비율
2X01년 12월 31일	S	₩250,000	₩100,000	₩150,000	170,000	P	–	–
2X02년							–	–
2X03년 12월 31일							₩220,000	100%

2X01년 별도재무제표상 지분법 회계처리					
[기본정보 5-2] 하향판매	(차변)	(대변)	[기본정보 5-2] 상향판매	(차변)	(대변)
<S사 당기순이익 인식>					
종속기업투자지분 주1)	27,000		종속기업투자지분 주1)	27,000	
지분법이익		27,000	지분법이익		27,000
주1) ₩30,000 × 90% = ₩27,000					
<내부거래 미실현이익 제거>					
종속기업투자지분 주1)		20,000	종속기업투자지분 주1)		18,000
지분법이익	20,000		지분법이익	18,000	
주1) ₩50,000 × 40% = ₩20,000			주1) ₩50,000 × 40% × 90% = ₩18,000		
[종속기업투자지분 계정 잔액]					
₩945,000 + ₩27,000 − ₩20,000 = ₩952,000			₩945,000 + ₩27,000 − ₩18,000 = ₩954,000		
[지분법이익]					
₩27,000 − ₩20,000 = ₩7,000			₩27,000 − ₩18,000 = ₩9,000		

2X01년 연결조정분개					
[기본정보 5-2] 하향판매	(차변)	(대변)	[기본정보 5-2] 상향판매	(차변)	(대변)
1단계 : 종속기업 투자지분과 종속기업 자본계정의 상계제거					
자본금(S사)	1,000,000		자본금(S사)	1,000,000	
이익잉여금(S사)	50,000		이익잉여금(S사)	50,000	
종속기업투자지분		945,000	종속기업투자지분		945,000
비지배지분 주1)		105,000	비지배지분 주1)		105,000
주1) (₩1,000,000 + ₩50,000) × 10% = ₩105,000					
3단계 : 지배기업과 종속기업간의 내부거래 제거					
① 내부거래 미실현손익 제거					
기계장치(순액) 주1)		20,000	기계장치(순액) 주1)		20,000
유형자산처분이익	20,000		유형자산처분이익	20,000	
			비지배지분	2,000	
			비지배지분순이익(이익잉여금) 주2)		2,000
주1) 내부거래 미실현이익 전액 제거					
주2) S사 내부거래미실현이익 ₩20,000을 전액 차감하였으므로 비지배지분 해당액인 ₩2,000(₩20,000 ×10%)도 비지배지분에서 차감한다.					
<내부거래 미실현이익에 관한 당기 지분법 회계처리 취소>					
종속기업투자지분 주1)	20,000		종속기업투자지분 주1)	18,000	
지분법이익		20,000	지분법이익		18,000
주1) ₩20,000(내부거래미실현이익)			주1) ₩20,000(내부거래미실현이익) × 90% = ₩18,000		
5단계 : 비지배지분의 증감					
비지배지분 주1)		3,000	비지배지분 주1)		3,000
비지배지분순이익(이익잉여금)	3,000		비지배지분순이익(이익잉여금)	3,000	
주1) 2X01년 S사의 당기순이익 ₩30,000 × 비지배지분율 10% = ₩3,000					
<S사 당기순이익 인식에 관한 당기 지분법 회계처리 취소>					
종속기업투자지분		27,000	종속기업투자지분		27,000
지분법이익	27,000		지분법이익	27,000	
주1) 2X01년 S사의 당기순이익 ₩30,000 × 90% = ₩27,000					

2X02년 별도재무제표상 지분법 회계처리					
[기본정보 5-2] 하향판매	(차변)	(대변)	[기본정보 5-2] 상향판매	(차변)	(대변)
<S사 당기순이익 인식>					
종속기업투자지분 주1)	40,500		종속기업투자지분 주1)	40,500	
지분법이익		40,500	지분법이익		40,500
주1) ₩45,000 × 90% = ₩40,500					
<내부거래 미실현이익 실현>					
종속기업투자지분 주1)	4,000		종속기업투자지분 주1)	3,600	
지분법이익		4,000	지분법이익		3,600
주1) ₩20,000 / 5년 = ₩4,000			주1) ₩4,000 × 90% = ₩3,600		
[종속기업투자지분 계정 잔액]					
₩945,000 + ₩27,000 – ₩20,000 + ₩40,500 + ₩4,000= ₩996,500			₩945,000 + ₩27,000 – ₩18,000 + ₩40,500 + ₩3,600= ₩998,100		
[지분법이익]					
₩40,500 + ₩4,000 = ₩44,500			₩40,500 + ₩3,600 = ₩44,100		

2X02년 연결조정분개					
[기본정보 5-2] 하향판매	(차변)	(대변)	[기본정보 5-2] 상향판매	(차변)	(대변)
1단계 : 종속기업 투자지분과 종속기업 자본계정의 상계제거					
자본금(S사)	1,000,000		자본금(S사)	1,000,000	
이익잉여금(S사)	50,000		이익잉여금(S사)	50,000	
종속기업투자지분		945,000	종속기업투자지분		945,000
비지배지분 주1)		105,000	비지배지분 주1)		105,000
주1) (₩1,000,000 + ₩50,000) × 10% = ₩105,000					
3단계 : 지배기업과 종속기업간의 내부거래 제거					
① 전기 내부거래 미실현손익 제거					
기계장치(순액) 주1)		20,000	기계장치(순액) 주1)		20,000
이익잉여금	20,000		이익잉여금	20,000	
			비지배지분	2,000	
			이익잉여금 주2)		2,000
주1) 전기 내부거래 미실현이익 전액 제거					
주2) S사 전기 내부거래미실현이익 ₩20,000을 전액 차감하였으므로 비지배지분 해당액인 ₩2,000(₩20,000 ×10%)도 비지배지분에서 차감한다.					
② 당기 감가상각으로 인한 미실현손익 실현					
기계장치(순액)	4,000		기계장치(순액)	4,000	
감가상각비 주1)		4,000	감가상각비 주1)		4,000
			비지배지분		400
			비지배지분순이익(이익잉여금) 주2)	400	
주1) 전기 미실현이익 중 당기 감가상각으로 실현된 부분 : ₩20,000/5년 = ₩4,000					
주2) S사 당기 감가상각으로 실현된 부분 ₩4,000을 전액 차감하였으므로 비지배지분 해당액인 ₩400(₩4,000 ×10%)도 비지배지분에 가산한다.					
<내부거래 미실현손익에 관한 전기 지분법 회계처리 취소>					
종속기업투자지분	20,000		종속기업투자지분	18,000	
이익잉여금		20,000	이익잉여금		18,000
<내부거래 미실현손익에 관한 당기 지분법 회계처리 취소>					
종속기업투자지분		4,000	종속기업투자지분		3,600
지분법이익	4,000		지분법이익	3,600	

2X02년 연결조정분개

[기본정보 5-2] 하향판매	(차변)	(대변)	[기본정보 5-2] 상향판매	(차변)	(대변)
5단계 : 비지배지분의 증감 회계처리					
① 2X01년 S사 당기순이익에 대한 비지배지분 증감					
비지배지분 주1)		3,000	비지배지분 주1)		3,000
이익잉여금	3,000		이익잉여금	3,000	
주1) 2X01년 S사의 당기순이익 ₩30,000 × 비지배지분율 10% = ₩3,000					
② 2X02년 S사 당기순이익에 대한 비지배지분 증감					
비지배지분 주1)		4,500	비지배지분 주1)		4,500
비지배지분순이익(이익잉여금)	4,500		비지배지분순이익(이익잉여금)	4,500	
주1) 2X02년 S사의 당기순이익 ₩45,000 × 비지배지분율 10% = ₩4,500					
<S사 당기순이익 인식에 관한 전기 지분법 회계처리 취소>					
종속기업투자지분 주1)		27,000	종속기업투자지분 주1)		27,000
이익잉여금	27,000		이익잉여금	27,000	
<S사 당기순이익 인식에 관한 당기 지분법 회계처리 취소>					
종속기업투자지분 주1)		40,500	종속기업투자지분 주1)		40,500
지분법이익	40,500		지분법이익	40,500	

2X03년 별도재무제표상 지분법 회계처리

[기본정보 5-2] 하향판매	(차변)	(대변)	[기본정보 5-2] 상향판매	(차변)	(대변)
<S사 당기순이익 인식>					
종속기업투자지분 주1)	54,000		종속기업투자지분 주1)	54,000	
지분법이익		54,000	지분법이익		54,000
주1) ₩60,000 × 90% = ₩54,000					
<내부거래 미실현이익 실현>					
종속기업투자지분 주1)	4,000		종속기업투자지분 주1)	3,600	
지분법이익		4,000	지분법이익		3,600
주1) ₩20,000 / 5년 = ₩4,000			주1) ₩4,000 × 90% = ₩3,600		
종속기업투자지분 주1)	12,000		종속기업투자지분 주1)	10,800	
지분법이익		12,000	지분법이익		10,800
주1) ₩20,000 – ₩4,000 – ₩4,000 = ₩12,000			주1) ₩18,000 – ₩3,600 – ₩3,600 = ₩10,800		
[종속기업투자지분 계정 잔액]					
₩945,000 + ₩27,000 – ₩20,000 + ₩40,500 + ₩4,000 + ₩54,000 + ₩4,000 + ₩12,000 = ₩1,066,500			₩945,000 + ₩27,000 – ₩18,000 + ₩40,500 + ₩3,600 + ₩54,000 + ₩3,600 + ₩10,800 = ₩1,066,500		
[지분법이익]					
₩54,000 + ₩4,000 + ₩12,000 = ₩70,000			₩54,000 + ₩3,600 + ₩10,800 = ₩68,400		

2X03년 연결조정분개

[기본정보 5-2] 하향판매	(차변)	(대변)	[기본정보 5-2] 상향판매	(차변)	(대변)
1단계 : 종속기업 투자지분과 종속기업 자본계정의 상계제거					
자본금(S사)	1,000,000		자본금(S사)	1,000,000	
이익잉여금(S사)	50,000		이익잉여금(S사)	50,000	
종속기업투자지분		945,000	종속기업투자지분		945,000
비지배지분 주1)		105,000	비지배지분 주1)		105,000
주1) (₩1,000,000 + ₩50,000) × 10% = ₩105,000					

2X03년 연결조정분개					
[기본정보 5-2] 하향판매	(차변)	(대변)	[기본정보 5-2] 상향판매	(차변)	(대변)
3단계 : 지배기업과 종속기업간의 내부거래 제거					
① 전기 내부거래 미실현손익 제거					
기계장치(순액) 주1)		20,000	기계장치(순액) 주1)		20,000
이익잉여금	20,000		이익잉여금	20,000	
			비지배지분	2,000	
			이익잉여금 주2)		2,000

주1) 전기 내부거래 미실현이익 전액 제거
주2) S사 전기 내부거래미실현이익 ₩20,000을 전액 차감하였으므로 비지배지분 해당액인 ₩2,000(₩20,000 ×10%)도 비지배지분에서 차감한다.

② 전기 감가상각으로 인한 미실현손익 실현					
기계장치(순액)	4,000		기계장치(순액)	4,000	
이익잉여금 주1)		4,000	이익잉여금 주1)		4,000
			비지배지분		400
			이익잉여금 주2)	400	

주1) 전기 미실현이익 중 전기 감가상각으로 실현된 부분 : ₩20,000/5년 = ₩4,000
주2) S사 전기 감가상각으로 실현된 부분 ₩4,000을 전액 차감하였으므로 비지배지분 해당액인 ₩400(₩4,000 ×10%)도 비지배지분에 가산한다.

③ 당기 감가상각으로 인한 미실현손익 실현					
기계장치(순액)	4,000		기계장치(순액)	4,000	
감가상각비 주1)		4,000	감가상각비 주1)		4,000
			비지배지분		400
			비지배지분순이익(이익잉여금) 주2)	400	

주1) 전기 미실현이익 중 전기 감가상각으로 실현된 부분 : ₩20,000/5년 = ₩4,000
주2) S사 전기 감가상각으로 실현된 부분 ₩4,000을 전액 차감하였으므로 비지배지분 해당액인 ₩400(₩4,000 ×10%)도 비지배지분에 가산한다.

④ 당기 외부매각으로 인한 미실현이익 실현					
유형자산처분이익 주1)		12,000	유형자산처분이익 주1)		12,000
기계장치(순액)	12,000		기계장치(순액)	12,000	
			비지배지분		1,200
			비지배지분순이익(이익잉여금) 주2)	1,200	

주1) ₩20,000 − ₩4,000 − ₩4,000 = ₩12,000
주2) S사 당기 처분으로 실현된 미실현이익 ₩12,000을 전액 인식하였으므로 비지배지분 해당액인 ₩1,200(₩12,000 ×10%)도 비지배지분에 가산한다.

<내부거래 미실현손익에 관한 전기 지분법 회계처리 취소>					
종속기업투자지분	20,000		종속기업투자지분	18,000	
이익잉여금		20,000	이익잉여금		18,000
종속기업투자지분		4,000	종속기업투자지분		3,600
이익잉여금	4,000		이익잉여금	3,600	

<내부거래 미실현손익에 관한 당기 지분법 회계처리 취소>					
종속기업투자지분		4,000	종속기업투자지분		3,600
지분법이익	4,000		지분법이익	3,600	
종속기업투자지분		12,000	종속기업투자지분		10,800
지분법이익	12,000		지분법이익	10,800	

5단계 : 비지배지분의 증감					
① 2X01년 S사 당기순이익에 대한 비지배지분 증감					
비지배지분 주1)		3,000	비지배지분 주1)		3,000

2X03년 연결조정분개					
[기본정보 5-2] 하향판매	(차변)	(대변)	[기본정보 5-2] 상향판매	(차변)	(대변)
이익잉여금	3,000		이익잉여금	3,000	
주1) 2X01년 S사의 당기순이익 ₩30,000 × 비지배지분율 10% = ₩3,000					
② 2X02년 S사 당기순이익에 대한 비지배지분 증감					
비지배지분 주1)		4,500	비지배지분 주1)		4,500
이익잉여금	4,500		이익잉여금	4,500	
주1) 2X02년 S사의 당기순이익 ₩45,000 × 비지배지분율 10% = ₩4,500					
③ 2X03년 S사 당기순이익에 대한 비지배지분 증감					
비지배지분 주1)		6,000	비지배지분 주1)		6,000
비지배지분순이익(이익잉여금)	6,000		비지배지분순이익(이익잉여금)	6,000	
주1) 2X03년 S사의 당기순이익 ₩60,000 × 비지배지분율 10% = ₩6,000					
<S사 당기순이익에 관한 전기 지분법 회계처리 취소>					
종속기업투자지분		27,000	종속기업투자지분		27,000
이익잉여금	27,000		이익잉여금	27,000	
<S사 당기순이익에 관한 전기 지분법 회계처리 취소>					
종속기업투자지분		40,500	종속기업투자지분		40,500
이익잉여금	40,500		이익잉여금	40,500	
<S사 당기순이익에 관한 당기 지분법 회계처리 취소>					
종속기업투자지분		54,000	종속기업투자지분		54,000
지분법이익	54,000		지분법이익	54,000	

Fraudit ExCon 실 습 : 제3장 5-2 1차년도 지분법

(1) 사례파일

제3장_5-2_1차년도_지분법_기초정보.xlsx, 제3장_5-2_1차년도_지분법_원화시산표.xlsx

(2) [기초정보.xlsx] 작성

1) 보고기간 sheet

	A	B	C	D
1	목차	구분	일자	검증_보고기간
2	보고기간	보고기간초	2001-01-01	OK
3	보고기간	보고기간말	2001-12-31	

① 보고기간 초와 보고기간 말을 입력한다.

2) 기업목록 sheet

	A	B	C	D	E	F	G	H	I	J	K	L	M
1	일련번호	목차	기업명	약식명칭	기능통화	표시통화	세율	이연법인세계산	검증_기업명중복	검증_기능통화	검증_표시통화	검증_세율	검증_이연법인세계산
2	1	기업목록	지배	AA	원화	원화	0%	아니오	OK	OK	OK	OK	OK
3	2		종속	AB	원화	원화	0%	아니오	OK	OK	OK	OK	OK

① 기업명을 입력한다. 여기서는 **지배**와 **종속**으로 입력한다.
② 기능통화를 **원화**로 선택한다.
③ 표시통화를 **원화**로 선택한다.
④ 세율은 0%이므로 입력하지 않는다.
⑤ 이연법인세계산을 **아니오**로 선택한다.

3) 지분구조 sheet

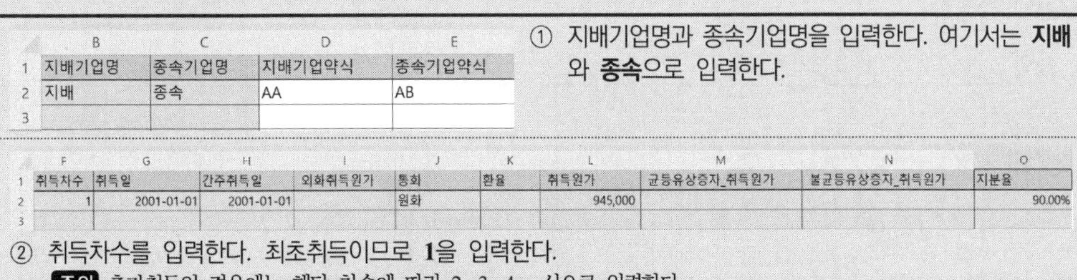

	B	C	D	E
1	지배기업명	종속기업명	지배기업약식	종속기업약식
2	지배	종속	AA	AB
3				

① 지배기업명과 종속기업명을 입력한다. 여기서는 **지배**와 **종속**으로 입력한다.

	F	G	H	I	J	K	L	M	N	O
1	취득차수	취득일	간주취득일	외화취득원가	통화	환율	취득원가	균등유상증자_취득원가	불균등유상증자_취득원가	지분율
2	1	2001-01-01	2001-01-01		원화		945,000			90.00%
3										

② 취득차수를 입력한다. 최초취득이므로 **1**을 입력한다.
주의 추가취득인 경우에는 해당 차수에 따라 2, 3, 4... 식으로 입력한다.
③ 최초취득일을 입력한다. 여기서는 **2001-01-01**로 입력한다.
④ 간주취득일을 입력한다. 여기서는 **2001-01-01**로 입력한다.
주의 간주취득일은 최초취득일로부터 가장 근접한 결산재무제표의 결산일을 의미한다.
⑤ 통화는 국내종속법인인 경우로 가정하여 **원화**를 선택한다.
⑥ 취득원가를 입력한다. 여기서는 **945,000**을 입력한다.
⑦ 지분율을 입력한다. 여기서는 **90%**로 입력한다.

4) 취득시지분구조_공정가치차이 sheet

	E	F	G	H	I	J	K	L	M
1	목차	기업명	약식명칭	취득차수_1	취득일_1	간주취득일_1	자본계정명_1	자본금액_1_외화	자본금액_1
2	자본_공정가치	종속	AB	1	2001-01-01	2001-01-01	자본금		1,000,000
3		종속	AB				이익잉여금		50,000
4		종속	AB						

① 종속의 2001-01-01일의 자본계정명_1(1차 취득시 자본계정명을 의미함)을 **K열**에 입력한다. 여기서는 **자본금**과 **이익잉여금**을 입력한다.
② 종속의 2001-01-01일의 자본금액_1(1차 취득시 자본금액을 의미함)을 **M열**에 입력한다. 여기서는 **자본금**에 대해서는 **1,000,000**을, **이익잉여금**에 대해서는 **50,000**을 입력한다.

5) 재무정보 sheet

	A	B	C	D	E	F	G
1	일련번호	목차	기업명	약식명칭	기간	계정명	금액
2	2	재무정보	종속	AB	2001-12-31	배당	
3						당기순이익	30,000
4						기타포괄손익	
5						해외사업환산손익	

① G열에 종속회사의 2001년 **당기순이익 30,000**을 입력한다.

6) 내부거래현황 sheet

	A	B	C	D	E	F	G	H	I	J	K	L
1	목차	판매회사	매입회사	판매회사약식	매입회사약식	계정과목	상각여부	내부거래번호	통화	내부거래일	내부판매액	환율
2	내부거래현황	종속	지배	AB	AA	기계장치	상각	AA001	원화	2001-12-31	170,000	1
3												

	M	N	O	P	Q
1	환산후_내부판매액	장부금액_원화	내부거래이익	잔존내용연수_월	잔존가치
2	170,000	150,000	20,000	60	0
3	-		-		

① 노란색 음영 부분을 상기와 같이 입력한다.

(3) [원화시산표.xlsx] 작성

1) 보고기간 sheet

	A	B
1	구분	일자
2	보고기간초	2001-01-01
3	보고기간말	2001-12-31

① 보고기간 초와 보고기간 말을 입력한다.
주의 기초정보의 보고기간 초와 보고기간 말과 동일하여야 한다.

2) 기업목록 sheet

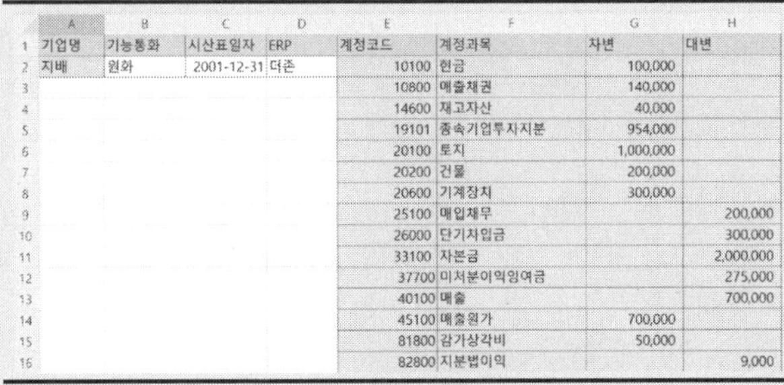

기업명	시산표일자	표시통화	ERP	검증_빈값	검증_표시통화	검증_ERP
지배	2001-12-31	원화	더존	OK	OK	OK
종속	2001-12-31	원화	더존	OK	OK	OK

① 기업명을 입력한다. 여기서는 **지배**와 **종속**으로 입력한다.
② 표시통화를 **원화**로 선택한다.
③ ERP는 **더존**이라고 가정하고 선택한다.

3) 원화시산표_1 sheet

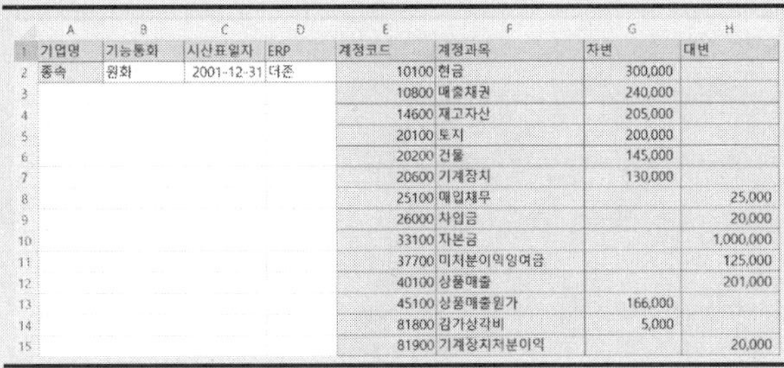

기업명	기능통화	시산표일자	ERP	계정코드	계정과목	차변	대변
지배	원화	2001-12-31	더존	10100	현금	100,000	
				10800	매출채권	140,000	
				14600	재고자산	40,000	
				19101	종속기업투자지분	954,000	
				20100	토지	1,000,000	
				20200	건물	200,000	
				20600	기계장치	300,000	
				25100	매입채무		200,000
				26000	단기차입금		300,000
				33100	자본금		2,000,000
				37700	미처분이익잉여금		275,000
				40100	매출		700,000
				45100	매출원가	700,000	
				81800	감가상각비	50,000	
				82800	지분법이익		9,000

① A열에 기업명을 입력한다. 여기서는 **지배**로 입력한다.
② 해당 계정코드, 계정과목, 차변, 대변 금액을 차례로 입력한다. **차변과 대변은 어느 한쪽만 입력하여야 한다.**
③ 검증 칼럼에서 OK가 아닌 경우 해당 원인을 해결한다.

4) 원화시산표_2 sheet

기업명	기능통화	시산표일자	ERP	계정코드	계정과목	차변	대변
종속	원화	2001-12-31	더존	10100	현금	300,000	
				10800	매출채권	240,000	
				14600	재고자산	205,000	
				20100	토지	200,000	
				20200	건물	145,000	
				20600	기계장치	130,000	
				25100	매입채무		25,000
				26000	차입금		20,000
				33100	자본금		1,000,000
				37700	미처분이익잉여금		125,000
				40100	상품매출		201,000
				45100	상품매출원가	166,000	
				81800	감가상각비	5,000	
				81900	기계장치처분이익		20,000

① A열에 기업명을 입력한다. 여기서는 **종속**으로 입력한다.
② 해당 계정코드, 계정과목, 차변, 대변 금액을 차례로 입력한다. **차변과 대변은 어느 한쪽만 입력하여야 한다.**
③ 검증 칼럼에서 OK가 아닌 경우 해당 원인을 해결한다.

(4) [Fraudit-ExCon.exe] 실행

제3장_5-2_1차년도_지분법_기초정보.xlsx와 제3장_5-2_1차년도_지분법_원화시산표.xlsx을 Fraudit-ExCon이 있는 폴더에 복사하여 이동한다. 그리고 **접두어를 제거**하고 **기초정보.xlsx와 원화시산표.xlsx**로 이름을 변경한다. **그 다음에 Fraudit-ExCon.exe를 실행한다.**

1) Main Sheet

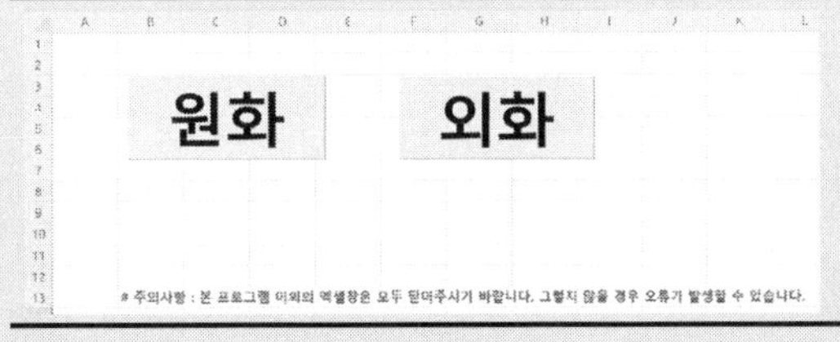

① 기능통화가 외화인 종속법인이 없으므로 원화 버튼을 누른다.

주의 원화 버튼을 누른 후 에러메시지가 뜨면 해당 에러 원인을 **기초정보.xlsx, 원화시산표.xlsx**에서 적절하게 수정한 후 다시 누른다.

2) out_연결분개_투자자본_0 sheet

T	U	V	W
계정과목	계정유형	차변	대변
AA종속기업투자지분	BS	0	945000
AB자본금	HE	1000000	0
AB이익잉여금	BS	50000	0
AB비지배지분	NCI	0	105000

① 연결분개 중 지배와 종속의 투자와 자본 상계제거 분개 부분에 해당한다. 검증 목적으로 차변, 대변 칼럼의 금액과 계정과목을 확인하면 된다(분개에 대한 상세 설명은 본문에서 확인하기 바람).

3) out_연결분개_내부거래_0 sheet

V	W	X	Y
계정과목_1	계정유형	차변	대변
AB기계장치감가상각누계액	BS	0	20000
AB기계장치처분이익	BS	20000	0
AB이연법인세	BS	0	0
AB법인세비용	IS	0	0
AB비지배지분	NCI	2000	0
AB비지배지분순이익	RE	0	2000
AA기계장치감가상각누계액	BS	0	0
AA기계장치감가상각비	IS	0	0
AA이연법인세	BS	0	0
AA법인세비용	IS	0	0
AA비지배지분	NCI	0	0
AA비지배지분순이익	RE	0	0

① 내부거래번호 AA001(상향판매)에 대한 연결분개 내부거래제거 부분에 해당한다(분개에 대한 상세 설명은 본문에서 확인하기 바람).

4) out_연결분개_기타_0 sheet

	A	B	C	D	E	F	G	H	I	J	K	L	M	N
1	기업명	약식명칭	기간	계정명	금액	지배지분세율	마지막기업_비지배지분세율	명목지배지분율	최종_실질비지배지분율	외화환산	계정과목	계정유형	차변	대변
2	종속	AB	2001-12-31	당기순이익	30,000	0.00%	0.00%	90.00%	10.00%		비지배지분	NCI	0	3,000
3											비지배지분순이익	RE	3,000	0

① 종속의 2001년 당기순이익에 대한 비지배지분 연결분개 부분에 해당한다(분개에 대한 상세 설명은 본문에서 확인하기 바람).

5) tmp_연결분개_통합 sheet

	A	B	C	D	E	F	G	H	I	J
1	계정과목	매핑계정과목	신설필요_계정과목	후보_매핑계정과목_1	후보_매핑계정과목_2	차변잔액	대변잔액		확인	
2	AA종속기업투자지분	AA종속기업투자지분		AA종속기업투자지분		0	945,000			
3	AB기계장치감가상각누계액	AB기계장치		AB기계장치	AB기계장치처분이익	0	20,000			
4	AB기계장치처분이익	AB기계장치처분이익		AB기계장치처분이익	AB기계장치	20,000	0			
5	AB비지배지분	비지배지분		비지배지분순이익	비지배지분	0	103,000			
6	AB비지배지분순이익	비지배지분순이익		비지배지분순이익		0	2,000			
7	AB이익잉여금	AB미처분이익잉여금		AB미처분이익잉여금		50,000	0			
8	AB자본금	AB자본금		AB자본금		1,000,000	0			
9	비지배지분	비지배지분		비지배지분	비지배지분순이익	0	3,000			
10	비지배지분순이익	비지배지분순이익		비지배지분순이익	비지배지분	3,000	0			
11		AA종속기업투자지분				18,000				
12		AA지분법이익					18,000			
13		AA종속기업투자지분					27,000			
14		AA지분법이익				27,000				

① 상기 음영 부분처럼 별도재무제표 지분법 회계처리를 취소하는 분개를 추가한다.

주의 적절한 계정과목을 신설하여야 하는 경우에는 신설필요_계정과목에 신설하고 동일한 계정과목을 매핑계정과목에 입력하여야 한다.

② 확인 버튼을 누른다.

6) out_최종연결정산표 sheet

	A	B	C	D	E	F	G	H
1	계정과목	차변잔액	대변잔액				정렬	
2	감가상각비	55,000	0					
3	건물	345,000	0					
4	기계장치	410,000	0					
5	단기차입금	0	300,000					
6	매입채무	0	225,000					
7	매출	0	700,000					
8	매출원가	700,000	0					
9	매출채권	380,000	0					
10	미처분이익잉여금	0	350,000					
11	비지배지분	0	106,000					
12	비지배지분순이익	1,000	0					
13	상품매출	0	201,000					
14	상품매출원가	166,000	0					
15	자본금	0	2,000,000					
16	재고자산	245,000	0					
17	차입금	0	20,000					
18	토지	1,200,000	0					
19	현금	400,000	0					

① 계정과목이 한글로 오름차순으로 되어 있다.
② 정렬 버튼을 누른다.

	A	B	C	D	E	F	G	H
1	계정코드	계정과목	차변잔액	대변잔액			정렬	
2	10100	현금	400,000	0				
3	10800	매출채권	380,000	0				
4	14600	재고자산	245,000	0				
5	20100	토지	1,200,000	0				
6	20200	건물	345,000	0				
7	20600	기계장치	410,000	0				
8	25100	매입채무	0	225,000				
9	26000	단기차입금	0	300,000				
10	26000	차입금	0	20,000				
11	33100	자본금	0	2,000,000				
12	37700	미처분이익잉여금	0	350,000				
13	40100	매출	0	700,000				
14	40100	상품매출	0	201,000				
15	45100	매출원가	700,000	0				
16	45100	상품매출원가	166,000	0				
17	81800	감가상각비	55,000	0				
18	비지배지분	비지배지분	0	106,000				
19	비지배지분순이익	비지배지분순이익	1,000	0				

③ 계정코드별로 오름차순되며, 계정코드가 없이 새롭게 삽입된 계정과목은 맨 아래에 위치하고 그러한 계정과목은 계정과목으로(한글순으로) 오름차순으로 정렬이 된다.

Fraudit ExCon 실 습 : 제3장 5-2 2차년도 지분법

(1) 사례파일

제3장_5-2_2차년도_지분법_기초정보.xlsx, 제3장_5-2_2차년도_지분법_원화시산표.xlsx

(2) [기초정보.xlsx] 작성

1) 보고기간 sheet

	A	B	C	D
1	목차	구분	일자	검증_보고기간
2	보고기간	보고기간초	2002-01-01	OK
3	보고기간	보고기간말	2002-12-31	

① 보고기간 초와 보고기간 말을 입력한다.

2) 기업목록 sheet

	A	B	C	D	E	F	G	H	I	J	K	L	M
1	일련번호	목차	기업명	약식명칭	기능통화	표시통화	세율	이연법인세계산	검증_기업명중복	검증_기능통화	검증_표시통화	검증_세율	검증_이연법인세계산
2	1	기업목록	지배	AA	원화	원화	0%	아니오	OK	OK	OK	OK	OK
3	2		종속	AB	원화	원화	0%	아니오	OK	OK	OK	OK	OK

① 기업명을 입력한다. 여기서는 **지배**와 **종속**으로 입력한다.
② 기능통화를 **원화**로 선택한다.
③ 표시통화를 **원화**로 선택한다.
④ 세율은 0%이므로 입력하지 않는다.
⑤ 이연법인세계산을 **아니오**로 선택한다.

3) 지분구조 sheet

	B	C	D	E
1	지배기업명	종속기업명	지배기업약식	종속기업약식
2	지배	종속	AA	AB
3				

① 지배기업명과 종속기업명을 입력한다. 여기서는 **지배**와 **종속**으로 입력한다.

	F	G	H	I	J	K	L	M	N	O
1	취득차수	취득일	간주취득일	외화취득원가	통화	환율	취득원가	균등유상증자_취득원가	불균등유상증자_취득원가	지분율
2	1	2001-01-01	2001-01-01		원화		945,000			90.00%
3										

② 취득차수를 입력한다. 최초취득이므로 **1**을 입력한다.
주의 추가취득인 경우에는 해당 차수에 따라 2, 3, 4... 식으로 입력한다.
③ 최초취득일을 입력한다. 여기서는 **2001-01-01**로 입력한다.
④ 간주취득일을 입력한다. 여기서는 **2001-01-01**로 입력한다.
주의 간주취득일은 최초취득일로부터 가장 근접한 결산재무제표의 결산일을 의미한다.
⑤ 통화는 국내종속법인인 경우로 가정하여 **원화**를 선택한다.
⑥ 취득원가를 입력한다. 여기서는 **945,000**을 입력한다.
⑦ 지분율을 입력한다. 여기서는 **90%**로 입력한다.

4) 취득시지분구조_공정가치차이 sheet

	E	F	G	H	I	J	K	L	M
1	목차	기업명	약식명칭	취득차수_1	취득일_1	간주취득일_1	자본계정명_1	자본금액_1_외화	자본금액_1
2	자본_공정가치	종속	AB	1	2001-01-01	2001-01-01	자본금		1,000,000
3		종속	AB				이익잉여금		50,000
4		종속	AB						

① 종속의 2001-01-01일의 자본계정명_1(1차 취득시 자본계정명을 의미함)을 **K열**에 입력한다. 여기서는 **자본금**과 **이익잉여금**을 입력한다.
② 종속의 2001-01-01일의 자본금액_1(1차 취득시 자본금액을 의미함)을 **M열**에 입력한다. 여기서는 **자본금**에 대해서는 **1,000,000**을, **이익잉여금**에 대해서는 **50,000**을 입력한다.

5) 재무정보 sheet

	A	B	C	D	E	F	G
1	일련번호	목차	기업명	약식명칭	기간	계정명	금액
2	2	재무정보	종속	AB	2001-12-31	배당	
3						당기순이익	30,000
4						기타포괄손익	
5						해외사업환산손익	
6	2		종속	AB	2002-12-31	배당	
7						당기순이익	45,000
8						기타포괄손익	
9						해외사업환산손익	

① G열에 종속회사의 **2001년 당기순이익 30,000, 2002년 당기순이익 45,000**을 입력한다.

6) 내부거래현황 sheet

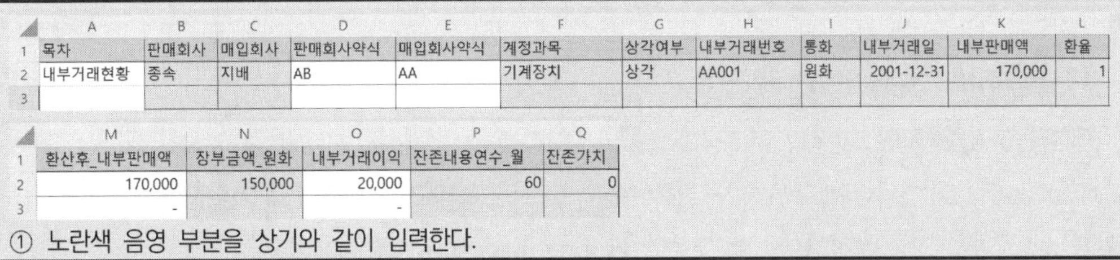

	A	B	C	D	E	F	G	H	I	J	K	L
1	목차	판매회사	매입회사	판매회사약식	매입회사약식	계정과목	상각여부	내부거래번호	통화	내부거래일	내부판매액	환율
2	내부거래현황	종속	지배	AB	AA	기계장치	상각	AA001	원화	2001-12-31	170,000	1
3												

	M	N	O	P	Q
1	환산후_내부판매액	장부금액_원화	내부거래이익	잔존내용연수_월	잔존가치
2	170,000	150,000	20,000	60	0
3	-		-		

① 노란색 음영 부분을 상기와 같이 입력한다.

(3) [원화시산표.xlsx] 작성

1) 보고기간 sheet

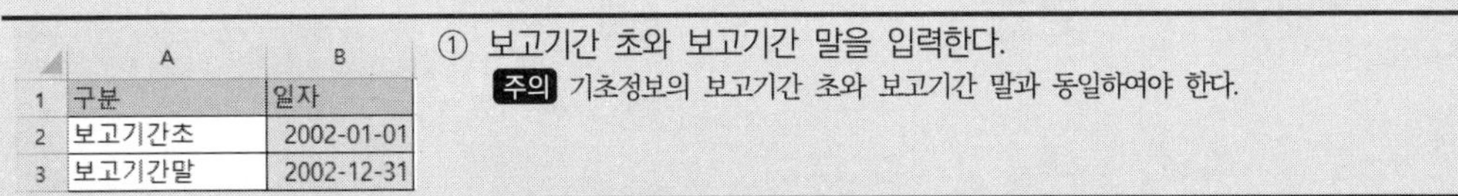

	A	B
1	구분	일자
2	보고기간초	2002-01-01
3	보고기간말	2002-12-31

① 보고기간 초와 보고기간 말을 입력한다.
주의 기초정보의 보고기간 초와 보고기간 말과 동일하여야 한다.

2) 기업목록 sheet

	A	B	C	D	E	F	G
1	기업명	시산표일자	표시통화	ERP	검증_빈값	검증_표시통화	검증_ERP
2	지배	2001-12-31	원화	더존	OK	OK	OK
3	종속	2001-12-31	원화	더존	OK	OK	OK

① 기업명을 입력한다. 여기서는 **지배**와 **종속**으로 입력한다.
② 표시통화를 **원화**로 선택한다.
③ ERP는 **더존**이라고 가정하고 선택한다.

3) 원화시산표_1 sheet

	A	B	C	D	E	F	G	H
1	기업명	기능통화	시산표일자	ERP	계정코드	계정과목	차변	대변
2	지배	원화	2002-12-31	더존	10100	현금	100,000	
3					10800	매출채권	140,000	
4					14600	재고자산	40,000	
5					19101	종속기업투자지분	998,100	
6					20100	토지	1,000,000	
7					20200	건물	200,000	
8					20600	기계장치	266,000	
9					25100	매입채무		209,000
10					26000	단기차입금		300,000
11					33100	자본금		2,000,000
12					37700	미처분이익잉여금		275,000
13					40100	매출		700,000
14					45100	매출원가	700,000	
15					81800	감가상각비	84,000	
16					82800	지분법이익		44,100

① A열에 기업명을 입력한다. 여기서는 **지배**로 입력한다.
② 해당 계정코드, 계정과목, 차변, 대변 금액을 차례로 입력한다. **차변과 대변은 어느 한쪽만 입력하여야 한다.**
③ 검증 칼럼에서 OK가 아닌 경우 해당 원인을 해결한다.

4) 원화시산표_2 sheet

	A	B	C	D	E	F	G	H
1	기업명	기능통화	시산표일자	ERP	계정코드	계정과목	차변	대변
2	종속	원화	2002-12-31	더존	10100	현금	300,000	
3					10800	매출채권	235,000	
4					14600	재고자산	205,000	
5					20100	토지	200,000	
6					20200	건물	145,000	
7					20600	기계장치	130,000	
8					25100	매입채무		25,000
9					26000	차입금		20,000
10					33100	자본금		1,000,000
11					37700	미처분이익잉여금		125,000
12					40100	상품매출		216,000
13					45100	상품매출원가	166,000	
14					81800	감가상각비	5,000	

① A열에 기업명을 입력한다. 여기서는 **종속**으로 입력한다.
② 해당 계정코드, 계정과목, 차변, 대변 금액을 차례로 입력한다. **차변과 대변은 어느 한쪽만 입력하여야 한다.**
③ 검증 칼럼에서 OK가 아닌 경우 해당 원인을 해결한다.

(4) [Fraudit-ExCon.exe] 실행

제3장_5-2_2차년도_지분법_기초정보.xlsx와 **제3장_5-2_2차년도_지분법_원화시산표.xlsx**을 Fraudit-ExCon이 있는 폴더에 복사하여 이동한다. 그리고 **접두어를 제거**하고 **기초정보.xlsx와 원화시산표.xlsx**로 이름을 변경한다. **그 다음에 Fraudit-ExCon.exe를 실행한다.**

1) Main Sheet

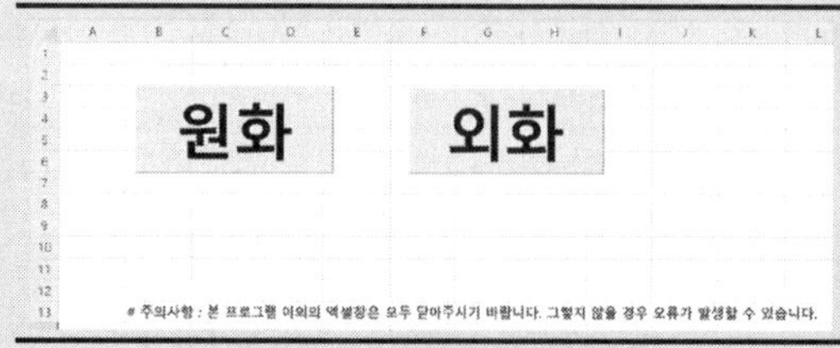

① 기능통화가 외화인 종속법인이 없으므로 원화 버튼을 누른다.

주의 원화 버튼을 누른 후 에러메시지가 뜨면 해당 에러 원인을 **기초정보.xlsx, 원화시산표.xlsx**에서 적절하게 수정한 후 다시 누른다.

2) out_연결분개_투자자본_0 sheet

T	U	V	W
계정과목	계정유형	차변	대변
AA종속기업투자지분	BS	0	945000
AB자본금	HE	1000000	0
AB이익잉여금	BS	50000	0
AB비지배지분	NCI	0	105000

① 연결분개 중 지배와 종속의 투자와 자본 상계제거 분개 부분에 해당한다. 검증 목적으로 차변, 대변 칼럼의 금액과 계정과목을 확인하면 된다(분개에 대한 상세 설명은 본문에서 확인하기 바람).

3) out_연결분개_내부거래_0 sheet

V	W	X	Y
계정과목_1	계정유형	차변	대변
AB기계장치감가상각누계액	BS	0	20000
AB미처분이익잉여금	RE	20000	0
AB이연법인세	BS	0	0
AB미처분이익잉여금	RE	0	0
AB비지배지분	NCI	2000	0
AB미처분이익잉여금	RE	0	2000
AA기계장치감가상각누계액	BS	0	0
AA미처분이익잉여금	RE	0	0
AA이연법인세	BS	0	0
AA이익잉여금	BS	0	0
AA비지배지분	NCI	0	0
AA이익잉여금	BS	0	0
AA기계장치감가상각누계액	BS	4000	0
AA기계장치감가상각비	IS	0	4000
AA이연법인세	BS	0	0
AA법인세비용	IS	0	0
AA비지배지분	NCI	0	400
AA비지배지분순이익	RE	400	0

① 내부거래번호 AA001(상향판매)에 대한 연결분개 내부거래제거 부분에 해당한다(분개에 대한 상세 설명은 본문에서 확인하기 바람).

4) out_연결분개_기타_0, 1 sheet

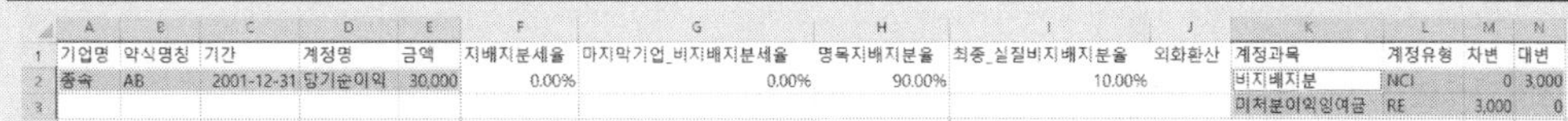

	A	B	C	D	E	F	G	H	I	J	K	L	M	N
1	기업명	약식명칭	기간	계정명	금액	지배지분세율	마지막기업_비지배지분세율	명목지배지분율	최종_실질비지배지분율	외화환산	계정과목	계정유형	차변	대변
2	종속	AB	2001-12-31	당기순이익	30,000	0.00%	0.00%	90.00%	10.00%		비지배지분	NCI	0	3,000
3											미처분이익잉여금	RE	3,000	0

① **[out_연결분개_기타_0]** 종속의 2001년 당기순이익에 대한 비지배지분 연결분개 부분에 해당한다(분개에 대한 상세 설명은 본문에서 확인하기 바람).

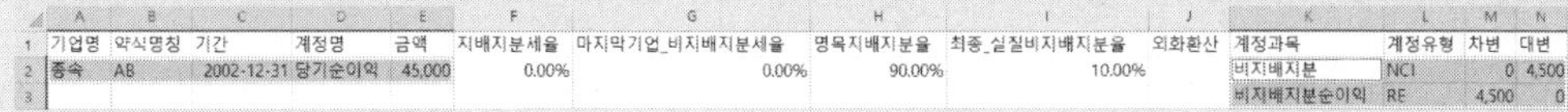

	A	B	C	D	E	F	G	H	I	J	K	L	M	N
1	기업명	약식명칭	기간	계정명	금액	지배지분세율	마지막기업_비지배지분세율	명목지배지분율	최종_실질비지배지분율	외화환산	계정과목	계정유형	차변	대변
2	종속	AB	2002-12-31	당기순이익	45,000	0.00%	0.00%	90.00%	10.00%		비지배지분	NCI	0	4,500
3											비지배지분순이익	RE	4,500	0

② **[out_연결분개_기타_1]** 종속의 2002년 당기순이익에 대한 비지배지분 연결분개 부분에 해당한다(분개에 대한 상세 설명은 본문에서 확인하기 바람).

5) tmp_연결분개_통합 sheet

계정과목	매핑계정과목	신설필요_계정과목	후보_매핑계정과목_1	후보_매핑계정과목_2	차변잔액	대변잔액
AA기계장치감가상각누계액	AA기계장치		AA기계장치		4,000	0
AA기계장치감가상각비	AA감가상각비		AA기계장치		0	4,000
AA비지배지분	비지배지분		비지배지분순이익	비지배지분	0	400
AA비지배지분순이익	비지배지분순이익		비지배지분순이익		400	0
AA종속기업투자지분	AA종속기업투자지분		AA종속기업투자지분		0	945,000
AB기계장치감가상각누계액	AB기계장치		AB기계장치		0	20,000
AB미처분이익잉여금	AB미처분이익잉여금		AB미처분이익잉여금	AA미처분이익잉여금	18,000	0
AB비지배지분	비지배지분		비지배지분순이익	비지배지분	0	103,000
AB이익잉여금	AB미처분이익잉여금		AB미처분이익잉여금		50,000	0
AB자본금	AB자본금		AB자본금		1,000,000	0
미처분이익잉여금	AA미처분이익잉여금		AA미처분이익잉여금	AB미처분이익잉여금	3,000	0
비지배지분	비지배지분		비지배지분	비지배지분순이익	0	7,500
비지배지분순이익	비지배지분순이익		비지배지분순이익	비지배지분	4,500	0
	AA종속기업투자지분				18,000	
	AA미처분이익잉여금					18,000
	AA종속기업투자지분					3,600
	AA지분법이익				3,600	
	AA종속기업투자지분					27,000
	AA미처분이익잉여금				27,000	
	AA종속기업투자지분					40,500
	AA지분법이익				40,500	

확인

① 상기 음영 부분처럼 매핑계정과목을 적절하게 수정하고 별도재무제표 지분법 회계처리를 취소하는 분개를 추가한다.

주의 적절한 계정과목을 신설하여야 하는 경우에는 신설필요_계정과목에 신설하고 동일한 계정과목을 매핑계정과목에 입력하여야 한다.

② 확인 버튼을 누른다.

6) out_최종연결정산표 sheet

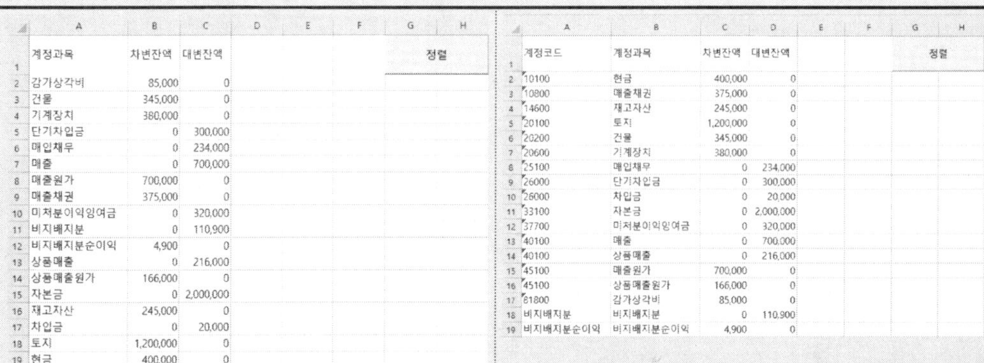

계정과목	차변잔액	대변잔액
감가상각비	85,000	0
건물	345,000	0
기계장치	380,000	0
단기차입금	0	300,000
매입채무	0	234,000
매출	0	700,000
매출원가	700,000	0
매출채권	375,000	0
미처분이익잉여금	0	320,000
비지배지분	0	110,900
비지배지분순이익	4,900	0
상품매출	0	216,000
상품매출원가	166,000	0
자본금	0	2,000,000
재고자산	245,000	0
차입금	0	20,000
토지	1,200,000	0
현금	400,000	0

정렬

계정코드	계정과목	차변잔액	대변잔액
10100	현금	400,000	0
10800	매출채권	375,000	0
14600	재고자산	245,000	0
20100	토지	1,200,000	0
20200	건물	345,000	0
20600	기계장치	380,000	0
25100	매입채무	0	234,000
26000	단기차입금	0	300,000
26000	차입금	0	20,000
33100	자본금	0	2,000,000
37700	미처분이익잉여금	0	320,000
40100	매출	0	700,000
40100	상품매출	0	216,000
45100	매출원가	700,000	0
45100	상품매출원가	166,000	0
81800	감가상각비	85,000	0
비지배지분	비지배지분	0	110,900
비지배지분순이익	비지배지분순이익	4,900	0

정렬

① 계정과목이 한글로 오름차순으로 되어 있다.

② 정렬 버튼을 누른다.

③ 계정코드별로 오름차순되며, 계정코드가 없이 새롭게 삽입된 계정과목은 맨 아래에 위치하고 그러한 계정과목은 계정과목으로(한글순으로) 오름차순으로 정렬이 된다.

Fraudit ExCon 실 습 : 제3장 5-2 3차년도 지분법

(1) 사례파일

제3장_5-2_3차년도_지분법_기초정보.xlsx, 제3장_5-2_3차년도_지분법_원화시산표.xlsx

(2) [기초정보.xlsx] 작성

1) 보고기간 sheet

	A	B	C	D
1	목차	구분	일자	검증_보고기간
2	보고기간	보고기간초	2003-01-01	OK
3	보고기간	보고기간말	2003-12-31	

① 보고기간 초와 보고기간 말을 입력한다.

2) 기업목록 sheet

	A	B	C	D	E	F	G	H	I	J	K	L	M
1	일련번호	목차	기업명	약식명칭	기능통화	표시통화	세율	이연법인세계산	검증_기업명중복	검증_기능통화	검증_표시통화	검증_세율	검증_이연법인세계산
2	1	기업목록	지배	AA	원화	원화	0%	아니오	OK	OK	OK	OK	OK
3	2		종속	AB	원화	원화	0%	아니오	OK	OK	OK	OK	OK

① 기업명을 입력한다. 여기서는 **지배**와 **종속**으로 입력한다.
② 기능통화를 **원화**로 선택한다.
③ 표시통화를 **원화**로 선택한다.
④ 세율은 **0%**이므로 입력하지 않는다.
⑤ 이연법인세계산을 **아니오**로 선택한다.

3) 지분구조 sheet

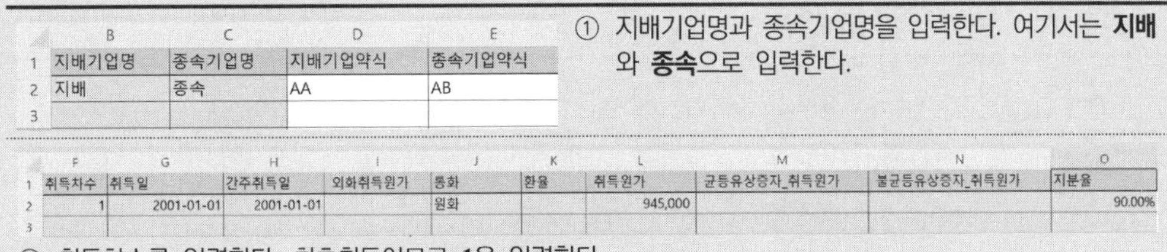

	B	C	D	E
1	지배기업명	종속기업명	지배기업약식	종속기업약식
2	지배	종속	AA	AB
3				

① 지배기업명과 종속기업명을 입력한다. 여기서는 **지배**와 **종속**으로 입력한다.

	F	G	H	I	J	K	L	M	N	O
1	취득차수	취득일	간주취득일	외화취득원가	통화	환율	취득원가	균등유상증자_취득원가	불균등유상증자_취득원가	지분율
2	1	2001-01-01	2001-01-01		원화		945,000			90.00%
3										

② 취득차수를 입력한다. 최초취득이므로 **1**을 입력한다.
주의 추가취득인 경우에는 해당 차수에 따라 2, 3, 4... 식으로 입력한다.
③ 최초취득일을 입력한다. 여기서는 **2001-01-01**로 입력한다.
④ 간주취득일을 입력한다. 여기서는 **2001-01-01**로 입력한다.
주의 간주취득일은 최초취득일로부터 가장 근접한 결산재무제표의 결산일을 의미한다.
⑤ 통화는 국내종속법인인 경우로 가정하여 **원화**를 선택한다.
⑥ 취득원가를 입력한다. 여기서는 **945,000**을 입력한다.
⑦ 지분율을 입력한다. 여기서는 **90%**로 입력한다.

4) 취득시지분구조_공정가치차이 sheet

	E	F	G	H	I	J	K	L	M
1	목차	기업명	약식명칭	취득차수_1	취득일_1	간주취득일_1	자본계정명_1	자본금액_1_외화	자본금액_1
2	자본_공정가치	종속	AB	1	2001-01-01	2001-01-01	자본금		1,000,000
3		종속	AB				이익잉여금		50,000
4		종속	AB						

① 종속의 2001-01-01일의 자본계정명_1(1차 취득시 자본계정명을 의미함)을 **K열**에 입력한다. 여기서는 **자본금**과 **이익잉여금**을 입력한다.
② 종속의 2001-01-01일의 자본금액_1(1차 취득시 자본금액을 의미함)을 **M열**에 입력한다. 여기서는 **자본금**에 대해서는 **1,000,000**을, **이익잉여금**에 대해서는 **50,000**을 입력한다.

5) 재무정보 sheet

	A	B	C	D	E	F	G
1	일련번호	목차	기업명	약식명칭	기간	계정명	금액
2	2	재무정보	종속	AB	2001-12-31	배당	
3						당기순이익	30,000
4						기타포괄손익	
5						해외사업환산손익	
6	2		종속	AB	2002-12-31	배당	
7						당기순이익	45,000
8						기타포괄손익	
9						해외사업환산손익	
10	2		종속	AB	2003-12-31	배당	
11						당기순이익	60,000
12						기타포괄손익	
13						해외사업환산손익	

① G열에 종속회사의 **2001년 당기순이익 30,000, 2002년 당기순이익 45,000, 2003년 당기순이익 60,000**을 입력한다.

6) 내부거래현황 sheet

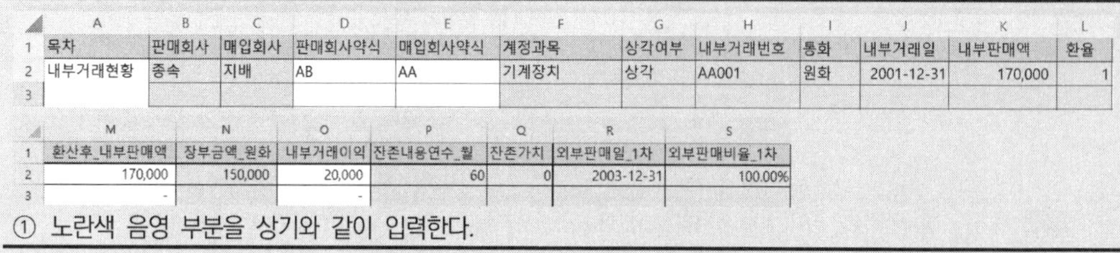

	A	B	C	D	E	F	G	H	I	J	K	L
1	목차	판매회사	매입회사	판매회사약식	매입회사약식	계정과목	상각여부	내부거래번호	통화	내부거래일	내부판매액	환율
2	내부거래현황	종속	지배	AB	AA	기계장치	상각	AA001	원화	2001-12-31	170,000	1
3												

	M	N	O	P	Q	R	S
1	환산후_내부판매액	장부금액_원화	내부거래이익	잔존내용연수_월	잔존가치	외부판매일_1차	외부판매비율_1차
2	170,000	150,000	20,000	60	0	2003-12-31	100.00%
3	-		-				

① 노란색 음영 부분을 상기와 같이 입력한다.

(3) [원화시산표.xlsx] 작성

1) 보고기간 sheet

	A	B
1	구분	일자
2	보고기간초	2003-01-01
3	보고기간말	2003-12-31

① 보고기간 초와 보고기간 말을 입력한다.
주의 기초정보의 보고기간 초와 보고기간 말과 동일하여야 한다.

2) 기업목록 sheet

	A	B	C	D	E	F	G
1	기업명	시산표일자	표시통화	ERP	검증_빈값	검증_표시통화	검증_ERP
2	지배	2001-12-31	원화	더존	OK	OK	OK
3	종속	2001-12-31	원화	더존	OK	OK	OK

① 기업명을 입력한다. 여기서는 **지배**와 **종속**으로 입력한다.
② 표시통화를 **원화**로 선택한다.
③ ERP는 **더존**이라고 가정하고 선택한다.

3) 원화시산표_1 sheet

	A	B	C	D	E	F	G	H
1	기업명	기능통화	시산표일자	ERP	계정코드	계정과목	차변	대변
2	지배	원화	2003-12-31	더존	10100	현금	100,000	
3					10800	매출채권	213,900	
4					14600	재고자산	40,000	
5					19101	종속기업투자지분	1,066,500	
6					20100	토지	1,000,000	
7					20200	건물	200,000	
8					20600	기계장치	232,000	
9					25100	매입채무		209,000
10					26000	단기차입금		300,000
11					33100	자본금		2,000,000
12					37700	미처분이익잉여금		275,000
13					40100	매출		700,000
14					45100	매출원가	700,000	
15					81800	감가상각비	118,000	
16					82800	지분법이익		68,400
17					82900	기계장치처분이익		118,000

① A열에 기업명을 입력한다. 여기서는 **지배**로 입력한다.
② 해당 계정코드, 계정과목, 차변, 대변 금액을 차례로 입력한다. **차변과 대변은 어느 한쪽만 입력하여야 한다.**
③ 검증 칼럼에서 OK가 아닌 경우 해당 원인을 해결한다.

4) 원화시산표_2 sheet

	A	B	C	D	E	F	G	H
1	기업명	기능통화	시산표일자	ERP	계정코드	계정과목	차변	대변
2	종속	원화	2003-12-31	더존	10100	현금	300,000	
3					10800	매출채권	250,000	
4					14600	재고자산	205,000	
5					20100	토지	200,000	
6					20200	건물	145,000	
7					20600	기계장치	130,000	
8					25100	매입채무		25,000
9					26000	차입금		20,000
10					33100	자본금		1,000,000
11					37700	미처분이익잉여금		125,000
12					40100	상품매출		231,000
13					45100	상품매출원가	166,000	
14					81800	감가상각비	5,000	

① A열에 기업명을 입력한다. 여기서는 **종속**으로 입력한다.
② 해당 계정코드, 계정과목, 차변, 대변 금액을 차례로 입력한다. **차변과 대변은 어느 한쪽만 입력하여야 한다.**
③ 검증 칼럼에서 OK가 아닌 경우 해당 원인을 해결한다.

(4) [Fraudit-ExCon.exe] 실행

제3장_5-2_3차년도_지분법_기초정보.xlsx와 제3장_5-2_3차년도_지분법_원화시산표.xlsx을 Fraudit-ExCon이 있는 폴더에 복사하여 이동한다. 그리고 **접두어를 제거**하고 **기초정보.xlsx와 원화시산표.xlsx**로 이름을 변경한다. **그 다음에 Fraudit-ExCon.exe를 실행한다.**

1) Main Sheet

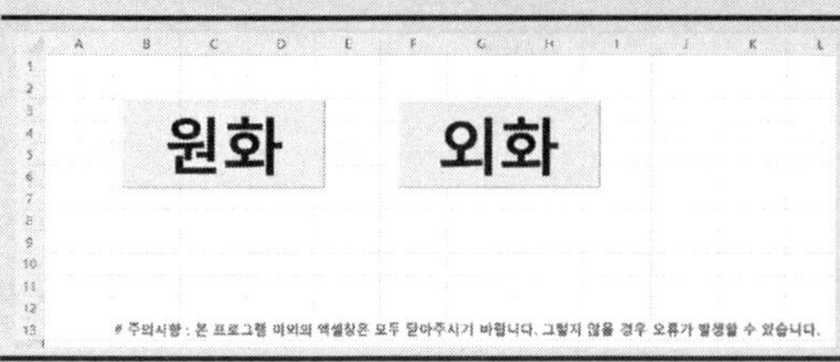

① 기능통화가 외화인 종속법인이 없으므로 원화 버튼을 누른다.

주의 원화 버튼을 누른 후 에러메시지가 뜨면 해당 에러 원인을 **기초정보.xlsx, 원화시산표.xlsx**에서 적절하게 수정한 후 다시 누른다.

2) out_연결분개_투자자본_0 sheet

T	U	V	W
계정과목	계정유형	차변	대변
AA종속기업투자지분	BS	0	945000
AB자본금	HE	1000000	0
AB이익잉여금	BS	50000	0
AB비지배지분	NCI	0	105000

① 연결분개 중 지배와 종속의 투자와 자본 상계제거 분개 부분에 해당한다. 검증 목적으로 차변, 대변 칼럼의 금액과 계정과목을 확인하면 된다(분개에 대한 상세 설명은 본문에서 확인하기 바람).

3) out_연결분개_내부거래_0 sheet

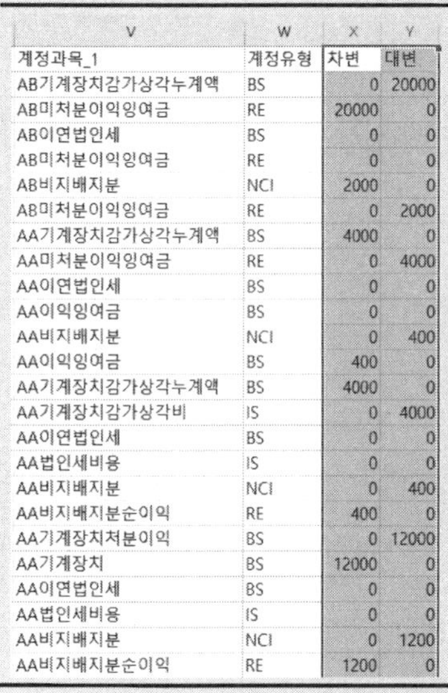

V	W	X	Y
계정과목_1	계정유형	차변	대변
AB기계장치감가상각누계액	BS	0	20000
AB미처분이익잉여금	RE	20000	0
AB이연법인세	BS	0	0
AB미처분이익잉여금	RE	0	0
AB비지배지분	NCI	2000	0
AB미처분이익잉여금	RE	0	2000
AA기계장치감가상각누계액	BS	4000	0
AA미처분이익잉여금	RE	0	4000
AA이연법인세	BS	0	0
AA이익잉여금	BS	0	0
AA비지배지분	NCI	0	400
AA이익잉여금	BS	400	0
AA기계장치감가상각누계액	BS	4000	0
AA기계장치감가상각비	IS	0	4000
AA이연법인세	BS	0	0
AA법인세비용	IS	0	0
AA비지배지분	NCI	0	400
AA비지배지분순이익	RE	400	0
AA기계장치처분이익	BS	0	12000
AA기계장치	BS	12000	0
AA이연법인세	BS	0	0
AA법인세비용	IS	0	0
AA비지배지분	NCI	0	1200
AA비지배지분순이익	RE	1200	0

① 내부거래번호 AA001(상향판매)에 대한 연결분개 내부거래제거 부분에 해당한다(분개에 대한 상세 설명은 본문에서 확인하기 바람).

4) out_연결분개_기타_0, 1 sheet

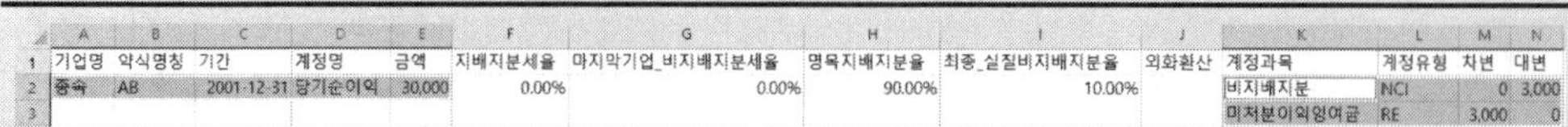

	A	B	C	D	E	F	G	H	I	J	K	L	M	N
1	기업명	약식명칭	기간	계정명	금액	지배지분세율	마지막기업_비지배지분세율	명목지배지분율	최종_실질비지배지분율	외화환산	계정과목	계정유형	차변	대변
2	종속	AB	2001-12-31	당기순이익	30,000	0.00%	0.00%	90.00%	10.00%		비지배지분	NCI	0	3,000
3											미처분이익잉여금	RE	3,000	0

① **[out_연결분개_기타_0]** 종속의 2001년 당기순이익에 대한 비지배지분 연결분개 부분에 해당한다(분개에 대한 상세 설명은 본문에서 확인하기 바람).

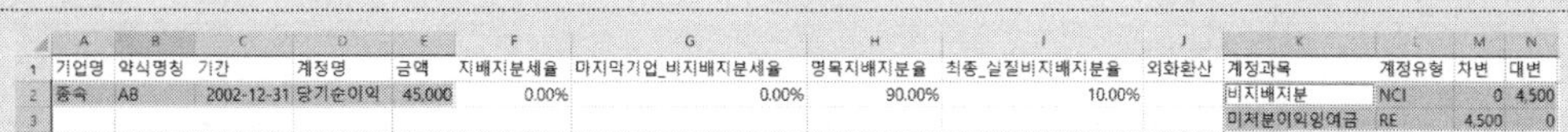

	A	B	C	D	E	F	G	H	I	J	K	L	M	N
1	기업명	약식명칭	기간	계정명	금액	지배지분세율	마지막기업_비지배지분세율	명목지배지분율	최종_실질비지배지분율	외화환산	계정과목	계정유형	차변	대변
2	종속	AB	2002-12-31	당기순이익	45,000	0.00%	0.00%	90.00%	10.00%		비지배지분	NCI	0	4,500
3											미처분이익잉여금	RE	4,500	0

② **[out_연결분개_기타_1]** 종속의 2002년 당기순이익에 대한 비지배지분 연결분개 부분에 해당한다(분개에 대한 상세 설명은 본문에서 확인하기 바람).

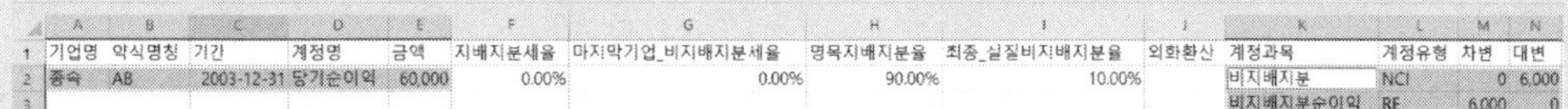

	A	B	C	D	E	F	G	H	I	J	K	L	M	N
1	기업명	약식명칭	기간	계정명	금액	지배지분세율	마지막기업_비지배지분세율	명목지배지분율	최종_실질비지배지분율	외화환산	계정과목	계정유형	차변	대변
2	종속	AB	2003-12-31	당기순이익	60,000	0.00%	0.00%	90.00%	10.00%		비지배지분	NCI	0	6,000
3											비지배지분순이익	RE	6,000	0

③ **[out_연결분개_기타_2]** 종속의 2003년 당기순이익에 대한 비지배지분 연결분개 부분에 해당한다(분개에 대한 상세 설명은 본문에서 확인하기 바람).

5) tmp_연결분개_통합 sheet

	A	B	C	D	E	F	G	H	I	J
1	계정과목	매핑계정과목	신설필요_계정과목	후보_매핑계정과목_1	후보_매핑계정과목_2	차변잔액	대변잔액		확인	
2	AA기계장치	AA기계장치		AA기계장치	AA기계장치처분이익	12,000	0			
3	AA기계장치감가상각누계액	AA기계장치		AA기계장치	AA기계장치처분이익	8,000	0			
4	AA기계장치감가상각비	AA감가상각비		AA기계장치	AA기계장치처분이익	0	4,000			
5	AA기계장치처분이익	AA기계장치처분이익		AA기계장치처분이익	AA기계장치	0	12,000			
6	AA미처분이익잉여금	AA미처분이익잉여금		AA미처분이익잉여금	AB미처분이익잉여금	0	4,000			
7	AA비지배지분	비지배지분		비지배지분순이익	비지배지분	0	2,000			
8	AA비지배지분순이익	비지배지분순이익		비지배지분순이익		1,600	0			
9	AA이익잉여금	AA미처분이익잉여금		AA미처분이익잉여금		400	0			
10	AA종속기업투자지분	AA종속기업투자지분		AA종속기업투자지분		0	945,000			
11	AB기계장치감가상각누계액	AB기계장치		AB기계장치		0	20,000			
12	AB미처분이익잉여금	AB미처분이익잉여금		AB미처분이익잉여금	AA미처분이익잉여금	18,000	0			
13	AB비지배지분	비지배지분		비지배지분순이익	비지배지분	0	103,000			
14	AB이익잉여금	AB미처분이익잉여금		AB미처분이익잉여금		50,000	0			
15	AB자본금	AB자본금		AB자본금		1,000,000	0			
16	미처분이익잉여금	AA미처분이익잉여금		AA미처분이익잉여금	AB미처분이익잉여금	7,500	0			
17	비지배지분	비지배지분		비지배지분	비지배지분순이익	0	13,500			
18	비지배지분순이익	비지배지분순이익		비지배지분순이익	비지배지분	6,000	0			
19		AA종속기업투자지분				18,000				
20		AA미처분이익잉여금					18,000			
21		AA종속기업투자지분					3,600			
22		AA미처분이익잉여금				3,600				
23		AA종속기업투자지분					3,600			
24		AA지분법이익				3,600				
25		AA종속기업투자지분					10,800			
26		AA지분법이익				10,800				
27		AA종속기업투자지분					27,000			
28		AA미처분이익잉여금				27,000				
29		AA종속기업투자지분					40,500			
30		AA미처분이익잉여금				40,500				
31		AA종속기업투자지분					54,000			
32		AA지분법이익				54,000				

① 상기 음영 부분처럼 매핑계정과목을 적절하게 수정하고 별도재무제표 지분법 회계처리를 취소하는 분개를 추가한다.

주의 적절한 계정과목을 신설하여야 하는 경우에는 신설필요_계정과목에 신설하고 동일한 계정과목을 매핑계정과목에 입력하여야 한다.

② 확인 버튼을 누른다.

6) out_최종연결정산표 sheet

	A	B	C	D	E	F	G	H
1	계정과목	차변잔액	대변잔액				정렬	
2	감가상각비	119,000	0					
3	건물	345,000	0					
4	기계장치	362,000	0					
5	기계장치처분이익	0	130,000					
6	단기차입금	0	300,000					
7	매입채무	0	234,000					
8	매출	0	700,000					
9	매출원가	700,000	0					
10	매출채권	463,900	0					
11	미처분이익잉여금	0	275,000					
12	비지배지분	0	118,500					
13	비지배지분순이익	7,600	0					
14	상품매출	0	231,000					
15	상품매출원가	166,000	0					
16	자본금	0	2,000,000					
17	재고자산	245,000	0					
18	차입금	0	20,000					
19	토지	1,200,000	0					
20	현금	400,000	0					

① 계정과목이 한글로 오름차순으로 되어 있다.
② 정렬 버튼을 누른다.

	A	B	C	D	E	F	G	H
1	계정코드	계정과목	차변잔액	대변잔액			정렬	
2	10100	현금	400,000	0				
3	10800	매출채권	463,900	0				
4	14600	재고자산	245,000	0				
5	20100	토지	1,200,000	0				
6	20200	건물	345,000	0				
7	20600	기계장치	362,000	0				
8	25100	매입채무	0	234,000				
9	26000	단기차입금	0	300,000				
10	26000	차입금	0	20,000				
11	33100	자본금	0	2,000,000				
12	37700	미처분이익잉여금	0	275,000				
13	40100	매출	0	700,000				
14	40100	상품매출	0	231,000				
15	45100	매출원가	700,000	0				
16	45100	상품매출원가	166,000	0				
17	81800	감가상각비	119,000	0				
18	82900	기계장치처분이익	0	130,000				
19	비지배지분	비지배지분	0	118,500				
20	비지배지분순이익	비지배지분순이익	7,600	0				

③ 계정코드별로 오름차순되며, 계정코드가 없이 새롭게 삽입된 계정과목은 맨 아래에 위치하고 그러한 계정과목은 계정과목으로(한글순으로) 오름차순으로 정렬이 된다.

연결회계의 기타사항

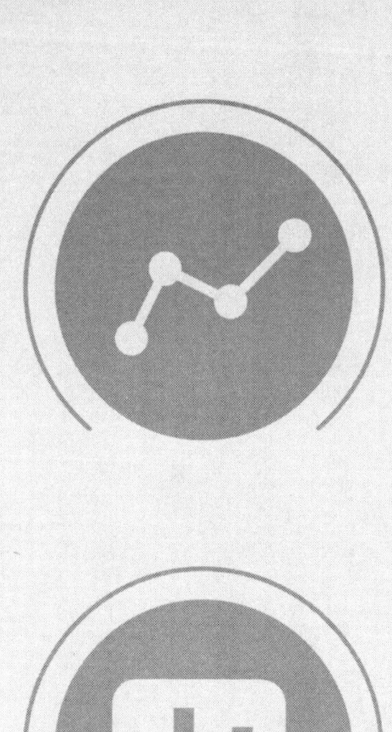

제 1 절 기중 취득

앞의 장에서는 어떤 회계기간의 기초나 기말에 종속기업을 취득하는 경우의 연결절차를 설명하였다. 종속기업을 어느 회계기간의 기중에 취득하는 경우에는 취득일의 종속기업의 순자산 공정가치로 연결재무상태표를 작성하므로 **종속기업의 수익과 비용**은 **지배력을 획득하는 시점**부터 연결재무제표에 포함한다. *[K-IFRS 1110 B88]*

한편, 종속기업의 수익과 비용은 취득일에 지배기업의 연결재무제표에 인식된 자산과 부채의 가치에 기초한다. 예를 들어 취득일 후 연결포괄손익계산서에 인식되는 상각비용은 취득일에 연결재무제표에 인식된 상각 가능한 관련 자산의 공정가치에 기초한다. *[K-IFRS 1110 B88]*

보충설명 간주취득일의 개념

실무적으로 기중 취득에 대해서 간주취득일을 적용하여 연결을 하는 관행이 있다. 간주취득일을 K-IFRS 1103이나 1027에서 명시적으로 언급하고 있지 않지만 실무적으로 간주취득일 개념을 적용하지 않으면 추가 취득일마다 종속기업의 결산이 이루어져야하는 부담이 있다. 본서에서는 간주취득일을 적용하는 경우 단서조항으로 설명하였다.

기본정보 1 기중 취득

- 12월말 결산법인인 P회사는 2X01년 3월 31일에 12월말 결산법인인 S회사의 주식의 90%를 ₩960,000에 취득하였다.
- 2X01년 3월 31일 현재 S회사 순자산은 자본금 ₩1,000,000과 이익잉여금 ₩50,000으로 구성되어 있으며, 순자산 공정가치와 장부금액은 동일하다.
- S회사는 2X01년 4월 1일~2X01년 12월 31일간 ₩12,000의 당기순이익을 보고하였으며, 2X01년 1월 1일~2X01년 3월 31일까지의 당기순이익은 ₩4,000이었다.
- P회사는 S회사 취득시 비지배지분을 S회사 순자산 공정가치에 비례하여 측정하였다. 2X01년의 영업권손상차손은 없다고 가정한다.

■ 종속기업투자지분을 원가법으로 처리하는 경우

연결회계처리	(차변)	(대변)
1단계 : 종속기업 투자지분과 종속기업 자본계정의 상계제거		
자본금(S사)	1,000,000	
이익잉여금(S사)	50,000	
영업권	15,000	
종속기업투자지분		960,000
비지배지분 주1)		105,000
주1) (₩1,000,000 + ₩50,000) × 비지배지분율 10% = ₩105,000		
5단계 : 비지배지분의 증감 회계처리		
비지배지분순이익(이익잉여금)	1,200	
비지배지분 주1)		1,200
주1) S사의 2X01.04.01 ~ 2X01.12.31.까지의 당기순이익 ₩12,000 × 비지배지분율 10% = ₩1,200		

■ 종속기업투자지분을 지분법으로 처리하는 경우

별도재무제표(지분법) 회계처리	(차변)	(대변)
종속기업투자지분	10,800	
지분법이익 주1)		10,800
주1) S사의 2X01.04.01 ~ 2X01.12.31.까지의 당기순이익 ₩12,000 × 지배지분율 90% = ₩10,800		

연결회계처리	(차변)	(대변)
1단계 : 종속기업 투자지분과 종속기업 자본계정의 상계제거		
자본금(S사)	1,000,000	
이익잉여금(S사)	50,000	
영업권	15,000	
종속기업투자지분		960,000
비지배지분 주1)		105,000
주1) (₩1,000,000 + ₩50,000) × 비지배지분율 10% = ₩105,000		
5단계 : 비지배지분의 증감 회계처리		
비지배지분순이익(이익잉여금)	1,200	
비지배지분 주1)		1,200
주1) S사의 2X01.04.01 ~ 2X01.12.31.까지의 당기순이익 ₩12,000 × 비지배지분율 10% = ₩1,200		
<당기 별도재무제표상 지분법 회계처리 취소>		
지분법이익	10,800	
종속기업투자지분		10,800

제 2 절 종속기업에 대한 지분 변동

01 지배 성립 이후 종속기업 투자지분 추가 취득

(1) 일반적인 거래로 인한 추가취득

연결실체를 하나의 경제적 실체로 보는 연결재무제표에서는 종속기업의 모든 주주가 연결실체의 주주가 된다. 따라서 지배력을 획득한 이후의 종속기업 주식의 거래는 자본거래이므로 손익을 인식하지 않는다.

K-IFRS 1110 문단 23에서도 **지배력을 상실하지 않는 종속기업**에 대한 **지배기업의 소유지분 변동**은 **자본거래**(즉, 소유주로서의 자격을 행사하는 소유주와의 거래)로 회계처리하도록 하고 있다. *[K-IFRS 1110 문단 23]*

상기 상황에서 지배지분과 비지배지분의 장부금액은 **종속기업에 대한 상대적 지분 변동**을 반영하여 조정한다. **비지배지분의 조정금액**과 **지급하거나 수취한 대가의 공정가치**의 **차이**는 **자본**으로 직접 인식하고 **지배기업의 소유주**에게 귀속시킨다. *[K-IFRS 1110 B96]*

보다 구체적으로 지배기업이 종속기업의 주식을 추가로 취득하는 경우, **추가 투자금액**과 **'연결재무제표상 종속기업의 순자산'에 대한 지배기업의 추가 지분액**의 차액은 지배기업의 소유주에게 귀속되는 **자본(자본조정)**에 반영한다. 여기서 **'연결재무제표상 종속회사의 순자산'**은 종속회사 주식을 **추가로 취득하기 직전의 연결재무제표상 종속회사의 순자산**을 말한다.

지배・종속관계가 성립된 이후에 지배기업이 종속기업의 주식을 연결실체 내 다른 기업에서 추가 취득한 경우에는 연결실체 내 기업 간의 순자산 이전거래에 해당하므로 그 거래로 생긴 채권・채무의 기말잔액과 수익・비용 및 미실현손익은 상계제거한다.

기본정보 2 지배 성립 이후 종속기업 주식의 추가 취득

• 12월말 결산법인인 P회사는 S회사의 주식을 다음과 같이 취득하였다.

	2X01년 1월 1일	2X02년 1월 1일	2X03년 1월 1일
취득원가	₩270,000	₩96,000	₩58,000
지분율	60%	10%	5%
지배여부	지배	추가 취득	추가 취득

• 2X01년, 2X02년, 2X03년 초의 S회사 자본계정은 아래와 같다.

	2X01년 1월 1일	2X02년 1월 1일	2X03년 1월 1일
자본금	₩200,000	₩200,000	₩200,000
자본잉여금	50,000	50,000	50,000
이익잉여금	150,000	210,000	310,000

• S회사의 2X01년, 2X02년, 2X03년 당기순이익은 각각 ₩60,000, ₩100,000, ₩70,000이고 배당은 없었다.

• 취득시 S회사의 순자산 장부금액과 공정가치는 일치하였으며 비지배지분은 S회사 순자산에 비례하여 측정하였다.

• 영업권은 2X01년, 2X02년, 2X03년에 손상차손이 발생하지 아니하였다

■ 2X01년 회계처리

2X01년 별도재무제표상 회계처리					
원가법	(차변)	(대변)	지분법	(차변)	(대변)
			<S사 당기순이익 인식>		
			종속기업투자지분 주1)	36,000	
			지분법이익		36,000
			주1) 2X01년 S사 당기순이익 ₩60,000 × 60%% = ₩36,000		
			[종속기업투자지분 계정 잔액]		
			₩270,000 + ₩36,000 = ₩306,000		
			[지분법이익]		
			₩36,000		

2X01년 연결조정					
원가법	(차변)	(대변)	지분법	(차변)	(대변)
1단계 : 종속기업 투자지분과 종속기업 자본의 상계제거					
종속기업투자지분		270,000	종속기업투자지분		270,000
자본금(S사)	200,000		자본금(S사)	200,000	
자본잉여금(S사)	50,000		자본잉여금(S사)	50,000	
이익잉여금(S사)	150,000		이익잉여금(S사)	150,000	
영업권	30,000		영업권	30,000	
비지배지분 주1)		160,000	비지배지분 주1)		160,000
주1) (₩200,000 + ₩50,000 + ₩150,000) × 비지배지분율 40% = ₩160,000					
2단계 : 비지배지분의 증감 회계처리					
비지배지분 주2)		24,000	비지배지분 주2)		24,000
비지배지분순이익(이익잉여금)	24,000		비지배지분순이익(이익잉여금)	24,000	
주2) 2X01년 S사의 당기순이익 ₩60,000 × 비지배지분율 40% = ₩24,000					
<당기 별도재무제표상 지분법 회계처리 취소>					
			종속기업투자지분 주1)		36,000
			지분법이익	36,000	
			주1) ₩60,000 × 60%% = ₩36,000		

■ 2X02년 회계처리

2X02년 별도재무제표상 회계처리					
원가법	(차변)	(대변)	지분법	(차변)	(대변)
			<S사 당기순이익 인식>		
			종속기업투자지분	70,000	
			지분법이익 주1)		70,000
			주1) 2X02년 S사 당기순이익 ₩100,000 × 70% = ₩70,000		
			[종속기업투자지분 계정 잔액]		
			₩270,000 + ₩36,000 + ₩96,000 + ₩70,000 = ₩472,000		
			[지분법이익]		
			₩70,000		

2X02년 연결조정					
원가법	(차변)	(대변)	지분법	(차변)	(대변)
1단계 : 종속기업 투자지분과 종속기업 자본의 상계제거					
종속기업투자지분		270,000	종속기업투자지분		270,000
자본금(S사)	200,000		자본금(S사)	200,000	
자본잉여금(S사)	50,000		자본잉여금(S사)	50,000	
이익잉여금(S사)	150,000		이익잉여금(S사)	150,000	
영업권	30,000		영업권	30,000	
비지배지분 주1)		160,000	비지배지분 주1)		160,000
주1) (₩200,000 + ₩50,000 + ₩150,000) × 비지배지분율 40% = ₩160,000					
2단계 : 추가 취득 종속기업투자지분 상계 제거					
종속기업투자지분		96,000	종속기업투자지분		96,000
① 2X01년 1월 1일 종속기업 자본에 대하여 추가취득으로 인한 비지배지분 감소액					
비지배지분 주2)	40,000		비지배지분 주2)	40,000	
주2) (₩200,000 + ₩50,000 + ₩150,000) × 추가 지분율 10% = ₩40,000					
② 2X01.1.1.~2X02.1.1. 종속기업 이익잉여금의 증가액에 대한 추가취득 비지배지분 배분					

2X02년 연결조정					
원가법	**(차변)**	**(대변)**	**지분법**	**(차변)**	**(대변)**
비지배지분 주3)		6,000	비지배지분 주3)		6,000
이익잉여금 주4)	6,000		이익잉여금 주4)	6,000	
주3) 2X01.1.1.~ 2X02.1.1. 종속기업 기타자본(이익잉여금)증가액에 대하여 추가취득분(10%)에 대한 비지배지분을 증가시킴. 왜냐하면 추가취득 시점까지 비지배지분을 증가시키고 추가취득시 아래 ③과 같이 비지배지분을 감소시키는 분개를 하기 때문임. ₩60,000 × 10% = ₩6,000					
주4) 주3)에 상응하는 이익잉여금의 감소액					
③ 2X01.1.1.~2X02.1.1. 종속기업 이익잉여금의 증가액에 대한 추가취득으로 인한 비지배지분 감소액					
비지배지분 주5)	6,000		비지배지분 주5)	6,000	
주5) ②에서 비지배지분이 증가하였으므로 추가 취득하면 비지배지분이 감소하므로 주3)에 해당하는 비지배지분을 감소시킴					
④ 대차평균					
자본조정	50,000		자본조정	50,000	
3단계 : 비지배지분의 증감 회계처리					
① 전기 비지배지분 순이익 배분					
비지배지분 주6)		18,000	비지배지분 주6)		18,000
이익잉여금	18,000		이익잉여금	18,000	
주6) 2X01년 S사의 전기순이익 ₩60,000 × 비지배지분율 30%(2X02.12.31.의 종속기업 비지배지분율) = ₩18,000					
※ 추가취득 분개에서 ₩60,000의 추가취득율인 10%만큼의 비지배지분을 회계처리하였는데, 여기서는 전기순이익으로 인한 증가액 ₩60,000의 변동분에 (40% - 10%) 만큼 곱한 비지배지분을 처리하는 회계처리이다.					
② 당기 비지배지분 순이익 배분					
비지배지분 주7)		30,000	비지배지분 주7)		30,000
비지배지분순이익(이익잉여금)	30,000		비지배지분순이익(이익잉여금)	30,000	
주6) 2X02년 S사의 전기순이익 ₩100,000 × 비지배지분율 30%(2X02.12.31.의 종속기업 비지배지분율) = ₩30,000					
			<전기 별도재무제표상 지분법 회계처리 취소>		
			이익잉여금	36,000	
			종속기업투자지분		36,000
			<당기 별도재무제표상 지분법 회계처리 취소>		
			지분법이익	70,000	
			종속기업투자지분		70,000

■ 2X03년 회계처리

2X03년 별도재무제표상 회계처리					
원가법	(차변)	(대변)	지분법	(차변)	(대변)
			<S사 당기순이익 인식>		
			종속기업투자지분	52,500	
			지분법이익 주1)		52,500
			주1) 2X03년 S사 당기순이익 ₩70,000 × 75% = ₩52,500		
			[종속기업투자지분 계정 잔액]		
			₩270,000 + ₩36,000 + ₩96,000 + ₩70,000 + ₩58,000 + ₩52,500 = ₩582,500		
			[지분법이익]		
			₩52,500		

2X03년 연결조정					
원가법	(차변)	(대변)	지분법	(차변)	(대변)
1단계 : 종속기업 투자지분과 종속기업 자본의 상계제거					
종속기업투자지분		270,000	종속기업투자지분		270,000
자본금(S사)	200,000		자본금(S사)	200,000	
자본잉여금(S사)	50,000		자본잉여금(S사)	50,000	
이익잉여금(S사)	150,000		이익잉여금(S사)	150,000	
영업권	30,000		영업권	30,000	
비지배지분 주1)		160,000	비지배지분 주1)		160,000
주1) (₩200,000 + ₩50,000 + ₩150,000) × 비지배지분율 40% = ₩160,000					
2단계 : 1차 추가 취득 종속기업투자지분 상계 제거					
종속기업투자지분		96,000	종속기업투자지분		96,000
① 2X01년 1월 1일 종속기업 자본에 대하여 추가취득으로 인한 비지배지분 감소액					
비지배지분 주2)	40,000		비지배지분 주2)	40,000	
주2) (₩200,000 + ₩50,000 + ₩150,000) × 추가 지분율 10% = ₩40,000					
② 2X01.1.1.~2X02.1.1. 종속기업 이익잉여금의 증가액에 대한 추가취득 비지배지분 배분					
비지배지분 주3)		6,000	비지배지분 주3)		6,000
이익잉여금 주4)	6,000		이익잉여금 주4)	6,000	
주3) 2X01.1.1.~ 2X02.1.1. 종속기업 기타자본(이익잉여금)증가액에 대하여 추가취득분(10%)에 대한 비지배지분을 증가시킴. 왜냐하면 추가취득 시점까지 비지배지분을 증가시키고 추가취득시 아래 ③과 같이 비지배지분을 감소시키는 분개를 하기 때문임. ₩60,000 × 10% = ₩6,000					
주4) 주3)에 상응하는 이익잉여금의 감소액					
③ 2X01.1.1.~2X02.1.1. 종속기업 이익잉여금의 증가액에 대한 추가취득으로 인한 비지배지분 감소액					
비지배지분 주5)	6,000		비지배지분 주5)	6,000	
주5) ②에서 비지배지분이 증가하였으므로 추가 취득하면 비지배지분이 감소하므로 주3)에 해당하는 비지배지분을 감소시킴					
④ 대차평균					
자본조정	50,000		자본조정	50,000	
2-1단계 : 2차 추가 취득 종속기업투자지분 상계 제거					
종속기업투자지분		58,000	종속기업투자지분		58,000
① 2X01년 1월 1일 종속기업 자본에 대하여 추가취득으로 인한 비지배지분 감소액					
비지배지분 주6)	20,000		비지배지분 주6)	20,000	
주6) (₩200,000 + ₩50,000 + ₩150,000) × 추가 지분율 5% = ₩20,000					
② 2X01.1.1.~2X03.1.1. 종속기업 이익잉여금의 증가액에 대한 추가취득 비지배지분 배분					
비지배지분 주7)		8,000	비지배지분 주7)		8,000
이익잉여금 주8)	8,000		이익잉여금 주8)	8,000	
주7) 2X01.1.1.~ 2X03.1.1. 종속기업 기타자본(이익잉여금)증가액에 대하여 추가취득분(5%)에 대한 비지배지분을 증가시킴. 왜냐					

2X03년 연결조정					
원가법	**(차변)**	**(대변)**	**지분법**	**(차변)**	**(대변)**
하면 추가취득 시점까지 비지배지분을 증가시키고 추가취득시 아래 ③과 같이 비지배지분을 감소시키는 분개를 하기 때문임. (₩60,000 + ₩100,000) × 5% = ₩8,000					
주8) 주7)에 상응하는 이익잉여금의 감소액					
③ 2X01.1.1.~2X03.1.1. 종속기업 이익잉여금의 증가액에 대한 추가취득으로 인한 비지배지분 감소액					
비지배지분 주9)	8,000		비지배지분 주9)	8,000	
④ 대차평균					
자본조정	30,000		자본조정	30,000	
3단계 : 비지배지분의 증감 회계처리					
① 2X01년 비지배지분 순이익 배분					
비지배지분 주10)		15,000	비지배지분 주10)		15,000
이익잉여금	15,000		이익잉여금	15,000	
주10) 2X01년 S사의 전기순이익 ₩60,000 × 비지배지분율 25%(2X03.12.31.의 종속기업 비지배지분율) = ₩15,000					
※ 추가취득 분개에서 ₩60,000에 추가취득율인 (10%+5%) 만큼의 비지배지분을 회계처리하였는데, 여기서는 2X01년 순이익으로 인한 증가액 ₩60,000의 변동분에 (40% - (10%+5%)) 만큼 곱한 비지배지분을 처리하는 회계처리이다.					
② 2X02년 비지배지분 순이익 배분					
비지배지분 주11)		25,000	비지배지분 주11)		25,000
이익잉여금	25,000		이익잉여금	25,000	
주11) 2X02년 S사의 전기순이익 ₩100,000 × 비지배지분율 25%(2X03.12.31.의 종속기업 비지배지분율) = ₩25,000					
※ 추가취득 분개에서 ₩60,000에 추가취득율인 (10%+5%) 만큼의 비지배지분을 회계처리하였는데, 여기서는 2X02년 순이익으로 인한 증가액 ₩100,000의 변동분에 (40% - (10%+5%)) 만큼 곱한 비지배지분을 처리하는 회계처리이다.					
③ 당기 비지배지분 순이익 배분					
비지배지분 주12)		17,500	비지배지분 주12)		17,500
비지배지분순이익(이익잉여금)	17,500		비지배지분순이익(이익잉여금)	17,500	
주12) 2X03년 S사의 전기순이익 ₩70,000 × 비지배지분율 25%(2X03.12.31.의 종속기업 비지배지분율) = ₩25,000					
			<2X01년 별도재무제표상 지분법 회계처리 취소>		
			이익잉여금	36,000	
			종속기업투자지분		36,000
			<2X02년 별도재무제표상 지분법 회계처리 취소>		
			이익잉여금	70,000	
			종속기업투자지분		70,000
			<당기 별도재무제표상 지분법 회계처리 취소>		
			지분법이익	52,500	
			종속기업투자지분		52,500

Fraudit ExCon 실 습 : 제4장 2 원가법 1차년도

(1) 사례파일

제4장_2_원가법_1차년도_기초정보.xlsx, 제4장_2_원가법_1차년도_원화시산표.xlsx

(2) [기초정보.xlsx] 작성

1) 보고기간 sheet

	A	B	C	D
1	목차	구분	일자	검증_보고기간
2	보고기간	보고기간초	2001-01-01	OK
3	보고기간	보고기간말	2001-12-31	

① 보고기간 초와 보고기간 말을 입력한다..

2) 기업목록 sheet

	A	B	C	D	E	F	G	H	I	J	K	L	M
1	일련번호	목차	기업명	약식명칭	기능통화	표시통화	세율	이연법인세계산	검증_기업명중복	검증_기능통화	검증_표시통화	검증_세율	검증_이연법인세계산
2	1	기업목록	지배	AA	원화	원화	0%	아니오	OK	OK	OK	OK	OK
3	2		종속	AB	원화	원화	0%	아니오	OK	OK	OK	OK	OK

① 기업명을 입력한다. 여기서는 **지배**와 **종속**으로 입력한다.
② 기능통화를 **원화**로 선택한다.
③ 표시통화를 **원화**로 선택한다.
④ 세율은 0%이므로 입력하지 않는다.
⑤ 이연법인세계산을 **아니오**로 선택한다.

3) 지분구조 sheet

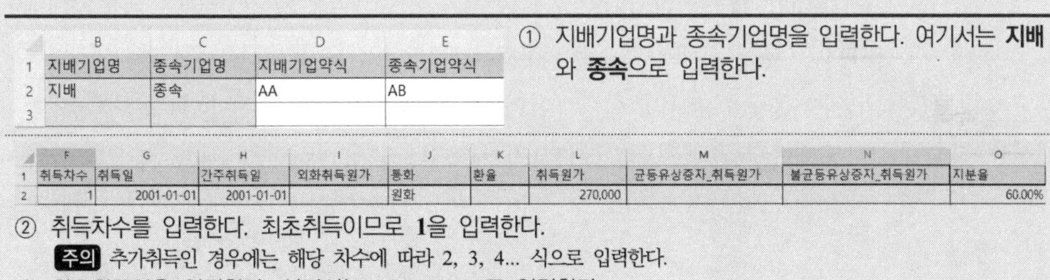

	B	C	D	E
1	지배기업명	종속기업명	지배기업약식	종속기업약식
2	지배	종속	AA	AB
3				

	F	G	H	I	J	K	L	M	N	O
1	취득차수	취득일	간주취득일	외화취득원가	통화	환율	취득원가	균등유상증자_취득원가	불균등유상증자_취득원가	지분율
2	1	2001-01-01	2001-01-01		원화		270,000			60.00%

① 지배기업명과 종속기업명을 입력한다. 여기서는 **지배**와 **종속**으로 입력한다.

② 취득차수를 입력한다. 최초취득이므로 **1**을 입력한다.
주의 추가취득인 경우에는 해당 차수에 따라 2, 3, 4... 식으로 입력한다.
③ 최초취득일을 입력한다. 여기서는 **2001-01-01**로 입력한다.
④ 간주취득일을 입력한다. 여기서는 **2001-01-01**로 입력한다.
주의 간주취득일은 최초취득일로부터 가장 근접한 결산재무제표의 결산일을 의미한다.
⑤ 나머지는 상기와 같이 입력한다.

4) 취득시지분구조_공정가치차이 sheet

	E	F	G	H	I	J	K	L	M
1	목차	기업명	약식명칭	취득차수_1	취득일_1	간주취득일_1	자본계정명_1	자본금액_1_외화	자본금액_1
2	자본_공정가치	종속	AB	1	2001-01-01	2001-01-01	자본금		200,000
3		종속	AB				자본잉여금		50,000
4		종속	AB				이익잉여금		150,000

① 종속의 2001-01-01일의 자본계정명_1(1차 취득시 자본계정명을 의미함)을 **K열**에 입력한다.
② 종속의 2001-01-01일의 자본금액_1(1차 취득시 자본금액을 의미함)을 **M열**에 입력한다.

5) 재무정보 sheet

	A	B	C	D	E	F	G
1	일련번호	목차	기업명	약식명칭	기간	계정명	금액
2	2	재무정보	종속	AB	2001-12-31	배당	
3						당기순이익	60,000
4						기타포괄손익	
5						해외사업환산손익	

① G열에 종속회사의 2001년 **당기순이익을 상기와 같이** 입력한다.

6) 내부거래현황 sheet

① 내부거래가 없으므로 별도로 입력하지 않는다.

(3) [원화시산표.xlsx] 작성

1) 보고기간 sheet

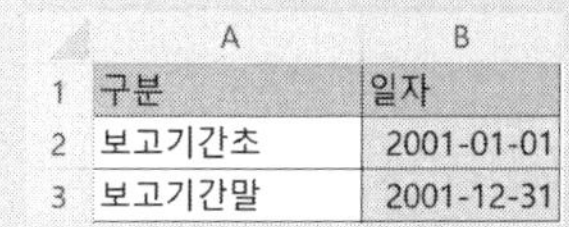

	A	B
1	구분	일자
2	보고기간초	2001-01-01
3	보고기간말	2001-12-31

① 보고기간 초와 보고기간 말을 입력한다.
주의 기초정보의 보고기간 초와 보고기간 말과 동일하여야 한다.

2) 기업목록 sheet

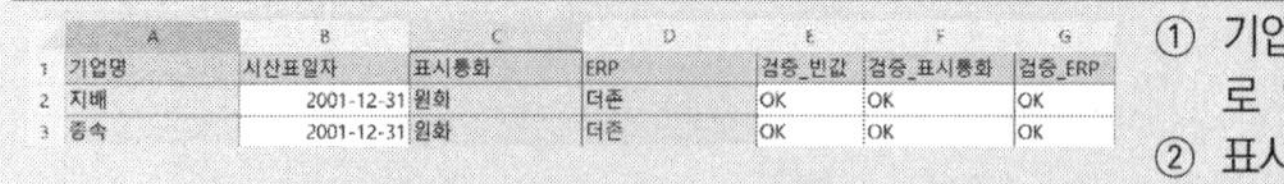

	A	B	C	D	E	F	G
1	기업명	시산표일자	표시통화	ERP	검증_빈값	검증_표시통화	검증_ERP
2	지배	2001-12-31	원화	더존	OK	OK	OK
3	종속	2001-12-31	원화	더존	OK	OK	OK

① 기업명을 입력한다. 여기서는 **지배**와 **종속**으로 입력한다.
② 표시통화를 **원화**로 선택한다.
③ ERP는 **더존**이라고 가정하고 선택한다.

3) 원화시산표_1 sheet

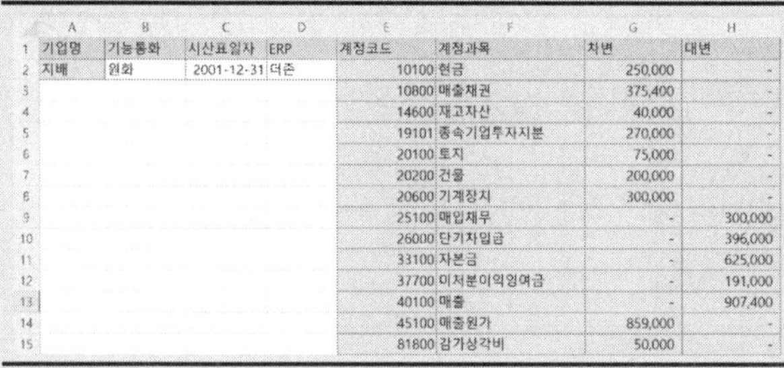

기업명	기능통화	시산표일자	ERP	계정코드	계정과목	차변	대변
지배	원화	2001-12-31	더존	10100	현금	250,000	-
				10800	매출채권	375,400	-
				14600	재고자산	40,000	-
				19101	종속기업투자지분	270,000	-
				20100	토지	75,000	-
				20200	건물	200,000	-
				20600	기계장치	300,000	-
				25100	매입채무	-	300,000
				26000	단기차입금	-	396,000
				33100	자본금	-	625,000
				37700	미처분이익잉여금	-	191,000
				40100	매출	-	907,400
				45100	매출원가	859,000	-
				81800	감가상각비	50,000	-

① A열에 기업명을 입력한다. 여기서는 **지배**로 입력한다.
② 해당 계정코드, 계정과목, 차변, 대변 금액을 차례로 입력한다. **차변과 대변은 어느 한쪽만 입력하여야 한다**.
③ 검증 칼럼에서 OK가 아닌 경우 해당 원인을 해결한다.

4) 원화시산표_2 sheet

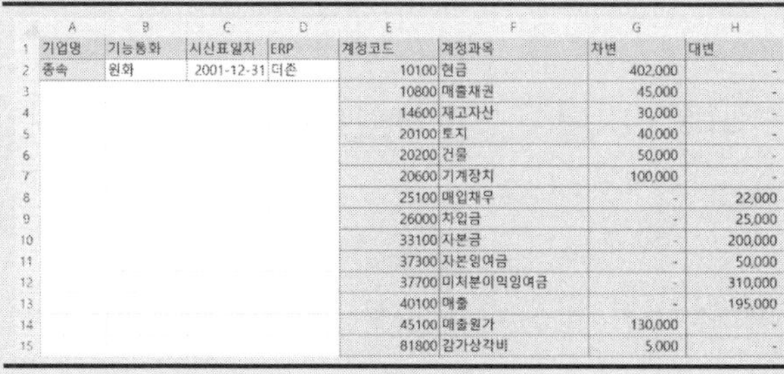

기업명	기능통화	시산표일자	ERP	계정코드	계정과목	차변	대변
종속	원화	2001-12-31	더존	10100	현금	402,000	-
				10800	매출채권	45,000	-
				14600	재고자산	30,000	-
				20100	토지	40,000	-
				20200	건물	50,000	-
				20600	기계장치	100,000	-
				25100	매입채무	-	22,000
				26000	차입금	-	25,000
				33100	자본금	-	200,000
				37300	자본잉여금	-	50,000
				37700	미처분이익잉여금	-	310,000
				40100	매출	-	195,000
				45100	매출원가	130,000	-
				81800	감가상각비	5,000	-

① A열에 기업명을 입력한다. 여기서는 **종속**으로 입력한다.
② 해당 계정코드, 계정과목, 차변, 대변 금액을 차례로 입력한다. **차변과 대변은 어느 한쪽만 입력하여야 한다**.
③ 검증 칼럼에서 OK가 아닌 경우 해당 원인을 해결한다.

(4) [Fraudit-ExCon.exe] 실행

제4장_2_원가법_1차년도_기초정보.xlsx과 제4장_2_원가법_1차년도_원화시산표.xlsx을 Fraudit-ExCon이 있는 폴더에 복사하여 이동한다. 그리고 **접두어를 제거**하고 **기초정보.xlsx와 원화시산표.xlsx**로 이름을 변경한다. **그 다음에 Fraudit-ExCon.exe를 실행한다.**

1) Main Sheet

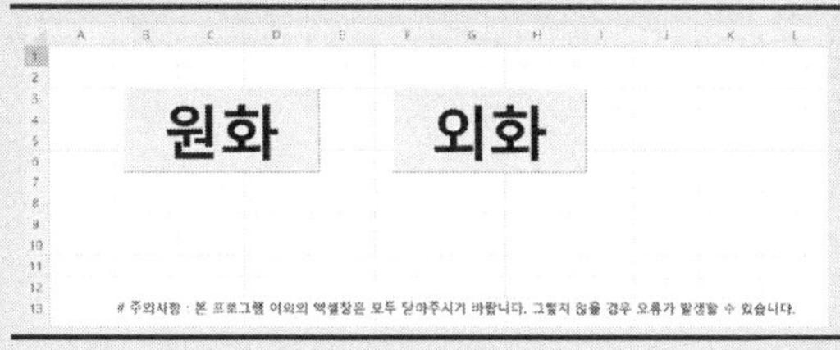

① 기능통화가 외화인 종속법인이 없으므로 원화 버튼을 누른다.

주의 원화 버튼을 누른 후 에러메시지가 뜨면 해당 에러원인을 **기초정보.xlsx, 원화시산표.xlsx**에서 적절하게 수정한 후 다시 누른다.

2) out_연결분개_투자자본_0 sheet

	T	U	V	W
	계정과목	계정유형	차변	대변
	AA종속기업투자지분	BS	0	270000
	AB자본금	HE	200000	0
	AB자본잉여금	BS	50000	0
	AB이익잉여금	BS	150000	0
	AB비지배지분	NCI	0	160000
	AB영업권	BS	30000	0

① 연결분개 중 지배와 종속의 투자와 자본 상계제거 분개 부분에 해당한다. 검증 목적으로 차변, 대변 칼럼의 금액과 계정과목을 확인하면 된다(분개에 대한 상세 설명은 본문에서 확인하기 바람).

3) out_연결분개_기타_0 sheet

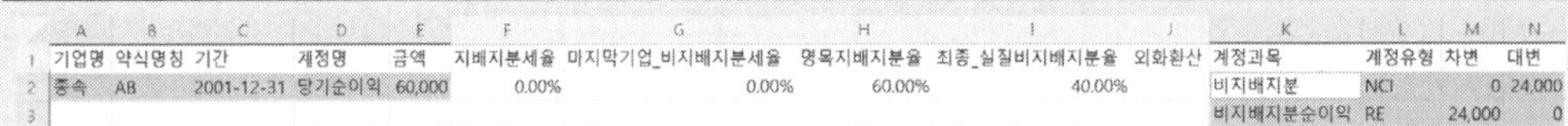

	A	B	C	D	E	F	G	H	I	J	K	L	M	N
1	기업명	약식명칭	기간	계정명	금액	지배지분세율	마지막기업_비지배지분세율	명목지배지분율	최종_실질비지배지분율	외화환산	계정과목	계정유형	차변	대변
2	종속	AB	2001-12-31	당기순이익	60,000	0.00%	0.00%	60.00%	40.00%		비지배지분	NCI	0	24,000
3											비지배지분순이익	RE	24,000	0

① 종속의 2001년 당기순이익에 대한 비지배지분 연결분개 부분에 해당한다(분개에 대한 상세 설명은 본문에서 확인하기 바람).

4) tmp_연결분개_통합 sheet

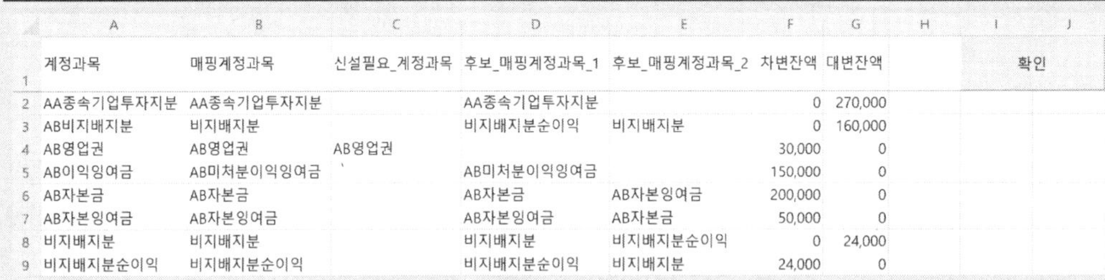

	A	B	C	D	E	F	G	H	I	J
1	계정과목	매핑계정과목	신설필요_계정과목	후보_매핑계정과목_1	후보_매핑계정과목_2	차변잔액	대변잔액		확인	
2	AA종속기업투자지분	AA종속기업투자지분		AA종속기업투자지분		0	270,000			
3	AB비지배지분	비지배지분		비지배지분순이익	비지배지분	0	160,000			
4	AB영업권	AB영업권	AB영업권			30,000	0			
5	AB이익잉여금	AB미처분이익잉여금		AB미처분이익잉여금		150,000	0			
6	AB자본금	AB자본금		AB자본금	AB자본잉여금	200,000	0			
7	AB자본잉여금	AB자본잉여금		AB자본잉여금	AB자본금	50,000	0			
8	비지배지분	비지배지분		비지배지분	비지배지분순이익	0	24,000			
9	비지배지분순이익	비지배지분순이익		비지배지분순이익	비지배지분	24,000	0			

① 여기서는 매핑이 잘 이루어졌으므로 특별히 수정할 필요는 없다.

주의 적절한 계정과목을 신설하여야 하는 경우에는 신설필요_계정과목에 신설하고 동일한 계정과목을 매핑계정과목에 입력하여야 한다.

② 확인 버튼을 누른다.

5) out_최종연결정산표 sheet

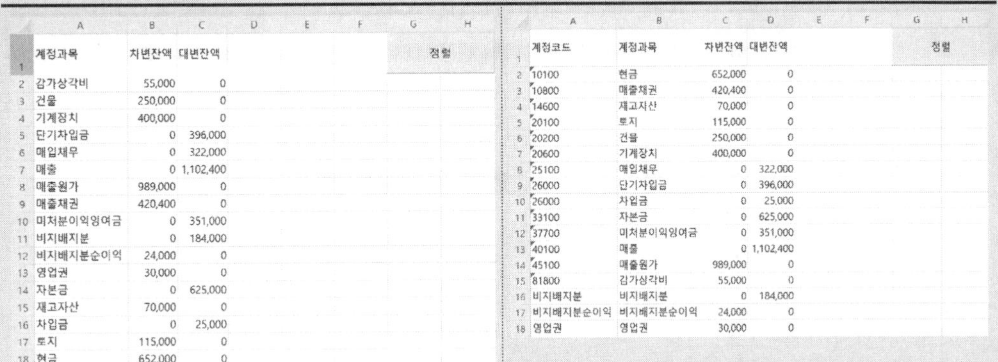

계정과목	차변잔액	대변잔액
감가상각비	55,000	0
건물	250,000	0
기계장치	400,000	0
단기차입금	0	396,000
매입채무	0	322,000
매출	0	1,102,400
매출원가	989,000	0
매출채권	420,400	0
미처분이익잉여금	0	351,000
비지배지분	0	184,000
비지배지분순이익	24,000	0
영업권	30,000	0
자본금	0	625,000
재고자산	70,000	0
차입금	0	25,000
토지	115,000	0
현금	652,000	0

계정코드	계정과목	차변잔액	대변잔액
10100	현금	652,000	0
10800	매출채권	420,400	0
14600	재고자산	70,000	0
20100	토지	115,000	0
20200	건물	250,000	0
20600	기계장치	400,000	0
25100	매입채무	0	322,000
26000	단기차입금	0	396,000
26000	차입금	0	25,000
33100	자본금	0	625,000
37700	미처분이익잉여금	0	351,000
40100	매출	0	1,102,400
45100	매출원가	989,000	0
81800	감가상각비	55,000	0
비지배지분	비지배지분	0	184,000
비지배지분순이익	비지배지분순이익	24,000	0
영업권	영업권	30,000	0

① 계정과목이 한글로 오름차순으로 되어 있다.
② 정렬 버튼을 누른다.

③ 계정코드별로 오름차순되며, 계정코드가 없이 새롭게 삽입된 계정과목은 맨 아래에 위치하고 그러한 계정과목은 계정과목으로(한글순으로) 오름차순으로 정렬이 된다.

Fraudit ExCon 실 습 : 제4장 2 원가법 2차년도

(1) 사례파일

제4장_2_원가법_2차년도_기초정보.xlsx, 제4장_2_원가법_2차년도_원화시산표.xlsx

(2) [기초정보.xlsx] 작성

1) 보고기간 sheet

	A	B	C	D
1	목차	구분	일자	검증_보고기간
2	보고기간	보고기간초	2002-01-01	OK
3	보고기간	보고기간말	2002-12-31	

① 보고기간 초와 보고기간 말을 입력한다..

2) 기업목록 sheet

	A	B	C	D	E	F	G	H	I	J	K	L	M
1	일련번호	목차	기업명	약식명칭	기능통화	표시통화	세율	이연법인세계산	검증_기업명중복	검증_기능통화	검증_표시통화	검증_세율	검증_이연법인세계산
2	1	기업목록	지배	AA	원화	원화	0%	아니오	OK	OK	OK	OK	OK
3	2		종속	AB	원화	원화	0%	아니오	OK	OK	OK	OK	OK

① 기업명을 입력한다. 여기서는 **지배**와 **종속**으로 입력한다.
② 기능통화를 **원화**로 선택한다.
③ 표시통화를 **원화**로 선택한다.
④ 세율은 0%이므로 입력하지 않는다.
⑤ 이연법인세계산을 **아니오**로 선택한다.

3) 지분구조 sheet

	A	B	C	D	E
1	목차	지배기업명	종속기업명	지배기업약식	종속기업약식
2	지분구조	지배	종속	AA	AB
3		지배	종속	AA	AB

① 지배기업명과 종속기업명을 입력한다. 여기서는 **지배**와 **종속**으로 입력한다.

	F	G	H	I	J	K	L	M	N	O
1	취득차수	취득일	간주취득일	외화취득원가	통화	환율	취득원가	균등유상증자_취득원가	불균등유상증자_취득원가	지분율
2	1	2001-01-01	2001-01-01		원화		270,000			60.00%
3	2	2002-01-01	2002-01-01		원화		96,000			10.00%

② 추가취득 부분을 상기와 같이 추가한다.

4) 취득시지분구조_공정가치차이 sheet

	E	F	G	H	I	J	K	L	M
1	목차	기업명	약식명칭	취득차수_1	취득일_1	간주취득일_1	자본계정명_1	자본금액_1_외화	자본금액_1
2	자본_공정가치	종속	AB	1	2001-01-01	2001-01-01	자본금		200,000
3		종속	AB				자본잉여금		50,000
4		종속	AB				이익잉여금		150,000

① 종속의 2001-01-01일의 자본계정명_1(1차 취득시 자본계정명을 의미함)을 **K열**에 입력한다.
② 종속의 2001-01-01일의 자본금액_1(1차 취득시 자본금액을 의미함)을 **M열**에 입력한다.

	AO	AP	AQ	AR	AS
1	취득일_2	간주취득일_2	자본계정명_2	자본금액_2	차이금액_2
2	2002-01-01	2002-01-01	자본금	200,000	0
3			자본잉여금	50,000	0
4			이익잉여금	210,000	60,000

② 종속의 2002-01-01의 자본계정명_2(2차 취득시 자본계정명을 의미함)과 자본금액_2(2차 취득시 자본금액을 의미함)을 상기와 같이 입력한다.

5) 재무정보 sheet

	A	B	C	D	E	F	G
1	일련번호	목차	기업명	약식명칭	기간	계정명	금액
2	2	재무정보	종속	AB	2001-12-31	배당	
3						당기순이익	60,000
4						기타포괄손익	
5						해외사업환산손익	
6	2		종속	AB	2002-12-31	배당	
7						당기순이익	100,000
8						기타포괄손익	
9						해외사업환산손익	

① G열에 종속의 **2001년, 2002년 당기순이익을 상기와 같이** 입력한다.

6) 내부거래현황 sheet

① 내부거래가 없으므로 별도로 입력하지 않는다.

(3) [원화시산표.xlsx] 작성

1) 보고기간 sheet

	A	B
1	구분	일자
2	보고기간초	2002-01-01
3	보고기간말	2002-12-31

① 보고기간 초와 보고기간 말을 입력한다.
주의 기초정보의 보고기간 초와 보고기간 말과 동일하여야 한다.

2) 기업목록 sheet

	A	B	C	D	E	F	G
1	기업명	시산표일자	표시통화	ERP	검증_빈값	검증_표시통화	검증_ERP
2	지배	2001-12-31	원화	더존	OK	OK	OK
3	종속	2001-12-31	원화	더존	OK	OK	OK

① 기업명을 입력한다. 여기서는 **지배**와 **종속**으로 입력한다.
② 표시통화를 **원화**로 선택한다.
③ ERP는 **더존**이라고 가정하고 선택한다.

3) 원화시산표_1 sheet

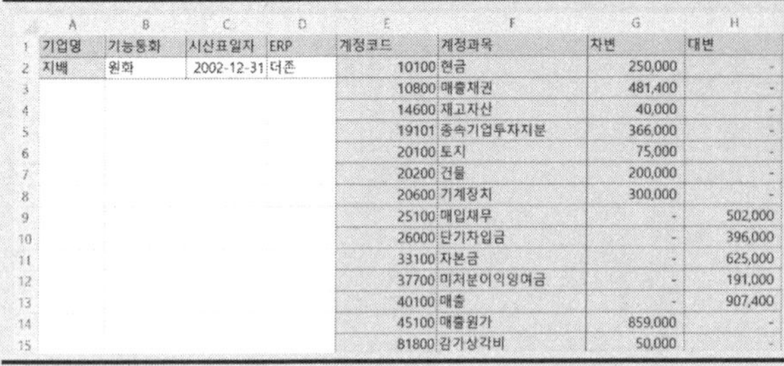

	A	B	C	D	E	F	G	H
1	기업명	기능통화	시산표일자	ERP	계정코드	계정과목	차변	대변
2	지배	원화	2002-12-31	더존	10100	현금	250,000	-
3					10800	매출채권	481,400	-
4					14600	재고자산	40,000	-
5					19101	종속기업투자지분	366,000	-
6					20100	토지	75,000	-
7					20200	건물	200,000	-
8					20600	기계장치	300,000	-
9					25100	매입채무	-	502,000
10					26000	단기차입금	-	396,000
11					33100	자본금	-	625,000
12					37700	미처분이익잉여금	-	191,000
13					40100	매출	-	907,400
14					45100	매출원가	859,000	-
15					81800	감가상각비	50,000	-

① A열에 기업명을 입력한다. 여기서는 **지배**로 입력한다.
② 해당 계정코드, 계정과목, 차변, 대변 금액을 차례로 입력한다. **차변과 대변은 어느 한쪽만 입력하여야 한다.**
③ 검증 칼럼에서 OK가 아닌 경우 해당 원인을 해결한다.

4) 원화시산표_2 sheet

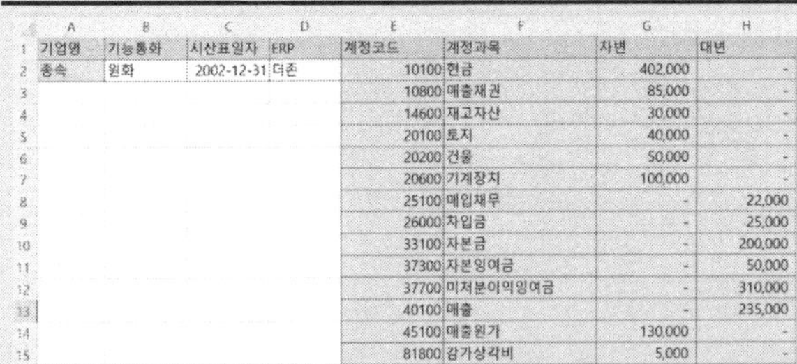

	A	B	C	D	E	F	G	H
1	기업명	기능통화	시산표일자	ERP	계정코드	계정과목	차변	대변
2	종속	원화	2002-12-31	더존	10100	현금	402,000	-
3					10800	매출채권	85,000	-
4					14600	재고자산	30,000	-
5					20100	토지	40,000	-
6					20200	건물	50,000	-
7					20600	기계장치	100,000	-
8					25100	매입채무	-	22,000
9					26000	차입금	-	25,000
10					33100	자본금	-	200,000
11					37300	자본잉여금	-	50,000
12					37700	미처분이익잉여금	-	310,000
13					40100	매출	-	235,000
14					45100	매출원가	130,000	-
15					81800	감가상각비	5,000	-

① A열에 기업명을 입력한다. 여기서는 **종속**으로 입력한다.
② 해당 계정코드, 계정과목, 차변, 대변 금액을 차례로 입력한다. **차변과 대변은 어느 한쪽만 입력하여야 한다.**
③ 검증 칼럼에서 OK가 아닌 경우 해당 원인을 해결한다.

(4) [Fraudit-ExCon.exe] 실행

제4장_2_원가법_2차년도_기초정보.xlsx과 제4장_2_원가법_2차년도_원화시산표.xlsx을 Fraudit-ExCon이 있는 폴더에 복사하여 이동한다. 그리고 **접두어를 제거**하고 **기초정보.xlsx와 원화시산표.xlsx**로 이름을 변경한다. **그 다음에 Fraudit-ExCon.exe를 실행한다.**

1) Main Sheet

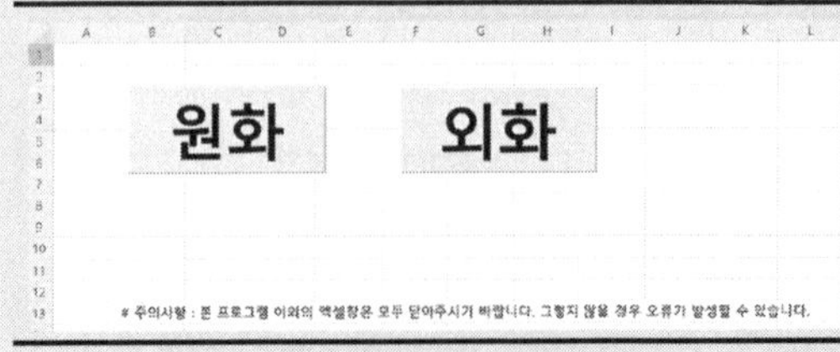

① 기능통화가 외화인 종속법인이 없으므로 원화 버튼을 누른다.

주의 원화 버튼을 누른 후 에러메시지가 뜨면 해당 에러 원인을 **기초정보.xlsx, 원화시산표.xlsx**에서 적절하게 수정한 후 다시 누른다.

2) out_연결분개_투자자본_0 sheet

T	U	V	W
계정과목	계정유형	차변	대변
AA종속기업투자지분	BS	0	270000
AB자본금	HE	200000	0
AB자본잉여금	BS	50000	0
AB이익잉여금	BS	150000	0
AB비지배지분	NCI	0	160000
AB영업권	BS	30000	0

① 연결분개 중 지배와 종속의 투자와 자본 상계제거 분개 부분에 해당한다. 검증 목적으로 차변, 대변 칼럼의 금액과 계정과목을 확인하면 된다(분개에 대한 상세 설명은 본문에서 확인하기 바람).

3) out_연결분개_추가취득_1 sheet

S	T	U	V
계정과목	계정유형	차변	대변
AA종속기업투자지분	BS	0	96,000
AB비지배지분	NCI	40,000	0
AB비지배지분	NCI	0	6,000
AB미처분이익잉여금	RE	6,000	0
AB비지배지분	NCI	6,000	0
AB자본조정	BS	50,000	0

① 추가취득 종속기업투자지분 상계 제거부분이다. 검증 목적으로 차변, 대변 칼럼의 금액과 계정과목을 확인하면 된다(분개에 대한 상세 설명은 본문에서 확인하기 바람).

4) out_연결분개_기타_0, 1 sheet

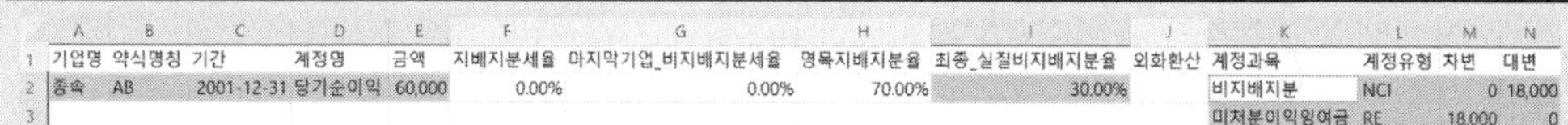

	A	B	C	D	E	F	G	H	I	J	K	L	M	N
1	기업명	약식명칭	기간	계정명	금액	지배지분세율	마지막기업_비지배지분세율	명목지배지분율	최종_실질비지배지분율	외화환산	계정과목	계정유형	차변	대변
2	종속	AB	2001-12-31	당기순이익	60,000	0.00%	0.00%	70.00%	30.00%		비지배지분	NCI	0	18,000
3											미처분이익잉여금	RE	18,000	0

① **[out_연결분개_기타_0]** 종속의 2001년 당기순이익에 대한 비지배지분 연결분개 부분에 해당한다(분개에 대한 상세 설명은 본문에서 확인하기 바람).

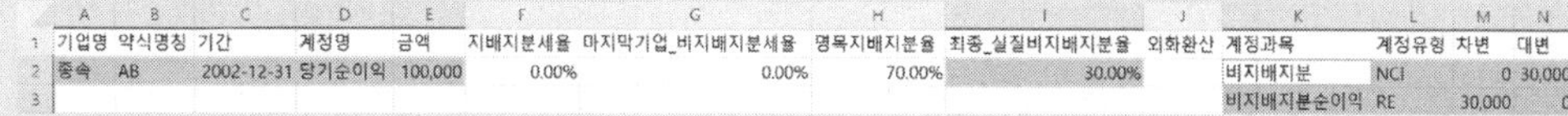

	A	B	C	D	E	F	G	H	I	J	K	L	M	N
1	기업명	약식명칭	기간	계정명	금액	지배지분세율	마지막기업_비지배지분세율	명목지배지분율	최종_실질비지배지분율	외화환산	계정과목	계정유형	차변	대변
2	종속	AB	2002-12-31	당기순이익	100,000	0.00%	0.00%	70.00%	30.00%		비지배지분	NCI	0	30,000
3											비지배지분순이익	RE	30,000	0

② **[out_연결분개_기타_1]** 종속의 2002년 당기순이익에 대한 비지배지분 연결분개 부분에 해당한다(분개에 대한 상세 설명은 본문에서 확인하기 바람).

5) tmp_연결분개_통합 sheet

	A	B	C	D	E	F	G	H	I	J
1	계정과목	매핑계정과목	신설필요_계정과목	후보_매핑계정과목_1	후보_매핑계정과목_2	차변잔액	대변잔액		확인	
2	AA종속기업투자지분	AA종속기업투자지분		AA종속기업투자지분		0	366,000			
3	AB미처분이익잉여금	AB미처분이익잉여금		AB미처분이익잉여금	AA미처분이익잉여금	6,000	0			
4	AB비지배지분	비지배지분		비지배지분순이익	비지배지분	0	120,000			
5	AB영업권	AB영업권	AB영업권			30,000	0			
6	AB이익잉여금	AB미처분이익잉여금		AB미처분이익잉여금		150,000	0			
7	AB자본금	AB자본금		AB자본금	AB자본잉여금	200,000	0			
8	AB자본잉여금	AB자본잉여금		AB자본잉여금	AB자본금	50,000	0			
9	AB자본조정	자본조정	자본조정	AB자본금	AB자본잉여금	50,000	0			
10	미처분이익잉여금	AA미처분이익잉여금		AA미처분이익잉여금	AB미처분이익잉여금	18,000	0			
11	비지배지분	비지배지분		비지배지분	비지배지분순이익	0	48,000			
12	비지배지분순이익	비지배지분순이익		비지배지분순이익	비지배지분	30,000	0			

① 음영 부분을 상기와 같이 신설하여 매핑한다.

주의 적절한 계정과목을 신설하여야 하는 경우에는 신설필요_계정과목에 신설하고 동일한 계정과목을 매핑계정과목에 입력하여야 한다.

② 확인 버튼을 누른다.

6) out_최종연결정산표 sheet

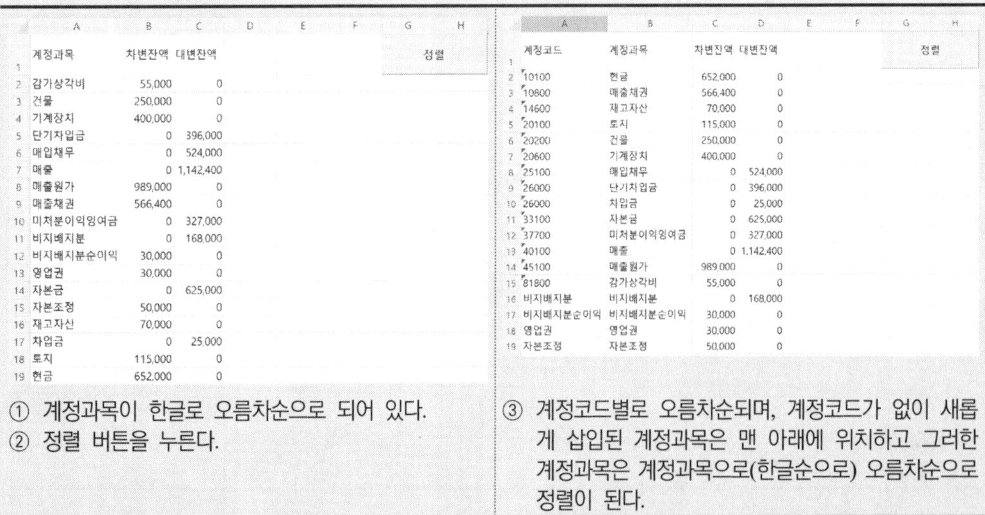

	A	B	C	D	E	F	G	H
1	계정과목	차변잔액	대변잔액				정렬	
2	감가상각비	55,000	0					
3	건물	250,000	0					
4	기계장치	400,000	0					
5	단기차입금	0	396,000					
6	매입채무	0	524,000					
7	매출	0	1,142,400					
8	매출원가	989,000	0					
9	매출채권	566,400	0					
10	미처분이익잉여금	0	327,000					
11	비지배지분	0	168,000					
12	비지배지분순이익	30,000	0					
13	영업권	30,000	0					
14	자본금	0	625,000					
15	자본조정	50,000	0					
16	재고자산	70,000	0					
17	차입금	0	25,000					
18	토지	115,000	0					
19	현금	652,000	0					

① 계정과목이 한글로 오름차순으로 되어 있다.

② 정렬 버튼을 누른다.

	A	B	C	D	E	F	G	H
1	계정코드	계정과목	차변잔액	대변잔액			정렬	
2	10100	현금	652,000	0				
3	10800	매출채권	566,400	0				
4	14600	재고자산	70,000	0				
5	20100	토지	115,000	0				
6	20200	건물	250,000	0				
7	20600	기계장치	400,000	0				
8	25100	매입채무	0	524,000				
9	26000	단기차입금	0	396,000				
10	26000	차입금	0	25,000				
11	33100	자본금	0	625,000				
12	37700	미처분이익잉여금	0	327,000				
13	40100	매출	0	1,142,400				
14	45100	매출원가	989,000	0				
15	81800	감가상각비	55,000	0				
16	비지배지분	비지배지분	0	168,000				
17	비지배지분순이익	비지배지분순이익	30,000	0				
18	영업권	영업권	30,000	0				
19	자본조정	자본조정	50,000	0				

③ 계정코드별로 오름차순되며, 계정코드가 없이 새롭게 삽입된 계정과목은 맨 아래에 위치하고 그러한 계정과목은 계정과목으로(한글순으로) 오름차순으로 정렬이 된다.

Fraudit ExCon 실 습 : 제4장 2 원가법 3차년도

(1) 사례파일

제4장_2_원가법_3차년도_기초정보.xlsx, 제4장_2_원가법_3차년도_원화시산표.xlsx

(2) [기초정보.xlsx] 작성

1) 보고기간 sheet

	A	B	C	D
1	목차	구분	일자	검증_보고기간
2	보고기간	보고기간초	2003-01-01	OK
3	보고기간	보고기간말	2003-12-31	

① 보고기간 초와 보고기간 말을 입력한다..

2) 기업목록 sheet

	A	B	C	D	E	F	G	H	I	J	K	L	M
1	일련번호	목차	기업명	약식명칭	기능통화	표시통화	세율	이연법인세계산	검증_기업명중복	검증_기능통화	검증_표시통화	검증_세율	검증_이연법인세계산
2	1	기업목록	지배	AA	원화	원화	0%	아니오	OK	OK	OK	OK	OK
3	2		종속	AB	원화	원화	0%	아니오	OK	OK	OK	OK	OK

① 기업명을 입력한다. 여기서는 **지배**와 **종속**으로 입력한다.
② 기능통화를 **원화**로 선택한다.
③ 표시통화를 **원화**로 선택한다.
④ 세율은 0%이므로 입력하지 않는다.
⑤ 이연법인세계산을 **아니오**로 선택한다.

3) 지분구조 sheet

	A	B	C	D	E	F
1	목차	지배기업명	종속기업명	지배기업약식	종속기업약식	취득차수
2	지분구조	지배	종속	AA	AB	1
3		지배	종속	AA	AB	2
4		지배	종속	AA	AB	3

① 지배기업명과 종속기업명을 입력한다. 여기서는 **지배**와 **종속**으로 입력한다.

	G	H	I	J	K	L	M	N	O
1	취득일	간주취득일	외화취득원가	통화	환율	취득원가	균등유상증자_취득원가	불균등유상증자_취득원가	지분율
2	2001-01-01	2001-01-01		원화		270,000			60.00%
3	2002-01-01	2002-01-01		원화		96,000			10.00%
4	2003-01-01	2003-01-01		원화		58,000			5.00%

② 추가취득 부분을 상기와 같이 추가한다.

4) 취득시지분구조_공정가치차이 sheet

	E	F	G	H	I	J	K	L	M
1	목차	기업명	약식명칭	취득차수_1	취득일_1	간주취득일_1	자본계정명_1	자본금액_1_외화	자본금액_1
2	자본_공정가치	종속	AB	1	2001-01-01	2001-01-01	자본금		200,000
3		종속	AB				자본잉여금		50,000
4		종속	AB				이익잉여금		150,000

① 종속의 2001-01-01일의 자본계정명_1(1차 취득)과 자본금액_1(1차 취득)을 **K열과 M열에 상기와 같이** 입력한다.

	AO	AP	AQ	AR	AS
1	취득일_2	간주취득일_2	자본계정명_2	자본금액_2	차이금액_2
2	2002-01-01	2002-01-01	자본금	200,000	0
3			자본잉여금	50,000	0
4			이익잉여금	210,000	60,000

② 종속의 2002-01-01의 자본계정명_2와 자본금액_2를 상기와 같이 입력한다.

	AV	AW	AX	AY	AZ	BA
1	취득차수_3	취득일_3	간주취득일_3	자본계정명_3	자본금액_3	차이금액_3
2	3	2003-01-01	2003-01-01	자본금	200,000	0
3				자본잉여금	50,000	0
4				이익잉여금	310,000	100,000

③ 종속의 2003-01-01의 자본계정명_3과 자본금액_3을 상기와 같이 입력한다.

5) 재무정보 sheet

	A	B	C	D	E	F	G
1	일련번호	목차	기업명	약식명칭	기간	계정명	금액
2	2	재무정보	종속	AB	2001-12-31	배당	
3						당기순이익	60,000
4						기타포괄손익	
5						해외사업환산손익	
6	2		종속	AB	2002-12-31	배당	
7						당기순이익	100,000
8						기타포괄손익	
9						해외사업환산손익	
10	2		종속	AB	2003-12-31	배당	
11						당기순이익	70,000
12						기타포괄손익	
13						해외사업환산손익	

① G열에 종속의 **2001년, 2002년, 2003년 당기순이익을 상기와 같이** 입력한다.

6) 내부거래현황 sheet

① 내부거래가 없으므로 별도로 입력하지 않는다.

(3) [원화시산표.xlsx] 작성

1) 보고기간 sheet

구분	일자
보고기간초	2003-01-01
보고기간말	2003-12-31

① 보고기간 초와 보고기간 말을 입력한다.

주의 기초정보의 보고기간 초와 보고기간 말과 동일하여야 한다.

2) 기업목록 sheet

기업명	시산표일자	표시통화	ERP	검증_빈값	검증_표시통화	검증_ERP
지배	2001-12-31	원화	더존	OK	OK	OK
종속	2001-12-31	원화	더존	OK	OK	OK

① 기업명을 입력한다. 여기서는 **지배**와 **종속**으로 입력한다.
② 표시통화를 **원화**로 선택한다.
③ ERP는 **더존**이라고 가정하고 선택한다.

3) 원화시산표_1 sheet

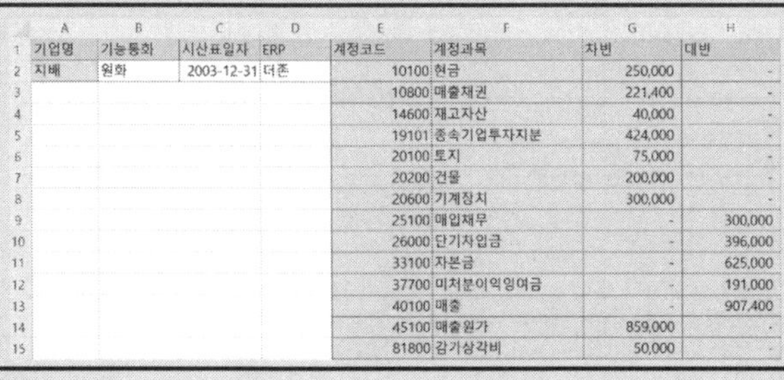

기업명	기능통화	시산표일자	ERP	계정코드	계정과목	차변	대변
지배	원화	2003-12-31	더존	10100	현금	250,000	-
				10800	매출채권	221,400	-
				14600	재고자산	40,000	-
				19101	종속기업투자지분	424,000	-
				20100	토지	75,000	-
				20200	건물	200,000	-
				20600	기계장치	300,000	-
				25100	매입채무	-	300,000
				26000	단기차입금	-	396,000
				33100	자본금	-	625,000
				37700	미처분이익잉여금	-	191,000
				40100	매출	-	907,400
				45100	매출원가	859,000	-
				81800	감가상각비	50,000	-

① A열에 기업명을 입력한다. 여기서는 **지배**로 입력한다.
② 해당 계정코드, 계정과목, 차변, 대변 금액을 차례로 입력한다. **차변과 대변은 어느 한쪽만 입력하여야 한다.**
③ 검증 칼럼에서 OK가 아닌 경우 해당 원인을 해결한다.

4) 원화시산표_2 sheet

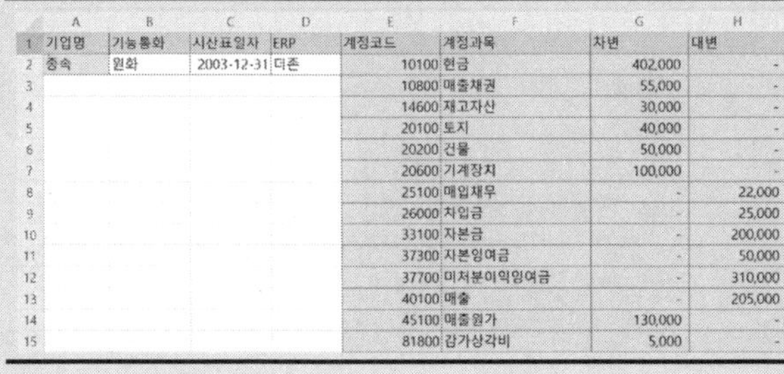

기업명	기능통화	시산표일자	ERP	계정코드	계정과목	차변	대변
종속	원화	2003-12-31	더존	10100	현금	402,000	-
				10800	매출채권	55,000	-
				14600	재고자산	30,000	-
				20100	토지	40,000	-
				20200	건물	50,000	-
				20600	기계장치	100,000	-
				25100	매입채무	-	22,000
				26000	차입금	-	25,000
				33100	자본금	-	200,000
				37300	자본잉여금	-	50,000
				37700	미처분이익잉여금	-	310,000
				40100	매출	-	205,000
				45100	매출원가	130,000	-
				81800	감가상각비	5,000	-

① A열에 기업명을 입력한다. 여기서는 **종속**으로 입력한다.
② 해당 계정코드, 계정과목, 차변, 대변 금액을 차례로 입력한다. **차변과 대변은 어느 한쪽만 입력하여야 한다.**
③ 검증 칼럼에서 OK가 아닌 경우 해당 원인을 해결한다.

(4) [Fraudit-ExCon.exe] 실행

제4장_2_원가법_3차년도_기초정보.xlsx과 제4장_2_원가법_3차년도_원화시산표.xlsx을 Fraudit-ExCon이 있는 폴더에 복사하여 이동한다. 그리고 **접두어를 제거**하고 **기초정보.xlsx와 원화시산표.xlsx**로 이름을 변경한다. **그 다음에 Fraudit-ExCon.exe를 실행한다.**

1) Main Sheet

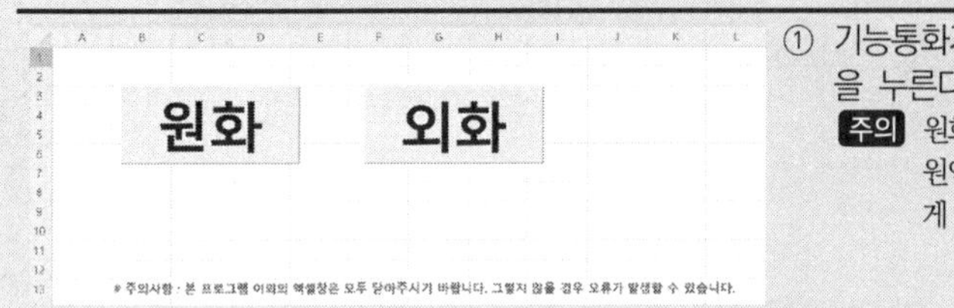

① 기능통화가 외화인 종속법인이 없으므로 원화 버튼을 누른다.

주의 원화 버튼을 누른 후 에러메시지가 뜨면 해당 에러 원인을 **기초정보.xlsx, 원화시산표.xlsx**에서 적절하게 수정한 후 다시 누른다.

2) out_연결분개_투자자본_0 sheet

계정과목	계정유형	차변	대변
AA종속기업투자지분	BS	0	270000
AB자본금	HE	200000	0
AB자본잉여금	BS	50000	0
AB이익잉여금	BS	150000	0
AB비지배지분	NCI	0	160000
AB영업권	BS	30000	0

① 연결분개 중 지배와 종속의 투자와 자본 상계제거 분개 부분에 해당한다. 검증 목적으로 차변, 대변 칼럼의 금액과 계정과목을 확인하면 된다(분개에 대한 상세 설명은 본문에서 확인하기 바람).

3) out_연결분개_추가취득_1, 2 sheet

계정과목	계정유형	차변	대변
AA종속기업투자지분	BS	0	96,000
AB비지배지분	NCI	40,000	0
AB비지배지분	NCI	0	6,000
AB미처분이익잉여금	RE	6,000	0
AB비지배지분	NCI	6,000	0
AB자본조정	BS	50,000	0

① **[out_연결분개_추가취득_1]** 추가취득 종속기업투자지분 상계 제거부분이다. 검증 목적으로 차변, 대변 칼럼의 금액과 계정과목을 확인하면 된다(분개에 대한 상세 설명은 본문에서 확인하기 바람).

계정과목	계정유형	차변	대변
AA종속기업투자지분	BS	0	58,000
AB비지배지분	NCI	20,000	0
AB비지배지분	NCI	0	8,000
AB미처분이익잉여금	RE	8,000	0
AB비지배지분	NCI	8,000	0
AB자본조정	BS	30,000	0

② **[out_연결분개_추가취득_2]** 추가취득 종속기업투자지분 상계 제거부분이다. 검증 목적으로 차변, 대변 칼럼의 금액과 계정과목을 확인하면 된다(분개에 대한 상세 설명은 본문에서 확인하기 바람).

4) out_연결분개_기타_0, 1, 2 sheet

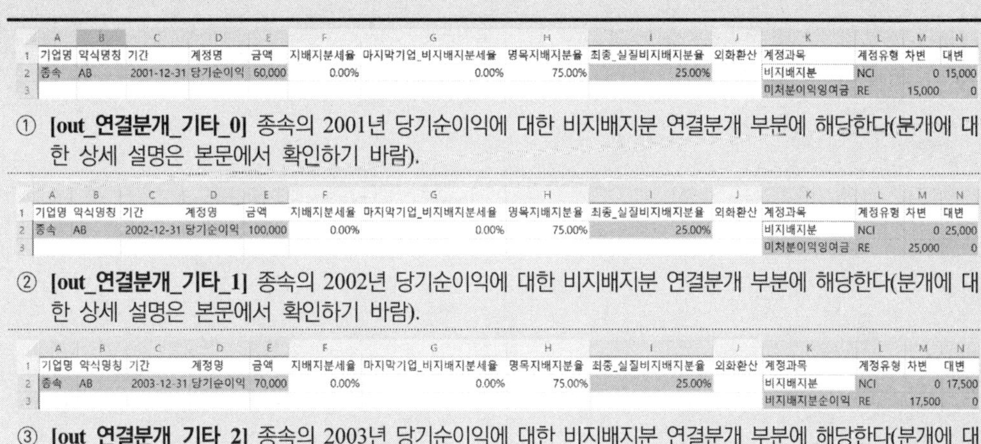

	A	B	C	D	E	F	G	H	I	J	K	L	M	N
1	기업명	약식명칭	기간	계정명	금액	지배지분세율	마지막기업_비지배지분세율	명목지배지분율	최종_실질비지배지분율	외화환산	계정과목	계정유형	차변	대변
2	종속	AB	2001-12-31	당기순이익	60,000	0.00%	0.00%	75.00%	25.00%		비지배지분	NCI	0	15,000
3											미처분이익잉여금	RE	15,000	0

① **[out_연결분개_기타_0]** 종속의 2001년 당기순이익에 대한 비지배지분 연결분개 부분에 해당한다(분개에 대한 상세 설명은 본문에서 확인하기 바람).

	A	B	C	D	E	F	G	H	I	J	K	L	M	N
1	기업명	약식명칭	기간	계정명	금액	지배지분세율	마지막기업_비지배지분세율	명목지배지분율	최종_실질비지배지분율	외화환산	계정과목	계정유형	차변	대변
2	종속	AB	2002-12-31	당기순이익	100,000	0.00%	0.00%	75.00%	25.00%		비지배지분	NCI	0	25,000
3											미처분이익잉여금	RE	25,000	0

② **[out_연결분개_기타_1]** 종속의 2002년 당기순이익에 대한 비지배지분 연결분개 부분에 해당한다(분개에 대한 상세 설명은 본문에서 확인하기 바람).

	A	B	C	D	E	F	G	H	I	J	K	L	M	N
1	기업명	약식명칭	기간	계정명	금액	지배지분세율	마지막기업_비지배지분세율	명목지배지분율	최종_실질비지배지분율	외화환산	계정과목	계정유형	차변	대변
2	종속	AB	2003-12-31	당기순이익	70,000	0.00%	0.00%	75.00%	25.00%		비지배지분	NCI	0	17,500
3											비지배지분순이익	RE	17,500	0

③ **[out_연결분개_기타_2]** 종속의 2003년 당기순이익에 대한 비지배지분 연결분개 부분에 해당한다(분개에 대한 상세 설명은 본문에서 확인하기 바람).

5) tmp_연결분개_통합 sheet

	A	B	C	D	E	F	G	H	I	J
1	계정과목	매핑계정과목	신설필요_계정과목	후보_매핑계정과목_1	후보_매핑계정과목_2	차변잔액	대변잔액		확인	
2	AA종속기업투자지분	AA종속기업투자지분		AA종속기업투자지분		0	424,000			
3	AB미처분이익잉여금	AB미처분이익잉여금		AB미처분이익잉여금	AA미처분이익잉여금	14,000	0			
4	AB비지배지분	비지배지분		비지배지분순이익	비지배지분	0	100,000			
5	AB영업권	AB영업권	AB영업권			30,000	0			
6	AB이익잉여금	AB미처분이익잉여금		AB미처분이익잉여금		150,000	0			
7	AB자본금	AB자본금		AB자본금	AB자본잉여금	200,000	0			
8	AB자본잉여금	AB자본잉여금		AB자본잉여금	AB자본금	50,000	0			
9	AB자본조정	자본조정	자본조정	AB자본금	AB자본잉여금	80,000	0			
10	미처분이익잉여금	AA미처분이익잉여금		AA미처분이익잉여금	AB미처분이익잉여금	40,000	0			
11	비지배지분	비지배지분		비지배지분	비지배지분순이익	0	57,500			
12	비지배지분순이익	비지배지분순이익		비지배지분순이익	비지배지분	17,500	0			

① 음영 부분을 상기와 같이 신설하여 매핑한다.

주의 적절한 계정과목을 신설하여야 하는 경우에는 신설필요_계정과목에 신설하고 동일한 계정과목을 매핑계정과목에 입력하여야 한다.

② 확인 버튼을 누른다.

6) out_최종연결정산표 sheet

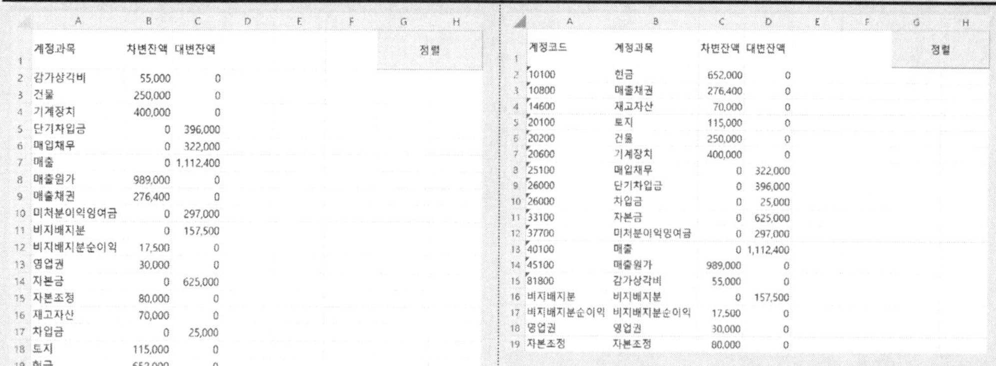

계정과목	차변잔액	대변잔액
감가상각비	55,000	0
건물	250,000	0
기계장치	400,000	0
단기차입금	0	396,000
매입채무	0	322,000
매출	0	1,112,400
매출원가	989,000	0
매출채권	276,400	0
미처분이익잉여금	0	297,000
비지배지분	0	157,500
비지배지분순이익	17,500	0
영업권	30,000	0
자본금	0	625,000
자본조정	80,000	0
재고자산	70,000	0
차입금	0	25,000
토지	115,000	0
현금	652,000	0

정렬

① 계정과목이 한글로 오름차순으로 되어 있다.
② 정렬 버튼을 누른다.

계정코드	계정과목	차변잔액	대변잔액
10100	현금	652,000	0
10800	매출채권	276,400	0
14600	재고자산	70,000	0
20100	토지	115,000	0
20200	건물	250,000	0
20600	기계장치	400,000	0
25100	매입채무	0	322,000
26000	단기차입금	0	396,000
26000	차입금	0	25,000
33100	자본금	0	625,000
37700	미처분이익잉여금	0	297,000
40100	매출	0	1,112,400
45100	매출원가	989,000	0
81800	감가상각비	55,000	0
비지배지분	비지배지분	0	157,500
비지배지분순이익	비지배지분순이익	17,500	0
영업권	영업권	30,000	0
자본조정	자본조정	80,000	0

정렬

③ 계정코드별로 오름차순되며, 계정코드가 없이 새롭게 삽입된 계정과목은 맨 아래에 위치하고 그러한 계정과목은 계정과목으로(한글순으로) 오름차순으로 정렬이 된다.

Fraudit ExCon 실 습 : 제4장 2 지분법 1차년도

(1) 사례파일

제4장_2_지분법_1차년도_기초정보.xlsx, 제4장_2_지분법_1차년도_원화시산표.xlsx

(2) [기초정보.xlsx] 작성

1) 보고기간 sheet

	A	B	C	D
1	목차	구분	일자	검증_보고기간
2	보고기간	보고기간초	2001-01-01	OK
3	보고기간	보고기간말	2001-12-31	

① 보고기간 초와 보고기간 말을 입력한다..

2) 기업목록 sheet

	A	B	C	D	E	F	G	H	I	J	K	L	M
1	일련번호	목차	기업명	약식명칭	기능통화	표시통화	세율	이연법인세계산	검증_기업명중복	검증_기능통화	검증_표시통화	검증_세율	검증_이연법인세계산
2	1	기업목록	지배	AA	원화	원화	0%	아니오	OK	OK	OK	OK	OK
3	2		종속	AB	원화	원화	0%	아니오	OK	OK	OK	OK	OK

① 기업명을 입력한다. 여기서는 **지배**와 **종속**으로 입력한다.
② 기능통화를 **원화**로 선택한다.
③ 표시통화를 **원화**로 선택한다.
④ 세율은 0%이므로 입력하지 않는다.
⑤ 이연법인세계산을 **아니오**로 선택한다.

3) 지분구조 sheet

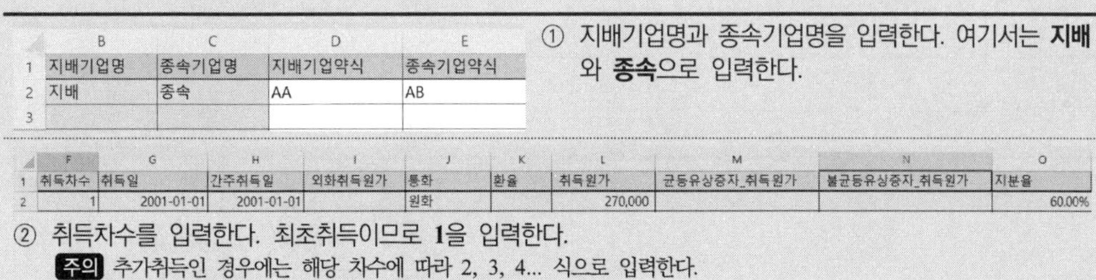

	B	C	D	E
1	지배기업명	종속기업명	지배기업약식	종속기업약식
2	지배	종속	AA	AB
3				

① 지배기업명과 종속기업명을 입력한다. 여기서는 **지배**와 **종속**으로 입력한다.

	F	G	H	I	J	K	L	M	N	O
1	취득차수	취득일	간주취득일	외화취득원가	통화	환율	취득원가	균등유상증자_취득원가	불균등유상증자_취득원가	지분율
2	1	2001-01-01	2001-01-01		원화		270,000			60.00%

② 취득차수를 입력한다. 최초취득이므로 **1**을 입력한다.
주의 추가취득인 경우에는 해당 차수에 따라 2, 3, 4... 식으로 입력한다.
③ 최초취득일을 입력한다. 여기서는 **2001-01-01**로 입력한다.
④ 간주취득일을 입력한다. 여기서는 **2001-01-01**로 입력한다.
주의 간주취득일은 최초취득일로부터 가장 근접한 결산재무제표의 결산일을 의미한다.
⑤ 나머지는 상기와 같이 입력한다.

4) 취득시지분구조_공정가치차이 sheet

	E	F	G	H	I	J	K	L	M
1	목차	기업명	약식명칭	취득차수_1	취득일_1	간주취득일_1	자본계정명_1	자본금액_1_외화	자본금액_1
2	자본_공정가치	종속	AB	1	2001-01-01	2001-01-01	자본금		200,000
3		종속	AB				자본잉여금		50,000
4		종속	AB				이익잉여금		150,000

① 종속의 2001-01-01일의 자본계정명_1(1차 취득시 자본계정명을 의미함)을 **K열**에 입력한다.
② 종속의 2001-01-01일의 자본금액_1(1차 취득시 자본금액을 의미함)을 **M열**에 입력한다.

5) 재무정보 sheet

	A	B	C	D	E	F	G
1	일련번호	목차	기업명	약식명칭	기간	계정명	금액
2	2	재무정보	종속	AB	2001-12-31	배당	
3						당기순이익	60,000
4						기타포괄손익	
5						해외사업환산손익	

① G열에 종속회사의 2001년 **당기순이익을 상기와 같이** 입력한다.

6) 내부거래현황 sheet

① 내부거래가 없으므로 별도로 입력하지 않는다.

(3) [원화시산표.xlsx] 작성

1) 보고기간 sheet

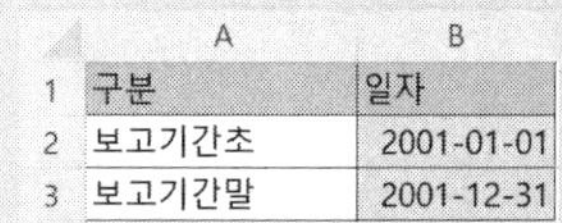

	A	B
1	구분	일자
2	보고기간초	2001-01-01
3	보고기간말	2001-12-31

① 보고기간 초와 보고기간 말을 입력한다.
주의 기초정보의 보고기간 초와 보고기간 말과 동일하여야 한다.

2) 기업목록 sheet

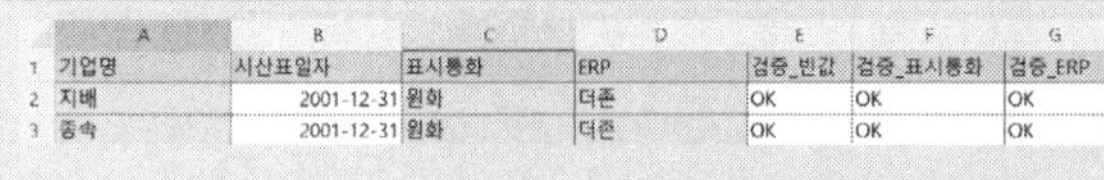

	A	B	C	D	E	F	G
1	기업명	시산표일자	표시통화	ERP	검증_빈값	검증_표시통화	검증_ERP
2	지배	2001-12-31	원화	더존	OK	OK	OK
3	종속	2001-12-31	원화	더존	OK	OK	OK

① 기업명을 입력한다. 여기서는 **지배**와 **종속**으로 입력한다.
② 표시통화를 **원화**로 선택한다.
③ ERP는 **더존**이라고 가정하고 선택한다.

3) 원화시산표_1 sheet

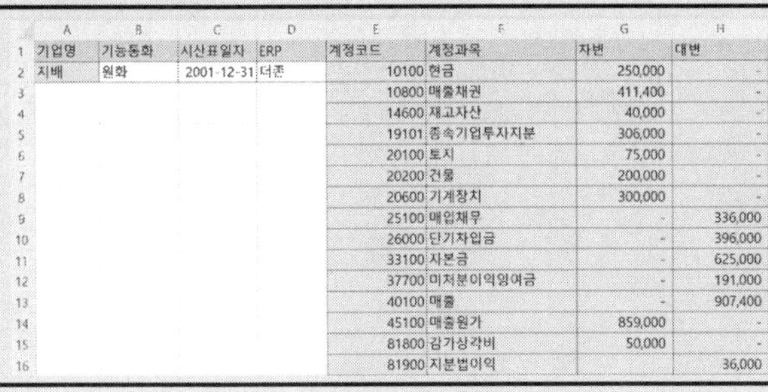

기업명	기능통화	시산표일자	ERP	계정코드	계정과목	차변	대변
지배	원화	2001-12-31	더존	10100	현금	250,000	-
				10800	매출채권	411,400	-
				14600	재고자산	40,000	-
				19101	종속기업투자지분	306,000	-
				20100	토지	75,000	-
				20200	건물	200,000	-
				20600	기계장치	300,000	-
				25100	매입채무	-	336,000
				26000	단기차입금	-	396,000
				33100	자본금	-	625,000
				37700	미처분이익잉여금	-	191,000
				40100	매출	-	907,400
				45100	매출원가	859,000	-
				81800	감가상각비	50,000	-
				81900	지분법이익		36,000

① A열에 기업명을 입력한다. 여기서는 **지배**로 입력한다.

② 해당 계정코드, 계정과목, 차변, 대변 금액을 차례로 입력한다. **차변과 대변은 어느 한쪽만 입력하여야 한다.**

③ 검증 칼럼에서 OK가 아닌 경우 해당 원인을 해결한다.

4) 원화시산표_2 sheet

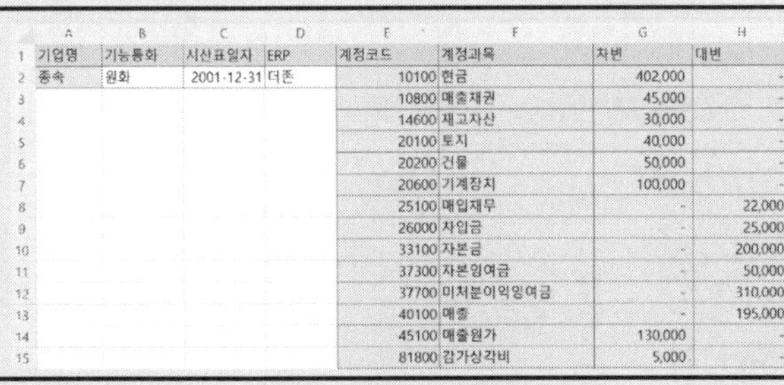

기업명	기능통화	시산표일자	ERP	계정코드	계정과목	차변	대변
종속	원화	2001-12-31	더존	10100	현금	402,000	-
				10800	매출채권	45,000	-
				14600	재고자산	30,000	-
				20100	토지	40,000	-
				20200	건물	50,000	-
				20600	기계장치	100,000	-
				25100	매입채무	-	22,000
				26000	차입금	-	25,000
				33100	자본금	-	200,000
				37300	자본잉여금	-	50,000
				37700	미처분이익잉여금	-	310,000
				40100	매출	-	195,000
				45100	매출원가	130,000	-
				81800	감가상각비	5,000	-

① A열에 기업명을 입력한다. 여기서는 **종속**으로 입력한다.

② 해당 계정코드, 계정과목, 차변, 대변 금액을 차례로 입력한다. **차변과 대변은 어느 한쪽만 입력하여야 한다.**

③ 검증 칼럼에서 OK가 아닌 경우 해당 원인을 해결한다.

(4) [Fraudit-ExCon.exe] 실행

제4장_2_지분법_1차년도_기초정보.xlsx과 제4장_2_지분법_1차년도_원화시산표.xlsx을 Fraudit-ExCon이 있는 폴더에 복사하여 이동한다. 그리고 **접두어를 제거**하고 **기초정보.xlsx와 원화시산표.xlsx**로 이름을 변경한다. **그 다음에 Fraudit-ExCon.exe를 실행한다.**

1) Main Sheet

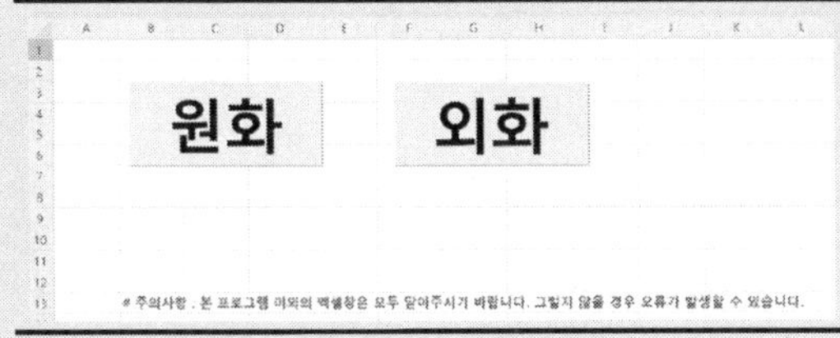

① 기능통화가 외화인 종속법인이 없으므로 원화 버튼을 누른다.

주의 원화 버튼을 누른 후 에러메시지가 뜨면 해당 에러원인을 **기초정보.xlsx, 원화시산표.xlsx**에서 적절하게 수정한 후 다시 누른다.

2) out_연결분개_투자자본_0 sheet

T	U	V	W
계정과목	계정유형	차변	대변
AA종속기업투자지분	BS	0	270000
AB자본금	HE	200000	0
AB자본잉여금	BS	50000	0
AB이익잉여금	BS	150000	0
AB비지배지분	NCI	0	160000
AB영업권	BS	30000	0

① 연결분개 중 지배와 종속의 투자와 자본 상계제거 분개 부분에 해당한다. 검증 목적으로 차변, 대변 칼럼의 금액과 계정과목을 확인하면 된다(분개에 대한 상세 설명은 본문에서 확인하기 바람).

3) out_연결분개_기타_0 sheet

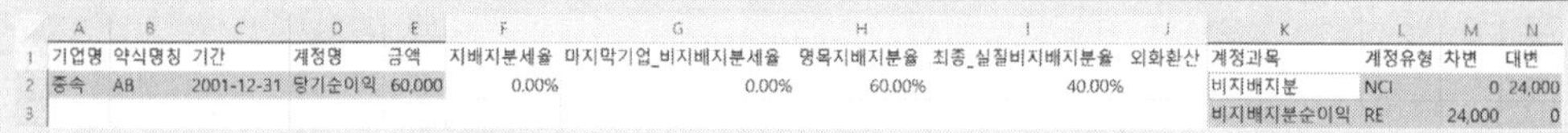

	A	B	C	D	E	F	G	H	I	J	K	L	M	N
1	기업명	약식명칭	기간	계정명	금액	지배지분세율	마지막기업_비지배지분세율	명목지배지분율	최종_실질비지배지분율	외화환산	계정과목	계정유형	차변	대변
2	종속	AB	2001-12-31	당기순이익	60,000	0.00%	0.00%	60.00%	40.00%		비지배지분	NCI	0	24,000
3											비지배지분순이익	RE	24,000	0

① 종속의 2001년 당기순이익에 대한 비지배지분 연결분개 부분에 해당한다(분개에 대한 상세 설명은 본문에서 확인하기 바람).

4) tmp_연결분개_통합 sheet

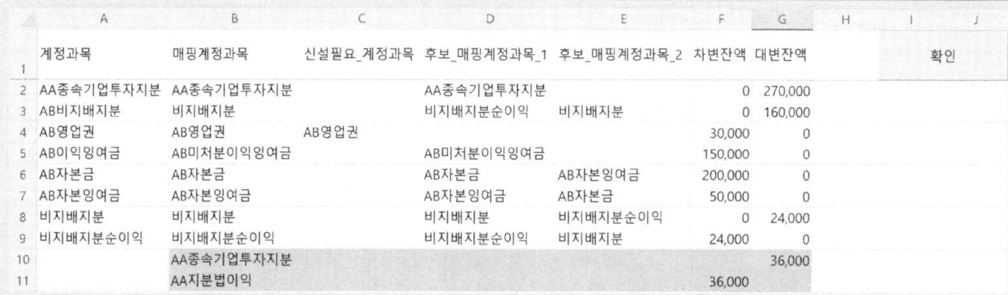

	A	B	C	D	E	F	G	H	I	J
1	계정과목	매핑계정과목	신설필요_계정과목	후보_매핑계정과목_1	후보_매핑계정과목_2	차변잔액	대변잔액		확인	
2	AA종속기업투자지분	AA종속기업투자지분		AA종속기업투자지분		0	270,000			
3	AB비지배지분	비지배지분		비지배지분순이익	비지배지분	0	160,000			
4	AB영업권	AB영업권	AB영업권			30,000	0			
5	AB이익잉여금	AB미처분이익잉여금		AB미처분이익잉여금		150,000	0			
6	AB자본금	AB자본금		AB자본금	AB자본잉여금	200,000	0			
7	AB자본잉여금	AB자본잉여금		AB자본잉여금	AB자본금	50,000	0			
8	비지배지분	비지배지분		비지배지분	비지배지분순이익	0	24,000			
9	비지배지분순이익	비지배지분순이익		비지배지분순이익	비지배지분	24,000	0			
10		AA종속기업투자지분					36,000			
11		AA지분법이익				36,000				

① 상기 음영 부분처럼 별도재무제표 지분법 회계처리를 제거하는 분개를 추가한다.

주의 적절한 계정과목을 신설하여야 하는 경우에는 신설필요_계정과목에 신설하고 동일한 계정과목을 매핑계정과목에 입력하여야 한다.

② 확인 버튼을 누른다.

5) out_최종연결정산표 sheet

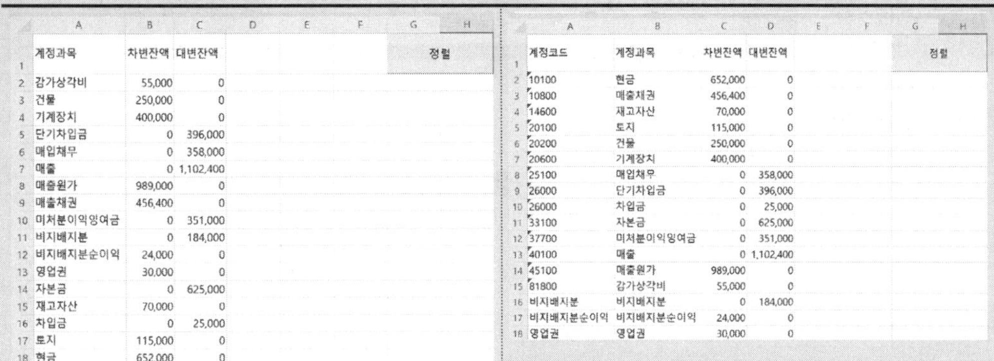

계정과목	차변잔액	대변잔액
감가상각비	55,000	0
건물	250,000	0
기계장치	400,000	0
단기차입금	0	396,000
매입채무	0	358,000
매출	0	1,102,400
매출원가	989,000	0
매출채권	456,400	0
미처분이익잉여금	0	351,000
비지배지분	0	184,000
비지배지분순이익	24,000	0
영업권	30,000	0
자본금	0	625,000
재고자산	70,000	0
차입금	0	25,000
토지	115,000	0
현금	652,000	0

정렬

계정코드	계정과목	차변잔액	대변잔액
10100	현금	652,000	0
10800	매출채권	456,400	0
14600	재고자산	70,000	0
20100	토지	115,000	0
20200	건물	250,000	0
20600	기계장치	400,000	0
25100	매입채무	0	358,000
26000	단기차입금	0	396,000
26000	차입금	0	25,000
33100	자본금	0	625,000
37700	미처분이익잉여금	0	351,000
40100	매출	0	1,102,400
45100	매출원가	989,000	0
81800	감가상각비	55,000	0
비지배지분	비지배지분	0	184,000
비지배지분순이익	비지배지분순이익	24,000	0
영업권	영업권	30,000	0

정렬

① 계정과목이 한글로 오름차순으로 되어 있다.
② 정렬 버튼을 누른다.

③ 계정코드별로 오름차순되며, 계정코드가 없이 새롭게 삽입된 계정과목은 맨 아래에 위치하고 그러한 계정과목은 계정과목으로(한글순으로) 오름차순으로 정렬이 된다.

Fraudit ExCon 실 습 : 제4장 2 지분법 2차년도

(1) 사례파일

제4장_2_지분법_2차년도_기초정보.xlsx, 제4장_2_지분법_2차년도_원화시산표.xlsx

(2) [기초정보.xlsx] 작성

1) 보고기간 sheet

	A	B	C	D
1	목차	구분	일자	검증_보고기간
2	보고기간	보고기간초	2002-01-01	OK
3	보고기간	보고기간말	2002-12-31	

① 보고기간 초와 보고기간 말을 입력한다..

2) 기업목록 sheet

	A	B	C	D	E	F	G	H	I	J	K	L	M
1	일련번호	목차	기업명	약식명칭	기능통화	표시통화	세율	이연법인세계산	검증_기업명중복	검증_기능통화	검증_표시통화	검증_세율	검증_이연법인세계산
2	1	기업목록	지배	AA	원화	원화	0%	아니오	OK	OK	OK	OK	OK
3	2		종속	AB	원화	원화	0%	아니오	OK	OK	OK	OK	OK

① 기업명을 입력한다. 여기서는 **지배**와 **종속**으로 입력한다.
② 기능통화를 **원화**로 선택한다.
③ 표시통화를 **원화**로 선택한다.
④ 세율은 0%이므로 입력하지 않는다.
⑤ 이연법인세계산을 **아니오**로 선택한다.

3) 지분구조 sheet

	A	B	C	D	E
1	목차	지배기업명	종속기업명	지배기업약식	종속기업약식
2	지분구조	지배	종속	AA	AB
3		지배	종속	AA	AB

① 지배기업명과 종속기업명을 입력한다. 여기서는 **지배**와 **종속**으로 입력한다.

	F	G	H	I	J	K	L	M	N	O
1	취득차수	취득일	간주취득일	외화취득원가	통화	환율	취득원가	균등유상증자_취득원가	불균등유상증자_취득원가	지분율
2	1	2001-01-01	2001-01-01		원화		270,000			60.00%
3	2	2002-01-01	2002-01-01		원화		96,000			10.00%

② 추가취득 부분을 상기와 같이 추가한다.

4) 취득시지분구조_공정가치차이 sheet

	E	F	G	H	I	J	K	L	M
1	목차	기업명	약식명칭	취득차수_1	취득일_1	간주취득일_1	자본계정명_1	자본금액_1_외화	자본금액_1
2	자본_공정가치	종속	AB	1	2001-01-01	2001-01-01	자본금		200,000
3		종속	AB				자본잉여금		50,000
4		종속	AB				이익잉여금		150,000

① 종속의 2001-01-01일의 자본계정명_1(1차 취득시 자본계정명을 의미함)을 **K열**에 입력한다.
② 종속의 2001-01-01일의 자본금액_1(1차 취득시 자본금액을 의미함)을 **M열**에 입력한다.

	AO	AP	AQ	AR	AS
1	취득일_2	간주취득일_2	자본계정명_2	자본금액_2	차이금액_2
2	2002-01-01	2002-01-01	자본금	200,000	0
3			자본잉여금	50,000	0
4			이익잉여금	210,000	60,000

③ 종속의 2002-01-01의 자본계정명_2(2차 취득)와 자본금액_2(2차 취득)를 상기와 같이 입력한다.

5) 재무정보 sheet

	A	B	C	D	E	F	G
1	일련번호	목차	기업명	약식명칭	기간	계정명	금액
2	2	재무정보	종속	AB	2001-12-31	배당	
3						당기순이익	60,000
4						기타포괄손익	
5						해외사업환산손익	
6	2		종속	AB	2002-12-31	배당	
7						당기순이익	100,000
8						기타포괄손익	
9						해외사업환산손익	

① G열에 종속의 **2001년, 2002년 당기순이익을 상기와 같이** 입력한다.

6) 내부거래현황 sheet

① 내부거래가 없으므로 별도로 입력하지 않는다.

(3) [원화시산표.xlsx] 작성

1) 보고기간 sheet

	A	B
1	구분	일자
2	보고기간초	2002-01-01
3	보고기간말	2002-12-31

① 보고기간 초와 보고기간 말을 입력한다.
주의 기초정보의 보고기간 초와 보고기간 말과 동일하여야 한다.

2) 기업목록 sheet

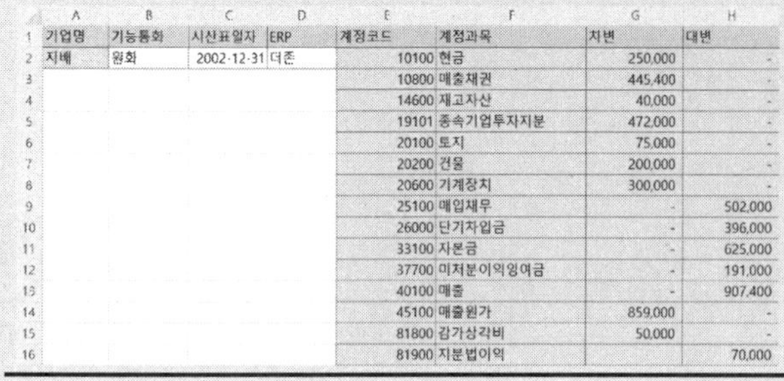

기업명	시산표일자	표시통화	ERP	검증_빈값	검증_표시통화	검증_ERP
지배	2001-12-31	원화	더존	OK	OK	OK
종속	2001-12-31	원화	더존	OK	OK	OK

① 기업명을 입력한다. 여기서는 **지배**와 **종속**으로 입력한다.
② 표시통화를 **원화**로 선택한다.
③ ERP는 **더존**이라고 가정하고 선택한다.

3) 원화시산표_1 sheet

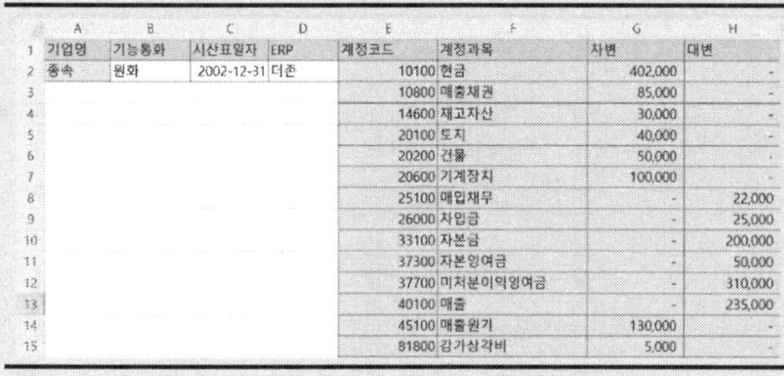

기업명	기능통화	시산표일자	ERP	계정코드	계정과목	차변	대변
지배	원화	2002-12-31	더존	10100	현금	250,000	-
				10800	매출채권	445,400	-
				14600	재고자산	40,000	-
				19101	종속기업투자지분	472,000	-
				20100	토지	75,000	-
				20200	건물	200,000	-
				20600	기계장치	300,000	-
				25100	매입채무	-	502,000
				26000	단기차입금	-	396,000
				33100	자본금	-	625,000
				37700	미처분이익잉여금	-	191,000
				40100	매출	-	907,400
				45100	매출원가	859,000	-
				81800	감가상각비	50,000	-
				81900	지분법이익		70,000

① A열에 기업명을 입력한다. 여기서는 **지배**로 입력한다.
② 해당 계정코드, 계정과목, 차변, 대변 금액을 차례로 입력한다. **차변과 대변은 어느 한쪽만 입력하여야 한다**.
③ 검증 칼럼에서 OK가 아닌 경우 해당 원인을 해결한다.

4) 원화시산표_2 sheet

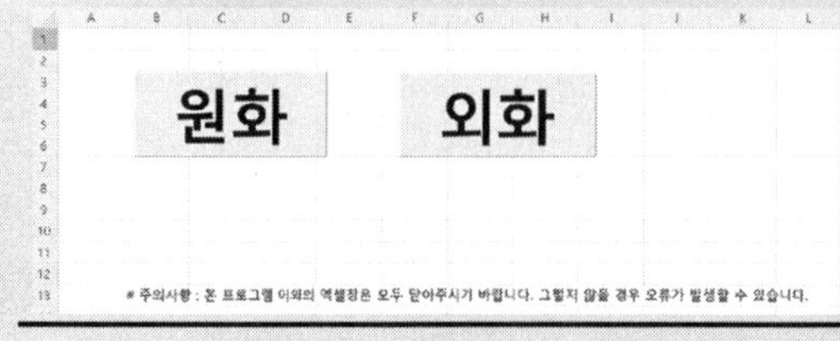

기업명	기능통화	시산표일자	ERP	계정코드	계정과목	차변	대변
종속	원화	2002-12-31	더존	10100	현금	402,000	-
				10800	매출채권	85,000	-
				14600	재고자산	30,000	-
				20100	토지	40,000	-
				20200	건물	50,000	-
				20600	기계장치	100,000	-
				25100	매입채무	-	22,000
				26000	차입금	-	25,000
				33100	자본금	-	200,000
				37300	자본잉여금	-	50,000
				37700	미처분이익잉여금	-	310,000
				40100	매출	-	235,000
				45100	매출원가	130,000	-
				81800	감가상각비	5,000	-

① A열에 기업명을 입력한다. 여기서는 **종속**으로 입력한다.
② 해당 계정코드, 계정과목, 차변, 대변 금액을 차례로 입력한다. **차변과 대변은 어느 한쪽만 입력하여야 한다**.
③ 검증 칼럼에서 OK가 아닌 경우 해당 원인을 해결한다.

(4) [Fraudit-ExCon.exe] 실행

제4장_2_지분법_2차년도_기초정보.xlsx과 제4장_2_지분법_2차년도_원화시산표.xlsx을 Fraudit-ExCon이 있는 폴더에 복사하여 이동한다. 그리고 **접두어를 제거**하고 **기초정보.xlsx와 원화시산표.xlsx**로 이름을 변경한다. **그 다음에 Fraudit-ExCon.exe를 실행한다.**

1) Main Sheet

원화 외화

※ 주의사항 : 본 프로그램 이외의 엑셀창은 모두 닫아주시기 바랍니다. 그렇지 않을 경우 오류가 발생할 수 있습니다.

① 기능통화가 외화인 종속법인이 없으므로 원화 버튼을 누른다.

주의 원화 버튼을 누른 후 에러메시지가 뜨면 해당 에러 원인을 **기초정보.xlsx, 원화시산표.xlsx**에서 적절하게 수정한 후 다시 누른다.

2) out_연결분개_투자자본_0 sheet

T	U	V	W
계정과목	계정유형	차변	대변
AA종속기업투자지분	BS	0	270000
AB자본금	HE	200000	0
AB자본잉여금	BS	50000	0
AB이익잉여금	BS	150000	0
AB비지배지분	NCI	0	160000
AB영업권	BS	30000	0

① 연결분개 중 지배와 종속의 투자와 자본 상계제거 분개 부분에 해당한다. 검증 목적으로 차변, 대변 칼럼의 금액과 계정과목을 확인하면 된다(분개에 대한 상세 설명은 본문에서 확인하기 바람).

3) out_연결분개_추가취득_1 sheet

S	T	U	V
계정과목	계정유형	차변	대변
AA종속기업투자지분	BS	0	96,000
AB비지배지분	NCI	40,000	0
AB비지배지분	NCI	0	6,000
AB미처분이익잉여금	RE	6,000	0
AB비지배지분	NCI	6,000	0
AB자본조정	BS	50,000	0

① 추가취득 종속기업투자지분 상계 제거부분이다. 검증 목적으로 차변, 대변 칼럼의 금액과 계정과목을 확인하면 된다(분개에 대한 상세 설명은 본문에서 확인하기 바람).

4) out_연결분개_기타_0, 1 sheet

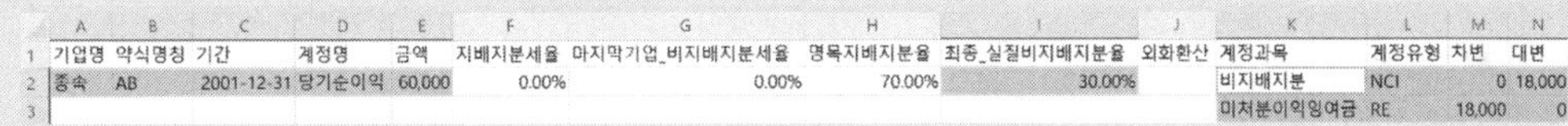

	A	B	C	D	E	F	G	H	I	J	K	L	M	N
1	기업명	약식명칭	기간	계정명	금액	지배지분세율	마지막기업_비지배지분세율	명목지배지분율	최종_실질비지배지분율	외화환산	계정과목	계정유형	차변	대변
2	종속	AB	2001-12-31	당기순이익	60,000	0.00%	0.00%	70.00%	30.00%		비지배지분	NCI	0	18,000
3											미처분이익잉여금	RE	18,000	0

① **[out_연결분개_기타_0]** 종속의 2001년 당기순이익에 대한 비지배지분 연결분개 부분에 해당한다(분개에 대한 상세 설명은 본문에서 확인하기 바람).

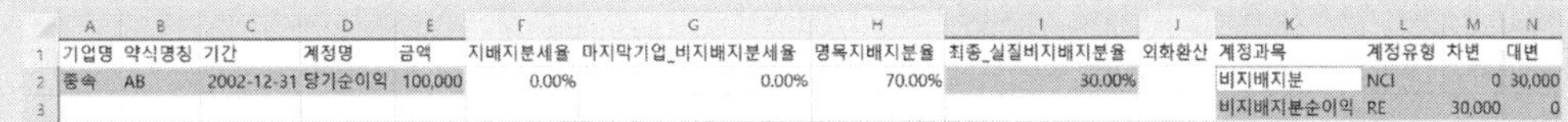

	A	B	C	D	E	F	G	H	I	J	K	L	M	N
1	기업명	약식명칭	기간	계정명	금액	지배지분세율	마지막기업_비지배지분세율	명목지배지분율	최종_실질비지배지분율	외화환산	계정과목	계정유형	차변	대변
2	종속	AB	2002-12-31	당기순이익	100,000	0.00%	0.00%	70.00%	30.00%		비지배지분	NCI	0	30,000
3											비지배지분순이익	RE	30,000	0

② **[out_연결분개_기타_1]** 종속의 2002년 당기순이익에 대한 비지배지분 연결분개 부분에 해당한다(분개에 대한 상세 설명은 본문에서 확인하기 바람).

5) tmp_연결분개_통합 sheet

	A	B	C	D	E	F	G	H	I	J
1	계정과목	매핑계정과목	신설필요_계정과목	후보_매핑계정과목_1	후보_매핑계정과목_2	차변잔액	대변잔액		확인	
2	AA종속기업투자지분	AA종속기업투자지분		AA종속기업투자지분		0	366,000			
3	AB미처분이익잉여금	AB미처분이익잉여금		AB미처분이익잉여금	AA미처분이익잉여금	6,000	0			
4	AB비지배지분	비지배지분		비지배지분순이익	비지배지분	0	120,000			
5	AB영업권	AB영업권	AB영업권			30,000	0			
6	AB이익잉여금	AB미처분이익잉여금		AB미처분이익잉여금		150,000	0			
7	AB자본금	AB자본금		AB자본금	AB자본잉여금	200,000	0			
8	AB자본잉여금	AB자본잉여금		AB자본잉여금	AB자본금	50,000	0			
9	AB자본조정	자본조정	자본조정	AB자본금	AB자본잉여금	50,000	0			
10	미처분이익잉여금	AA미처분이익잉여금		AA미처분이익잉여금	AB미처분이익잉여금	18,000	0			
11	비지배지분	비지배지분		비지배지분	비지배지분순이익	0	48,000			
12	비지배지분순이익	비지배지분순이익		비지배지분순이익	비지배지분	30,000	0			
13		AA미처분이익잉여금				36,000				
14		AA종속기업투자지분					36,000			
15		AA지분법이익				70,000				
16		AA종속기업투자지분					70,000			

① 자본조정을 상기와 같이 신설하여 매핑한다.

주의 적절한 계정과목을 신설하여야 하는 경우에는 신설필요_계정과목에 신설하고 동일한 계정과목을 매핑계정과목에 입력하여야 한다.

② 하단의 음영부분과 같이 별도재무제표 지분법 회계처리를 취소하는 분개를 추가한다.

③ 확인 버튼을 누른다.

6) out_최종연결정산표 sheet

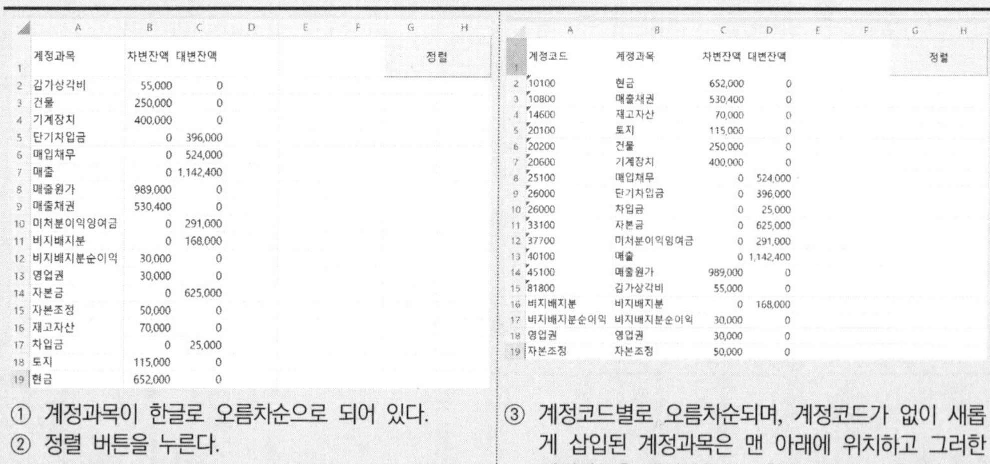

	A	B	C	D	E	F	G	H
1	계정과목	차변잔액	대변잔액				정렬	
2	감가상각비	55,000	0					
3	건물	250,000	0					
4	기계장치	400,000	0					
5	단기차입금	0	396,000					
6	매입채무	0	524,000					
7	매출	0	1,142,400					
8	매출원가	989,000	0					
9	매출채권	530,400	0					
10	미처분이익잉여금	0	291,000					
11	비지배지분	0	168,000					
12	비지배지분순이익	30,000	0					
13	영업권	30,000	0					
14	자본금	0	625,000					
15	자본조정	50,000	0					
16	재고자산	70,000	0					
17	차입금	0	25,000					
18	토지	115,000	0					
19	현금	652,000	0					

	A	B	C	D	E	F	G	H
1	계정코드	계정과목	차변잔액	대변잔액			정렬	
2	10100	현금	652,000	0				
3	10800	매출채권	530,400	0				
4	14600	재고자산	70,000	0				
5	20100	토지	115,000	0				
6	20200	건물	250,000	0				
7	20600	기계장치	400,000	0				
8	25100	매입채무	0	524,000				
9	26000	단기차입금	0	396,000				
10	26000	차입금	0	25,000				
11	33100	자본금	0	625,000				
12	37700	미처분이익잉여금	0	291,000				
13	40100	매출	0	1,142,400				
14	45100	매출원가	989,000	0				
15	81800	감가상각비	55,000	0				
16	비지배지분	비지배지분	0	168,000				
17	비지배지분순이익	비지배지분순이익	30,000	0				
18	영업권	영업권	30,000	0				
19	자본조정	자본조정	50,000	0				

① 계정과목이 한글로 오름차순으로 되어 있다.

② 정렬 버튼을 누른다.

③ 계정코드별로 오름차순되며, 계정코드가 없이 새롭게 삽입된 계정과목은 맨 아래에 위치하고 그러한 계정과목은 계정과목으로(한글순으로) 오름차순으로 정렬이 된다.

Fraudit ExCon

실 습 : 제4장 2 지분법 3차년도

(1) 사례파일

제4장_2_지분법_3차년도_기초정보.xlsx, 제4장_2_지분법_3차년도_원화시산표.xlsx

(2) [기초정보.xlsx] 작성

1) 보고기간 sheet

	A	B	C	D
1	목차	구분	일자	검증_보고기간
2	보고기간	보고기간초	2003-01-01	OK
3	보고기간	보고기간말	2003-12-31	

① 보고기간 초와 보고기간 말을 입력한다..

2) 기업목록 sheet

	A	B	C	D	E	F	G	H	I	J	K	L	M
1	일련번호	목차	기업명	약식명칭	기능통화	표시통화	세율	이연법인세계산	검증_기업명중복	검증_기능통화	검증_표시통화	검증_세율	검증_이연법인세계산
2	1	기업목록	지배	AA	원화	원화	0%	아니오	OK	OK	OK	OK	OK
3	2		종속	AB	원화	원화	0%	아니오	OK	OK	OK	OK	OK

① 기업명을 입력한다. 여기서는 **지배**와 **종속**으로 입력한다.
② 기능통화를 **원화**로 선택한다.
③ 표시통화를 **원화**로 선택한다.
④ 세율은 0%이므로 입력하지 않는다.
⑤ 이연법인세계산을 **아니오**로 선택한다.

3) 지분구조 sheet

	A	B	C	D	E	F
1	목차	지배기업명	종속기업명	지배기업약식	종속기업약식	취득차수
2	지분구조	지배	종속	AA	AB	1
3		지배	종속	AA	AB	2
4		지배	종속	AA	AB	3

① 지배기업명과 종속기업명을 입력한다. 여기서는 **지배**와 **종속**으로 입력한다.

	G	H	I	J	K	L	M	N	O
1	취득일	간주취득일	외화취득원가	통화	환율	취득원가	균등유상증자_취득원가	불균등유상증자_취득원가	지분율
2	2001-01-01	2001-01-01		원화		270,000			60.00%
3	2002-01-01	2002-01-01		원화		96,000			10.00%
4	2003-01-01	2003-01-01		원화		58,000			5.00%

② 추가취득 부분을 상기와 같이 추가한다.

4) 취득시지분구조_공정가치차이 sheet

	E	F	G	H	I	J	K	L	M
1	목차	기업명	약식명칭	취득차수_1	취득일_1	간주취득일_1	자본계정명_1	자본금액_1_외화	자본금액_1
2	자본_공정가치	종속	AB	1	2001-01-01	2001-01-01	자본금		200,000
3		종속	AB				자본잉여금		50,000
4		종속	AB				이익잉여금		150,000

① 종속의 2001-01-01일의 자본계정명_1(1차 취득)과 자본금액_1(1차 취득)을 **K열과 M열에 상기와 같이** 입력한다.

	AO	AP	AQ	AR	AS
1	취득일_2	간주취득일_2	자본계정명_2	자본금액_2	차이금액_2
2	2002-01-01	2002-01-01	자본금	200,000	0
3			자본잉여금	50,000	0
4			이익잉여금	210,000	60,000

② 종속의 2002-01-01일의 자본계정명_2(2차 취득)와 자본금액_2(2차 취득)를 상기와 같이 입력한다.

	AV	AW	AX	AY	AZ	BA
1	취득차수_3	취득일_3	간주취득일_3	자본계정명_3	자본금액_3	차이금액_3
2	3	2003-01-01	2003-01-01	자본금	200,000	0
3				자본잉여금	50,000	0
4				이익잉여금	310,000	100,000

③ 종속의 2003-01-01일의 자본계정명과 금액을 상기와 같이 입력한다.

5) 재무정보 sheet

	A	B	C	D	E	F	G
1	일련번호	목차	기업명	약식명칭	기간	계정명	금액
2	2	재무정보	종속	AB	2001-12-31	배당	
3						당기순이익	60,000
4						기타포괄손익	
5						해외사업환산손익	
6	2		종속	AB	2002-12-31	배당	
7						당기순이익	100,000
8						기타포괄손익	
9						해외사업환산손익	
10	2		종속	AB	2003-12-31	배당	
11						당기순이익	70,000
12						기타포괄손익	
13						해외사업환산손익	

① G열에 종속의 **2001년, 2002년, 2003년 당기순이익을 상기와 같이** 입력한다.

6) 내부거래현황 sheet

① 내부거래가 없으므로 별도로 입력하지 않는다.

(3) [원화시산표.xlsx] 작성

1) 보고기간 sheet

구분	일자
보고기간초	2003-01-01
보고기간말	2003-12-31

① 보고기간 초와 보고기간 말을 입력한다.

주의 기초정보의 보고기간 초와 보고기간 말과 동일하여야 한다.

2) 기업목록 sheet

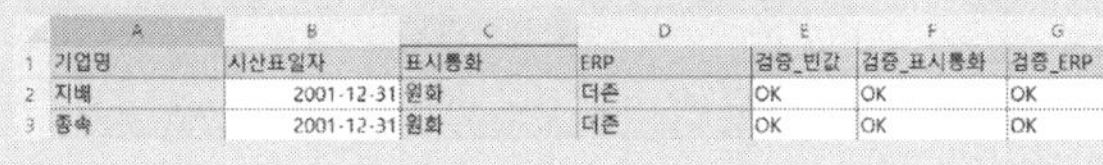

기업명	시산표일자	표시통화	ERP	검증_빈값	검증_표시통화	검증_ERP
지배	2001-12-31	원화	더존	OK	OK	OK
종속	2001-12-31	원화	더존	OK	OK	OK

① 기업명을 입력한다. 여기서는 **지배**와 **종속**으로 입력한다.
② 표시통화를 **원화**로 선택한다.
③ ERP는 **더존**이라고 가정하고 선택한다.

3) 원화시산표_1 sheet

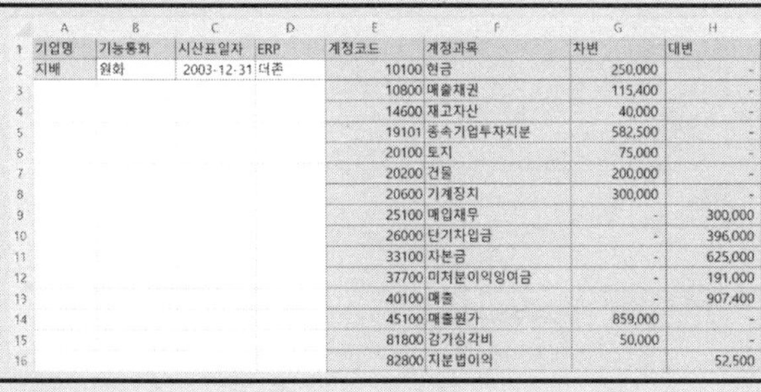

기업명	기능통화	시산표일자	ERP	계정코드	계정과목	차변	대변
지배	원화	2003-12-31	더존	10100	현금	250,000	-
				10800	매출채권	115,400	-
				14600	재고자산	40,000	-
				19101	종속기업투자지분	582,500	-
				20100	토지	75,000	-
				20200	건물	200,000	-
				20600	기계장치	300,000	-
				25100	매입채무	-	300,000
				26000	단기차입금	-	396,000
				33100	자본금	-	625,000
				37700	미처분이익잉여금	-	191,000
				40100	매출	-	907,400
				45100	매출원가	859,000	-
				81800	감가상각비	50,000	-
				82800	지분법이익		52,500

① A열에 기업명을 입력한다. 여기서는 **지배**로 입력한다.
② 해당 계정코드, 계정과목, 차변, 대변 금액을 차례로 입력한다. **차변과 대변은 어느 한쪽만 입력하여야 한다.**
③ 검증 칼럼에서 OK가 아닌 경우 해당 원인을 해결한다.

4) 원화시산표_2 sheet

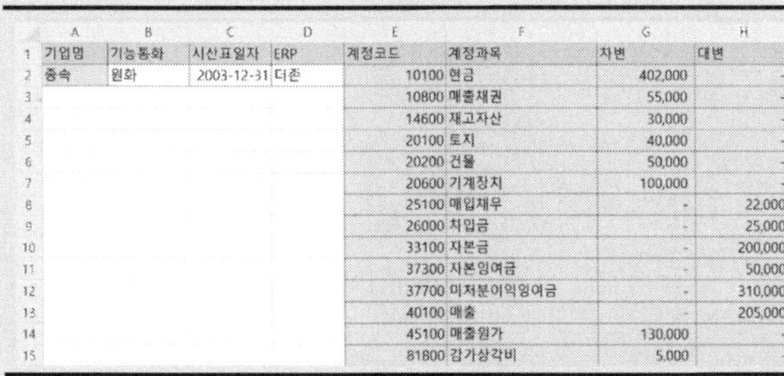

기업명	기능통화	시산표일자	ERP	계정코드	계정과목	차변	대변
종속	원화	2003-12-31	더존	10100	현금	402,000	-
				10800	매출채권	55,000	-
				14600	재고자산	30,000	-
				20100	토지	40,000	-
				20200	건물	50,000	-
				20600	기계장치	100,000	-
				25100	매입채무	-	22,000
				26000	차입금	-	25,000
				33100	자본금	-	200,000
				37300	자본잉여금	-	50,000
				37700	미처분이익잉여금	-	310,000
				40100	매출	-	205,000
				45100	매출원가	130,000	-
				81800	감가상각비	5,000	-

① A열에 기업명을 입력한다. 여기서는 **종속**으로 입력한다.
② 해당 계정코드, 계정과목, 차변, 대변 금액을 차례로 입력한다. **차변과 대변은 어느 한쪽만 입력하여야 한다.**
③ 검증 칼럼에서 OK가 아닌 경우 해당 원인을 해결한다.

(4) [Fraudit-ExCon.exe] 실행

제4장_2_지분법_3차년도_기초정보.xlsx과 제4장_2_지분법_3차년도_원화시산표.xlsx을 Fraudit-ExCon이 있는 폴더에 복사하여 이동한다. 그리고 **접두어를 제거**하고 **기초정보.xlsx와 원화시산표.xlsx**로 이름을 변경한다. **그 다음에 Fraudit-ExCon.exe를 실행한다.**

1) Main Sheet

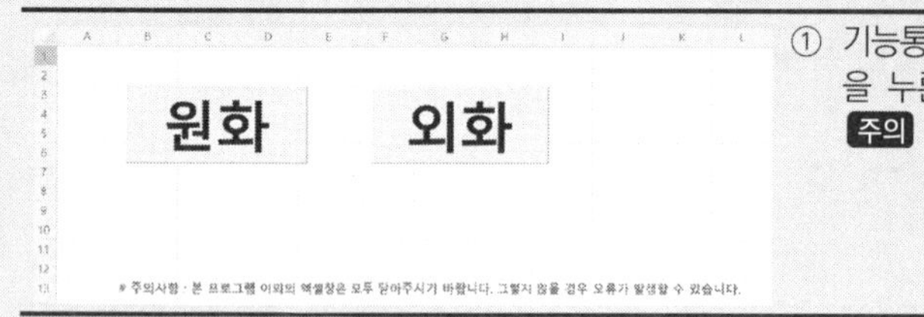

① 기능통화가 외화인 종속법인이 없으므로 원화 버튼을 누른다.

주의 원화 버튼을 누른 후 에러메시지가 뜨면 해당 에러 원인을 **기초정보.xlsx, 원화시산표.xlsx**에서 적절하게 수정한 후 다시 누른다.

2) out_연결분개_투자자본_0 sheet

T	U	V	W
계정과목	계정유형	차변	대변
AA종속기업투자지분	BS	0	270000
AB자본금	HE	200000	0
AB자본잉여금	BS	50000	0
AB이익잉여금	BS	150000	0
AB비지배지분	NCI	0	160000
AB영업권	BS	30000	0

① 연결분개 중 지배와 종속의 투자와 자본 상계제거 분개부분에 해당한다. 검증 목적으로 차변, 대변 칼럼의 금액과 계정과목을 확인하면 된다(분개에 대한 상세 설명은 본문에서 확인하기 바람).

3) out_연결분개_추가취득_1, 2 sheet

S	T	U	V
계정과목	계정유형	차변	대변
AA종속기업투자지분	BS	0	96,000
AB비지배지분	NCI	40,000	0
AB비지배지분	NCI	0	6,000
AB미처분이익잉여금	RE	6,000	0
AB비지배지분	NCI	6,000	0
AB자본조정	BS	50,000	0

① **[out_연결분개_추가취득_1]** 추가취득 종속기업투자지분 상계 제거부분이다. 검증 목적으로 차변, 대변 칼럼의 금액과 계정과목을 확인하면 된다(분개에 대한 상세 설명은 본문에서 확인하기 바람).

S	T	U	V
계정과목	계정유형	차변	대변
AA종속기업투자지분	BS	0	58,000
AB비지배지분	NCI	20,000	0
AB비지배지분	NCI	0	8,000
AB미처분이익잉여금	RE	8,000	0
AB비지배지분	NCI	8,000	0
AB자본조정	BS	30,000	0

② **[out_연결분개_추가취득_2]** 추가취득 종속기업투자지분 상계 제거부분이다. 검증 목적으로 차변, 대변 칼럼의 금액과 계정과목을 확인하면 된다(분개에 대한 상세 설명은 본문에서 확인하기 바람).

4) out_연결분개_기타_0, 1, 2 sheet

	A	B	C	D	E	F	G	H	I	J	K	L	M	N
1	기업명	약식명칭	기간	계정명	금액	지배지분세율	마지막기업_비지배지분세율	명목지배지분율	최종_실질비지배지분율	외화환산	계정과목	계정유형	차변	대변
2	종속	AB	2001-12-31	당기순이익	60,000	0.00%	0.00%	75.00%	25.00%		비지배지분	NCI	0	15,000
3											미처분이익잉여금	RE	15,000	0

① **[out_연결분개_기타_0]** 종속의 2001년 당기순이익에 대한 비지배지분 연결분개 부분에 해당한다(분개에 대한 상세 설명은 본문에서 확인하기 바람).

	A	B	C	D	E	F	G	H	I	J	K	L	M	N
1	기업명	약식명칭	기간	계정명	금액	지배지분세율	마지막기업_비지배지분세율	명목지배지분율	최종_실질비지배지분율	외화환산	계정과목	계정유형	차변	대변
2	종속	AB	2002-12-31	당기순이익	100,000	0.00%	0.00%	75.00%	25.00%		비지배지분	NCI	0	25,000
3											미처분이익잉여금	RE	25,000	0

② **[out_연결분개_기타_1]** 종속의 2002년 당기순이익에 대한 비지배지분 연결분개 부분에 해당한다(분개에 대한 상세 설명은 본문에서 확인하기 바람).

	A	B	C	D	E	F	G	H	I	J	K	L	M	N
1	기업명	약식명칭	기간	계정명	금액	지배지분세율	마지막기업_비지배지분세율	명목지배지분율	최종_실질비지배지분율	외화환산	계정과목	계정유형	차변	대변
2	종속	AB	2003-12-31	당기순이익	70,000	0.00%	0.00%	75.00%	25.00%		비지배지분	NCI	0	17,500
3											비지배지분순이익	RE	17,500	0

③ **[out_연결분개_기타_2]** 종속의 2003년 당기순이익에 대한 비지배지분 연결분개 부분에 해당한다(분개에 대한 상세 설명은 본문에서 확인하기 바람).

5) tmp_연결분개_통합 sheet

	A	B	C	D	E	F	G	H	I	J
1	계정과목	매핑계정과목	신설필요_계정과목	후보_매핑계정과목_1	후보_매핑계정과목_2	차변잔액	대변잔액		확인	
2	AA종속기업투자지분	AA종속기업투자지분		AA종속기업투자지분		0	424,000			
3	AB미처분이익잉여금	AB미처분이익잉여금		AB미처분이익잉여금	AA미처분이익잉여금	14,000	0			
4	AB비지배지분	비지배지분		비지배지분순이익	비지배지분	0	100,000			
5	AB영업권	AB영업권	AB영업권			30,000	0			
6	AB이익잉여금	AB미처분이익잉여금		AB미처분이익잉여금		150,000	0			
7	AB자본금	AB자본금		AB자본금	AB자본잉여금	200,000	0			
8	AB자본잉여금	AB자본잉여금		AB자본잉여금	AB자본금	50,000	0			
9	AB자본조정	자본조정	자본조정	AB자본금	AB자본잉여금	80,000	0			
10	미처분이익잉여금	AA미처분이익잉여금		AA미처분이익잉여금	AB미처분이익잉여금	40,000	0			
11	비지배지분	비지배지분		비지배지분	비지배지분순이익	0	57,500			
12	비지배지분순이익	비지배지분순이익		비지배지분순이익	비지배지분	17,500	0			
13		AA미처분이익잉여금				36,000				
14		AA종속기업투자지분					36,000			
15		AA미처분이익잉여금				70,000				
16		AA종속기업투자지분					70,000			
17		AA지분법이익				52,500				
18		AA종속기업투자지분					52,500			

① 자본조정을 상기와 같이 신설하여 매핑한다.

주의 적절한 계정과목을 신설하여야 하는 경우에는 신설필요_계정과목에 신설하고 동일한 계정과목을 매핑계정과목에 입력하여야 한다.

② 하단의 음영부분과 같이 별도재무제표 지분법 회계처리를 취소하는 분개를 추가한다.

③ 확인 버튼을 누른다.

6) out_최종연결정산표 sheet

	A	B	C	D	E	F	G	H
1	계정과목	차변잔액	대변잔액				정렬	
2	감가상각비	55,000	0					
3	건물	250,000	0					
4	기계장치	400,000	0					
5	단기차입금	0	396,000					
6	매입채무	0	322,000					
7	매출	0	1,112,400					
8	매출원가	989,000	0					
9	매출채권	170,400	0					
10	미처분이익잉여금	0	191,000					
11	비지배지분	0	157,500					
12	비지배지분순이익	17,500	0					
13	영업권	30,000	0					
14	자본금	0	625,000					
15	자본조정	80,000	0					
16	재고자산	70,000	0					
17	차입금	0	25,000					
18	토지	115,000	0					
19	현금	652,000	0					

① 계정과목이 한글로 오름차순으로 되어 있다.
② 정렬 버튼을 누른다.

	A	B	C	D	E	F	G	H
1	계정코드	계정과목	차변잔액	대변잔액			정렬	
2	10100	현금	652,000	0				
3	10800	매출채권	170,400	0				
4	14600	재고자산	70,000	0				
5	20100	토지	115,000	0				
6	20200	건물	250,000	0				
7	20600	기계장치	400,000	0				
8	25100	매입채무	0	322,000				
9	26000	단기차입금	0	396,000				
10	26000	차입금	0	25,000				
11	33100	자본금	0	625,000				
12	37700	미처분이익잉여금	0	191,000				
13	40100	매출	0	1,112,400				
14	45100	매출원가	989,000	0				
15	81800	감가상각비	55,000	0				
16	비지배지분	비지배지분	0	157,500				
17	비지배지분순이익	비지배지분순이익	17,500	0				
18	영업권	영업권	30,000	0				
19	자본조정	자본조정	80,000	0				

③ 계정코드별로 오름차순되며, 계정코드가 없이 새롭게 삽입된 계정과목은 맨 아래에 위치하고 그러한 계정과목은 계정과목으로(한글순으로) 오름차순으로 정렬이 된다.

(2) 종속기업의 유상증자로 인한 추가취득

종속기업 투자지분의 추가취득은 **지배기업의 소유지분 변동**이 발생하는지가 중요한 이슈이다. 만약 소유지분의 변동이 발생하지 않는 균등유상증자로 인한 추가취득은 종속기업 투자지분의 추가취득이라고 보지 않는다.

그러나, 불균등 유상증자로 인한 추가취득은 실질적으로 지배기업의 소유지분 변동을 발생시키므로 이러한 경우는 종속기업 투자지분의 추가취득에 준하는 회계처리를 하는 것이 타당하다.

기본정보 2-1 지배 성립 이후 종속기업 주식의 추가 취득 : 균등 및 불균등 유상증자

- 12월말 결산법인인 P회사는 2X01년 1월 1일 S회사 주식의 60%를 ₩270,000에 취득하여 P회사는 S회사를 지배하게 되었다. 2X02년 1월 1일 S회사는 유상증자를 하였으며 이에 따라 P회사는 S회사 주식을 ₩108,420만큼 취득하였다. 이 취득 금액 중 균등유상증자로 취득한 금액은 ₩90,000이며 불균등유상증자로 취득한 금액은 ₩18,420이다. 불균등유상증자로 인하여 실질적인 추가취득비율은 2%에 해당한다. 2X03년 1월 1일 S회사 주식의 5%를 ₩58,000에 추가 취득하였다.
- 상기 취득 내용을 정리하면 다음과 같다.

취득차수	취득일	취득원가	균등유상증자 취득원가	불균등유상증자 취득원가	취득(실질) 지분율
1차	2X01년 1월 1일	₩270,000			60%
2차	2X02년 1월 1일	₩108,420	90,000	18,420	2%
3차	2X03년 1월 1일	₩58,000			5%

- 2X01년, 2X02년, 2X03년 초의 S회사 자본계정은 아래와 같다.

	2X01년 1월 1일	2X02년 1월 1일	2X03년 1월 1일
자본금	₩200,000	₩368,420	₩368,420
자본잉여금	50,000	50,000	50,000
이익잉여금	150,000	210,000	310,000

- S회사의 2X02년 1월 1일 자본금 증가액은 유상증자로 인한 것이며, 이중 균등유상증자로 증가한 부분은 ₩150,000이며 나머지 불균등유상증자로 증가한 부분 ₩18,420은 전액 P회사가 취득한 금액이다. 한편 유상증자는 전액 자본금 액면금액으로 이루어졌다고 가정한다.
- S회사의 2X01년, 2X02년, 2X03년 당기순이익은 각각 ₩60,000, ₩100,000, ₩70,000이고 배당은 없었다.
- 취득시 S회사의 순자산 장부금액과 공정가치는 일치하였으며 비지배지분은 S회사 순자산에 비례하여 측정하였다.
- 영업권은 2X01년, 2X02년, 2X03년에 손상차손이 발생하지 아니하였다

■ 2X01년 회계처리

2X01년 별도재무제표상 회계처리					
원가법	(차변)	(대변)	지분법	(차변)	(대변)
			<S사 당기순이익 인식>		
			종속기업투자지분 주1)	36,000	
			지분법이익		36,000
			주1) 2X01년 S사 당기순이익 ₩60,000 × 60%% = ₩36,000		
			[종속기업투자지분 계정 잔액]		
			₩270,000 + ₩36,000 = ₩306,000		
			[지분법이익]		
			₩36,000		

2X01년 연결조정					
원가법	(차변)	(대변)	지분법	(차변)	(대변)
1단계 : 종속기업 투자지분과 종속기업 자본의 상계제거					
종속기업투자지분		270,000	종속기업투자지분		270,000
자본금(S사)	200,000		자본금(S사)	200,000	
자본잉여금(S사)	50,000		자본잉여금(S사)	50,000	
이익잉여금(S사)	150,000		이익잉여금(S사)	150,000	
영업권	30,000		영업권	30,000	
비지배지분 주1)		160,000	비지배지분 주1)		160,000
주1) (₩200,000 + ₩50,000 + ₩150,000) × 비지배지분율 40% = ₩160,000					
2단계 : 비지배지분의 증감 회계처리					
비지배지분 주2)		24,000	비지배지분 주2)		24,000
비지배지분순이익(이익잉여금)	24,000		비지배지분순이익(이익잉여금)	24,000	
주2) 2X01년 S사의 당기순이익 ₩60,000 × 비지배지분율 40% = ₩24,000					
			<당기 별도재무제표상 지분법 회계처리 취소>		
			종속기업투자지분 주1)		36,000
			지분법이익	36,000	
			주1) ₩60,000 × 60%% = ₩36,000		

■ 2X02년 회계처리

2X02년 별도재무제표상 회계처리					
원가법	(차변)	(대변)	지분법	(차변)	(대변)
			<S사 당기순이익 인식>		
			종속기업투자지분	62,000	
			지분법이익 주1)		62,000
			주1) 2X02년 S사 당기순이익 ₩100,000 × 62% = ₩62,000		
			[종속기업투자지분 계정 잔액]		
			₩270,000 + ₩36,000 + ₩108,420 + ₩62,000 = ₩476,420		
			[지분법이익]		
			₩62,000		

2X02년 연결조정					
원가법	(차변)	(대변)	지분법	(차변)	(대변)
1단계 : 종속기업 투자지분과 종속기업 자본의 상계제거					
종속기업투자지분		270,000	종속기업투자지분		270,000
자본금(S사)	200,000		자본금(S사)	200,000	
자본잉여금(S사)	50,000		자본잉여금(S사)	50,000	
이익잉여금(S사)	150,000		이익잉여금(S사)	150,000	
영업권	30,000		영업권	30,000	
비지배지분 주1)		160,000	비지배지분 주1)		160,000
주1) (₩200,000 + ₩50,000 + ₩150,000) × 비지배지분율 40% = ₩160,000					
2단계 : 추가 취득 종속기업투자지분 상계 제거					
종속기업투자지분 주2)		90,000	종속기업투자지분 주2)		90,000
종속기업투자지분 주3)		18,420	종속기업투자지분 주3)		18,420
주2) 균등유상증자로 취득한 금액 ₩90,000					
주3) 불균등유상증자로 취득한 금액 ₩18,420					
① 균등 유상증자로 인한 2X01년 1월 1일~ 2X02년 1월 1일 종속의 {자본금 + 주발초}의 증감액					
자본금(S사) 주4)	150,000		자본금(S사) 주4)	150,000	
비지배지분 주5)		60,000	비지배지분 주5)		60,000
주4) 균등 유상증자로 인한 2X01년 1월 1일~ 2X02년 1월 1일 종속의 {자본금 + 주발초}의 증감액 ₩90,000(균등유상증자로 취득한 종속기업투자지분) / 60% = ₩150,000					
주5) ₩150,000 × 기존 비지배지분율 40% = ₩60,000					
② 불균등 유상증자로 인한 2X01년 1월 1일~ 2X02년 1월 1일 종속의 {자본금 + 주발초}의 증감액					
자본금(S사) 주6)	18,420		자본금(S사) 주6)	18,420	
비지배지분 주7)		0	비지배지분 주7)		0
주6) 불균등유상증자로 취득한 종속기업투자지분 ₩18,420은 순수하게 지배지분에 속하는 것임					
주7) 불균등유상증자로 취득한 종속기업투자지분 ₩18,420은 순수하게 지배지분에 속하는 것이므로 비지배지분에 배분할 금액은 없다.					
③ 2X01년 1월 1일 종속기업 자본에 대하여 추가취득으로 인한 비지배지분 감소액					
비지배지분 주8)	8,000		비지배지분 주8)	8,000	
주8) (₩200,000 + ₩50,000 + ₩150,000) × 추가 지분율 2% = ₩8,000					
④ 2X01년 1월 1일~ 2X02년 1월 1일 종속의 이익잉여금의 증가액에 대한 추가취득 비지배지분 배분					
비지배지분 주9)		1,200	비지배지분 주9)		1,200
이익잉여금 주10)	1,200		이익잉여금 주10)	1,200	
주9) 2X01.1.1.~ 2X02.1.1. 종속기업 기타자본(이익잉여금)증가액에 대하여 추가취득분(2%)에 대한 비지배지분을 증가시킴. 왜냐하면 추가취득 시점까지 비지배지분을 증가시키고 추가취득시 아래 ⑤와 같이 비지배지분을 감소시키는 분개를 하기 때문임. ₩60,000 × 2% = ₩1,200					
주10) 주9)에 상응하는 이익잉여금의 감소액					
⑤ 2X01.1.1.~2X02.1.1. 종속기업 이익잉여금의 증가액에 대한 추가취득으로 인한 비지배지분 감소액					
비지배지분 주11)	1,200		비지배지분 주11)	1,200	
주11) ④에서 추가 취득하면 비지배지분이 감소하므로 주9)에 해당하는 비지배지분을 감소시킴					
⑥ 대차평균					
자본조정		9,200	자본조정		9,200
3단계 : 비지배지분의 증감 회계처리					
① 전기 비지배지분 순이익 배분					
비지배지분 주12)		22,800	비지배지분 주12)		22,800
이익잉여금	22,800		이익잉여금	22,800	
주12) 2X01년 S사의 당기순이익 ₩60,000 × 비지배지분율 38% = ₩22,800					
② 당기 비지배지분 순이익 배분					
비지배지분 주13)		38,000	비지배지분 주13)		38,000
비지배지분순이익(이익잉여금)	38,000		비지배지분순이익(이익잉여금)	38,000	

2X02년 연결조정					
원가법	(차변)	(대변)	지분법	(차변)	(대변)
주13) 2X02년 S사의 당기순이익 ₩100,000 × 비지배지분율 38% = ₩38,000					
			<전기 별도재무제표상 지분법 회계처리 취소>		
			이익잉여금	36,000	
			종속기업투자지분		36,000
			<당기 별도재무제표상 지분법 회계처리 취소>		
			지분법이익	62,000	
			종속기업투자지분		62,000

■ 2X03년 회계처리

2X03년 별도재무제표상 회계처리					
원가법	(차변)	(대변)	지분법	(차변)	(대변)
			<S사 당기순이익 인식>		
			종속기업투자지분	46,900	
			지분법이익 주1)		46,900
			주1) 2X03년 S사 당기순이익 ₩70,000 × 67% = ₩46,900		
			[종속기업투자지분 계정 잔액]		
			₩270,000 + ₩36,000 + ₩108,420 + ₩62,000 + ₩58,000 + ₩46,900 = ₩581,320		
			[지분법이익]		
			₩46,900		

2X03년 연결조정					
원가법	(차변)	(대변)	지분법	(차변)	(대변)
1단계 : 종속기업 투자지분과 종속기업 자본의 상계제거					
종속기업투자지분		270,000	종속기업투자지분		270,000
자본금(S사)	200,000		자본금(S사)	200,000	
자본잉여금(S사)	50,000		자본잉여금(S사)	50,000	
이익잉여금(S사)	150,000		이익잉여금(S사)	150,000	
영업권	30,000		영업권	30,000	
비지배지분 주1)		160,000	비지배지분 주1)		160,000
주1) (₩200,000 + ₩50,000 + ₩150,000) × 비지배지분율 40% = ₩160,000					
2단계 : 추가 취득 종속기업투자지분 상계 제거					
종속기업투자지분 주2)		90,000	종속기업투자지분 주2)		90,000
종속기업투자지분 주3)		18,420	종속기업투자지분 주3)		18,420
주2) 균등유상증자로 취득한 금액 ₩90,000					
주3) 불균등유상증자로 취득한 금액 ₩18,420					
① 균등 유상증자로 인한 2X01년 1월 1일~ 2X02년 1월 1일 종속의 {자본금 + 주발초}의 증감액					
자본금(S사) 주4)	150,000		자본금(S사) 주4)	150,000	
비지배지분 주5)		60,000	비지배지분 주5)		60,000
주4) 균등 유상증자로 인한 2X01년 1월 1일~ 2X02년 1월 1일 종속의 {자본금 + 주발초}의 증감액 ₩90,000(균등유상증자로 취득한 종속기업투자지분) / 60% = ₩150,000					
주5) ₩150,000 × 기존 비지배지분율 40% = ₩60,000					
② 불균등 유상증자로 인한 2X01년 1월 1일~ 2X02년 1월 1일 종속의 {자본금 + 주발초}의 증감액					
자본금(S사) 주6)	18,420		자본금(S사) 주6)	18,420	
비지배지분 주7)		0	비지배지분 주7)		0

2X03년 연결조정					
원가법	**(차변)**	**(대변)**	**지분법**	**(차변)**	**(대변)**
주6) 불균등유상증자로 취득한 종속기업투자지분 ₩18,420은 순수하게 지배지분에 속하는 것임					
주7) 불균등유상증자로 취득한 종속기업투자지분 ₩18,420은 순수하게 지배지분에 속하는 것이므로 비지배지분에 배분할 금액은 없다.					
③ 2X01년 1월 1일 종속기업 자본에 대하여 추가취득으로 인한 비지배지분 감소액					
비지배지분 주8)	8,000		비지배지분 주8)	8,000	
주8) (₩200,000 + ₩50,000 + ₩150,000) × 추가 지분율 2% = ₩8,000					
④ 2X01년 1월 1일~ 2X02년 1월 1일 종속의 이익잉여금의 증가액에 대한 추가취득 비지배지분 배분					
비지배지분 주9)		1,200	비지배지분 주9)		1,200
이익잉여금 주10)	1,200		이익잉여금 주10)	1,200	
주9) 2X01.1.1.~ 2X02.1.1. 종속기업 기타자본(이익잉여금)증가액에 대하여 추가취득분(2%)에 대한 비지배지분을 증가시킴. 왜냐하면 추가취득 시점까지 비지배지분을 증가시키고 추가취득시 아래 ⑤와 같이 비지배지분을 감소시키는 분개를 하기 때문임. ₩60,000 × 2% = ₩1,200					
주10) 주9)에 상응하는 이익잉여금의 감소액					
⑤ 2X01.1.1.~2X02.1.1. 종속기업 이익잉여금의 증가액에 대한 추가취득으로 인한 비지배지분 감소액					
비지배지분 주11)	1,200		비지배지분 주11)	1,200	
주11) ④에서 추가 취득하면 비지배지분이 감소하므로 주9)에 해당하는 비지배지분을 감소시킴					
⑥ 대차평균					
자본조정		9,200	자본조정		9,200
2-1단계 : 2차 추가 취득 종속기업투자지분 상계 제거					
종속기업투자지분		58,000	종속기업투자지분		58,000
① 2X01년 1월 1일 종속기업 자본에 대하여 추가취득으로 인한 비지배지분 감소액					
비지배지분 주12)	20,000		비지배지분 주12)	20,000	
주12) (₩200,000 + ₩50,000 + ₩150,000) × 추가 지분율 5% = ₩20,000					
② 2X01.1.1.~2X03.1.1. 종속기업 이익잉여금의 증가액에 대한 추가취득 비지배지분 배분					
비지배지분 주13)		8,000	비지배지분 주13)		8,000
이익잉여금 주14)	8,000		이익잉여금 주14)	8,000	
주13) 2X01.1.1.~ 2X03.1.1. 종속기업 기타자본(이익잉여금)증가액에 대하여 추가취득분(5%)에 대한 비지배지분을 증가시킴. 왜냐하면 추가취득 시점까지 비지배지분을 증가시키고 추가취득시 아래 ②과 같이 비지배지분을 감소시키는 분개를 하기 때문임. (₩60,000 + ₩100,000) × 5% = ₩8,000					
주14) 주13)에 상응하는 이익잉여금의 감소액					
③ 2X01.1.1.~2X02.1.1. 종속기업 이익잉여금의 증가액에 대한 추가취득으로 인한 비지배지분 감소액					
비지배지분 주15)	8,000		비지배지분 주15)	8,000	
주15) ②에서 비지배지분이 증가하였으므로 추가 취득하면 비지배지분이 감소하므로 주13)에 해당하는 비지배지분을 감소시킴					
④ 대차평균					
자본조정	30,000		자본조정	30,000	
3단계 : 비지배지분의 증감 회계처리					
① 2X01년 비지배지분 순이익 배분					
비지배지분 주16)		19,800	비지배지분 주16)		19,800
이익잉여금	19,800		이익잉여금	19,800	
주16) 2X01년 S사의 당기순이익 ₩60,000 × 비지배지분율 33% = ₩19,800					
② 2X02년 비지배지분 순이익 배분					
비지배지분 주17)		33,000	비지배지분 주13)		33,000
이익잉여금	33,000		이익잉여금	33,000	
주17) 2X02년 S사의 당기순이익 ₩100,000 × 비지배지분율 33% = ₩33,000					
③ 당기 비지배지분 순이익 배분					
비지배지분 주18)		23,100	비지배지분 주18)		23,100
비지배지분순이익(이익잉여금)	23,100		비지배지분순이익(이익잉여금)	23,100	
주18) 2X02년 S사의 당기순이익 ₩70,000 × 비지배지분율 33% = ₩23,100					
			<2X01년 별도재무제표상 지분법 회계처리 취소>		
			이익잉여금	36,000	

2X03년 연결조정					
원가법	(차변)	(대변)	지분법	(차변)	(대변)
			종속기업투자지분		36,000
			<2X02년 별도재무제표상 지분법 회계처리 취소>		
			이익잉여금	62,000	
			종속기업투자지분		62,000
			<당기 별도재무제표상 지분법 회계처리 취소>		
			지분법이익	46,900	
			종속기업투자지분		46,900

Fraudit ExCon 실 습 : 제4장 2-1 원가법 1차년도

(1) 사례파일

제4장_2-1_원가법_1차년도_기초정보.xlsx, 제4장_2-1_원가법_1차년도_원화시산표.xlsx

(2) [기초정보.xlsx] 작성

1) 보고기간 sheet

	A	B	C	D
1	목차	구분	일자	검증_보고기간
2	보고기간	보고기간초	2001-01-01	OK
3	보고기간	보고기간말	2001-12-31	

① 보고기간 초와 보고기간 말을 입력한다..

2) 기업목록 sheet

	A	B	C	D	E	F	G	H	I	J	K	L	M
1	일련번호	목차	기업명	약식명칭	기능통화	표시통화	세율	이연법인세계산	검증_기업명중복	검증_기능통화	검증_표시통화	검증_세율	검증_이연법인세계산
2	1	기업목록	지배	AA	원화	원화	0%	아니오	OK	OK	OK	OK	OK
3	2		종속	AB	원화	원화	0%	아니오	OK	OK	OK	OK	OK

① 기업명을 입력한다. 여기서는 **지배**와 **종속**으로 입력한다.
② 기능통화를 **원화**로 선택한다.
③ 표시통화를 **원화**로 선택한다.
④ 세율은 0%이므로 입력하지 않는다.
⑤ 이연법인세계산을 **아니오**로 선택한다.

3) 지분구조 sheet

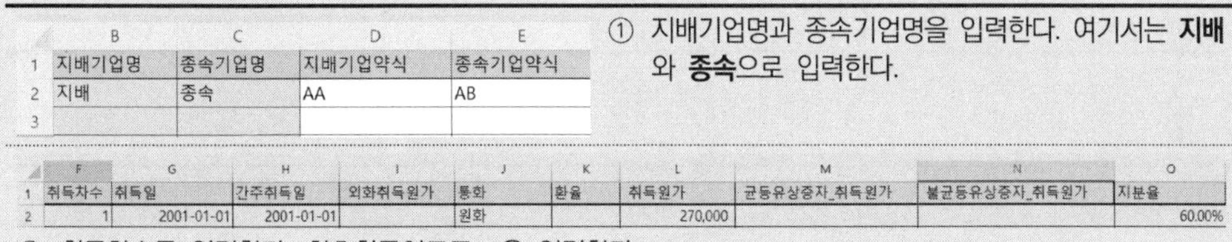

	B	C	D	E
1	지배기업명	종속기업명	지배기업약식	종속기업약식
2	지배	종속	AA	AB
3				

① 지배기업명과 종속기업명을 입력한다. 여기서는 **지배**와 **종속**으로 입력한다.

	F	G	H	I	J	K	L	M	N	O
1	취득차수	취득일	간주취득일	외화취득원가	통화	환율	취득원가	균등유상증자_취득원가	불균등유상증자_취득원가	지분율
2	1	2001-01-01	2001-01-01		원화		270,000			60.00%

② 취득차수를 입력한다. 최초취득이므로 **1**을 입력한다.
주의 추가취득인 경우에는 해당 차수에 따라 2, 3, 4... 식으로 입력한다.
③ 최초취득일을 입력한다. 여기서는 **2001-01-01**로 입력한다.
④ 간주취득일을 입력한다. 여기서는 **2001-01-01**로 입력한다.
주의 간주취득일은 최초취득일로부터 가장 근접한 결산재무제표의 결산일을 의미한다.
⑤ 나머지는 상기와 같이 입력한다.

4) 취득시지분구조_공정가치차이 sheet

	E	F	G	H	I	J	K	L	M
1	목차	기업명	약식명칭	취득차수_1	취득일_1	간주취득일_1	자본계정명_1	자본금액_1_외화	자본금액_1
2	자본_공정가치	종속	AB	1	2001-01-01	2001-01-01	자본금		200,000
3		종속	AB				자본잉여금		50,000
4		종속	AB				이익잉여금		150,000

① 종속의 2001-01-01일의 자본계정명_1(1차 취득)과 자본금액_1(1차 취득)을 **K열과 M열에 상기와 같이** 입력한다.

5) 재무정보 sheet

	A	B	C	D	E	F	G
1	일련번호	목차	기업명	약식명칭	기간	계정명	금액
2	2	재무정보	종속	AB	2001-12-31	배당	
3						당기순이익	60,000
4						기타포괄손익	
5						해외사업환산손익	

① G열에 종속회사의 2001년 **당기순이익을 상기와 같이** 입력한다.

6) 내부거래현황 sheet

① 내부거래가 없으므로 별도로 입력하지 않는다.

(3) [원화시산표.xlsx] 작성

1) 보고기간 sheet

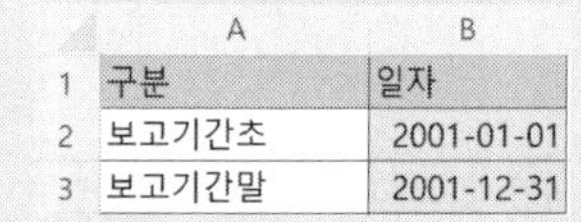

	A	B
1	구분	일자
2	보고기간초	2001-01-01
3	보고기간말	2001-12-31

① 보고기간 초와 보고기간 말을 입력한다.

주의 기초정보의 보고기간 초와 보고기간 말과 동일하여야 한다.

2) 기업목록 sheet

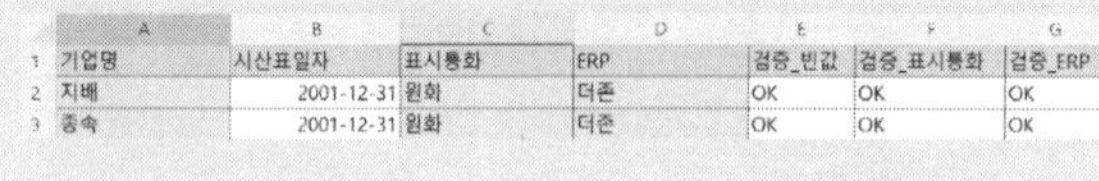

	A	B	C	D	E	F	G
1	기업명	시산표일자	표시통화	ERP	검증_빈값	검증_표시통화	검증_ERP
2	지배	2001-12-31	원화	더존	OK	OK	OK
3	종속	2001-12-31	원화	더존	OK	OK	OK

① 기업명을 입력한다. 여기서는 **지배**와 **종속**으로 입력한다.

② 표시통화를 **원화**로 선택한다.

③ ERP는 **더존**이라고 가정하고 선택한다.

3) 원화시산표_1 sheet

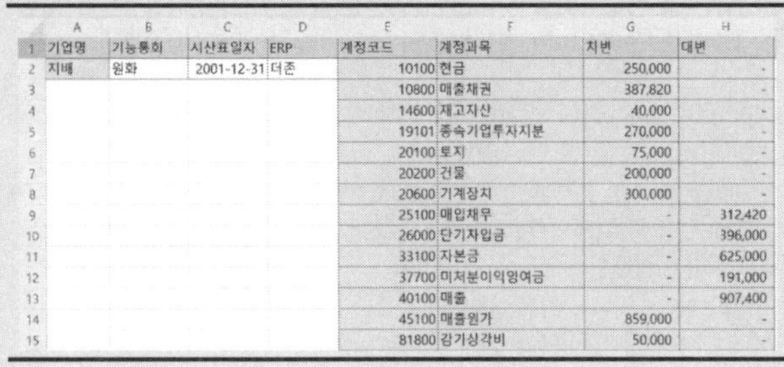

기업명	기능통화	시산표일자	ERP	계정코드	계정과목	차변	대변
지배	원화	2001-12-31	더존	10100	현금	250,000	-
				10800	매출채권	387,820	-
				14600	재고자산	40,000	-
				19101	종속기업투자지분	270,000	-
				20100	토지	75,000	-
				20200	건물	200,000	-
				20600	기계장치	300,000	-
				25100	매입채무	-	312,420
				26000	단기차입금	-	396,000
				33100	자본금	-	625,000
				37700	미처분이익잉여금	-	191,000
				40100	매출	-	907,400
				45100	매출원가	859,000	-
				81800	감가상각비	50,000	-

① A열에 기업명을 입력한다. 여기서는 **지배**로 입력한다.
② 해당 계정코드, 계정과목, 차변, 대변 금액을 차례로 입력한다. **차변과 대변은 어느 한쪽만 입력하여야 한다.**
③ 검증 칼럼에서 OK가 아닌 경우 해당 원인을 해결한다.

4) 원화시산표_2 sheet

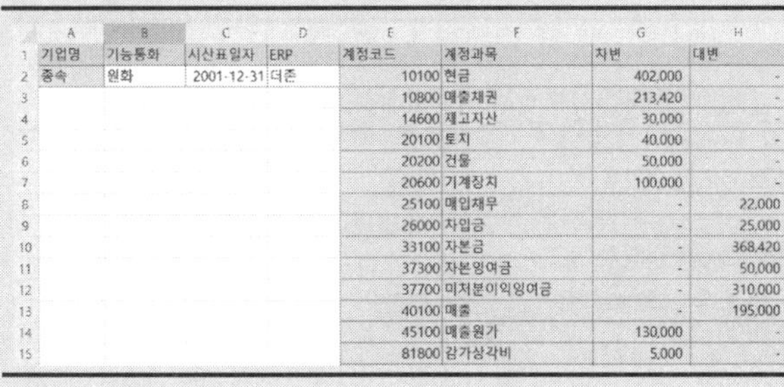

기업명	기능통화	시산표일자	ERP	계정코드	계정과목	차변	대변
종속	원화	2001-12-31	더존	10100	현금	402,000	-
				10800	매출채권	213,420	-
				14600	재고자산	30,000	-
				20100	토지	40,000	-
				20200	건물	50,000	-
				20600	기계장치	100,000	-
				25100	매입채무	-	22,000
				26000	차입금	-	25,000
				33100	자본금	-	368,420
				37300	자본잉여금	-	50,000
				37700	미처분이익잉여금	-	310,000
				40100	매출	-	195,000
				45100	매출원가	130,000	-
				81800	감가상각비	5,000	-

① A열에 기업명을 입력한다. 여기서는 **종속**으로 입력한다.
② 해당 계정코드, 계정과목, 차변, 대변 금액을 차례로 입력한다. **차변과 대변은 어느 한쪽만 입력하여야 한다.**
③ 검증 칼럼에서 OK가 아닌 경우 해당 원인을 해결한다.

(4) [Fraudit-ExCon.exe] 실행

제4장_2-1_원가법_1차년도_기초정보.xlsx과 제4장_2-1_원가법_1차년도_원화시산표.xlsx을 Fraudit-ExCon이 있는 폴더에 복사하여 이동한다. 그리고 **접두어를 제거**하고 **기초정보.xlsx와 원화시산표.xlsx**로 이름을 변경한다. **그 다음에 Fraudit-ExCon.exe를 실행한다.**

1) Main Sheet

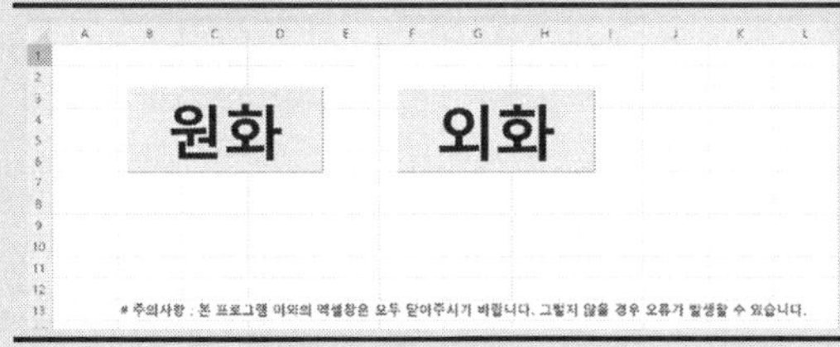

① 기능통화가 외화인 종속법인이 없으므로 원화 버튼을 누른다.

주의 원화 버튼을 누른 후 에러메시지가 뜨면 해당 에러원인을 **기초정보.xlsx, 원화시산표.xlsx**에서 적절하게 수정한 후 다시 누른다.

2) out_연결분개_투자자본_0 sheet

T	U	V	W
계정과목	계정유형	차변	대변
AA종속기업투자지분	BS	0	270000
AB자본금	HE	200000	0
AB자본잉여금	BS	50000	0
AB이익잉여금	BS	150000	0
AB비지배지분	NCI	0	160000
AB영업권	BS	30000	0

① 연결분개 중 지배와 종속의 투자와 자본 상계제거 분개 부분에 해당한다. 검증 목적으로 차변, 대변 칼럼의 금액과 계정과목을 확인하면 된다(분개에 대한 상세 설명은 본문에서 확인하기 바람).

3) out_연결분개_기타_0 sheet

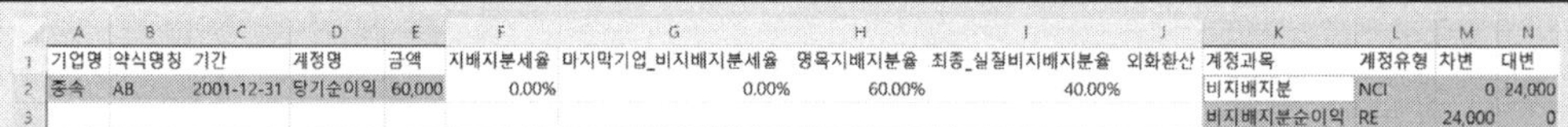

	A	B	C	D	E	F	G	H	I	J	K	L	M	N
1	기업명	약식명칭	기간	계정명	금액	지배지분세율	마지막기업_비지배지분세율	명목지배지분율	최종_실질비지배지분율	외화환산	계정과목	계정유형	차변	대변
2	종속	AB	2001-12-31	당기순이익	60,000	0.00%	0.00%	60.00%	40.00%		비지배지분	NCI	0	24,000
3											비지배지분순이익	RE	24,000	0

① 종속의 2001년 당기순이익에 대한 비지배지분 연결분개 부분에 해당한다(분개에 대한 상세 설명은 본문에서 확인하기 바람).

4) tmp_연결분개_통합 sheet

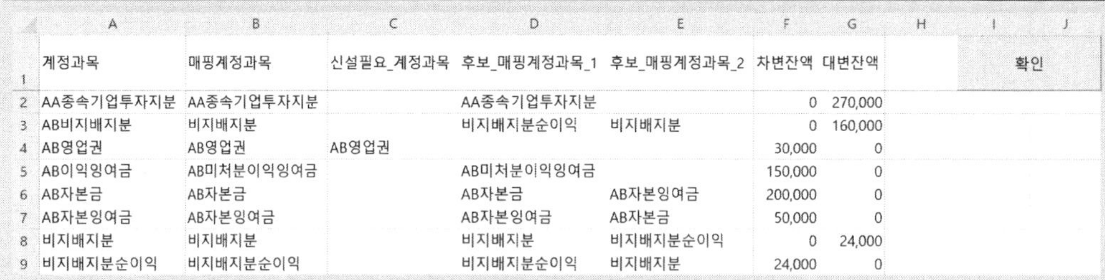

	A	B	C	D	E	F	G	H	I	J
1	계정과목	매핑계정과목	신설필요_계정과목	후보_매핑계정과목_1	후보_매핑계정과목_2	차변잔액	대변잔액		확인	
2	AA종속기업투자지분	AA종속기업투자지분		AA종속기업투자지분		0	270,000			
3	AB비지배지분	비지배지분		비지배지분순이익	비지배지분	0	160,000			
4	AB영업권	AB영업권	AB영업권			30,000	0			
5	AB이익잉여금	AB미처분이익잉여금		AB미처분이익잉여금		150,000	0			
6	AB자본금	AB자본금		AB자본금	AB자본잉여금	200,000	0			
7	AB자본잉여금	AB자본잉여금		AB자본잉여금	AB자본금	50,000	0			
8	비지배지분	비지배지분		비지배지분	비지배지분순이익	0	24,000			
9	비지배지분순이익	비지배지분순이익		비지배지분순이익	비지배지분	24,000	0			

① 여기서는 매핑이 잘 이루어졌으므로 특별히 수정할 필요는 없다.

주의 적절한 계정과목을 신설하여야 하는 경우에는 신설필요_계정과목에 신설하고 동일한 계정과목을 매핑계정과목에 입력하여야 한다.

② 확인 버튼을 누른다.

5) out_최종연결정산표 sheet

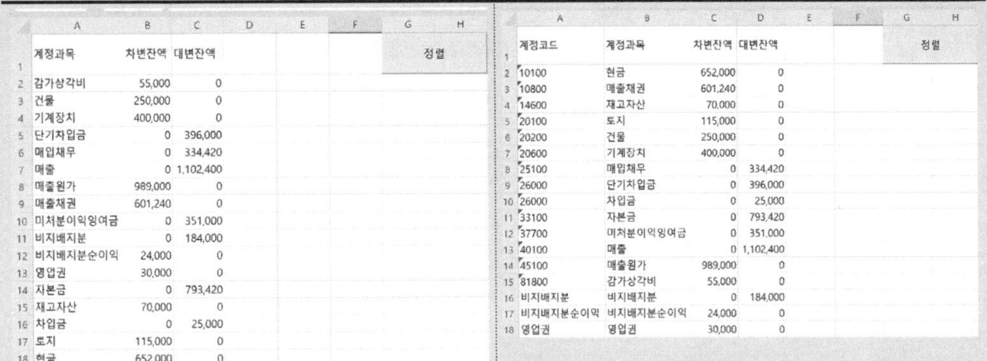

계정과목	차변잔액	대변잔액
감가상각비	55,000	0
건물	250,000	0
기계장치	400,000	0
단기차입금	0	396,000
매입채무	0	334,420
매출	0	1,102,400
매출원가	989,000	0
매출채권	601,240	0
미처분이익잉여금	0	351,000
비지배지분	0	184,000
비지배지분순이익	24,000	0
영업권	30,000	0
자본금	0	793,420
재고자산	70,000	0
차입금	0	25,000
토지	115,000	0
현금	652,000	0

정렬

계정코드	계정과목	차변잔액	대변잔액
10100	현금	652,000	0
10800	매출채권	601,240	0
14600	재고자산	70,000	0
20100	토지	115,000	0
20200	건물	250,000	0
20600	기계장치	400,000	0
25100	매입채무	0	334,420
26000	단기차입금	0	396,000
26000	차입금	0	25,000
33100	자본금	0	793,420
37700	미처분이익잉여금	0	351,000
40100	매출	0	1,102,400
45100	매출원가	989,000	0
81800	감가상각비	55,000	0
비지배지분	비지배지분	0	184,000
비지배지분순이익	비지배지분순이익	24,000	0
영업권	영업권	30,000	0

정렬

① 계정과목이 한글로 오름차순으로 되어 있다.
② 정렬 버튼을 누른다.

③ 계정코드별로 오름차순되며, 계정코드가 없이 새롭게 삽입된 계정과목은 맨 아래에 위치하고 그러한 계정과목은 계정과목으로(한글순으로) 오름차순으로 정렬이 된다.

Fraudit ExCon 실 습 : 제4장 2-1 원가법 2차년도

(1) 사례파일

제4장_2-1_원가법_2차년도_기초정보.xlsx, 제4장_2-1_원가법_2차년도_원화시산표.xlsx

(2) [기초정보.xlsx] 작성

1) 보고기간 sheet

	A	B	C	D
1	목차	구분	일자	검증_보고기간
2	보고기간	보고기간초	2002-01-01	OK
3	보고기간	보고기간말	2002-12-31	

① 보고기간 초와 보고기간 말을 입력한다.

2) 기업목록 sheet

	A	B	C	D	E	F	G	H	I	J	K	L	M
1	일련번호	목차	기업명	약식명칭	기능통화	표시통화	세율	이연법인세계산	검증_기업명중복	검증_기능통화	검증_표시통화	검증_세율	검증_이연법인세계산
2	1	기업목록	지배	AA	원화	원화	0%	아니오	OK	OK	OK	OK	OK
3	2		종속	AB	원화	원화	0%	아니오	OK	OK	OK	OK	OK

① 기업명을 입력한다. 여기서는 **지배**와 **종속**으로 입력한다.
② 기능통화를 **원화**로 선택한다.
③ 표시통화를 **원화**로 선택한다.
④ 세율은 0%이므로 입력하지 않는다.
⑤ 이연법인세계산을 **아니오**로 선택한다.

3) 지분구조 sheet

	A	B	C	D	E
1	목차	지배기업명	종속기업명	지배기업약식	종속기업약식
2	지분구조	지배	종속	AA	AB
3		지배	종속	AA	AB

① 지배기업명과 종속기업명을 입력한다. 여기서는 **지배**와 **종속**으로 입력한다.

	F	G	H	I	J	K	L	M	N	O
1	취득차수	취득일	간주취득일	외화취득원가	통화	환율	취득원가	균등유상증자_취득원가	불균등유상증자_취득원가	지분율
2	1	2001-01-01	2001-01-01		원화		270,000			60.00%
3	2	2002-01-01	2002-01-01		원화		108,420	90,000	18,420	2.00%

② 추가취득 부분을 상기와 같이 추가한다.

4) 취득시지분구조_공정가치차이 sheet

	E	F	G	H	I	J	K	L	M
1	목차	기업명	약식명칭	취득차수_1	취득일_1	간주취득일_1	자본계정명_1	자본금액_1_외화	자본금액_1
2	자본_공정가치	종속	AB	1	2001-01-01	2001-01-01	자본금		200,000
3		종속	AB				자본잉여금		50,000
4		종속	AB				이익잉여금		150,000

① 종속의 2001-01-01일의 자본계정명_1(1차 취득)과 자본금액_1(1차 취득)을 **K열과 M열에 상기와 같이** 입력한다.

	AN	AO	AP	AQ	AR	AS	AT	AU
1	취득차수_2	취득일_2	간주취득일_2	자본계정명_2	자본금액_2	차이금액_2	균등유상증자차이금액_2	불균등유상증자차이금액_2
2	2	2002-01-01	2002-01-01	자본금	368,420	168,420	150,000	18,420
3				자본잉여금	50,000	0		
4				이익잉여금	210,000	60,000		

② 종속의 2002-01-01일의 자본계정명_2(2차 취득)와 자본금액_2(2차 취득)를 상기와 같이 입력한다. 균등유상증자차이금액_2와 불균등유상증자차이금액_2를 상기와 같이 입력한다.

5) 재무정보 sheet

	A	B	C	D	E	F	G
1	일련번호	목차	기업명	약식명칭	기간	계정명	금액
2	2	재무정보	종속	AB	2001-12-31	배당	
3						당기순이익	60,000
4						기타포괄손익	
5						해외사업환산손익	
6	2		종속	AB	2002-12-31	배당	
7						당기순이익	100,000
8						기타포괄손익	
9						해외사업환산손익	

① G열에 종속의 **2001년, 2002년 당기순이익을 상기와 같이** 입력한다.

6) 내부거래현황 sheet

① 내부거래가 없으므로 별도로 입력하지 않는다.

(3) [원화시산표.xlsx] 작성

1) 보고기간 sheet

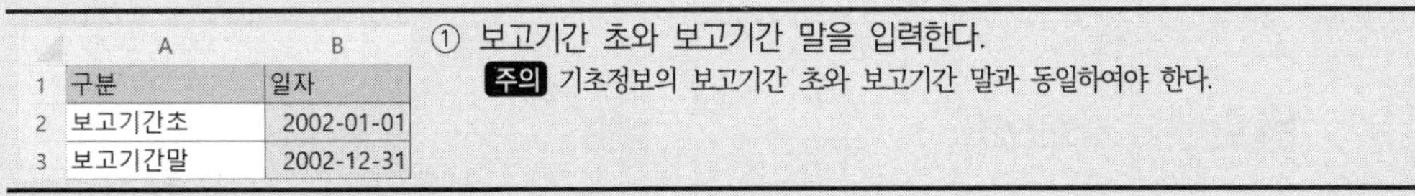

	A	B
1	구분	일자
2	보고기간초	2002-01-01
3	보고기간말	2002-12-31

① 보고기간 초와 보고기간 말을 입력한다.

주의 기초정보의 보고기간 초와 보고기간 말과 동일하여야 한다.

2) 기업목록 sheet

	A	B	C	D	E	F	G
1	기업명	시산표일자	표시통화	ERP	검증_빈값	검증_표시통화	검증_ERP
2	지배	2001-12-31	원화	더존	OK	OK	OK
3	종속	2001-12-31	원화	더존	OK	OK	OK

① 기업명을 입력한다. 여기서는 **지배**와 **종속**으로 입력한다.
② 표시통화를 **원화**로 선택한다.
③ ERP는 **더존**이라고 가정하고 선택한다.

3) 원화시산표_1 sheet

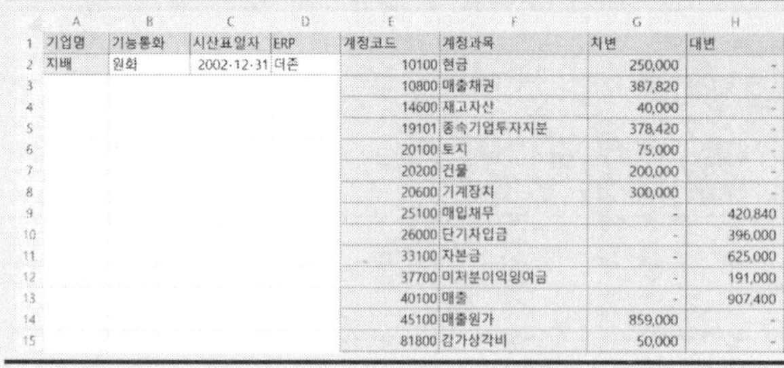

	A	B	C	D	E	F	G	H
1	기업명	기능통화	시산표일자	ERP	계정코드	계정과목	차변	대변
2	지배	원화	2002-12-31	더존	10100	현금	250,000	-
3					10800	매출채권	387,820	-
4					14600	재고자산	40,000	-
5					19101	종속기업투자지분	378,420	-
6					20100	토지	75,000	-
7					20200	건물	200,000	-
8					20600	기계장치	300,000	-
9					25100	매입채무	-	420,840
10					26000	단기차입금	-	396,000
11					33100	자본금	-	625,000
12					37700	미처분이익잉여금	-	191,000
13					40100	매출	-	907,400
14					45100	매출원가	859,000	-
15					81800	감가상각비	50,000	-

① A열에 기업명을 입력한다. 여기서는 **지배**로 입력한다.
② 해당 계정코드, 계정과목, 차변, 대변 금액을 차례로 입력한다. **차변과 대변은 어느 한쪽만 입력하여야 한다.**
③ 검증 칼럼에서 OK가 아닌 경우 해당 원인을 해결한다.

4) 원화시산표_2 sheet

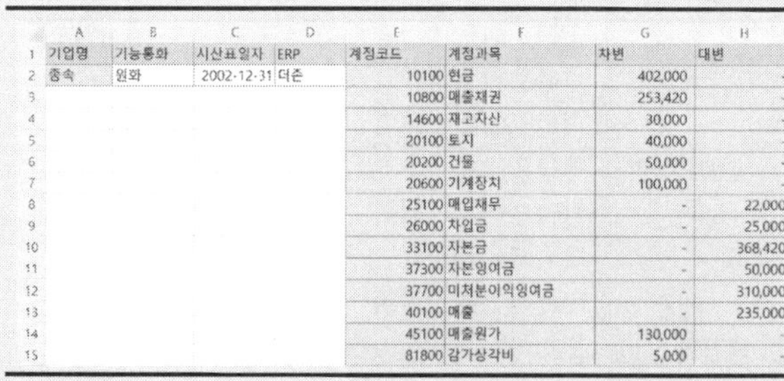

	A	B	C	D	E	F	G	H
1	기업명	기능통화	시산표일자	ERP	계정코드	계정과목	차변	대변
2	종속	원화	2002-12-31	더존	10100	현금	402,000	-
3					10800	매출채권	253,420	-
4					14600	재고자산	30,000	-
5					20100	토지	40,000	-
6					20200	건물	50,000	-
7					20600	기계장치	100,000	-
8					25100	매입채무	-	22,000
9					26000	차입금	-	25,000
10					33100	자본금	-	368,420
11					37300	자본잉여금	-	50,000
12					37700	미처분이익잉여금	-	310,000
13					40100	매출	-	235,000
14					45100	매출원가	130,000	-
15					81800	감가상각비	5,000	-

① A열에 기업명을 입력한다. 여기서는 **종속**으로 입력한다.
② 해당 계정코드, 계정과목, 차변, 대변 금액을 차례로 입력한다. **차변과 대변은 어느 한쪽만 입력하여야 한다.**
③ 검증 칼럼에서 OK가 아닌 경우 해당 원인을 해결한다.

(4) [Fraudit-ExCon.exe] 실행

제4장_2-1_원가법_2차년도_기초정보.xlsx과 제4장_2-1_원가법_2차년도_원화시산표.xlsx을 Fraudit-ExCon이 있는 폴더에 복사하여 이동한다. 그리고 **접두어를 제거**하고 **기초정보.xlsx와 원화시산표.xlsx**로 이름을 변경한다. **그 다음에 Fraudit-ExCon.exe를 실행한다.**

1) Main Sheet

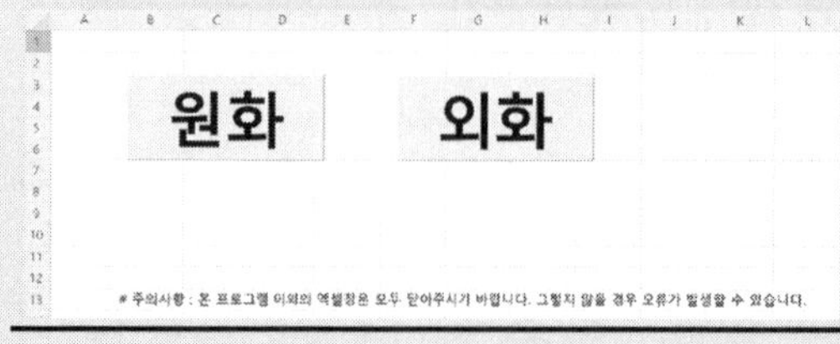

① 기능통화가 외화인 종속법인이 없으므로 원화 버튼을 누른다.

주의 원화 버튼을 누른 후 에러메시지가 뜨면 해당 에러 원인을 **기초정보.xlsx, 원화시산표.xlsx**에서 적절하게 수정한 후 다시 누른다.

2) out_연결분개_투자자본_0 sheet

계정과목	계정유형	차변	대변
AA종속기업투자지분	BS	0	270000
AB자본금	HE	200000	0
AB자본잉여금	BS	50000	0
AB이익잉여금	BS	150000	0
AB비지배지분	NCI	0	160000
AB영업권	BS	30000	0

① 연결분개 중 지배와 종속의 투자와 자본 상계제거 분개 부분에 해당한다. 검증 목적으로 차변, 대변 칼럼의 금액과 계정과목을 확인하면 된다(분개에 대한 상세 설명은 본문에서 확인하기 바람).

3) out_연결분개_추가취득_1 sheet

계정과목	계정유형	차변	대변
AA종속기업투자지분	BS	0	108,420
AB자본금	HE	150,000	0
AB비지배지분	NCI	0	60,000
AB자본금	HE	18,420	0
AB비지배지분	NCI	0	0
AB비지배지분	NCI	8,000	0
AB비지배지분	NCI	0	1,200
AB미처분이익잉여금	RE	1,200	0
AB비지배지분	NCI	1,200	0
AB자본조정	BS	0	9,200

① 추가취득 종속기업투자지분 상계 제거부분이다. 검증 목적으로 차변, 대변 칼럼의 금액과 계정과목을 확인하면 된다(분개에 대한 상세 설명은 본문에서 확인하기 바람).

4) out_연결분개_기타_0, 1 sheet

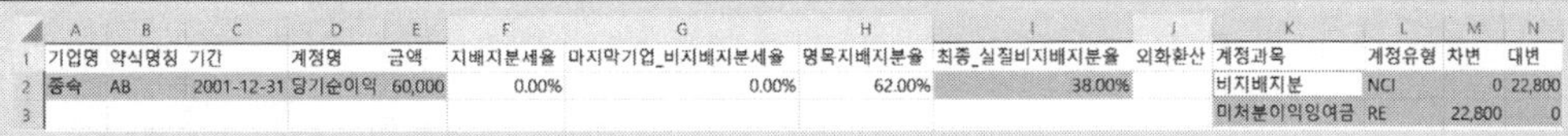

기업명	약식명칭	기간	계정명	금액	지배지분세율	마지막기업_비지배지분세율	명목지배지분율	최종_실질비지배지분율	외화환산	계정과목	계정유형	차변	대변
종속	AB	2001-12-31	당기순이익	60,000	0.00%	0.00%	62.00%	38.00%		비지배지분	NCI	0	22,800
										미처분이익잉여금	RE	22,800	0

① **[out_연결분개_기타_0]** 종속의 2001년 당기순이익에 대한 비지배지분 연결분개 부분에 해당한다(분개에 대한 상세 설명은 본문에서 확인하기 바람).

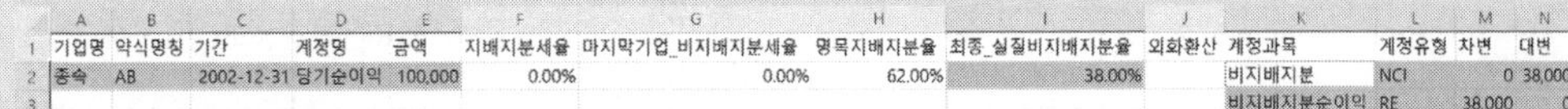

기업명	약식명칭	기간	계정명	금액	지배지분세율	마지막기업_비지배지분세율	명목지배지분율	최종_실질비지배지분율	외화환산	계정과목	계정유형	차변	대변
종속	AB	2002-12-31	당기순이익	100,000	0.00%	0.00%	62.00%	38.00%		비지배지분	NCI	0	38,000
										비지배지분순이익	RE	38,000	0

② **[out_연결분개_기타_1]** 종속의 2002년 당기순이익에 대한 비지배지분 연결분개 부분에 해당한다(분개에 대한 상세 설명은 본문에서 확인하기 바람).

5) tmp_연결분개_통합 sheet

계정과목	매핑계정과목	신설필요_계정과목	후보_매핑계정과목_1	후보_매핑계정과목_2	차변잔액	대변잔액		확인
AA종속기업투자지분	AA종속기업투자지분		AA종속기업투자지분		0	378,420		
AB미처분이익잉여금	AB미처분이익잉여금		AB미처분이익잉여금	AA미처분이익잉여금	1,200	0		
AB비지배지분	비지배지분		비지배지분순이익	비지배지분	0	212,000		
AB영업권	AB영업권	AB영업권			30,000	0		
AB이익잉여금	AB미처분이익잉여금		AB미처분이익잉여금		150,000	0		
AB자본금	AB자본금		AB자본금	AB자본잉여금	368,420	0		
AB자본잉여금	AB자본잉여금		AB자본잉여금	AB자본금	50,000	0		
AB자본조정	자본조정	자본조정	AB자본금	AB자본잉여금	0	9,200		
미처분이익잉여금	AA미처분이익잉여금		AA미처분이익잉여금	AB미처분이익잉여금	22,800	0		
비지배지분	비지배지분		비지배지분	비지배지분순이익	0	60,800		
비지배지분순이익	비지배지분순이익		비지배지분순이익	비지배지분	38,000	0		

① 음영 부분을 상기와 같이 신설하여 매핑한다.

주의 적절한 계정과목을 신설하여야 하는 경우에는 신설필요_계정과목에 신설하고 동일한 계정과목을 매핑계정과목에 입력하여야 한다.

② 확인 버튼을 누른다.

6) out_최종연결정산표 sheet

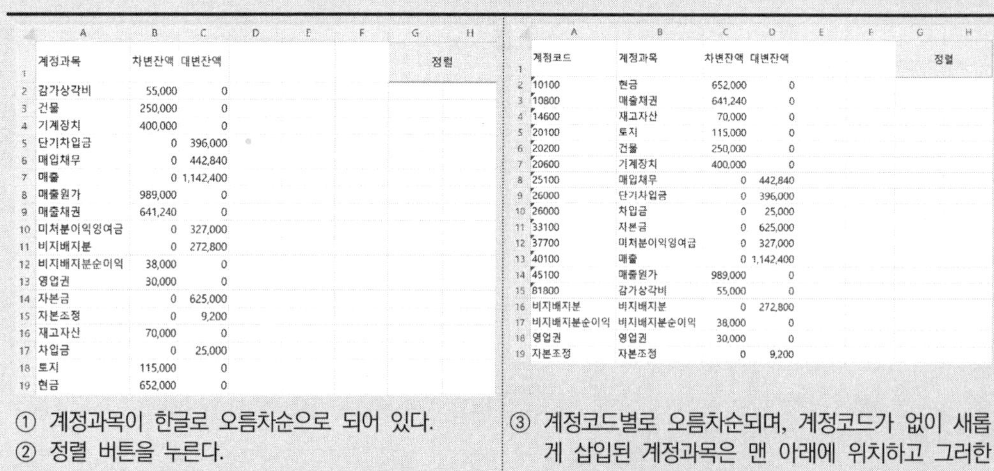

계정과목	차변잔액	대변잔액	정렬
감가상각비	55,000	0	
건물	250,000	0	
기계장치	400,000	0	
단기차입금	0	396,000	
매입채무	0	442,840	
매출	0	1,142,400	
매출원가	989,000	0	
매출채권	641,240	0	
미처분이익잉여금	0	327,000	
비지배지분	0	272,800	
비지배지분순이익	38,000	0	
영업권	30,000	0	
자본금	0	625,000	
자본조정	0	9,200	
재고자산	70,000	0	
차입금	0	25,000	
토지	115,000	0	
현금	652,000	0	

계정코드	계정과목	차변잔액	대변잔액	정렬
10100	현금	652,000	0	
10800	매출채권	641,240	0	
14600	재고자산	70,000	0	
20100	토지	115,000	0	
20200	건물	250,000	0	
20600	기계장치	400,000	0	
25100	매입채무	0	442,840	
26000	단기차입금	0	396,000	
26000	차입금	0	25,000	
33100	자본금	0	625,000	
37700	미처분이익잉여금	0	327,000	
40100	매출	0	1,142,400	
45100	매출원가	989,000	0	
81800	감가상각비	55,000	0	
비지배지분	비지배지분	0	272,800	
비지배지분순이익	비지배지분순이익	38,000	0	
영업권	영업권	30,000	0	
자본조정	자본조정	0	9,200	

① 계정과목이 한글로 오름차순으로 되어 있다.

② 정렬 버튼을 누른다.

③ 계정코드별로 오름차순되며, 계정코드가 없이 새롭게 삽입된 계정과목은 맨 아래에 위치하고 그러한 계정과목은 계정과목으로(한글순으로) 오름차순으로 정렬이 된다.

Fraudit ExCon 실 습 : 제4장 2-1 원가법 3차년도

(1) 사례파일

제4장_2-1_원가법_3차년도_기초정보.xlsx, 제4장_2-1_원가법_3차년도_원화시산표.xlsx

(2) [기초정보.xlsx] 작성

1) 보고기간 sheet

	A	B	C	D
1	목차	구분	일자	검증_보고기간
2	보고기간	보고기간초	2003-01-01	OK
3	보고기간	보고기간말	2003-12-31	

① 보고기간 초와 보고기간 말을 입력한다..

2) 기업목록 sheet

	A	B	C	D	E	F	G	H	I	J	K	L	M
1	일련번호	목차	기업명	약식명칭	기능통화	표시통화	세율	이연법인세계산	검증_기업명중복	검증_기능통화	검증_표시통화	검증_세율	검증_이연법인세계산
2	1	기업목록	지배	AA	원화	원화	0%	아니오	OK	OK	OK	OK	OK
3	2		종속	AB	원화	원화	0%	아니오	OK	OK	OK	OK	OK

① 기업명을 입력한다. 여기서는 **지배**와 **종속**으로 입력한다.
② 기능통화를 **원화**로 선택한다.
③ 표시통화를 **원화**로 선택한다.
④ 세율은 0%이므로 입력하지 않는다.
⑤ 이연법인세계산을 **아니오**로 선택한다.

3) 지분구조 sheet

	A	B	C	D	E	F
1	목차	지배기업명	종속기업명	지배기업약식	종속기업약식	취득차수
2	지분구조	지배	종속	AA	AB	1
3		지배	종속	AA	AB	2
4		지배	종속	AA	AB	3

① 지배기업명과 종속기업명을 입력한다. 여기서는 **지배**와 **종속**으로 입력한다.

	G	H	I	J	K	L	M	N	O
1	취득일	간주취득일	외화취득원가	통화	환율	취득원가	균등유상증자_취득원가	불균등유상증자_취득원가	지분율
2	2001-01-01	2001-01-01		원화		270,000			60.00%
3	2002-01-01	2002-01-01		원화		108,420	90,000	18,420	2.00%
4	2003-01-01	2003-01-01		원화		58,000			5.00%

② 추가취득 부분을 상기와 같이 추가한다.

4) 취득시지분구조_공정가치차이 sheet

	E	F	G	H	I	J	K	L	M
1	목차	기업명	약식명칭	취득차수_1	취득일_1	간주취득일_1	자본계정명_1	자본금액_1_외화	자본금액_1
2	자본_공정가치	종속	AB	1	2001-01-01	2001-01-01	자본금		200,000
3		종속	AB				자본잉여금		50,000
4		종속	AB				이익잉여금		150,000

① 종속의 2001-01-01일의 자본계정명_1(1차 취득)과 자본금액_1(1차 취득)을 **K열과 M열에 상기와 같이** 입력한다.

	AN	AO	AP	AQ	AR	AS	AT	AU
1	취득차수_2	취득일_2	간주취득일_2	자본계정명_2	자본금액_2	차이금액_2	균등유상증자차이금액_2	불균등유상증자차이금액_2
2	2	2002-01-01	2002-01-01	자본금	368,420	168,420	150,000	18,420
3				자본잉여금	50,000	0		
4				이익잉여금	210,000	60,000		

② 종속의 2002-01-01일의 자본계정명_2와 자본금액_2, 균등유상증자차이금액_2, 불균등유상증자차이_2를 상기와 같이 입력한다.

	AV	AW	AX	AY	AZ	BA	BB	BC
1	취득차수_3	취득일_3	간주취득일_3	자본계정명_3	자본금액_3	차이금액_3	균등유상증자차이금액_3	불균등유상증자차이금액_3
2	3	2003-01-01	2003-01-01	자본금	368,420	0		
3				자본잉여금	50,000	0		
4				이익잉여금	310,000	100,000		

③ 종속의 2003-01-01일의 자본계정명_3과 자본금액_3을 상기와 같이 입력한다.

5) 재무정보 sheet

	A	B	C	D	E	F	G
1	일련번호	목차	기업명	약식명칭	기간	계정명	금액
2	2	재무정보	종속	AB	2001-12-31	배당	
3						당기순이익	60,000
4						기타포괄손익	
5						해외사업환산손익	
6	2		종속	AB	2002-12-31	배당	
7						당기순이익	100,000
8						기타포괄손익	
9						해외사업환산손익	
10	2		종속	AB	2003-12-31	배당	
11						당기순이익	70,000
12						기타포괄손익	
13						해외사업환산손익	

① G열에 종속의 **2001년, 2002년, 2003년 당기순이익을 상기와 같이** 입력한다.

6) 내부거래현황 sheet

① 내부거래가 없으므로 별도로 입력하지 않는다.

(3) [원화시산표.xlsx] 작성

1) 보고기간 sheet

구분	일자
보고기간초	2003-01-01
보고기간말	2003-12-31

① 보고기간 초와 보고기간 말을 입력한다.

주의 기초정보의 보고기간 초와 보고기간 말과 동일하여야 한다.

2) 기업목록 sheet

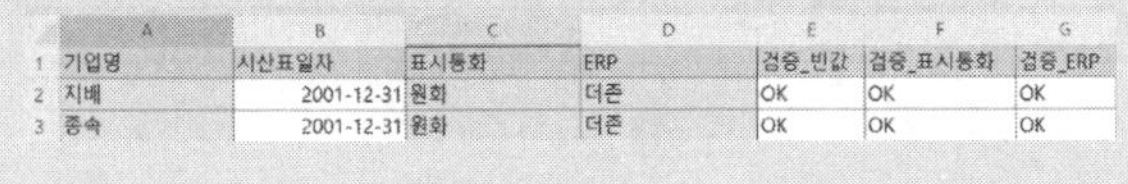

기업명	시산표일자	표시통화	ERP	검증_빈값	검증_표시통화	검증_ERP
지배	2001-12-31	원화	더존	OK	OK	OK
종속	2001-12-31	원화	더존	OK	OK	OK

① 기업명을 입력한다. 여기서는 **지배**와 **종속**으로 입력한다.

② 표시통화를 **원화**로 선택한다.

③ ERP는 **더존**이라고 가정하고 선택한다.

3) 원화시산표_1 sheet

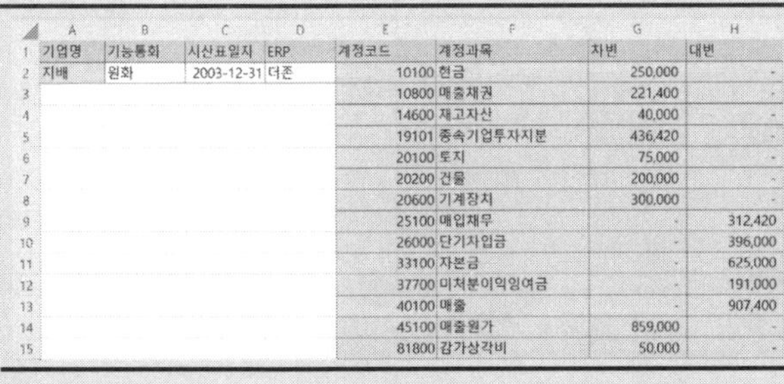

기업명	기능통화	시산표일자	ERP	계정코드	계정과목	차변	대변
지배	원화	2003-12-31	더존	10100	현금	250,000	-
				10800	매출채권	221,400	-
				14600	재고자산	40,000	-
				19101	종속기업투자지분	436,420	-
				20100	토지	75,000	-
				20200	건물	200,000	-
				20600	기계장치	300,000	-
				25100	매입채무	-	312,420
				26000	단기차입금	-	396,000
				33100	자본금	-	625,000
				37700	미처분이익잉여금	-	191,000
				40100	매출	-	907,400
				45100	매출원가	859,000	-
				81800	감가상각비	50,000	-

① A열에 기업명을 입력한다. 여기서는 **지배**로 입력한다.

② 해당 계정코드, 계정과목, 차변, 대변 금액을 차례로 입력한다. **차변과 대변은 어느 한쪽만 입력하여야 한다.**

③ 검증 칼럼에서 OK가 아닌 경우 해당 원인을 해결한다.

4) 원화시산표_2 sheet

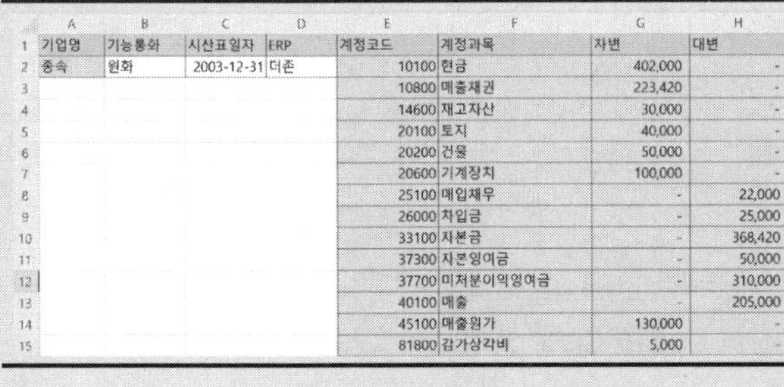

기업명	기능통화	시산표일자	ERP	계정코드	계정과목	차변	대변
종속	원화	2003-12-31	더존	10100	현금	402,000	-
				10800	매출채권	223,420	-
				14600	재고자산	30,000	-
				20100	토지	40,000	-
				20200	건물	50,000	-
				20600	기계장치	100,000	-
				25100	매입채무	-	22,000
				26000	차입금	-	25,000
				33100	자본금	-	368,420
				37300	자본잉여금	-	50,000
				37700	미처분이익잉여금	-	310,000
				40100	매출	-	205,000
				45100	매출원가	130,000	-
				81800	감가상각비	5,000	-

① A열에 기업명을 입력한다. 여기서는 **종속**으로 입력한다.

② 해당 계정코드, 계정과목, 차변, 대변 금액을 차례로 입력한다. **차변과 대변은 어느 한쪽만 입력하여야 한다.**

③ 검증 칼럼에서 OK가 아닌 경우 해당 원인을 해결한다.

(4) [Fraudit-ExCon.exe] 실행

제4장_2-1_원가법_3차년도_기초정보.xlsx과 제4장_2-1_원가법_3차년도_원화시산표.xlsx을 Fraudit-ExCon이 있는 폴더에 복사하여 이동한다. 그리고 **접두어를 제거**하고 **기초정보.xlsx**와 **원화시산표.xlsx**로 이름을 변경한다. **그 다음에 Fraudit-ExCon.exe를 실행한다.**

1) Main Sheet

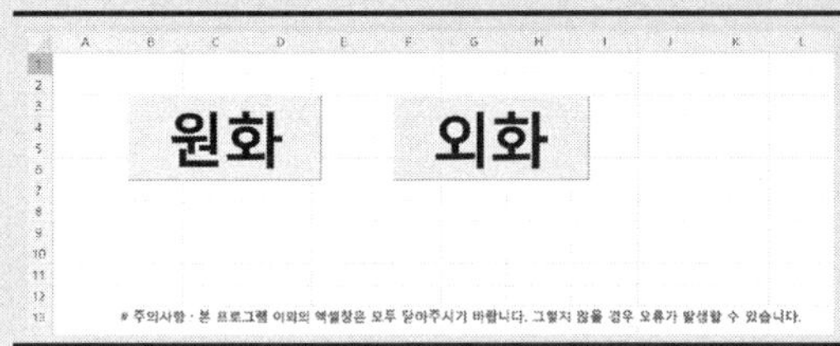

① 기능통화가 외화인 종속법인이 없으므로 원화 버튼을 누른다.

주의 원화 버튼을 누른 후 에러메시지가 뜨면 해당 에러 원인을 **기초정보.xlsx, 원화시산표.xlsx**에서 적절하게 수정한 후 다시 누른다.

2) out_연결분개_투자자본_0 sheet

계정과목	계정유형	차변	대변
AA종속기업투자지분	BS	0	270000
AB자본금	HE	200000	0
AB자본잉여금	BS	50000	0
AB이익잉여금	BS	150000	0
AB비지배지분	NCI	0	160000
AB영업권	BS	30000	0

① 연결분개 중 지배와 종속의 투자와 자본 상계제거 분개 부분에 해당한다. 검증 목적으로 차변, 대변 칼럼의 금액과 계정과목을 확인하면 된다(분개에 대한 상세 설명은 본문에서 확인하기 바람).

3) out_연결분개_추가취득_1, 2 sheet

계정과목	계정유형	차변	대변
AA종속기업투자지분	BS	0	108,420
AB자본금	HE	150,000	0
AB비지배지분	NCI	0	60,000
AB자본금	HE	18,420	0
AB비지배지분	NCI	0	0
AB비지배지분	NCI	8,000	0
AB비지배지분	NCI	0	1,200
AB미처분이익잉여금	RE	1,200	0
AB비지배지분	NCI	1,200	0
AB자본조정	BS	0	9,200

① **[out_연결분개_추가취득_1]** 추가취득 종속기업투자지분 상계 제거부분이다. 검증 목적으로 차변, 대변 칼럼의 금액과 계정과목을 확인하면 된다(분개에 대한 상세 설명은 본문에서 확인하기 바람).

계정과목	계정유형	차변	대변
AA종속기업투자지분	BS	0	58,000
AB비지배지분	NCI	20,000	0
AB비지배지분	NCI	0	8,000
AB미처분이익잉여금	RE	8,000	0
AB비지배지분	NCI	8,000	0
AB자본조정	BS	30,000	0

② **[out_연결분개_추가취득_2]** 추가취득 종속기업투자지분 상계 제거부분이다. 검증 목적으로 차변, 대변 칼럼의 금액과 계정과목을 확인하면 된다(분개에 대한 상세 설명은 본문에서 확인하기 바람).

4) out_연결분개_기타_0, 1, 2 sheet

	A	B	C	D	E	F	G	H	I	J	K	L	M	N
1	기업명	약식명칭	기간	계정명	금액	지배지분세율	마지막기업_비지배지분세율	명목지배지분율	최종_실질비지배지분율	외화환산	계정과목	계정유형	차변	대변
2	종속	AB	2001-12-31	당기순이익	60,000	0.00%	0.00%	67.00%	33.00%		비지배지분	NCI	0	19,800
3											미처분이익잉여금	RE	19,800	0

① **[out_연결분개_기타_0]** 종속의 2001년 당기순이익에 대한 비지배지분 연결분개 부분에 해당한다(분개에 대한 상세 설명은 본문에서 확인하기 바람).

	A	B	C	D	E	F	G	H	I	J	K	L	M	N
1	기업명	약식명칭	기간	계정명	금액	지배지분세율	마지막기업_비지배지분세율	명목지배지분율	최종_실질비지배지분율	외화환산	계정과목	계정유형	차변	대변
2	종속	AB	2002-12-31	당기순이익	100,000	0.00%	0.00%	67.00%	33.00%		비지배지분	NCI	0	33,000
3											미처분이익잉여금	RE	33,000	0

② **[out_연결분개_기타_1]** 종속의 2002년 당기순이익에 대한 비지배지분 연결분개 부분에 해당한다(분개에 대한 상세 설명은 본문에서 확인하기 바람).

	A	B	C	D	E	F	G	H	I	J	K	L	M	N
1	기업명	약식명칭	기간	계정명	금액	지배지분세율	마지막기업_비지배지분세율	명목지배지분율	최종_실질비지배지분율	외화환산	계정과목	계정유형	차변	대변
2	종속	AB	2003-12-31	당기순이익	70,000	0.00%	0.00%	67.00%	33.00%		비지배지분	NCI	0	23,100
3											비지배지분순이익	RE	23,100	0

③ **[out_연결분개_기타_2]** 종속의 2003년 당기순이익에 대한 비지배지분 연결분개 부분에 해당한다(분개에 대한 상세 설명은 본문에서 확인하기 바람).

5) tmp_연결분개_통합 sheet

	A	B	C	D	E	F	G	H	I	J
1	계정과목	매핑계정과목	신설필요_계정과목	후보_매핑계정과목_1	후보_매핑계정과목_2	차변잔액	대변잔액		확인	
2	AA종속기업투자지분	AA종속기업투자지분		AA종속기업투자지분		0	436,420			
3	AB미처분이익잉여금	AB미처분이익잉여금		AB미처분이익잉여금	AA미처분이익잉여금	9,200	0			
4	AB비지배지분	비지배지분		비지배지분순이익	비지배지분	0	192,000			
5	AB영업권	AB영업권	AB영업권			30,000	0			
6	AB이익잉여금	AB미처분이익잉여금		AB미처분이익잉여금		150,000	0			
7	AB자본금	AB자본금		AB자본금	AB자본잉여금	368,420	0			
8	AB자본잉여금	AB자본잉여금		AB자본잉여금	AB자본금	50,000	0			
9	AB자본조정	자본조정	자본조정	AB자본금	AB자본잉여금	20,800	0			
10	미처분이익잉여금	AA미처분이익잉여금		AA미처분이익잉여금	AB미처분이익잉여금	52,800	0			
11	비지배지분	비지배지분		비지배지분	비지배지분순이익	0	75,900			
12	비지배지분순이익	비지배지분순이익		비지배지분순이익	비지배지분	23,100	0			

① 음영 부분을 상기와 같이 신설하여 매핑한다.

주의 적절한 계정과목을 신설하여야 하는 경우에는 신설필요_계정과목에 신설하고 동일한 계정과목을 매핑계정과목에 입력하여야 한다.

② 확인 버튼을 누른다.

6) out_최종연결정산표 sheet

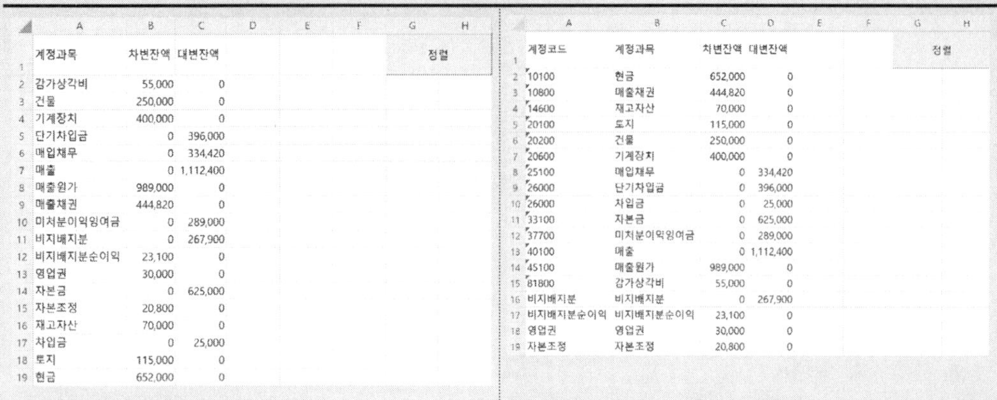

	A	B	C	D	E	F	G	H
1	계정과목	차변잔액	대변잔액				정렬	
2	감가상각비	55,000	0					
3	건물	250,000	0					
4	기계장치	400,000	0					
5	단기차입금	0	396,000					
6	매입채무	0	334,420					
7	매출	0	1,112,400					
8	매출원가	989,000	0					
9	매출채권	444,820	0					
10	미처분이익잉여금	0	289,000					
11	비지배지분	0	267,900					
12	비지배지분순이익	23,100	0					
13	영업권	30,000	0					
14	자본금	0	625,000					
15	자본조정	20,800	0					
16	재고자산	70,000	0					
17	차입금	0	25,000					
18	토지	115,000	0					
19	현금	652,000	0					

	A	B	C	D	E	F	G	H
1	계정코드	계정과목	차변잔액	대변잔액			정렬	
2	10100	현금	652,000	0				
3	10800	매출채권	444,820	0				
4	14600	재고자산	70,000	0				
5	20100	토지	115,000	0				
6	20200	건물	250,000	0				
7	20600	기계장치	400,000	0				
8	25100	매입채무	0	334,420				
9	26000	단기차입금	0	396,000				
10	26000	차입금	0	25,000				
11	33100	자본금	0	625,000				
12	37700	미처분이익잉여금	0	289,000				
13	40100	매출	0	1,112,400				
14	45100	매출원가	989,000	0				
15	81800	감가상각비	55,000	0				
16	비지배지분	비지배지분	0	267,900				
17	비지배지분순이익	비지배지분순이익	23,100	0				
18	영업권	영업권	30,000	0				
19	자본조정	자본조정	20,800	0				

① 계정과목이 한글로 오름차순으로 되어 있다.
② 정렬 버튼을 누른다.

③ 계정코드별로 오름차순되며, 계정코드가 없이 새롭게 삽입된 계정과목은 맨 아래에 위치하고 그러한 계정과목은 계정과목으로(한글순으로) 오름차순으로 정렬이 된다.

Fraudit ExCon 실 습 : 제4장 2-1 지분법 1차년도

(1) 사례파일

제4장_2-1_지분법_1차년도_기초정보.xlsx, 제4장_2-1_지분법_1차년도_원화시산표.xlsx

(2) [기초정보.xlsx] 작성

1) 보고기간 sheet

	A	B	C	D
1	목차	구분	일자	검증_보고기간
2	보고기간	보고기간초	2001-01-01	OK
3	보고기간	보고기간말	2001-12-31	

① 보고기간 초와 보고기간 말을 입력한다..

2) 기업목록 sheet

	A	B	C	D	E	F	G	H	I	J	K	L	M
1	일련번호	목차	기업명	약식명칭	기능통화	표시통화	세율	이연법인세계산	검증_기업명중복	검증_기능통화	검증_표시통화	검증_세율	검증_이연법인세계산
2	1	기업목록	지배	AA	원화	원화	0%	아니오	OK	OK	OK	OK	OK
3	2		종속	AB	원화	원화	0%	아니오	OK	OK	OK	OK	OK

① 기업명을 입력한다. 여기서는 **지배**와 **종속**으로 입력한다.
② 기능통화를 **원화**로 선택한다.
③ 표시통화를 **원화**로 선택한다.
④ 세율은 0%이므로 입력하지 않는다.
⑤ 이연법인세계산을 **아니오**로 선택한다.

3) 지분구조 sheet

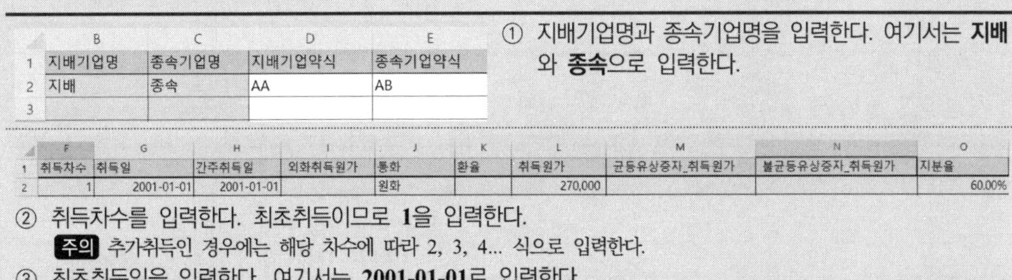

	B	C	D	E
1	지배기업명	종속기업명	지배기업약식	종속기업약식
2	지배	종속	AA	AB
3				

	F	G	H	I	J	K	L	M	N	O
1	취득차수	취득일	간주취득일	외화취득원가	통화	환율	취득원가	균등유상증자_취득원가	불균등유상증자_취득원가	지분율
2	1	2001-01-01	2001-01-01		원화		270,000			60.00%

① 지배기업명과 종속기업명을 입력한다. 여기서는 **지배**와 **종속**으로 입력한다.

② 취득차수를 입력한다. 최초취득이므로 **1**을 입력한다.
주의 추가취득인 경우에는 해당 차수에 따라 2, 3, 4... 식으로 입력한다.
③ 최초취득일을 입력한다. 여기서는 **2001-01-01**로 입력한다.
④ 간주취득일을 입력한다. 여기서는 **2001-01-01**로 입력한다.
주의 간주취득일은 최초취득일로부터 가장 근접한 결산재무제표의 결산일을 의미한다.
⑤ 나머지는 상기와 같이 입력한다.

4) 취득시지분구조_공정가치차이 sheet

	E	F	G	H	I	J	K	L	M
1	목차	기업명	약식명칭	취득차수_1	취득일_1	간주취득일_1	자본계정명_1	자본금액_1_외화	자본금액_1
2	자본_공정가치	종속	AB	1	2001-01-01	2001-01-01	자본금		200,000
3		종속	AB				자본잉여금		50,000
4		종속	AB				이익잉여금		150,000

① 종속의 2001-01-01일의 자본계정명_1(1차 취득시 자본계정명을 의미함)을 **K열**에 입력한다.
② 종속의 2001-01-01일의 자본금액_1(1차 취득시 자본금액을 의미함)을 **M열**에 입력한다.

5) 재무정보 sheet

	A	B	C	D	E	F	G
1	일련번호	목차	기업명	약식명칭	기간	계정명	금액
2	2	재무정보	종속	AB	2001-12-31	배당	
3						당기순이익	60,000
4						기타포괄손익	
5						해외사업환산손익	

① G열에 종속회사의 2001년 **당기순이익을 상기와 같이** 입력한다.

6) 내부거래현황 sheet

① 내부거래가 없으므로 별도로 입력하지 않는다.

(3) [원화시산표.xlsx] 작성

1) 보고기간 sheet

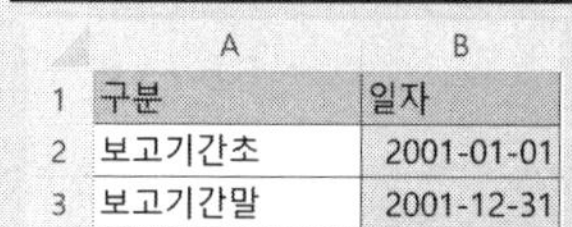

	A	B
1	구분	일자
2	보고기간초	2001-01-01
3	보고기간말	2001-12-31

① 보고기간 초와 보고기간 말을 입력한다.
주의 기초정보의 보고기간 초와 보고기간 말과 동일하여야 한다.

2) 기업목록 sheet

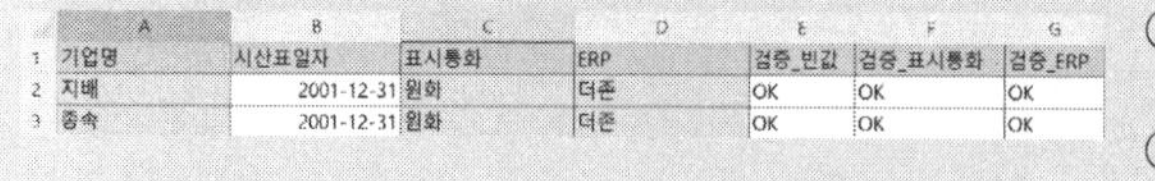

	A	B	C	D	E	F	G
1	기업명	시산표일자	표시통화	ERP	검증_빈값	검증_표시통화	검증_ERP
2	지배	2001-12-31	원화	더존	OK	OK	OK
3	종속	2001-12-31	원화	더존	OK	OK	OK

① 기업명을 입력한다. 여기서는 **지배**와 **종속**으로 입력한다.
② 표시통화를 **원화**로 선택한다.
③ ERP는 **더존**이라고 가정하고 선택한다.

3) 원화시산표_1 sheet

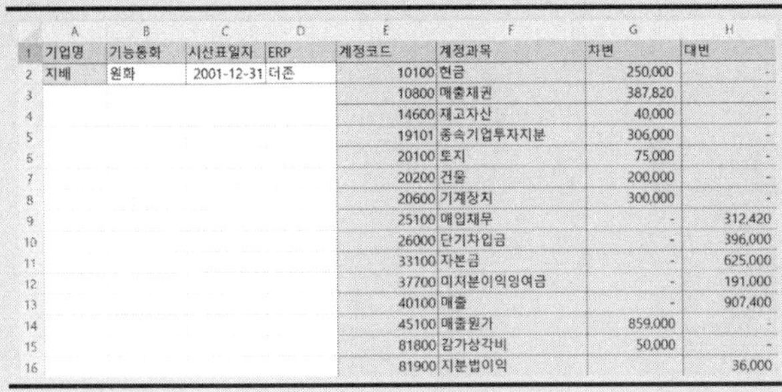

기업명	기능통화	시산표일자	ERP	계정코드	계정과목	차변	대변
지배	원화	2001-12-31	더존	10100	현금	250,000	-
				10800	매출채권	387,820	-
				14600	재고자산	40,000	-
				19101	종속기업투자지분	306,000	-
				20100	토지	75,000	-
				20200	건물	200,000	-
				20600	기계장치	300,000	-
				25100	매입채무	-	312,420
				26000	단기차입금	-	396,000
				33100	자본금	-	625,000
				37700	미처분이익잉여금	-	191,000
				40100	매출	-	907,400
				45100	매출원가	859,000	-
				81800	감가상각비	50,000	-
				81900	지분법이익		36,000

① A열에 기업명을 입력한다. 여기서는 **지배**로 입력한다.
② 해당 계정코드, 계정과목, 차변, 대변 금액을 차례로 입력한다. **차변과 대변은 어느 한쪽만 입력하여야 한다.**
③ 검증 칼럼에서 OK가 아닌 경우 해당 원인을 해결한다.

4) 원화시산표_2 sheet

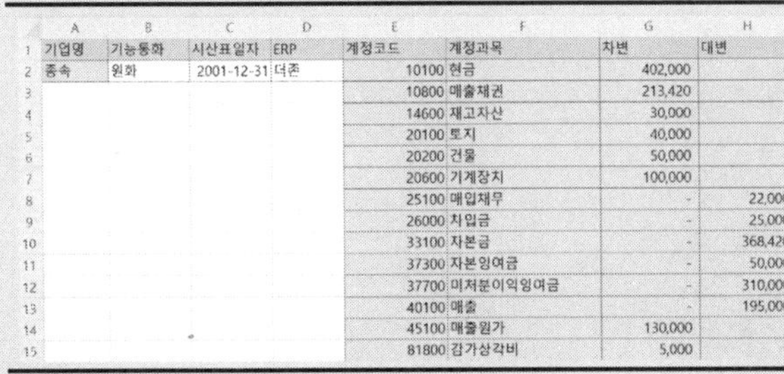

기업명	기능통화	시산표일자	ERP	계정코드	계정과목	차변	대변
종속	원화	2001-12-31	더존	10100	현금	402,000	-
				10800	매출채권	213,420	-
				14600	재고자산	30,000	-
				20100	토지	40,000	-
				20200	건물	50,000	-
				20600	기계장치	100,000	-
				25100	매입채무	-	22,000
				26000	차입금	-	25,000
				33100	자본금	-	368,420
				37300	자본잉여금	-	50,000
				37700	미처분이익잉여금	-	310,000
				40100	매출	-	195,000
				45100	매출원가	130,000	-
				81800	감가상각비	5,000	-

① A열에 기업명을 입력한다. 여기서는 **종속**으로 입력한다.
② 해당 계정코드, 계정과목, 차변, 대변 금액을 차례로 입력한다. **차변과 대변은 어느 한쪽만 입력하여야 한다.**
③ 검증 칼럼에서 OK가 아닌 경우 해당 원인을 해결한다.

(4) [Fraudit-ExCon.exe] 실행

제4장_2-1_지분법_1차년도_기초정보.xlsx과 제4장_2-1_지분법_1차년도_원화시산표.xlsx을 Fraudit-ExCon이 있는 폴더에 복사하여 이동한다. 그리고 **접두어를 제거**하고 **기초정보.xlsx와 원화시산표.xlsx**로 이름을 변경한다. **그 다음에 Fraudit-ExCon.exe를 실행한다.**

1) Main Sheet

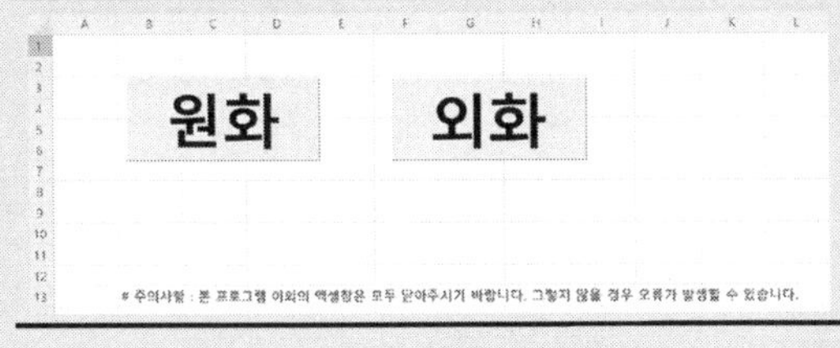

① 기능통화가 외화인 종속법인이 없으므로 원화 버튼을 누른다.

주의 원화 버튼을 누른 후 에러메시지가 뜨면 해당 에러 원인을 **기초정보.xlsx, 원화시산표.xlsx**에서 적절하게 수정한 후 다시 누른다.

2) out_연결분개_투자자본_0 sheet

T	U	V	W
계정과목	계정유형	차변	대변
AA종속기업투자지분	BS	0	270000
AB자본금	HE	200000	0
AB자본잉여금	BS	50000	0
AB이익잉여금	BS	150000	0
AB비지배지분	NCI	0	160000
AB영업권	BS	30000	0

① 연결분개 중 지배와 종속의 투자와 자본 상계제거 분개 부분에 해당한다. 검증 목적으로 차변, 대변 칼럼의 금액과 계정과목을 확인하면 된다(분개에 대한 상세 설명은 본문에서 확인하기 바람).

3) out_연결분개_기타_0 sheet

	A	B	C	D	E	F	G	H	I	J	K	L	M	N
1	기업명	약식명칭	기간	계정명	금액	지배지분세율	마지막기업_비지배지분세율	명목지배지분율	최종_실질비지배지분율	외화환산	계정과목	계정유형	차변	대변
2	종속	AB	2001-12-31	당기순이익	60,000	0.00%	0.00%	60.00%	40.00%		비지배지분	NCI	0	24,000
3											비지배지분순이익	RE	24,000	0

① **[out_연결분개_기타_0]** 종속의 2001년 당기순이익에 대한 비지배지분 연결분개 부분에 해당한다(분개에 대한 상세 설명은 본문에서 확인하기 바람).

4) tmp_연결분개_통합 sheet

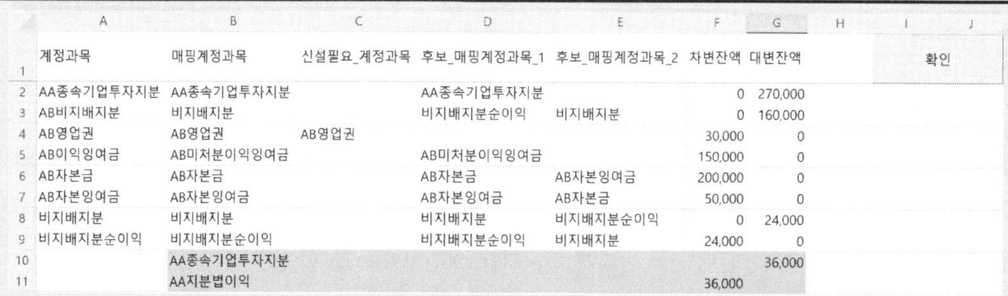

	A	B	C	D	E	F	G	H	I	J
1	계정과목	매핑계정과목	신설필요_계정과목	후보_매핑계정과목_1	후보_매핑계정과목_2	차변잔액	대변잔액		확인	
2	AA종속기업투자지분	AA종속기업투자지분		AA종속기업투자지분		0	270,000			
3	AB비지배지분	비지배지분		비지배지분순이익	비지배지분	0	160,000			
4	AB영업권	AB영업권	AB영업권			30,000	0			
5	AB이익잉여금	AB미처분이익잉여금		AB미처분이익잉여금		150,000	0			
6	AB자본금	AB자본금		AB자본금	AB자본잉여금	200,000	0			
7	AB자본잉여금	AB자본잉여금		AB자본잉여금	AB자본금	50,000	0			
8	비지배지분	비지배지분		비지배지분	비지배지분순이익	0	24,000			
9	비지배지분순이익	비지배지분순이익		비지배지분순이익	비지배지분	24,000	0			
10		AA종속기업투자지분					36,000			
11		AA지분법이익				36,000				

① 상기 음영 부분처럼 별도재무제표 지분법 회계처리를 제거하는 분개를 추가한다.

주의 적절한 계정과목을 신설하여야 하는 경우에는 신설필요_계정과목에 신설하고 동일한 계정과목을 매핑계정과목에 입력하여야 한다.

② 확인 버튼을 누른다.

5) out_최종연결정산표 sheet

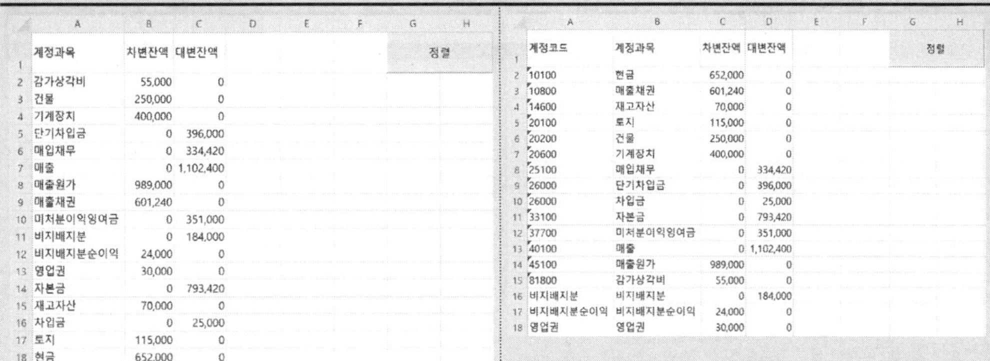

계정과목	차변잔액	대변잔액
감가상각비	55,000	0
건물	250,000	0
기계장치	400,000	0
단기차입금	0	396,000
매입채무	0	334,420
매출	0	1,102,400
매출원가	989,000	0
매출채권	601,240	0
미처분이익잉여금	0	351,000
비지배지분	0	184,000
비지배지분순이익	24,000	0
영업권	30,000	0
자본금	0	793,420
재고자산	70,000	0
차입금	0	25,000
토지	115,000	0
현금	652,000	0

계정코드	계정과목	차변잔액	대변잔액
10100	현금	652,000	0
10800	매출채권	601,240	0
14600	재고자산	70,000	0
20100	토지	115,000	0
20200	건물	250,000	0
20600	기계장치	400,000	0
25100	매입채무	0	334,420
26000	단기차입금	0	396,000
26000	차입금	0	25,000
33100	자본금	0	793,420
37700	미처분이익잉여금	0	351,000
40100	매출	0	1,102,400
45100	매출원가	989,000	0
81800	감가상각비	55,000	0
비지배지분	비지배지분	0	184,000
비지배지분순이익	비지배지분순이익	24,000	0
영업권	영업권	30,000	0

① 계정과목이 한글로 오름차순으로 되어 있다.
② 정렬 버튼을 누른다.

③ 계정코드별로 오름차순되며, 계정코드가 없이 새롭게 삽입된 계정과목은 맨 아래에 위치하고 그러한 계정과목은 계정과목으로(한글순으로) 오름차순으로 정렬이 된다.

Fraudit ExCon 실 습 : 제4장 2-1 지분법 2차년도

(1) 사례파일

제4장_2-1_지분법_2차년도_기초정보.xlsx, 제4장_2-1_지분법_2차년도_원화시산표.xlsx

(2) [기초정보.xlsx] 작성

1) 보고기간 sheet

	A	B	C	D
1	목차	구분	일자	검증_보고기간
2	보고기간	보고기간초	2002-01-01	OK
3	보고기간	보고기간말	2002-12-31	

① 보고기간 초와 보고기간 말을 입력한다..

2) 기업목록 sheet

	A	B	C	D	E	F	G	H	I	J	K	L	M
1	일련번호	목차	기업명	약식명칭	기능통화	표시통화	세율	이연법인세계산	검증_기업명등록	검증_기능통화	검증_표시통화	검증_세율	검증_이연법인세계산
2	1	기업목록	지배	AA	원화	원화	0%	아니오	OK	OK	OK	OK	OK
3	2		종속	AB	원화	원화	0%	아니오	OK	OK	OK	OK	OK

① 기업명을 입력한다. 여기서는 **지배**와 **종속**으로 입력한다.
② 기능통화를 **원화**로 선택한다.
③ 표시통화를 **원화**로 선택한다.
④ 세율은 0%이므로 입력하지 않는다.
⑤ 이연법인세계산을 **아니오**로 선택한다.

3) 지분구조 sheet

	A	B	C	D	E
1	목차	지배기업명	종속기업명	지배기업약식	종속기업약식
2	지분구조	지배	종속	AA	AB
3		지배	종속	AA	AB

① 지배기업명과 종속기업명을 입력한다. 여기서는 **지배**와 **종속**으로 입력한다.

	F	G	H	I	J	K	L	M	N	O
1	취득차수	취득일	간주취득일	외화취득원가	통화	환율	취득원가	균등유상증자_취득원가	불균등유상증자_취득원가	지분율
2	1	2001-01-01	2001-01-01		원화		270,000			60.00%
3	2	2002-01-01	2002-01-01		원화		108,420	90,000	18,420	2.00%

② 추가취득 부분을 상기와 같이 추가한다.

4) 취득시지분구조_공정가치차이 sheet

	E	F	G	H	I	J	K	L	M
1	목차	기업명	약식명칭	취득차수_1	취득일_1	간주취득일_1	자본계정명_1	자본금액_1_외화	자본금액_1
2	자본_공정가치	종속	AB	1	2001-01-01	2001-01-01	자본금		200,000
3		종속	AB				자본잉여금		50,000
4		종속	AB				이익잉여금		150,000

① 종속의 2001-01-01일의 자본계정명_1(1차 취득)과 자본금액_1(1차 취득)을 **K열과 M열에 상기와 같이** 입력한다.

	AN	AO	AP	AQ	AR	AS	AT	AU
1	취득차수_2	취득일_2	간주취득일_2	자본계정명_2	자본금액_2	차이금액_2	균등유상증자차이금액_2	불균등유상증자차이금액_2
2	2	2002-01-01	2002-01-01	자본금	368,420	168,420	150,000	18,420
3				자본잉여금	50,000	0		
4				이익잉여금	210,000	60,000		

② 종속의 2002-01-01일의 자본계정명_2와 자본금액_2, 균등유상증자차이금액_2, 불균등유상증자차이_2를 상기와 같이 입력한다.

5) 재무정보 sheet

	A	B	C	D	E	F	G
1	일련번호	목차	기업명	약식명칭	기간	계정명	금액
2	2	재무정보	종속	AB	2001-12-31	배당	
3						당기순이익	60,000
4						기타포괄손익	
5						해외사업환산손익	
6	2		종속	AB	2002-12-31	배당	
7						당기순이익	100,000
8						기타포괄손익	
9						해외사업환산손익	

① G열에 종속의 **2001년, 2002년 당기순이익을 상기와 같이** 입력한다.

6) 내부거래현황 sheet

① 내부거래가 없으므로 별도로 입력하지 않는다.

(3) [원화시산표.xlsx] 작성

1) 보고기간 sheet

	A	B
1	구분	일자
2	보고기간초	2002-01-01
3	보고기간말	2002-12-31

① 보고기간 초와 보고기간 말을 입력한다.

주의 기초정보의 보고기간 초와 보고기간 말과 동일하여야 한다.

2) 기업목록 sheet

기업명	시산표일자	표시통화	ERP	검증_빈값	검증_표시통화	검증_ERP
지배	2001-12-31	원화	더존	OK	OK	OK
종속	2001-12-31	원화	더존	OK	OK	OK

① 기업명을 입력한다. 여기서는 **지배**와 **종속**으로 입력한다.
② 표시통화를 **원화**로 선택한다.
③ ERP는 **더존**이라고 가정하고 선택한다.

3) 원화시산표_1 sheet

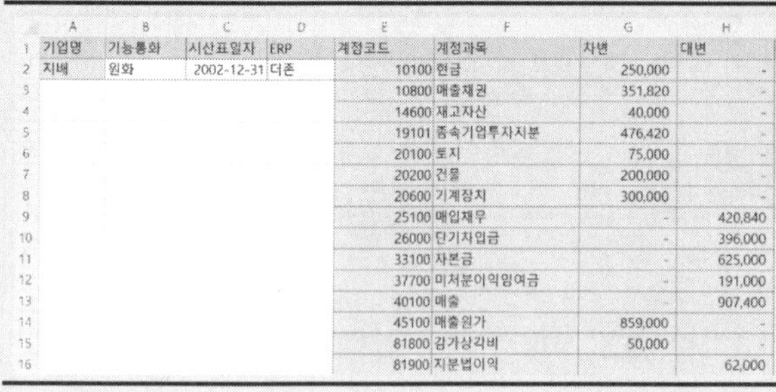

기업명	기능통화	시산표일자	ERP	계정코드	계정과목	차변	대변
지배	원화	2002-12-31	더존	10100	현금	250,000	-
				10800	매출채권	351,820	-
				14600	재고자산	40,000	-
				19101	종속기업투자지분	476,420	-
				20100	토지	75,000	-
				20200	건물	200,000	-
				20600	기계장치	300,000	-
				25100	매입채무	-	420,840
				26000	단기차입금	-	396,000
				33100	자본금	-	625,000
				37700	미처분이익잉여금	-	191,000
				40100	매출	-	907,400
				45100	매출원가	859,000	-
				81800	감가상각비	50,000	-
				81900	지분법이익		62,000

① A열에 기업명을 입력한다. 여기서는 **지배**로 입력한다.
② 해당 계정코드, 계정과목, 차변, 대변 금액을 차례로 입력한다. **차변과 대변은 어느 한쪽만 입력하여야 한다.**
③ 검증 칼럼에서 OK가 아닌 경우 해당 원인을 해결한다.

4) 원화시산표_2 sheet

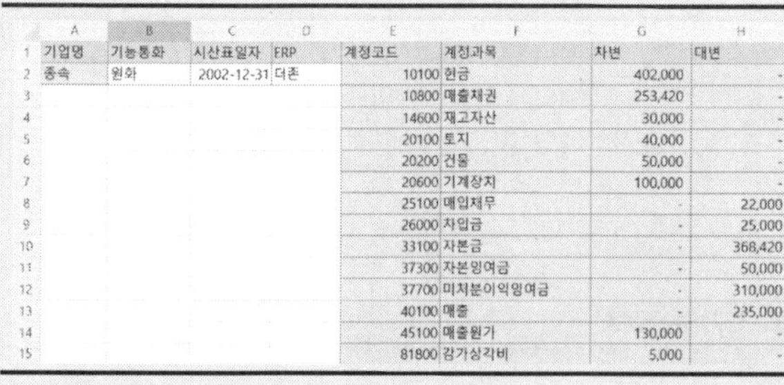

기업명	기능통화	시산표일자	ERP	계정코드	계정과목	차변	대변
종속	원화	2002-12-31	더존	10100	현금	402,000	-
				10800	매출채권	253,420	-
				14600	재고자산	30,000	-
				20100	토지	40,000	-
				20200	건물	50,000	-
				20600	기계장치	100,000	-
				25100	매입채무	-	22,000
				26000	차입금	-	25,000
				33100	자본금	-	368,420
				37300	자본잉여금	-	50,000
				37700	미처분이익잉여금	-	310,000
				40100	매출	-	235,000
				45100	매출원가	130,000	-
				81800	감가상각비	5,000	-

① A열에 기업명을 입력한다. 여기서는 **종속**으로 입력한다.
② 해당 계정코드, 계정과목, 차변, 대변 금액을 차례로 입력한다. **차변과 대변은 어느 한쪽만 입력하여야 한다.**
③ 검증 칼럼에서 OK가 아닌 경우 해당 원인을 해결한다.

(4) [Fraudit-ExCon.exe] 실행

제4장_2-1_지분법_2차년도_기초정보.xlsx과 제4장_2-1_지분법_2차년도_원화시산표.xlsx을 Fraudit-ExCon이 있는 폴더에 복사하여 이동한다. 그리고 **접두어를 제거**하고 **기초정보.xlsx와 원화시산표.xlsx**로 이름을 변경한다. **그 다음에 Fraudit-ExCon.exe를 실행한다.**

1) Main Sheet

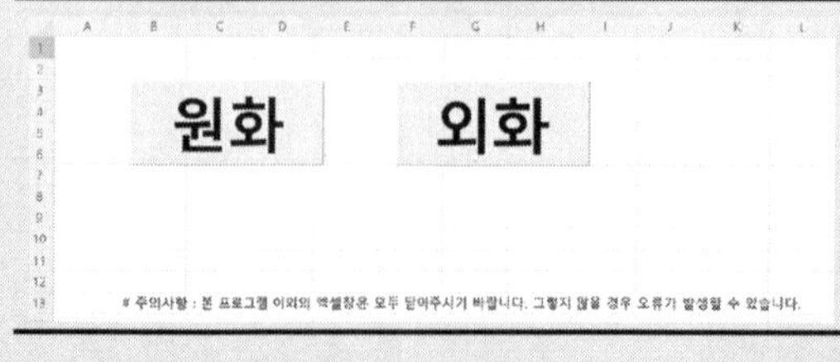

① 기능통화가 외화인 종속법인이 없으므로 원화 버튼을 누른다.

주의 원화 버튼을 누른 후 에러메시지가 뜨면 해당 에러 원인을 **기초정보.xlsx, 원화시산표.xlsx**에서 적절하게 수정한 후 다시 누른다.

2) out_연결분개_투자자본_0 sheet

T	U	V	W
계정과목	계정유형	차변	대변
AA종속기업투자지분	BS	0	270000
AB자본금	HE	200000	0
AB자본잉여금	BS	50000	0
AB이익잉여금	BS	150000	0
AB비지배지분	NCI	0	160000
AB영업권	BS	30000	0

① 연결분개 중 지배와 종속의 투자와 자본 상계제거 분개 부분에 해당한다. 검증 목적으로 차변, 대변 칼럼의 금액과 계정과목을 확인하면 된다(분개에 대한 상세 설명은 본문에서 확인하기 바람).

3) out_연결분개_추가취득_1 sheet

S	T	U	V
계정과목	계정유형	차변	대변
AA종속기업투자지분	BS	0	108,420
AB자본금	HE	150,000	0
AB비지배지분	NCI	0	60,000
AB자본금	HE	18,420	0
AB비지배지분	NCI	0	0
AB비지배지분	NCI	8,000	0
AB비지배지분	NCI	0	1,200
AB미처분이익잉여금	RE	1,200	0
AB비지배지분	NCI	1,200	0
AB자본조정	BS	0	9,200

① 추가취득 종속기업투자지분 상계 제거부분이다. 검증 목적으로 차변, 대변 칼럼의 금액과 계정과목을 확인하면 된다(분개에 대한 상세 설명은 본문에서 확인하기 바람).

4) out_연결분개_기타_0, 1 sheet

	A	B	C	D	E	F	G	H	I	J	K	L	M	N
1	기업명	약식명칭	기간	계정명	금액	지배지분세율	마지막기업_비지배지분세율	명목지배지분율	최종_실질비지배지분율	외화환산	계정과목	계정유형	차변	대변
2	종속	AB	2001-12-31	당기순이익	60,000	0.00%	0.00%	62.00%	38.00%		비지배지분	NCI	0	22,800
3											미처분이익잉여금	RE	22,800	0

① **[out_연결분개_기타_0]** 종속의 2001년 당기순이익에 대한 비지배지분 연결분개 부분에 해당한다(분개에 대한 상세 설명은 본문에서 확인하기 바람).

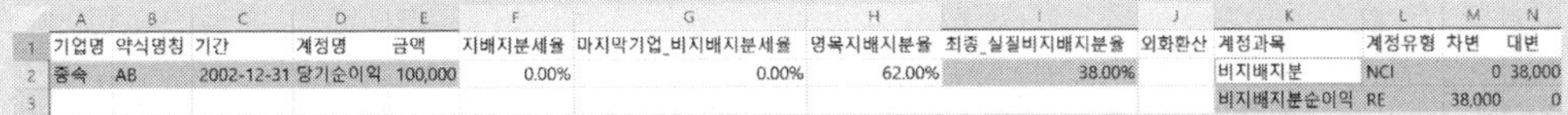

	A	B	C	D	E	F	G	H	I	J	K	L	M	N
1	기업명	약식명칭	기간	계정명	금액	지배지분세율	마지막기업_비지배지분세율	명목지배지분율	최종_실질비지배지분율	외화환산	계정과목	계정유형	차변	대변
2	종속	AB	2002-12-31	당기순이익	100,000	0.00%	0.00%	62.00%	38.00%		비지배지분	NCI	0	38,000
3											비지배지분순이익	RE	38,000	0

② **[out_연결분개_기타_1]** 종속의 2002년 당기순이익에 대한 비지배지분 연결분개 부분에 해당한다(분개에 대한 상세 설명은 본문에서 확인하기 바람).

5) tmp_연결분개_통합 sheet

계정과목	매핑계정과목	신설필요_계정과목	후보_매핑계정과목_1	후보_매핑계정과목_2	차변잔액	대변잔액	확인
AA종속기업투자지분	AA종속기업투자지분		AA종속기업투자지분		0	378,420	
AB미처분이익잉여금	AB미처분이익잉여금		AB미처분이익잉여금	AA미처분이익잉여금	1,200	0	
AB비지배지분	비지배지분		비지배지분순이익	비지배지분	0	212,000	
AB영업권	AB영업권	AB영업권			30,000	0	
AB이익잉여금	AB미처분이익잉여금		AB미처분이익잉여금		150,000	0	
AB자본금	AB자본금		AB자본금	AB자본잉여금	368,420	0	
AB자본잉여금	AB자본잉여금		AB자본잉여금	AB자본금	50,000	0	
AB자본조정	자본조정	자본조정	AB자본금	AB자본잉여금	0	9,200	
미처분이익잉여금	AA미처분이익잉여금		AA미처분이익잉여금	AB미처분이익잉여금	22,800	0	
비지배지분	비지배지분		비지배지분	비지배지분순이익	0	60,800	
비지배지분순이익	비지배지분순이익		비지배지분순이익	비지배지분	38,000	0	
	AA미처분이익잉여금				36,000		
	AA종속기업투자지분					36,000	
	AA지분법이익				62,000		
	AA종속기업투자지분					62,000	

① 자본조정을 상기와 같이 신설하여 매핑한다.

주의 적절한 계정과목을 신설하여야 하는 경우에는 신설필요_계정과목에 신설하고 동일한 계정과목을 매핑계정과목에 입력하여야 한다.

② 하단의 음영부분과 같이 별도재무제표 지분법 회계처리를 취소하는 분개를 추가한다.

③ 확인 버튼을 누른다.

6) out_최종연결정산표 sheet

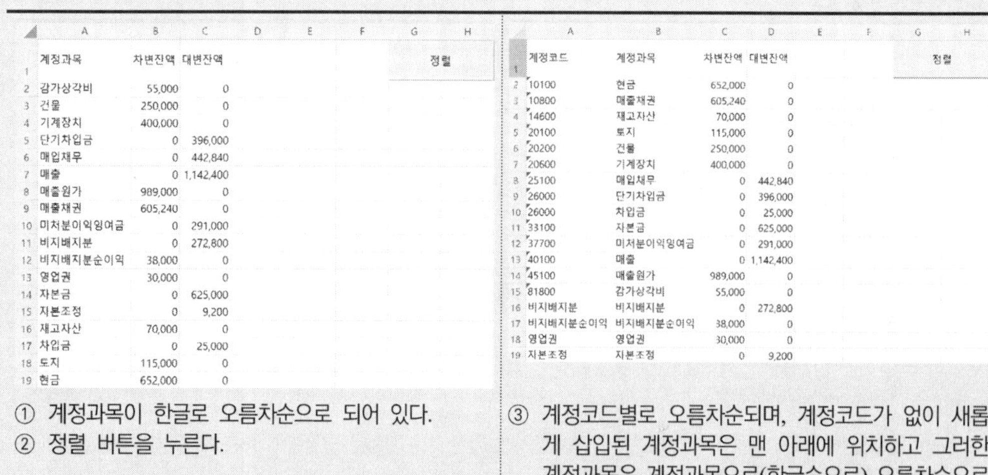

계정과목	차변잔액	대변잔액
감가상각비	55,000	0
건물	250,000	0
기계장치	400,000	0
단기차입금	0	396,000
매입채무	0	442,840
매출	0	1,142,400
매출원가	989,000	0
매출채권	605,240	0
미처분이익잉여금	0	291,000
비지배지분	0	272,800
비지배지분순이익	38,000	0
영업권	30,000	0
자본금	0	625,000
자본조정	0	9,200
재고자산	70,000	0
차입금	0	25,000
토지	115,000	0
현금	652,000	0

정렬

① 계정과목이 한글로 오름차순으로 되어 있다.

② 정렬 버튼을 누른다.

계정코드	계정과목	차변잔액	대변잔액
10100	현금	652,000	0
10800	매출채권	605,240	0
14600	재고자산	70,000	0
20100	토지	115,000	0
20200	건물	250,000	0
20600	기계장치	400,000	0
25100	매입채무	0	442,840
26000	단기차입금	0	396,000
26000	차입금	0	25,000
33100	자본금	0	625,000
37700	미처분이익잉여금	0	291,000
40100	매출	0	1,142,400
45100	매출원가	989,000	0
81800	감가상각비	55,000	0
비지배지분	비지배지분	0	272,800
비지배지분순이익	비지배지분순이익	38,000	0
영업권	영업권	30,000	0
자본조정	자본조정	0	9,200

정렬

③ 계정코드별로 오름차순되며, 계정코드가 없이 새롭게 삽입된 계정과목은 맨 아래에 위치하고 그러한 계정과목은 계정과목으로(한글순으로) 오름차순으로 정렬이 된다.

Fraudit ExCon 실 습 : 제4장 2-1 지분법 3차년도

(1) 사례파일

제4장_2-1_지분법_3차년도_기초정보.xlsx, 제4장_2-1_지분법_3차년도_원화시산표.xlsx

(2) [기초정보.xlsx] 작성

1) 보고기간 sheet

	A	B	C	D
1	목차	구분	일자	검증_보고기간
2	보고기간	보고기간초	2003-01-01	OK
3	보고기간	보고기간말	2003-12-31	

① 보고기간 초와 보고기간 말을 입력한다..

2) 기업목록 sheet

	A	B	C	D	E	F	G	H	I	J	K	L	M
1	일련번호	목차	기업명	약식명칭	기능통화	표시통화	세율	이연법인세계산	검증_기업명중복	검증_기능통화	검증_표시통화	검증_세율	검증_이연법인세계산
2	1	기업목록	지배	AA	원화	원화	0%	아니오	OK	OK	OK	OK	OK
3	2		종속	AB	원화	원화	0%	아니오	OK	OK	OK	OK	OK

① 기업명을 입력한다. 여기서는 **지배**와 **종속**으로 입력한다.
② 기능통화를 **원화**로 선택한다.
③ 표시통화를 **원화**로 선택한다.
④ 세율은 0%이므로 입력하지 않는다.
⑤ 이연법인세계산을 **아니오**로 선택한다.

3) 지분구조 sheet

	A	B	C	D	E	F
1	목차	지배기업명	종속기업명	지배기업약식	종속기업약식	취득차수
2	지분구조	지배	종속	AA	AB	1
3		지배	종속	AA	AB	2
4		지배	종속	AA	AB	3

① 지배기업명과 종속기업명을 입력한다. 여기서는 **지배**와 **종속**으로 입력한다.

	F	G	H	I	J	K	L	M	N	O
1	취득차수	취득일	간주취득일	외화취득원가	통화	환율	취득원가	균등유상증자_취득원가	불균등유상증자_취득원가	지분율
2	1	2001-01-01	2001-01-01		원화		270,000			60.00%
3	2	2002-01-01	2002-01-01		원화		108,420	90,000	18,420	2.00%
4	3	2003-01-01	2003-01-01		원화		58,000			5.00%

② 추가취득 부분을 상기와 같이 추가한다.

4) 취득시지분구조_공정가치차이 sheet

	E	F	G	H	I	J	K	L	M
1	목차	기업명	약식명칭	취득차수_1	취득일_1	간주취득일_1	자본계정명_1	자본금액_1_외화	자본금액_1
2	자본_공정가치	종속	AB	1	2001-01-01	2001-01-01	자본금		200,000
3		종속	AB				자본잉여금		50,000
4		종속	AB				이익잉여금		150,000

① 종속의 2001-01-01일의 자본계정명_1(1차 취득)과 자본금액_1(1차 취득)을 **K열과 M열에 상기와 같이** 입력한다.

	AN	AO	AP	AQ	AR	AS	AT	AU
1	취득차수_2	취득일_2	간주취득일_2	자본계정명_2	자본금액_2	차이금액_2	균등유상증자차이금액_2	불균등유상증자차이금액_2
2	2	2002-01-01	2002-01-01	자본금	368,420	168,420	150,000	18,420
3				자본잉여금	50,000	0		
4				이익잉여금	210,000	60,000		

② 종속의 2002-01-01일의 자본계정명_2와 자본금액_2, 균등유상증자차이금액_2, 불균등유상증자차이금액_2를 상기와 같이 입력한다.

	AV	AW	AX	AY	AZ	BA	BB	BC
1	취득차수_3	취득일_3	간주취득일_3	자본계정명_3	자본금액_3	차이금액_3	균등유상증자차이금액_3	불균등유상증자차이금액_3
2	3	2003-01-01	2003-01-01	자본금	368,420	0		
3				자본잉여금	50,000	0		
4				이익잉여금	310,000	100,000		

③ 종속의 2003-01-01일의 자본계정명_3과 자본금액_3을 상기와 같이 입력한다.

5) 재무정보 sheet

	A	B	C	D	E	F	G
1	일련번호	목차	기업명	약식명칭	기간	계정명	금액
2	2	재무정보	종속	AB	2001-12-31	배당	
3						당기순이익	60,000
4						기타포괄손익	
5						해외사업환산손익	
6	2		종속	AB	2002-12-31	배당	
7						당기순이익	100,000
8						기타포괄손익	
9						해외사업환산손익	
10	2		종속	AB	2003-12-31	배당	
11						당기순이익	70,000
12						기타포괄손익	
13						해외사업환산손익	

① G열에 종속의 **2001년, 2002년, 2003년 당기순이익을 상기와 같이** 입력한다.

6) 내부거래현황 sheet

① 내부거래가 없으므로 별도로 입력하지 않는다.

(3) [원화시산표.xlsx] 작성

1) 보고기간 sheet

	A	B
1	구분	일자
2	보고기간초	2003-01-01
3	보고기간말	2003-12-31

① 보고기간 초와 보고기간 말을 입력한다.

주의 기초정보의 보고기간 초와 보고기간 말과 동일하여야 한다.

2) 기업목록 sheet

	A	B	C	D	E	F	G
1	기업명	시산표일자	표시통화	ERP	검증_빈값	검증_표시통화	검증_ERP
2	지배	2001-12-31	원화	더존	OK	OK	OK
3	종속	2001-12-31	원화	더존	OK	OK	OK

① 기업명을 입력한다. 여기서는 **지배**와 **종속**으로 입력한다.
② 표시통화를 **원화**로 선택한다.
③ ERP는 **더존**이라고 가정하고 선택한다.

3) 원화시산표_1 sheet

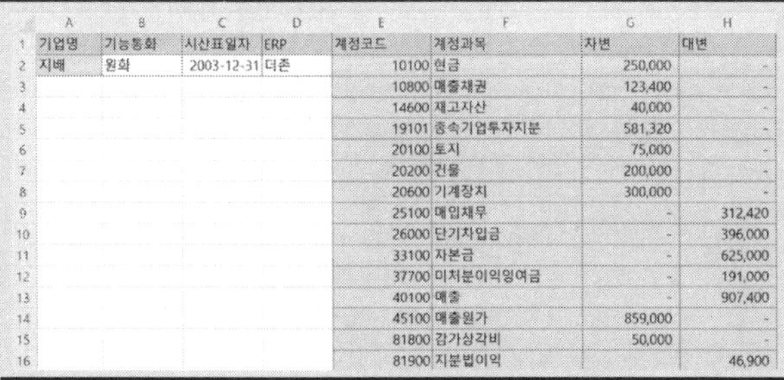

	A	B	C	D	E	F	G	H
1	기업명	기능통화	시산표일자	ERP	계정코드	계정과목	차변	대변
2	지배	원화	2003-12-31	더존	10100	현금	250,000	-
3					10800	매출채권	123,400	-
4					14600	재고자산	40,000	-
5					19101	종속기업투자지분	581,320	-
6					20100	토지	75,000	-
7					20200	건물	200,000	-
8					20600	기계장치	300,000	-
9					25100	매입채무	-	312,420
10					26000	단기차입금	-	396,000
11					33100	자본금	-	625,000
12					37700	미처분이익잉여금	-	191,000
13					40100	매출	-	907,400
14					45100	매출원가	859,000	-
15					81800	감가상각비	50,000	-
16					81900	지분법이익		46,900

① A열에 기업명을 입력한다. 여기서는 **지배**로 입력한다.
② 해당 계정코드, 계정과목, 차변, 대변 금액을 차례로 입력한다. **차변과 대변은 어느 한쪽만 입력하여야 한다.**
③ 검증 칼럼에서 OK가 아닌 경우 해당 원인을 해결한다.

4) 원화시산표_2 sheet

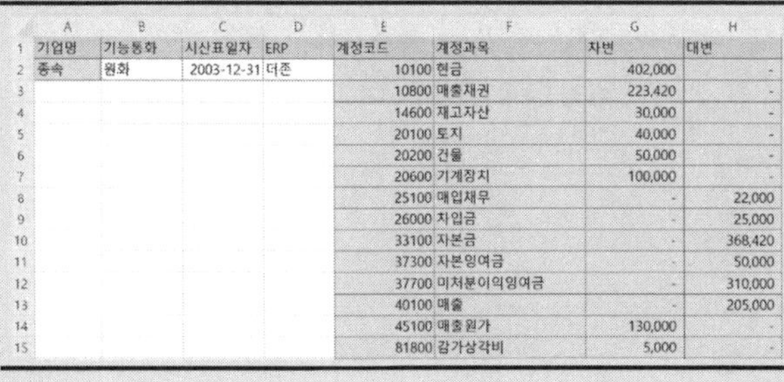

	A	B	C	D	E	F	G	H
1	기업명	기능통화	시산표일자	ERP	계정코드	계정과목	차변	대변
2	종속	원화	2003-12-31	더존	10100	현금	402,000	-
3					10800	매출채권	223,420	-
4					14600	재고자산	30,000	-
5					20100	토지	40,000	-
6					20200	건물	50,000	-
7					20600	기계장치	100,000	-
8					25100	매입채무	-	22,000
9					26000	차입금	-	25,000
10					33100	자본금	-	368,420
11					37300	자본잉여금	-	50,000
12					37700	미처분이익잉여금	-	310,000
13					40100	매출	-	205,000
14					45100	매출원가	130,000	-
15					81800	감가상각비	5,000	-

① A열에 기업명을 입력한다. 여기서는 **종속**으로 입력한다.
② 해당 계정코드, 계정과목, 차변, 대변 금액을 차례로 입력한다. **차변과 대변은 어느 한쪽만 입력하여야 한다.**
③ 검증 칼럼에서 OK가 아닌 경우 해당 원인을 해결한다.

(4) [Fraudit-ExCon.exe] 실행

제4장_2-1_지분법_3차년도_기초정보.xlsx과 제4장_2-1_지분법_3차년도_원화시산표.xlsx을 Fraudit-ExCon이 있는 폴더에 복사하여 이동한다. 그리고 **접두어를 제거**하고 **기초정보.xlsx와 원화시산표.xlsx**로 이름을 변경한다. **그 다음에 Fraudit-ExCon.exe를 실행한다.**

1) Main Sheet

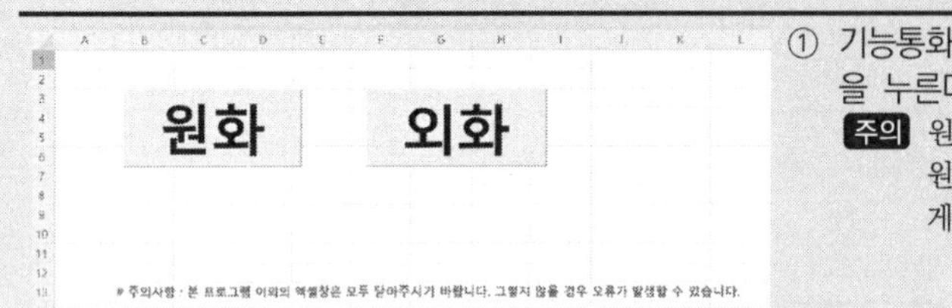

① 기능통화가 외화인 종속법인이 없으므로 원화 버튼을 누른다.

주의 원화 버튼을 누른 후 에러메시지가 뜨면 해당 에러 원인을 **기초정보.xlsx, 원화시산표.xlsx**에서 적절하게 수정한 후 다시 누른다.

2) out_연결분개_투자자본_0 sheet

계정과목	계정유형	차변	대변
AA종속기업투자지분	BS	0	270000
AB자본금	HE	200000	0
AB자본잉여금	BS	50000	0
AB이익잉여금	BS	150000	0
AB비지배지분	NCI	0	160000
AB영업권	BS	30000	0

① 연결분개 중 지배와 종속의 투자와 자본 상계제거 분개 부분에 해당한다. 검증 목적으로 차변, 대변 칼럼의 금액과 계정과목을 확인하면 된다(분개에 대한 상세 설명은 본문에서 확인하기 바람).

3) out_연결분개_추가취득_1, 2 sheet

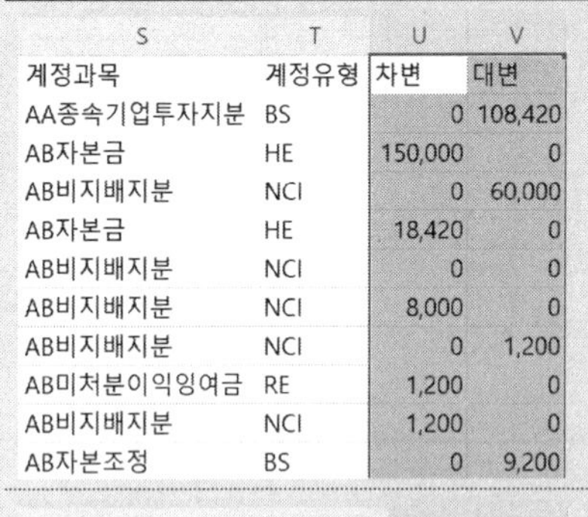

계정과목	계정유형	차변	대변
AA종속기업투자지분	BS	0	108,420
AB자본금	HE	150,000	0
AB비지배지분	NCI	0	60,000
AB자본금	HE	18,420	0
AB비지배지분	NCI	0	0
AB비지배지분	NCI	8,000	0
AB비지배지분	NCI	0	1,200
AB미처분이익잉여금	RE	1,200	0
AB비지배지분	NCI	1,200	0
AB자본조정	BS	0	9,200

① **[out_연결분개_추가취득_1]** 추가취득 종속기업투자지분 상계제거부분이다. 검증 목적으로 차변, 대변 칼럼의 금액과 계정과목을 확인하면 된다(분개에 대한 상세 설명은 본문에서 확인하기 바람).

계정과목	계정유형	차변	대변
AA종속기업투자지분	BS	0	58,000
AB비지배지분	NCI	20,000	0
AB비지배지분	NCI	0	8,000
AB미처분이익잉여금	RE	8,000	0
AB비지배지분	NCI	8,000	0
AB자본조정	BS	30,000	0

② **[out_연결분개_추가취득_2]** 추가취득 종속기업투자지분 상계제거부분이다. 검증 목적으로 차변, 대변 칼럼의 금액과 계정과목을 확인하면 된다(분개에 대한 상세 설명은 본문에서 확인하기 바람).

4) out_연결분개_기타_0, 1, 2 sheet

	기업명	약식명칭	기간	계정명	금액	지배지분세율	마지막기업_비지배지분세율	명목지배지분율	최종_실질비지배지분율	외화환산	계정과목	계정유형	차변	대변
2	종속	AB	2001-12-31	당기순이익	60,000	0.00%	0.00%	67.00%	33.00%		비지배지분	NCI	0	19,800
3											미처분이익잉여금	RE	19,800	0

① **[out_연결분개_기타_0]** 종속의 2001년 당기순이익에 대한 비지배지분 연결분개 부분에 해당한다(분개에 대한 상세 설명은 본문에서 확인하기 바람).

	기업명	약식명칭	기간	계정명	금액	지배지분세율	마지막기업_비지배지분세율	명목지배지분율	최종_실질비지배지분율	외화환산	계정과목	계정유형	차변	대변
2	종속	AB	2002-12-31	당기순이익	100,000	0.00%	0.00%	67.00%	33.00%		비지배지분	NCI	0	33,000
3											미처분이익잉여금	RE	33,000	0

② **[out_연결분개_기타_1]** 종속의 2002년 당기순이익에 대한 비지배지분 연결분개 부분에 해당한다(분개에 대한 상세 설명은 본문에서 확인하기 바람).

	기업명	약식명칭	기간	계정명	금액	지배지분세율	마지막기업_비지배지분세율	명목지배지분율	최종_실질비지배지분율	외화환산	계정과목	계정유형	차변	대변
2	종속	AB	2003-12-31	당기순이익	70,000	0.00%	0.00%	67.00%	33.00%		비지배지분	NCI	0	23,100
3											비지배지분순이익	RE	23,100	0

③ **[out_연결분개_기타_2]** 종속의 2003년 당기순이익에 대한 비지배지분 연결분개 부분에 해당한다(분개에 대한 상세 설명은 본문에서 확인하기 바람).

5) tmp_연결분개_통합 sheet

	계정과목	매핑계정과목	신설필요_계정과목	후보_매핑계정과목_1	후보_매핑계정과목_2	차변잔액	대변잔액		확인
2	AA종속기업투자지분	AA종속기업투자지분		AA종속기업투자지분		0	436,420		
3	AB미처분이익잉여금	AB미처분이익잉여금		AB미처분이익잉여금	AA미처분이익잉여금	9,200	0		
4	AB비지배지분	비지배지분		비지배지분순이익	비지배지분	0	192,000		
5	AB영업권	AB영업권	AB영업권			30,000	0		
6	AB이익잉여금	AB미처분이익잉여금		AB미처분이익잉여금		150,000	0		
7	AB자본금	AB자본금		AB자본금	AB자본잉여금	368,420	0		
8	AB자본잉여금	AB자본잉여금		AB자본잉여금	AB자본금	50,000	0		
9	AB자본조정	자본조정	자본조정	AB자본금	AB자본잉여금	20,800	0		
10	미처분이익잉여금	AA미처분이익잉여금		AA미처분이익잉여금	AB미처분이익잉여금	52,800	0		
11	비지배지분	비지배지분		비지배지분	비지배지분순이익	0	75,900		
12	비지배지분순이익	비지배지분순이익		비지배지분순이익	비지배지분	23,100	0		
13		AA미처분이익잉여금				36,000			
14		AA종속기업투자지분					36,000		
15		AA미처분이익잉여금				62,000			
16		AA종속기업투자지분					62,000		
17		AA지분법이익				46,900			
18		AA종속기업투자지분					46,900		

① 자본조정을 상기와 같이 신설하여 매핑한다.

주의 적절한 계정과목을 신설하여야 하는 경우에는 신설필요_계정과목에 신설하고 동일한 계정과목을 매핑계정과목에 입력하여야 한다.

② 하단의 음영부분과 같이 별도재무제표 지분법 회계처리를 취소하는 분개를 추가한다.

③ 확인 버튼을 누른다.

6) out_최종연결정산표 sheet

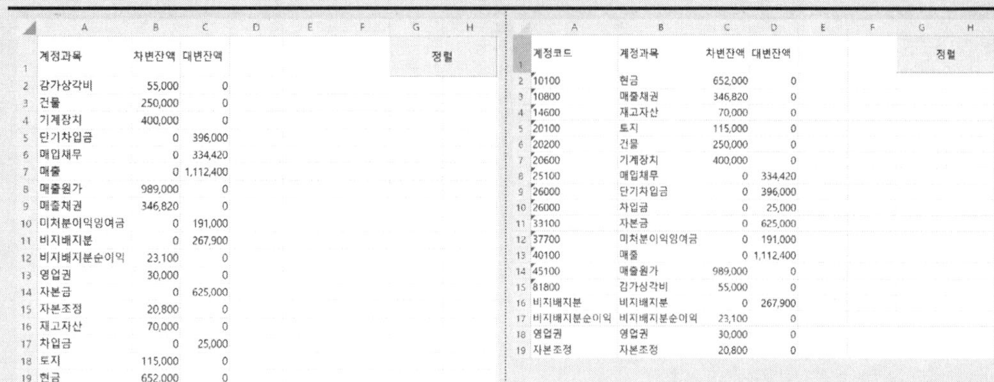

계정과목	차변잔액	대변잔액
감가상각비	55,000	0
건물	250,000	0
기계장치	400,000	0
단기차입금	0	396,000
매입채무	0	334,420
매출	0	1,112,400
매출원가	989,000	0
매출채권	346,820	0
미처분이익잉여금	0	191,000
비지배지분	0	267,900
비지배지분순이익	23,100	0
영업권	30,000	0
자본금	0	625,000
자본조정	20,800	0
재고자산	70,000	0
차입금	0	25,000
토지	115,000	0
현금	652,000	0

정렬

계정코드	계정과목	차변잔액	대변잔액
10100	현금	652,000	0
10800	매출채권	346,820	0
14600	재고자산	70,000	0
20100	토지	115,000	0
20200	건물	250,000	0
20600	기계장치	400,000	0
25100	매입채무	0	334,420
26000	단기차입금	0	396,000
26000	차입금	0	25,000
33100	자본금	0	625,000
37700	미처분이익잉여금	0	191,000
40100	매출	0	1,112,400
45100	매출원가	989,000	0
81800	감가상각비	55,000	0
비지배지분	비지배지분	0	267,900
비지배지분순이익	비지배지분순이익	23,100	0
영업권	영업권	30,000	0
자본조정	자본조정	20,800	0

정렬

① 계정과목이 한글로 오름차순으로 되어 있다.
② 정렬 버튼을 누른다.

③ 계정코드별로 오름차순되며, 계정코드가 없이 새롭게 삽입된 계정과목은 맨 아래에 위치하고 그러한 계정과목은 계정과목으로(한글순으로) 오름차순으로 정렬이 된다.

02 지배 성립 이후 종속기업 투자지분의 처분

지배기업이 보유하고 있는 종속기업 주식을 처분하는 경우는 처분으로 지배력을 상실하는 경우와 계속하여 지배력을 보유하는 경우로 나누어 회계처리 하여야 한다.

(1) 지배력을 상실하는 경우

1) 별도재무제표상 처분 직전 회계처리

가. 지분법의 경우

지분법의 경우, 처분직전까지 종속기업의 순자산 변동에 대한 지배지분의 증감(지배지분율)을 지분법으로 반영하는 것이 타당하다.

계정과목	차변	대변
종속기업투자지분 주1)	×××	
지분법이익		×××

주1) 종속기업의 순자산 변동에 대한 지배지분이 증가한 경우

나. 원가법의 경우

원가법의 경우, 처분직전까지 종속기업의 순자산 변동에 대한 지배지분의 증감(지배지분율)을 적절한 자본에 반영할 필요가 있다.

계정과목	차변	대변
종속기업투자지분 주1)	×××	
자본 주2)		×××

주1) 종속기업의 순자산 변동에 대한 지배지분이 증가한 경우
주2) 적절한 자본계정

보충설명 원가법의 경우 처분직전까지 반영해야 하는 이유

K-IFRS 1110 B98에 따르면 (1) 지배력을 상실한 날에 종속기업의 자산(영업권 포함)과 부채의 장부금액과 (2) 지배력을 상실한 날에 이전의 종속기업에 대한 비지배지분이 있다면 그 장부금액을 제거하여야 한다. K-IFRS 1110 B98과 동일한 효과를 기대하기 위해서는(즉, 연결과 별도에서 종속기업투자지분처분이익을 동일하게 하려면) 원가법이라고 하여도 처분직전까지 종속기업의 순자산 변동에 대한 지배지분의 증감을 반영하는 것이 타당하다. 다만 종속기업투자지분 변동의 상대계정을 지분법손익으로 반영할 수는 없으므로 적절한 자본으로 반영하는 것이 타당할 것이다.

2) 별도재무제표상 처분시 회계처리

지배력 상실 후에 이전의 종속기업에 대한 잔존투자는 지배력을 상실한 때의 공정가치로 인식한다.

계정과목	차변	대변
현금(수취한 대가)	×××	
지분법투자주식 주1)	×××	
종속기업투자지분 주2)		×××
종속기업투자지분처분이익 주3)		×××

주1) 지분법을 적용하는 주식이라고 가정하고 공정가치로 측정한다.
주2) 처분 직전 별도재무제표상 원가법 또는 지분법에 따른 금액
주3) [현금 + 지분법투자주식 > 종속기업투자지분] 인 경우라고 가정

2) 연결재무제표상 처분시 회계처리

지배기업이 종속기업에 대한 지배력을 상실한 경우 다음과 같이 처리한다. *[K-IFRS 1110 B98]*

(1) 다음을 제거한다.
- (가) 지배력을 상실한 날에 종속기업의 자산(영업권 포함)과 부채의 장부금액
- (나) 지배력을 상실한 날에 이전의 종속기업에 대한 비지배지분이 있다면 그 장부금액 (비지배지분에 귀속되는 기타포괄손익의 모든 구성요소를 포함)

(2) 다음을 인식한다.
- (가) 지배력을 상실하게 한 거래, 사건, 상황에서 받은 대가가 있다면 그 공정가치
- (나) 지배력을 상실하게 한 거래, 사건, 상황에서 소유주로서의 자격을 행사하는 소유주에게 종속기업에 대한 지분의 분배가 포함될 경우, 그 분배
- (다) 종전 종속기업에 대한 투자가 있다면 그 투자의 지배력을 상실한 날의 공정가치

계정과목	차변	대변
현금(수취한 대가)	×××	
지분법투자주식 주1)	×××	
비지배지분 주2)	×××	
순자산 주3)		×××
영업권 주3)		×××
종속기업투자지분처분이익		×××

주1) 지분법을 적용하는 주식이라고 가정하고 공정가치로 측정한다.
주2) 지배력을 상실한 날에 이전의 종속기업에 대한 비지배지분이 있다면 그 장부금액을 제거한다.
주3) 지배력을 상실한 날에 종속기업의 자산(영업권 포함)과 부채의 장부금액을 제거한다.

기본정보 3 종속기업투자지분 처분 : 지배력 상실

- 12월말 결산법인인 P회사는 2X01년 1월 1일에 S회사 주식의 60%를 ₩750,000에 취득하여 지배력을 획득하였다. 취득시에 비지배지분은 S회사 순자산에 비례하여 측정하였다. 취득시점에 S회사 순자산 공정가치는 장부금액과 동일하였다.
- 2X01년 1월 1일 S회사의 자본금, 자본잉여금, 이익잉여금은 각각 ₩600,000, ₩200,000, ₩200,000이었으며, 그 후 자본금과 자본잉여금의 변동은 없었다.
- 2X01년, 2X02년의 S회사 당기순이익은 각각 ₩80,000, ₩100,000이었다. 동 기간 중 배당은 없었으며 P회사는 S회사 주식을 원가법으로 평가하고 있고, 영업권은 최초 취득 이후 손상차손이 발생하지 아니하였다고 가정한다.
- 2X03년 1월 1일 P회사는 소유하고 있던 S회사 주식의 1/3(즉, S회사 전체 주식 중 20%에 해당하는 부분)을 ₩300,000에 처분하여 지배력을 상실하였으며, 잔존 보유주식의 공정가치는 ₩600,000이다.

■2X03년 1월 1일 P회사의 별도재무제표에서 종속기업투자지분 처분에 대한 회계처리

최초 취득시 영업권은 다음과 같다.

취득원가			₩750,000
순자산 장부금액			(1,000,000)
자본금(S사)		600,000	
자본잉여금(S사)		200,000	
이익잉여금(S사)		200,000	
비지배지분	(₩600,000 + ₩200,000 + ₩200,000) × 40%		400,000
영업권			₩150,000

별도재무제표상 종속기업투자지분은 ₩750,000으로 원가로 기록되어 있다. 따라서 처분직전에 S회사 순자산의 변동에 대한 지배지분율만큼 종속기업투자지분을 조정할 필요가 있다. 따라서, (₩80,000 + ₩100,000) × 60% = ₩108,000만큼 종속기업투자지분을 증가시킨다.

[2X03년 1월 1일] 별도재무제표	(차변)	(대변)
<처분직전>		
종속기업투자지분	108,000	
이익잉여금		108,000
<처분시>		
현금	300,000	
지분법투자주식 주1)	600,000	
종속기업투자지분 주2)		858,000
종속기업투자지분처분이익		42,000

주1) 이전의 종속기업에 대한 투자가 있다면 그 투자를 지배력을 상실한 한 날의 공정가치로 인식한다. 지배력을 상실한 날에 이전의 종속기업에 대한 투자자산이 있는 경우 그 투자자산의 공정가치는 K-IFRS 1039에 따른 금융자산의 최초 인식시의 공정가치로 간주하거나, 적절한 경우 관계기업 또는 공동기업에 대한 투자의

[2X03년 1월 1일] 별도재무제표	(차변)	(대변)
최초 인식시의 원가로 간주한다.		
주2) ₩750,000(최초 취득원가)+₩108,000=₩858,000		

■2X03년 1월 1일 연결재무제표에서 종속기업투자지분 처분에 대한 회계처리

[2X03년 1월 1일] 연결재무제표	(차변)	(대변)
<처분시>		
현금	300,000	
지분법투자주식 주1)	600,000	
비지배지분 주2)	472,000	
순자산(S회사) 주3)		1,180,000
영업권 주4)		150,000
종속기업투자지분처분이익		42,000

주1) 이전의 종속기업에 대한 투자가 있다면 그 투자를 지배력을 상실한 한 날의 공정가치로 인식한다. 지배력을 상실한 날에 이전의 종속기업에 대한 투자자산이 있는 경우 그 투자자산의 공정가치는 K-IFRS 1039에 따른 금융자산의 최초 인식시의 공정가치로 간주하거나, 적절한 경우 관계기업 또는 공동기업에 대한 투자의 최초 인식시의 원가로 간주한다. *[K-IFRS 1110 문단 25]*

주2) 지배력을 상실한 날에 이전의 종속기업에 대한 비지배지분이 있다면 그 장부금액을 제거한다.
(₩600,000 + ₩200,000 + ₩200,000 + ₩80,000 + ₩100,000) × 40% = ₩472,000

주3) ① 2X01년 1월 1일 S회사 순자산 공정가치(장부금액)
₩600,000+₩200,000+₩200,000=₩1,000,000
② 2X01년 1월 1일~2X02년 12월 31일 순자산 장부금액의 증가분(이익잉여금의 증가분)
₩80,000+₩100,000=₩180,000
③ 2X03년 1월 1일 연결재무제표상 S회사의 순자산의 장부금액
①+②=₩1,000,000+₩180,000=₩1,180,000

주4) 지배력을 상실한 날에 종속기업의 자산(영업권 포함)과 부채의 장부금액을 제거한다.

4) 종속기업과 관련하여 인식한 기타포괄손익의 회계처리

지배기업이 종속기업에 대한 지배력을 상실한 경우, 그 **종속기업과 관련하여 기타포괄손익으로 인식한 모든 금액**에 대하여 지배기업이 **관련 자산이나 부채를 직접 처분한 경우의 회계처리와 동일한 기준**으로 회계처리한다. 그러므로 이전에 기타포괄손익으로 인식한 손익을 관련 자산이나 부채의 처분시 당기손익으로 재분류하게 되는 경우, 지배기업은 종속기업에 대한 지배력을 상실한 때에 그 손익을 자본에서 당기손익으로 재분류(재분류 조정)한다.

예를 들어 **종속기업이 매도가능금융자산을 보유**하고 있고 **지배기업이 그 종속기업에 대한 지배력을 상실**한 경우, **지배기업**은 **그 자산과 관련하여 이전에 기타포괄손익으로 인식한 손익**을 **당기손익**으로 재분류한다. 이와 유사하게 이전에 기타포괄손익으로 인식한 **재평가잉여금**이 관련 자산의 처분시 직접 이익잉여금으로 대체된다면, 지배기업은 종속기업에 대한 지배력을 상실한 때 그와 같이 재평가잉여금을 직접 이익잉여금으로 대체한다. *[K-IFRS 1110 B99]*

기본정보 4 종속기업 주식 처분 - 기타포괄손익의 당기손익으로의 재분류

• 12월말 결산법인인 P회사는 보통주의 90% 소유하고 있는 종속기업의 주식을 전액 연결 외부실체에게 처분하였다. 종속기업은 개별재무제표에서 다음과 같은 내용을 인식하고 있었다.

구분	취득원가	기타포괄손익
토지	₩4,000,000	재평가잉여금 ₩2,000,000
기타포괄손익-공정가치 측정 금융자산	₩6,000,000	평가이익 ₩3,000,000

■종속기업 주식 처분시 회계처리

연결재무제표	(차변)	(대변)
<처분시>		
현금	×××	
지분법투자주식 주1)	×××	
비지배지분 주2)	×××	
순자산(S회사) 주3)		×××
영업권		×××
(처분손익)		(×××)

주1) 이전의 종속기업에 대한 투자가 있다면 그 투자를 지배력을 상실한 한 날의 공정가치로 인식한다. *[K-IFRS 1027 문단 34(4)]*
주2) 이 비지배지분은 종속기업의 재평가잉여금과 기타포괄손익 중 비지배지분율만큼은 제외된 금액이며, 해당 부분은 아래의 분개에서 반영한다고 가정한다.
주3) 토지와 기타포괄손익-공정가치 측정 금융자산은 제외된 금액이며, 해당 부분은 아래의 분개에서 반영한다고 가정한다.

<토지 관련>

	(차변)	(대변)
재평가잉여금 주1)	2,000,000	
토지		6,000,000
비지배지분 주2)	600,000	
비지배지분 주3)		200,000
(처분손익)	(×××)	

주1) 처분 직전에 종속회사 별도재무제표상 재평가잉여금 잔액의 제거
주2) 토지 ₩6,000,000 중 비지배지분 해당분 ₩6,000,000 × 10% = ₩600,000
주3) 재평가잉여금 ₩2,000,000 중 비지배지분 해당 분 ₩2,000,000 × 10% = ₩200,000

<기타포괄손익-공정가치측정 금융자산 관련>

	(차변)	(대변)
기타포괄손익-공정가치측정 금융자산 평가이익 주1)	3,000,000	
기타포괄손익-공정가치측정 금융자산		9,000,000
비지배지분 주2)	900,000	
비지배지분 주3)		300,0000
(처분손익)	(×××)	

주1) 처분 직전에 종속회사 별도재무제표상 기타포괄손익-공정가치측정 금융자산 평가이익 잔액의 제거
주2) 기타포괄손익-공정가치측정 금융자산 ₩9,000,000 중 비지배지분 해당분 ₩9,000,000 × 10% = ₩900,000
주3) 기타포괄손익-공정가치측정 금융자산 평가이익 ₩3,000,000 × 10% = ₩300,000

(2) 지배력을 상실하지 않는 경우

지배력을 상실하지 않는 종속기업에 대한 지배기업의 소유지분 변동은 자본거래(즉, 소유주로서의 자격을 행사하는 소유주와의 거래)로 회계처리한다. *[K-IFRS 1027 문단 30]*

지배력을 상실하는 경우에는 영업권을 전액 제거하며, 지배력을 상실하지 않는 경우 영업권의 변동은 없다.

기본정보 5 종속기업 주식의 추가 처분 - 지배력 유지

- 12월말 결산법인인 P회사는 2X01년 1월 1일 S회사 주식의 60%를 ₩270,000에 취득하여 P회사는 S회사를 지배하게 되었으며, 2X02년 1월 1일 S회사 주식의 6%를 ₩57,600에 추가 처분하였고, 2X03년 1월 1일 S회사 주식의 3%를 ₩34,800에 추가 처분하였다.
- 상기 처분 내용을 정리하면 다음과 같다.

취득(처분)차수	취득(처분)일	취득(처분)원가	취득(처분) 지분율
1차	2X01년 1월 1일	₩270,000	60%
2차	2X02년 1월 1일	(₩57,600)	(6%)
3차	2X03년 1월 1일	(₩34,800)	(3%)

- 2X01년, 2X02년, 2X03년 초의 S회사 자본계정은 아래와 같다.

	2X01년 1월 1일	2X02년 1월 1일	2X03년 1월 1일
자본금	₩200,000	₩200,000	₩200,000
자본잉여금	50,000	50,000	50,000
이익잉여금	150,000	210,000	310,000

- S회사의 2X01년, 2X02년, 2X03년 당기순이익은 각각 ₩60,000, ₩100,000, ₩70,000이고 배당은 없었다.
- 취득시 S회사의 순자산 장부금액과 공정가치는 일치하였으며 비지배지분은 S회사 순자산에 비례하여 측정하였다.
- 영업권은 2X01년, 2X02년, 2X03년에 손상차손이 발생하지 아니하였다

■ 2X01년 회계처리

2X01년 별도재무제표상 회계처리					
원가법	(차변)	(대변)	지분법	(차변)	(대변)
			<S사 당기순이익 인식>		
			종속기업투자지분 주1)	36,000	
			지분법이익		36,000
			주1) 2X01년 S사 당기순이익 ₩60,000 × 60%% = ₩36,000		
			[종속기업투자지분 계정 잔액]		
			₩270,000 + ₩36,000 = ₩306,000		
			[지분법이익]		
			₩36,000		

2X01년 연결조정					
원가법	(차변)	(대변)	지분법	(차변)	(대변)
1단계 : 종속기업 투자지분과 종속기업 자본의 상계제거					
종속기업투자지분		270,000	종속기업투자지분		270,000
자본금(S사)	200,000		자본금(S사)	200,000	
자본잉여금(S사)	50,000		자본잉여금(S사)	50,000	
이익잉여금(S사)	150,000		이익잉여금(S사)	150,000	
영업권	30,000		영업권	30,000	
비지배지분 주1)		160,000	비지배지분 주1)		160,000
주1) (₩200,000 + ₩50,000 + ₩150,000) × 비지배지분율 40% = ₩160,000					
2단계 : 비지배지분의 증감 회계처리					
비지배지분 주2)		24,000	비지배지분 주2)		24,000
비지배지분순이익(이익잉여금)	24,000		비지배지분순이익(이익잉여금)	24,000	
주2) 2X01년 S사의 당기순이익 ₩60,000 × 비지배지분율 40% = ₩24,000					
			<당기 별도재무제표상 지분법 회계처리 취소>		
			종속기업투자지분 주1)		36,000
			지분법이익	36,000	
			주1) ₩60,000 × 60%% = ₩36,000		

■ 2X02년 회계처리

2X02년 별도재무제표상 회계처리					
원가법	(차변)	(대변)	지분법	(차변)	(대변)
			<S사 당기순이익 인식>		
			종속기업투자지분	64,000	
			지분법이익 주1)		
			주1) 2X02년 S사 당기순이익 ₩100,000 × 64% = ₩64,000		
			[종속기업투자지분 계정 잔액]		
			₩270,000 + ₩36,000 - ₩57,600 + ₩64,000 = ₩312,400		
			[지분법이익]		
			₩64,000		

2X02년 연결조정					
원가법	(차변)	(대변)	지분법	(차변)	(대변)
1단계 : 종속기업 투자지분과 종속기업 자본의 상계제거					
종속기업투자지분		270,000	종속기업투자지분		270,000
자본금(S사)	200,000		자본금(S사)	200,000	
자본잉여금(S사)	50,000		자본잉여금(S사)	50,000	
이익잉여금(S사)	150,000		이익잉여금(S사)	150,000	
영업권	30,000		영업권	30,000	
비지배지분 주1)		160,000	비지배지분 주1)		160,000
주1) (₩200,000 + ₩50,000 + ₩150,000) × 비지배지분율 40% = ₩160,000					
2단계 : 추가 처분 종속기업투자지분 상계 제거					
종속기업투자지분	57,600		종속기업투자지분	57,600	
① 2X01년 1월 1일 종속기업 자본에 대하여 추가 처분으로 인한 비지배지분 증가액					
비지배지분 주2)		24,000	비지배지분 주2)		24,000
주2) (₩200,000 + ₩50,000 + ₩150,000) × 추가 처분율 6% = ₩24,000					
② 2X01.1.1.~2X02.1.1. 종속기업 이익잉여금의 증가액에 대한 추가 처분 비지배지분 배분					
비지배지분 주3)	3,600		비지배지분 주3)	3,600	
이익잉여금 주4)		3,600	이익잉여금 주4)		3,600
주3) 2X01.1.1.~ 2X02.1.1. 종속기업 기타자본(이익잉여금)증가액에 대하여 추가 처분분(6%)에 대한 비지배지분을 감소시킴. 왜냐하면 추가취득 시점까지 비지배지분을 감소시키고 추가 처분시 아래 ③과 같이 비지배지분을 증가시키는 분개를 하기 때문임. ₩60,000 × 6% = ₩3,600					
주4) 주3)에 상응하는 이익잉여금의 증가액					
③ 2X01.1.1.~2X02.1.1. 종속기업 이익잉여금의 증가액에 대한 추가 처분으로 인한 비지배지분 증가액					
비지배지분 주5)		3,600	비지배지분 주5)		3,600
주5) 추가 취득하면 비지배지분이 증가하므로 주3)에 해당하는 비지배지분을 증가시킴					
④ 대차평균					
자본조정		30,000	자본조정		30,000
3단계 : 비지배지분의 증감 회계처리					
① 전기 비지배지분 순이익 배분					
비지배지분 주6)		27,600	비지배지분 주6)		27,600
이익잉여금	27,600		이익잉여금	27,600	
주6) 2X01년 S사의 전기순이익 ₩60,000 × 비지배지분율 46%(2X02.12.31.의 종속기업 비지배지분율) = ₩27,600					
※ 추가취득 분개에서 ₩60,000의 추가취득율인 10%만큼의 비지배지분을 회계처리하였는데, 여기서는 전기순이익으로 인한 증가액 ₩60,000의 변동분에 (40% + 6%) 만큼 곱한 비지배지분을 처리하는 회계처리이다.					
② 당기 비지배지분 순이익 배분					
비지배지분 주7)		46,000	비지배지분 주7)		46,000
비지배지분순이익(이익잉여금)	46,000		비지배지분순이익(이익잉여금)	46,000	

2X02년 연결조정					
원가법	(차변)	(대변)	지분법	(차변)	(대변)
주7) 2X02년 S사의 당기순이익 ₩100,000 × 비지배지분율 46%(2X02.12.31.의 종속기업 비지배지분율) = ₩46,000					
			<전기 별도재무제표상 지분법 회계처리 취소>		
			이익잉여금	36,000	
			종속기업투자지분		36,000
			<당기 별도재무제표상 지분법 회계처리 취소>		
			지분법이익	64,000	
			종속기업투자지분		64,000

■ 2X03년 회계처리

2X03년 별도재무제표상 회계처리					
원가법	(차변)	(대변)	지분법	(차변)	(대변)
			<S사 당기순이익 인식>		
			종속기업투자지분	42,700	
			지분법이익 주1)		42,700
			주1) 2X03년 S사 당기순이익 ₩70,000 × 61% = ₩42,700		
			[종속기업투자지분 계정 잔액]		
			₩270,000 + ₩36,000 - ₩57,600 + ₩64,000 - ₩34,800 + ₩42,700 = ₩320,300		
			[지분법이익]		
			₩42,700		

2X03년 연결조정					
원가법	(차변)	(대변)	지분법	(차변)	(대변)
1단계 : 종속기업 투자지분과 종속기업 자본의 상계제거					
종속기업투자지분		270,000	종속기업투자지분		270,000
자본금(S사)	200,000		자본금(S사)	200,000	
자본잉여금(S사)	50,000		자본잉여금(S사)	50,000	
이익잉여금(S사)	150,000		이익잉여금(S사)	150,000	
영업권	30,000		영업권	30,000	
비지배지분 주1)		160,000	비지배지분 주1)		160,000
주1) (₩200,000 + ₩50,000 + ₩150,000) × 비지배지분율 40% = ₩160,000					
2단계 : 추가 처분 종속기업투자지분 상계 제거					
종속기업투자지분	57,600		종속기업투자지분	57,600	
① 2X01년 1월 1일 종속기업 자본에 대하여 추가 처분으로 인한 비지배지분 증가액					
비지배지분 주2)		24,000	비지배지분 주2)		24,000
주2) (₩200,000 + ₩50,000 + ₩150,000) × 추가 처분율 6% = ₩24,000					
② 2X01.1.1.~2X02.1.1. 종속기업 이익잉여금의 증가액에 대한 추가 처분 비지배지분 배분					
비지배지분 주3)	3,600		비지배지분 주3)	3,600	
이익잉여금 주4)		3,600	이익잉여금 주4)		3,600
주3) 2X01.1.1.~ 2X02.1.1. 종속기업 기타자본(이익잉여금)증가액에 대하여 추가 처분분(6%)에 대한 비지배지분을 감소시킴. 왜냐하면 추가취득 시점까지 비지배지분을 감소시키고 추가 처분시 아래 ③과 같이 비지배지분을 증가시키는 분개를 하기 때문임. ₩60,000 × 6% = ₩3,600					
주4) 주3)에 상응하는 이익잉여금의 증가액					
③ 2X01.1.1.~2X02.1.1. 종속기업 이익잉여금의 증가액에 대한 추가 처분으로 인한 비지배지분 증가액					
비지배지분 주5)		3,600	비지배지분 주5)		3,600
주5) 추가 취득하면 비지배지분이 증가하므로 주3)에 해당하는 비지배지분을 증가시킴					
④ 대차평균					

2X03년 연결조정					
원가법	**(차변)**	**(대변)**	**지분법**	**(차변)**	**(대변)**
자본조정		30,000	자본조정		30,000
2-1 단계 : 2차 추가 처분 종속기업투자지분 상계 제거					
종속기업투자지분	34,800		종속기업투자지분	34,800	
① 2X01년 1월 1일 종속기업 자본에 대하여 추가 처분으로 인한 비지배지분 증가액					
비지배지분 주6)		12,000	비지배지분 주6)		12,000
주6) (₩200,000 + ₩50,000 + ₩150,000) × 추가 처분율 3% = ₩12,000					
② 2X01.1.1.~2X03.1.1. 종속기업 이익잉여금의 증가액에 대한 추가 처분 비지배지분 배분					
비지배지분 주7)	4,800		비지배지분 주7)	4,800	
이익잉여금 주8)		4,800	이익잉여금 주8)		4,800
주7) 2X01.1.1.~ 2X03.1.1. 종속기업 기타자본(이익잉여금)증가액에 대하여 추가 처분분(3%)에 대한 비지배지분을 감소시킴. 왜냐하면 추가처분 시점까지 비지배지분을 감소시키고 추가처분시 아래 ③과 같이 비지배지분을 증가시키는 분개를 하기 때문임. (₩60,000 + ₩100,000) × 3% = ₩4,800					
주8) 주7)에 상응하는 이익잉여금의 증가액					
③ 2X01.1.1.~2X03.1.1. 종속기업 이익잉여금의 증가액에 대한 추가처분으로 인한 비지배지분 증가액					
비지배지분 주9)		4,800	비지배지분 주9)		4,800
주9) ②에서 추가 처분하면 비지배지분이 증가하므로 주7)에 해당하는 비지배지분을 증가시킴					
④ 대차평균					
자본조정		18,000	자본조정		18,000
3단계 : 비지배지분의 증감 회계처리					
① 전기 비지배지분 순이익 배분					
비지배지분 주8)		29,400	비지배지분 주8)		29,400
이익잉여금	29,400		이익잉여금	29,400	
주8) 2X01년 S사의 당기순이익 ₩60,000 × 비지배지분율 49% = ₩29,400					
② 전기 비지배지분 순이익 배분					
비지배지분 주9)		49,000			
이익잉여금	49,000				
주9) 2X02년 S사의 당기순이익 ₩100,000 × 비지배지분율 49% = ₩49,000					
③ 당기 비지배지분 순이익 배분					
비지배지분 주10)		34,300	비지배지분 주10)		34,300
비지배지분순이익(이익잉여금)	34,300		비지배지분순이익(이익잉여금)	34,300	
주10) 2X03년 S사의 당기순이익 ₩70,000 × 비지배지분율 49% = ₩34,300					
			<전기 별도재무제표상 지분법 회계처리 취소>		
			이익잉여금	36,000	
			종속기업투자지분		36,000
			<전기 별도재무제표상 지분법 회계처리 취소>		
			이익잉여금	64,000	
			종속기업투자지분		64,000
			<당기 별도재무제표상 지분법 회계처리 취소>		
			지분법이익	42,700	
			종속기업투자지분		42,700

Fraudit ExCon 실 습 : 제4장 5 원가법 1차년도

(1) 사례파일

제4장_5_원가법_1차년도_기초정보.xlsx, 제4장_5_원가법_1차년도_원화시산표.xlsx

(2) [기초정보.xlsx] 작성

1) 보고기간 sheet

목차	구분	일자	검증_보고기간
보고기간	보고기간초	2001-01-01	OK
보고기간	보고기간말	2001-12-31	

① 보고기간 초와 보고기간 말을 입력한다..

2) 기업목록 sheet

일련번호	목차	기업명	약식명칭	기능통화	표시통화	세율	이연법인세계산	검증_기업명중복	검증_기능통화	검증_표시통화	검증_세율	검증_이연법인세계산
1	기업목록	지배	AA	원화	원화	0%	아니오	OK	OK	OK	OK	OK
2		종속	AB	원화	원화	0%	아니오	OK	OK	OK	OK	OK

① 기업명을 입력한다. 여기서는 **지배**와 **종속**으로 입력한다.
② 기능통화를 **원화**로 선택한다.
③ 표시통화를 **원화**로 선택한다.
④ 세율은 0%이므로 입력하지 않는다.
⑤ 이연법인세계산을 **아니오**로 선택한다.

3) 지분구조 sheet

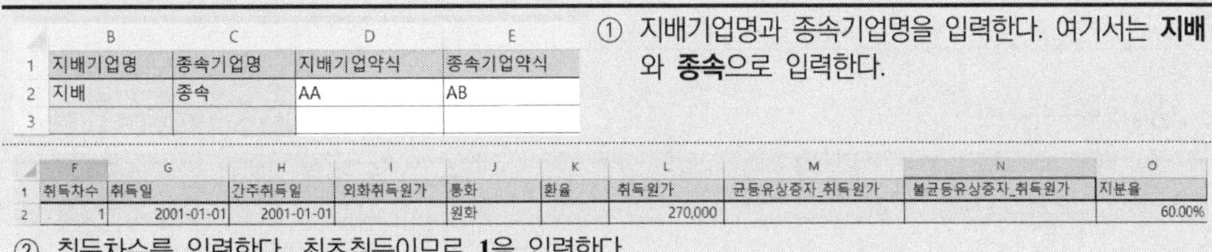

지배기업명	종속기업명	지배기업약식	종속기업약식
지배	종속	AA	AB

① 지배기업명과 종속기업명을 입력한다. 여기서는 **지배**와 **종속**으로 입력한다.

취득차수	취득일	간주취득일	외화취득원가	통화	환율	취득원가	균등유상증자_취득원가	불균등유상증자_취득원가	지분율
1	2001-01-01	2001-01-01		원화		270,000			60.00%

② 취득차수를 입력한다. 최초취득이므로 **1**을 입력한다.
주의 추가취득인 경우에는 해당 차수에 따라 2, 3, 4... 식으로 입력한다.
③ 최초취득일을 입력한다. 여기서는 **2001-01-01**로 입력한다.
④ 간주취득일을 입력한다. 여기서는 **2001-01-01**로 입력한다.
주의 간주취득일은 최초취득일로부터 가장 근접한 결산재무제표의 결산일을 의미한다.
⑤ 나머지는 상기와 같이 입력한다.

4) 취득시지분구조_공정가치차이 sheet

	E	F	G	H	I	J	K	L	M
1	목차	기업명	약식명칭	취득차수_1	취득일_1	간주취득일_1	자본계정명_1	자본금액_1_외화	자본금액_1
2	자본_공정가치	종속	AB	1	2001-01-01	2001-01-01	자본금		200,000
3		종속	AB				자본잉여금		50,000
4		종속	AB				이익잉여금		150,000

① 종속의 2001-01-01일의 자본계정명_1(1차 취득)과 자본금액_1(1차 취득)을 **K열과 M열에 상기와 같이** 입력한다.

5) 재무정보 sheet

	A	B	C	D	E	F	G
1	일련번호	목차	기업명	약식명칭	기간	계정명	금액
2	2	재무정보	종속	AB	2001-12-31	배당	
3						당기순이익	60,000
4						기타포괄손익	
5						해외사업환산손익	

① G열에 종속회사의 2001년 **당기순이익을 상기와 같이** 입력한다.

6) 내부거래현황 sheet

① 내부거래가 없으므로 별도로 입력하지 않는다.

(3) [원화시산표.xlsx] 작성

1) 보고기간 sheet

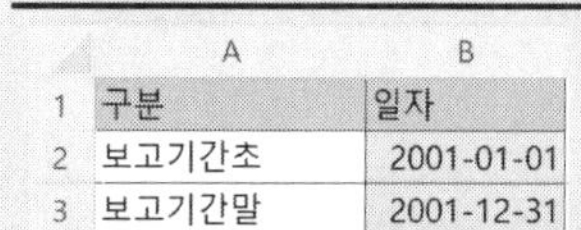

	A	B
1	구분	일자
2	보고기간초	2001-01-01
3	보고기간말	2001-12-31

① 보고기간 초와 보고기간 말을 입력한다.

주의 기초정보의 보고기간 초와 보고기간 말과 동일하여야 한다.

2) 기업목록 sheet

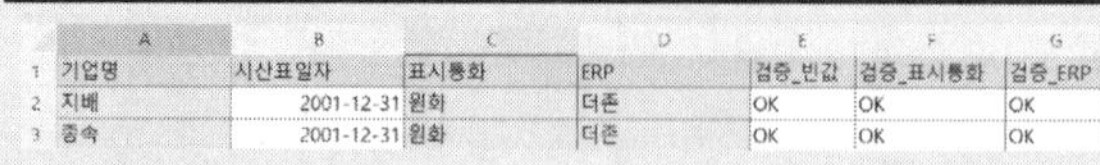

	A	B	C	D	E	F	G
1	기업명	시산표일자	표시통화	ERP	검증_빈값	검증_표시통화	검증_ERP
2	지배	2001-12-31	원화	더존	OK	OK	OK
3	종속	2001-12-31	원화	더존	OK	OK	OK

① 기업명을 입력한다. 여기서는 **지배**와 **종속**으로 입력한다.
② 표시통화를 **원화**로 선택한다.
③ ERP는 **더존**이라고 가정하고 선택한다.

3) 원화시산표_1 sheet

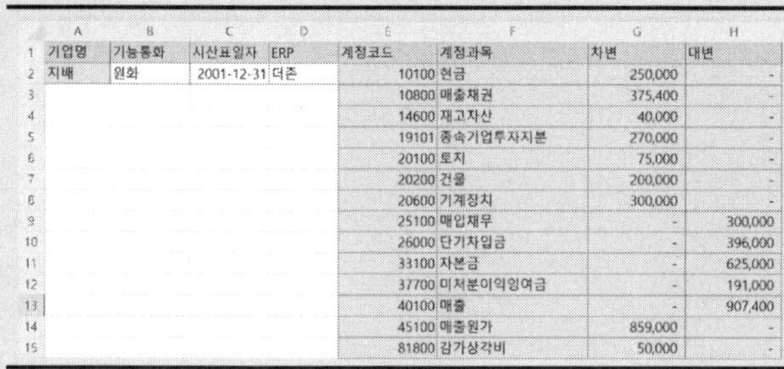

기업명	기능통화	시산표일자	ERP	계정코드	계정과목	차변	대변
지배	원화	2001-12-31	더존	10100	현금	250,000	-
				10800	매출채권	375,400	-
				14600	재고자산	40,000	-
				19101	종속기업투자지분	270,000	-
				20100	토지	75,000	-
				20200	건물	200,000	-
				20600	기계장치	300,000	-
				25100	매입채무	-	300,000
				26000	단기차입금	-	396,000
				33100	자본금	-	625,000
				37700	미처분이익잉여금	-	191,000
				40100	매출	-	907,400
				45100	매출원가	859,000	-
				81800	감가상각비	50,000	-

① A열에 기업명을 입력한다. 여기서는 **지배**로 입력한다.
② 해당 계정코드, 계정과목, 차변, 대변 금액을 차례로 입력한다. **차변과 대변은 어느 한쪽만 입력하여야 한다.**
③ 검증 칼럼에서 OK가 아닌 경우 해당 원인을 해결한다.

4) 원화시산표_2 sheet

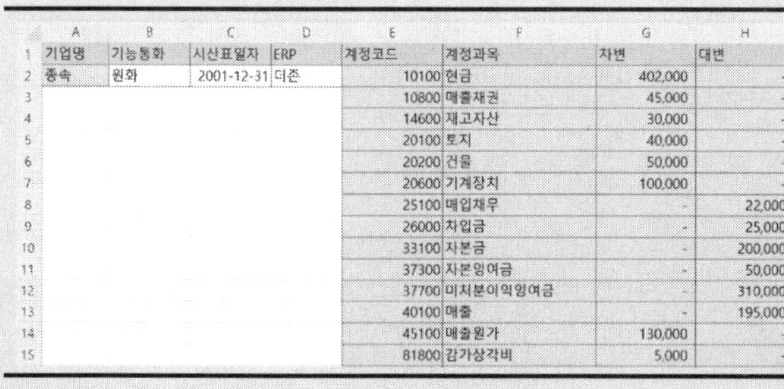

기업명	기능통화	시산표일자	ERP	계정코드	계정과목	차변	대변
종속	원화	2001-12-31	더존	10100	현금	402,000	-
				10800	매출채권	45,000	-
				14600	재고자산	30,000	-
				20100	토지	40,000	-
				20200	건물	50,000	-
				20600	기계장치	100,000	-
				25100	매입채무	-	22,000
				26000	차입금	-	25,000
				33100	자본금	-	200,000
				37300	자본잉여금	-	50,000
				37700	미처분이익잉여금	-	310,000
				40100	매출	-	195,000
				45100	매출원가	130,000	-
				81800	감가상각비	5,000	-

① A열에 기업명을 입력한다. 여기서는 **종속**으로 입력한다.
② 해당 계정코드, 계정과목, 차변, 대변 금액을 차례로 입력한다. **차변과 대변은 어느 한쪽만 입력하여야 한다.**
③ 검증 칼럼에서 OK가 아닌 경우 해당 원인을 해결한다.

(4) [Fraudit-ExCon.exe] 실행

제4장_5_원가법_1차년도_기초정보.xlsx과 제4장_5_원가법_1차년도_원화시산표.xlsx을 Fraudit-ExCon이 있는 폴더에 복사하여 이동한다. 그리고 **접두어를 제거**하고 **기초정보.xlsx와 원화시산표.xlsx**로 이름을 변경한다. **그 다음에 Fraudit-ExCon.exe를 실행한다.**

1) Main Sheet

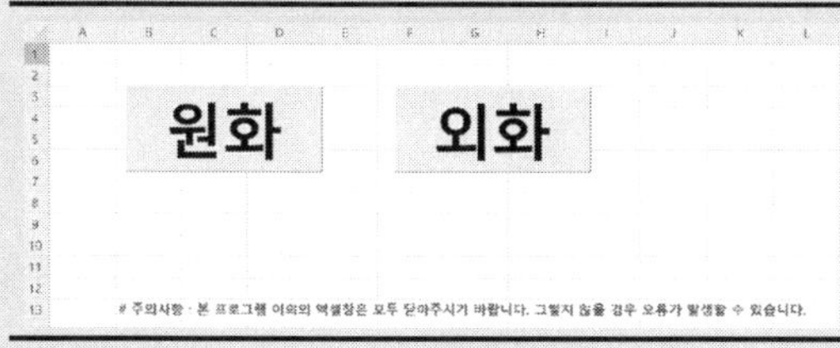

① 기능통화가 외화인 종속법인이 없으므로 원화 버튼을 누른다.

주의 원화 버튼을 누른 후 에러메시지가 뜨면 해당 에러 원인을 **기초정보.xlsx, 원화시산표.xlsx**에서 적절하게 수정한 후 다시 누른다.

2) out_연결분개_투자자본_0 sheet

	T	U	V	W
	계정과목	계정유형	차변	대변
	AA종속기업투자지분	BS	0	270000
	AB자본금	HE	200000	0
	AB자본잉여금	BS	50000	0
	AB이익잉여금	BS	150000	0
	AB비지배지분	NCI	0	160000
	AB영업권	BS	30000	0

① 연결분개 중 지배와 종속의 투자와 자본 상계제거 분개 부분에 해당한다. 검증 목적으로 차변, 대변 칼럼의 금액과 계정과목을 확인하면 된다(분개에 대한 상세 설명은 본문에서 확인하기 바람).

3) out_연결분개_기타_0 sheet

	A	B	C	D	E	F	G	H	I	J	K	L	M	N
1	기업명	약식명칭	기간	계정명	금액	지배지분세율	마지막기업_비지배지분세율	명목지배지분율	최종_실질비지배지분율	외화환산	계정과목	계정유형	차변	대변
2	종속	AB	2001-12-31	당기순이익	60,000	0.00%	0.00%	60.00%	40.00%		비지배지분	NCI	0	24,000
3											비지배지분순이익	RE	24,000	0

① 종속의 2001년 당기순이익에 대한 비지배지분 연결분개 부분에 해당한다(분개에 대한 상세 설명은 본문에서 확인하기 바람).

4) tmp_연결분개_통합 sheet

	A	B	C	D	E	F	G	H	I	J
1	계정과목	매핑계정과목	신설필요_계정과목	후보_매핑계정과목_1	후보_매핑계정과목_2	차변잔액	대변잔액		확인	
2	AA종속기업투자지분	AA종속기업투자지분		AA종속기업투자지분		0	270,000			
3	AB비지배지분	비지배지분		비지배지분순이익	비지배지분	0	160,000			
4	AB영업권	AB영업권	AB영업권			30,000	0			
5	AB이익잉여금	AB미처분이익잉여금		AB미처분이익잉여금		150,000	0			
6	AB자본금	AB자본금		AB자본금	AB자본잉여금	200,000	0			
7	AB자본잉여금	AB자본잉여금		AB자본잉여금	AB자본금	50,000	0			
8	비지배지분	비지배지분		비지배지분	비지배지분순이익	0	24,000			
9	비지배지분순이익	비지배지분순이익		비지배지분순이익	비지배지분	24,000	0			

① 여기서는 매핑이 잘 이루어졌으므로 특별히 수정할 필요는 없다.

주의 적절한 계정과목을 신설하여야 하는 경우에는 신설필요_계정과목에 신설하고 동일한 계정과목을 매핑계정과목에 입력하여야 한다.

② 확인 버튼을 누른다.

5) out_최종연결정산표 sheet

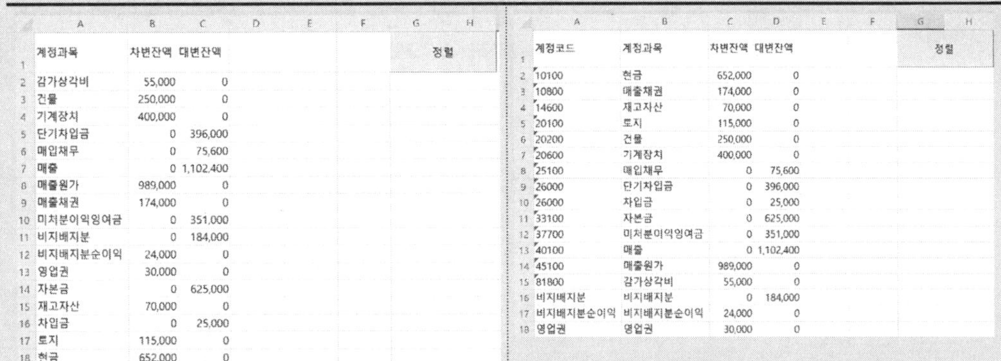

계정과목	차변잔액	대변잔액
감가상각비	55,000	0
건물	250,000	0
기계장치	400,000	0
단기차입금	0	396,000
매입채무	0	75,600
매출	0	1,102,400
매출원가	989,000	0
매출채권	174,000	0
미처분이익잉여금	0	351,000
비지배지분	0	184,000
비지배지분순이익	24,000	0
영업권	30,000	0
자본금	0	625,000
재고자산	70,000	0
차입금	0	25,000
토지	115,000	0
현금	652,000	0

정렬

계정코드	계정과목	차변잔액	대변잔액
10100	현금	652,000	0
10800	매출채권	174,000	0
14600	재고자산	70,000	0
20100	토지	115,000	0
20200	건물	250,000	0
20600	기계장치	400,000	0
25100	매입채무	0	75,600
26000	단기차입금	0	396,000
26000	차입금	0	25,000
33100	자본금	0	625,000
37700	미처분이익잉여금	0	351,000
40100	매출	0	1,102,400
45100	매출원가	989,000	0
81800	감가상각비	55,000	0
비지배지분	비지배지분	0	184,000
비지배지분순이익	비지배지분순이익	24,000	0
영업권	영업권	30,000	0

정렬

① 계정과목이 한글로 오름차순으로 되어 있다.
② 정렬 버튼을 누른다.

③ 계정코드별로 오름차순되며, 계정코드가 없이 새롭게 삽입된 계정과목은 맨 아래에 위치하고 그러한 계정과목은 계정과목으로(한글순으로) 오름차순으로 정렬이 된다.

Fraudit ExCon 실 습 : 제4장 5 원가법 2차년도

(1) 사례파일

제4장_5_원가법_2차년도_기초정보.xlsx, 제4장_5_원가법_2차년도_원화시산표.xlsx

(2) [기초정보.xlsx] 작성

1) 보고기간 sheet

	A	B	C	D
1	목차	구분	일자	검증_보고기간
2	보고기간	보고기간초	2002-01-01	OK
3	보고기간	보고기간말	2002-12-31	

① 보고기간 초와 보고기간 말을 입력한다..

2) 기업목록 sheet

	A	B	C	D	E	F	G	H	I	J	K	L	M
1	일련번호	목차	기업명	약식명칭	기능통화	표시통화	세율	이연법인세계산	검증_기업명중복	검증_기능통화	검증_표시통화	검증_세율	검증_이연법인세계산
2	1	기업목록	지배	AA	원화	원화	0%	아니오	OK	OK	OK	OK	OK
3	2		종속	AB	원화	원화	0%	아니오	OK	OK	OK	OK	OK

① 기업명을 입력한다. 여기서는 **지배**와 **종속**으로 입력한다.
② 기능통화를 **원화**로 선택한다.
③ 표시통화를 **원화**로 선택한다.
④ 세율은 0%이므로 입력하지 않는다.
⑤ 이연법인세계산을 **아니오**로 선택한다.

3) 지분구조 sheet

	A	B	C	D	E
1	목차	지배기업명	종속기업명	지배기업약식	종속기업약식
2	지분구조	지배	종속	AA	AB
3		지배	종속	AA	AB

① 지배기업명과 종속기업명을 입력한다. 여기서는 **지배**와 **종속**으로 입력한다.

	F	G	H	I	J	K	L	M	N	O
1	취득차수	취득일	간주취득일	외화취득원가	통화	환율	취득원가	균등유상증자_취득원가	불균등유상증자_취득원가	지분율
2	1	2001-01-01	2001-01-01		원화		270,000			60.00%
3	2	2002-01-01	2002-01-01		원화		(57,600)			(6.00%)

② 추가처분 부분을 상기와 같이 추가한다. 괄호 부분은 마이너스 값으로 입력하면 된다.

4) 취득시지분구조_공정가치차이 sheet

	E	F	G	H	I	J	K	L	M
1	목차	기업명	약식명칭	취득차수_1	취득일_1	간주취득일_1	자본계정명_1	자본금액_1_외화	자본금액_1
2	자본_공정가치	종속	AB	1	2001-01-01	2001-01-01	자본금		200,000
3		종속	AB				자본잉여금		50,000
4		종속	AB				이익잉여금		150,000

① 종속의 2001-01-01일의 자본계정명_1(1차 취득)과 자본금액_1(1차 취득)을 **K열과 M열에 상기와 같이** 입력한다.

	AN	AO	AP	AQ	AR	AS	AT	AU
1	취득차수_2	취득일_2	간주취득일_2	자본계정명_2	자본금액_2	차이금액_2	균등유상증자차이금액_2	불균등유상증자차이금액_2
2	2	2002-01-01	2002-01-01	자본금	200,000	0		
3				자본잉여금	50,000	0		
4				이익잉여금	210,000	60,000		

② 종속의 2002-01-01일의 자본계정명_2와 자본금액_2를 상기와 같이 입력한다.

5) 재무정보 sheet

	A	B	C	D	E	F	G
1	일련번호	목차	기업명	약식명칭	기간	계정명	금액
2	2	재무정보	종속	AB	2001-12-31	배당	
3						당기순이익	60,000
4						기타포괄손익	
5						해외사업환산손익	
6	2		종속	AB	2002-12-31	배당	
7						당기순이익	100,000
8						기타포괄손익	
9						해외사업환산손익	

① G열에 종속의 **2001년, 2002년 당기순이익을 상기와 같이** 입력한다.

6) 내부거래현황 sheet

① 내부거래가 없으므로 별도로 입력하지 않는다.

(3) [원화시산표.xlsx] 작성

1) 보고기간 sheet

	A	B
1	구분	일자
2	보고기간초	2002-01-01
3	보고기간말	2002-12-31

① 보고기간 초와 보고기간 말을 입력한다.

주의 기초정보의 보고기간 초와 보고기간 말과 동일하여야 한다.

2) 기업목록 sheet

	A	B	C	D	E	F	G
1	기업명	시산표일자	표시통화	ERP	검증_빈값	검증_표시통화	검증_ERP
2	지배	2001-12-31	원화	더존	OK	OK	OK
3	종속	2001-12-31	원화	더존	OK	OK	OK

① 기업명을 입력한다. 여기서는 **지배**와 **종속**으로 입력한다.
② 표시통화를 **원화**로 선택한다.
③ ERP는 **더존**이라고 가정하고 선택한다.

3) 원화시산표_1 sheet

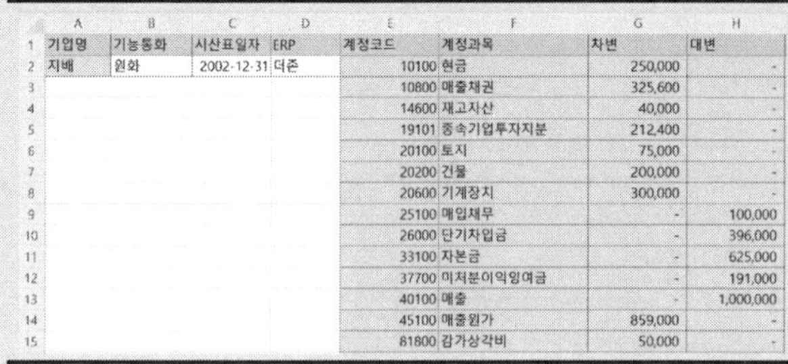

	A	B	C	D	E	F	G	H
1	기업명	기능통화	시산표일자	ERP	계정코드	계정과목	차변	대변
2	지배	원화	2002-12-31	더존	10100	현금	250,000	-
3					10800	매출채권	325,600	-
4					14600	재고자산	40,000	-
5					19101	종속기업투자지분	212,400	-
6					20100	토지	75,000	-
7					20200	건물	200,000	-
8					20600	기계장치	300,000	-
9					25100	매입채무	-	100,000
10					26000	단기차입금	-	396,000
11					33100	자본금	-	625,000
12					37700	미처분이익잉여금	-	191,000
13					40100	매출	-	1,000,000
14					45100	매출원가	859,000	-
15					81800	감가상각비	50,000	-

① A열에 기업명을 입력한다. 여기서는 **지배**로 입력한다.
② 해당 계정코드, 계정과목, 차변, 대변 금액을 차례로 입력한다. **차변과 대변은 어느 한쪽만 입력하여야 한다.**
③ 검증 칼럼에서 OK가 아닌 경우 해당 원인을 해결한다.

4) 원화시산표_2 sheet

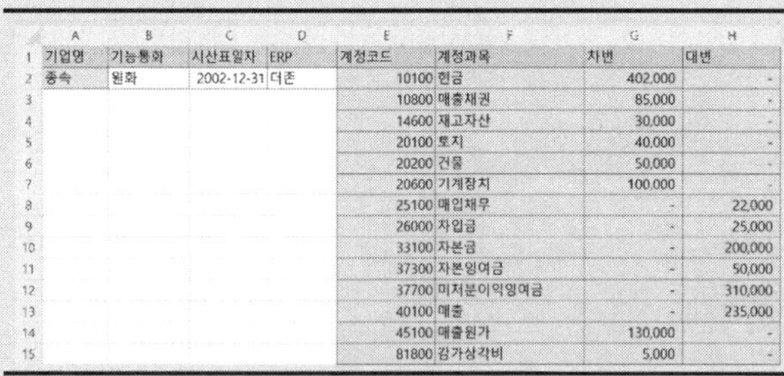

	A	B	C	D	E	F	G	H
1	기업명	기능통화	시산표일자	ERP	계정코드	계정과목	차변	대변
2	종속	원화	2002-12-31	더존	10100	현금	402,000	-
3					10800	매출채권	85,000	-
4					14600	재고자산	30,000	-
5					20100	토지	40,000	-
6					20200	건물	50,000	-
7					20600	기계장치	100,000	-
8					25100	매입채무	-	22,000
9					26000	차입금	-	25,000
10					33100	자본금	-	200,000
11					37300	자본잉여금	-	50,000
12					37700	미처분이익잉여금	-	310,000
13					40100	매출	-	235,000
14					45100	매출원가	130,000	-
15					81800	감가상각비	5,000	-

① A열에 기업명을 입력한다. 여기서는 **종속**으로 입력한다.
② 해당 계정코드, 계정과목, 차변, 대변 금액을 차례로 입력한다. **차변과 대변은 어느 한쪽만 입력하여야 한다.**
③ 검증 칼럼에서 OK가 아닌 경우 해당 원인을 해결한다.

(4) [Fraudit-ExCon.exe] 실행

제4장_5_원가법_2차년도_기초정보.xlsx과 제4장_5_원가법_2차년도_원화시산표.xlsx을 Fraudit-ExCon이 있는 폴더에 복사하여 이동한다. 그리고 **접두어를 제거**하고 **기초정보.xlsx와 원화시산표.xlsx**로 이름을 변경한다. **그 다음에 Fraudit-ExCon.exe를 실행한다.**

1) Main Sheet

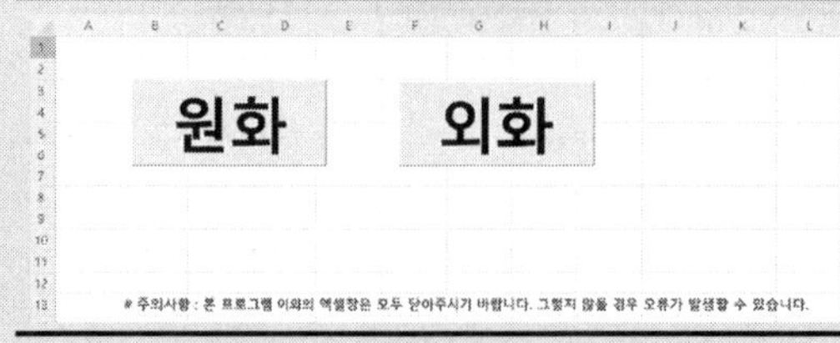

① 기능통화가 외화인 종속법인이 없으므로 원화 버튼을 누른다.

주의 원화 버튼을 누른 후 에러메시지가 뜨면 해당 에러 원인을 **기초정보.xlsx, 원화시산표.xlsx**에서 적절하게 수정한 후 다시 누른다.

2) out_연결분개_투자자본_0 sheet

T	U	V	W
계정과목	계정유형	차변	대변
AA종속기업투자지분	BS	0	270000
AB자본금	HE	200000	0
AB자본잉여금	BS	50000	0
AB이익잉여금	BS	150000	0
AB비지배지분	NCI	0	160000
AB영업권	BS	30000	0

① 연결분개 중 지배와 종속의 투자와 자본 상계제거 분개 부분에 해당한다. 검증 목적으로 차변, 대변 칼럼의 금액과 계정과목을 확인하면 된다(분개에 대한 상세 설명은 본문에서 확인하기 바람).

3) out_연결분개_추가취득_1 sheet

S	T	U	V
계정과목	계정유형	차변	대변
AA종속기업투자지분	BS	57,600	0
AB비지배지분	NCI	0	24,000
AB비지배지분	NCI	3,600	0
AB미처분이익잉여금	RE	0	3,600
AB비지배지분	NCI	0	3,600
AB자본조정	BS	0	30,000

① 추가처분 종속기업투자지분 상계 제거부분이다. 검증 목적으로 차변, 대변 칼럼의 금액과 계정과목을 확인하면 된다(분개에 대한 상세 설명은 본문에서 확인하기 바람).

4) out_연결분개_기타_0, 1 sheet

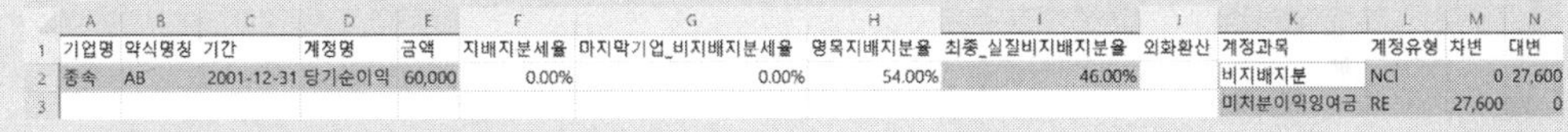

	A	B	C	D	E	F	G	H	I	J	K	L	M	N
1	기업명	약식명칭	기간	계정명	금액	지배지분세율	마지막기업_비지배지분세율	명목지배지분율	최종_실질비지배지분율	외화환산	계정과목	계정유형	차변	대변
2	종속	AB	2001-12-31	당기순이익	60,000	0.00%	0.00%	54.00%	46.00%		비지배지분	NCI	0	27,600
3											미처분이익잉여금	RE	27,600	0

① **[out_연결분개_기타_0]** 종속의 2001년 당기순이익에 대한 비지배지분 연결분개 부분에 해당한다(분개에 대한 상세 설명은 본문에서 확인하기 바람).

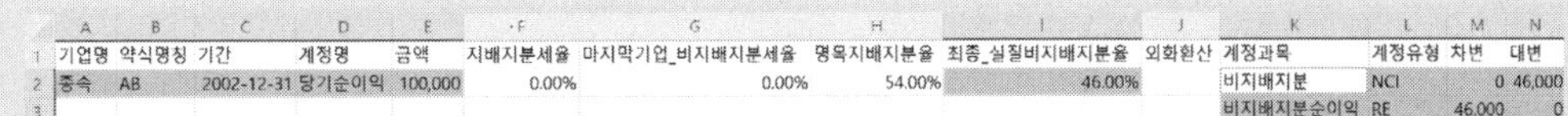

	A	B	C	D	E	F	G	H	I	J	K	L	M	N
1	기업명	약식명칭	기간	계정명	금액	지배지분세율	마지막기업_비지배지분세율	명목지배지분율	최종_실질비지배지분율	외화환산	계정과목	계정유형	차변	대변
2	종속	AB	2002-12-31	당기순이익	100,000	0.00%	0.00%	54.00%	46.00%		비지배지분	NCI	0	46,000
3											비지배지분순이익	RE	46,000	0

② **[out_연결분개_기타_1]** 종속의 2002년 당기순이익에 대한 비지배지분 연결분개 부분에 해당한다(분개에 대한 상세 설명은 본문에서 확인하기 바람).

5) tmp_연결분개_통합 sheet

	A	B	C	D	E	F	G	H	I	J
1	계정과목	매핑계정과목	신설필요_계정과목	후보_매핑계정과목_1	후보_매핑계정과목_2	차변잔액	대변잔액		확인	
2	AA종속기업투자지분	AA종속기업투자지분		AA종속기업투자지분		0	212,400			
3	AB미처분이익잉여금	AB미처분이익잉여금		AB미처분이익잉여금	AA미처분이익잉여금	0	3,600			
4	AB비지배지분	비지배지분		비지배지분순이익	비지배지분	0	184,000			
5	AB영업권	AB영업권	AB영업권			30,000	0			
6	AB이익잉여금	AB미처분이익잉여금		AB미처분이익잉여금		150,000	0			
7	AB자본금	AB자본금		AB자본금	AB자본잉여금	200,000	0			
8	AB자본잉여금	AB자본잉여금		AB자본잉여금	AB자본금	50,000	0			
9	AB자본조정	자본조정	자본조정	AB자본금	AB자본잉여금	0	30,000			
10	미처분이익잉여금	AA미처분이익잉여금		AA미처분이익잉여금	AB미처분이익잉여금	27,600	0			
11	비지배지분	비지배지분		비지배지분	비지배지분순이익	0	73,600			
12	비지배지분순이익	비지배지분순이익		비지배지분순이익	비지배지분	46,000	0			

① 음영 부분을 상기와 같이 신설하여 매핑한다.

주의 적절한 계정과목을 신설하여야 하는 경우에는 신설필요_계정과목에 신설하고 동일한 계정과목을 매핑계정과목에 입력하여야 한다.

② 확인 버튼을 누른다.

6) out_최종연결정산표 sheet

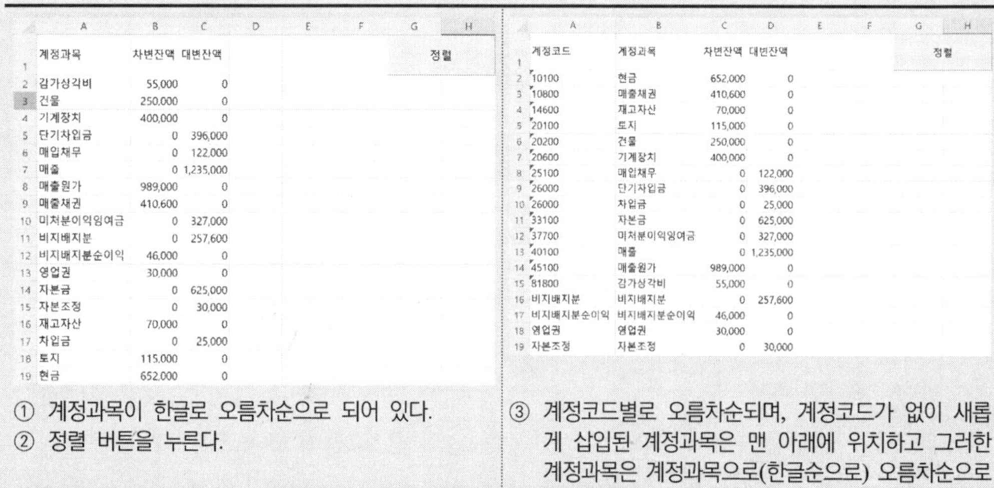

	A	B	C	D	E	F	G	H
1	계정과목	차변잔액	대변잔액				정렬	
2	감가상각비	55,000	0					
3	건물	250,000	0					
4	기계장치	400,000	0					
5	단기차입금	0	396,000					
6	매입채무	0	122,000					
7	매출	0	1,235,000					
8	매출원가	989,000	0					
9	매출채권	410,600	0					
10	미처분이익잉여금	0	327,000					
11	비지배지분	0	257,600					
12	비지배지분순이익	46,000	0					
13	영업권	30,000	0					
14	자본금	0	625,000					
15	자본조정	0	30,000					
16	재고자산	70,000	0					
17	차입금	0	25,000					
18	토지	115,000	0					
19	현금	652,000	0					

	A	B	C	D	E	F	G	H
1	계정코드	계정과목	차변잔액	대변잔액			정렬	
2	10100	현금	652,000	0				
3	10800	매출채권	410,600	0				
4	14600	재고자산	70,000	0				
5	20100	토지	115,000	0				
6	20200	건물	250,000	0				
7	20600	기계장치	400,000	0				
8	25100	매입채무	0	122,000				
9	26000	단기차입금	0	396,000				
10	26000	차입금	0	25,000				
11	33100	자본금	0	625,000				
12	37700	미처분이익잉여금	0	327,000				
13	40100	매출	0	1,235,000				
14	45100	매출원가	989,000	0				
15	81800	감가상각비	55,000	0				
16	비지배지분	비지배지분	0	257,600				
17	비지배지분순이익	비지배지분순이익	46,000	0				
18	영업권	영업권	30,000	0				
19	자본조정	자본조정	0	30,000				

① 계정과목이 한글로 오름차순으로 되어 있다.

② 정렬 버튼을 누른다.

③ 계정코드별로 오름차순되며, 계정코드가 없이 새롭게 삽입된 계정과목은 맨 아래에 위치하고 그러한 계정과목은 계정과목으로(한글순으로) 오름차순으로 정렬이 된다.

Fraudit ExCon 실 습 : 제4장 5 원가법 3차년도

(1) 사례파일

제4장_5_원가법_3차년도_기초정보.xlsx, 제4장_5_원가법_3차년도_원화시산표.xlsx

(2) [기초정보.xlsx] 작성

1) 보고기간 sheet

	A	B	C	D
1	목차	구분	일자	검증_보고기간
2	보고기간	보고기간초	2003-01-01	OK
3	보고기간	보고기간말	2003-12-31	

① 보고기간 초와 보고기간 말을 입력한다..

2) 기업목록 sheet

	A	B	C	D	E	F	G	H	I	J	K	L	M
1	일련번호	목차	기업명	약식명칭	기능통화	표시통화	세율	이연법인세계산	검증_기업명중복	검증_기능통화	검증_표시통화	검증_세율	검증_이연법인세계산
2	1	기업목록	지배	AA	원화	원화	0%	아니오	OK	OK	OK	OK	OK
3	2		종속	AB	원화	원화	0%	아니오	OK	OK	OK	OK	OK

① 기업명을 입력한다. 여기서는 **지배**와 **종속**으로 입력한다.
② 기능통화를 **원화**로 선택한다.
③ 표시통화를 **원화**로 선택한다.
④ 세율은 0%이므로 입력하지 않는다.
⑤ 이연법인세계산을 **아니오**로 선택한다.

3) 지분구조 sheet

	A	B	C	D	E	F
1	목차	지배기업명	종속기업명	지배기업약식	종속기업약식	취득차수
2	지분구조	지배	종속	AA	AB	1
3		지배	종속	AA	AB	2
4		지배	종속	AA	AB	3

① 지배기업명과 종속기업명을 입력한다. 여기서는 **지배**와 **종속**으로 입력한다.

	G	H	I	J	K	L	M	N	O
1	취득일	간주취득일	외화취득원가	통화	환율	취득원가	균등유상증자_취득원가	불균등유상증자_취득원가	지분율
2	2001-01-01	2001-01-01		원화		270,000			60.00%
3	2002-01-01	2002-01-01		원화		(57,600)			(6.00%)
4	2003-01-01	2003-01-01		원화		(34,800)			(3.00%)

② 추가처분 부분을 상기와 같이 추가한다.

4) 취득시지분구조_공정가치차이 sheet

	E	F	G	H	I	J	K	L	M
1	목차	기업명	약식명칭	취득차수_1	취득일_1	간주취득일_1	자본계정명_1	자본금액_1_외화	자본금액_1
2	자본_공정가치	종속	AB	1	2001-01-01	2001-01-01	자본금		200,000
3		종속	AB				자본잉여금		50,000
4		종속	AB				이익잉여금		150,000

① 종속의 2001-01-01일의 자본계정명_1(1차 취득)과 자본금액_1(1차 취득)을 **K열과 M열에 상기와 같이** 입력한다.

	AN	AO	AP	AQ	AR	AS	AT	AU
1	취득차수_2	취득일_2	간주취득일_2	자본계정명_2	자본금액_2	차이금액_2	균등유상증자차이금액_2	불균등유상증자차이금액_2
2	2	2002-01-01	2002-01-01	자본금	200,000	0		
3				자본잉여금	50,000	0		
4				이익잉여금	210,000	60,000		

② 종속의 2002-01-01일의 자본계정명_2와 자본금액_2를 상기와 같이 입력한다.

	AV	AW	AX	AY	AZ	BA	BB	BC
1	취득차수_3	취득일_3	간주취득일_3	자본계정명_3	자본금액_3	차이금액_3	균등유상증자차이금액_3	불균등유상증자차이금액_3
2	3	2003-01-01	2003-01-01	자본금	200,000	0		
3				자본잉여금	50,000	0		
4				이익잉여금	310,000	100,000		

③ 종속의 2003-01-01일의 자본계정명_3과 자본금액_3을 상기와 같이 입력한다.

5) 재무정보 sheet

	A	B	C	D	E	F	G
1	일련번호	목차	기업명	약식명칭	기간	계정명	금액
2	2	재무정보	종속	AB	2001-12-31	배당	
3						당기순이익	60,000
4						기타포괄손익	
5						해외사업환산손익	
6	2		종속	AB	2002-12-31	배당	
7						당기순이익	100,000
8						기타포괄손익	
9						해외사업환산손익	
10	2		종속	AB	2003-12-31	배당	
11						당기순이익	70,000
12						기타포괄손익	
13						해외사업환산손익	

① G열에 종속의 **2001년, 2002년, 2003년 당기순이익을 상기와 같이** 입력한다.

6) 내부거래현황 sheet

① 내부거래가 없으므로 별도로 입력하지 않는다.

(3) [원화시산표.xlsx] 작성

1) 보고기간 sheet

구분	일자
보고기간초	2003-01-01
보고기간말	2003-12-31

① 보고기간 초와 보고기간 말을 입력한다.

주의 기초정보의 보고기간 초와 보고기간 말과 동일하여야 한다.

2) 기업목록 sheet

기업명	시산표일자	표시통화	ERP	검증_빈값	검증_표시통화	검증_ERP
지배	2001-12-31	원화	더존	OK	OK	OK
종속	2001-12-31	원화	더존	OK	OK	OK

① 기업명을 입력한다. 여기서는 **지배**와 **종속**으로 입력한다.
② 표시통화를 **원화**로 선택한다.
③ ERP는 **더존**이라고 가정하고 선택한다.

3) 원화시산표_1 sheet

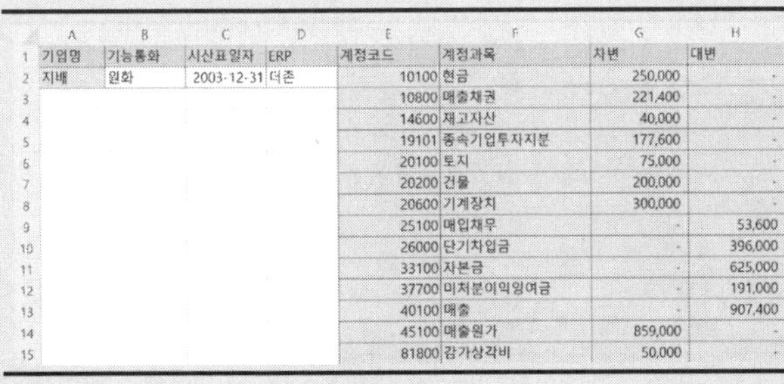

기업명	기능통화	시산표일자	ERP	계정코드	계정과목	차변	대변
지배	원화	2003-12-31	더존	10100	현금	250,000	-
				10800	매출채권	221,400	-
				14600	재고자산	40,000	-
				19101	종속기업투자지분	177,600	-
				20100	토지	75,000	-
				20200	건물	200,000	-
				20600	기계장치	300,000	-
				25100	매입채무	-	53,600
				26000	단기차입금	-	396,000
				33100	자본금	-	625,000
				37700	미처분이익잉여금	-	191,000
				40100	매출	-	907,400
				45100	매출원가	859,000	-
				81800	감가상각비	50,000	-

① A열에 기업명을 입력한다. 여기서는 **지배**로 입력한다.
② 해당 계정코드, 계정과목, 차변, 대변 금액을 차례로 입력한다. **차변과 대변은 어느 한쪽만 입력하여야 한다.**
③ 검증 칼럼에서 OK가 아닌 경우 해당 원인을 해결한다.

4) 원화시산표_2 sheet

기업명	기능통화	시산표일자	ERP	계정코드	계정과목	차변	대변
종속	원화	2003-12-31	더존	10100	현금	402,000	-
				10800	매출채권	55,000	-
				14600	재고자산	30,000	-
				20100	토지	40,000	-
				20200	건물	50,000	-
				20600	기계장치	100,000	-
				25100	매입채무	-	22,000
				26000	차입금	-	25,000
				33100	자본금	-	200,000
				37300	자본잉여금	-	50,000
				37700	미처분이익잉여금	-	310,000
				40100	매출	-	205,000
				45100	매출원가	130,000	-
				81800	감가상각비	5,000	-

① A열에 기업명을 입력한다. 여기서는 **종속**으로 입력한다.
② 해당 계정코드, 계정과목, 차변, 대변 금액을 차례로 입력한다. **차변과 대변은 어느 한쪽만 입력하여야 한다.**
③ 검증 칼럼에서 OK가 아닌 경우 해당 원인을 해결한다.

(4) [Fraudit-ExCon.exe] 실행

제4장_5_원가법_3차년도_기초정보.xlsx과 제4장_5_원가법_3차년도_원화시산표.xlsx을 Fraudit-ExCon이 있는 폴더에 복사하여 이동한다. 그리고 **접두어를 제거**하고 **기초정보.xlsx와 원화시산표.xlsx**로 이름을 변경한다. **그 다음에 Fraudit-ExCon.exe를 실행한다.**

1) Main Sheet

① 기능통화가 외화인 종속법인이 없으므로 원화 버튼을 누른다.

주의 원화 버튼을 누른 후 에러메시지가 뜨면 해당 에러 원인을 **기초정보.xlsx, 원화시산표.xlsx**에서 적절하게 수정한 후 다시 누른다.

2) out_연결분개_투자자본_0 sheet

계정과목	계정유형	차변	대변
AA종속기업투자지분	BS	0	270000
AB자본금	HE	200000	0
AB자본잉여금	BS	50000	0
AB이익잉여금	BS	150000	0
AB비지배지분	NCI	0	160000
AB영업권	BS	30000	0

① 연결분개 중 지배와 종속의 투자와 자본 상계제거 분개 부분에 해당한다. 검증 목적으로 차변, 대변 칼럼의 금액과 계정과목을 확인하면 된다(분개에 대한 상세 설명은 본문에서 확인하기 바람).

3) out_연결분개_추가취득_1, 2 sheet

계정과목	계정유형	차변	대변
AA종속기업투자지분	BS	57,600	0
AB비지배지분	NCI	0	24,000
AB비지배지분	NCI	3,600	0
AB미처분이익잉여금	RE	0	3,600
AB비지배지분	NCI	0	3,600
AB자본조정	BS	0	30,000

① **[out_연결분개_추가취득_1]** 추가처분 종속기업투자지분 상계 제거부분이다. 검증 목적으로 차변, 대변 칼럼의 금액과 계정과목을 확인하면 된다(분개에 대한 상세 설명은 본문에서 확인하기 바람).

계정과목	계정유형	차변	대변
AA종속기업투자지분	BS	34,800	0
AB비지배지분	NCI	0	12,000
AB비지배지분	NCI	4,800	0
AB미처분이익잉여금	RE	0	4,800
AB비지배지분	NCI	0	4,800
AB자본조정	BS	0	18,000

② **[out_연결분개_추가취득_2]** 추가처분 종속기업투자지분 상계 제거부분이다. 검증 목적으로 차변, 대변 칼럼의 금액과 계정과목을 확인하면 된다(분개에 대한 상세 설명은 본문에서 확인하기 바람).

4) out_연결분개_기타_0, 1, 2 sheet

기업명	약식명칭	기간	계정명	금액	지배지분세율	마지막기업_비지배지분세율	명목지배지분율	최종_실질비지배지분율	외화환산	계정과목	계정유형	차변	대변
종속	AB	2001-12-31	당기순이익	60,000	0.00%	0.00%	51.00%	49.00%		비지배지분	NCI	0	29,400
										미처분이익잉여금	RE	29,400	0

① **[out_연결분개_기타_0]** 종속의 2001년 당기순이익에 대한 비지배지분 연결분개 부분에 해당한다(분개에 대한 상세 설명은 본문에서 확인하기 바람).

기업명	약식명칭	기간	계정명	금액	지배지분세율	마지막기업_비지배지분세율	명목지배지분율	최종_실질비지배지분율	외화환산	계정과목	계정유형	차변	대변
종속	AB	2002-12-31	당기순이익	100,000	0.00%	0.00%	51.00%	49.00%		비지배지분	NCI	0	49,000
										미처분이익잉여금	RE	49,000	0

② **[out_연결분개_기타_1]** 종속의 2002년 당기순이익에 대한 비지배지분 연결분개 부분에 해당한다(분개에 대한 상세 설명은 본문에서 확인하기 바람).

기업명	약식명칭	기간	계정명	금액	지배지분세율	마지막기업_비지배지분세율	명목지배지분율	최종_실질비지배지분율	외화환산	계정과목	계정유형	차변	대변
종속	AB	2003-12-31	당기순이익	70,000	0.00%	0.00%	51.00%	49.00%		비지배지분	NCI	0	34,300
										비지배지분순이익	RE	34,300	0

③ **[out_연결분개_기타_2]** 종속의 2003년 당기순이익에 대한 비지배지분 연결분개 부분에 해당한다(분개에 대한 상세 설명은 본문에서 확인하기 바람).

5) tmp_연결분개_통합 sheet

계정과목	매핑계정과목	신설필요_계정과목	후보_매핑계정과목_1	후보_매핑계정과목_2	차변잔액	대변잔액		확인
AA종속기업투자지분	AA종속기업투자지분		AA종속기업투자지분		0	177,600		
AB미처분이익잉여금	AB미처분이익잉여금		AB미처분이익잉여금	AA미처분이익잉여금	0	8,400		
AB비지배지분	비지배지분		비지배지분순이익	비지배지분	0	196,000		
AB영업권	AB영업권	AB영업권			30,000	0		
AB이익잉여금	AB미처분이익잉여금		AB미처분이익잉여금		150,000	0		
AB자본금	AB자본금		AB자본금	AB자본잉여금	200,000	0		
AB자본잉여금	AB자본잉여금		AB자본잉여금	AB자본금	50,000	0		
AB자본조정	자본조정	자본조정	AB자본금	AB자본잉여금	0	48,000		
미처분이익잉여금	AA미처분이익잉여금		AA미처분이익잉여금	AB미처분이익잉여금	78,400	0		
비지배지분	비지배지분		비지배지분	비지배지분순이익	0	112,700		
비지배지분순이익	비지배지분순이익		비지배지분순이익	비지배지분	34,300	0		

① 음영 부분을 상기와 같이 신설하여 매핑한다.

주의 적절한 계정과목을 신설하여야 하는 경우에는 신설필요_계정과목에 신설하고 동일한 계정과목을 매핑계정과목에 입력하여야 한다.

② 확인 버튼을 누른다.

6) out_최종연결정산표 sheet

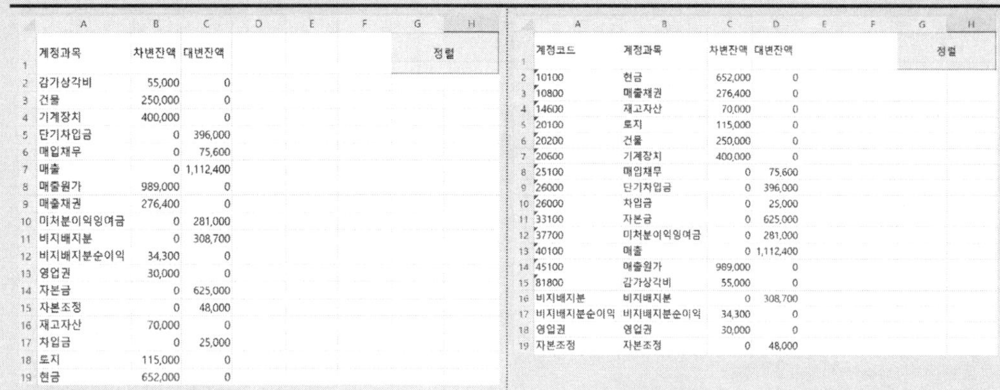

	계정과목	차변잔액	대변잔액
2	감가상각비	55,000	0
3	건물	250,000	0
4	기계장치	400,000	0
5	단기차입금	0	396,000
6	매입채무	0	75,600
7	매출	0	1,112,400
8	매출원가	989,000	0
9	매출채권	276,400	0
10	미처분이익잉여금	0	281,000
11	비지배지분	0	308,700
12	비지배지분순이익	34,300	0
13	영업권	30,000	0
14	자본금	0	625,000
15	자본조정	0	48,000
16	재고자산	70,000	0
17	차입금	0	25,000
18	토지	115,000	0
19	현금	652,000	0

정렬

① 계정과목이 한글로 오름차순으로 되어 있다.
② 정렬 버튼을 누른다.

	계정코드	계정과목	차변잔액	대변잔액
2	10100	현금	652,000	0
3	10800	매출채권	276,400	0
4	14600	재고자산	70,000	0
5	20100	토지	115,000	0
6	20200	건물	250,000	0
7	20600	기계장치	400,000	0
8	25100	매입채무	0	75,600
9	26000	단기차입금	0	396,000
10	26000	차입금	0	25,000
11	33100	자본금	0	625,000
12	37700	미처분이익잉여금	0	281,000
13	40100	매출	0	1,112,400
14	45100	매출원가	989,000	0
15	81800	감가상각비	55,000	0
16	비지배지분	비지배지분	0	308,700
17	비지배지분순이익	비지배지분순이익	34,300	0
18	영업권	영업권	30,000	0
19	자본조정	자본조정	0	48,000

정렬

③ 계정코드별로 오름차순되며, 계정코드가 없이 새롭게 삽입된 계정과목은 맨 아래에 위치하고 그러한 계정과목은 계정과목으로(한글순으로) 오름차순으로 정렬이 된다.

Fraudit ExCon 실 습 : 제4장 5 지분법 1차년도

(1) 사례파일

제4장_5_지분법_1차년도_기초정보.xlsx, 제4장_5_지분법_1차년도_원화시산표.xlsx

(2) [기초정보.xlsx] 작성

1) 보고기간 sheet

	A	B	C	D
1	목차	구분	일자	검증_보고기간
2	보고기간	보고기간초	2001-01-01	OK
3	보고기간	보고기간말	2001-12-31	

① 보고기간 초와 보고기간 말을 입력한다..

2) 기업목록 sheet

	A	B	C	D	E	F	G	H	I	J	K	L	M
1	일련번호	목차	기업명	약식명칭	기능통화	표시통화	세율	이연법인세계산	검증_기업명중복	검증_기능통화	검증_표시통화	검증_세율	검증_이연법인세계산
2	1	기업목록	지배	AA	원화	원화	0%	아니오	OK	OK	OK	OK	OK
3	2		종속	AB	원화	원화	0%	아니오	OK	OK	OK	OK	OK

① 기업명을 입력한다. 여기서는 **지배**와 **종속**으로 입력한다.
② 기능통화를 **원화**로 선택한다.
③ 표시통화를 **원화**로 선택한다.
④ 세율은 0%이므로 입력하지 않는다.
⑤ 이연법인세계산을 **아니오**로 선택한다.

3) 지분구조 sheet

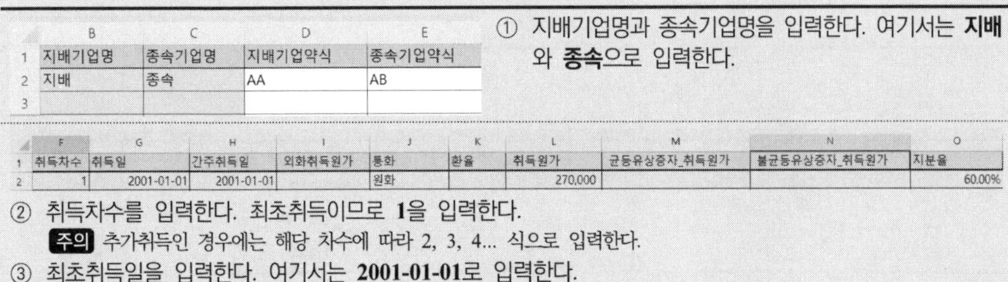

	B	C	D	E
1	지배기업명	종속기업명	지배기업약식	종속기업약식
2	지배	종속	AA	AB
3				

① 지배기업명과 종속기업명을 입력한다. 여기서는 **지배**와 **종속**으로 입력한다.

	F	G	H	I	J	K	L	M	N	O
1	취득차수	취득일	간주취득일	외화취득원가	통화	환율	취득원가	균등유상증자_취득원가	불균등유상증자_취득원가	지분율
2	1	2001-01-01	2001-01-01		원화		270,000			60.00%

② 취득차수를 입력한다. 최초취득이므로 **1**을 입력한다.
주의 추가취득인 경우에는 해당 차수에 따라 2, 3, 4... 식으로 입력한다.
③ 최초취득일을 입력한다. 여기서는 **2001-01-01**로 입력한다.
④ 간주취득일을 입력한다. 여기서는 **2001-01-01**로 입력한다.
주의 간주취득일은 최초취득일로부터 가장 근접한 결산재무제표의 결산일을 의미한다.
⑤ 나머지는 상기와 같이 입력한다.

4) 취득시지분구조_공정가치차이 sheet

	E	F	G	H	I	J	K	L	M
1	목차	기업명	약식명칭	취득차수_1	취득일_1	간주취득일_1	자본계정명_1	자본금액_1_외화	자본금액_1
2	자본_공정가치	종속	AB	1	2001-01-01	2001-01-01	자본금		200,000
3		종속	AB				자본잉여금		50,000
4		종속	AB				이익잉여금		150,000

① 종속의 2001-01-01일의 자본계정명_1(1차 취득)과 자본금액_1(1차 취득)을 **K열과 M열에 상기와 같이** 입력한다.

5) 재무정보 sheet

	A	B	C	D	E	F	G
1	일련번호	목차	기업명	약식명칭	기간	계정명	금액
2	2	재무정보	종속	AB	2001-12-31	배당	
3						당기순이익	60,000
4						기타포괄손익	
5						해외사업환산손익	

① G열에 종속회사의 2001년 **당기순이익을 상기와 같이** 입력한다.

6) 내부거래현황 sheet

① 내부거래가 없으므로 별도로 입력하지 않는다.

(3) [원화시산표.xlsx] 작성

1) 보고기간 sheet

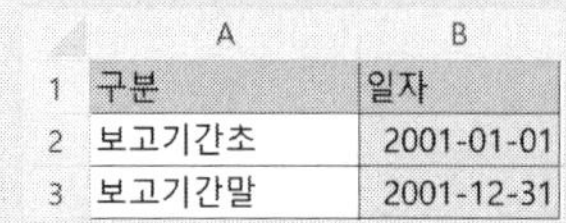

	A	B
1	구분	일자
2	보고기간초	2001-01-01
3	보고기간말	2001-12-31

① 보고기간 초와 보고기간 말을 입력한다.

주의 기초정보의 보고기간 초와 보고기간 말과 동일하여야 한다.

2) 기업목록 sheet

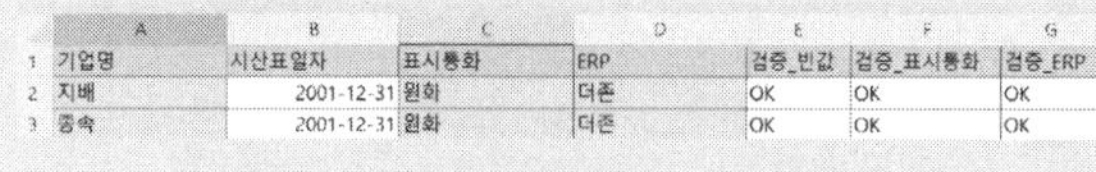

	A	B	C	D	E	F	G
1	기업명	시산표일자	표시통화	ERP	검증_빈값	검증_표시통화	검증_ERP
2	지배	2001-12-31	원화	더존	OK	OK	OK
3	종속	2001-12-31	원화	더존	OK	OK	OK

① 기업명을 입력한다. 여기서는 **지배**와 **종속**으로 입력한다.
② 표시통화를 **원화**로 선택한다.
③ ERP는 **더존**이라고 가정하고 선택한다.

3) 원화시산표_1 sheet

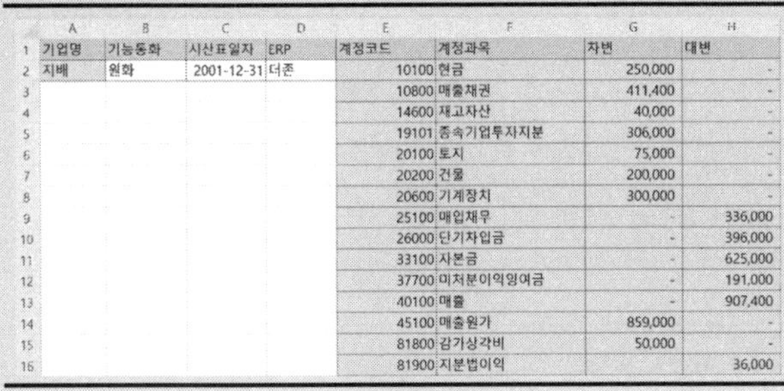

기업명	기능통화	시산표일자	ERP	계정코드	계정과목	차변	대변
지배	원화	2001-12-31	더존	10100	현금	250,000	-
				10800	매출채권	411,400	-
				14600	재고자산	40,000	-
				19101	종속기업투자지분	306,000	-
				20100	토지	75,000	-
				20200	건물	200,000	-
				20600	기계장치	300,000	-
				25100	매입채무	-	336,000
				26000	단기차입금	-	396,000
				33100	자본금	-	625,000
				37700	미처분이익잉여금	-	191,000
				40100	매출	-	907,400
				45100	매출원가	859,000	-
				81800	감가상각비	50,000	-
				81900	지분법이익		36,000

① A열에 기업명을 입력한다. 여기서는 **지배**로 입력한다.
② 해당 계정코드, 계정과목, 차변, 대변 금액을 차례로 입력한다. **차변과 대변은 어느 한쪽만 입력하여야 한다.**
③ 검증 칼럼에서 OK가 아닌 경우 해당 원인을 해결한다.

4) 원화시산표_2 sheet

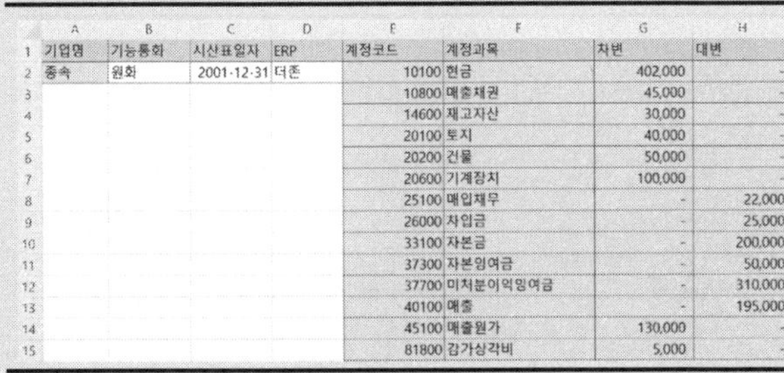

기업명	기능통화	시산표일자	ERP	계정코드	계정과목	차변	대변
종속	원화	2001-12-31	더존	10100	현금	402,000	-
				10800	매출채권	45,000	-
				14600	재고자산	30,000	-
				20100	토지	40,000	-
				20200	건물	50,000	-
				20600	기계장치	100,000	-
				25100	매입채무	-	22,000
				26000	차입금	-	25,000
				33100	자본금	-	200,000
				37300	자본잉여금	-	50,000
				37700	미처분이익잉여금	-	310,000
				40100	매출	-	195,000
				45100	매출원가	130,000	-
				81800	감가상각비	5,000	-

① A열에 기업명을 입력한다. 여기서는 **종속**으로 입력한다.
② 해당 계정코드, 계정과목, 차변, 대변 금액을 차례로 입력한다. **차변과 대변은 어느 한쪽만 입력하여야 한다.**
③ 검증 칼럼에서 OK가 아닌 경우 해당 원인을 해결한다.

(4) [Fraudit-ExCon.exe] 실행

제4장_5_지분법_1차년도_기초정보.xlsx과 제4장_5_지분법_1차년도_원화시산표.xlsx을 Fraudit-ExCon이 있는 폴더에 복사하여 이동한다. 그리고 **접두어를 제거**하고 **기초정보.xlsx와 원화시산표.xlsx**로 이름을 변경한다. **그 다음에 Fraudit-ExCon.exe를 실행한다.**

1) Main Sheet

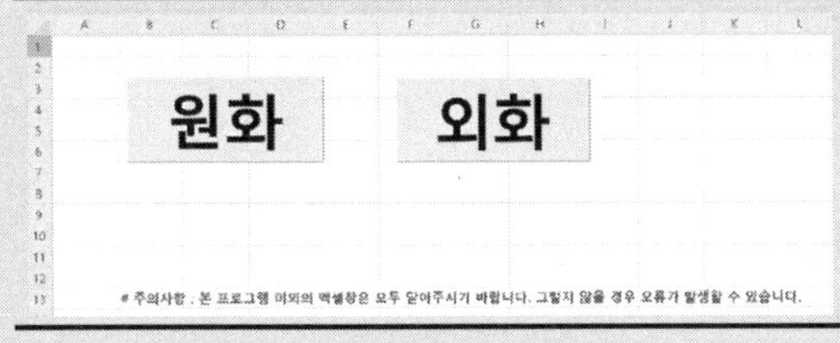

① 기능통화가 외화인 종속법인이 없으므로 원화 버튼을 누른다.

주의 원화 버튼을 누른 후 에러메시지가 뜨면 해당 에러 원인을 **기초정보.xlsx, 원화시산표.xlsx**에서 적절하게 수정한 후 다시 누른다.

2) out_연결분개_투자자본_0 sheet

	T	U	V	W
	계정과목	계정유형	차변	대변
	AA종속기업투자지분	BS	0	270000
	AB자본금	HE	200000	0
	AB자본잉여금	BS	50000	0
	AB이익잉여금	BS	150000	0
	AB비지배지분	NCI	0	160000
	AB영업권	BS	30000	0

① 연결분개 중 지배와 종속의 투자와 자본 상계제거 분개 부분에 해당한다. 검증 목적으로 차변, 대변 칼럼의 금액과 계정과목을 확인하면 된다(분개에 대한 상세 설명은 본문에서 확인하기 바람).

3) out_연결분개_기타_0 sheet

	A	B	C	D	E	F	G	H	I	J	K	L	M	N
1	기업명	약식명칭	기간	계정명	금액	지배지분세율	마지막기업_비지배지분세율	명목지배지분율	최종_실질비지배지분율	외화환산	계정과목	계정유형	차변	대변
2	종속	AB	2001-12-31	당기순이익	60,000	0.00%	0.00%	60.00%	40.00%		비지배지분	NCI	0	24,000
3											비지배지분순이익	RE	24,000	0

① **[out_연결분개_기타_0]** 종속의 2001년 당기순이익에 대한 비지배지분 연결분개 부분에 해당한다(분개에 대한 상세 설명은 본문에서 확인하기 바람).

4) tmp_연결분개_통합 sheet

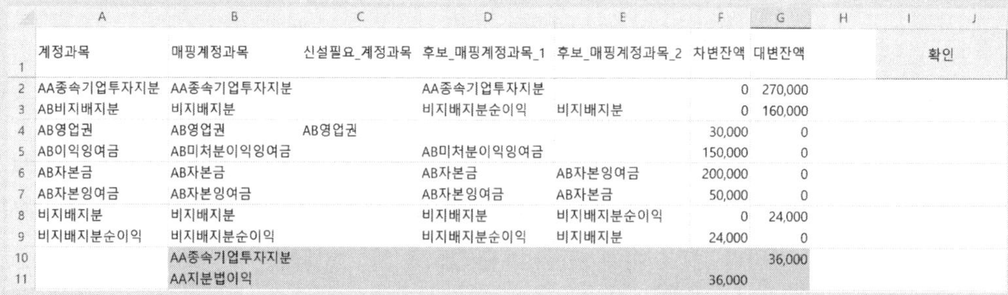

	A	B	C	D	E	F	G	H	I	J
1	계정과목	매핑계정과목	신설필요_계정과목	후보_매핑계정과목_1	후보_매핑계정과목_2	차변잔액	대변잔액		확인	
2	AA종속기업투자지분	AA종속기업투자지분		AA종속기업투자지분		0	270,000			
3	AB비지배지분	비지배지분		비지배지분순이익	비지배지분	0	160,000			
4	AB영업권	AB영업권	AB영업권			30,000	0			
5	AB이익잉여금	AB미처분이익잉여금		AB미처분이익잉여금		150,000	0			
6	AB자본금	AB자본금		AB자본금	AB자본잉여금	200,000	0			
7	AB자본잉여금	AB자본잉여금		AB자본잉여금	AB자본금	50,000	0			
8	비지배지분	비지배지분		비지배지분	비지배지분순이익	0	24,000			
9	비지배지분순이익	비지배지분순이익		비지배지분순이익	비지배지분	24,000	0			
10		AA종속기업투자지분					36,000			
11		AA지분법이익				36,000				

① 상기 음영 부분처럼 별도재무제표 지분법 회계처리를 제거하는 분개를 추가한다.

주의 적절한 계정과목을 신설하여야 하는 경우에는 신설필요_계정과목에 신설하고 동일한 계정과목을 매핑계정과목에 입력하여야 한다.

② 확인 버튼을 누른다.

5) out_최종연결정산표 sheet

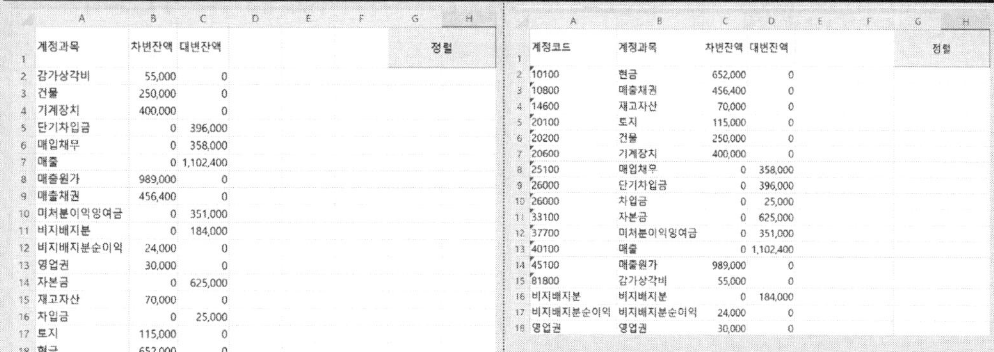

	A	B	C
1	계정과목	차변잔액	대변잔액
2	감가상각비	55,000	0
3	건물	250,000	0
4	기계장치	400,000	0
5	단기차입금	0	396,000
6	매입채무	0	358,000
7	매출	0	1,102,400
8	매출원가	989,000	0
9	매출채권	456,400	0
10	미처분이익잉여금	0	351,000
11	비지배지분	0	184,000
12	비지배지분순이익	24,000	0
13	영업권	30,000	0
14	자본금	0	625,000
15	재고자산	70,000	0
16	차입금	0	25,000
17	토지	115,000	0
18	현금	652,000	0

정렬

	A	B	C	D
1	계정코드	계정과목	차변잔액	대변잔액
2	10100	현금	652,000	0
3	10800	매출채권	456,400	0
4	14600	재고자산	70,000	0
5	20100	토지	115,000	0
6	20200	건물	250,000	0
7	20600	기계장치	400,000	0
8	25100	매입채무	0	358,000
9	26000	단기차입금	0	396,000
10	26000	차입금	0	25,000
11	33100	자본금	0	625,000
12	37700	미처분이익잉여금	0	351,000
13	40100	매출	0	1,102,400
14	45100	매출원가	989,000	0
15	81800	감가상각비	55,000	0
16	비지배지분	비지배지분	0	184,000
17	비지배지분순이익	비지배지분순이익	24,000	0
18	영업권	영업권	30,000	0

정렬

① 계정과목이 한글로 오름차순으로 되어 있다.
② 정렬 버튼을 누른다.

③ 계정코드별로 오름차순되며, 계정코드가 없이 새롭게 삽입된 계정과목은 맨 아래에 위치하고 그러한 계정과목은 계정과목으로(한글순으로) 오름차순으로 정렬이 된다.

Fraudit ExCon 실 습 : 제4장 5 지분법 2차년도

(1) 사례파일

제4장_5_지분법_2차년도_기초정보.xlsx, 제4장_5_지분법_2차년도_원화시산표.xlsx

(2) [기초정보.xlsx] 작성

1) 보고기간 sheet

	A	B	C	D
1	목차	구분	일자	검증_보고기간
2	보고기간	보고기간초	2002-01-01	OK
3	보고기간	보고기간말	2002-12-31	

① 보고기간 초와 보고기간 말을 입력한다..

2) 기업목록 sheet

	A	B	C	D	E	F	G	H	I	J	K	L	M
1	일련번호	목차	기업명	약식명칭	기능통화	표시통화	세율	이연법인세계산	검증_기업명중복	검증_기능통화	검증_표시통화	검증_세율	검증_이연법인세계산
2	1	기업목록	지배	AA	원화	원화	0%	아니오	OK	OK	OK	OK	OK
3	2		종속	AB	원화	원화	0%	아니오	OK	OK	OK	OK	OK

① 기업명을 입력한다. 여기서는 **지배**와 **종속**으로 입력한다.
② 기능통화를 **원화**로 선택한다.
③ 표시통화를 **원화**로 선택한다.
④ 세율은 0%이므로 입력하지 않는다.
⑤ 이연법인세계산을 **아니오**로 선택한다.

3) 지분구조 sheet

	A	B	C	D	E
1	목차	지배기업명	종속기업명	지배기업약식	종속기업약식
2	지분구조	지배	종속	AA	AB
3		지배	종속	AA	AB

① 지배기업명과 종속기업명을 입력한다. 여기서는 **지배**와 **종속**으로 입력한다.

	F	G	H	I	J	K	L	M	N	O
1	취득차수	취득일	간주취득일	외화취득원가	통화	환율	취득원가	균등유상증자_취득원가	불균등유상증자_취득원가	지분율
2	1	2001-01-01	2001-01-01		원화		270,000			60.00%
3	2	2002-01-01	2002-01-01		원화		(57,600)			(6.00%)

② 추가취득 부분을 상기와 같이 추가한다.

4) 취득시지분구조_공정가치차이 sheet

	E	F	G	H	I	J	K	L	M
1	목차	기업명	약식명칭	취득차수_1	취득일_1	간주취득일_1	자본계정명_1	자본금액_1_외화	자본금액_1
2	자본_공정가치	종속	AB	1	2001-01-01	2001-01-01	자본금		200,000
3		종속	AB				자본잉여금		50,000
4		종속	AB				이익잉여금		150,000

① 종속의 2001-01-01일의 자본계정명_1(1차 취득)과 자본금액_1(1차 취득)을 **K열과 M열에 상기와 같이** 입력한다.

	AN	AO	AP	AQ	AR	AS	AT	AU
1	취득차수_2	취득일_2	간주취득일_2	자본계정명_2	자본금액_2	차이금액_2	균등유상증자차이금액_2	불균등유상증자차이금액_2
2	2	2002-01-01	2002-01-01	자본금	200,000	0		
3				자본잉여금	50,000	0		
4				이익잉여금	210,000	60,000		

② 종속의 2002-01-01일의 자본계정명_2와 자본금액_2를 상기와 같이 입력한다.

5) 재무정보 sheet

	A	B	C	D	E	F	G
1	일련번호	목차	기업명	약식명칭	기간	계정명	금액
2	2	재무정보	종속	AB	2001-12-31	배당	
3						당기순이익	60,000
4						기타포괄손익	
5						해외사업환산손익	
6	2		종속	AB	2002-12-31	배당	
7						당기순이익	100,000
8						기타포괄손익	
9						해외사업환산손익	

① G열에 종속의 **2001년, 2002년 당기순이익을 상기와 같이** 입력한다.

6) 내부거래현황 sheet

① 내부거래가 없으므로 별도로 입력하지 않는다.

(3) [원화시산표.xlsx] 작성

1) 보고기간 sheet

	A	B
1	구분	일자
2	보고기간초	2002-01-01
3	보고기간말	2002-12-31

① 보고기간 초와 보고기간 말을 입력한다.

주의 기초정보의 보고기간 초와 보고기간 말과 동일하여야 한다.

2) 기업목록 sheet

기업명	시산표일자	표시통화	ERP	검증_빈값	검증_표시통화	검증_ERP
지배	2001-12-31	원화	더존	OK	OK	OK
종속	2001-12-31	원화	더존	OK	OK	OK

① 기업명을 입력한다. 여기서는 **지배**와 **종속**으로 입력한다.
② 표시통화를 **원화**로 선택한다.
③ ERP는 **더존**이라고 가정하고 선택한다.

3) 원화시산표_1 sheet

기업명	기능통화	시산표일자	ERP	계정코드	계정과목	차변	대변
지배	원화	2002-12-31	더존	10100	현금	250,000	-
				10800	매출채권	150,600	-
				14600	재고자산	40,000	-
				19101	종속기업투자지분	312,400	-
				20100	토지	75,000	-
				20200	건물	200,000	-
				20600	기계장치	300,000	-
				25100	매입채무	-	53,600
				26000	단기차입금	-	396,000
				33100	자본금	-	625,000
				37700	미처분이익잉여금	-	191,000
				40100	매출	-	907,400
				45100	매출원가	859,000	-
				81800	감가상각비	50,000	-
				81900	지분법이익		64,000

① A열에 기업명을 입력한다. 여기서는 **지배**로 입력한다.
② 해당 계정코드, 계정과목, 차변, 대변 금액을 차례로 입력한다. **차변과 대변은 어느 한쪽만 입력하여야 한다.**
③ 검증 칼럼에서 OK가 아닌 경우 해당 원인을 해결한다.

4) 원화시산표_2 sheet

기업명	기능통화	시산표일자	ERP	계정코드	계정과목	차변	대변
종속	원화	2002-12-31	더존	10100	현금	402,000	-
				10800	매출채권	85,000	-
				14600	재고자산	30,000	-
				20100	토지	40,000	-
				20200	건물	50,000	-
				20600	기계장치	100,000	-
				25100	매입채무	-	22,000
				26000	차입금	-	25,000
				33100	자본금	-	200,000
				37300	자본잉여금	-	50,000
				37700	미처분이익잉여금	-	310,000
				40100	매출	-	235,000
				45100	매출원가	130,000	-
				81800	감가상각비	5,000	-

① A열에 기업명을 입력한다. 여기서는 **종속**으로 입력한다.
② 해당 계정코드, 계정과목, 차변, 대변 금액을 차례로 입력한다. **차변과 대변은 어느 한쪽만 입력하여야 한다.**
③ 검증 칼럼에서 OK가 아닌 경우 해당 원인을 해결한다.

(4) [Fraudit-ExCon.exe] 실행

제4장_5_지분법_2차년도_기초정보.xlsx과 제4장_5_지분법_2차년도_원화시산표.xlsx을 Fraudit-ExCon이 있는 폴더에 복사하여 이동한다. 그리고 **접두어를 제거**하고 **기초정보.xlsx와 원화시산표.xlsx로** 이름을 변경한다. **그 다음에 Fraudit-ExCon.exe를 실행한다.**

1) Main Sheet

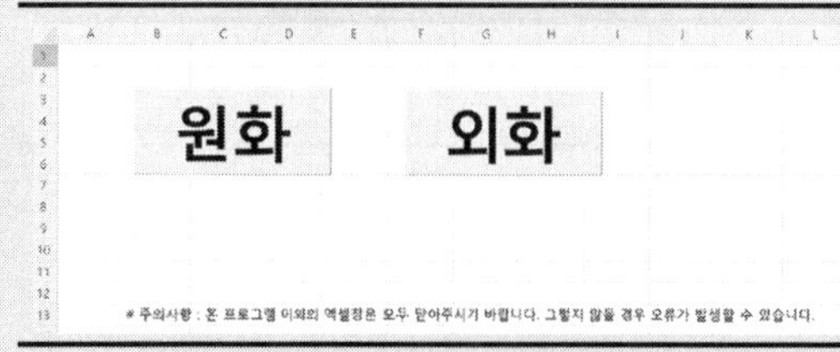

① 기능통화가 외화인 종속법인이 없으므로 원화 버튼을 누른다.

주의 원화 버튼을 누른 후 에러메시지가 뜨면 해당 에러원인을 **기초정보.xlsx, 원화시산표.xlsx**에서 적절하게 수정한 후 다시 누른다.

2) out_연결분개_투자자본_0 sheet

T	U	V	W
계정과목	계정유형	차변	대변
AA종속기업투자지분	BS	0	270000
AB자본금	HE	200000	0
AB자본잉여금	BS	50000	0
AB이익잉여금	BS	150000	0
AB비지배지분	NCI	0	160000
AB영업권	BS	30000	0

① 연결분개 중 지배와 종속의 투자와 자본 상계제거 분개 부분에 해당한다. 검증 목적으로 차변, 대변 칼럼의 금액과 계정과목을 확인하면 된다(분개에 대한 상세 설명은 본문에서 확인하기 바람).

3) out_연결분개_추가취득_1 sheet

S	T	U	V
계정과목	계정유형	차변	대변
AA종속기업투자지분	BS	57,600	0
AB비지배지분	NCI	0	24,000
AB비지배지분	NCI	3,600	0
AB미처분이익잉여금	RE	0	3,600
AB비지배지분	NCI	0	3,600
AB자본조정	BS	0	30,000

① 추가처분 종속기업투자지분 상계 제거부분이다. 검증 목적으로 차변, 대변 칼럼의 금액과 계정과목을 확인하면 된다(분개에 대한 상세 설명은 본문에서 확인하기 바람).

4) out_연결분개_기타_0, 1 sheet

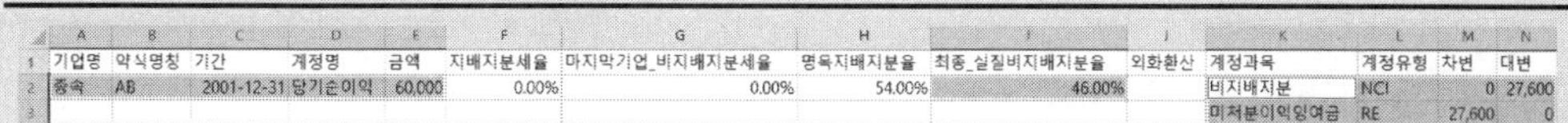

	A	B	C	D	E	F	G	H	I	J	K	L	M	N
1	기업명	약식명칭	기간	계정명	금액	지배지분세율	마지막기업_비지배지분세율	명목지배지분율	최종_실질비지배지분율	외화환산	계정과목	계정유형	차변	대변
2	종속	AB	2001-12-31	당기순이익	60,000	0.00%	0.00%	54.00%	46.00%		비지배지분	NCI	0	27,600
3											미처분이익잉여금	RE	27,600	0

① **[out_연결분개_기타_0]** 종속의 2001년 당기순이익에 대한 비지배지분 연결분개 부분에 해당한다(분개에 대한 상세 설명은 본문에서 확인하기 바람).

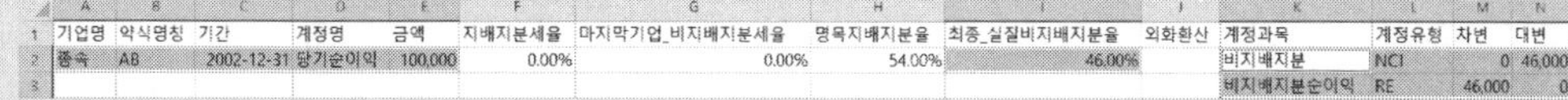

	A	B	C	D	E	F	G	H	I	J	K	L	M	N
1	기업명	약식명칭	기간	계정명	금액	지배지분세율	마지막기업_비지배지분세율	명목지배지분율	최종_실질비지배지분율	외화환산	계정과목	계정유형	차변	대변
2	종속	AB	2002-12-31	당기순이익	100,000	0.00%	0.00%	54.00%	46.00%		비지배지분	NCI	0	46,000
3											비지배지분순이익	RE	46,000	0

② **[out_연결분개_기타_1]** 종속의 2002년 당기순이익에 대한 비지배지분 연결분개 부분에 해당한다(분개에 대한 상세 설명은 본문에서 확인하기 바람).

5) tmp_연결분개_통합 sheet

계정과목	매핑계정과목	신설필요_계정과목	후보_매핑계정과목_1	후보_매핑계정과목_2	차변잔액	대변잔액
AA종속기업투자지분	AA종속기업투자지분		AA종속기업투자지분		0	212,400
AB미처분이익잉여금	AB미처분이익잉여금		AB미처분이익잉여금	AA미처분이익잉여금	0	3,600
AB비지배지분	비지배지분		비지배지분순이익	비지배지분	0	184,000
AB영업권	AB영업권	AB영업권			30,000	0
AB이익잉여금	AB미처분이익잉여금		AB미처분이익잉여금		150,000	0
AB자본금	AB자본금		AB자본금	AB자본잉여금	200,000	0
AB자본잉여금	AB자본잉여금		AB자본잉여금	AB자본금	50,000	0
AB자본조정	자본조정	자본조정	AB자본금	AB자본잉여금	0	30,000
미처분이익잉여금	AA미처분이익잉여금		AA미처분이익잉여금	AB미처분이익잉여금	27,600	0
비지배지분	비지배지분		비지배지분	비지배지분순이익	0	73,600
비지배지분순이익	비지배지분순이익		비지배지분순이익	비지배지분	46,000	0
	AA미처분이익잉여금				36,000	
	AA종속기업투자지분					36,000
	AA지분법이익				64,000	
	AA종속기업투자지분					64,000

확인

① 자본조정을 상기와 같이 신설하여 매핑한다.

주의 적절한 계정과목을 신설하여야 하는 경우에는 신설필요_계정과목에 신설하고 동일한 계정과목을 매핑계정과목에 입력하여야 한다.

② 하단의 음영부분과 같이 별도재무제표 지분법 회계처리를 취소하는 분개를 추가한다.

③ 확인 버튼을 누른다.

6) out_최종연결정산표 sheet

계정과목	차변잔액	대변잔액
감가상각비	55,000	0
건물	250,000	0
기계장치	400,000	0
단기차입금	0	396,000
매입채무	0	75,600
매출	0	1,142,400
매출원가	989,000	0
매출채권	235,600	0
미처분이익잉여금	0	291,000
비지배지분	0	257,600
비지배지분순이익	46,000	0
영업권	30,000	0
자본금	0	625,000
자본조정	0	30,000
재고자산	70,000	0
차입금	0	25,000
토지	115,000	0
현금	652,000	0

정렬

① 계정과목이 한글로 오름차순으로 되어 있다.

② 정렬 버튼을 누른다.

계정코드	계정과목	차변잔액	대변잔액
10100	현금	652,000	0
10800	매출채권	235,600	0
14600	재고자산	70,000	0
20100	토지	115,000	0
20200	건물	250,000	0
20600	기계장치	400,000	0
25100	매입채무	0	75,600
26000	단기차입금	0	396,000
26000	차입금	0	25,000
33100	자본금	0	625,000
37700	미처분이익잉여금	0	291,000
40100	매출	0	1,142,400
45100	매출원가	989,000	0
81800	감가상각비	55,000	0
비지배지분	비지배지분	0	257,600
비지배지분순이익	비지배지분순이익	46,000	0
영업권	영업권	30,000	0
자본조정	자본조정	0	30,000

정렬

③ 계정코드별로 오름차순되며, 계정코드가 없이 새롭게 삽입된 계정과목은 맨 아래에 위치하고 그러한 계정과목은 계정과목으로(한글순으로) 오름차순으로 정렬이 된다.

Fraudit ExCon 실 습 : 제4장 5 지분법 3차년도

(1) 사례파일

제4장_5_지분법_3차년도_기초정보.xlsx, 제4장_5_지분법_3차년도_원화시산표.xlsx

(2) [기초정보.xlsx] 작성

1) 보고기간 sheet

	A	B	C	D
1	목차	구분	일자	검증_보고기간
2	보고기간	보고기간초	2003-01-01	OK
3	보고기간	보고기간말	2003-12-31	

① 보고기간 초와 보고기간 말을 입력한다..

2) 기업목록 sheet

	A	B	C	D	E	F	G	H	I	J	K	L	M
1	일련번호	목차	기업명	약식명칭	기능통화	표시통화	세율	이연법인세계산	검증_기업명중복	검증_기능통화	검증_표시통화	검증_세율	검증_이연법인세계산
2	1	기업목록	지배	AA	원화	원화	0%	아니오	OK	OK	OK	OK	OK
3	2		종속	AB	원화	원화	0%	아니오	OK	OK	OK	OK	OK

① 기업명을 입력한다. 여기서는 **지배**와 **종속**으로 입력한다.
② 기능통화를 **원화**로 선택한다.
③ 표시통화를 **원화**로 선택한다.
④ 세율은 0%이므로 입력하지 않는다.
⑤ 이연법인세계산을 **아니오**로 선택한다.

3) 지분구조 sheet

	A	B	C	D	E	F
1	목차	지배기업명	종속기업명	지배기업약식	종속기업약식	취득차수
2	지분구조	지배	종속	AA	AB	1
3		지배	종속	AA	AB	2
4		지배	종속	AA	AB	3

① 지배기업명과 종속기업명을 입력한다. 여기서는 **지배**와 **종속**으로 입력한다.

	F	G	H	I	J	K	L	M	N	O
1	취득차수	취득일	간주취득일	외화취득원가	통화	환율	취득원가	균등유상증자_취득원가	불균등유상증자_취득원가	지분율
2	1	2001-01-01	2001-01-01		원화		270,000			60.00%
3	2	2002-01-01	2002-01-01		원화		(57,600)			(6.00%)
4	3	2003-01-01	2003-01-01		원화		(34,800)			(3.00%)

② 추가처분 부분을 상기와 같이 추가한다.

4) 취득시지분구조_공정가치차이 sheet

	E	F	G	H	I	J	K	L	M
1	목차	기업명	약식명칭	취득차수_1	취득일_1	간주취득일_1	자본계정명_1	자본금액_1_외화	자본금액_1
2	자본_공정가치	종속	AB	1	2001-01-01	2001-01-01	자본금		200,000
3		종속	AB				자본잉여금		50,000
4		종속	AB				이익잉여금		150,000

① 종속의 2001-01-01일의 자본계정명_1(1차 취득)과 자본금액_1(1차 취득)을 **K열과 M열에 상기와 같이** 입력한다.

	AN	AO	AP	AQ	AR	AS	AT	AU
1	취득차수_2	취득일_2	간주취득일_2	자본계정명_2	자본금액_2	차이금액_2	균등유상증자차이금액_2	불균등유상증자차이금액_2
2	2	2002-01-01	2002-01-01	자본금	200,000	0		
3				자본잉여금	50,000	0		
4				이익잉여금	210,000	60,000		

② 종속의 2002-01-01일의 자본계정명_2와 자본금액_2를 상기와 같이 입력한다.

	AV	AW	AX	AY	AZ	BA	BB	BC
1	취득차수_3	취득일_3	간주취득일_3	자본계정명_3	자본금액_3	차이금액_3	균등유상증자차이금액_3	불균등유상증자차이금액_3
2	3	2003-01-01	2003-01-01	자본금	200,000	0		
3				자본잉여금	50,000	0		
4				이익잉여금	310,000	100,000		

③ 종속의 2003-01-01일의 자본계정명_3과 자본금액_3을 상기와 같이 입력한다.

5) 재무정보 sheet

	A	B	C	D	E	F	G
1	일련번호	목차	기업명	약식명칭	기간	계정명	금액
2	2	재무정보	종속	AB	2001-12-31	배당	
3						당기순이익	60,000
4						기타포괄손익	
5						해외사업환산손익	
6	2		종속	AB	2002-12-31	배당	
7						당기순이익	100,000
8						기타포괄손익	
9						해외사업환산손익	
10	2		종속	AB	2003-12-31	배당	
11						당기순이익	70,000
12						기타포괄손익	
13						해외사업환산손익	

① G열에 종속의 **2001년, 2002년, 2003년 당기순이익을 상기와 같이** 입력한다.

6) 내부거래현황 sheet

① 내부거래가 없으므로 별도로 입력하지 않는다.

(3) [원화시산표.xlsx] 작성

1) 보고기간 sheet

	A	B
1	구분	일자
2	보고기간초	2003-01-01
3	보고기간말	2003-12-31

① 보고기간 초와 보고기간 말을 입력한다.

주의 기초정보의 보고기간 초와 보고기간 말과 동일하여야 한다.

2) 기업목록 sheet

	A	B	C	D	E	F	G
1	기업명	시산표일자	표시통화	ERP	검증_빈값	검증_표시통화	검증_ERP
2	지배	2001-12-31	원화	더존	OK	OK	OK
3	종속	2001-12-31	원화	더존	OK	OK	OK

① 기업명을 입력한다. 여기서는 **지배**와 **종속**으로 입력한다.
② 표시통화를 **원화**로 선택한다.
③ ERP는 **더존**이라고 가정하고 선택한다.

3) 원화시산표_1 sheet

	A	B	C	D	E	F	G	H
1	기업명	기능통화	시산표일자	ERP	계정코드	계정과목	차변	대변
2	지배	원화	2003-12-31	더존	10100	현금	250,000	-
3					10800	매출채권	121,400	-
4					14600	재고자산	40,000	-
5					19101	종속기업투자지분	320,300	-
6					20100	토지	75,000	-
7					20200	건물	200,000	-
8					20600	기계장치	300,000	-
9					25100	매입채무	-	53,600
10					26000	단기차입금	-	396,000
11					33100	자본금	-	625,000
12					37700	미처분이익잉여금	-	191,000
13					40100	매출	-	907,400
14					45100	매출원가	859,000	-
15					81800	감가상각비	50,000	-
16					81900	지분법이익		42,700

① A열에 기업명을 입력한다. 여기서는 **지배**로 입력한다.
② 해당 계정코드, 계정과목, 차변, 대변 금액을 차례로 입력한다. **차변과 대변은 어느 한쪽만 입력하여야 한다.**
③ 검증 칼럼에서 OK가 아닌 경우 해당 원인을 해결한다.

4) 원화시산표_2 sheet

	A	B	C	D	E	F	G	H
1	기업명	기능통화	시산표일자	ERP	계정코드	계정과목	차변	대변
2	종속	원화	2003-12-31	더존	10100	현금	402,000	-
3					10800	매출채권	55,000	-
4					14600	재고자산	30,000	-
5					20100	토지	40,000	-
6					20200	건물	50,000	-
7					20600	기계장치	100,000	-
8					25100	매입채무	-	22,000
9					26000	차입금	-	25,000
10					33100	자본금	-	200,000
11					37300	자본잉여금	-	50,000
12					37700	미처분이익잉여금	-	310,000
13					40100	매출	-	205,000
14					45100	매출원가	130,000	-
15					81800	감가상각비	5,000	-

① A열에 기업명을 입력한다. 여기서는 **종속**으로 입력한다.
② 해당 계정코드, 계정과목, 차변, 대변 금액을 차례로 입력한다. **차변과 대변은 어느 한쪽만 입력하여야 한다.**
③ 검증 칼럼에서 OK가 아닌 경우 해당 원인을 해결한다.

(4) [Fraudit-ExCon.exe] 실행

제4장_5_지분법_3차년도_기초정보.xlsx과 제4장_5_지분법_3차년도_원화시산표.xlsx을 Fraudit-ExCon이 있는 폴더에 복사하여 이동한다. 그리고 **접두어를 제거**하고 **기초정보.xlsx와 원화시산표.xlsx**로 이름을 변경한다. **그 다음에 Fraudit-ExCon.exe를 실행한다.**

1) Main Sheet

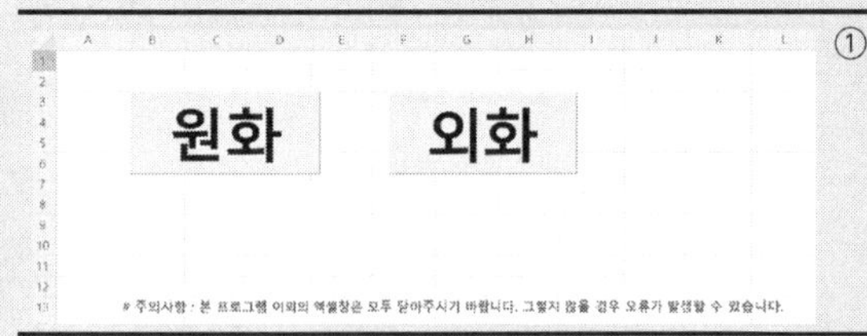

① 기능통화가 외화인 종속법인이 없으므로 원화 버튼을 누른다.

주의 원화 버튼을 누른 후 에러메시지가 뜨면 해당 에러 원인을 **기초정보.xlsx, 원화시산표.xlsx**에서 적절하게 수정한 후 다시 누른다.

2) out_연결분개_투자자본_0 sheet

T	U	V	W
계정과목	계정유형	차변	대변
AA종속기업투자지분	BS	0	270000
AB자본금	HE	200000	0
AB자본잉여금	BS	50000	0
AB이익잉여금	BS	150000	0
AB비지배지분	NCI	0	160000
AB영업권	BS	30000	0

① 연결분개 중 지배와 종속의 투자와 자본 상계제거 분개 부분에 해당한다. 검증 목적으로 차변, 대변 칼럼의 금액과 계정과목을 확인하면 된다(분개에 대한 상세 설명은 본문에서 확인하기 바람).

3) out_연결분개_추가취득_1, 2 sheet

S	T	U	V
계정과목	계정유형	차변	대변
AA종속기업투자지분	BS	57,600	0
AB비지배지분	NCI	0	24,000
AB비지배지분	NCI	3,600	0
AB미처분이익잉여금	RE	0	3,600
AB비지배지분	NCI	0	3,600
AB자본조정	BS	0	30,000

① **[out_연결분개_추가취득_1]** 추가처분 종속기업투자지분 상계 제거부분이다. 검증 목적으로 차변, 대변 칼럼의 금액과 계정과목을 확인하면 된다(분개에 대한 상세 설명은 본문에서 확인하기 바람).

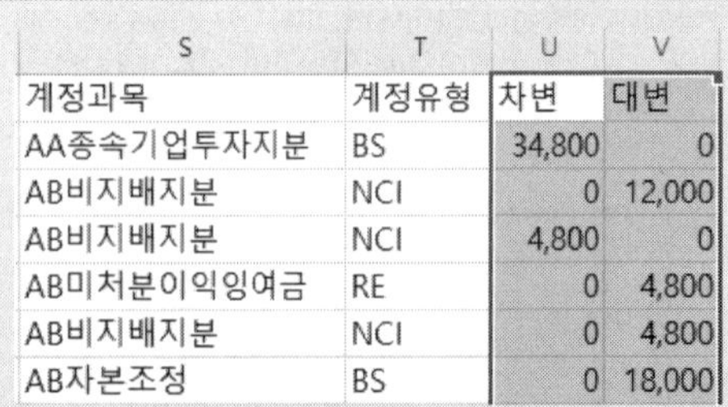

S	T	U	V
계정과목	계정유형	차변	대변
AA종속기업투자지분	BS	34,800	0
AB비지배지분	NCI	0	12,000
AB비지배지분	NCI	4,800	0
AB미처분이익잉여금	RE	0	4,800
AB비지배지분	NCI	0	4,800
AB자본조정	BS	0	18,000

② **[out_연결분개_추가취득_2]** 추가처분 종속기업투자지분 상계 제거부분이다. 검증 목적으로 차변, 대변 칼럼의 금액과 계정과목을 확인하면 된다(분개에 대한 상세 설명은 본문에서 확인하기 바람).

4) out_연결분개_기타_0, 1, 2 sheet

	A	B	C	D	E	F	G	H	I	J	K	L	M	N
1	기업명	약식명칭	기간	계정명	금액	지배지분세율	마지막기업_비지배지분세율	명목지배지분율	최종_실질비지배지분율	외화환산	계정과목	계정유형	차변	대변
2	종속	AB	2001-12-31	당기순이익	60,000	0.00%	0.00%	51.00%	49.00%		비지배지분	NCI	0	29,400
3											미처분이익잉여금	RE	29,400	0

① **[out_연결분개_기타_0]** 종속의 2001년 당기순이익에 대한 비지배지분 연결분개 부분에 해당한다(분개에 대한 상세 설명은 본문에서 확인하기 바람).

	A	B	C	D	E	F	G	H	I	J	K	L	M	N
1	기업명	약식명칭	기간	계정명	금액	지배지분세율	마지막기업_비지배지분세율	명목지배지분율	최종_실질비지배지분율	외화환산	계정과목	계정유형	차변	대변
2	종속	AB	2002-12-31	당기순이익	100,000	0.00%	0.00%	51.00%	49.00%		비지배지분	NCI	0	49,000
3											미처분이익잉여금	RE	49,000	0

② **[out_연결분개_기타_1]** 종속의 2002년 당기순이익에 대한 비지배지분 연결분개 부분에 해당한다(분개에 대한 상세 설명은 본문에서 확인하기 바람).

	A	B	C	D	E	F	G	H	I	J	K	L	M	N
1	기업명	약식명칭	기간	계정명	금액	지배지분세율	마지막기업_비지배지분세율	명목지배지분율	최종_실질비지배지분율	외화환산	계정과목	계정유형	차변	대변
2	종속	AB	2003-12-31	당기순이익	70,000	0.00%	0.00%	51.00%	49.00%		비지배지분	NCI	0	34,300
3											비지배지분순이익	RE	34,300	0

③ **[out_연결분개_기타_2]** 종속의 2003년 당기순이익에 대한 비지배지분 연결분개 부분에 해당한다(분개에 대한 상세 설명은 본문에서 확인하기 바람).

5) tmp_연결분개_통합 sheet

	A	B	C	D	E	F	G	H	I	J
1	계정과목	매핑계정과목	신설필요_계정과목	후보_매핑계정과목_1	후보_매핑계정과목_2	차변잔액	대변잔액		확인	
2	AA종속기업투자지분	AA종속기업투자지분		AA종속기업투자지분		0	177,600			
3	AB미처분이익잉여금	AB미처분이익잉여금		AB미처분이익잉여금	AA미처분이익잉여금	0	8,400			
4	AB비지배지분	비지배지분		비지배지분순이익	비지배지분	0	196,000			
5	AB영업권	AB영업권	AB영업권			30,000	0			
6	AB이익잉여금	AB미처분이익잉여금		AB미처분이익잉여금		150,000	0			
7	AB자본금	AB자본금		AB자본금	AB자본잉여금	200,000	0			
8	AB자본잉여금	AB자본잉여금		AB자본잉여금	AB자본금	50,000	0			
9	AB자본조정	자본조정	자본조정	AB자본금	AB자본잉여금	0	48,000			
10	미처분이익잉여금	AA미처분이익잉여금		AA미처분이익잉여금	AB미처분이익잉여금	78,400	0			
11	비지배지분	비지배지분		비지배지분	비지배지분순이익	0	112,700			
12	비지배지분순이익	비지배지분순이익		비지배지분순이익	비지배지분	34,300	0			
13		AA미처분이익잉여금				36,000				
14		AA종속기업투자지분					36,000			
15		AA미처분이익잉여금				64,000				
16		AA종속기업투자지분					64,000			
17		AA지분법이익				42,700				
18		AA종속기업투자지분					42,700			

① 자본조정을 상기와 같이 신설하여 매핑한다.

주의 적절한 계정과목을 신설하여야 하는 경우에는 신설필요_계정과목에 신설하고 동일한 계정과목을 매핑계정과목에 입력하여야 한다.

② 하단의 음영부분과 같이 별도재무제표 지분법 회계처리를 취소하는 분개를 추가한다.

③ 확인 버튼을 누른다.

6) out_최종연결정산표 sheet

	A	B	C
1	계정과목	차변잔액	대변잔액
2	감가상각비	55,000	0
3	건물	250,000	0
4	기계장치	400,000	0
5	단기차입금	0	396,000
6	매입채무	0	75,600
7	매출	0	1,112,400
8	매출원가	989,000	0
9	매출채권	176,400	0
10	미처분이익잉여금	0	181,000
11	비지배지분	0	308,700
12	비지배지분순이익	34,300	0
13	영업권	30,000	0
14	자본금	0	625,000
15	자본조정	0	48,000
16	재고자산	70,000	0
17	차입금	0	25,000
18	토지	115,000	0
19	현금	652,000	0

정렬

① 계정과목이 한글로 오름차순으로 되어 있다.
② 정렬 버튼을 누른다.

	A	B	C	D
1	계정코드	계정과목	차변잔액	대변잔액
2	10100	현금	652,000	0
3	10800	매출채권	176,400	0
4	14600	재고자산	70,000	0
5	20100	토지	115,000	0
6	20200	건물	250,000	0
7	20600	기계장치	400,000	0
8	25100	매입채무	0	75,600
9	26000	단기차입금	0	396,000
10	26000	차입금	0	25,000
11	33100	자본금	0	625,000
12	37700	미처분이익잉여금	0	181,000
13	40100	매출	0	1,112,400
14	45100	매출원가	989,000	0
15	81800	감가상각비	55,000	0
16	비지배지분	비지배지분	0	308,700
17	비지배지분순이익	비지배지분순이익	34,300	0
18	영업권	영업권	30,000	0
19	자본조정	자본조정	0	48,000

정렬

③ 계정코드별로 오름차순되며, 계정코드가 없이 새롭게 삽입된 계정과목은 맨 아래에 위치하고 그러한 계정과목은 계정과목으로(한글순으로) 오름차순으로 정렬이 된다.

기본정보 5-1 지배 성립 이후 종속기업 주식의 추가 처분 : 균등 및 불균등 유상감자

- 12월말 결산법인인 P회사는 2X01년 1월 1일 S회사 주식의 60%를 ₩540,000에 취득하여 P회사는 S회사를 지배하게 되었다.
- 2X02년 1월 1일 S회사는 유상감자를 하였으며 이에 따라 S회사의 자본금은 ₩168,420만큼 감소하였다. 이 유상감자시 P회사는 S회사 주식을 ₩108,420만큼 감소시켰다. 이 감소 금액 중 균등유상감자로 감소한 금액은 ₩90,000이며 불균등유상증자로 감소한 금액은 ₩18,420이다. 불균등유상증자로 인하여 실질적인 추가처분비율은 2%에 해당한다.
- 2X03년 1월 1일 S회사는 유상감자를 하였으며 이에 따라 S회사의 자본금은 ₩76,600만큼 감소하였다. 이 유상감자시 P회사는 S회사 주식을 ₩50,000만큼 감소시켰다. 이 취득 금액 중 균등유상감자로 감소한 금액은 ₩43,400이며 불균등유상감자로 감소한 금액은 ₩6,600이다. 불균등유상증자로 인하여 실질적인 추가처분비율은 1%에 해당한다.
- 상기 내용을 정리하면 다음과 같다.

취득(처분) 차수	취득(처분)일	취득(처분)원가	균등유상증자 취득원가	불균등유상증자 취득원가	취득(실질) 지분율
1차	2X01년 1월 1일	₩540,000			60%
2차	2X02년 1월 1일	(₩108,420)	(₩90,000)	(₩18,420)	(2%)
3차	2X03년 1월 1일	(₩50,000)	(₩43,400)	(₩6,600)	(1%)

- 2X01년, 2X02년, 2X03년 초의 S회사 자본계정은 아래와 같다.

	2X01년 1월 1일	2X02년 1월 1일	균등유상증자 차이금액	불균등유상증자 차이금액	2X03년 1월 1일	균등유상증자 차이금액	불균등유상증자 차이금액
자본금	₩400,000	₩231,580	(₩150,000)	(₩18,420)	₩154,980	(₩70,000)	(₩6,600)
자본잉여금	100,000	100,000			100,000		
이익잉여금	300,000	360,000			460,000		

- S회사의 2X01년, 2X02년, 2X03년 당기순이익은 각각 ₩60,000, ₩100,000, ₩70,000이고 배당은 없었다.
- 취득시 S회사의 순자산 장부금액과 공정가치는 일치하였으며 비지배지분은 S회사 순자산에 비례하여 측정하였다.
- 영업권은 2X01년, 2X02년, 2X03년에 손상차손이 발생하지 아니하였다

■ 2X01년 회계처리

2X01년 별도재무제표상 회계처리					
원가법	(차변)	(대변)	지분법	(차변)	(대변)
			<S사 당기순이익 인식>		
			종속기업투자지분 주1)	36,000	
			지분법이익		36,000
			주1) 2X01년 S사 당기순이익 ₩60,000 × 60% = ₩36,000		
			[종속기업투자지분 계정 잔액]		
			₩540,000 + ₩36,000 = ₩576,000		
			[지분법이익]		
			₩36,000		

2X01년 연결조정					
원가법	(차변)	(대변)	지분법	(차변)	(대변)
1단계 : 종속기업 투자지분과 종속기업 자본의 상계제거					
종속기업투자지분		540,000	종속기업투자지분		540,000
자본금(S사)	400,000		자본금(S사)	400,000	
자본잉여금(S사)	100,000		자본잉여금(S사)	100,000	
이익잉여금(S사)	300,000		이익잉여금(S사)	300,000	
비지배지분 주1)		320,000	비지배지분 주1)		320,000
영업권	60,000		영업권	60,000	
주1) (₩400,000 + ₩100,000 + ₩300,000) × 비지배지분율 40% = ₩320,000					
2단계 : 비지배지분의 증감 회계처리					
비지배지분 주2)		24,000	비지배지분 주2)		24,000
비지배지분순이익(이익잉여금)	24,000		비지배지분순이익(이익잉여금)	24,000	
주2) 2X01년 S사의 당기순이익 ₩60,000 × 비지배지분율 40% = ₩24,000					
			<당기 별도재무제표상 지분법 회계처리 취소>		
			종속기업투자지분 주1)		36,000
			지분법이익	36,000	
			주1) ₩60,000 × 60%% = ₩36,000		

이론 익히기

■ 2X02년 회계처리

2X02년 별도재무제표상 회계처리					
원가법	(차변)	(대변)	지분법	(차변)	(대변)
			<S사 당기순이익 인식>		
			종속기업투자지분 주1)	58,000	
			지분법이익		58,000
			주1) 2X02년 S사 당기순이익 ₩100,000 × 58% = ₩58,000		
			[종속기업투자지분 계정 잔액]		
			₩540,000 + ₩36,000 − ₩108,420 + ₩58,000 = ₩525,580		
			[지분법이익]		
			₩58,000		

2X02년 연결조정					
원가법	(차변)	(대변)	지분법	(차변)	(대변)
1단계 : 종속기업 투자지분과 종속기업 자본의 상계제거					
종속기업투자지분		540,000	종속기업투자지분		540,000
자본금(S사)	400,000		자본금(S사)	400,000	
자본잉여금(S사)	100,000		자본잉여금(S사)	100,000	
이익잉여금(S사)	300,000		이익잉여금(S사)	300,000	
비지배지분 주1)		320,000	비지배지분 주1)		320,000
영업권	60,000		영업권	60,000	
주1) (₩400,000+₩100,000+₩300,000)×비지배지분율 40%=₩320,000					
2단계 : 추가 처분 종속기업투자지분 상계 제거					
종속기업투자지분 주2)	90,000		종속기업투자지분 주2)	90,000	
종속기업투자지분 주3)	18,420		종속기업투자지분 주3)	18,420	
주2) 균등유상감자로 처분한 금액 ₩90,000					
주3) 불균등유상감자로 처분한 금액 ₩18,420					
① 균등 유상감자로 인한 2X01년 1월 1일~ 2X02년 1월 1일 종속의 {자본금 + 주발초}의 증감액					
자본금(S사) 주4)		150,000	자본금(S사) 주4)		150,000
비지배지분 주5)	60,000		비지배지분 주5)	60,000	
주4) 균등 유상감자로 인한 2X01년 1월 1일~ 2X02년 1월 1일 종속의 {자본금 + 주발초}의 증감액 ₩90,000(균등유상감자로 처분한 종속기업투자지분) / 60% = ₩150,000					
주5) ₩150,000×기존 비지배지분율 40%=₩60,000					
② 불균등 유상감자로 인한 2X01년 1월 1일~ 2X02년 1월 1일 종속의 {자본금 + 주발초}의 증감액					
자본금(S사) 주6)		18,420	자본금(S사) 주6)		18,420
비지배지분 주7)	0		비지배지분 주7)	0	
주6) 불균등유상감자로 처분한 종속기업투자지분 ₩18,420은 순수하게 지배지분에 속하는 것임					
주7) 불균등유상감자로 처분한 종속기업투자지분 ₩18,420은 순수하게 지배지분에 속하는 것이므로 비지배지분에 배분할 금액은 없다.					
③ 2X01년 1월 1일 종속기업 자본에 대하여 추가처분으로 인한 비지배지분 증가액					
비지배지분 주8)		16,000	비지배지분 주8)		16,000
주8) (₩400,000+₩100,000+₩300,000)×추가 처분 지분율 2%=₩16,000					
④ 2X01년 1월 1일~ 2X02년 1월 1일 종속의 이익잉여금의 증가액에 대한 추가처분 비지배지분 배분					
비지배지분 주9)	1,200		비지배지분 주9)	1,200	
이익잉여금 주10)		1,200	이익잉여금 주10)		1,200
주9) 2X01.1.1.~ 2X02.1.1. 종속기업 기타자본(이익잉여금)증가액에 대하여 추가처분분(2%)에 대한 비지배지분을 감소시킴. 왜냐하면 추가처분 시점까지 비지배지분을 감소시키고 추가처분시 아래 ⑤와 같이 비지배지분을 증가시키는 분개를 하기 때문임. ₩60,000 × 2% = ₩1,200					

2X02년 연결조정					
원가법	**(차변)**	**(대변)**	**지분법**	**(차변)**	**(대변)**
주10) 주9)에 상응하는 이익잉여금의 증가액					
⑤ 2X01.1.1.~2X02.1.1. 종속기업 이익잉여금의 증가액에 대한 추가처분으로 인한 비지배지분 증가액					
비지배지분 주11)		1,200	비지배지분 주11)		1,200
주11) ④에서 추가 처분하면 비지배지분이 감소하므로 주9)에 해당하는 비지배지분을 증가시킴					
⑥ 잔여					
자본조정	17,200		자본조정	17,200	
3단계 : 비지배지분의 증감 회계처리					
① 전기(2X01년) 비지배지분 순이익 배분					
비지배지분 주12)		25,200	비지배지분 주12)		25,200
이익잉여금	25,200		이익잉여금	25,200	
주12) 2X01년 S사의 당기순이익 ₩60,000 × 비지배지분율 42%(40%+2%) = ₩25,200					
② 당기 비지배지분 순이익 배분					
비지배지분 주13)		42,000	비지배지분 주13)		42,000
비지배지분순이익(이익잉여금)	42,000		비지배지분순이익(이익잉여금)	42,000	
주13) 2X02년 S사의 당기순이익 ₩100,000 × 비지배지분율 42%(40%+2%) = ₩42,000					
			<전기(2X01년) 별도재무제표상 지분법 회계처리 취소>		
			종속기업투자지분		36,000
			이익잉여금	36,000	
			<당기 별도재무제표상 지분법 회계처리 취소>		
			종속기업투자지분		58,000
			지분법이익	58,000	

■ 2X03년 회계처리

2X03년 별도재무제표상 회계처리					
원가법	(차변)	(대변)	지분법	(차변)	(대변)
			<S사 당기순이익 인식>		
			종속기업투자지분 주1)	37,100	
			지분법이익		37,100
			주1) 2X03년 S사 당기순이익 ₩70,000 × 53% = ₩37,100		
			[종속기업투자지분 계정 잔액]		
			₩540,000 + ₩36,000 − ₩108,420 + ₩58,000 − ₩50,000 + ₩37,100 = ₩512,680		
			[지분법이익]		
			₩37,100		

2X03년 연결조정					
원가법	(차변)	(대변)	지분법	(차변)	(대변)
1단계 : 종속기업 투자지분과 종속기업 자본의 상계제거					
종속기업투자지분		540,000	종속기업투자지분		540,000
자본금(S사)	400,000		자본금(S사)	400,000	
자본잉여금(S사)	100,000		자본잉여금(S사)	100,000	
이익잉여금(S사)	300,000		이익잉여금(S사)	300,000	
비지배지분 주1)		320,000	비지배지분 주1)		320,000
영업권	60,000		영업권	60,000	
주1) (₩400,000 + ₩100,000 + ₩300,000) × 비지배지분율 40% = ₩320,000					
2단계 : 추가 처분 종속기업투자지분 상계 제거					
종속기업투자지분 주2)	90,000		종속기업투자지분 주2)	90,000	
종속기업투자지분 주3)	18,420		종속기업투자지분 주3)	18,420	
주2) 균등유상감자로 처분한 금액 ₩90,000					
주3) 불균등유상감자로 처분한 금액 ₩18,420					
① 균등 유상감자로 인한 2X01년 1월 1일~ 2X02년 1월 1일 종속의 {자본금 + 주발초}의 증감액					
자본금(S사) 주4)		150,000	자본금(S사) 주4)		150,000
비지배지분 주5)	60,000		비지배지분 주5)	60,000	
주4) 균등 유상감자로 인한 2X01년 1월 1일~ 2X02년 1월 1일 종속의 {자본금 + 주발초}의 증감액 ₩90,000(균등유상감자로 처분한 종속기업투자지분) / 60% = ₩150,000					
주5) ₩150,000 × 기존 비지배지분율 40% = ₩60,000					
② 불균등 유상감자로 인한 2X01년 1월 1일~ 2X02년 1월 1일 종속의 {자본금 + 주발초}의 증감액					
자본금(S사) 주6)		18,420	자본금(S사) 주6)		18,420
비지배지분 주7)	0		비지배지분 주7)	0	
주6) 불균등유상감자로 처분한 종속기업투자지분 ₩18,420은 순수하게 지배지분에 속하는 것임					
주7) 불균등유상감자로 처분한 종속기업투자지분 ₩18,420은 순수하게 지배지분에 속하는 것이므로 비지배지분에 배분할 금액은 없다.					
③ 2X01년 1월 1일 종속기업 자본에 대하여 추가처분으로 인한 비지배지분 증가액					
비지배지분 주8)		16,000	비지배지분 주8)		16,000
주8) (₩400,000 + ₩100,000 + ₩300,000) × 추가 처분 지분율 2% = ₩16,000					
④ 2X01년 1월 1일~ 2X02년 1월 1일 종속의 이익잉여금의 증가액에 대한 추가처분 비지배지분 배분					
비지배지분 주9)	1,200		비지배지분 주9)	1,200	
이익잉여금 주10)		1,200	이익잉여금 주10)		1,200

주9) 2X01.1.1.~ 2X02.1.1. 종속기업 기타자본(이익잉여금)증가액에 대하여 추가처분분(2%)에 대한 비지배지분을 감소시킴. 왜냐하면 추가처분 시점까지 비지배지분을 감소시키고 추가처분시 아래 ⑤와 같이 비지배지분을 증가시키는 분개를 하기 때문

2X03년 연결조정					
원가법	**(차변)**	**(대변)**	**지분법**	**(차변)**	**(대변)**
임. ₩60,000 × 2% = ₩1,200					
주10) 주9)에 상응하는 이익잉여금의 증가액					
⑤ 2X01.1.1.~2X02.1.1. 종속기업 이익잉여금의 증가액에 대한 추가처분으로 인한 비지배지분 증가액					
비지배지분 주11)		1,200	비지배지분 주11)		1,200
주11) ④에서 추가 처분하면 비지배지분이 감소하므로 주9)에 해당하는 비지배지분을 증가시킴					
⑥ 잔여					
자본조정	17,200		자본조정	17,200	
2-1단계 : 2차 추가 취득 종속기업투자지분 상계 제거					
종속기업투자지분 주2)	43,400		종속기업투자지분 주2)	43,400	
종속기업투자지분 주3)	6,600		종속기업투자지분 주3)	6,600	
주2) 균등유상감자로 처분한 금액 ₩43,400					
주3) 불균등유상감자로 처분한 금액 ₩6,600					
① 균등 유상감자로 인한 2X02년 1월 1일~ 2X03년 1월 1일 종속의 {자본금 + 주발초}의 증감액					
자본금(S사) 주4)		70,000	자본금(S사) 주4)		70,000
비지배지분 주5)	29,400		비지배지분 주5)	29,400	
주4) 균등 유상감자로 인한 2X02년 1월 1일~ 2X03년 1월 1일 종속의 {자본금 + 주발초}의 증감액 ₩70,000					
주5) ₩70,000 × 기존 비지배지분율 42% = ₩29,400					
② 불균등 유상감자로 인한 2X02년 1월 1일~ 2X03년 1월 1일 종속의 {자본금 + 주발초}의 증감액					
자본금(S사) 주6)		6,600	자본금(S사) 주6)		6,600
비지배지분 주7)		0	비지배지분 주7)	0	
주6) 불균등유상감자로 취득한 종속기업투자지분 ₩6,600은 순수하게 지배지분에 속하는 것임					
주7) 불균등유상감자로 취득한 종속기업투자지분 ₩6,600은 순수하게 지배지분에 속하는 것이므로 비지배지분에 배분할 금액은 없다.					
③ 2X01년 1월 1일 종속기업 자본에 대하여 추가처분으로 인한 비지배지분 증가액					
비지배지분 주8)		8,000	비지배지분 주8)		8,000
주8) (₩400,000 + ₩100,000 + ₩300,000) × 추가 처분 지분율 1% = ₩8,000					
④ 2X01.1.1.~2X03.1.1. 종속기업 이익잉여금의 증가액에 대한 추가처분 비지배지분 배분					
비지배지분 주9)	1,600		비지배지분 주9)	1,600	
이익잉여금 주10)		1,600	이익잉여금 주10)		1,600
주9) 2X01.1.1.~ 2X03.1.1. 종속기업 기타자본(이익잉여금)증가액에 대하여 추가처분분(1%)에 대한 비지배지분을 감소시킴. 왜냐하면 추가처분 시점까지 비지배지분을 감소시키고 추가처분시 아래 ②과 같이 비지배지분을 증가시키는 분개를 하기 때문임. (₩60,000 + ₩100,000) × 1% = ₩1,600					
주10) 주9)에 상응하는 이익잉여금의 감소액					
⑤ 2X01.1.1.~2X03.1.1. 종속기업 이익잉여금의 증가액에 대한 추가처분으로 인한 비지배지분 증가액					
비지배지분 주11)		1,600	비지배지분 주11)		1,600
주11) ④에서 비지배지분이 감소하였으므로 추가 처분하면 비지배지분이 증가하므로 주9)에 해당하는 비지배지분을 증가시킴					
⑥ 대차평균					
자본조정	6,800		자본조정	6,800	
3단계 : 비지배지분의 증감 회계처리					
① 전기(2X01년) 비지배지분 순이익 배분					
비지배지분 주12)		25,800	비지배지분 주12)		25,800
이익잉여금	25,800		이익잉여금	25,800	
주12) 2X01년 S사의 당기순이익 ₩60,000 × 비지배지분율 43%(40%+2%+1%) = ₩25,800					
② 전기(2X02년)비지배지분 순이익 배분					
비지배지분 주13)		43,000	비지배지분 주13)		43,000
이익잉여금	43,000		이익잉여금	43,000	
주13) 2X02년 S사의 당기순이익 ₩100,000 × 비지배지분율 43%(40%+2%+1%) = ₩43,000					
③ 당기 비지배지분 순이익 배분					
비지배지분 주13)		30,100	비지배지분 주13)		30,100
비지배지분순이익(이익잉여금)	30,100		비지배지분순이익(이익잉여금)	30,100	

2X03년 연결조정					
원가법	**(차변)**	**(대변)**	**지분법**	**(차변)**	**(대변)**
주13) 2X03년 S사의 당기순이익 ₩70,000 × 비지배지분율 43%(40%+2%+1%) = ₩30,100					
			<전기(2X01년) 별도재무제표상 지분법 회계처리 취소>		
			종속기업투자지분		36,000
			이익잉여금	36,000	
			<전기(2X02년) 별도재무제표상 지분법 회계처리 취소>		
			종속기업투자지분		58,000
			이익잉여금	58,000	
			<당기 별도재무제표상 지분법 회계처리 취소>		
			종속기업투자지분		37,100
			지분법이익	37,100	

Fraudit ExCon 실 습 : 제4장 5-1 원가법 1차년도

(1) 사례파일

제4장_5-1_원가법_1차년도_기초정보.xlsx, 제4장_5-1_원가법_1차년도_원화시산표.xlsx

(2) [기초정보.xlsx] 작성

1) 보고기간 sheet

	A	B	C	D
1	목차	구분	일자	검증_보고기간
2	보고기간	보고기간초	2001-01-01	OK
3	보고기간	보고기간말	2001-12-31	

① 보고기간 초와 보고기간 말을 입력한다..

2) 기업목록 sheet

	A	B	C	D	E	F	G	H	I	J	K	L	M
1	일련번호	목차	기업명	약식명칭	기능통화	표시통화	세율	이연법인세계산	검증_기업명중복	검증_기능통화	검증_표시통화	검증_세율	검증_이연법인세계산
2	1	기업목록	지배	AA	원화	원화	0%	아니오	OK	OK	OK	OK	OK
3	2		종속	AB	원화	원화	0%	아니오	OK	OK	OK	OK	OK

① 기업명을 입력한다. 여기서는 **지배**와 **종속**으로 입력한다.
② 기능통화를 **원화**로 선택한다.
③ 표시통화를 **원화**로 선택한다.
④ 세율은 0%이므로 입력하지 않는다.
⑤ 이연법인세계산을 **아니오**로 선택한다.

3) 지분구조 sheet

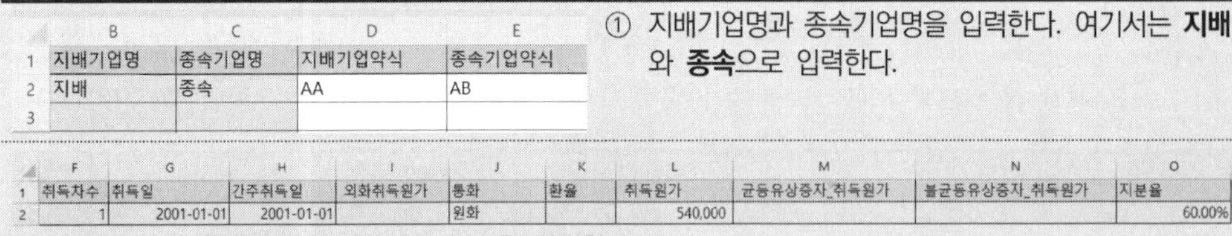

	B	C	D	E
1	지배기업명	종속기업명	지배기업약식	종속기업약식
2	지배	종속	AA	AB
3				

	F	G	H	I	J	K	L	M	N	O
1	취득차수	취득일	간주취득일	외화취득원가	통화	환율	취득원가	균등유상증자_취득원가	불균등유상증자_취득원가	지분율
2	1	2001-01-01	2001-01-01		원화		540,000			60.00%

① 지배기업명과 종속기업명을 입력한다. 여기서는 **지배**와 **종속**으로 입력한다.

② 취득차수를 입력한다. 최초취득이므로 **1**을 입력한다.
주의 추가취득인 경우에는 해당 차수에 따라 2, 3, 4... 식으로 입력한다.
③ 최초취득일을 입력한다. 여기서는 **2001-01-01**로 입력한다.
④ 간주취득일을 입력한다. 여기서는 **2001-01-01**로 입력한다.
주의 간주취득일은 최초취득일로부터 가장 근접한 결산재무제표의 결산일을 의미한다.
⑤ 나머지는 상기와 같이 입력한다.

4) 취득시지분구조_공정가치차이 sheet

	E	F	G	H	I	J	K	L	M
1	목차	기업명	약식명칭	취득차수_1	취득일_1	간주취득일_1	자본계정명_1	자본금액_1_외화	자본금액_1
2	자본_공정가치	종속	AB	1	2001-01-01	2001-01-01	자본금		400,000
3		종속	AB				자본잉여금		100,000
4		종속	AB				이익잉여금		300,000

① 종속의 2001-01-01일의 자본계정명_1(1차 취득)과 자본금액_1(1차 취득)을 **K열과 M열에 상기와 같이** 입력한다.

5) 재무정보 sheet

	A	B	C	D	E	F	G
1	일련번호	목차	기업명	약식명칭	기간	계정명	금액
2	2	재무정보	종속	AB	2001-12-31	배당	
3						당기순이익	60,000
4						기타포괄손익	
5						해외사업환산손익	

① G열에 종속회사의 2001년 **당기순이익을 상기와 같이** 입력한다.

6) 내부거래현황 sheet

① 내부거래가 없으므로 별도로 입력하지 않는다.

(3) [원화시산표.xlsx] 작성

1) 보고기간 sheet

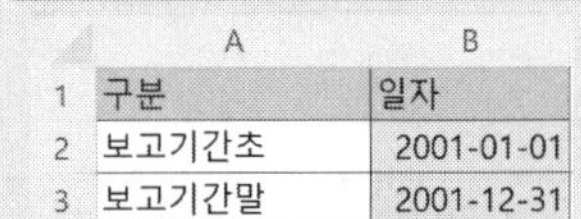

	A	B
1	구분	일자
2	보고기간초	2001-01-01
3	보고기간말	2001-12-31

① 보고기간 초와 보고기간 말을 입력한다.

주의 기초정보의 보고기간 초와 보고기간 말과 동일하여야 한다.

2) 기업목록 sheet

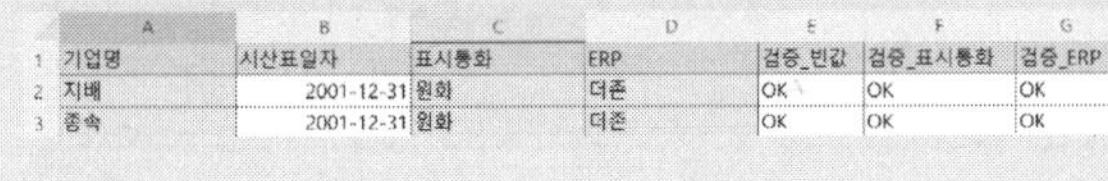

	A	B	C	D	E	F	G
1	기업명	시산표일자	표시통화	ERP	검증_빈값	검증_표시통화	검증_ERP
2	지배	2001-12-31	원화	더존	OK	OK	OK
3	종속	2001-12-31	원화	더존	OK	OK	OK

① 기업명을 입력한다. 여기서는 **지배**와 **종속**으로 입력한다.
② 표시통화를 **원화**로 선택한다.
③ ERP는 **더존**이라고 가정하고 선택한다.

3) 원화시산표_1 sheet

기업명	기능통화	시산표일자	ERP	계정코드	계정과목	차변	대변
지배	원화	2001-12-31	더존	10100	현금	250,000	-
				10800	매출채권	62,980	-
				14600	재고자산	40,000	-
				19101	종속기업투자지분	540,000	-
				20100	토지	75,000	-
				20200	건물	200,000	-
				20600	기계장치	300,000	-
				25100	매입채무	-	257,580
				26000	단기차입금	-	396,000
				33100	자본금	-	625,000
				37700	미처분이익잉여금	-	191,000
				40100	매출	-	907,400
				45100	매출원가	859,000	-
				81800	감가상각비	50,000	-

① A열에 기업명을 입력한다. 여기서는 **지배**로 입력한다.
② 해당 계정코드, 계정과목, 차변, 대변 금액을 차례로 입력한다. **차변과 대변은 어느 한쪽만 입력하여야 한다.**
③ 검증 칼럼에서 OK가 아닌 경우 해당 원인을 해결한다.

4) 원화시산표_2 sheet

기업명	기능통화	시산표일자	ERP	계정코드	계정과목	차변	대변
종속	원화	2001-12-31	더존	10100	현금	402,000	-
				10800	매출채권	199,980	-
				14600	재고자산	30,000	-
				20100	토지	40,000	-
				20200	건물	50,000	-
				20600	기계장치	100,000	-
				25100	매입채무	-	22,000
				26000	차입금	-	25,000
				33100	자본금	-	154,980
				37300	자본잉여금	-	100,000
				37700	미처분이익잉여금	-	460,000
				40100	매출	-	195,000
				45100	매출원가	130,000	-
				81800	감가상각비	5,000	-

① A열에 기업명을 입력한다. 여기서는 **종속**으로 입력한다.
② 해당 계정코드, 계정과목, 차변, 대변 금액을 차례로 입력한다. **차변과 대변은 어느 한쪽만 입력하여야 한다.**
③ 검증 칼럼에서 OK가 아닌 경우 해당 원인을 해결한다.

(4) [Fraudit-ExCon.exe] 실행

제4장_5-1_원가법_1차년도_기초정보.xlsx과 제4장_5-1_원가법_1차년도_원화시산표.xlsx을 Fraudit-ExCon이 있는 폴더에 복사하여 이동한다. 그리고 **접두어를 제거**하고 **기초정보.xlsx와 원화시산표.xlsx**로 이름을 변경한다. **그 다음에 Fraudit-ExCon.exe를 실행한다.**

1) Main Sheet

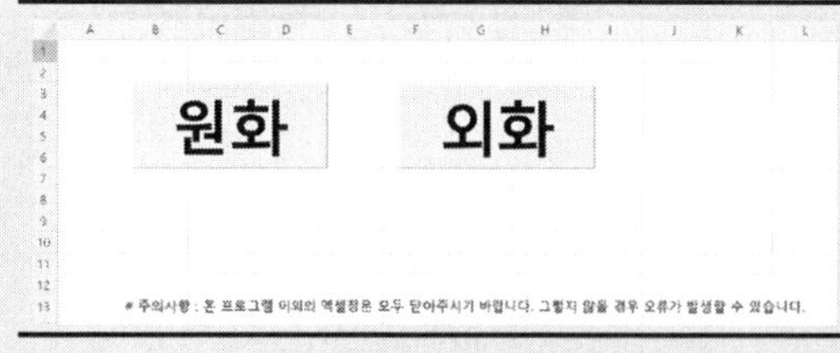

① 기능통화가 외화인 종속법인이 없으므로 원화 버튼을 누른다.

주의 원화 버튼을 누른 후 에러메시지가 뜨면 해당 에러 원인을 **기초정보.xlsx, 원화시산표.xlsx**에서 적절하게 수정한 후 다시 누른다.

2) out_연결분개_투자자본_0 sheet

계정과목	계정유형	차변	대변
AA종속기	BS	0	540000
AB자본금	HE	400000	0
AB자본잉	BS	100000	0
AB이익잉	BS	300000	0
AB비지배	NCI	0	320000
AB영업권	BS	60000	0

① 연결분개 중 지배와 종속의 투자와 자본 상계제거 분개 부분에 해당한다. 검증 목적으로 차변, 대변 칼럼의 금액과 계정과목을 확인하면 된다(분개에 대한 상세 설명은 본문에서 확인하기 바람).

3) out_연결분개_기타_0 sheet

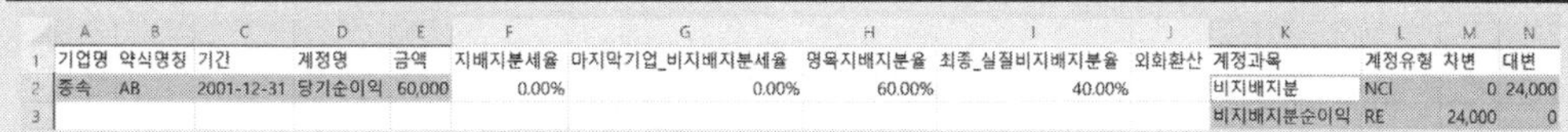

기업명	약식명칭	기간	계정명	금액	지배지분세율	마지막기업_비지배지분세율	명목지배지분율	최종_실질비지배지분율	외화환산	계정과목	계정유형	차변	대변
종속	AB	2001-12-31	당기순이익	60,000	0.00%	0.00%	60.00%	40.00%		비지배지분	NCI	0	24,000
										비지배지분순이익	RE	24,000	0

① 종속의 2001년 당기순이익에 대한 비지배지분 연결분개 부분에 해당한다(분개에 대한 상세 설명은 본문에서 확인하기 바람).

4) tmp_연결분개_통합 sheet

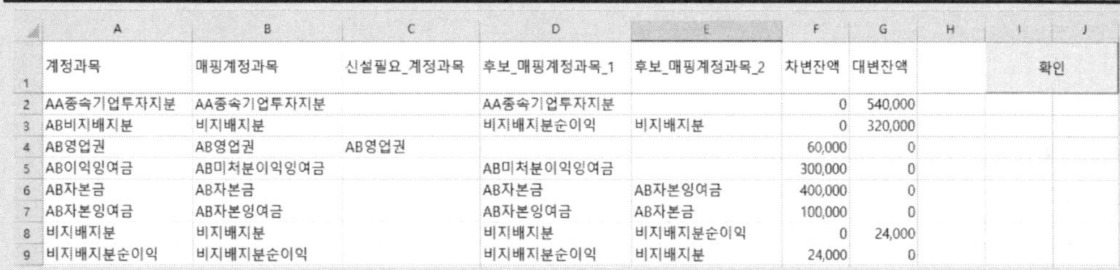

계정과목	매핑계정과목	신설필요_계정과목	후보_매핑계정과목_1	후보_매핑계정과목_2	차변잔액	대변잔액		확인
AA종속기업투자지분	AA종속기업투자지분		AA종속기업투자지분		0	540,000		
AB비지배지분	비지배지분		비지배지분순이익	비지배지분	0	320,000		
AB영업권	AB영업권	AB영업권			60,000	0		
AB이익잉여금	AB미처분이익잉여금		AB미처분이익잉여금		300,000	0		
AB자본금	AB자본금		AB자본금	AB자본잉여금	400,000	0		
AB자본잉여금	AB자본잉여금		AB자본잉여금	AB자본금	100,000	0		
비지배지분	비지배지분		비지배지분	비지배지분순이익	0	24,000		
비지배지분순이익	비지배지분순이익		비지배지분순이익	비지배지분	24,000	0		

① 여기서는 매핑이 잘 이루어졌으므로 특별히 수정할 필요는 없다.

주의 적절한 계정과목을 신설하여야 하는 경우에는 신설필요_계정과목에 신설하고 동일한 계정과목을 매핑계정과목에 입력하여야 한다.

② 확인 버튼을 누른다.

5) out_최종연결정산표 sheet

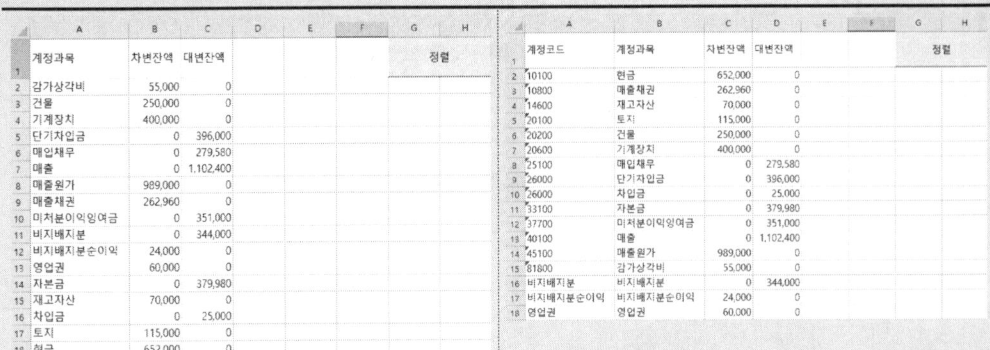

계정과목	차변잔액	대변잔액	정렬
감가상각비	55,000	0	
건물	250,000	0	
기계장치	400,000	0	
단기차입금	0	396,000	
매입채무	0	279,580	
매출	0	1,102,400	
매출원가	989,000	0	
매출채권	262,960	0	
미처분이익잉여금	0	351,000	
비지배지분	0	344,000	
비지배지분순이익	24,000	0	
영업권	60,000	0	
자본금	0	379,980	
재고자산	70,000	0	
차입금	0	25,000	
토지	115,000	0	
현금	652,000	0	

계정코드	계정과목	차변잔액	대변잔액	정렬
10100	현금	652,000	0	
10800	매출채권	262,960	0	
14600	재고자산	70,000	0	
20100	토지	115,000	0	
20200	건물	250,000	0	
20600	기계장치	400,000	0	
25100	매입채무	0	279,580	
26000	단기차입금	0	396,000	
26000	차입금	0	25,000	
33100	자본금	0	379,980	
37700	미처분이익잉여금	0	351,000	
40100	매출	0	1,102,400	
45100	매출원가	989,000	0	
81800	감가상각비	55,000	0	
비지배지분	비지배지분	0	344,000	
비지배지분순이익	비지배지분순이익	24,000	0	
영업권	영업권	60,000	0	

① 계정과목이 한글로 오름차순으로 되어 있다.
② 정렬 버튼을 누른다.

③ 계정코드별로 오름차순되며, 계정코드가 없이 새롭게 삽입된 계정과목은 맨 아래에 위치하고 그러한 계정과목은 계정과목으로(한글순으로) 오름차순으로 정렬이 된다.

Fraudit ExCon 실 습 : 제4장 5-1 원가법 2차년도

(1) 사례파일

제4장_5-1_원가법_2차년도_기초정보.xlsx, 제4장_5-1_원가법_2차년도_원화시산표.xlsx

(2) [기초정보.xlsx] 작성

1) 보고기간 sheet

	A	B	C	D
1	목차	구분	일자	검증_보고기간
2	보고기간	보고기간초	2002-01-01	OK
3	보고기간	보고기간말	2002-12-31	

① 보고기간 초와 보고기간 말을 입력한다..

2) 기업목록 sheet

	A	B	C	D	E	F	G	H	I	J	K	L	M
1	일련번호	목차	기업명	약식명칭	기능통화	표시통화	세율	이연법인세계산	검증_기업명중복	검증_기능통화	검증_표시통화	검증_세율	검증_이연법인세계산
2	1	기업목록	지배	AA	원화	원화	0%	아니오	OK	OK	OK	OK	OK
3	2		종속	AB	원화	원화	0%	아니오	OK	OK	OK	OK	OK

① 기업명을 입력한다. 여기서는 **지배**와 **종속**으로 입력한다.
② 기능통화를 **원화**로 선택한다.
③ 표시통화를 **원화**로 선택한다.
④ 세율은 0%이므로 입력하지 않는다.
⑤ 이연법인세계산을 **아니오**로 선택한다.

3) 지분구조 sheet

	A	B	C	D	E
1	목차	지배기업명	종속기업명	지배기업약식	종속기업약식
2	지분구조	지배	종속	AA	AB
3		지배	종속	AA	AB

① 지배기업명과 종속기업명을 입력한다. 여기서는 **지배**와 **종속**으로 입력한다.

	F	G	H	I	J	K	L	M	N	O
1	취득차수	취득일	간주취득일	외화취득원가	통화	환율	취득원가	균등유상증자_취득원가	불균등유상증자_취득원가	지분율
2	1	2001-01-01	2001-01-01		원화		540,000			60.00%
3	2	2002-01-01	2002-01-01		원화		(108,420)	(90,000)	(18,420)	(2.00%)

② 추가처분 부분을 상기와 같이 추가한다. 괄호 부분은 마이너스 값으로 입력하면 된다.

4) 취득시지분구조_공정가치차이 sheet

	E	F	G	H	I	J	K	L	M
1	목차	기업명	약식명칭	취득차수_1	취득일_1	간주취득일_1	자본계정명_1	자본금액_1_외화	자본금액_1
2	자본_공정가치	종속	AB	1	2001-01-01	2001-01-01	자본금		400,000
3		종속	AB				자본잉여금		100,000
4		종속	AB				이익잉여금		300,000

① 종속의 2001-01-01일의 자본계정명_1(1차 취득)과 자본금액_1(1차 취득)을 **K열과 M열에 상기와 같이** 입력한다.

	AN	AO	AP	AQ	AR	AS	AT	AU
1	취득차수_2	취득일_2	간주취득일_2	자본계정명_2	자본금액_2	차이금액_2	균등유상증자차이금액_2	불균등유상증자차이금액_2
2	2	2002-01-01	2002-01-01	자본금	231,580	(168,420)	(150,000)	(18,420)
3				자본잉여금	100,000	0		
4				이익잉여금	360,000	60,000		

② 종속의 2002-01-01일의 자본계정명_2와 자본금액_2를 상기와 같이 입력한다.

5) 재무정보 sheet

	A	B	C	D	E	F	G
1	일련번호	목차	기업명	약식명칭	기간	계정명	금액
2	2	재무정보	종속	AB	2001-12-31	배당	
3						당기순이익	60,000
4						기타포괄손익	
5						해외사업환산손익	
6	2		종속	AB	2002-12-31	배당	
7						당기순이익	100,000
8						기타포괄손익	
9						해외사업환산손익	

① G열에 종속의 **2001년, 2002년 당기순이익을 상기와 같이** 입력한다.

6) 내부거래현황 sheet

① 내부거래가 없으므로 별도로 입력하지 않는다.

(3) [원화시산표.xlsx] 작성

1) 보고기간 sheet

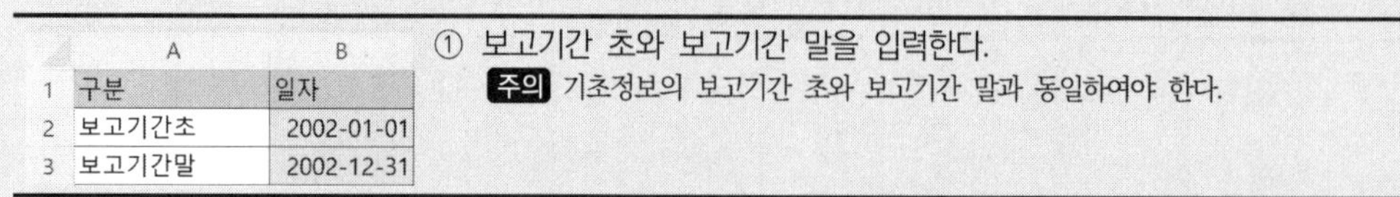

	A	B
1	구분	일자
2	보고기간초	2002-01-01
3	보고기간말	2002-12-31

① 보고기간 초와 보고기간 말을 입력한다.

주의 기초정보의 보고기간 초와 보고기간 말과 동일하여야 한다.

2) 기업목록 sheet

기업명	시산표일자	표시통화	ERP	검증_빈값	검증_표시통화	검증_ERP
지배	2001-12-31	원화	더존	OK	OK	OK
종속	2001-12-31	원화	더존	OK	OK	OK

① 기업명을 입력한다. 여기서는 **지배**와 **종속**으로 입력한다.
② 표시통화를 **원화**로 선택한다.
③ ERP는 **더존**이라고 가정하고 선택한다.

3) 원화시산표_1 sheet

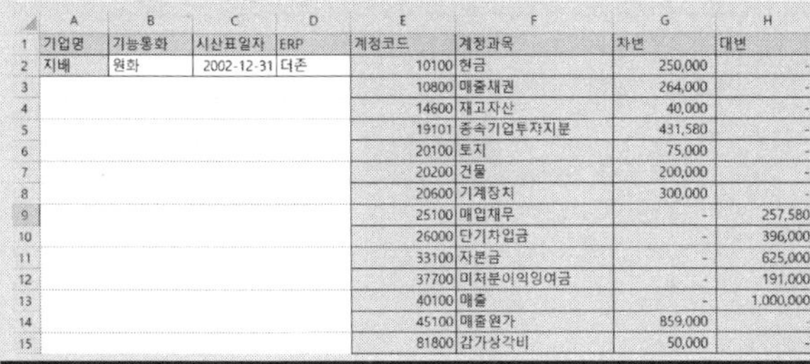

기업명	기능통화	시산표일자	ERP	계정코드	계정과목	차변	대변
지배	원화	2002-12-31	더존	10100	현금	250,000	-
				10800	매출채권	264,000	-
				14600	재고자산	40,000	-
				19101	종속기업투자지분	431,580	-
				20100	토지	75,000	-
				20200	건물	200,000	-
				20600	기계장치	300,000	-
				25100	매입채무	-	257,580
				26000	단기차입금	-	396,000
				33100	자본금	-	625,000
				37700	미처분이익잉여금	-	191,000
				40100	매출	-	1,000,000
				45100	매출원가	859,000	-
				81800	감가상각비	50,000	-

① A열에 기업명을 입력한다. 여기서는 **지배**로 입력한다.
② 해당 계정코드, 계정과목, 차변, 대변 금액을 차례로 입력한다. **차변과 대변은 어느 한쪽만 입력하여야 한다.**
③ 검증 칼럼에서 OK가 아닌 경우 해당 원인을 해결한다.

4) 원화시산표_2 sheet

기업명	기능통화	시산표일자	ERP	계정코드	계정과목	차변	대변
종속	원화	2002-12-31	더존	10100	현금	402,000	-
				10800	매출채권	239,980	-
				14600	재고자산	30,000	-
				20100	토지	40,000	-
				20200	건물	50,000	-
				20600	기계장치	100,000	-
				25100	매입채무	-	22,000
				26000	차입금	-	25,000
				33100	자본금	-	154,980
				37300	자본잉여금	-	100,000
				37700	미처분이익잉여금	-	460,000
				40100	매출	-	235,000
				45100	매출원가	130,000	-
				81800	감가상각비	5,000	-

① A열에 기업명을 입력한다. 여기서는 **종속**으로 입력한다.
② 해당 계정코드, 계정과목, 차변, 대변 금액을 차례로 입력한다. **차변과 대변은 어느 한쪽만 입력하여야 한다.**
③ 검증 칼럼에서 OK가 아닌 경우 해당 원인을 해결한다.

(4) [Fraudit-ExCon.exe] 실행

제4장_5-1_원가법_2차년도_기초정보.xlsx과 제4장_5-1_원가법_2차년도_원화시산표.xlsx을 Fraudit-ExCon이 있는 폴더에 복사하여 이동한다. 그리고 **접두어를 제거**하고 **기초정보.xlsx와 원화시산표.xlsx**로 이름을 변경한다. **그 다음에 Fraudit-ExCon.exe를 실행한다.**

1) Main Sheet

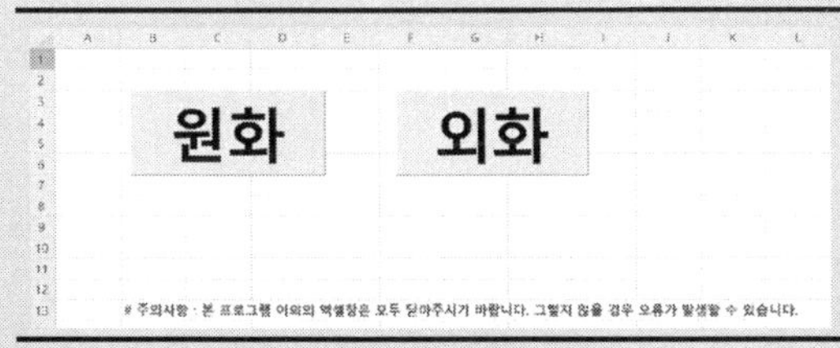

① 기능통화가 외화인 종속법인이 없으므로 원화 버튼을 누른다.

주의 원화 버튼을 누른 후 에러메시지가 뜨면 해당 에러 원인을 **기초정보.xlsx, 원화시산표.xlsx**에서 적절하게 수정한 후 다시 누른다.

2) out_연결분개_투자자본_0 sheet

계정과목	계정유형	차변	대변
AA종속기업투자지분	BS	0	540000
AB자본금	HE	400000	0
AB자본잉여금	BS	100000	0
AB이익잉여금	BS	300000	0
AB비지배지분	NCI	0	320000
AB영업권	BS	60000	0

① 연결분개 중 지배와 종속의 투자와 자본 상계제거 분개 부분에 해당한다. 검증 목적으로 차변, 대변 칼럼의 금액과 계정과목을 확인하면 된다(분개에 대한 상세 설명은 본문에서 확인하기 바람).

3) out_연결분개_추가취득_1 sheet

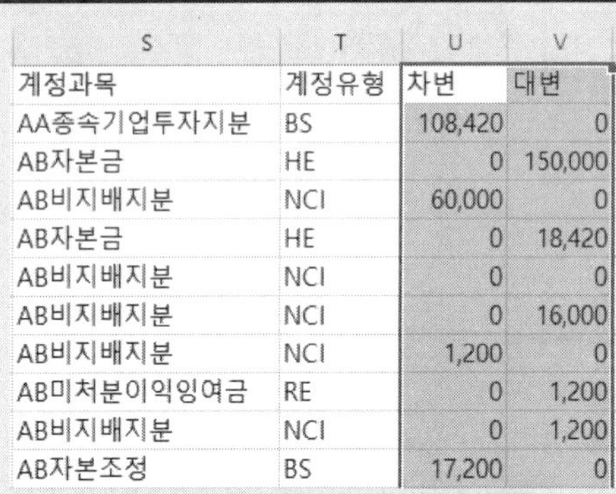

계정과목	계정유형	차변	대변
AA종속기업투자지분	BS	108,420	0
AB자본금	HE	0	150,000
AB비지배지분	NCI	60,000	0
AB자본금	HE	0	18,420
AB비지배지분	NCI	0	0
AB비지배지분	NCI	0	16,000
AB비지배지분	NCI	1,200	0
AB미처분이익잉여금	RE	0	1,200
AB비지배지분	NCI	0	1,200
AB자본조정	BS	17,200	0

① 추가처분 종속기업투자지분 상계 제거부분이다. 검증 목적으로 차변, 대변 칼럼의 금액과 계정과목을 확인하면 된다(분개에 대한 상세 설명은 본문에서 확인하기 바람).

4) out_연결분개_기타_0, 1 sheet

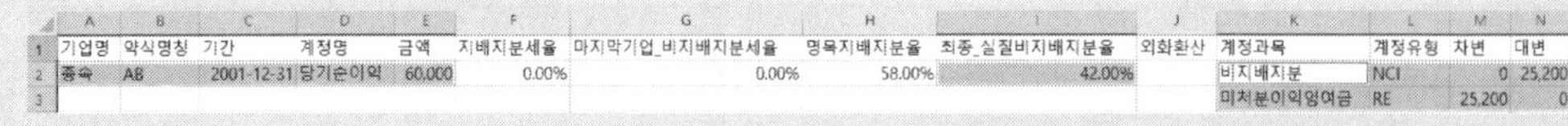

기업명	약식명칭	기간	계정명	금액	지배지분세율	마지막기업_비지배지분세율	명목지배지분율	최종_실질비지배지분율	외화환산	계정과목	계정유형	차변	대변
종속	AB	2001-12-31	당기순이익	60,000	0.00%	0.00%	58.00%	42.00%		비지배지분	NCI	0	25,200
										미처분이익잉여금	RE	25,200	0

① **[out_연결분개_기타_0]** 종속의 2001년 당기순이익에 대한 비지배지분 연결분개 부분에 해당한다(분개에 대한 상세 설명은 본문에서 확인하기 바람).

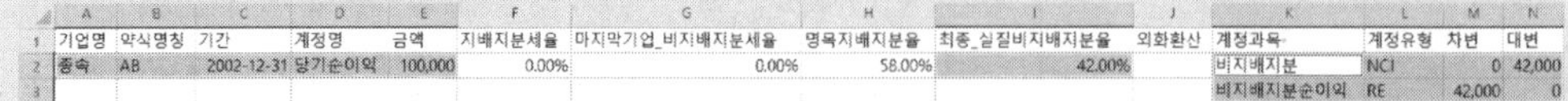

기업명	약식명칭	기간	계정명	금액	지배지분세율	마지막기업_비지배지분세율	명목지배지분율	최종_실질비지배지분율	외화환산	계정과목	계정유형	차변	대변
종속	AB	2002-12-31	당기순이익	100,000	0.00%	0.00%	58.00%	42.00%		비지배지분	NCI	0	42,000
										비지배지분순이익	RE	42,000	0

② **[out_연결분개_기타_1]** 종속의 2002년 당기순이익에 대한 비지배지분 연결분개 부분에 해당한다(분개에 대한 상세 설명은 본문에서 확인하기 바람).

5) tmp_연결분개_통합 sheet

	A	B	C	D	E	F	G	H	I	J
1	계정과목	매핑계정과목	신설필요_계정과목	후보_매핑계정과목_1	후보_매핑계정과목_2	차변잔액	대변잔액		확인	
2	AA종속기업투자지분	AA종속기업투자지분		AA종속기업투자지분		0	431,580			
3	AB미처분이익잉여금	AB미처분이익잉여금		AB미처분이익잉여금	AA미처분이익잉여금	0	1,200			
4	AB비지배지분	비지배지분		비지배지분순이익	비지배지분	0	276,000			
5	AB영업권	AB영업권	AB영업권			60,000	0			
6	AB이익잉여금	AB미처분이익잉여금		AB미처분이익잉여금		300,000	0			
7	AB자본금	AB자본금		AB자본금	AB자본잉여금	231,580	0			
8	AB자본잉여금	AB자본잉여금		AB자본잉여금	AB자본금	100,000	0			
9	AB자본조정	자본조정	자본조정	AB자본금	AB자본잉여금	17,200	0			
10	미처분이익잉여금	AA미처분이익잉여금		AA미처분이익잉여금	AB미처분이익잉여금	25,200	0			
11	비지배지분	비지배지분		비지배지분	비지배지분순이익	0	67,200			
12	비지배지분순이익	비지배지분순이익		비지배지분순이익	비지배지분	42,000	0			

① 음영 부분을 상기와 같이 신설하여 매핑한다.

주의 적절한 계정과목을 신설하여야 하는 경우에는 신설필요_계정과목에 신설하고 동일한 계정과목을 매핑계정과목에 입력하여야 한다.

② 확인 버튼을 누른다.

6) out_최종연결정산표 sheet

	A	B	C	D	E	F	G	H
1	계정과목	차변잔액	대변잔액				정렬	
2	감가상각비	55,000	0					
3	건물	250,000	0					
4	기계장치	400,000	0					
5	단기차입금	0	396,000					
6	매입채무	0	279,580					
7	매출	0	1,235,000					
8	매출원가	989,000	0					
9	매출채권	503,980	0					
10	미처분이익잉여금	0	327,000					
11	비지배지분	0	343,200					
12	비지배지분순이익	42,000	0					
13	영업권	60,000	0					
14	자본금	0	548,400					
15	자본조정	17,200	0					
16	재고자산	70,000	0					
17	차입금	0	25,000					
18	토지	115,000	0					
19	현금	652,000	0					

① 계정과목이 한글로 오름차순으로 되어 있다.

② 정렬 버튼을 누른다.

	A	B	C	D	E	F	G	H
1	계정코드	계정과목	차변잔액	대변잔액			정렬	
2	10100	현금	652,000	0				
3	10800	매출채권	503,980	0				
4	14600	재고자산	70,000	0				
5	20100	토지	115,000	0				
6	20200	건물	250,000	0				
7	20600	기계장치	400,000	0				
8	25100	매입채무	0	279,580				
9	26000	단기차입금	0	396,000				
10	26000	차입금	0	25,000				
11	33100	자본금	0	548,400				
12	37700	미처분이익잉여금	0	327,000				
13	40100	매출	0	1,235,000				
14	45100	매출원가	989,000	0				
15	81800	감가상각비	55,000	0				
16	비지배지분	비지배지분	0	343,200				
17	비지배지분순이익	비지배지분순이익	42,000	0				
18	영업권	영업권	60,000	0				
19	자본조정	자본조정	17,200	0				

③ 계정코드별로 오름차순되며, 계정코드가 없이 새롭게 삽입된 계정과목은 맨 아래에 위치하고 그러한 계정과목은 계정과목으로(한글순으로) 오름차순으로 정렬이 된다.

Fraudit ExCon 실 습 : 제4장 5-1 원가법 3차년도

(1) 사례파일

제4장_5-1_원가법_3차년도_기초정보.xlsx, 제4장_5-1_원가법_3차년도_원화시산표.xlsx

(2) [기초정보.xlsx] 작성

1) 보고기간 sheet

	A	B	C	D
1	목차	구분	일자	검증_보고기간
2	보고기간	보고기간초	2003-01-01	OK
3	보고기간	보고기간말	2003-12-31	

① 보고기간 초와 보고기간 말을 입력한다..

2) 기업목록 sheet

	A	B	C	D	E	F	G	H	I	J	K	L	M
1	일련번호	목차	기업명	약식명칭	기능통화	표시통화	세율	이연법인세계산	검증_기업명중복	검증_기능통화	검증_표시통화	검증_세율	검증_이연법인세계산
2	1	기업목록	지배	AA	원화	원화	0%	아니오	OK	OK	OK	OK	OK
3	2		종속	AB	원화	원화	0%	아니오	OK	OK	OK	OK	OK

① 기업명을 입력한다. 여기서는 **지배**와 **종속**으로 입력한다.
② 기능통화를 **원화**로 선택한다.
③ 표시통화를 **원화**로 선택한다.
④ 세율은 0%이므로 입력하지 않는다.
⑤ 이연법인세계산을 **아니오**로 선택한다.

3) 지분구조 sheet

	A	B	C	D	E	F
1	목차	지배기업명	종속기업명	지배기업약식	종속기업약식	취득차수
2	지분구조	지배	종속	AA	AB	1
3		지배	종속	AA	AB	2
4		지배	종속	AA	AB	3

① 지배기업명과 종속기업명을 입력한다. 여기서는 **지배**와 **종속**으로 입력한다.

	G	H	I	J	K	L	M	N	O
1	취득일	간주취득일	외화취득원가	통화	환율	취득원가	균등유상증자_취득원가	불균등유상증자_취득원가	지분율
2	2001-01-01	2001-01-01		원화		540,000			60.00%
3	2002-01-01	2002-01-01		원화		(108,420)	(90,000)	(18,420)	(2.00%)
4	2003-01-01	2003-01-01		원화		(50,000)	(43,400)	(6,600)	(1.00%)

② 추가처분 부분을 상기와 같이 추가한다.

4) 취득시지분구조_공정가치차이 sheet

	E	F	G	H	I	J	K	L	M
1	목차	기업명	약식명칭	취득차수_1	취득일_1	간주취득일_1	자본계정명_1	자본금액_1_외화	자본금액_1
2	자본_공정가치	종속	AB	1	2001-01-01	2001-01-01	자본금		400,000
3		종속	AB				자본잉여금		100,000
4		종속	AB				이익잉여금		300,000

① 종속의 2001-01-01일의 자본계정명_1(1차 취득)과 자본금액_1(1차 취득)을 **K열과 M열에 상기와 같이** 입력한다.

	AN	AO	AP	AQ	AR	AS	AT	AU
1	취득차수_2	취득일_2	간주취득일_2	자본계정명_2	자본금액_2	차이금액_2	균등유상증자차이금액_2	불균등유상증자차이금액_2
2	2	2002-01-01	2002-01-01	자본금	231,580	(168,420)	(150,000)	(18,420)
3				자본잉여금	100,000	0		
4				이익잉여금	360,000	60,000		

② 종속의 2002-01-01일의 자본계정명_2와 자본금액_2를 상기와 같이 입력한다.

	AV	AW	AX	AY	AZ	BA	BB	BC
1	취득차수_3	취득일_3	간주취득일_3	자본계정명_3	자본금액_3	차이금액_3	균등유상증자차이금액_3	불균등유상증자차이금액_3
2	3	2003-01-01	2003-01-01	자본금	154,980	(76,600)	(70,000)	(6,600)
3				자본잉여금	100,000	0		
4				이익잉여금	460,000	100,000		

③ 종속의 2003-01-01일의 자본계정명_3과 자본금액_3을 상기와 같이 입력한다.

5) 재무정보 sheet

	A	B	C	D	E	F	G
1	일련번호	목차	기업명	약식명칭	기간	계정명	금액
2	2	재무정보	종속	AB	2001-12-31	배당	
3						당기순이익	60,000
4						기타포괄손익	
5						해외사업환산손익	
6	2		종속	AB	2002-12-31	배당	
7						당기순이익	100,000
8						기타포괄손익	
9						해외사업환산손익	
10	2		종속	AB	2003-12-31	배당	
11						당기순이익	70,000
12						기타포괄손익	
13						해외사업환산손익	

① G열에 종속의 **2001년, 2002년, 2003년 당기순이익을 상기와 같이** 입력한다.

6) 내부거래현황 sheet

① 내부거래가 없으므로 별도로 입력하지 않는다.

(3) [원화시산표.xlsx] 작성

1) 보고기간 sheet

구분	일자
보고기간초	2003-01-01
보고기간말	2003-12-31

① 보고기간 초와 보고기간 말을 입력한다.

주의 기초정보의 보고기간 초와 보고기간 말과 동일하여야 한다.

2) 기업목록 sheet

기업명	시산표일자	표시통화	ERP	검증_빈값	검증_표시통화	검증_ERP
지배	2001-12-31	원화	더존	OK	OK	OK
종속	2001-12-31	원화	더존	OK	OK	OK

① 기업명을 입력한다. 여기서는 **지배**와 **종속**으로 입력한다.

② 표시통화를 **원화**로 선택한다.

③ ERP는 **더존**이라고 가정하고 선택한다.

3) 원화시산표_1 sheet

기업명	기능통화	시산표일자	ERP	계정코드	계정과목	차변	대변
지배	원화	2003-12-31	더존	10100	현금	250,000	-
				10800	매출채권	221,400	-
				14600	재고자산	40,000	-
				19101	종속기업투자지분	381,580	-
				20100	토지	75,000	-
				20200	건물	200,000	-
				20600	기계장치	300,000	-
				25100	매입채무	-	257,580
				26000	단기차입금	-	396,000
				33100	자본금	-	625,000
				37700	미처분이익잉여금	-	191,000
				40100	매출	-	907,400
				45100	매출원가	859,000	-
				81800	감가상각비	50,000	-

① A열에 기업명을 입력한다. 여기서는 **지배**로 입력한다.

② 해당 계정코드, 계정과목, 차변, 대변 금액을 차례로 입력한다. **차변과 대변은 어느 한쪽만 입력하여야 한다.**

③ 검증 칼럼에서 OK가 아닌 경우 해당 원인을 해결한다.

4) 원화시산표_2 sheet

기업명	기능통화	시산표일자	ERP	계정코드	계정과목	차변	대변
종속	원화	2003-12-31	더존	10100	현금	402,000	-
				10800	매출채권	209,980	-
				14600	재고자산	30,000	-
				20100	토지	40,000	-
				20200	건물	50,000	-
				20600	기계장치	100,000	-
				25100	매입채무	-	22,000
				26000	차입금	-	25,000
				33100	자본금	-	154,980
				37300	자본잉여금	-	100,000
				37700	미처분이익잉여금	-	460,000
				40100	매출	-	205,000
				45100	매출원가	130,000	-
				81800	감가상각비	5,000	-

① A열에 기업명을 입력한다. 여기서는 **종속**으로 입력한다.

② 해당 계정코드, 계정과목, 차변, 대변 금액을 차례로 입력한다. **차변과 대변은 어느 한쪽만 입력하여야 한다.**

③ 검증 칼럼에서 OK가 아닌 경우 해당 원인을 해결한다.

(4) [Fraudit-ExCon.exe] 실행

제4장_5-1_원가법_3차년도_기초정보.xlsx과 제4장_5-1_원가법_3차년도_원화시산표.xlsx을 Fraudit-ExCon이 있는 폴더에 복사하여 이동한다. 그리고 **접두어를 제거**하고 **기초정보.xlsx와 원화시산표.xlsx**로 이름을 변경한다. **그 다음에 Fraudit-ExCon.exe를 실행한다.**

1) Main Sheet

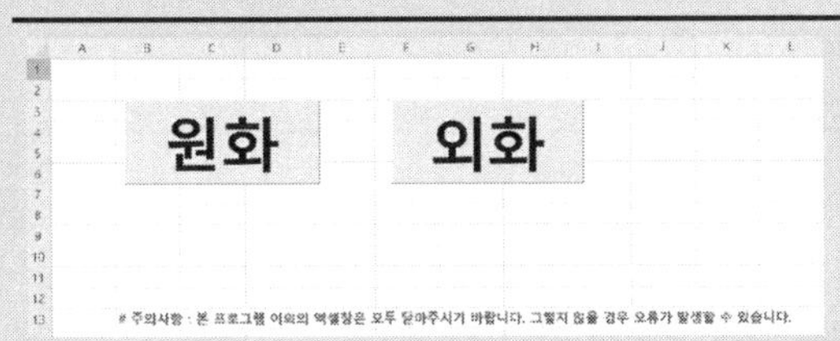

① 기능통화가 외화인 종속법인이 없으므로 원화 버튼을 누른다.

주의 원화 버튼을 누른 후 에러메시지가 뜨면 해당 에러 원인을 **기초정보.xlsx, 원화시산표.xlsx**에서 적절하게 수정한 후 다시 누른다.

2) out_연결분개_투자자본_0 sheet

T	U	V	W
계정과목	계정유형	차변	대변
AA종속기업투자지분	BS	0	540000
AB자본금	HE	400000	0
AB자본잉여금	BS	100000	0
AB이익잉여금	BS	300000	0
AB비지배지분	NCI	0	320000
AB영업권	BS	60000	0

① 연결분개 중 지배와 종속의 투자와 자본 상계제거 분개 부분에 해당한다. 검증 목적으로 차변, 대변 칼럼의 금액과 계정과목을 확인하면 된다(분개에 대한 상세 설명은 본문에서 확인하기 바람).

3) out_연결분개_추가취득_1, 2 sheet

S	T	U	V
계정과목	계정유형	차변	대변
AA종속기업투자지분	BS	108,420	0
AB자본금	HE	0	150,000
AB비지배지분	NCI	60,000	0
AB자본금	HE	0	18,420
AB비지배지분	NCI	0	0
AB비지배지분	NCI	0	16,000
AB비지배지분	NCI	1,200	0
AB미처분이익잉여금	RE	0	1,200
AB비지배지분	NCI	0	1,200
AB자본조정	BS	17,200	0

① **[out_연결분개_추가취득_1]** 추가처분 종속기업투자지분 상계 제거부분이다. 검증 목적으로 차변, 대변 칼럼의 금액과 계정과목을 확인하면 된다(분개에 대한 상세 설명은 본문에서 확인하기 바람).

	S	T	U	V
	계정과목	계정유형	차변	대변
	AA종속기업투자지분	BS	50,000	0
	AB자본금	HE	0	70,000
	AB비지배지분	NCI	29,400	0
	AB자본금	HE	0	6,600
	AB비지배지분	NCI	0	0
	AB비지배지분	NCI	0	8,000
	AB비지배지분	NCI	1,600	0
	AB미처분이익잉여금	RE	0	1,600
	AB비지배지분	NCI	0	1,600
	AB자본조정	BS	6,800	0

② **[out_연결분개_추가취득_2]** 추가처분 종속기업투자지분 상계 제거부분이다. 검증 목적으로 차변, 대변 칼럼의 금액과 계정과목을 확인하면 된다(분개에 대한 상세 설명은 본문에서 확인하기 바람).

4) out_연결분개_기타_0, 1, 2 sheet

	A	B	C	D	E	F	G	H	I	J	K	L	M	N
1	기업명	약식명칭	기간	계정명	금액	지배지분세율	마지막기업_비지배지분세율	명목지배지분율	최종_실질비지배지분율	외화환산	계정과목	계정유형	차변	대변
2	종속	AB	2001-12-31	당기순이익	60,000	0.00%	0.00%	57.00%	43.00%		비지배지분	NCI	0	25,800
3											미처분이익잉여금	RE	25,800	0

① **[out_연결분개_기타_0]** 종속의 2001년 당기순이익에 대한 비지배지분 연결분개 부분에 해당한다(분개에 대한 상세 설명은 본문에서 확인하기 바람).

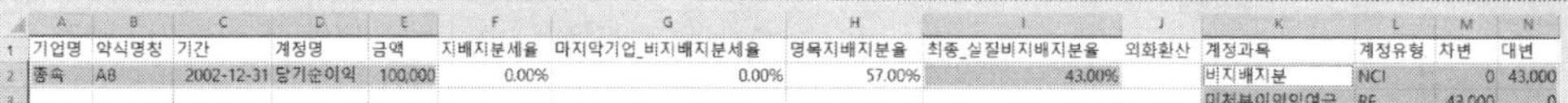

	A	B	C	D	E	F	G	H	I	J	K	L	M	N
1	기업명	약식명칭	기간	계정명	금액	지배지분세율	마지막기업_비지배지분세율	명목지배지분율	최종_실질비지배지분율	외화환산	계정과목	계정유형	차변	대변
2	종속	AB	2002-12-31	당기순이익	100,000	0.00%	0.00%	57.00%	43.00%		비지배지분	NCI	0	43,000
3											미처분이익잉여금	RE	43,000	0

② **[out_연결분개_기타_1]** 종속의 2002년 당기순이익에 대한 비지배지분 연결분개 부분에 해당한다(분개에 대한 상세 설명은 본문에서 확인하기 바람).

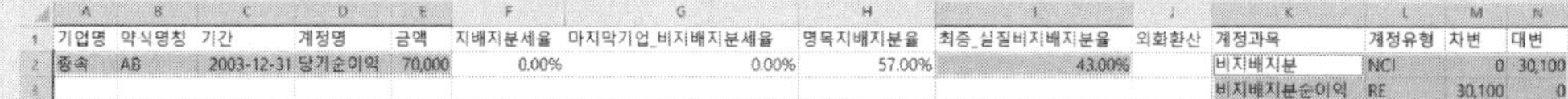

	A	B	C	D	E	F	G	H	I	J	K	L	M	N
1	기업명	약식명칭	기간	계정명	금액	지배지분세율	마지막기업_비지배지분세율	명목지배지분율	최종_실질비지배지분율	외화환산	계정과목	계정유형	차변	대변
2	종속	AB	2003-12-31	당기순이익	70,000	0.00%	0.00%	57.00%	43.00%		비지배지분	NCI	0	30,100
3											비지배지분순이익	RE	30,100	0

③ **[out_연결분개_기타_2]** 종속의 2003년 당기순이익에 대한 비지배지분 연결분개 부분에 해당한다(분개에 대한 상세 설명은 본문에서 확인하기 바람).

5) tmp_연결분개_통합 sheet

	A	B	C	D	E	F	G	H	I	J
1	계정과목	매핑계정과목	신설필요_계정과목	후보_매핑계정과목_1	후보_매핑계정과목_2	차변잔액	대변잔액		확인	
2	AA종속기업투자지분	AA종속기업투자지분		AA종속기업투자지분		0	381,580			
3	AB미처분이익잉여금	AB미처분이익잉여금		AB미처분이익잉여금	AA미처분이익잉여금	0	2,800			
4	AB비지배지분	비지배지분		비지배지분순이익	비지배지분	0	254,600			
5	AB영업권	AB영업권	AB영업권			60,000	0			
6	AB이익잉여금	AB미처분이익잉여금		AB미처분이익잉여금		300,000	0			
7	AB자본금	AB자본금		AB자본금	AB자본잉여금	154,980	0			
8	AB자본잉여금	AB자본잉여금		AB자본잉여금	AB자본금	100,000	0			
9	AB자본조정	자본조정	자본조정	AB자본금	AB자본잉여금	24,000	0			
10	미처분이익잉여금	AA미처분이익잉여금		AA미처분이익잉여금	AB미처분이익잉여금	68,800	0			
11	비지배지분	비지배지분		비지배지분	비지배지분순이익	0	98,900			
12	비지배지분순이익	비지배지분순이익		비지배지분순이익	비지배지분	30,100	0			

① 음영 부분을 상기와 같이 신설하여 매핑한다.

주의 적절한 계정과목을 신설하여야 하는 경우에는 신설필요_계정과목에 신설하고 동일한 계정과목을 매핑계정과목에 입력하여야 한다.

② 확인 버튼을 누른다.

6) out_최종연결정산표 sheet

계정과목	차변잔액	대변잔액
감가상각비	55,000	0
건물	250,000	0
기계장치	400,000	0
단기차입금	0	396,000
매입채무	0	279,580
매출	0	1,112,400
매출원가	989,000	0
매출채권	431,380	0
미처분이익잉여금	0	285,000
비지배지분	0	353,500
비지배지분순이익	30,100	0
영업권	60,000	0
자본금	0	625,000
자본조정	24,000	0
재고자산	70,000	0
차입금	0	25,000
토지	115,000	0
현금	652,000	0

정렬

계정코드	계정과목	차변잔액	대변잔액
10100	현금	652,000	0
10800	매출채권	431,380	0
14600	재고자산	70,000	0
20100	토지	115,000	0
20200	건물	250,000	0
20600	기계장치	400,000	0
25100	매입채무	0	279,580
26000	단기차입금	0	396,000
26000	차입금	0	25,000
33100	자본금	0	625,000
37700	미처분이익잉여금	0	285,000
40100	매출	0	1,112,400
45100	매출원가	989,000	0
81800	감가상각비	55,000	0
비지배지분	비지배지분	0	353,500
비지배지분순이익	비지배지분순이익	30,100	0
영업권	영업권	60,000	0
자본조정	자본조정	24,000	0

정렬

① 계정과목이 한글로 오름차순으로 되어 있다.
② 정렬 버튼을 누른다.

③ 계정코드별로 오름차순되며, 계정코드가 없이 새롭게 삽입된 계정과목은 맨 아래에 위치하고 그러한 계정과목은 계정과목으로(한글순으로) 오름차순으로 정렬이 된다.

Fraudit ExCon 실 습 : 제4장 5-1 지분법 1차년도

(1) 사례파일

제4장_5-1_지분법_1차년도_기초정보.xlsx, 제4장_5-1_지분법_1차년도_원화시산표.xlsx

(2) [기초정보.xlsx] 작성

1) 보고기간 sheet

	A	B	C	D
1	목차	구분	일자	검증_보고기간
2	보고기간	보고기간초	2001-01-01	OK
3	보고기간	보고기간말	2001-12-31	

① 보고기간 초와 보고기간 말을 입력한다..

2) 기업목록 sheet

	A	B	C	D	E	F	G	H	I	J	K	L	M
1	일련번호	목차	기업명	약식명칭	기능통화	표시통화	세율	이연법인세계산	검증_기업명중복	검증_기능통화	검증_표시통화	검증_세율	검증_이연법인세계산
2	1	기업목록	지배	AA	원화	원화	0%	아니오	OK	OK	OK	OK	OK
3	2		종속	AB	원화	원화	0%	아니오	OK	OK	OK	OK	OK

① 기업명을 입력한다. 여기서는 **지배**와 **종속**으로 입력한다.
② 기능통화를 **원화**로 선택한다.
③ 표시통화를 **원화**로 선택한다.
④ 세율은 0%이므로 입력하지 않는다.
⑤ 이연법인세계산을 **아니오**로 선택한다.

3) 지분구조 sheet

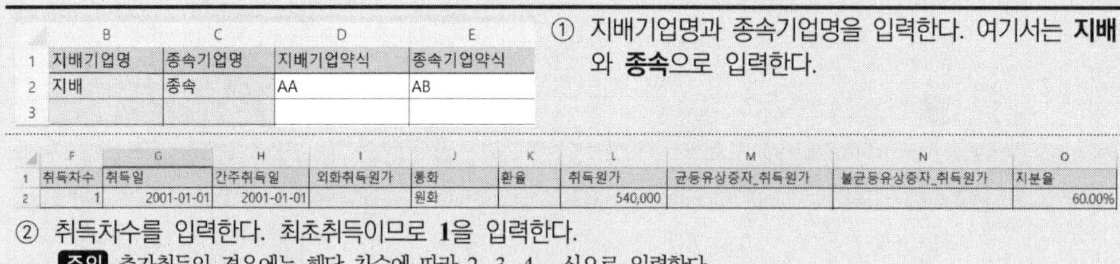

	B	C	D	E
1	지배기업명	종속기업명	지배기업약식	종속기업약식
2	지배	종속	AA	AB
3				

	F	G	H	I	J	K	L	M	N	O
1	취득차수	취득일	간주취득일	외화취득원가	통화	환율	취득원가	균등유상증자_취득원가	불균등유상증자_취득원가	지분율
2	1	2001-01-01	2001-01-01		원화		540,000			60.00%

① 지배기업명과 종속기업명을 입력한다. 여기서는 **지배**와 **종속**으로 입력한다.

② 취득차수를 입력한다. 최초취득이므로 **1**을 입력한다.
주의 추가취득인 경우에는 해당 차수에 따라 2, 3, 4... 식으로 입력한다.
③ 최초취득일을 입력한다. 여기서는 **2001-01-01**로 입력한다.
④ 간주취득일을 입력한다. 여기서는 **2001-01-01**로 입력한다.
주의 간주취득일은 최초취득일로부터 가장 근접한 결산재무제표의 결산일을 의미한다.
⑤ 나머지는 상기와 같이 입력한다.

4) 취득시지분구조_공정가치차이 sheet

	E	F	G	H	I	J	K	L	M
1	목차	기업명	약식명칭	취득차수_1	취득일_1	간주취득일_1	자본계정명_1	자본금액_1_외화	자본금액_1
2	자본_공정가치	종속	AB	1	2001-01-01	2001-01-01	자본금		400,000
3		종속	AB				자본잉여금		100,000
4		종속	AB				이익잉여금		300,000

① 종속의 2001-01-01일의 자본계정명_1(1차 취득)과 자본금액_1(1차 취득)을 **K열과 M열에 상기와 같이** 입력한다.

5) 재무정보 sheet

	A	B	C	D	E	F	G
1	일련번호	목차	기업명	약식명칭	기간	계정명	금액
2	2	재무정보	종속	AB	2001-12-31	배당	
3						당기순이익	60,000
4						기타포괄손익	
5						해외사업환산손익	

① G열에 종속회사의 2001년 **당기순이익을 상기와 같이** 입력한다.

6) 내부거래현황 sheet

① 내부거래가 없으므로 별도로 입력하지 않는다.

(3) [원화시산표.xlsx] 작성

1) 보고기간 sheet

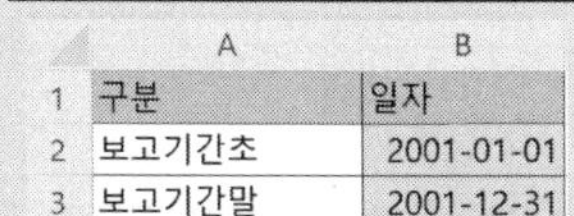

	A	B
1	구분	일자
2	보고기간초	2001-01-01
3	보고기간말	2001-12-31

① 보고기간 초와 보고기간 말을 입력한다.

주의 기초정보의 보고기간 초와 보고기간 말과 동일하여야 한다.

2) 기업목록 sheet

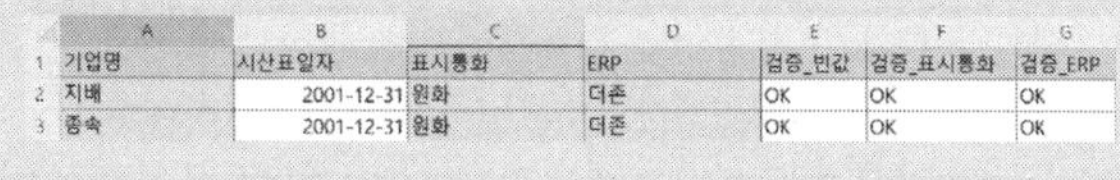

	A	B	C	D	E	F	G
1	기업명	시산표일자	표시통화	ERP	검증_빈값	검증_표시통화	검증_ERP
2	지배	2001-12-31	원화	더존	OK	OK	OK
3	종속	2001-12-31	원화	더존	OK	OK	OK

① 기업명을 입력한다. 여기서는 **지배**와 **종속**으로 입력한다.
② 표시통화를 **원화**로 선택한다.
③ ERP는 **더존**이라고 가정하고 선택한다.

3) 원화시산표_1 sheet

	A	B	C	D	E	F	G	H
1	기업명	기능통화	시산표일자	ERP	계정코드	계정과목	차변	대변
2	지배	원화	2001-12-31	더존	10100	현금	250,000	-
3					10800	매출채권	62,980	-
4					14600	재고자산	40,000	-
5					19101	종속기업투자지분	576,000	-
6					20100	토지	75,000	-
7					20200	건물	200,000	-
8					20600	기계장치	300,000	-
9					25100	매입채무	-	257,580
10					26000	단기차입금	-	396,000
11					33100	자본금	-	625,000
12					37700	미처분이익잉여금	-	191,000
13					40100	매출	-	907,400
14					45100	매출원가	859,000	-
15					81800	감가상각비	50,000	-
16					81900	지분법이익		36,000

① A열에 기업명을 입력한다. 여기서는 **지배**로 입력한다.
② 해당 계정코드, 계정과목, 차변, 대변 금액을 차례로 입력한다. **차변과 대변은 어느 한쪽만 입력하여야 한다.**
③ 검증 칼럼에서 OK가 아닌 경우 해당 원인을 해결한다.

4) 원화시산표_2 sheet

	A	B	C	D	E	F	G	H
1	기업명	기능통화	시산표일자	ERP	계정코드	계정과목	차변	대변
2	종속	원화	2001-12-31	더존	10100	현금	402,000	-
3					10800	매출채권	199,980	-
4					14600	재고자산	30,000	-
5					20100	토지	40,000	-
6					20200	건물	50,000	-
7					20600	기계장치	100,000	-
8					25100	매입채무	-	22,000
9					26000	차입금	-	25,000
10					33100	자본금	-	154,980
11					37300	자본잉여금	-	100,000
12					37700	미처분이익잉여금	-	460,000
13					40100	매출	-	195,000
14					45100	매출원가	130,000	-
15					81800	감가상각비	5,000	-

① A열에 기업명을 입력한다. 여기서는 **종속**으로 입력한다.
② 해당 계정코드, 계정과목, 차변, 대변 금액을 차례로 입력한다. **차변과 대변은 어느 한쪽만 입력하여야 한다.**
③ 검증 칼럼에서 OK가 아닌 경우 해당 원인을 해결한다.

(4) [Fraudit-ExCon.exe] 실행

제4장_5-1_지분법_1차년도_기초정보.xlsx과 제4장_5-1_지분법_1차년도_원화시산표.xlsx을 Fraudit-ExCon이 있는 폴더에 복사하여 이동한다. 그리고 **접두어를 제거**하고 **기초정보.xlsx와 원화시산표.xlsx**로 이름을 변경한다. **그 다음에 Fraudit-ExCon.exe를 실행한다.**

1) Main Sheet

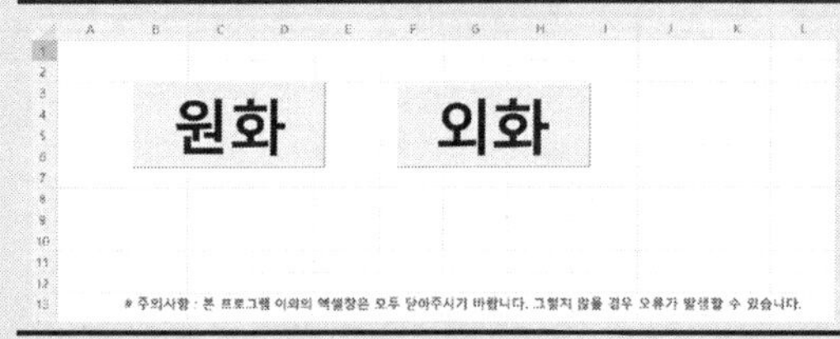

① 기능통화가 외화인 종속법인이 없으므로 원화 버튼을 누른다.

주의 원화 버튼을 누른 후 에러메시지가 뜨면 해당 에러 원인을 **기초정보.xlsx, 원화시산표.xlsx**에서 적절하게 수정한 후 다시 누른다.

2) out_연결분개_투자자본_0 sheet

계정과목	계정유형	차변	대변
AA종속기업투자지분	BS	0	540000
AB자본금	HE	400000	0
AB자본잉여금	BS	100000	0
AB이익잉여금	BS	300000	0
AB비지배지분	NCI	0	320000
AB영업권	BS	60000	0

① 연결분개 중 지배와 종속의 투자와 자본 상계제거 분개 부분에 해당한다. 검증 목적으로 차변, 대변 칼럼의 금액과 계정과목을 확인하면 된다(분개에 대한 상세 설명은 본문에서 확인하기 바람).

3) out_연결분개_기타_0 sheet

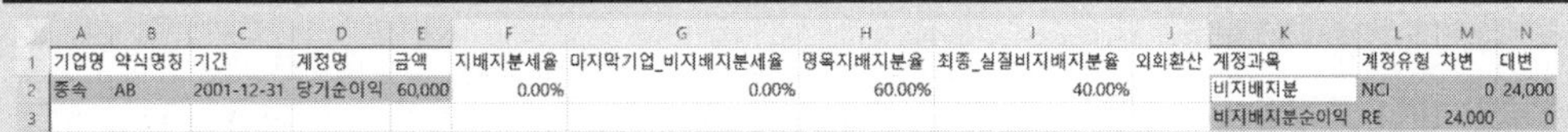

기업명	약식명칭	기간	계정명	금액	지배지분세율	마지막기업_비지배지분세율	명목지배지분율	최종_실질비지배지분율	외화환산	계정과목	계정유형	차변	대변
종속	AB	2001-12-31	당기순이익	60,000	0.00%	0.00%	60.00%	40.00%		비지배지분	NCI	0	24,000
										비지배지분순이익	RE	24,000	0

① 종속의 2001년 당기순이익에 대한 비지배지분 연결분개 부분에 해당한다(분개에 대한 상세 설명은 본문에서 확인하기 바람).

4) tmp_연결분개_통합 sheet

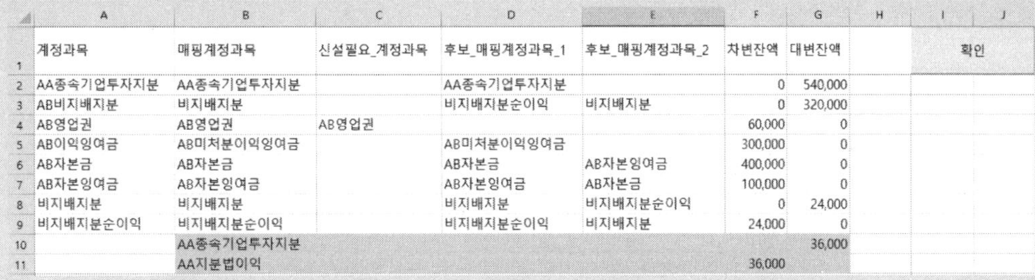

계정과목	매핑계정과목	신설필요_계정과목	후보_매핑계정과목_1	후보_매핑계정과목_2	차변잔액	대변잔액		확인
AA종속기업투자지분	AA종속기업투자지분		AA종속기업투자지분		0	540,000		
AB비지배지분	비지배지분		비지배지분순이익	비지배지분	0	320,000		
AB영업권	AB영업권	AB영업권			60,000	0		
AB이익잉여금	AB미처분이익잉여금		AB미처분이익잉여금		300,000	0		
AB자본금	AB자본금		AB자본금	AB자본잉여금	400,000	0		
AB자본잉여금	AB자본잉여금		AB자본잉여금	AB자본금	100,000	0		
비지배지분	비지배지분		비지배지분	비지배지분순이익	0	24,000		
비지배지분순이익	비지배지분순이익		비지배지분순이익	비지배지분	24,000	0		
	AA종속기업투자지분					36,000		
	AA지분법이익				36,000			

① 상기 음영 부분처럼 별도재무제표 지분법 회계처리를 제거하는 분개를 추가한다.

주의 적절한 계정과목을 신설하여야 하는 경우에는 신설필요_계정과목에 신설하고 동일한 계정과목을 매핑계정과목에 입력하여야 한다.

② 확인 버튼을 누른다.

5) out_최종연결정산표 sheet

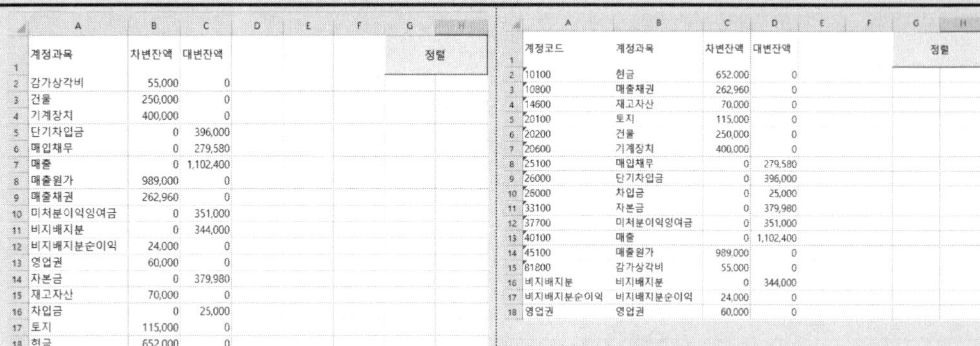

계정과목	차변잔액	대변잔액
감가상각비	55,000	0
건물	250,000	0
기계장치	400,000	0
단기차입금	0	396,000
매입채무	0	279,580
매출	0	1,102,400
매출원가	989,000	0
매출채권	262,960	0
미처분이익잉여금	0	351,000
비지배지분	0	344,000
비지배지분순이익	24,000	0
영업권	60,000	0
자본금	0	379,980
재고자산	70,000	0
차입금	0	25,000
토지	115,000	0
현금	652,000	0

① 계정과목이 한글로 오름차순으로 되어 있다.
② 정렬 버튼을 누른다.

계정코드	계정과목	차변잔액	대변잔액
10100	현금	652,000	0
10800	매출채권	262,960	0
14600	재고자산	70,000	0
20100	토지	115,000	0
20200	건물	250,000	0
20600	기계장치	400,000	0
25100	매입채무	0	279,580
26000	단기차입금	0	396,000
26000	차입금	0	25,000
33100	자본금	0	379,980
37700	미처분이익잉여금	0	351,000
40100	매출	0	1,102,400
45100	매출원가	989,000	0
81800	감가상각비	55,000	0
비지배지분	비지배지분	0	344,000
비지배지분순이익	비지배지분순이익	24,000	0
영업권	영업권	60,000	0

③ 계정코드별로 오름차순되며, 계정코드가 없이 새롭게 삽입된 계정과목은 맨 아래에 위치하고 그러한 계정과목은 계정과목으로(한글순으로) 오름차순으로 정렬이 된다.

Fraudit ExCon 실 습 : 제4장 5-1 지분법 2차년도

(1) 사례파일

제4장_5-1_지분법_2차년도_기초정보.xlsx, 제4장_5-1_지분법_2차년도_원화시산표.xlsx

(2) [기초정보.xlsx] 작성

1) 보고기간 sheet

	A	B	C	D
1	목차	구분	일자	검증_보고기간
2	보고기간	보고기간초	2002-01-01	OK
3	보고기간	보고기간말	2002-12-31	

① 보고기간 초와 보고기간 말을 입력한다..

2) 기업목록 sheet

	A	B	C	D	E	F	G	H	I	J	K	L	M
1	일련번호	목차	기업명	약식명칭	기능통화	표시통화	세율	이연법인세계산	검증_기업명중복	검증_기능통화	검증_표시통화	검증_세율	검증_이연법인세계산
2	1	기업목록	지배	AA	원화	원화	0%	아니오	OK	OK	OK	OK	OK
3	2		종속	AB	원화	원화	0%	아니오	OK	OK	OK	OK	OK

① 기업명을 입력한다. 여기서는 **지배**와 **종속**으로 입력한다.
② 기능통화를 **원화**로 선택한다.
③ 표시통화를 **원화**로 선택한다.
④ 세율은 0%이므로 입력하지 않는다.
⑤ 이연법인세계산을 **아니오**로 선택한다.

3) 지분구조 sheet

	A	B	C	D	E
1	목차	지배기업명	종속기업명	지배기업약식	종속기업약식
2	지분구조	지배	종속	AA	AB
3		지배	종속	AA	AB

① 지배기업명과 종속기업명을 입력한다. 여기서는 **지배**와 **종속**으로 입력한다.

	F	G	H	I	J	K	L	M	N	O
1	취득차수	취득일	간주취득일	외화취득원가	통화	환율	취득원가	균등유상증자_취득원가	불균등유상증자_취득원가	지분율
2	1	2001-01-01	2001-01-01		원화		540,000			60.00%
3	2	2002-01-01	2002-01-01		원화		(108,420)	(90,000)	(18,420)	(2.00%)

② 추가취득 부분을 상기와 같이 추가한다.

4) 취득시지분구조_공정가치차이 sheet

	E	F	G	H	I	J	K	L	M
1	목차	기업명	약식명칭	취득차수_1	취득일_1	간주취득일_1	자본계정명_1	자본금액_1_외화	자본금액_1
2	자본_공정가치	종속	AB	1	2001-01-01	2001-01-01	자본금		400,000
3		종속	AB				자본잉여금		100,000
4		종속	AB				이익잉여금		300,000

① 종속의 2001-01-01일의 자본계정명_1(1차 취득)과 자본금액_1(1차 취득)을 **K열과 M열에 상기와 같이** 입력한다.

	AN	AO	AP	AQ	AR	AS	AT	AU
1	취득차수_2	취득일_2	간주취득일_2	자본계정명_2	자본금액_2	차이금액_2	균등유상증자차이금액_2	불균등유상증자차이금액_2
2	2	2002-01-01	2002-01-01	자본금	231,580	(168,420)	(150,000)	(18,420)
3				자본잉여금	100,000	0		
4				이익잉여금	360,000	60,000		

② 종속의 2002-01-01일의 자본계정명_2와 자본금액_2, 균등유상증자차이금액_2와 불균등유상증자차이금액_2를 상기와 같이 입력한다.

5) 재무정보 sheet

	A	B	C	D	E	F	G
1	일련번호	목차	기업명	약식명칭	기간	계정명	금액
2	2	재무정보	종속	AB	2001-12-31	배당	
3						당기순이익	60,000
4						기타포괄손익	
5						해외사업환산손익	
6	2		종속	AB	2002-12-31	배당	
7						당기순이익	100,000
8						기타포괄손익	
9						해외사업환산손익	

① G열에 종속의 **2001년, 2002년 당기순이익을 상기와 같이** 입력한다.

6) 내부거래현황 sheet

① 내부거래가 없으므로 별도로 입력하지 않는다.

(3) [원화시산표.xlsx] 작성

1) 보고기간 sheet

	A	B
1	구분	일자
2	보고기간초	2002-01-01
3	보고기간말	2002-12-31

① 보고기간 초와 보고기간 말을 입력한다.

주의 기초정보의 보고기간 초와 보고기간 말과 동일하여야 한다.

2) 기업목록 sheet

기업명	시산표일자	표시통화	ERP	검증_빈값	검증_표시통화	검증_ERP
지배	2001-12-31	원화	더존	OK	OK	OK
종속	2001-12-31	원화	더존	OK	OK	OK

① 기업명을 입력한다. 여기서는 **지배**와 **종속**으로 입력한다.
② 표시통화를 **원화**로 선택한다.
③ ERP는 **더존**이라고 가정하고 선택한다.

3) 원화시산표_1 sheet

기업명	기능통화	시산표일자	ERP	계정코드	계정과목	차변	대변
지배	원화	2002-12-31	더존	10100	현금	250,000	-
				10800	매출채권	228,000	-
				14600	재고자산	40,000	-
				19101	종속기업투자지분	525,580	-
				20100	토지	75,000	-
				20200	건물	200,000	-
				20600	기계장치	300,000	-
				25100	매입채무	-	257,580
				26000	단기차입금	-	396,000
				33100	자본금	-	625,000
				37700	미처분이익잉여금	-	191,000
				40100	매출	-	1,000,000
				45100	매출원가	859,000	-
				81800	감가상각비	50,000	-
				81900	지분법이익		58,000

① A열에 기업명을 입력한다. 여기서는 **지배**로 입력한다.
② 해당 계정코드, 계정과목, 차변, 대변 금액을 차례로 입력한다. **차변과 대변은 어느 한쪽만 입력하여야 한다.**
③ 검증 칼럼에서 OK가 아닌 경우 해당 원인을 해결한다.

4) 원화시산표_2 sheet

기업명	기능통화	시산표일자	ERP	계정코드	계정과목	차변	대변
종속	원화	2002-12-31	더존	10100	현금	402,000	-
				10800	매출채권	239,980	-
				14600	재고자산	30,000	-
				20100	토지	40,000	-
				20200	건물	50,000	-
				20600	기계장치	100,000	-
				25100	매입채무	-	22,000
				26000	차입금	-	25,000
				33100	자본금	-	154,980
				37300	자본잉여금	-	100,000
				37700	미처분이익잉여금	-	460,000
				40100	매출	-	235,000
				45100	매출원가	130,000	-
				81800	감가상각비	5,000	-

① A열에 기업명을 입력한다. 여기서는 **종속**으로 입력한다.
② 해당 계정코드, 계정과목, 차변, 대변 금액을 차례로 입력한다. **차변과 대변은 어느 한쪽만 입력하여야 한다.**
③ 검증 칼럼에서 OK가 아닌 경우 해당 원인을 해결한다.

(4) [Fraudit-ExCon.exe] 실행

제4장_5-1_지분법_2차년도_기초정보.xlsx과 제4장_5-1_지분법_2차년도_원화시산표.xlsx을 Fraudit-ExCon이 있는 폴더에 복사하여 이동한다. 그리고 **접두어를 제거**하고 **기초정보.xlsx와 원화시산표.xlsx**로 이름을 변경한다. **그 다음에 Fraudit-ExCon.exe를 실행한다.**

1) Main Sheet

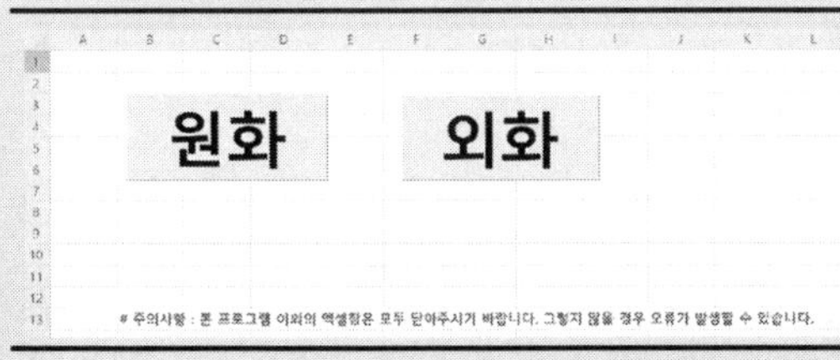

① 기능통화가 외화인 종속법인이 없으므로 원화 버튼을 누른다.

주의 원화 버튼을 누른 후 에러메시지가 뜨면 해당 에러원인을 **기초정보.xlsx, 원화시산표.xlsx**에서 적절하게 수정한 후 다시 누른다.

2) out_연결분개_투자자본_0 sheet

계정과목	계정유형	차변	대변
AA종속기업투자지분	BS	0	540000
AB자본금	HE	400000	0
AB자본잉여금	BS	100000	0
AB이익잉여금	BS	300000	0
AB비지배지분	NCI	0	320000
AB영업권	BS	60000	0

① 연결분개 중 지배와 종속의 투자와 자본 상계제거 분개 부분에 해당한다. 검증 목적으로 차변, 대변 칼럼의 금액과 계정과목을 확인하면 된다(분개에 대한 상세 설명은 본문에서 확인하기 바람).

3) out_연결분개_추가취득_1 sheet

계정과목	계정유형	차변	대변
AA종속기업투자지분	BS	108,420	0
AB자본금	HE	0	150,000
AB비지배지분	NCI	60,000	0
AB자본금	HE	0	18,420
AB비지배지분	NCI	0	0
AB비지배지분	NCI	0	16,000
AB비지배지분	NCI	1,200	0
AB미처분이익잉여금	RE	0	1,200
AB비지배지분	NCI	0	1,200
AB자본조정	BS	17,200	0

① 추가처분 종속기업투자지분 상계 제거부분이다. 검증 목적으로 차변, 대변 칼럼의 금액과 계정과목을 확인하면 된다(분개에 대한 상세 설명은 본문에서 확인하기 바람).

4) out_연결분개_기타_0, 1 sheet

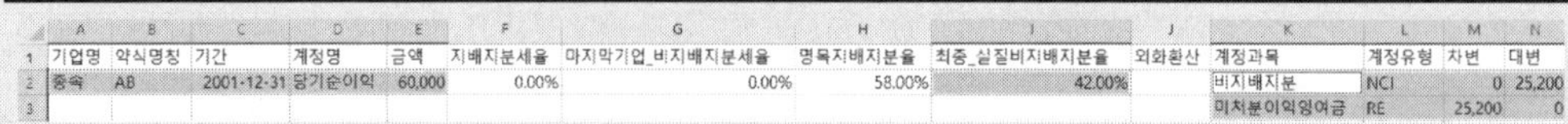

기업명	약식명칭	기간	계정명	금액	지배지분세율	마지막기업_비지배지분세율	명목지배지분율	최종_실질비지배지분율	외화환산	계정과목	계정유형	차변	대변
종속	AB	2001-12-31	당기순이익	60,000	0.00%	0.00%	58.00%	42.00%		비지배지분	NCI	0	25,200
										미처분이익잉여금	RE	25,200	0

① **[out_연결분개_기타_0]** 종속의 2001년 당기순이익에 대한 비지배지분 연결분개 부분에 해당한다(분개에 대한 상세 설명은 본문에서 확인하기 바람).

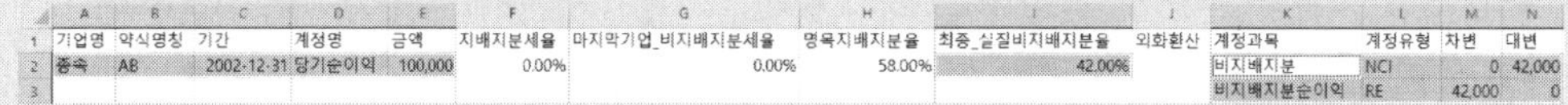

기업명	약식명칭	기간	계정명	금액	지배지분세율	마지막기업_비지배지분세율	명목지배지분율	최종_실질비지배지분율	외화환산	계정과목	계정유형	차변	대변
종속	AB	2002-12-31	당기순이익	100,000	0.00%	0.00%	58.00%	42.00%		비지배지분	NCI	0	42,000
										비지배지분순이익	RE	42,000	0

② **[out_연결분개_기타_1]** 종속의 2002년 당기순이익에 대한 비지배지분 연결분개 부분에 해당한다(분개에 대한 상세 설명은 본문에서 확인하기 바람).

5) tmp_연결분개_통합 sheet

	A	B	C	D	E	F	G	H	I–J
1	계정과목	매핑계정과목	신설필요_계정과목	후보_매핑계정과목_1	후보_매핑계정과목_2	차변잔액	대변잔액		확인
2	AA종속기업투자지분	AA종속기업투자지분		AA종속기업투자지분		0	431,580		
3	AB미처분이익잉여금	AB미처분이익잉여금		AB미처분이익잉여금	AA미처분이익잉여금	0	1,200		
4	AB비지배지분	비지배지분		비지배지분순이익	비지배지분	0	276,000		
5	AB영업권	AB영업권	AB영업권			60,000	0		
6	AB이익잉여금	AB미처분이익잉여금		AB미처분이익잉여금		300,000	0		
7	AB자본금	AB자본금		AB자본금	AB자본잉여금	231,580	0		
8	AB자본잉여금	AB자본잉여금		AB자본잉여금	AB자본금	100,000	0		
9	AB자본조정	자본조정	자본조정	AB자본금	AB자본잉여금	17,200	0		
10	미처분이익잉여금	AA미처분이익잉여금		AA미처분이익잉여금	AB미처분이익잉여금	25,200	0		
11	비지배지분	비지배지분		비지배지분	비지배지분순이익	0	67,200		
12	비지배지분순이익	비지배지분순이익		비지배지분순이익	비지배지분	42,000	0		
13		AA종속기업투자지분					36,000		
14		AA미처분이익잉여금				36,000			
15		AA종속기업투자지분					58,000		
16		AA지분법이익				58,000			

① 자본조정을 상기와 같이 신설하여 매핑한다.

주의 적절한 계정과목을 신설하여야 하는 경우에는 신설필요_계정과목에 신설하고 동일한 계정과목을 매핑계정과목에 입력하여야 한다.

② 하단의 음영부분과 같이 별도재무제표 지분법 회계처리를 취소하는 분개를 추가한다.

③ 확인 버튼을 누른다.

6) out_최종연결정산표 sheet

	A	B	C	D–F	G–H
1	계정과목	차변잔액	대변잔액		정렬
2	감가상각비	55,000	0		
3	건물	250,000	0		
4	기계장치	400,000	0		
5	단기차입금	0	396,000		
6	매입채무	0	279,580		
7	매출	0	1,235,000		
8	매출원가	989,000	0		
9	매출채권	467,980	0		
10	미처분이익잉여금	0	291,000		
11	비지배지분	0	343,200		
12	비지배지분순이익	42,000	0		
13	영업권	60,000	0		
14	자본금	0	548,400		
15	자본조정	17,200	0		
16	재고자산	70,000	0		
17	차입금	0	25,000		
18	토지	115,000	0		
19	현금	652,000	0		

① 계정과목이 한글로 오름차순으로 되어 있다.

② 정렬 버튼을 누른다.

	A	B	C	D	E–F	G–H
1	계정코드	계정과목	차변잔액	대변잔액		정렬
2	10100	현금	652,000	0		
3	10800	매출채권	467,980	0		
4	14600	재고자산	70,000	0		
5	20100	토지	115,000	0		
6	20200	건물	250,000	0		
7	20600	기계장치	400,000	0		
8	25100	매입채무	0	279,580		
9	26000	단기차입금	0	396,000		
10	26000	차입금	0	25,000		
11	33100	자본금	0	548,400		
12	37700	미처분이익잉여금	0	291,000		
13	40100	매출	0	1,235,000		
14	45100	매출원가	989,000	0		
15	81800	감가상각비	55,000	0		
16	비지배지분	비지배지분	0	343,200		
17	비지배지분순이익	비지배지분순이익	42,000	0		
18	영업권	영업권	60,000	0		
19	자본조정	자본조정	17,200	0		

③ 계정코드별로 오름차순되며, 계정코드가 없이 새롭게 삽입된 계정과목은 맨 아래에 위치하고 그러한 계정과목은 계정과목으로(한글순으로) 오름차순으로 정렬이 된다.

Fraudit ExCon 실 습 : 제4장 5-1 지분법 3차년도

(1) 사례파일

제4장_5-1_지분법_3차년도_기초정보.xlsx, 제4장_5-1_지분법_3차년도_원화시산표.xlsx

(2) [기초정보.xlsx] 작성

1) 보고기간 sheet

	A	B	C	D
1	목차	구분	일자	검증_보고기간
2	보고기간	보고기간초	2003-01-01	OK
3	보고기간	보고기간말	2003-12-31	

① 보고기간 초와 보고기간 말을 입력한다..

2) 기업목록 sheet

	A	B	C	D	E	F	G	H	I	J	K	L	M
1	일련번호	목차	기업명	약식명칭	기능통화	표시통화	세율	이연법인세계산	검증_기업명중복	검증_기능통화	검증_표시통화	검증_세율	검증_이연법인세계산
2	1	기업목록	지배	AA	원화	원화	0%	아니오	OK	OK	OK	OK	OK
3	2		종속	AB	원화	원화	0%	아니오	OK	OK	OK	OK	OK

① 기업명을 입력한다. 여기서는 **지배**와 **종속**으로 입력한다.
② 기능통화를 **원화**로 선택한다.
③ 표시통화를 **원화**로 선택한다.
④ 세율은 0%이므로 입력하지 않는다.
⑤ 이연법인세계산을 **아니오**로 선택한다.

3) 지분구조 sheet

	A	B	C	D	E	F
1	목차	지배기업명	종속기업명	지배기업약식	종속기업약식	취득차수
2	지분구조	지배	종속	AA	AB	1
3		지배	종속	AA	AB	2
4		지배	종속	AA	AB	3

① 지배기업명과 종속기업명을 입력한다. 여기서는 **지배**와 **종속**으로 입력한다.

	G	H	I	J	K	L	M	N	O
1	취득일	간주취득일	외화취득원가	통화	환율	취득원가	균등유상증자_취득원가	불균등유상증자_취득원가	지분율
2	2001-01-01	2001-01-01		원화		540,000			60.00%
3	2002-01-01	2002-01-01		원화		(108,420)	(90,000)	(18,420)	(2.00%)
4	2003-01-01	2003-01-01		원화		(50,000)	(43,400)	(6,600)	(1.00%)

② 추가처분 부분을 상기와 같이 추가한다.

4) 취득시지분구조_공정가치차이 sheet

	E	F	G	H	I	J	K	L	M
1	목차	기업명	약식명칭	취득차수_1	취득일_1	간주취득일_1	자본계정명_1	자본금액_1_외화	자본금액_1
2	자본_공정가치	종속	AB	1	2001-01-01	2001-01-01	자본금		400,000
3		종속	AB				자본잉여금		100,000
4		종속	AB				이익잉여금		300,000

① 종속의 2001-01-01일의 자본계정명_1(1차 취득)과 자본금액_1(1차 취득)을 **K열과 M열에 상기와 같이** 입력한다.

	AN	AO	AP	AQ	AR	AS	AT	AU
1	취득차수_2	취득일_2	간주취득일_2	자본계정명_2	자본금액_2	차이금액_2	균등유상증자차이금액_2	불균등유상증자차이금액_2
2	2	2002-01-01	2002-01-01	자본금	231,580	(168,420)	(150,000)	(18,420)
3				자본잉여금	100,000	0		
4				이익잉여금	360,000	60,000		

② 종속의 2002-01-01일의 자본계정명_2와 자본금액_2를 상기와 같이 입력한다.

	AV	AW	AX	AY	AZ	BA	BB	BC
1	취득차수_3	취득일_3	간주취득일_3	자본계정명_3	자본금액_3	차이금액_3	균등유상증자차이금액_3	불균등유상증자차이금액_3
2	3	2003-01-01	2003-01-01	자본금	154,980	(76,600)	(70,000)	(6,600)
3				자본잉여금	100,000	0		
4				이익잉여금	460,000	100,000		

③ 종속의 2003-01-01일의 자본계정명_3과 자본금액_3을 상기와 같이 입력한다.

5) 재무정보 sheet

	A	B	C	D	E	F	G
1	일련번호	목차	기업명	약식명칭	기간	계정명	금액
2	2	재무정보	종속	AB	2001-12-31	배당	
3						당기순이익	60,000
4						기타포괄손익	
5						해외사업환산손익	
6	2		종속	AB	2002-12-31	배당	
7						당기순이익	100,000
8						기타포괄손익	
9						해외사업환산손익	
10	2		종속	AB	2003-12-31	배당	
11						당기순이익	70,000
12						기타포괄손익	
13						해외사업환산손익	

① G열에 종속의 **2001년, 2002년, 2003년 당기순이익을 상기와 같이** 입력한다.

6) 내부거래현황 sheet

① 내부거래가 없으므로 별도로 입력하지 않는다.

(3) [원화시산표.xlsx] 작성

1) 보고기간 sheet

	A	B
1	구분	일자
2	보고기간초	2003-01-01
3	보고기간말	2003-12-31

① 보고기간 초와 보고기간 말을 입력한다.

2) 기업목록 sheet

	A	B	C	D	E	F	G
1	기업명	시산표일자	표시통화	ERP	검증_빈값	검증_표시통화	검증_ERP
2	지배	2001-12-31	원화	더존	OK	OK	OK
3	종속	2001-12-31	원화	더존	OK	OK	OK

① 기업명을 입력한다. 여기서는 **지배**와 **종속**으로 입력한다.
② 표시통화를 **원화**로 선택한다.
③ ERP는 **더존**이라고 가정하고 선택한다.

3) 원화시산표_1 sheet

	A	B	C	D	E	F	G	H
1	기업명	기능통화	시산표일자	ERP	계정코드	계정과목	차변	대변
2	지배	원화	2003-12-31	더존	10100	현금	250,000	-
3					10800	매출채권	260,100	-
4					14600	재고자산	40,000	-
5					19101	종속기업투자지분	512,680	-
6					20100	토지	75,000	-
7					20200	건물	200,000	-
8					20600	기계장치	300,000	-
9					25100	매입채무	-	390,280
10					26000	단기차입금	-	396,000
11					33100	자본금	-	625,000
12					37700	미처분이익잉여금	-	191,000
13					40100	매출	-	907,400
14					45100	매출원가	859,000	-
15					81800	감가상각비	50,000	-
16					81900	지분법이익		37,100

① A열에 기업명을 입력한다. 여기서는 **지배**로 입력한다.
② 해당 계정코드, 계정과목, 차변, 대변 금액을 차례로 입력한다. **차변과 대변은 어느 한쪽만 입력하여야 한다.**
③ 검증 칼럼에서 OK가 아닌 경우 해당 원인을 해결한다.

4) 원화시산표_2 sheet

	A	B	C	D	E	F	G	H
1	기업명	기능통화	시산표일자	ERP	계정코드	계정과목	차변	대변
2	종속	원화	2003-12-31	더존	10100	현금	402,000	-
3					10800	매출채권	209,980	-
4					14600	재고자산	30,000	-
5					20100	토지	40,000	-
6					20200	건물	50,000	-
7					20600	기계장치	100,000	-
8					25100	매입채무	-	22,000
9					26000	차입금	-	25,000
10					33100	자본금	-	154,980
11					37300	자본잉여금	-	100,000
12					37700	미처분이익잉여금	-	460,000
13					40100	매출	-	205,000
14					45100	매출원가	130,000	-
15					81800	감가상각비	5,000	-

① A열에 기업명을 입력한다. 여기서는 **종속**으로 입력한다.
② 해당 계정코드, 계정과목, 차변, 대변 금액을 차례로 입력한다. **차변과 대변은 어느 한쪽만 입력하여야 한다.**
③ 검증 칼럼에서 OK가 아닌 경우 해당 원인을 해결한다.

(4) [Fraudit-ExCon.exe] 실행

제4장_5-1_지분법_3차년도_기초정보.xlsx과 제4장_5-1_지분법_3차년도_원화시산표.xlsx을 Fraudit-ExCon이 있는 폴더에 복사하여 이동한다. 그리고 **접두어를 제거**하고 **기초정보.xlsx와 원화시산표.xlsx**로 이름을 변경한다. **그 다음에 Fraudit-ExCon.exe를 실행한다.**

1) Main Sheet

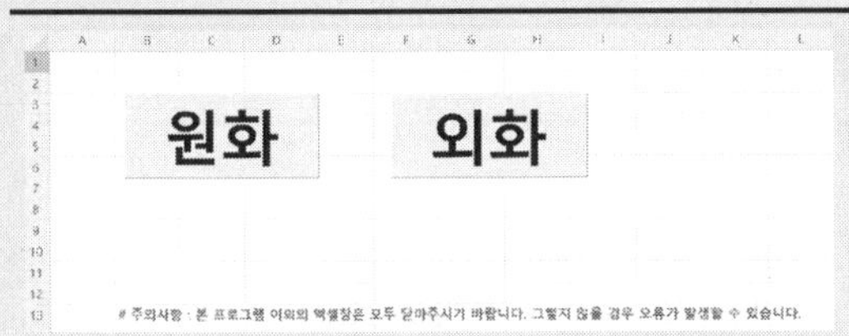

① 기능통화가 외화인 종속법인이 없으므로 원화 버튼을 누른다.

주의 원화 버튼을 누른 후 에러메시지가 뜨면 해당 에러 원인을 **기초정보.xlsx, 원화시산표.xlsx**에서 적절하게 수정한 후 다시 누른다.

2) out_연결분개_투자자본_0 sheet

T	U	V	W
계정과목	계정유형	차변	대변
AA종속기업투자지분	BS	0	540000
AB자본금	HE	400000	0
AB자본잉여금	BS	100000	0
AB이익잉여금	BS	300000	0
AB비지배지분	NCI	0	320000
AB영업권	BS	60000	0

① 연결분개 중 지배와 종속의 투자와 자본 상계제거 분개 부분에 해당한다. 검증 목적으로 차변, 대변 칼럼의 금액과 계정과목을 확인하면 된다(분개에 대한 상세 설명은 본문에서 확인하기 바람).

3) out_연결분개_추가취득_1, 2 sheet

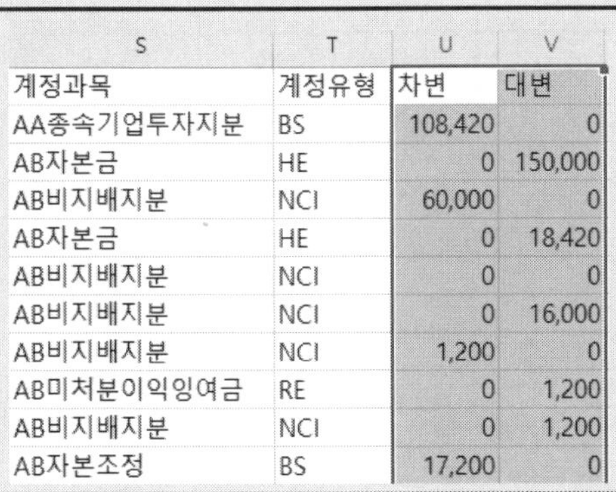

S	T	U	V
계정과목	계정유형	차변	대변
AA종속기업투자지분	BS	108,420	0
AB자본금	HE	0	150,000
AB비지배지분	NCI	60,000	0
AB자본금	HE	0	18,420
AB비지배지분	NCI	0	0
AB비지배지분	NCI	0	16,000
AB비지배지분	NCI	1,200	0
AB미처분이익잉여금	RE	0	1,200
AB비지배지분	NCI	0	1,200
AB자본조정	BS	17,200	0

① **[out_연결분개_추가취득_1]** 추가처분 종속기업투자지분 상계 제거부분이다. 검증 목적으로 차변, 대변 칼럼의 금액과 계정과목을 확인하면 된다(분개에 대한 상세 설명은 본문에서 확인하기 바람).

S	T	U	V
계정과목	계정유형	차변	대변
AA종속기업투자지분	BS	50,000	0
AB자본금	HE	0	70,000
AB비지배지분	NCI	29,400	0
AB자본금	HE	0	6,600
AB비지배지분	NCI	0	0
AB비지배지분	NCI	0	8,000
AB비지배지분	NCI	1,600	0
AB미처분이익잉여금	RE	0	1,600
AB비지배지분	NCI	0	1,600
AB자본조정	BS	6,800	0

② **[out_연결분개_추가취득_2]** 추가처분 종속기업투자지분 상계 제거부분이다. 검증 목적으로 차변, 대변 칼럼의 금액과 계정과목을 확인하면 된다(분개에 대한 상세 설명은 본문에서 확인하기 바람).

4) out_연결분개_기타_0, 1, 2 sheet

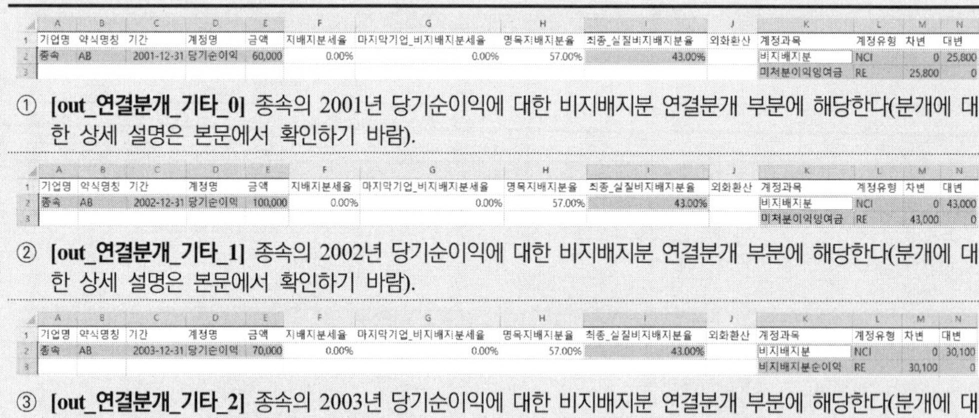

	A	B	C	D	E	F	G	H	I	J	K	L	M	N
1	기업명	약식명칭	기간	계정명	금액	지배지분세율	마지막기업_비지배지분세율	명목지배지분율	최종_실질비지배지분율	외화환산	계정과목	계정유형	차변	대변
2	종속	AB	2001-12-31	당기순이익	60,000	0.00%	0.00%	57.00%	43.00%		비지배지분	NCI	0	25,800
3											미처분이익잉여금	RE	25,800	0

① **[out_연결분개_기타_0]** 종속의 2001년 당기순이익에 대한 비지배지분 연결분개 부분에 해당한다(분개에 대한 상세 설명은 본문에서 확인하기 바람).

	A	B	C	D	E	F	G	H	I	J	K	L	M	N
1	기업명	약식명칭	기간	계정명	금액	지배지분세율	마지막기업_비지배지분세율	명목지배지분율	최종_실질비지배지분율	외화환산	계정과목	계정유형	차변	대변
2	종속	AB	2002-12-31	당기순이익	100,000	0.00%	0.00%	57.00%	43.00%		비지배지분	NCI	0	43,000
3											미처분이익잉여금	RE	43,000	0

② **[out_연결분개_기타_1]** 종속의 2002년 당기순이익에 대한 비지배지분 연결분개 부분에 해당한다(분개에 대한 상세 설명은 본문에서 확인하기 바람).

	A	B	C	D	E	F	G	H	I	J	K	L	M	N
1	기업명	약식명칭	기간	계정명	금액	지배지분세율	마지막기업_비지배지분세율	명목지배지분율	최종_실질비지배지분율	외화환산	계정과목	계정유형	차변	대변
2	종속	AB	2003-12-31	당기순이익	70,000	0.00%	0.00%	57.00%	43.00%		비지배지분	NCI	0	30,100
3											비지배지분순이익	RE	30,100	0

③ **[out_연결분개_기타_2]** 종속의 2003년 당기순이익에 대한 비지배지분 연결분개 부분에 해당한다(분개에 대한 상세 설명은 본문에서 확인하기 바람).

5) tmp_연결분개_통합 sheet

계정과목	매핑계정과목	신설필요_계정과목	후보_매핑계정과목_1	후보_매핑계정과목_2	차변잔액	대변잔액
AA종속기업투자지분	AA종속기업투자지분		AA종속기업투자지분		0	381,580
AB미처분이익잉여금	AB미처분이익잉여금		AB미처분이익잉여금	AA미처분이익잉여금	0	2,800
AB비지배지분	비지배지분		비지배지분순이익	비지배지분	0	254,600
AB영업권	AB영업권	AB영업권			60,000	0
AB이익잉여금	AB미처분이익잉여금		AB미처분이익잉여금		300,000	0
AB자본금	AB자본금		AB자본금	AB자본잉여금	154,980	0
AB자본잉여금	AB자본잉여금		AB자본잉여금	AB자본금	100,000	0
AB자본조정	자본조정	자본조정	AB자본금	AB자본잉여금	24,000	0
미처분이익잉여금	AA미처분이익잉여금		AA미처분이익잉여금	AB미처분이익잉여금	68,800	0
비지배지분	비지배지분		비지배지분	비지배지분순이익	0	98,900
비지배지분순이익	비지배지분순이익		비지배지분순이익	비지배지분	30,100	0
	AA종속기업투자지분					36,000
	AA미처분이익잉여금				36,000	
	AA종속기업투자지분					58,000
	AA미처분이익잉여금				58,000	
	AA종속기업투자지분					37,100
	AA지분법이익				37,100	

확인

① 자본조정을 상기와 같이 신설하여 매핑한다.

주의 적절한 계정과목을 신설하여야 하는 경우에는 신설필요_계정과목에 신설하고 동일한 계정과목을 매핑계정과목에 입력하여야 한다.

② 하단의 음영부분과 같이 별도재무제표 지분법 회계처리를 취소하는 분개를 추가한다.

③ 확인 버튼을 누른다.

6) out_최종연결정산표 sheet

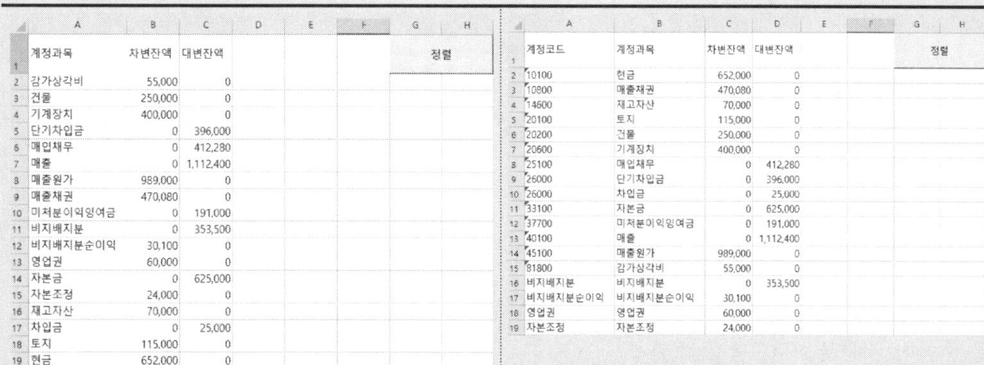

계정과목	차변잔액	대변잔액
감가상각비	55,000	0
건물	250,000	0
기계장치	400,000	0
단기차입금	0	396,000
매입채무	0	412,280
매출	0	1,112,400
매출원가	989,000	0
매출채권	470,080	0
미처분이익잉여금	0	191,000
비지배지분	0	353,500
비지배지분순이익	30,100	0
영업권	60,000	0
자본금	0	625,000
자본조정	24,000	0
재고자산	70,000	0
차입금	0	25,000
토지	115,000	0
현금	652,000	0

정렬

계정코드	계정과목	차변잔액	대변잔액
10100	현금	652,000	0
10800	매출채권	470,080	0
14600	재고자산	70,000	0
20100	토지	115,000	0
20200	건물	250,000	0
20600	기계장치	400,000	0
25100	매입채무	0	412,280
26000	단기차입금	0	396,000
26000	차입금	0	25,000
33100	자본금	0	625,000
37700	미처분이익잉여금	0	191,000
40100	매출	0	1,112,400
45100	매출원가	989,000	0
81800	감가상각비	55,000	0
비지배지분	비지배지분	0	353,500
비지배지분순이익	비지배지분순이익	30,100	0
영업권	영업권	60,000	0
자본조정	자본조정	24,000	0

정렬

① 계정과목이 한글로 오름차순으로 되어 있다.

② 정렬 버튼을 누른다.

③ 계정코드별로 오름차순되며, 계정코드가 없이 새롭게 삽입된 계정과목은 맨 아래에 위치하고 그러한 계정과목은 계정과목으로(한글순으로) 오름차순으로 정렬이 된다.

제 3 절 연결법인세

연결과 관련된 법인세 회계의 주요 이슈는 법인세에 대한 신고와 납부를 연결 기준으로 하는지 개별기업 기준으로 하는지에 따라 영향을 받게 된다. 본서에서는 연결재무제표상 법인세와 관련된 이슈를 개별기업의 관점에서 설명하고자 한다.

연결절차는 여러 단계를 거쳐 이루어지는데 법인세와 관련된 이슈가 발생하는 단계는 주로 다음과 같다.

- 1단계 : 종속기업투자지분과 종속기업 자본계정의 상계제거
- 2단계 : 공정가치차이의 후속처리 및 영업권의 후속처리
- 3단계 : 지배기업과 종속기업간의 내부거래 제거
- 6단계 : 종속기업 누적 지분변동액에 대한 이연법인세 회계처리

이하에서는 상기 단계별 연결법인세 이슈를 중심으로 설명하기로 한다.

기본정보 6 연결법인세

(1) 취득일 : 2X01년 1월 1일

(2) 취득자 : P사 (세율 20%)

(3) 피취득자 : S사 (세율 30%)

(4) 취득시 취득원가 : ₩959,150(P사는 종속기업투자지분을 **원가법**으로 처리)

(5) 취득시 지분율 : 90%

(6) 취득당시 S사 순자산 장부금액 : 자본금 ₩1,000,000과 이익잉여금 ₩50,000

취득당시 공정가치와 장부금액의 차이 발생 항목 내역

항목	장부금액	공정가치	차이	비고
상품(재고자산)	₩10,000	₩12,000	₩2,000	2X02.2.1.에 연결외부 판매
기계장치	₩20,000	₩23,000	₩3,000	잔존내용연수 3년, 잔존가치 ₩0

상기 자산을 제외하고는 장부금액과 공정가치의 차이가 나는 항목은 없다.

(7) P사는 취득시 비지배지분을 S사 순자산에 비례적으로 측정하였다.

(8) S사의 연도별 당기순이익과 배당내역

	2X01년	2X02년	2X03년
당기순이익	₩30,000	₩45,000	₩60,000
배당지급액	₩1,000	₩1,500	₩2,000

⑼ 영업권 손상차손은 2X01년 말 ₩3,000, 2X02년 말 ₩4,000이었다.

아래 ⑽-⑴ 과 ⑽-⑵는 각각 독립적인 상황이다.

⑽-⑴ 하향 내부거래 : 모두 현금거래임

① 재고자산 내부거래

기간	판매회사	외부 매입원가	내부 판매액	매출총 이익률	매입 회사	연결외부 판매액	연결 외부판매 비율	기말 잔존재고액 (내부판매액)
2X01.2.1.	P	₩150,000	₩200,000	25%	S	₩156,000	주1) 60%	₩80,000
2X02.3.1.						₩104,000	주1) 40%	–

주1) 연결외부판매일 : 2X01.3.1.
주2) 연결외부판매일 : 2X02.3.1

② 기계장치 내부거래 : 내부매각시 기계장치의 잔존내용연수는 5년, 잔존가치는 ₩0, 정액법임

기간	판매 회사	취득원가	감가상각 누계액	장부 금액	내부 매각액	구입 회사	연결외부 판매액	연결외부 판매비율
2X01년 말	P	₩250,000	₩100,000	₩150,000	₩170,000	S		
2X02년 말								
2X03년 말							₩220,000	100%

⑽-⑵ 상향 내부거래 : 모두 현금거래임

① 재고자산 내부거래

기간	판매회사	외부 매입원가	내부 판매액	매출총 이익률	매입 회사	연결외부 판매액	연결 외부판매 비율	기말 잔존재고액 (내부판매액)
2X01년	S	₩150,000	₩200,000	25%	P	₩156,000	주1) 60%	₩80,000
2X02년						₩104,000	주1) 40%	–

주1) 연결외부판매일 : 2X01.3.1.
주2) 연결외부판매일 : 2X02.3.1

② 기계장치 내부거래 : 내부매각시 기계장치의 잔존내용연수는 5년, 잔존가치는 ₩0, 정액법임

기간	판매 회사	취득원가	감가상각 누계액	장부 금액	내부 매각액	구입 회사	연결외부 판매액	연결외부 판매비율
2X01년 말	S	₩250,000	₩100,000	₩150,000	₩170,000	P		
2X02년 말								
2X03년 말							₩220,000	100%

⑾ 지배회사 별도재무제표에서 종속회사투자지분에 대하여 세무기준액과 장부금액이 동일하다는 이유만으로 이연법인세부채를 인식하지 않았다고 가정한다.

(1) 2X01년 연결조정분개

1) 종속기업 투자지분과 종속기업 자본계정의 상계제거

[2X01년] 하향판매	(차변)	(대변)	[2X01년] 상향판매	(차변)	(대변)
1단계 : 투자와 자본 상계제거					
자본금(S사)	1,000,000		자본금(S사)	1,000,000	
이익잉여금(S사)	50,000		이익잉여금(S사)	50,000	
재고자산	2,000		재고자산	2,000	
기계장치	3,000		기계장치	3,000	
종속기업투자지분		959,150	종속기업투자지분		959,150
이연법인세부채 주1)		600	이연법인세부채 주1)		600
이연법인세부채 주2)		900	이연법인세부채 주2)		900
비지배지분 주3)		105,350	비지배지분 주2)		105,350
영업권	11,000		영업권	11,000	

주1) ₩2,000(재고자산 가산할 일시적차이) × 30%(보유자인 S사 세율) = ₩600
주2) ₩3,000(기계장치 가산할 일시적차이) × 30%(보유자인 S사 세율) = ₩900
주3) (₩1,000,000 + ₩50,000 + ₩2,000 + ₩3,000 – ₩600 – ₩900) × 10% = ₩105,350

상기 분개에서 이연법인세부채를 계상하는 이유는 다음과 같다.

(1) S사 개별재무제표에서는 재고자산과 기계장치의 장부금액과 세무기준액 차이가 발생하지 않으므로 별도의 이연법인세부채가 발생하지 않는다.

(2) 단순재무제표 합산 후에 연결조정분개가 이루어지므로 연결재무제표에서는 재고자산과 기계장치의 장부금액과 공정가치의 차이인 ₩2,000과 ₩3,000을 추가계상하게 되어 연결재무제표상 장부금액은 각각 동액만큼 증가한다. 하지만, 세무기준액은 실제보유기업인 S사 개별재무제표하에서 결정된다.

(3) 따라서 연결재무제표상에서는 재고자산과 기계장치의 연결장부금액과 세무기준액 사이에 일시적차이(가산할)가 발생한다. 여기에 세율을 적용하여 이연법인세부채를 구하는 것이다.

(4) 이렇게 회계처리 하면 향후 연결재무제표 관점에서 해당 자산의 실현 시점(예:연결외부판매 등)에 세무상 손금으로 인정되지 않는 금액(즉, 일시적 차이)에 대한 법인세효과만큼을 이연법인세 부채로 인식할 수 있게 되므로 자산부채법의 논리에 충실한 회계처리 방법이 된다.

(5) 다만, 사업결합시점에서는 이연법인세부채로 인하여 법인세비용이 증가하는 것이 아니라 영업권이 증가하게 된다.

여기서 유의하여야 할 점은 이 일시적차이에 적용할 세율은 실제보유기업인 S사의 세율이라는 것이다. 그 이유는 다음과 같다.

(1) S사가 사업결합 후 1년 후에 ₩10,000의 재고자산을 ₩12,000에 연결외부에 판매하였다면 S사의 개별재무제표에서는 ₩600(매출총이익 ₩2,000 × 30%)을 법인세비용으로 인식할 것이다.

(2) 이 ₩600은 연결재무제표상 재고자산의 연결장부금액과 세무기준액과의 차이인 가산할 일시적 차이(₩2,000)에 S사 세율을 곱한 금액인 이연법인세부채 ₩600과 같게 된다.

(3) 1년 후 연결조정분개시 재고자산 ₩2,000을 대변으로 감소시키면서 이에 상응하는 이연법인세부채 ₩600도 차변으로 감소하게 되며 이에 따라 연결조정분개상 법인세비용 ₩600이 감소할 것이다.

(4) 1년 후 연결재무제표에서는 S사 개별재무제표상 법인세비용 ₩600 증가액과 연결조정분개상 법인세비용 ₩600 감소액을 합쳐 법인세비용의 순증가효과는 ₩0이 될 것이다.

(5) 결국 사업결합시점의 이연법인세효과 ₩600은 영업권에 반영되는 것이다.

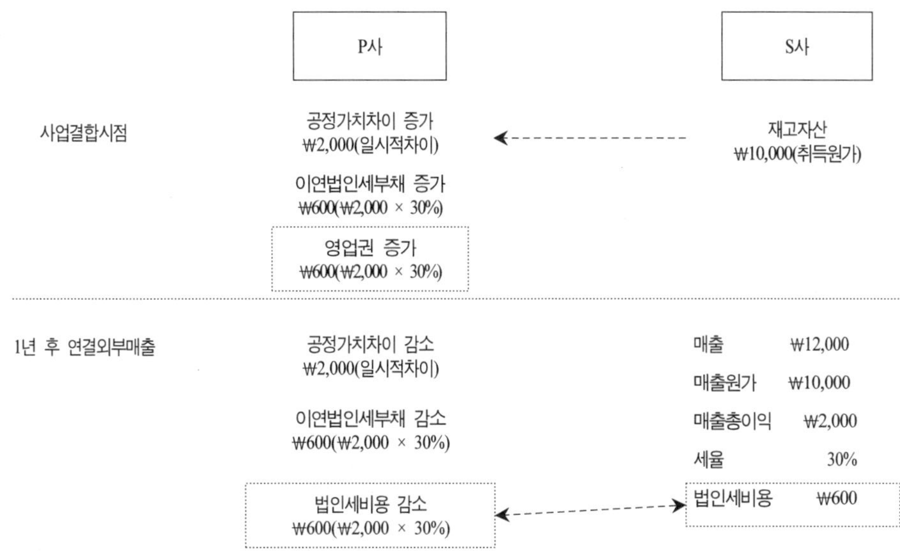

2) 공정가치차이의 후속처리 및 영업권의 후속처리

[2X01년] 하향판매	(차변)	(대변)	[2X01년] 상향판매	(차변)	(대변)
2단계 : 공정가치차이의 후속처리 및 영업권의 후속처리					
(1) 영업권 후속처리					
영업권손상차손 주1)	3,000		영업권손상차손 주1)	3,000	
영업권		3,000	영업권		3,000

주1) 2X01년 영업권손상차손 ₩3,000
이 영업권 손상차손은 비지배지분에 배분하지 않는다. 왜냐하면 비지배지분을 비례적 지분으로 측정하였기 때문에 비지배지분에 귀속되는 영업권은 존재하지 않기 때문이다.

(2) 공정가치차이 후속처리					
기계장치(순액) 주1)		1,000	기계장치(순액) 주1)		1,000
감가상각비	1,000		감가상각비	1,000	
이연법인세 주2)	300		이연법인세 주2)	300	
법인세비용		300	법인세비용		300
비지배지분 주3)	70		비지배지분 주3)	70	
비지배지분순이익(이익잉여금)		70	비지배지분순이익(이익잉여금)		70

주1) 공정가치차이 ₩3,000/3년 = ₩1,000
주2) 기계장치 장부금액 감소액 ₩1,000에 따른 가산할 일시적차이 감소액 : ₩1,000 × 30%(S사 세율) = ₩300
주3) 공정가치 차이조정이 발생한 건물 및 이연법인세를 <1단계>에서 포함시키면서 비지배지분에 배분하였기 때문에 감가상각비와 법인세비용에 대한 비지배지분도 배분한다. 상대계정은 손익항목에 대한 것이므로 비지배지분순이익으로 처리한다.

3) 지배기업과 종속기업간의 내부거래 제거

[2X01년] 하향판매	(차변)	(대변)	[2X01년] 상향판매	(차변)	(대변)
3단계 : 지배기업과 종속기업간의 내부거래 제거					
(1) 내부거래 매출·매출원가 상계제거					
매출	200,000		매출	200,000	
매출원가		200,000	매출원가		200,000
(2) 재고자산 내부거래 미실현손익 제거					
① 당기 미실현이익 제거					
재고자산		50,000	재고자산		50,000
매출원가 주1)	50,000		매출원가 주1)	50,000	
이연법인세 주2)	15,000		이연법인세 주2)	10,000	
법인세비용		15,000	법인세비용		10,000
			비지배지분 주3)	4,000	
			비지배지분순이익(이익잉여금)		4,000
주1) 내부거래 미실현이익 전액 제거			주1) 내부거래 미실현이익 전액 제거		
주2) 재고자산 장부금액 감소액 ₩50,000에 따른 가산할 일시적차이 감소액 : ₩50,000 × 30%(S사 세율) = ₩15,000			주2) 재고자산 장부금액 감소액 ₩50,000에 따른 가산할 일시적차이 감소액 : ₩50,000 × 20%(P사 세율) = ₩10,000		
			주3) 손익항목 감소액 ₩40,000 × 10%(비지배지분율) = ₩4,000		
② 당기 외부처분에 따른 미실현이익 실현					
매출원가 주1)		30,000	매출원가 주1)		30,000
재고자산	30,000		재고자산	30,000	
이연법인세 주2)		9,000	이연법인세 주2)		6,000
법인세비용	9,000		법인세비용	6,000	
			비지배지분 주3)		2,400
			비지배지분순이익(이익잉여금)	2,400	

[2X01년] 하향판매	(차변)	(대변)	[2X01년] 상향판매	(차변)	(대변)
주1) 외부처분에 따른 미실현이익 실현			주1) 외부처분에 따른 미실현이익 실현		
주2) 재고자산 장부금액 증가액 ₩30,000에 따른 가산할 일시적차이 증가액 : ₩30,000 × 30%(S사 세율) = ₩9,000			주2) 재고자산 장부금액 증가액 ₩30,000에 따른 가산할 일시적차이 증가액 : ₩30,000 × 20%(P사 세율) = ₩6,000		
			주3) 손익항목 증가액 ₩24,000 × 10%(비지배지분율) = ₩2,400		
(3) 건물 내부거래 미실현손익 제거					
① 당기 미실현이익 제거					
기계장치(순액) 주1)		20,000	기계장치(순액) 주1)		20,000
유형자산처분이익	20,000		유형자산처분이익	20,000	
이연법인세 주2)	6,000		이연법인세 주2)	4,000	
법인세비용		6,000	법인세비용		4,000
			비지배지분 주3)	1,600	
			비지배지분순이익(이익잉여금)		1,600
주1) 내부거래 미실현이익 전액 제거			주1) 내부거래 미실현이익 전액 제거		
주2) 기계장치 장부금액 감소액 ₩20,000에 따른 가산할 일시적차이 감소액 : ₩20,000 × 30%(P사 세율) = ₩6,000			주2) 기계장치 장부금액 감소액 ₩20,000에 따른 가산할 일시적차이 감소액 : ₩20,000 × 20%(P사 세율) = ₩4,000		
			주3) 손익항목 감소액 ₩16,000 × 10%(비지배지분율) = ₩1,600		

4) 종속기업의 배당에 대한 내부거래 제거

[2X01년] 하향판매	(차변)	(대변)	[2X01년] 상향판매	(차변)	(대변)
4단계 : 종속기업의 배당에 대한 내부거래 제거					
이익잉여금		1,000	이익잉여금		1,000
배당금수익 주1)	900		배당금수익 주1)	900	
비지배지분 주2)	100		비지배지분 주2)	100	
주1) ₩1,000 × 90%(지배지분율) = ₩900					
주2) ₩1,000 × 10%(비지배지분율) = ₩100					

5) 비지배지분의 증가(감소) 회계처리

[2X01년] 하향판매	(차변)	(대변)	[2X01년] 상향판매	(차변)	(대변)
5단계 : 비지배지분의 증가 회계처리					
비지배지분 주1)		3,000	비지배지분 주1)		3,000
비지배지분순이익(이익잉여금)	3,000		비지배지분순이익(이익잉여금)	3,000	
주1) 2X01년 S사 당기순이익 ₩30,000 × 10%(비지배지분율) = ₩3,000					

6) 종속기업 누적 지분변동액에 대한 이연법인세 회계처리

[2X01년] 하향판매	(차변)	(대변)	[2X01년] 상향판매	(차변)	(대변)
6단계 : 종속기업 누적 지분변동액에 대한 이연법인세 회계처리					
이연법인세 주1)		5,400	이연법인세 주1)		5,400
이연법인세 주1)		900	이연법인세 주1)		900
법인세비용	6,300		법인세비용	6,300	
비지배지분 주1)	900		비지배지분 주1)	900	
비지배지분순이익(이익잉여금)		900	비지배지분순이익(이익잉여금)		900
이연법인세 주2)	180		이연법인세 주2)	180	
이연법인세 주2)	30		이연법인세 주2)	30	
법인세비용		210	법인세비용		210
비지배지분 주2)		30	비지배지분 주2)		30

[2X01년] 하향판매	(차변)	(대변)	[2X01년] 상향판매	(차변)	(대변)
비지배지분순이익(이익잉여금)	30		비지배지분순이익(이익잉여금)	30	

주1) 연결실체이론에 따라 지배지분과 비지배지분에 해당하는 금액을 합산한다.
지배지분 : 2X01년 S사 당기순이익 ₩30,000 × 90%(지배지분율) × 20%(P사 세율) = ₩5,400
비지배지분 : 2X01년 S사 당기순이익 ₩30,000 × 10%(비지배지분율) × 30%(S사 세율) = ₩900
주2) 지배지분 : 2X01년 S사 배당지급액 ₩1,000 × 90%(지배지분율) × 20%(P사 세율) = (₩180)
비지배지분 : 2X01년 S사 배당지급액 ₩1,000 × 10%(비지배지분율) × 30%(P사 세율) = (₩30)

보충설명 상기 6)의 회계처리가 포함되어야 하는 이유

K-IFRS 1012 문단 39에서는 종속기업에 대한 투자자산과 관련된 모든 가산할 일시적차이에 대해서는 이연법인세부채를 인식해야 한다고 규정하고 있다.
지배회사가 종속회사투자지분에 대해서 지분법을 적용하는 경우, 지분법손익 등으로 인하여 종속회사 투자지분은 세무기준액과 장부금액이 차이가 발생할 가능성이 높으며 이에 따라 지배회사 별도재무제표에서 가산할 일시적차이가 발생할 수 있다.
만약 지배회사가 종속회사 투자지분에 대해서 원가법을 적용하는 경우, 지배회사 별도재무제표의 종속회사 투자지분은 세무기준액과 장부금액이 동일하므로 지배회사 별도재무제표에서 가산할 일시적차이가 발생하지 않아 지배회사 별도재무제표에 이연법인세부채가 발생하지 않으므로 연결재무제표에서도 상기 6)과 같은 회계처리를 불필요하다고 주장할 수 있다.
그러나, K-IFRS 1012 문단 39는 지배회사가 종속회사투자지분에 대해서 처리하는 방법이 다르다고 하여(즉, 지분법인지 원가법인지에 따라서) 이연법인세부채 인식 여부가 달라진다고 설명하는 것이 아니라 궁극적으로 종속회사투자지분을 향후 처분하거나 이로부터 배당을 받음으로써 실현되리라고 예상되는 부분(이것이 기준서에서 말하는 모든 가산할 일시적차이이다)이 존재한다면 이에 대하여 이연법인세부채를 인식하라는 것이다.
따라서 원가법을 적용하는 경우에도 지배회사 별도재무제표에는 원칙적으로 모든 가산할 일시적차이에 대해서는 이연법인세부채를 인식하여야 한다. 세법상 익금, 손금 개념으로 이연법인세 회계를 이해하지 않기를 바란다.
상기 예제는 지배회사 별도재무제표에서 종속회사투자지분을 원가법을 적용하였고, 지배회사 별도재무제표에서 단지 세무기준액과 장부금액이 동일하다는 이유만으로 종속회사투자지분에 대한 이연법인세부채 회계처리를 별도로 하지 않았다고 가정하였기 때문에 상기 6)과 같은 분개가 추가되어야 하는 것이다.
상기 예제에서 원가법에 대해서 K-IFRS 1012 문단 39를 충실히 적용하여 지배회사 별도재무제표에 이연법인세부채를 이미 인식하고 있는 상황이라면 상기 6)의 회계처리가 필요하지 않다는 주장을 할 수 있다. 그렇다 하더라도 그로 인한 이연법인세부채 인식 분은 지배회사 지분율만큼만 인식하는 결과가 되므로(즉, 자본주 이론에 의한 것임) 이를 연결실체이론(기업실체이론)으로 변환하려면 상기 6)과 같은 회계처리가 포함되어야 하며, 지배회사 별도재무제표에서 인식하였던 이연법인세부채를 취소시켜주는 분개를 추가하여야 할 것이다.

종속기업에 대한 투자자산과 관련된 **모든 가산할 일시적차이**에 대하여 이연법인세부채를 인식한다. 다만, 다음의 두 가지 조건을 **모두 만족하는 경우는 제외**한다. *[K-IFRS 1012 문단 39]*

(1) 지배기업이 **일시적차이의 소멸시점을 통제**할 수 있다.

(2) **예측 가능한 미래에 일시적차이가 소멸하지 않을 가능성이 높다.**

지배기업은 종속기업의 **배당정책을 통제**할 수 있으므로, 그 투자자산과 관련된 **일시적차이의 소멸시점을 통제할 수 있다.** 또한 일시적차이가 소멸될 때 납부하게 될 세액을 실무적으로 결정할 수 없는 경우도 있다. 따라서 지배기업이 이러한 **이익을 예측 가능한 미래에 배당받지 않을 것으로 결정한 경우**에는 **이연법인세부채를 인식하지 아니한다.** *[K-IFRS 1012 문단 40]*

그러나 **[기본정보 6]**과 같이 이미 종속기업(S사)이 지배기업(P사)에 배당을 지급한 선례가 있다면 **이익을 예측 가능한 미래에 배당받지 않을 것으로 결정하기가 매우 어렵다.** 따라서 **[기본정보 6]**과 같이 이미 종속기업이 지배기업에 배당을 지급한 선례가 있는 경우에는 이연법인세부채를 계상하는 것이 타당하다.

이연법인세부채를 계상하는 경우에 지배지분에 해당하는 부분은 지배기업의 세율을, 비지배지분에 해당하는 부분은 일반적으로 비지배지분의 대부분이 종속기업의 소재지에서 납세의무를 가진다고 가정하는 경우 종속기업의 세율을 적용하는 것이 타당하다. **[기본정보 6]**에서는 이러한 관점을 취하였다.

(2) 2X02년 연결조정분개

1) 종속기업투자지분과 종속기업 자본계정의 상계제거

[2X02년] 하향판매	(차변)	(대변)	[2X02년] 상향판매	(차변)	(대변)
1단계 : 투자와 자본 상계제거					
자본금(S사)	1,000,000		자본금(S사)	1,000,000	
이익잉여금(S사)	50,000		이익잉여금(S사)	50,000	
재고자산	2,000		재고자산	2,000	
기계장치	3,000		기계장치	3,000	
종속기업투자지분		959,150	종속기업투자지분		959,150
이연법인세부채 주1)		600	이연법인세부채 주1)		600
이연법인세부채 주2)		900	이연법인세부채 주2)		900
비지배지분 주3)		105,350	비지배지분 주3)		105,350
영업권	11,000		영업권	11,000	

주1) ₩2,000(재고자산 가산할 일시적차이) × 30%(보유자인 S사 세율) = ₩600
주2) ₩3,000(기계장치 가산할 일시적차이) × 30%(보유자인 S사 세율) = ₩900
주3) (₩1,000,000 + ₩50,000 + ₩2,000 + ₩3,000 − ₩600 − ₩900) × 10% = ₩105,350

2) 공정가치차이의 후속처리 및 영업권의 후속처리

[2X02년] 하향판매	(차변)	(대변)	[2X02년] 상향판매	(차변)	(대변)
2단계 : 공정가치차이의 후속처리 및 영업권의 후속처리					
(1) 영업권 후속처리 : 2X01년 손상차손 분					
이익잉여금(영업권손상차손) 주1)	3,000		이익잉여금(영업권손상차손) 주1)	3,000	
영업권		3,000	영업권		3,000
주1) 2X01년 영업권손상차손 ₩3,000					
영업권 후속처리 : 2X02년 손상차손 분					
영업권손상차손 주1)	4,000		영업권손상차손 주1)	4,000	
영업권		4,000	영업권		4,000
주1) 2X02년 영업권손상차손 ₩4,000					
(2) 재고자산 공정가치차이 후속처리 : 2X02년 분					
재고자산 주1)		2,000	재고자산 주1)		2,000
매출원가	2,000		매출원가	2,000	
이연법인세 주2)	600		이연법인세 주2)	600	
법인세비용		600	법인세비용		600
비지배지분 주3)	140		비지배지분 주3)	140	
비지배지분순이익(이익잉여금)		140	비지배지분순이익(이익잉여금)		140
주1) 연결외부판매로 인한 재고자산 공정가치 차이조정 주2) 재고자산 장부금액 감소액 ₩2,000에 따른 가산할 일시적차이 감소액 : ₩2,000 × 30%(S사 세율) = ₩600 주3) 공정가치 차이조정이 발생한 재고자산 및 이연법인세를 <1단계>에서 포함시키면서 비지배지분에 배분하였기 때문에 매출원가와 법인세비용에 대한 비지배지분도 배분한다. 상대계정은 손익항목에 대한 것이므로 비지배지분순이익으로 처리한다.					
(3) 기계장치 공정가치차이 후속처리 : 2X01년 분					
기계장치(순액) 주1)		1,000	기계장치(순액) 주1)		1,000
이익잉여금	1,000		이익잉여금	1,000	
이연법인세 주2)	300		이연법인세 주2)	300	
이익잉여금		300	이익잉여금		300
비지배지분 주3)	70		비지배지분 주3)	70	
이익잉여금		70	이익잉여금		70
주1) 공정가치차이 ₩3,000/3년 = ₩1,000 주2) 기계장치 장부금액 감소액 ₩1,000에 따른 가산할 일시적차이 감소액 : ₩1,000 × 30%(S사 세율) = ₩300 주3) 공정가치 차이조정이 발생한 건물 및 이연법인세를 <1단계>에서 포함시키면서 비지배지분에 배분하였기 때문에 감가상각비와 법인세비용에 대한 비지배지분도 배분한다. 상대계정은 이익잉여금에 대한 것이므로 이익잉여금으로 처리한다.					
기계장치 공정가치차이 후속처리 : 2X02년 분					
기계장치(순액) 주1)		1,000	기계장치(순액) 주1)		1,000
감가상각비	1,000		감가상각비	1,000	
이연법인세 주2)	300		이연법인세 주2)	300	
법인세비용		300	법인세비용		300
비지배지분 주3)	70		비지배지분 주3)	70	
비지배지분순이익(이익잉여금)		70	비지배지분순이익(이익잉여금)		70
주1) 공정가치차이 ₩3,000/3년 = ₩1,000 주2) 기계장치 장부금액 감소액 ₩1,000에 따른 가산할 일시적차이 감소액 : ₩1,000 × 30%(S사 세율) = ₩300 주3) 공정가치 차이조정이 발생한 건물 및 이연법인세를 <1단계>에서 포함시키면서 비지배지분에 배분하였기 때문에 감가상각비와 법인세비용에 대한 비지배지분도 배분한다. 상대계정은 손익항목에 대한 것이므로 비지배지분순이익으로 처리한다.					

3) 지배기업과 종속기업간의 내부거래 제거

[2X02년] 하향판매	(차변)	(대변)	[2X02년] 상향판매	(차변)	(대변)
3단계 : 지배기업과 종속기업간의 내부거래 제거					
(1) 재고자산 전기 내부거래미실현손익의 제거					
① 전기 미실현이익 제거					
재고자산		50,000	재고자산		50,000
이익잉여금 주1)	50,000		이익잉여금 주1)	50,000	
이연법인세 주2)	15,000		이연법인세 주2)	10,000	
이익잉여금		15,000	이익잉여금		10,000
			비지배지분 주3)	4,000	
			이익잉여금		4,000
주1) 내부거래 미실현이익 전액 제거 주2) 재고자산 장부금액 감소액 ₩50,000에 따른 가산할 일시적차이 감소액 : ₩50,000 × 30%(S사 세율) = ₩15,000			주1) 내부거래 미실현이익 전액 제거 주2) 재고자산 장부금액 감소액 ₩50,000에 따른 가산할 일시적차이 감소액 : ₩50,000 × 20%(P사 세율) = ₩10,000 주3) 이익잉여금 감소액 ₩40,000 × 10%(비지배지분율) = ₩4,000		
② 전기 외부처분에 따른 미실현이익 실현					
이익잉여금 주1)		30,000	이익잉여금 주1)		30,000
재고자산	30,000		재고자산	30,000	
이연법인세 주2)		9,000	이연법인세 주2)		6,000
이익잉여금	9,000		이익잉여금	6,000	
			비지배지분 주3)		2,400
			이익잉여금	2,400	
주1) 외부처분에 따른 미실현이익 실현 주2) 재고자산 장부금액 증가액 ₩30,000에 따른 가산할일시적차이 증가액 : ₩30,000 × 30%(S사 세율) = ₩9,000			주1) 외부처분에 따른 미실현이익 실현 주2) 재고자산 장부금액 증가액 ₩30,000에 따른 가산할일시적차이 증가액 : ₩30,000 × 20%(P사 세율) = ₩6,000 주3) 이익잉여금 증가액 ₩24,000 × 10%(비지배지분율) = ₩2,400		
③ 당기 외부처분에 따른 미실현이익 실현					
매출원가 주1)		20,000	매출원가 주1)		20,000
재고자산	20,000		재고자산	20,000	
이연법인세 주2)		6,000	이연법인세 주2)		4,000
법인세비용	6,000		법인세비용	4,000	
			비지배지분 주3)		1,600
			비지배지분순이익(이익잉여금)	1,600	
주1) 외부처분에 따른 미실현이익 실현 주2) 재고자산 장부금액 증가액 ₩20,000에 따른 가산할 일시적차이 증가액 : ₩20,000 × 30%(S사 세율) = ₩6,000			주1) 외부처분에 따른 미실현이익 실현 주2) 재고자산 장부금액 증가액 ₩20,000에 따른 가산할 일시적차이 증가액 : ₩20,000 × 20%(P사 세율) = ₩4,000 주3) 손익 증가액 ₩16,000 × 10%(비지배지분율) = ₩1,600		
(2) 건물 내부거래 미실현손익 제거					
① 전기 미실현이익 제거					
기계장치(순액) 주1)		20,000	기계장치(순액) 주1)		20,000
이익잉여금	20,000		이익잉여금	20,000	
이연법인세 주2)	6,000		이연법인세 주2)	4,000	
이익잉여금		6,000	이익잉여금		4,000
			비지배지분 주3)	1,600	
			이익잉여금		1,600
주1) 내부거래 미실현이익 전액 제거 주2) 기계장치 장부금액 감소액 ₩20,000에 따른 가산할 일시적			주1) 내부거래 미실현이익 전액 제거 주2) 기계장치 장부금액 감소액 ₩20,000에 따른 가산할 일시적차		

[2X02년] 하향판매	(차변)	(대변)	[2X02년] 상향판매	(차변)	(대변)
차이 감소액 : ₩20,000 × 30%(P사 세율) = ₩6,000			이 감소액 : ₩20,000 × 20%(P사 세율) = ₩4,000		
			주3) 이익잉여금 감소액 ₩16,000 × 10%(비지배지분율) = ₩1,600		
② 당기 미실현이익 제거					
기계장치(순액)	4,000		기계장치(순액)	4,000	
감가상각비 주1)		4,000	감가상각비 주1)		4,000
이연법인세 주2)		1,200	이연법인세 주2)		800
법인세비용	1,200		법인세비용	800	
			비지배지분 주3)		320
			비지배지분순이익(이익잉여금)	320	
주1) ₩20,000/5년 = ₩4,000			주1) ₩20,000/5년 = ₩4,000		
주2) 기계장치 장부금액 증가액 ₩4,000에 따른 가산할 일시적차이 증가액 : ₩4,000 × 30%(P사 세율) = ₩1,200			주2) 기계장치 장부금액 증가액 ₩4,000에 따른 가산할 일시적차이 증가액 : ₩4,000 × 20%(P사 세율) = ₩800		
			주3) 손익 증가액 ₩3,200 × 10%(비지배지분율) = ₩320		

4) 종속기업의 배당에 대한 내부거래 제거

[2X02년] 하향판매	(차변)	(대변)	[2X02년] 상향판매	(차변)	(대변)
4단계 : 종속기업의 배당에 대한 내부거래 제거					
(1) 2X01년 배당분					
이익잉여금		1,000	이익잉여금		1,000
이익잉여금 주1)	900		이익잉여금 주1)	900	
비지배지분 주2)	100		비지배지분 주2)	100	
주1) ₩1,000 × 90%(지배지분율) = ₩900					
주2) ₩1,000 × 10%(비지배지분율) = ₩100					
(2) 2X02년 배당분					
이익잉여금		1,500	이익잉여금		1,500
배당금수익 주1)	1,350		배당금수익 주1)	1,350	
비지배지분 주2)	150		비지배지분 주2)	150	
주1) ₩1,500 × 90%(지배지분율) = ₩1,350					
주2) ₩1,500 × 10%(비지배지분율) = ₩150					

5) 비지배지분의 증가(감소) 회계처리

[2X02년] 하향판매	(차변)	(대변)	[2X02년] 상향판매	(차변)	(대변)
5단계 : 비지배지분의 증가 회계처리					
(1) 2X01년 당기순이익 분					
비지배지분 주1)		3,000	비지배지분 주1)		3,000
이익잉여금	3,000		이익잉여금	3,000	
주1) 2X01년 S사 당기순이익 ₩30,000 × 10%(비지배지분율) = ₩3,000					
(2) 2X02년 당기순이익 분					
비지배지분 주1)		4,500	비지배지분 주1)		4,500
비지배지분순이익(이익잉여금)	4,500		비지배지분순이익(이익잉여금)	4,500	
주1) 2X02년 S사 당기순이익 ₩45,000 × 10%(비지배지분율) = ₩4,500					

6) 종속기업 누적 지분변동액에 대한 이연법인세 회계처리

[2X02년] 하향판매	(차변)	(대변)	[2X02년] 상향판매	(차변)	(대변)
6단계 : 종속기업 누적 지분변동액에 대한 이연법인세 회계처리					
① 2X01년 당기순이익과 배당 부분					
이연법인세 주1)		5,400	이연법인세 주1)		5,400
이연법인세 주1)		900	이연법인세 주1)		900
이익잉여금	6,300		이익잉여금	6,300	
비지배지분 주1)	900		비지배지분 주1)	900	
이익잉여금		900	이익잉여금		900
이연법인세 주2)	180		이연법인세 주2)	180	
이연법인세 주2)	30		이연법인세 주2)	30	
이익잉여금		210	이익잉여금		210
비지배지분 주2)		30	비지배지분 주2)		30
이익잉여금	30		이익잉여금	30	

주1) 연결실체이론에 따라 지배지분과 비지배지분에 해당하는 금액을 합산한다.
　지배지분　: 2X01년 S사 당기순이익 ₩30,000 × 90%(지배지분율) × 20%(P사 세율) = ₩5,400
　비지배지분 : 2X01년 S사 당기순이익 ₩30,000 × 10%(비지배지분율) × 30%(S사 세율) = ₩900
주2) 지배지분　: 2X01년 S사 배당지급액 ₩1,000 × 90%(지배지분율) × 20%(P사 세율) = (₩180)
　비지배지분 : 2X01년 S사 배당지급액 ₩1,000 × 10%(비지배지분율) × 30%(P사 세율) = (₩30)

[2X02년] 하향판매	(차변)	(대변)	[2X02년] 상향판매	(차변)	(대변)
② 2X02년 당기순이익과 배당 부분					
이연법인세 주1)		8,100	이연법인세 주1)		8,100
이연법인세 주1)		1,350	이연법인세 주1)		1,350
법인세비용	9,450		법인세비용	9,450	
비지배지분 주1)	1,350		비지배지분 주1)	1,350	
비지배지분순이익(이익잉여금)		1,350	비지배지분순이익(이익잉여금)		1,350
이연법인세 주2)	270		이연법인세 주2)	270	
이연법인세 주2)	45		이연법인세 주2)	45	
법인세비용		315	법인세비용		315
비지배지분 주2)		45	비지배지분 주2)		45
비지배지분순이익(이익잉여금)	45		비지배지분순이익(이익잉여금)	45	

주1) 연결실체이론에 따라 지배지분과 비지배지분에 해당하는 금액을 합산한다.
　지배지분　: 2X02년 S사 당기순이익 ₩45,000 × 90%(지배지분율) × 20%(P사 세율) = ₩8,100
　비지배지분 : 2X02년 S사 당기순이익 ₩45,000 × 10%(비지배지분율) × 30%(S사 세율) = ₩1,350
주2) 지배지분　: 2X02년 S사 배당지급액 ₩1,500 × 90%(지배지분율) × 20%(P사 세율) = (₩270)
　비지배지분 : 2X02년 S사 배당지급액 ₩1,500 × 10%(비지배지분율) × 30%(P사 세율) = (₩45)

(3) 2X03년 연결조정분개

1) 종속기업투자지분과 종속기업 자본계정의 상계제거

[2X03년] 하향판매	(차변)	(대변)	[2X03년] 상향판매	(차변)	(대변)
1단계 : 투자와 자본 상계제거					
자본금(S사)	1,000,000		자본금(S사)	1,000,000	
이익잉여금(S사)	50,000		이익잉여금(S사)	50,000	
재고자산	2,000		재고자산	2,000	
기계장치	3,000		기계장치	3,000	
종속기업투자지분		959,150	종속기업투자지분		959,150
이연법인세부채 주1)		600	이연법인세부채 주1)		600
이연법인세부채 주2)		900	이연법인세부채 주2)		900
비지배지분 주3)		105,350	비지배지분 주3)		105,350
영업권	11,000		영업권	11,000	

주1) ₩2,000(재고자산 가산할 일시적차이) × 30%(보유자인 S사 세율) = ₩600
주2) ₩3,000(기계장치 가산할 일시적차이) × 30%(보유자인 S사 세율) = ₩900
주3) (₩1,000,000 + ₩50,000 + ₩2,000 + ₩3,000 – ₩600 – ₩900) × 10% = ₩105,350

2) 공정가치차이의 후속처리 및 영업권의 후속처리

[2X03년] 하향판매	(차변)	(대변)	[2X03년] 상향판매	(차변)	(대변)
2단계 : 공정가치차이의 후속처리 및 영업권의 후속처리					
(1) 영업권 후속처리 : 2X01년 손상차손 분					
이익잉여금(영업권손상차손) 주1)	3,000		이익잉여금(영업권손상차손) 주1)	3,000	
영업권		3,000	영업권		3,000

주1) 2X01년 영업권손상차손 ₩3,000

영업권 후속처리 : 2X02년 손상차손 분					
이익잉여금(영업권손상차손) 주1)	4,000		이익잉여금(영업권손상차손) 주1)	4,000	
영업권		4,000	영업권		4,000

주1) 2X02년 영업권손상차손 ₩4,000

(2) 재고자산 공정가치차이 후속처리 : 2X02년 분					
재고자산 주1)		2,000	재고자산 주1)		2,000
이익잉여금	2,000		이익잉여금	2,000	
이연법인세 주2)	600		이연법인세 주2)	600	
이익잉여금		600	이익잉여금		600
비지배지분 주3)	140		비지배지분 주3)	140	
이익잉여금		140	이익잉여금		140

주1) 연결외부판매로 인한 재고자산 공정가치 차이조정
주2) 재고자산 장부금액 감소액 ₩2,000에 따른 가산할 일시적차이 감소액 : ₩2,000 × 30%(S사 세율) = ₩600
주3) 공정가치 차이조정이 발생한 재고자산 및 이연법인세를 <1단계>에서 포함시키면서 비지배지분에 배분하였기 때문에 매출원가와 법인세비용에 대한 비지배지분도 배분한다. 상대계정은 이익잉여금에 대한 것이므로 이익잉여금으로 처리한다.

(3) 기계장치 공정가치차이 후속처리 : 2X01년 ~ 2X02년 분					
기계장치(순액) 주1)		2,000	기계장치(순액) 주1)		2,000
이익잉여금	2,000		이익잉여금	2,000	
이연법인세 주2)	600		이연법인세 주2)	600	
이익잉여금		600	이익잉여금		600
비지배지분 주3)	140		비지배지분 주3)	140	

[2X03년] 하향판매	(차변)	(대변)	[2X03년] 상향판매	(차변)	(대변)
이익잉여금		140	이익잉여금		140

주1) 공정가치차이 ₩3,000/3년 × 2 = ₩2,000
주2) 기계장치 장부금액 감소액 ₩2,000에 따른 가산할 일시적차이 감소액 : ₩2,000 × 30%(S사 세율) = ₩600
주3) 공정가치 차이조정이 발생한 건물 및 이연법인세를 <1단계>에서 포함시키면서 비지배지분에 배분하였기 때문에 감가상각비와 법인세비용에 대한 비지배지분도 배분한다. 상대계정은 이익잉여금에 대한 것이므로 이익잉여금으로 처리한다.

기계장치 공정가치차이 후속처리 : 2X03년 분

하향판매	(차변)	(대변)	상향판매	(차변)	(대변)
기계장치(순액) 주1)		1,000	기계장치(순액) 주1)		1,000
감가상각비	1,000		감가상각비	1,000	
이연법인세 주2)	300		이연법인세 주2)	300	
법인세비용		300	법인세비용		300
비지배지분 주3)	70		비지배지분 주3)	70	
비지배지분순이익(이익잉여금)		70	비지배지분순이익(이익잉여금)		70

주1) 공정가치차이 ₩3,000/3년 = ₩1,000
주2) 기계장치 장부금액 감소액 ₩1,000에 따른 가산할 일시적차이 감소액 : ₩1,000 × 30%(S사 세율) = ₩300
주3) 공정가치 차이조정이 발생한 건물 및 이연법인세를 <1단계>에서 포함시키면서 비지배지분에 배분하였기 때문에 감가상각비와 법인세비용에 대한 비지배지분도 배분한다. 상대계정은 손익항목에 대한 것이므로 비지배지분순이익으로 처리한다.

3) 지배기업과 종속기업간의 내부거래 제거

3단계 : 지배기업과 종속기업간의 내부거래 제거

(1) 재고자산 전기 내부거래미실현손익 제거

① 전기 미실현이익 제거

[2X03년] 하향판매	(차변)	(대변)	[2X03년] 상향판매	(차변)	(대변)
재고자산		50,000	재고자산		50,000
이익잉여금 주1)	50,000		이익잉여금 주1)	50,000	
이연법인세 주2)	15,000		이연법인세 주2)	10,000	
이익잉여금		15,000	이익잉여금		10,000
			비지배지분 주3)	4,000	
			이익잉여금		4,000

하향판매:
주1) 내부거래 미실현이익 전액 제거
주2) 재고자산 장부금액 감소액 ₩50,000에 따른 가산할 일시적차이 감소액 : ₩50,000 × 30%(S사 세율) = ₩15,000

상향판매:
주1) 내부거래 미실현이익 전액 제거
주2) 재고자산 장부금액 감소액 ₩50,000에 따른 가산할 일시적차이 감소액 : ₩50,000 × 20%(P사 세율) = ₩10,000
주3) 이익잉여금 감소액 ₩40,000 × 10%(비지배지분율) = ₩4,000

② 전기 외부처분에 따른 미실현이익 실현

하향판매	(차변)	(대변)	상향판매	(차변)	(대변)
이익잉여금 주1)		50,000	이익잉여금 주1)		50,000
재고자산	50,000		재고자산	50,000	
이연법인세 주2)		15,000	이연법인세 주2)		10,000
이익잉여금	15,000		이익잉여금	10,000	
			비지배지분 주3)		4,000
			이익잉여금	4,000	

하향판매:
주1) 외부처분에 따른 미실현이익 실현
주2) 재고자산 장부금액 증가액 ₩50,000에 따른 가산할일시적차이 증가액 : ₩50,000 × 30%(S사 세율) = ₩15,000

상향판매:
주1) 외부처분에 따른 미실현이익 실현
주2) 재고자산 장부금액 증가액 ₩50,000에 따른 가산할일시적차이 증가액 : ₩50,000 × 20%(P사 세율) = ₩10,000
주3) 이익잉여금 증가액 ₩40,000 × 10%(비지배지분율) = ₩4,000

[2X03년] 하향판매	(차변)	(대변)	[2X03년] 상향판매	(차변)	(대변)
(2) 건물 내부거래 미실현손익 제거					
① 전기 미실현이익 제거					
기계장치(순액) 주1)		20,000	기계장치(순액) 주1)		20,000
이익잉여금	20,000		이익잉여금	20,000	
이연법인세 주2)	6,000		이연법인세 주2)	4,000	
이익잉여금		6,000	이익잉여금		4,000
			비지배지분 주3)	1,600	
			이익잉여금		1,600
주1) 내부거래 미실현이익 전액 제거 주2) 기계장치 장부금액 감소액 ₩20,000에 따른 가산할 일시적차이 감소액 : ₩20,000 × 30%(P사 세율) = ₩6,000			주1) 내부거래 미실현이익 전액 제거 주2) 기계장치 장부금액 감소액 ₩20,000에 따른 가산할 일시적차이 감소액 : ₩20,000 × 20%(P사 세율) = ₩4,000 주3) 이익잉여금 감소액 ₩16,000 × 10%(비지배지분율) = ₩1,600		
② 전기 미실현이익 제거					
기계장치(순액)	4,000		기계장치(순액)	4,000	
이익잉여금 주1)		4,000	이익잉여금 주1)		4,000
이연법인세 주2)		1,200	이연법인세 주2)		800
이익잉여금	1,200		법인세비용	800	
			비지배지분 주3)		320
			이익잉여금	320	
주1) ₩20,000/5년 = ₩4,000 주2) 기계장치 장부금액 증가액 ₩4,000에 따른 가산할 일시적차이 증가액 : ₩4,000 × 30%(P사 세율) = ₩1,200			주1) ₩20,000/5년 = ₩4,000 주2) 기계장치 장부금액 증가액 ₩4,000에 따른 가산할 일시적차이 증가액 : ₩4,000 × 20%(P사 세율) = ₩800 주3) 손익 증가액 ₩3,200 × 10%(비지배지분율) = ₩320		
③ 당기 미실현이익 제거					
기계장치(순액)	4,000		기계장치(순액)	4,000	
감가상각비 주1)		4,000	감가상각비 주1)		4,000
이연법인세 주2)		1,200	이연법인세 주2)		800
법인세비용	1,200		법인세비용	800	
			비지배지분 주3)		320
			비지배지분순이익(이익잉여금)	320	
주1) ₩20,000/5년 = ₩4,000 주2) 기계장치 장부금액 증가액 ₩4,000에 따른 가산할 일시적차이 증가액 : ₩4,000 × 30%(P사 세율) = ₩1,200			주1) ₩20,000/5년 = ₩4,000 주2) 기계장치 장부금액 증가액 ₩4,000에 따른 가산할 일시적차이 증가액 : ₩4,000 × 20%(P사 세율) = ₩800 주3) 손익 증가액 ₩3,200 × 10%(비지배지분율) = ₩320		
④ 당기 미실현이익 제거					
기계장치처분이익 주1)		12,000	기계장치처분이익 주1)		12,000
기계장치(순액)	12,000		기계장치(순액)	12,000	
이연법인세 주2)		3,600	이연법인세 주2)		2,400
법인세비용	3,600		법인세비용	2,400	
			비지배지분 주3)		960
			비지배지분순이익(이익잉여금)	960	
주1) ₩20,000 - ₩4,000(2X01년 상각) - ₩4,000(2X02년 상각) 주2) 기계장치 장부금액 증가액 ₩4,000에 따른 가산할 일시적차이 증가액 : ₩12,000 × 30%(P사 세율) = ₩3,600			주1) ₩20,000/5년 = ₩4,000 주2) 기계장치 장부금액 증가액 ₩4,000에 따른 가산할 일시적차이 증가액 : ₩12,000 × 20%(P사 세율) = ₩2,400 주3) 손익 증가액 ₩9,600 × 10%(비지배지분율) = ₩960		

4) 종속기업의 배당에 대한 내부거래 제거

[2X03년] 하향판매	(차변)	(대변)	[2X03년] 상향판매	(차변)	(대변)
4단계 : 종속기업의 배당에 대한 내부거래 제거					
(1) **2X01년 배당분**					
이익잉여금		1,000	이익잉여금		1,000
이익잉여금 주1)	900		이익잉여금 주1)	900	
비지배지분 주2)	100		비지배지분 주2)	100	
주1) ₩1,000 × 90%(지배지분율) = ₩900					
주2) ₩1,000 × 10%(비지배지분율) = ₩100					
(2) **2X02년 배당분**					
이익잉여금		1,500	이익잉여금		1,500
이익잉여금 주1)	1,350		이익잉여금 주1)	1,350	
비지배지분 주2)	150		비지배지분 주2)	150	
주1) ₩1,500 × 90%(지배지분율) = ₩1,350					
주2) ₩1,500 × 10%(비지배지분율) = ₩150					
(3) **2X03년 배당분**					
이익잉여금		2,000	이익잉여금		2,000
배당금수익 주1)	1,800		배당금수익 주1)	1,800	
비지배지분 주2)	200		비지배지분 주2)	200	
주1) ₩2,000 × 90%(지배지분율) = ₩1,800					
주2) ₩2,000 × 10%(비지배지분율) = ₩200					

5) 비지배지분의 증가(감소) 회계처리

[2X03년] 하향판매	(차변)	(대변)	[2X03년] 상향판매	(차변)	(대변)
5단계 : 비지배지분의 증가 회계처리					
(1) **2X01년 당기순이익 분**					
비지배지분 주1)		3,000	비지배지분 주1)		3,000
이익잉여금	3,000		이익잉여금	3,000	
주1) 2X01년 S사 당기순이익 ₩30,000 × 10%(비지배지분율) = ₩3,000					
(2) **2X02년 당기순이익 분**					
비지배지분 주1)		4,500	비지배지분 주1)		4,500
이익잉여금	4,500		이익잉여금	4,500	
주1) 2X02년 S사 당기순이익 ₩45,000 × 10%(비지배지분율) = ₩4,500					
(3) **2X03년 당기순이익 분**					
비지배지분 주1)		6,000	비지배지분 주1)		6,000
비지배지분순이익(이익잉여금)	6,000		비지배지분순이익(이익잉여금)	6,000	
주1) 2X03년 S사 당기순이익 ₩60,000 × 10%(비지배지분율) = ₩6,000					

6) 종속기업 누적 지분변동액에 대한 이연법인세 회계처리

[2X03년] 하향판매	(차변)	(대변)	[2X03년] 상향판매	(차변)	(대변)
6단계 : 종속기업 누적 지분변동액에 대한 이연법인세 회계처리					
① 2X01년 당기순이익과 배당 부분					
이연법인세 주1)		5,400	이연법인세 주1)		5,400
이연법인세 주1)		900	이연법인세 주1)		900
이익잉여금	6,300		이익잉여금	6,300	
비지배지분 주1)	900		비지배지분 주1)	900	
이익잉여금		900	이익잉여금		900
이연법인세 주2)	180		이연법인세 주2)	180	
이연법인세 주2)	30		이연법인세 주2)	30	
이익잉여금		210	이익잉여금		210
비지배지분 주2)		30	비지배지분 주2)		30
이익잉여금	30		이익잉여금	30	

주1) 연결실체이론에 따라 지배지분과 비지배지분에 해당하는 금액을 합산한다.
지배지분 : 2X01년 S사 당기순이익 ₩30,000 × 90%(지배지분율) × 20%(P사 세율) = ₩5,400
비지배지분 : 2X01년 S사 당기순이익 ₩30,000 × 10%(지배지분율) × 30%(S사 세율) = ₩900
주2) 지배지분 : 2X01년 S사 배당지급액 ₩1,000 × 90%(지배지분율) × 20%(P사 세율) = (₩180)
비지배지분 : 2X01년 S사 배당지급액 ₩1,000 × 10%(지배지분율) × 30%(P사 세율) = (₩30)

[2X03년] 하향판매	(차변)	(대변)	[2X03년] 상향판매	(차변)	(대변)
② 2X02년 당기순이익과 배당 부분					
이연법인세 주1)		8,100	이연법인세 주1)		8,100
이연법인세 주1)		1,350	이연법인세 주1)		1,350
이익잉여금	9,450		이익잉여금	9,450	
비지배지분 주1)	1,350		비지배지분 주1)	1,350	
이익잉여금		1,350	이익잉여금		1,350
이연법인세 주2)	270		이연법인세 주2)	270	
이연법인세 주2)	45		이연법인세 주2)	45	
이익잉여금		315	이익잉여금		315
비지배지분 주2)		45	비지배지분 주2)		45
이익잉여금	45		이익잉여금	45	

주1) 연결실체이론에 따라 지배지분과 비지배지분에 해당하는 금액을 합산한다.
지배지분 : 2X02년 S사 당기순이익 ₩45,000 × 90%(지배지분율) × 20%(P사 세율) = ₩8,100
비지배지분 : 2X02년 S사 당기순이익 ₩45,000 × 10%(비지배지분율) × 30%(S사 세율) = ₩1,350
주2) 지배지분 : 2X02년 S사 배당지급액 ₩1,500 × 90%(지배지분율) × 20%(P사 세율) = (₩270)
비지배지분 : 2X02년 S사 배당지급액 ₩1,500 × 10%(비지배지분율) × 30%(P사 세율) = (₩45)

[2X03년] 하향판매	(차변)	(대변)	[2X03년] 상향판매	(차변)	(대변)
③ 2X03년 당기순이익과 배당 부분					
이연법인세 주1)		10,800	이연법인세 주1)		10,800
이연법인세 주1)		1,800	이연법인세 주1)		1,800
법인세비용	12,600		법인세비용	12,600	
비지배지분 주1)	1,800		비지배지분 주1)	1,800	
비지배지분순이익(이익잉여금)		1,800	비지배지분순이익(이익잉여금)		1,800
이연법인세 주2)	360		이연법인세 주2)	360	
이연법인세 주2)	60		이연법인세 주2)	60	
법인세비용		420	법인세비용		420
비지배지분 주2)		60	비지배지분 주2)		60
비지배지분순이익(이익잉여금)	60		비지배지분순이익(이익잉여금)	60	

주1) 연결실체이론에 따라 지배지분과 비지배지분에 해당하는 금액을 합산한다.
지배지분 : 2X03년 S사 당기순이익 ₩60,000 × 90%(지배지분율) × 20%(P사 세율) = ₩10,800

[2X03년] 하향판매	(차변)	(대변)	[2X03년] 상향판매	(차변)	(대변)

비지배지분 : 2X03년 S사 당기순이익 ₩60,000 × 10%(비지배지분율) × 30%(S사 세율) = ₩1,800
주2) 지배지분 : 2X03년 S사 배당지급액 ₩2,000 × 90%(지배지분율) × 20%(P사 세율) = (₩360)
비지배지분 : 2X03년 S사 배당지급액 ₩2,000 × 10%(비지배지분율) × 30%(P사 세율) = (₩60)

Fraudit ExCon 실 습 : 제4장 6 원가법 1차년도

(1) 사례파일

제4장_6_원가법_1차년도_기초정보.xlsx, 제4장_6_원가법_1차년도_원화시산표.xlsx

(2) [기초정보.xlsx] 작성

1) 보고기간 sheet

	A	B	C	D
1	목차	구분	일자	검증_보고기간
2	보고기간	보고기간초	2001-01-01	OK
3	보고기간	보고기간말	2001-12-31	

① 보고기간 초와 보고기간 말을 입력한다..

2) 기업목록 sheet

	A	B	C	D	E	F	G	H
1	일련번호	목차	기업명	약식명칭	기능통화	표시통화	세율	이연법인세계산
2	1	기업목록	지배	AA	원화	원화	20%	예
3	2		종속	AB	원화	원화	30%	예

① 기업명을 입력한다. 여기서는 **지배**와 **종속**으로 입력한다.
② 기능통화를 **원화**로 선택한다.
③ 표시통화를 **원화**로 선택한다.
④ 세율은 지배 20%, 종속 30%로 입력한다.
⑤ 이연법인세계산을 지배, 종속 모두 **예**로 선택한다.

3) 지분구조 sheet

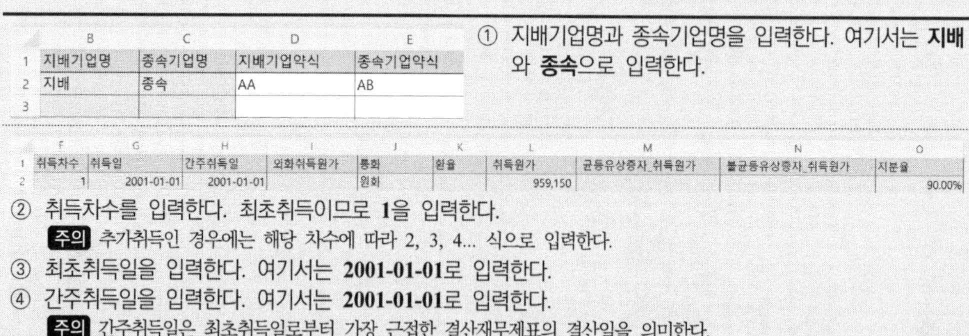

	B	C	D	E
1	지배기업명	종속기업명	지배기업약식	종속기업약식
2	지배	종속	AA	AB
3				

① 지배기업명과 종속기업명을 입력한다. 여기서는 **지배**와 **종속**으로 입력한다.

	F	G	H	I	J	K	L	M	N	O
1	취득차수	취득일	간주취득일	외화취득원가	통화	환율	취득원가	균등유상증자_취득원가	불균등유상증자_취득원가	지분율
2	1	2001-01-01	2001-01-01		원화		959,150			90.00%

② 취득차수를 입력한다. 최초취득이므로 **1**을 입력한다.
주의 추가취득인 경우에는 해당 차수에 따라 2, 3, 4... 식으로 입력한다.
③ 최초취득일을 입력한다. 여기서는 **2001-01-01**로 입력한다.
④ 간주취득일을 입력한다. 여기서는 **2001-01-01**로 입력한다.
주의 간주취득일은 최초취득일로부터 가장 근접한 결산재무제표의 결산일을 의미한다.
⑤ 나머지는 상기와 같이 입력한다.

4) 취득시지분구조_공정가치차이 sheet

	E	F	G	H	I	J	K	L	M
1	목차	기업명	약식명칭	취득차수_1	취득일_1	간주취득일_1	자본계정명_1	자본금액_1_외화	자본금액_1
2	자본_공정가치	종속	AB	1	2001-01-01	2001-01-01	자본금		1,000,000
3		종속	AB				이익잉여금		50,000

① 종속의 2001-01-01일의 자본계정명_1(1차 취득)과 자본금액_1(1차 취득)을 **K열과 M열에 상기와 같이** 입력한다.

	N	O	P	Q	R	S	T
1	공정가치차이계정명	외화_공정가치차이금액	공정가치차이금액	상각여부	잔존내용연수_월	잔존가치	외부판매일_1차
2	상품		2,000	비상각			
3	기계장치		3,000	상각	36	0	

② 공정가치차이에 대한 정보를 상기와 같이 입력한다.

5) 재무정보 sheet

	A	B	C	D	E	F	G
1	일련번호	목차	기업명	약식명칭	기간	계정명	금액
2	2	재무정보	종속	AB	2001-12-31	배당	1,000
3						당기순이익	30,000
4						기타포괄손익	
5						해외사업환산손익	

① G열에 종속회사의 2001년 **배당과 당기순이익을 상기와 같이** 입력한다.

6) 내부거래현황 sheet

	B	C	D	E	F	G	H	I	J
1	판매회사	매입회사	판매회사약식	매입회사약식	계정과목	상각여부	내부거래번호	통화	내부거래일
2	지배	종속	AA	AB	상품	비상각	AA001	원화	2001-02-01
3	종속	지배	AB	AA	상품	비상각	AB001	원화	2001-02-01
4	지배	종속	AA	AB	기계장치	상각	AA002	원화	2001-12-31
5	지배	종속	AA	AB	기계장치	상각	AB002	원화	2001-12-31

	K	L	M	N	O	P	Q	R	S
1	내부판매액	환율	환산후_내부판매액	장부금액_원화	내부거래이익	잔존내용연수_월	잔존가치	외부판매일_1차	외부판매비율_1차
2	200,000	1	200,000	150,000	50,000			2001-02-01	60.00%
3	200,000	1	200,000	150,000	50,000			2001-02-01	60.00%
4	170,000	1	170,000	150,000	20,000	60	0		
5	170,000	1	170,000	150,000	20,000	60	0		

① 내부거래를 상기와 같이 입력한다.

(3) [원화시산표.xlsx] 작성

1) 보고기간 sheet

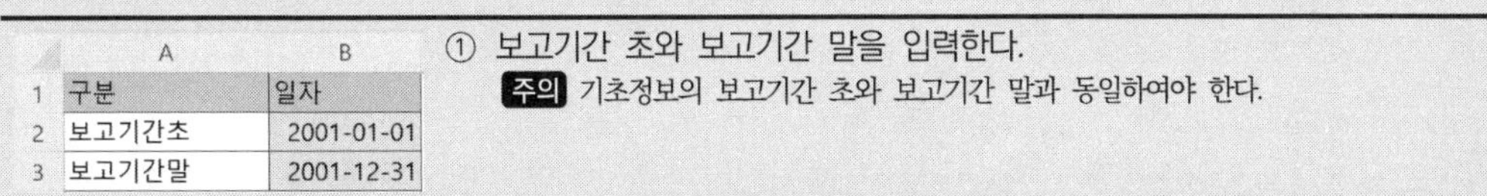

	A	B
1	구분	일자
2	보고기간초	2001-01-01
3	보고기간말	2001-12-31

① 보고기간 초와 보고기간 말을 입력한다.

주의 기초정보의 보고기간 초와 보고기간 말과 동일하여야 한다.

2) 기업목록 sheet

	A	B	C	D	E	F	G
1	기업명	시산표일자	표시통화	ERP	검증_빈값	검증_표시통화	검증_ERP
2	지배	2001-12-31	원화	더존	OK	OK	OK
3	종속	2001-12-31	원화	더존	OK	OK	OK

① 기업명을 입력한다. 여기서는 **지배**와 **종속**으로 입력한다.
② 표시통화를 **원화**로 선택한다.
③ ERP는 **더존**이라고 가정하고 선택한다.

3) 원화시산표_1 sheet

기업명	기능통화	시산표일자	ERP	계정코드	계정과목	차변	대변
지배	원화	2001-12-31	더존	10100	현금	250,000	-
				10800	매출채권	242,300	-
				14600	재고자산	40,000	-
				19101	종속기업투자지분	959,150	-
				20100	토지	75,000	-
				20200	건물	200,000	-
				20600	기계장치	300,000	-
				25100	매입채무	-	835,150
				26000	단기차입금	-	396,000
				33100	자본금	-	625,000
				37700	미처분이익잉여금	-	191,000
				40100	매출	-	907,400
				91000	배당금수익	-	900
				45100	매출원가	859,000	-
				81800	감가상각비	50,000	-
				81900	기계장치처분이익		20,000

① A열에 기업명을 입력한다. 여기서는 **지배**로 입력한다.
② 해당 계정코드, 계정과목, 차변, 대변 금액을 차례로 입력한다. **차변과 대변은 어느 한쪽만 입력하여야 한다.**
③ 검증 칼럼에서 OK가 아닌 경우 해당 원인을 해결한다.

4) 원화시산표_2 sheet

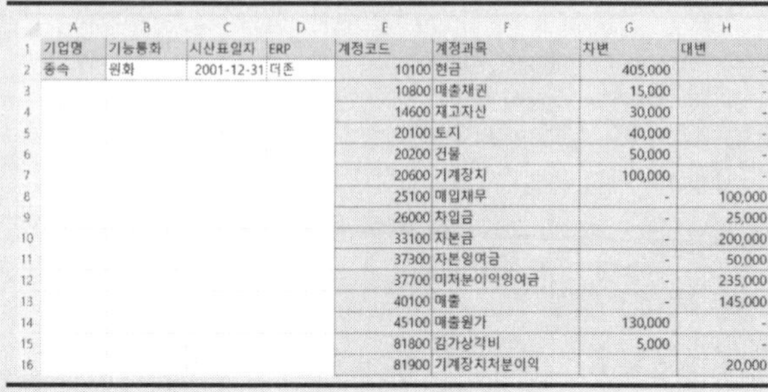

기업명	기능통화	시산표일자	ERP	계정코드	계정과목	차변	대변
종속	원화	2001-12-31	더존	10100	현금	405,000	-
				10800	매출채권	15,000	-
				14600	재고자산	30,000	-
				20100	토지	40,000	-
				20200	건물	50,000	-
				20600	기계장치	100,000	-
				25100	매입채무	-	100,000
				26000	차입금	-	25,000
				33100	자본금	-	200,000
				37300	자본잉여금	-	50,000
				37700	미처분이익잉여금	-	235,000
				40100	매출	-	145,000
				45100	매출원가	130,000	-
				81800	감가상각비	5,000	-
				81900	기계장치처분이익		20,000

① A열에 기업명을 입력한다. 여기서는 **종속**으로 입력한다.
② 해당 계정코드, 계정과목, 차변, 대변 금액을 차례로 입력한다. **차변과 대변은 어느 한쪽만 입력하여야 한다.**
③ 검증 칼럼에서 OK가 아닌 경우 해당 원인을 해결한다.

(4) [Fraudit-ExCon.exe] 실행

제4장_6_원가법_1차년도_기초정보.xlsx과 제4장_6_원가법_1차년도_원화시산표.xlsx을 Fraudit-ExCon이 있는 폴더에 복사하여 이동한다. 그리고 **접두어를 제거**하고 **기초정보.xlsx와 원화시산표.xlsx**로 이름을 변경한다. **그 다음에 Fraudit-ExCon.exe를 실행한다.**

1) Main Sheet

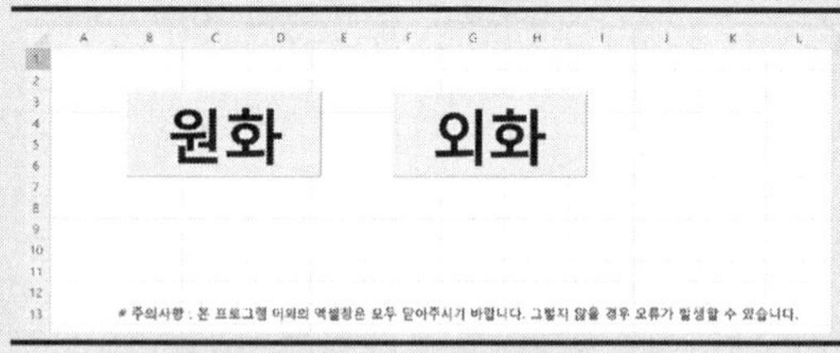

① 기능통화가 외화인 종속법인이 없으므로 원화 버튼을 누른다.

주의 원화 버튼을 누른 후 에러메시지가 뜨면 해당 에러 원인을 **기초정보.xlsx, 원화시산표.xlsx**에서 적절하게 수정한 후 다시 누른다.

2) out_연결분개_투자자본_0 sheet

T	U	V	W
계정과목	계정유형	차변	대변
AA종속기업투자지분	BS	0	959150
AB자본금	HE	1000000	0
AB이익잉여금	BS	50000	0
AB상품	BS	2000	0
AB이연법인세	BS	0	600
AB기계장치	BS	3000	0
AB이연법인세	BS	0	900
AB비지배지분	NCI	0	105350
AB영업권	BS	11000	0
AB기계장치	BS	0	1000
AB감가상각비	IS	1000	0
AB이연법인세	BS	300	0
AB법인세비용	IS	0	300
AB비지배지분	NCI	70	0
AB비지배지분순이익	RE	0	70

① 음영 부분은 지배와 종속의 투자와 자본 상계제거 부분이다.
② 나머지 부분은 공정가치차이의 후속처리 부분이다.

주의 검증 목적으로 차변, 대변 칼럼의 금액과 계정과목을 확인하면 된다(분개에 대한 상세 설명은 본문에서 확인하기 바람). **영업권손상차손은 tmp_연결분개_통합 sheet에서 수동 분개로 추가**한다.

3) out_연결분개_내부거래_0, 1, 2, 3 sheet

V	W	X	Y
계정과목_1	계정유형	차변	대변
AA상품매출	IS	200000	0
AA상품매출원가	IS	0	200000
AA상품	BS	0	50000
AA상품매출원가	IS	50000	0
AA이연법인세	BS	15000	0
AA법인세비용	IS	0	15000
AA비지배지분	NCI	0	0
AA비지배지분순이익	RE	0	0
AB매출원가	IS	0	30000
AB상품	BS	30000	0
AB이연법인세	BS	0	9000
AB법인세비용	IS	9000	0
AA비지배지분	NCI	0	0
AA비지배지분순이익	RE	0	0

① **[out_연결분개_내부거래_0]** 내부거래번호 AA001에 대한 연결분개 내부거래제거 부분에 해당한다(분개에 대한 상세 설명은 본문에서 확인하기 바람).

V	W	X	Y
계정과목_1	계정유형	차변	대변
AB상품매출	IS	200000	0
AB상품매출원가	IS	0	200000
AB상품	BS	0	50000
AB상품매출원가	IS	50000	0
AB이연법인세	BS	10000	0
AB법인세비용	IS	0	10000
AB비지배지분	NCI	4000	0
AB비지배지분순이익	RE	0	4000
AA매출원가	IS	0	30000
AA상품	BS	30000	0
AA이연법인세	BS	0	6000
AA법인세비용	IS	6000	0
AB비지배지분	NCI	0	2400
AB비지배지분순이익	RE	2400	0

② **[out_연결분개_내부거래_1]** 내부거래번호 AB001에 대한 연결분개 내부거래제거 부분에 해당한다(분개에 대한 상세 설명은 본문에서 확인하기 바람).

V	W	X	Y
계정과목_1	계정유형	차변	대변
AA기계장치감가상각누계액	BS	0	20000
AA기계장치처분이익	BS	20000	0
AA이연법인세	BS	6000	0
AA법인세비용	IS	0	6000
AA비지배지분	NCI	0	0
AA비지배지분순이익	RE	0	0
AB기계장치감가상각누계액	BS	0	0
AB기계장치감가상각비	IS	0	0
AB이연법인세	BS	0	0
AB법인세비용	IS	0	0
AB비지배지분	NCI	0	0
AB비지배지분순이익	RE	0	0

③ **[out_연결분개_내부거래_2]** 내부거래번호 AA002에 대한 연결분개 내부거래제거 부분에 해당한다(분개에 대한 상세 설명은 본문에서 확인하기 바람).

V	W	X	Y
계정과목_1	계정유형	차변	대변
AA기계장치감가상각누계액	BS	0	20000
AA기계장치처분이익	BS	20000	0
AA이연법인세	BS	6000	0
AA법인세비용	IS	0	6000
AA비지배지분	NCI	0	0
AA비지배지분순이익	RE	0	0
AB기계장치감가상각누계액	BS	0	0
AB기계장치감가상각비	IS	0	0
AB이연법인세	BS	0	0
AB법인세비용	IS	0	0
AB비지배지분	NCI	0	0
AB비지배지분순이익	RE	0	0

④ **[out_연결분개_내부거래_3]** 내부거래번호 AB002에 대한 연결분개 내부거래제거 부분에 해당한다(분개에 대한 상세 설명은 본문에서 확인하기 바람).

4) out_연결분개_기타_0, 1 sheet

	A	B	C	D	E	F	G	H	I	J	K	L	M	N
1	기업명	약식명칭	기간	계정명	금액	지배지분세율	마지막기업_비지배지분세율	명목지배지분율	최종_실질비지배지분율	외화환산	계정과목	계정유형	차변	대변
2	종속	AB	2001-12-31	당기순이익	30,000	20.00%	30.00%	90.00%	10.00%		비지배지분	NCI	0	3,000
3											비지배지분순이익	RE	3,000	0

① **[out_연결분개_기타_0]** 종속의 2001년 당기순이익에 대한 비지배지분 연결분개 부분에 해당한다(분개에 대한 상세 설명은 본문에서 확인하기 바람).

	A	B	C	D	E	F	G	H	I	J	K	L	M	N
1	기업명	약식명칭	기간	계정명	금액	지배지분세율	마지막기업_비지배지분세율	명목지배지분율	최종_실질비지배지분율	외화환산	계정과목	계정유형	차변	대변
2	종속	AB	2001-12-31	배당	1,000	20.00%	30.00%	90.00%	10.00%		미처분이익잉여금	RE	0	1,000
3											배당금수익	BS	900	0
4											비지배지분	NCI	100	0

② **[out_연결분개_기타_1]** 종속의 2001년 배당에 대한 비지배지분 연결분개 부분에 해당한다(분개에 대한 상세 설명은 본문에서 확인하기 바람).

5) out_연결분개_이연법인세_0 sheet

	A	B	C	D	E	F	G	H	I	J	K	L	M	N
1	기업명	약식명칭	기간	계정명	금액	지배지분세율	마지막기업_비지배지분세율	명목지배지분율	최종_실질비지배지분율	외화환산	계정과목	계정유형	차변	대변
2	종속	AB	2001-12-31	당기순이익	30,000	20.00%	30.00%	90.00%	10.00%		이연법인세	BS	0	6,300
3											법인세비용	IS	6,300	0
4											비지배지분	NCI	900	0
5											비지배지분순이익	RE	0	900

① **[out_연결분개_이연법인세_0]** 종속의 2001년 당기순이익에 대한 투자지분 이연법인세 연결분개 부분에 해당한다.(분개에 대한 상세 설명은 본문에서 확인하기 바람).

	A	B	C	D	E	F	G	H	I	J	K	L	M	N
1	기업명	약식명칭	기간	계정명	금액	지배지분세율	마지막기업_비지배지분세율	명목지배지분율	최종_실질비지배지분율	외화환산	계정과목	계정유형	차변	대변
2	종속	AB	2001-12-31	배당	1,000	20.00%	30.00%	90.00%	10.00%		이연법인세	BS	210	0
3											법인세비용	IS	0	210
4											비지배지분	NCI	0	30
5											비지배지분순이익	RE	30	0

② **[out_연결분개_이연법인세_1]** 종속의 2001년 배당에 대한 투자지분 이연법인세 연결분개 부분에 해당한다.(분개에 대한 상세 설명은 본문에서 확인하기 바람).

6) tmp_연결분개_통합 sheet

계정과목	매핑계정과목	신설필요_계정과목	후보_매핑계정과목_1	후보_매핑계정과목_2	차변잔액	대변잔액
AA기계장치감가상각누계액	AA기계장치		AA기계장치	AA기계장치처분이익	0	40,000
AA기계장치처분이익	AA기계장치처분이익		AA기계장치처분이익	AA기계장치	40,000	0
AA매출원가	AA매출원가		AA매출원가	AA매출채권	0	30,000
AA법인세비용	AA법인세비용	AA법인세비용			0	21,000
AA상품	AA상품	AA상품			0	20,000
AA상품매출	AA상품매출	AA상품매출			200,000	0
AA상품매출원가	AA매출원가		AA매출원가		0	150,000
AA이연법인세	이연법인세		이연법인세		21,000	0
AA종속기업투자지분	AA종속기업투자지분		AA종속기업투자지분		0	959,150
AB감가상각비	AB감가상각비		AB감가상각비	AA감가상각비	1,000	0
AB기계장치	AB기계장치		AB기계장치	AB기계장치처분이익	2,000	0
AB매출원가	AB매출원가		AB매출원가	AB매출채권	0	30,000
AB법인세비용	AB법인세비용	AB법인세비용			0	1,300
AB비지배지분	비지배지분		비지배지분순이익	비지배지분	0	103,680
AB비지배지분순이익	비지배지분순이익		비지배지분순이익		0	1,670
AB상품	AB상품	AB상품			0	18,000
AB상품매출	AB상품매출	AB상품매출			200,000	0
AB상품매출원가	AB매출원가		AB매출원가		0	150,000
AB영업권	AB영업권	AB영업권			11,000	0
AB이연법인세	이연법인세		이연법인세		0	200
AB이익잉여금	AB미처분이익잉여금		AB미처분이익잉여금		50,000	0
AB자본금	AB자본금		AB자본금	AB자본잉여금	1,000,000	0
미처분이익잉여금	AA미처분이익잉여금		AA미처분이익잉여금	AB미처분이익잉여금	0	1,000
배당금수익	AA배당금수익		AA배당금수익		900	0
법인세비용	이연법인세		이연법인세		6,090	0
비지배지분	비지배지분		비지배지분	비지배지분순이익	0	2,030
비지배지분순이익	비지배지분순이익		비지배지분순이익	비지배지분	2,130	0
이연법인세	이연법인세		이연법인세		0	6,090

① 여기서는 매핑이 잘 이루어졌으므로 특별히 수정할 필요는 없다.

주의 적절한 계정과목을 신설하여야 하는 경우에는 신설필요_계정과목에 신설하고 동일한 계정과목을 매핑계정과목에 입력하여야 한다.

② 확인 버튼을 누른다.

7) out_최종연결정산표 sheet

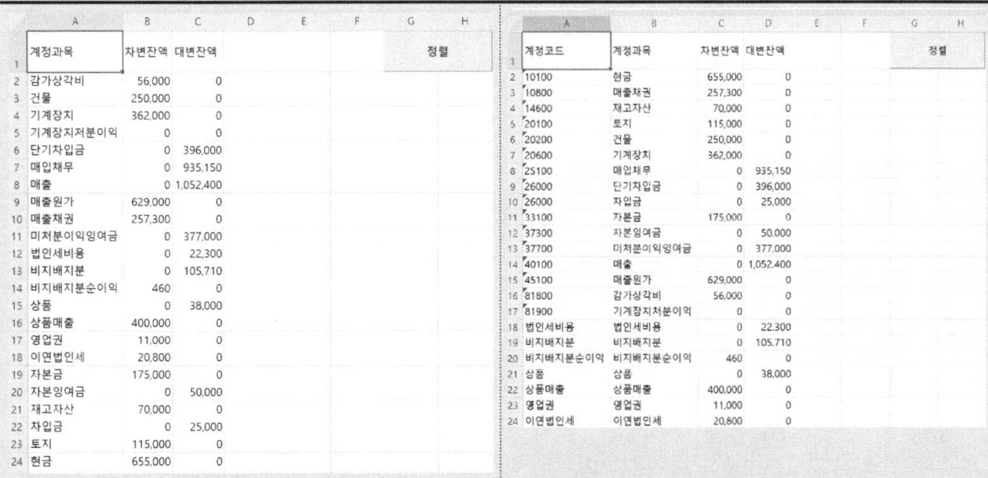

계정과목	차변잔액	대변잔액
감가상각비	56,000	0
건물	250,000	0
기계장치	362,000	0
기계장치저분이익	0	0
단기차입금	0	396,000
매입채무	0	935,150
매출	0	1,052,400
매출원가	629,000	0
매출채권	257,300	0
미처분이익잉여금	0	377,000
법인세비용	0	22,300
비지배지분	0	105,710
비지배지분순이익	460	0
상품	0	38,000
상품매출	400,000	0
영업권	11,000	0
이연법인세	20,800	0
자본금	175,000	0
자본잉여금	0	50,000
재고자산	70,000	0
차입금	0	25,000
토지	115,000	0
현금	655,000	0

① 계정과목이 한글로 오름차순으로 되어 있다.

② 정렬 버튼을 누른다.

계정코드	계정과목	차변잔액	대변잔액
10100	현금	655,000	0
10800	매출채권	257,300	0
14600	재고자산	70,000	0
20100	토지	115,000	0
20200	건물	250,000	0
20600	기계장치	362,000	0
25100	매입채무	0	935,150
26000	단기차입금	0	396,000
26000	차입금	0	25,000
33100	자본금	175,000	0
37300	자본잉여금	0	50,000
37700	미처분이익잉여금	0	377,000
40100	매출	0	1,052,400
45100	매출원가	629,000	0
81800	감가상각비	56,000	0
81900	기계장치처분이익	0	0
법인세비용	법인세비용	0	22,300
비지배지분	비지배지분	0	105,710
비지배지분순이익	비지배지분순이익	460	0
상품	상품	0	38,000
상품매출	상품매출	400,000	0
영업권	영업권	11,000	0
이연법인세	이연법인세	20,800	0

③ 계정코드별로 오름차순되며, 계정코드가 없이 새롭게 삽입된 계정과목은 맨 아래에 위치하고 그러한 계정과목은 계정과목으로(한글순으로) 오름차순으로 정렬이 된다.

Fraudit ExCon 실습 : 제4장 6 원가법 2차년도

(1) 사례파일

제4장_6_원가법_2차년도_기초정보.xlsx, 제4장_6_원가법_2차년도_원화시산표.xlsx

(2) [기초정보.xlsx] 작성

1) 보고기간 sheet

	A	B	C	D
1	목차	구분	일자	검증_보고기간
2	보고기간	보고기간초	2002-01-01	OK
3	보고기간	보고기간말	2002-12-31	

① 보고기간 초와 보고기간 말을 입력한다..

2) 기업목록 sheet

	A	B	C	D	E	F	G	H
1	일련번호	목차	기업명	약식명칭	기능통화	표시통화	세율	이연법인세계산
2	1	기업목록	지배	AA	원화	원화	20%	예
3	2		종속	AB	원화	원화	30%	예

① 기업명을 입력한다. 여기서는 **지배**와 **종속**으로 입력한다.
② 기능통화를 **원화**로 선택한다.
③ 표시통화를 **원화**로 선택한다.
④ 세율은 지배 20%, 종속 30%로 입력한다.
⑤ 이연법인세계산을 지배, 종속 모두 **예**로 선택한다.

3) 지분구조 sheet

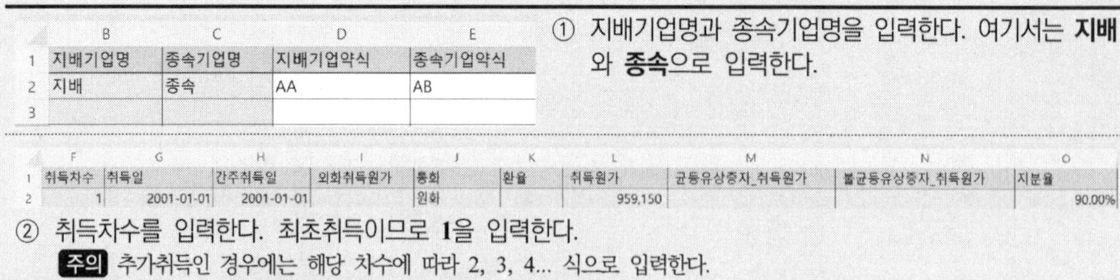

	B	C	D	E
1	지배기업명	종속기업명	지배기업약식	종속기업약식
2	지배	종속	AA	AB
3				

	F	G	H	I	J	K	L	M	N	O
1	취득차수	취득일	간주취득일	외화취득원가	통화	환율	취득원가	균등유상증자_취득원가	불균등유상증자_취득원가	지분율
2	1	2001-01-01	2001-01-01		원화		959,150			90.00%

① 지배기업명과 종속기업명을 입력한다. 여기서는 **지배**와 **종속**으로 입력한다.

② 취득차수를 입력한다. 최초취득이므로 **1**을 입력한다.
주의 추가취득인 경우에는 해당 차수에 따라 2, 3, 4... 식으로 입력한다.
③ 최초취득일을 입력한다. 여기서는 **2001-01-01**로 입력한다.
④ 간주취득일을 입력한다. 여기서는 **2001-01-01**로 입력한다.
주의 간주취득일은 최초취득일로부터 가장 근접한 결산재무제표의 결산일을 의미한다.
⑤ 나머지는 상기와 같이 입력한다.

4) 취득시지분구조_공정가치차이 sheet

	E	F	G	H	I	J	K	L	M
1	목차	기업명	약식명칭	취득차수_1	취득일_1	간주취득일_1	자본계정명_1	자본금액_1_외화	자본금액_1
2	자본_공정가치	종속	AB	1	2001-01-01	2001-01-01	자본금		1,000,000
3		종속	AB				이익잉여금		50,000

① 종속의 2001-01-01일의 자본계정명_1(1차 취득)과 자본금액_1(1차 취득)을 **K열과 M열에 상기와 같이** 입력한다.

	N	O	P	Q	R	S	T	U
1	공정가치차이계정명	외화_공정가치차이금액	공정가치차이금액	상각여부	잔존내용연수_월	잔존가치	외부판매일_1차	외부판매비율_1차
2	상품		2,000	비상각			2002-02-01	100%
3	기계장치		3,000	상각	36	0		

② 공정가치차이 정보를 상기와 같이 입력한다.

5) 재무정보 sheet

	A	B	C	D	E	F	G
1	일련번호	목차	기업명	약식명칭	기간	계정명	금액
2	2	재무정보	종속	AB	2001-12-31	배당	1,000
3						당기순이익	30,000
4						기타포괄손익	
5						해외사업환산손익	
6	2		종속	AB	2002-12-31	배당	1,500
7						당기순이익	45,000
8						기타포괄손익	
9						해외사업환산손익	

① G열에 종속회사의 2001년, 2002년 **배당과 당기순이익을 상기와 같이** 입력한다.

6) 내부거래현황 sheet

	A	B	C	D	E	F	G	H	I	J	K	L	M	N
1	목차	판매회사	매입회사	판매회사약식	매입회사약식	계정과목	상각여부	내부거래번호	통화	내부거래일	내부판매액	환율	환산후_내부판매액	장부금액_원화
2	내부거래현황	지배	종속	AA	AB	상품	비상각	AA001	원화	2001-02-01	200,000	1	200,000	150,000
3		종속	지배	AB	AA	상품	비상각	AB001	원화	2001-02-01	200,000	1	200,000	150,000
4		지배	종속	AA	AB	기계장치	상각	AA002	원화	2001-12-31	170,000	1	170,000	150,000
5		종속	지배	AB	AA	기계장치	상각	AB002	원화	2001-12-31	170,000	1	170,000	150,000

	O	P	Q	R	S	T	U
1	내부거래이익	잔존내용연수_월	잔존가치	외부판매일_1차	외부판매비율_1차	외부판매일_2차	외부판매비율_2차
2	50,000			2001-03-01	60.00%	2002-03-01	40.00%
3	50,000			2001-03-01	60.00%	2002-03-01	40.00%
4	20,000	60	0				
5	20,000	60	0				

① 내부거래를 상기와 같이 입력한다.

(3) [원화시산표.xlsx] 작성

1) 보고기간 sheet

구분	일자
보고기간초	2002-01-01
보고기간말	2002-12-31

① 보고기간 초와 보고기간 말을 입력한다.

주의 기초정보의 보고기간 초와 보고기간 말과 동일하여야 한다.

2) 기업목록 sheet

기업명	시산표일자	표시통화	ERP	검증_빈값	검증_표시통화	검증_ERP
지배	2002-12-31	원화	더존	OK	OK	OK
종속	2002-12-31	원화	더존	OK	OK	OK

① 기업명을 입력한다. 여기서는 **지배**와 **종속**으로 입력한다.
② 표시통화를 **원화**로 선택한다.
③ ERP는 **더존**이라고 가정하고 선택한다.

3) 원화시산표_1 sheet

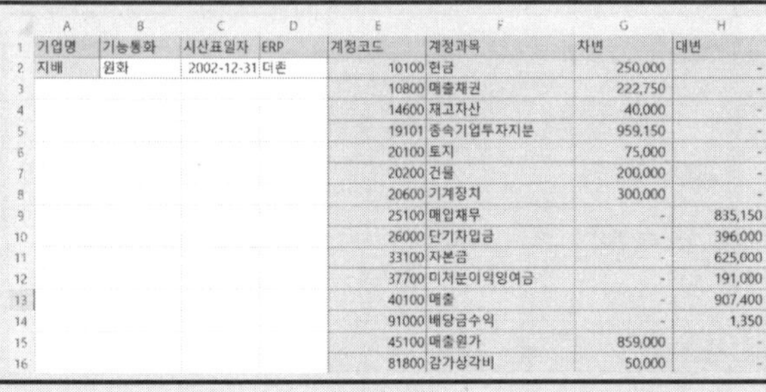

기업명	기능통화	시산표일자	ERP	계정코드	계정과목	차변	대변
지배	원화	2002-12-31	더존	10100	현금	250,000	-
				10800	매출채권	222,750	-
				14600	재고자산	40,000	-
				19101	종속기업투자지분	959,150	-
				20100	토지	75,000	-
				20200	건물	200,000	-
				20600	기계장치	300,000	-
				25100	매입채무	-	835,150
				26000	단기차입금	-	396,000
				33100	자본금	-	625,000
				37700	미처분이익잉여금	-	191,000
				40100	매출	-	907,400
				91000	배당금수익	-	1,350
				45100	매출원가	859,000	-
				81800	감가상각비	50,000	-

① A열에 기업명을 입력한다. 여기서는 **지배**로 입력한다.
② 해당 계정코드, 계정과목, 차변, 대변 금액을 차례로 입력한다. **차변과 대변은 어느 한쪽만 입력하여야 한다.**
③ 검증 칼럼에서 OK가 아닌 경우 해당 원인을 해결한다.

4) 원화시산표_2 sheet

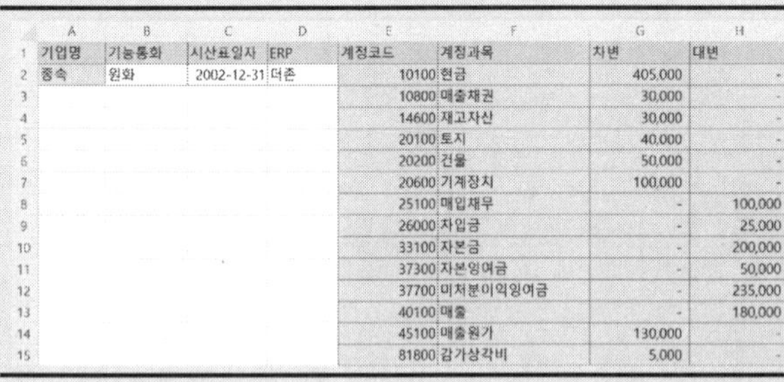

기업명	기능통화	시산표일자	ERP	계정코드	계정과목	차변	대변
종속	원화	2002-12-31	더존	10100	현금	405,000	-
				10800	매출채권	30,000	-
				14600	재고자산	30,000	-
				20100	토지	40,000	-
				20200	건물	50,000	-
				20600	기계장치	100,000	-
				25100	매입채무	-	100,000
				26000	차입금	-	25,000
				33100	자본금	-	200,000
				37300	자본잉여금	-	50,000
				37700	미처분이익잉여금	-	235,000
				40100	매출	-	180,000
				45100	매출원가	130,000	-
				81800	감가상각비	5,000	-

① A열에 기업명을 입력한다. 여기서는 **종속**으로 입력한다.
② 해당 계정코드, 계정과목, 차변, 대변 금액을 차례로 입력한다. **차변과 대변은 어느 한쪽만 입력하여야 한다.**
③ 검증 칼럼에서 OK가 아닌 경우 해당 원인을 해결한다.

(4) [Fraudit-ExCon.exe] 실행

제4장_6_원가법_2차년도_기초정보.xlsx과 제4장_6_원가법_2차년도_원화시산표.xlsx을 Fraudit-ExCon이 있는 폴더에 복사하여 이동한다. 그리고 **접두어를 제거**하고 **기초정보.xlsx와 원화시산표.xlsx**로 이름을 변경한다. **그 다음에 Fraudit-ExCon.exe를 실행한다.**

1) Main Sheet

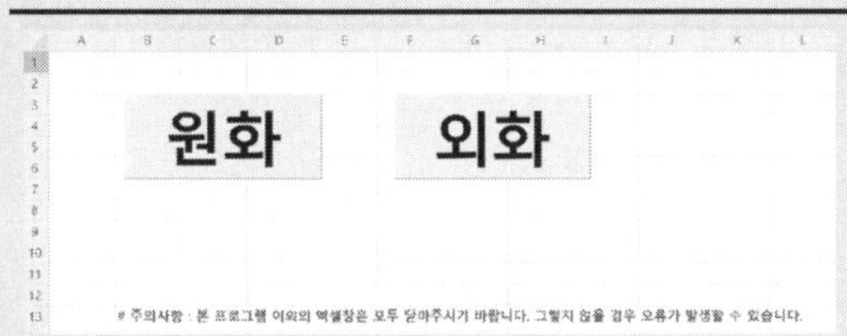

① 기능통화가 외화인 종속법인이 없으므로 원화 버튼을 누른다.

주의 원화 버튼을 누른 후 에러메시지가 뜨면 해당 에러 원인을 **기초정보.xlsx, 원화시산표.xlsx**에서 적절하게 수정한 후 다시 누른다.

2) out_연결분개_투자자본_0 sheet

T	U	V	W
계정과목	계정유형	차변	대변
AA종속기업투자지분	BS	0	959150
AB자본금	HE	1000000	0
AB이익잉여금	BS	50000	0
AB상품	BS	2000	0
AB이연법인세	BS	0	600
AB기계장치	BS	3000	0
AB이연법인세	BS	0	900
AB비지배지분	NCI	0	105350
AB영업권	BS	11000	0
AB상품	BS	0	2000
AB상품매출원가	IS	2000	0
AB이연법인세	BS	600	0
AB법인세비용	IS	0	600
AB비지배지분	NCI	140	0
AB비지배지분순이익	RE	0	140
AB기계장치	BS	0	1000
AB미처분이익잉여금	RE	1000	0
AB이연법인세	BS	300	0
AB미처분이익잉여금	RE	0	300
AB비지배지분	NCI	70	0
AB미처분이익잉여금	RE	0	70
AB기계장치	BS	0	1000
AB감가상각비	IS	1000	0
AB이연법인세	BS	300	0
AB법인세비용	IS	0	300
AB비지배지분	NCI	70	0
AB비지배지분순이익	RE	0	70

① 음영 부분은 지배와 종속의 투자와 자본 상계제거 부분이다.
② 나머지 부분은 공정가치차이의 후속처리 부분이다.

주의 검증 목적으로 차변, 대변 칼럼의 금액과 계정과목을 확인하면 된다(분개에 대한 상세 설명은 본문에서 확인하기 바람). **영업권손상차손은** tmp_**연결분개_통합** sheet**에서 수동 분개를 추가**한다.

3) out_연결분개_내부거래_0, 1, 2, 3 sheet

V	W	X	Y
계정과목_1	계정유형	차변	대변
AA상품	BS	0	50000
AA미처분이익잉여금	RE	50000	0
AA이연법인세	BS	15000	0
AA미처분이익잉여금	RE	0	15000
AA비지배지분	NCI	0	0
AA미처분이익잉여금	RE	0	0
AB미처분이익잉여금	RE	0	30000
AB상품	BS	30000	0
AB이연법인세	BS	0	9000
AB미처분이익잉여금	RE	9000	0
AA비지배지분	NCI	0	0
AA미처분이익잉여금	RE	0	0
AB매출원가	IS	0	20000
AB상품	BS	20000	0
AB이연법인세	BS	0	6000
AB법인세비용	IS	6000	0
AA비지배지분	NCI	0	0
AA비지배지분순이익	RE	0	0

① **[out_연결분개_내부거래_0]** 내부거래번호 AA001에 대한 연결분개 내부거래제거 부분에 해당한다(분개에 대한 상세 설명은 본문에서 확인하기 바람).

V	W	X	Y
계정과목_1	계정유형	차변	대변
AB상품	BS	0	50000
AB미처분이익잉여금	RE	50000	0
AB이연법인세	BS	10000	0
AB미처분이익잉여금	RE	0	10000
AB비지배지분	NCI	4000	0
AB미처분이익잉여금	RE	0	4000
AA미처분이익잉여금	RE	0	30000
AA상품	BS	30000	0
AA이연법인세	BS	0	6000
AA미처분이익잉여금	RE	6000	0
AB비지배지분	NCI	0	2400
AB미처분이익잉여금	RE	2400	0
AA매출원가	IS	0	20000
AA상품	BS	20000	0
AA이연법인세	BS	0	4000
AA법인세비용	IS	4000	0
AB비지배지분	NCI	0	1600
AB비지배지분순이익	RE	1600	0

② **[out_연결분개_내부거래_1]** 내부거래번호 AB001에 대한 연결분개 내부거래제거 부분에 해당한다(분개에 대한 상세 설명은 본문에서 확인하기 바람).

V	W	X	Y
계정과목_1	계정유형	차변	대변
AA기계장치감가상각누계액	BS	0	20000
AA미처분이익잉여금	RE	20000	0
AA이연법인세	BS	6000	0
AA미처분이익잉여금	RE	0	6000
AA비지배지분	NCI	0	0
AA미처분이익잉여금	RE	0	0
AB기계장치감가상각누계액	BS	0	0
AB미처분이익잉여금	RE	0	0
AB이연법인세	BS	0	0
AB이익잉여금	BS	0	0
AB비지배지분	NCI	0	0
AB이익잉여금	BS	0	0
AB기계장치감가상각누계액	BS	4000	0
AB기계장치감가상각비	IS	0	4000
AB이연법인세	BS	0	1200
AB법인세비용	IS	1200	0
AB비지배지분	NCI	0	0
AB비지배지분순이익	RE	0	0

③ **[out_연결분개_내부거래_2]** 내부거래번호 AA002에 대한 연결분개 내부거래제거 부분에 해당한다(분개에 대한 상세 설명은 본문에서 확인하기 바람).

V	W	X	Y
계정과목_1	계정유형	차변	대변
AB기계장치감가상각누계액	BS	0	20000
AB미처분이익잉여금	RE	20000	0
AB이연법인세	BS	4000	0
AB미처분이익잉여금	RE	0	4000
AB비지배지분	NCI	1600	0
AB미처분이익잉여금	RE	0	1600
AA기계장치감가상각누계액	BS	0	0
AA미처분이익잉여금	RE	0	0
AA이연법인세	BS	0	0
AA이익잉여금	BS	0	0
AA비지배지분	NCI	0	0
AA이익잉여금	BS	0	0
AA기계장치감가상각누계액	BS	4000	0
AA기계장치감가상각비	IS	0	4000
AA이연법인세	BS	0	800
AA법인세비용	IS	800	0
AA비지배지분	NCI	0	320
AA비지배지분순이익	RE	320	0

④ **[out_연결분개_내부거래_3]** 내부거래번호 AB002에 대한 연결분개 내부거래제거 부분에 해당한다(분개에 대한 상세 설명은 본문에서 확인하기 바람).

4) out_연결분개_기타_0, 1, 2, 3 sheet

기업명	약식명칭	기간	계정명	금액	지배지분세율	마지막기업_비지배지분세율	명목지배지분율	최종_실질비지배지분율	외화환산	계정과목	계정유형	차변	대변
종속	AB	2001-12-31	당기순이익	30,000	20.00%	30.00%	90.00%	10.00%		비지배지분	NCI	0	3,000
										미처분이익잉여금	RE	3,000	0

① **[out_연결분개_기타_0]** 종속의 2001년 당기순이익에 대한 비지배지분 연결분개 부분에 해당한다(분개에 대한 상세 설명은 본문에서 확인하기 바람).

기업명	약식명칭	기간	계정명	금액	지배지분세율	마지막기업_비지배지분세율	명목지배지분율	최종_실질비지배지분율	외화환산	계정과목	계정유형	차변	대변
종속	AB	2001-12-31	배당	1,000	20.00%	30.00%	90.00%	10.00%		미처분이익잉여금	RE	0	1,000
										미처분이익잉여금	RE	900	0
										비지배지분	NCI	100	0

② **[out_연결분개_기타_1]** 종속의 2001년 배당에 대한 비지배지분 연결분개 부분에 해당한다(분개에 대한 상세 설명은 본문에서 확인하기 바람).

기업명	약식명칭	기간	계정명	금액	지배지분세율	마지막기업_비지배지분세율	명목지배지분율	최종_실질비지배지분율	외화환산	계정과목	계정유형	차변	대변
종속	AB	2002-12-31	당기순이익	45,000	20.00%	30.00%	90.00%	10.00%		비지배지분	NCI	0	4,500
										비지배지분순이익	RE	4,500	0

③ **[out_연결분개_기타_2]** 종속의 2002년 당기순이익에 대한 비지배지분 연결분개 부분에 해당한다(분개에 대한 상세 설명은 본문에서 확인하기 바람).

기업명	약식명칭	기간	계정명	금액	지배지분세율	마지막기업_비지배지분세율	명목지배지분율	최종_실질비지배지분율	외화환산	계정과목	계정유형	차변	대변
종속	AB	2002-12-31	배당	1,500	20.00%	30.00%	90.00%	10.00%		미처분이익잉여금	RE	0	1,500
										배당금수익	BS	1,350	0
										비지배지분	NCI	150	0

④ **[out_연결분개_기타_3]** 종속의 2002년 배당에 대한 비지배지분 연결분개 부분에 해당한다(분개에 대한 상세 설명은 본문에서 확인하기 바람).

5) out_연결분개_이연법인세_0, 1, 2, 3 sheet

기업명	약식명칭	기간	계정명	금액	지배지분세율	마지막기업_비지배지분세율	명목지배지분율	최종_실질비지배지분율	외화환산	계정과목	계정유형	차변	대변
종속	AB	2001-12-31	당기순이익	30,000	20.00%	30.00%	90.00%	10.00%		이연법인세	BS	0	6,300
										미처분이익잉여금	RE	6,300	0
										비지배지분	NCI	900	0
										미처분이익잉여금	RE	0	900

① **[out_연결분개_이연법인세_0]** 종속의 2001년 당기순이익에 대한 투자지분 이연법인세 연결분개 부분에 해당한다.(분개에 대한 상세 설명은 본문에서 확인하기 바람).

기업명	약식명칭	기간	계정명	금액	지배지분세율	마지막기업_비지배지분세율	명목지배지분율	최종_실질비지배지분율	외화환산	계정과목	계정유형	차변	대변
종속	AB	2001-12-31	배당	1,000	20.00%	30.00%	90.00%	10.00%		이연법인세	BS	210	0
										미처분이익잉여금	RE	0	210
										비지배지분	NCI	0	30
										미처분이익잉여금	RE	30	0

② **[out_연결분개_이연법인세_1]** 종속의 2001년 배당에 대한 투자지분 이연법인세 연결분개 부분에 해당한다.(분개에 대한 상세 설명은 본문에서 확인하기 바람).

기업명	약식명칭	기간	계정명	금액	지배지분세율	마지막기업_비지배지분세율	명목지배지분율	최종_실질비지배지분율	외화환산	계정과목	계정유형	차변	대변
종속	AB	2002-12-31	당기순이익	45,000	20.00%	30.00%	90.00%	10.00%		이연법인세	BS	0	9,450
										법인세비용	IS	9,450	0
										비지배지분	NCI	1,350	0
										비지배지분순이익	RE	0	1,350

③ **[out_연결분개_이연법인세_2]** 종속의 2002년 당기순이익에 대한 투자지분 이연법인세 연결분개 부분에 해당한다.(분개에 대한 상세 설명은 본문에서 확인하기 바람).

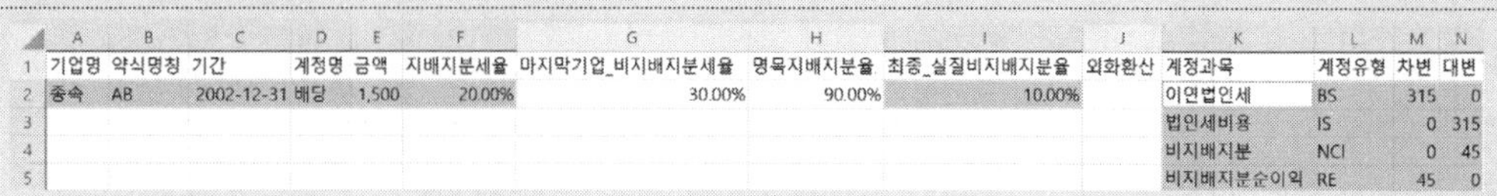

	A	B	C	D	E	F	G	H	I	J	K	L	M	N
1	기업명	약식명칭	기간	계정명	금액	지배지분세율	마지막기업_비지배지분세율	명목지배지분율	최종_실질비지배지분율	외화환산	계정과목	계정유형	차변	대변
2	종속	AB	2002-12-31	배당	1,500	20.00%	30.00%	90.00%	10.00%		이연법인세	BS	315	0
3											법인세비용	IS	0	315
4											비지배지분	NCI	0	45
5											비지배지분순이익	RE	45	0

④ **[out_연결분개_이연법인세_3]** 종속의 2002년 배당에 대한 투자지분 이연법인세 연결분개 부분에 해당한다. (분개에 대한 상세 설명은 본문에서 확인하기 바람).

6) tmp_연결분개_통합 sheet

	A	B	C	D	E	F	G	H	I	J
1	계정과목	매핑계정과목	신설필요_계정과목	후보_매핑계정과목_1	후보_매핑계정과목_2	차변잔액	대변잔액		확인	
2	AA기계장치감가상각누계액	AA기계장치		AA기계장치		0	16,000			
3	AA기계장치감가상각비	AA감가상각비		AA기계장치		0	4,000			
4	AA매출원가	AA매출원가		AA매출원가	AA매출채권	0	20,000			
5	AA미처분이익잉여금	AA미처분이익잉여금		AA미처분이익잉여금	AB미처분이익잉여금	25,000	0			
6	AA법인세비용	AA법인세비용	AA법인세비용			4,800	0			
7	AA비지배지분	비지배지분		비지배지분순이익	비지배지분	0	320			
8	AA비지배지분순이익	비지배지분순이익		비지배지분순이익		320	0			
9	AA상품	AA상품	AA상품			0	0			
10	AA이연법인세	이연법인세		이연법인세		10,200	0			
11	AA종속기업투자지분	AA종속기업투자지분		AA종속기업투자지분		0	959,150			
12	AB감가상각비	AB감가상각비		AB감가상각비	AA감가상각비	1,000	0			
13	AB기계장치	AB기계장치		AB기계장치	AA기계장치	1,000	0			
14	AB기계장치감가상각누계액	AB기계장치		AB기계장치		0	16,000			
15	AB기계장치감가상각비	AB감가상각비		AB기계장치		0	4,000			
16	AB매출원가	AB매출원가		AB매출원가	AB매출채권	0	20,000			
17	AB미처분이익잉여금	AB미처분이익잉여금		AB미처분이익잉여금	AA미처분이익잉여금	32,430	0			
18	AB법인세비용	AB법인세비용	AB법인세비용			6,300	0			
19	AB비지배지분	비지배지분		비지배지분순이익	비지배지분	0	103,470			
20	AB비지배지분순이익	비지배지분순이익		비지배지분순이익		1,390	0			
21	AB상품	AB상품	AB상품			0	0			
22	AB상품매출원가	AB매출원가		AB매출원가		2,000	0			
23	AB영업권	AB영업권	AB영업권			11,000	0			
24	AB이연법인세	이연법인세		이연법인세		0	2,500			
25	AB이익잉여금	AB미처분이익잉여금		AB미처분이익잉여금		50,000	0			
26	AB자본금	AB자본금		AB자본금	AB자본잉여금	1,000,000	0			
27	미처분이익잉여금	AA미처분이익잉여금		AA미처분이익잉여금	AB미처분이익잉여금	6,620	0			
28	배당금수익	AA배당금수익		AA배당금수익		1,350	0			
29	법인세비용	AB법인세비용		이연법인세		9,135	0			
30	비지배지분	비지배지분		비지배지분	비지배지분순이익	0	5,075			
31	비지배지분순이익	비지배지분순이익		비지배지분순이익	비지배지분	3,195	0			
32	이연법인세	이연법인세		이연법인세		0	15,225			

① 상기 음영 부분과 같이 매핑을 수정한다.

주의 적절한 계정과목을 신설하여야 하는 경우에는 신설필요_계정과목에 신설하고 동일한 계정과목을 매핑계정과목에 입력하여야 한다.

② 확인 버튼을 누른다.

7) out_최종연결정산표 sheet

계정과목	차변잔액	대변잔액
감가상각비	48,000	0
건물	250,000	0
기계장치	369,000	0
단기차입금	0	396,000
매입채무	0	935,150
매출	0	1,087,400
매출원가	951,000	0
매출채권	252,750	0
미처분이익잉여금	0	311,950
법인세비용	20,235	0
비지배지분	0	108,865
비지배지분순이익	4,905	0
영업권	11,000	0
이연법인세	0	7,525
자본금	175,000	0
자본잉여금	0	50,000
재고자산	70,000	0
차입금	0	25,000
토지	115,000	0
현금	655,000	0

정렬

① 계정과목이 한글로 오름차순으로 되어 있다.
② 정렬 버튼을 누른다.

계정코드	계정과목	차변잔액	대변잔액
10100	현금	655,000	0
10800	매출채권	252,750	0
14600	재고자산	70,000	0
20100	토지	115,000	0
20200	건물	250,000	0
20600	기계장치	369,000	0
25100	매입채무	0	935,150
26000	단기차입금	0	396,000
26000	차입금	0	25,000
33100	자본금	175,000	0
37300	자본잉여금	0	50,000
37700	미처분이익잉여금	0	311,950
40100	매출	0	1,087,400
45100	매출원가	951,000	0
81800	감가상각비	48,000	0
법인세비용	법인세비용	20,235	0
비지배지분	비지배지분	0	108,865
비지배지분순이익	비지배지분순이익	4,905	0
영업권	영업권	11,000	0
이연법인세	이연법인세	0	7,525

정렬

③ 계정코드별로 오름차순되며, 계정코드가 없이 새롭게 삽입된 계정과목은 맨 아래에 위치하고 그러한 계정과목은 계정과목으로(한글순으로) 오름차순으로 정렬이 된다.

Fraudit ExCon 실 습 : 제4장 6 원가법 3차년도

(1) 사례파일

제4장_6_원가법_3차년도_기초정보.xlsx, 제4장_6_원가법_3차년도_원화시산표.xlsx

(2) [기초정보.xlsx] 작성

1) 보고기간 sheet

	A	B	C	D
1	목차	구분	일자	검증_보고기간
2	보고기간	보고기간초	2003-01-01	OK
3	보고기간	보고기간말	2003-12-31	

① 보고기간 초와 보고기간 말을 입력한다..

2) 기업목록 sheet

	A	B	C	D	E	F	G	H
1	일련번호	목차	기업명	약식명칭	기능통화	표시통화	세율	이연법인세계산
2	1	기업목록	지배	AA	원화	원화	20%	예
3	2		종속	AB	원화	원화	30%	예

① 기업명을 입력한다. 여기서는 **지배**와 **종속**으로 입력한다.
② 기능통화를 **원화**로 선택한다.
③ 표시통화를 **원화**로 선택한다.
④ 세율은 지배 20%, 종속 30%로 입력한다.
⑤ 이연법인세계산을 지배, 종속 모두 **예**로 선택한다.

3) 지분구조 sheet

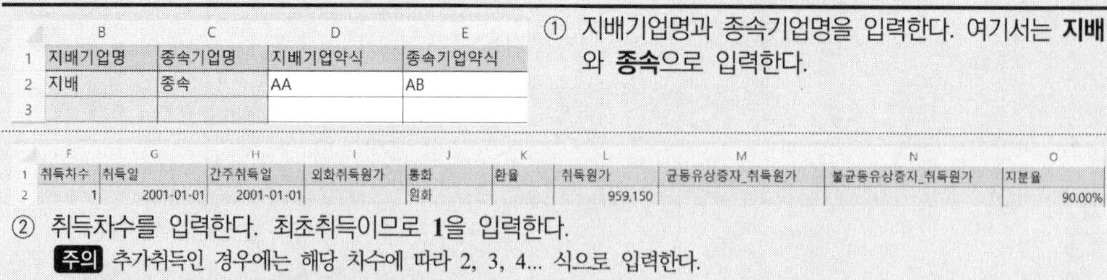

	B	C	D	E
1	지배기업명	종속기업명	지배기업약식	종속기업약식
2	지배	종속	AA	AB
3				

① 지배기업명과 종속기업명을 입력한다. 여기서는 **지배**와 **종속**으로 입력한다.

	F	G	H	I	J	K	L	M	N	O
1	취득차수	취득일	간주취득일	외화취득원가	통화	환율	취득원가	균등유상증자_취득원가	불균등유상증자_취득원가	지분율
2	1	2001-01-01	2001-01-01		원화		959,150			90.00%

② 취득차수를 입력한다. 최초취득이므로 **1**을 입력한다.
주의 추가취득인 경우에는 해당 차수에 따라 2, 3, 4... 식으로 입력한다.
③ 최초취득일을 입력한다. 여기서는 **2001-01-01**로 입력한다.
④ 간주취득일을 입력한다. 여기서는 **2001-01-01**로 입력한다.
주의 간주취득일은 최초취득일로부터 가장 근접한 결산재무제표의 결산일을 의미한다.
⑤ 나머지는 상기와 같이 입력한다.

4) 취득시지분구조_공정가치차이 sheet

	E	F	G	H	I	J	K	L	M
1	목차	기업명	약식명칭	취득차수_1	취득일_1	간주취득일_1	자본계정명_1	자본금액_1_외화	자본금액_1
2	자본_공정가치	종속	AB	1	2001-01-01	2001-01-01	자본금		1,000,000
3		종속	AB				이익잉여금		50,000

① 종속의 2001-01-01일의 자본계정명_1(1차 취득)과 자본금액_1(1차 취득)을 **K열과 M열에 상기와 같이** 입력한다.

	N	O	P	Q	R	S	T	U
1	공정가치차이계정명	외화_공정가치차이금액	공정가치차이금액	상각여부	잔존내용연수_월	잔존가치	외부판매일_1차	외부판매비율_1차
2	상품		2,000	비상각			2002-02-01	100%
3	기계장치		3,000	상각	36	0		

② 공정가치차이 정보를 상기와 같이 입력한다.

5) 재무정보 sheet

	A	B	C	D	E	F	G
1	일련번호	목차	기업명	약식명칭	기간	계정명	금액
2	2	재무정보	종속	AB	2001-12-31	배당	1,000
3						당기순이익	30,000
4						기타포괄손익	
5						해외사업환산손익	
6	2		종속	AB	2002-12-31	배당	1,500
7						당기순이익	45,000
8						기타포괄손익	
9						해외사업환산손익	
10	2		종속	AB	2003-12-31	배당	2,000
11						당기순이익	60,000
12						기타포괄손익	
13						해외사업환산손익	

① G열에 종속회사의 2001년, 2002년, 2003년 **배당과 당기순이익을 상기와 같이** 입력한다.

6) 내부거래현황 sheet

	A	B	C	D	E	F	G	H	I	J	K	L	M	N
1	목차	판매회사	매입회사	판매회사약식	매입회사약식	계정과목	상각여부	내부거래번호	통화	내부거래일	내부판매액	환율	환산후_내부판매액	장부금액_원화
2	내부거래현황	지배	종속	AA	AB	상품	비상각	AA001	원화	2001-02-01	200,000	1	200,000	150,000
3		종속	지배	AB	AA	상품	비상각	AB001	원화	2001-02-01	200,000	1	200,000	150,000
4		지배	종속	AA	AB	기계장치	상각	AA002	원화	2001-12-31	170,000	1	170,000	150,000
5		종속	지배	AB	AA	기계장치	상각	AB002	원화	2001-12-31	170,000	1	170,000	150,000

	O	P	Q	R	S	T	U
1	내부거래이익	잔존내용연수_월	잔존가치	외부판매일_1차	외부판매비율_1차	외부판매일_2차	외부판매비율_2차
2	50,000			2001-03-01	60.00%	2002-03-01	40.00%
3	50,000			2001-03-01	60.00%	2002-03-01	40.00%
4	20,000	60	0	2003-12-31	100.00%		
5	20,000	60	0	2003-12-31	100.00%		

① 내부거래를 상기와 같이 입력한다.

(3) [원화시산표.xlsx] 작성

1) 보고기간 sheet

구분	일자
보고기간초	2003-01-01
보고기간말	2003-12-31

① 보고기간 초와 보고기간 말을 입력한다.

주의 기초정보의 보고기간 초와 보고기간 말과 동일하여야 한다.

2) 기업목록 sheet

기업명	시산표일자	표시통화	ERP	검증_빈값	검증_표시통화	검증_ERP
지배	2003-12-31	원화	더존	OK	OK	OK
종속	2003-12-31	원화	더존	OK	OK	OK

① 기업명을 입력한다. 여기서는 **지배**와 **종속**으로 입력한다.
② 표시통화를 **원화**로 선택한다.
③ ERP는 **더존**이라고 가정하고 선택한다.

3) 원화시산표_1 sheet

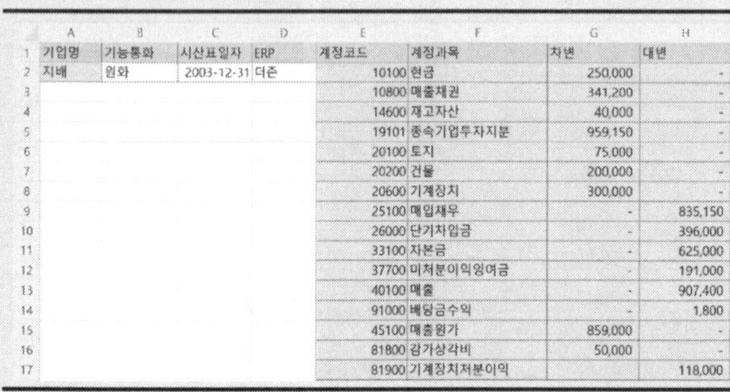

기업명	기능통화	시산표일자	ERP	계정코드	계정과목	차변	대변
지배	원화	2003-12-31	더존	10100	현금	250,000	-
				10800	매출채권	341,200	-
				14600	재고자산	40,000	-
				19101	종속기업투자지분	959,150	-
				20100	토지	75,000	-
				20200	건물	200,000	-
				20600	기계장치	300,000	-
				25100	매입채무	-	835,150
				26000	단기차입금	-	396,000
				33100	자본금	-	625,000
				37700	미처분이익잉여금	-	191,000
				40100	매출	-	907,400
				91000	배당금수익	-	1,800
				45100	매출원가	859,000	-
				81800	감가상각비	50,000	-
				81900	기계장치처분이익		118,000

① A열에 기업명을 입력한다. 여기서는 **지배**로 입력한다.
② 해당 계정코드, 계정과목, 차변, 대변 금액을 차례로 입력한다. **차변과 대변은 어느 한쪽만 입력하여야 한다.**
③ 검증 칼럼에서 OK가 아닌 경우 해당 원인을 해결한다.

4) 원화시산표_2 sheet

시산표일자	ERP	계정코드	계정과목	차변	대변
2003-12-31	더존	10100	현금	405,000	-
		10800	매출채권	45,000	-
		14600	재고자산	30,000	-
		20100	토지	40,000	-
		20200	건물	50,000	-
		20600	기계장치	100,000	-
		25100	매입채무	-	100,000
		26000	차입금	-	25,000
		33100	자본금	-	200,000
		37300	자본잉여금	-	50,000
		37700	미처분이익잉여금	-	235,000
		40100	매출	-	77,000
		45100	매출원가	130,000	-
		81800	감가상각비	5,000	-
		81900	기계장치처분이익		118,000

① A열에 기업명을 입력한다. 여기서는 **종속**으로 입력한다.
② 해당 계정코드, 계정과목, 차변, 대변 금액을 차례로 입력한다. **차변과 대변은 어느 한쪽만 입력하여야 한다.**
③ 검증 칼럼에서 OK가 아닌 경우 해당 원인을 해결한다.

(4) [Fraudit-ExCon.exe] 실행

제4장_6_원가법_3차년도_기초정보.xlsx과 제4장_6_원가법_3차년도_원화시산표.xlsx을 Fraudit-ExCon이 있는 폴더에 복사하여 이동한다. 그리고 **접두어를 제거**하고 **기초정보.xlsx와 원화시산표.xlsx**로 이름을 변경한다. **그 다음에 Fraudit-ExCon.exe를 실행한다.**

1) Main Sheet

① 기능통화가 외화인 종속법인이 없으므로 원화 버튼을 누른다.

주의 원화 버튼을 누른 후 에러메시지가 뜨면 해당 에러 원인을 **기초정보.xlsx, 원화시산표.xlsx**에서 적절하게 수정한 후 다시 누른다.

2) out_연결분개_투자자본_0 sheet

계정과목	계정유형	차변	대변
AA종속기업투자지분	BS	0	959150
AB자본금	HE	1000000	0
AB이익잉여금	BS	50000	0
AB상품	BS	2000	0
AB이연법인세	BS	0	600
AB기계장치	BS	3000	0
AB이연법인세	BS	0	900
AB비지배지분	NCI	0	105350
AB영업권	BS	11000	0
AB상품	BS	0	2000
AB미처분이익잉여금	RE	2000	0
AB이연법인세	BS	600	0
AB미처분이익잉여금	RE	0	600
AB비지배지분	NCI	140	0
AB미처분이익잉여금	RE	0	140
AB기계장치	BS	0	2000
AB미처분이익잉여금	RE	2000	0
AB이연법인세	BS	600	0
AB미처분이익잉여금	RE	0	600
AB비지배지분	NCI	140	0
AB미처분이익잉여금	RE	0	140
AB기계장치	BS	0	1000
AB감가상각비	IS	1000	0
AB이연법인세	BS	300	0
AB법인세비용	IS	0	300
AB비지배지분	NCI	70	0
AB비지배지분순이익	RE	0	70

① 음영 부분은 지배와 종속의 투자와 자본 상계제거 부분이다.
② 나머지 부분은 공정가치차이의 후속처리 부분이다.

주의 검증 목적으로 차변, 대변 칼럼의 금액과 계정과목을 확인하면 된다(분개에 대한 상세 설명은 본문에서 확인하기 바람). **영업권손상차손은 tmp_연결분개_통합 sheet에서 수동 분개를 추가**한다.

3) out_연결분개_내부거래_0,1,2,3 sheet

V	W	X	Y
계정과목_1	계정유형	차변	대변
AA상품	BS	0	50000
AA미처분이익잉여금	RE	50000	0
AA이연법인세	BS	15000	0
AA미처분이익잉여금	RE	0	15000
AA비지배지분	NCI	0	0
AA미처분이익잉여금	RE	0	0
AB미처분이익잉여금	RE	0	50000
AB상품	BS	50000	0
AB이연법인세	BS	0	15000
AB미처분이익잉여금	RE	15000	0
AA비지배지분	NCI	0	0
AA미처분이익잉여금	RE	0	0

① **[out_연결분개_내부거래_0]** 내부거래번호 AA001에 대한 연결분개 내부거래제거 부분에 해당한다(분개에 대한 상세 설명은 본문에서 확인하기 바람).

V	W	X	Y
계정과목_1	계정유형	차변	대변
AB상품	BS	0	50000
AB미처분이익잉여금	RE	50000	0
AB이연법인세	BS	10000	0
AB미처분이익잉여금	RE	0	10000
AB비지배지분	NCI	4000	0
AB미처분이익잉여금	RE	0	4000
AA미처분이익잉여금	RE	0	50000
AA상품	BS	50000	0
AA이연법인세	BS	0	10000
AA미처분이익잉여금	RE	10000	0
AB비지배지분	NCI	0	4000
AB미처분이익잉여금	RE	4000	0

② **[out_연결분개_내부거래_1]** 내부거래번호 AB001에 대한 연결분개 내부거래제거 부분에 해당한다(분개에 대한 상세 설명은 본문에서 확인하기 바람).

V	W	X	Y
계정과목_1	계정유형	차변	대변
AA기계장치감가상각누계액	BS	0	20000
AA미처분이익잉여금	RE	20000	0
AA이연법인세	BS	6000	0
AA미처분이익잉여금	RE	0	6000
AA비지배지분	NCI	0	0
AA미처분이익잉여금	RE	0	0
AB기계장치감가상각누계액	BS	4000	0
AB미처분이익잉여금	RE	0	4000
AB이연법인세	BS	0	1200
AB이익잉여금	BS	1200	0
AB비지배지분	NCI	0	0
AB이익잉여금	BS	0	0
AB기계장치감가상각누계액	BS	4000	0
AB기계장치감가상각비	IS	0	4000
AB이연법인세	BS	0	1200
AB법인세비용	IS	1200	0
AB비지배지분	NCI	0	0
AB비지배지분순이익	RE	0	0
AB기계장치처분이익	BS	0	12000
AB기계장치	BS	12000	0
AB이연법인세	BS	0	3600
AB법인세비용	IS	3600	0
AB비지배지분	NCI	0	0
AB비지배지분순이익	RE	0	0

③ **[out_연결분개_내부거래_2]** 내부거래번호 AA002에 대한 연결분개 내부거래제거 부분에 해당한다(분개에 대한 상세 설명은 본문에서 확인하기 바람).

V	W	X	Y
계정과목_1	계정유형	차변	대변
AB기계장치감가상각누계액	BS	0	20000
AB미처분이익잉여금	RE	20000	0
AB이연법인세	BS	4000	0
AB미처분이익잉여금	RE	0	4000
AB비지배지분	NCI	1600	0
AB미처분이익잉여금	RE	0	1600
AA기계장치감가상각누계액	BS	4000	0
AA미처분이익잉여금	RE	0	4000
AA이연법인세	BS	0	800
AA이익잉여금	BS	800	0
AA비지배지분	NCI	0	320
AA이익잉여금	BS	320	0
AA기계장치감가상각누계액	BS	4000	0
AA기계장치감가상각비	IS	0	4000
AA이연법인세	BS	0	800
AA법인세비용	IS	800	0
AA비지배지분	NCI	0	320
AA비지배지분순이익	RE	320	0
AA기계장치처분이익	BS	0	12000
AA기계장치	BS	12000	0
AA이연법인세	BS	0	2400
AA법인세비용	IS	2400	0
AA비지배지분	NCI	0	960
AA비지배지분순이익	RE	960	0

④ **[out_연결분개_내부거래_3]** 내부거래번호 AB002에 대한 연결분개 내부거래제거 부분에 해당한다(분개에 대한 상세 설명은 본문에서 확인하기 바람).

4) out_연결분개_기타_0, 1, 2, 3, 4, 5 sheet

기업명	약식명칭	기간	계정명	금액	지배지분세율	마지막기업_비지배지분세율	명목지배지분율	최종_실질비지배지분율	외화환산	계정과목	계정유형	차변	대변
종속	AB	2001-12-31	당기순이익	30,000	20.00%	30.00%	90.00%	10.00%		비지배지분	NCI	0	3,000
										미처분이익잉여금	RE	3,000	0

① **[out_연결분개_기타_0]** 종속의 2001년 당기순이익에 대한 비지배지분 연결분개 부분에 해당한다(분개에 대한 상세 설명은 본문에서 확인하기 바람).

기업명	약식명칭	기간	계정명	금액	지배지분세율	마지막기업_비지배지분세율	명목지배지분율	최종_실질비지배지분율	외화환산	계정과목	계정유형	차변	대변
종속	AB	2001-12-31	배당	1,000	20.00%	30.00%	90.00%	10.00%		미처분이익잉여금	RE	0	1,000
										미처분이익잉여금	RE	900	0
										비지배지분	NCI	100	0

② **[out_연결분개_기타_1]** 종속의 2001년 배당에 대한 비지배지분 연결분개 부분에 해당한다(분개에 대한 상세 설명은 본문에서 확인하기 바람).

기업명	약식명칭	기간	계정명	금액	지배지분세율	마지막기업_비지배지분세율	명목지배지분율	최종_실질비지배지분율	외화환산	계정과목	계정유형	차변	대변
종속	AB	2002-12-31	당기순이익	45,000	20.00%	30.00%	90.00%	10.00%		비지배지분	NCI	0	4,500
										미처분이익잉여금	RE	4,500	0

③ **[out_연결분개_기타_2]** 종속의 2002년 당기순이익에 대한 비지배지분 연결분개 부분에 해당한다(분개에 대한 상세 설명은 본문에서 확인하기 바람).

기업명	약식명칭	기간	계정명	금액	지배지분세율	마지막기업_비지배지분세율	명목지배지분율	최종_실질비지배지분율	외화환산	계정과목	계정유형	차변	대변
종속	AB	2002-12-31	배당	1,500	20.00%	30.00%	90.00%	10.00%		미처분이익잉여금	RE	0	1,500
										미처분이익잉여금	RE	1,350	0
										비지배지분	NCI	150	0

④ **[out_연결분개_기타_3]** 종속의 2002년 배당에 대한 비지배지분 연결분개 부분에 해당한다(분개에 대한 상세 설명은 본문에서 확인하기 바람).

기업명	약식명칭	기간	계정명	금액	지배지분세율	마지막기업_비지배지분세율	명목지배지분율	최종_실질비지배지분율	외화환산	계정과목	계정유형	차변	대변
종속	AB	2003-12-31	당기순이익	60,000	20.00%	30.00%	90.00%	10.00%		비지배지분	NCI	0	6,000
										비지배지분순이익	RE	6,000	0

⑤ **[out_연결분개_기타_4]** 종속의 2003년 당기순이익에 대한 비지배지분 연결분개 부분에 해당한다(분개에 대한 상세 설명은 본문에서 확인하기 바람).

기업명	약식명칭	기간	계정명	금액	지배지분세율	마지막기업_비지배지분세율	명목지배지분율	최종_실질비지배지분율	외화환산	계정과목	계정유형	차변	대변
종속	AB	2003-12-31	배당	2,000	20.00%	30.00%	90.00%	10.00%		미처분이익잉여금	RE	0	2,000
										배당금수익	BS	1,800	0
										비지배지분	NCI	200	0

⑥ **[out_연결분개_기타_5]** 종속의 2003년 배당에 대한 비지배지분 연결분개 부분에 해당한다(분개에 대한 상세 설명은 본문에서 확인하기 바람).

5) out_연결분개_이연법인세_0, 1, 2, 3, 4, 5 sheet

기업명	약식명칭	기간	계정명	금액	지배지분세율	마지막기업_비지배지분세율	명목지배지분율	최종_실질비지배지분율	외화환산	계정과목	계정유형	차변	대변
종속	AB	2001-12-31	당기순이익	30,000	20.00%	30.00%	90.00%	10.00%		이연법인세	BS	0	6,300
										미처분이익잉여금	RE	6,300	0
										비지배지분	NCI	900	0
										미처분이익잉여금	RE	0	900

① **[out_연결분개_이연법인세_0]** 종속의 2001년 당기순이익에 대한 투자지분 이연법인세 연결분개 부분에 해당한다.(분개에 대한 상세 설명은 본문에서 확인하기 바람).

기업명	약식명칭	기간	계정명	금액	지배지분세율	마지막기업_비지배지분세율	명목지배지분율	최종_실질비지배지분율	외화환산	계정과목	계정유형	차변	대변
종속	AB	2001-12-31	배당	1,000	20.00%	30.00%	90.00%	10.00%		이연법인세	BS	210	0
										미처분이익잉여금	RE	0	210
										비지배지분	NCI	0	30
										미처분이익잉여금	RE	30	0

② **[out_연결분개_이연법인세_1]** 종속의 2001년 배당에 대한 투자지분 이연법인세 연결분개 부분에 해당한다.(분개에 대한 상세 설명은 본문에서 확인하기 바람).

기업명	약식명칭	기간	계정명	금액	지배지분세율	마지막기업_비지배지분세율	명목지배지분율	최종_실질비지배지분율	외화환산	계정과목	계정유형	차변	대변
종속	AB	2002-12-31	당기순이익	45,000	20.00%	30.00%	90.00%	10.00%		이연법인세	BS	0	9,450
										미처분이익잉여금	RE	9,450	0
										비지배지분	NCI	1,350	0
										미처분이익잉여금	RE	0	1,350

③ **[out_연결분개_이연법인세_2]** 종속의 2002년 당기순이익에 대한 투자지분 이연법인세 연결분개 부분에 해당한다.(분개에 대한 상세 설명은 본문에서 확인하기 바람).

기업명	약식명칭	기간	계정명	금액	지배지분세율	마지막기업_비지배지분세율	명목지배지분율	최종_실질비지배지분율	외화환산	계정과목	계정유형	차변	대변
종속	AB	2002-12-31	배당	1,500	20.00%	30.00%	90.00%	10.00%		이연법인세	BS	315	0
										미처분이익잉여금	RE	0	315
										비지배지분	NCI	0	45
										미처분이익잉여금	RE	45	0

④ **[out_연결분개_이연법인세_3]** 종속의 2002년 배당에 대한 투자지분 이연법인세 연결분개 부분에 해당한다.(분개에 대한 상세 설명은 본문에서 확인하기 바람).

기업명	약식명칭	기간	계정명	금액	지배지분세율	마지막기업_비지배지분세율	명목지배지분율	최종_실질비지배지분율	외화환산	계정과목	계정유형	차변	대변
종속	AB	2003-12-31	당기순이익	60,000	20.00%	30.00%	90.00%	10.00%		이연법인세	BS	0	12,600
										법인세비용	IS	12,600	0
										비지배지분	NCI	1,800	0
										비지배지분순이익	RE	0	1,800

⑤ **[out_연결분개_이연법인세_4]** 종속의 2003년 당기순이익에 대한 투자지분 이연법인세 연결분개 부분에 해당한다.(분개에 대한 상세 설명은 본문에서 확인하기 바람).

기업명	약식명칭	기간	계정명	금액	지배지분세율	마지막기업_비지배지분세율	명목지배지분율	최종_실질비지배지분율	외화환산	계정과목	계정유형	차변	대변
종속	AB	2003-12-31	배당	2,000	20.00%	30.00%	90.00%	10.00%		이연법인세	BS	420	0
										법인세비용	IS	0	420
										비지배지분	NCI	0	60
										비지배지분순이익	RE	60	0

⑥ **[out_연결분개_이연법인세_5]** 종속의 2003년 배당에 대한 투자지분 이연법인세 연결분개 부분에 해당한다.(분개에 대한 상세 설명은 본문에서 확인하기 바람).

6) tmp_연결분개_통합 sheet

	A	B	C	D	E	F	G	H	I	J
1	계정과목	매핑계정과목	신설필요_계정과목	후보_매핑계정과목_1	후보_매핑계정과목_2	차변잔액	대변잔액		확인	
2	AA기계장치	AA기계장치		AA기계장치	AA기계장치처분이익	12,000	0			
3	AA기계장치감가상각누계액	AA기계장치		AA기계장치	AA기계장치처분이익	0	12,000			
4	AA기계장치감가상각비	AA감가상각비		AA기계장치	AA기계장치처분이익	0	4,000			
5	AA기계장치처분이익	AA기계장치처분이익		AA기계장치처분이익	AA기계장치	0	12,000			
6	AA미처분이익잉여금	AA미처분이익잉여금		AA미처분이익잉여금	AB미처분이익잉여금	5,000	0			
7	AA법인세비용	AA법인세비용	AA법인세비용			3,200	0			
8	AA비지배지분	비지배지분		비지배지분순이익	비지배지분	0	1,600			
9	AA비지배지분순이익	비지배지분순이익		비지배지분순이익		1,280	0			
10	AA상품	AA상품	AA상품			0	0			
11	AA이연법인세	이연법인세		이연법인세		7,000	0			
12	AA이익잉여금	AA미처분이익잉여금		AA미처분이익잉여금		1,120	0			
13	AA종속기업투자지분	AA종속기업투자지분		AA종속기업투자지분		0	959,150			
14	AB감가상각비	AB감가상각비		AB감가상각비	AA감가상각비	1,000	0			
15	AB기계장치	AB기계장치		AB기계장치	AB기계장치처분이익	12,000	0			
16	AB기계장치감가상각누계액	AB기계장치		AB기계장치	AB기계장치처분이익	0	12,000			
17	AB기계장치감가상각비	AB감가상각비		AB기계장치	AB기계장치처분이익	0	4,000			
18	AB기계장치처분이익	AB기계장치처분이익		AB기계장치처분이익	AA기계장치처분이익	0	12,000			
19	AB미처분이익잉여금	AB미처분이익잉여금		AB미처분이익잉여금	AA미처분이익잉여금	17,920	0			
20	AB법인세비용	AB법인세비용	AB법인세비용			4,500	0			
21	AB비지배지분	비지배지분		비지배지분순이익	비지배지분	0	103,400			
22	AB비지배지분순이익	비지배지분순이익		비지배지분순이익		0	70			
23	AB상품	AB상품	AB상품			0	0			
24	AB영업권	AB영업권	AB영업권			11,000	0			
25	AB이연법인세	이연법인세		이연법인세		0	7,000			
26	AB이익잉여금	AB미처분이익잉여금		AB미처분이익잉여금		51,200	0			
27	AB자본금	AB자본금		AB자본금	AB자본잉여금	1,000,000	0			
28	미처분이익잉여금	AA미처분이익잉여금		AA미처분이익잉여금	AB미처분이익잉여금	18,300	0			
29	배당금수익	AA배당금수익		AA배당금수익		1,800	0			
30	법인세비용	AB법인세비용		이연법인세		12,180	0			
31	비지배지분	비지배지분		비지배지분	비지배지분순이익	0	9,135			
32	비지배지분순이익	비지배지분순이익		비지배지분순이익	비지배지분	4,260	0			
33	이연법인세	이연법인세		이연법인세		0	27,405			

① 상기 음영 부분과 같이 매핑을 수정한다.

주의 적절한 계정과목을 신설하여야 하는 경우에는 신설필요_계정과목에 신설하고 동일한 계정과목을 매핑계정과목에 입력하여야 한다.

② 확인 버튼을 누른다.

7) out_최종연결정산표 sheet

	A	B	C	D	E	F	G	H
1	계정과목	차변잔액	대변잔액				정렬	
2	감가상각비	48,000	0					
3	건물	250,000	0					
4	기계장치	400,000	0					
5	기계장치처분이익	0	260,000					
6	단기차입금	0	396,000					
7	매입채무	0	935,150					
8	매출	0	984,400					
9	매출원가	989,000	0					
10	매출채권	386,200	0					
11	미처분이익잉여금	0	332,460					
12	법인세비용	19,880	0					
13	비지배지분	0	114,135					
14	비지배지분순이익	5,470	0					
15	영업권	11,000	0					
16	이연법인세	0	27,405					
17	자본금	175,000	0					
18	자본잉여금	0	50,000					
19	재고자산	70,000	0					
20	차입금	0	25,000					
21	토지	115,000	0					
22	현금	655,000	0					

① 계정과목이 한글로 오름차순으로 되어 있다.
② 정렬 버튼을 누른다.

	A	B	C	D	E	F	G	H
1	계정코드	계정과목	차변잔액	대변잔액			정렬	
2	10100	현금	655,000	0				
3	10800	매출채권	386,200	0				
4	14600	재고자산	70,000	0				
5	20100	토지	115,000	0				
6	20200	건물	250,000	0				
7	20600	기계장치	400,000	0				
8	25100	매입채무	0	935,150				
9	26000	단기차입금	0	396,000				
10	26000	차입금	0	25,000				
11	33100	자본금	175,000	0				
12	37300	자본잉여금	0	50,000				
13	37700	미처분이익잉여금	0	332,460				
14	40100	매출	0	984,400				
15	45100	매출원가	989,000	0				
16	81800	감가상각비	48,000	0				
17	81900	기계장치처분이익	0	260,000				
18	법인세비용	법인세비용	19,880	0				
19	비지배지분	비지배지분	0	114,135				
20	비지배지분순이익	비지배지분순이익	5,470	0				
21	영업권	영업권	11,000	0				
22	이연법인세	이연법인세	0	27,405				

③ 계정코드별로 오름차순되며, 계정코드가 없이 새롭게 삽입된 계정과목은 맨 아래에 위치하고 그러한 계정과목은 계정과목으로(한글순으로) 오름차순으로 정렬이 된다.

제 4 절 복잡한 지배구조

지금까지는 지배기업 1개와 종속기업 1개로만 구성된 간단한 지배구조의 연결재무제표 작성에 대해서 알아보았다. 실무적으로는 여러 개의 종속기업으로 보유하는 경우가 많으며 종속기업도 지배기업이 직접 소유하여 지배하는 경우뿐만 아니라 간접 소유하여 지배하는 경우도 흔하다.

직접소유는 피취득자의 의결권 있는 주식에 대한 직접적인 투자로서 이루어진다. 이와는 달리 간접소유는 지배기업이 종속기업을 통하여 간접적으로 피취득자를 지배하는 투자를 말한다.

간접소유는 다음의 두가지 유형으로 구분된다.

(1) 순차형 관계

(2) 고리형 관계

【그림 1】 순차형 관계와 고리형 관계

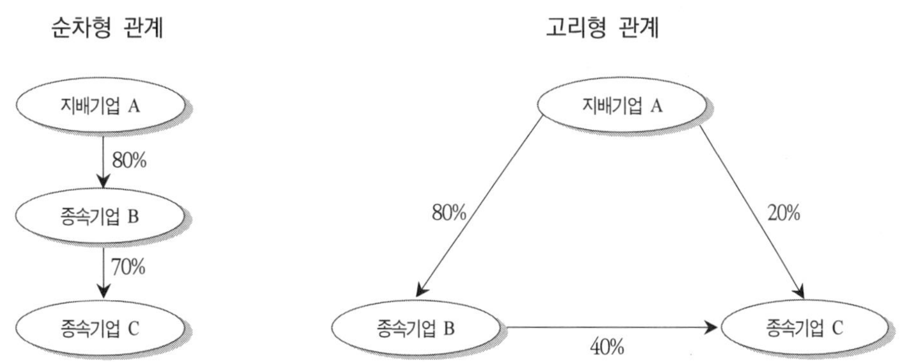

상기 【그림 1】 의 순차형 관계에서 지배기업 A는 종속기업 B의 지분 80%를 직접 소유하고 있으며 종속기업 C의 지분 56%(80% × 70%)를 간접 소유하고 있다. 따라서 종속기업 C의 비지배지분은 44%이다. 지배기업이 종속기업 C의 주식 56%를 간접적으로 소유하고 있으므로, 종속기업 C를 연결재무제표에 포함시키는 것이 타당하다.

그러나 지배기업의 간접소유 지분율의 여부가 종속기업의 연결 여부를 결정하는 것은 아니다. 예를 들어 상기 【그림 1】 의 순차형 관계에서 종속기업 B가 종속기업 C의 주식의

60%를 소유하고 있다면 지배기업은 종속기업 C를 48%(80% × 60%) 간접소유하게 되므로 이것이 50% 미만이어서 종속기업 B를 연결대상에서 제외하는 것이 아니다. 이미 지배기업과 종속기업 B는 하나의 경제적 실체이고 이 경제적 실체가 종속기업 C를 60% 이상 소유하고 있는 것으로 보아 종속기업 C를 연결대상에 포함시켜야 한다는 것이다.

간접소유를 연결하는 방법으로는 순차법과 직접법이 있다. 순차법과 직접법은 기술적인 차이만 있을 뿐이지 연결재무제표를 작성한 결과는 동일하여야 한다.

간접소유를 연결하는 과정에서 첫 번째 중요한 연결절차의 단계는 영업권(또는 염가매수차익) 금액의 산정이다. 아래에서는 간접소유시 영업권(또는 염가매수차익) 금액의 산정에 대해서 살펴보기로 한다.

01 간접소유시 영업권 산정

2X01년 1월 1일의 A사, B사, C사의 요약 재무상태표는 다음과 같다.

A사

자산	1,400,000	부채	500,000
		자본	900,000
	1,400,000		1,400,000

B사

자산	900,000	부채	400,000
		자본	500,000
	900,000		900,000

C사

자산	400,000	부채	300,000
		자본	100,000
	400,000		400,000

한편, A사, B사, C사의 지배현황은 다음과 같다.

지배기업명	종속기업명	지분율	취득일	취득대가
A사	B사	60%	2X01.01.01.	₩400,000
B사	C사	70%	2X01.01.01.	₩400,000

(1) (A사 + B사) 연결

먼저 A사의 B사 취득에 따라 ① A사 재무제표, ② B사 재무제표, ③ (A사 + B사) 단순합산 재무제표, ④ 1차 연결조정분개, ⑤ (A사 + B사) 연결재무제표를 나타내면 다음과 같다.

① A사

자산	1,000,000	부채	500,000
투자지분	400,000	자본	900,000
합계	1,400,000	합계	1,400,000

\+

② B사

자산	900,000	부채	400,000
		자본	500,000
합계	900,000	합계	900,000

⬇

③ (A사 + B사) 합산

자산	1,900,000	부채	900,000
투자지분	400,000	자본	1,400,000
합계	2,300,000	합계	2,300,000

\+

④ 연결조정분개

자본(B)	500,000	투자지분	400,000	
영업권	100,000	비지배지분	200,000	(500,000 × 40%)
합계	600,000	합계	600,000	

⬇

⑤ (A사 + B사) 연결

자산	1,900,000	부채	900,000
영업권	100,000	자본	900,000
		비지배지분	200,000
합계	2,000,000	합계	2,000,000

(A + B) 연결시 영업권은 ₩400,000 - (₩500,000 × 60%) = ₩100,000이 된다.

(2) [(A사 + B사) + C사] 연결

그 다음에 B사의 C사 취득에 따라 ① (A + B) 연결 재무제표, ② C사 재무제표, ③ [(A + B) 연결 + C사] 합산 재무제표, ④ 2차 연결조정분개 및 ⑤ [A사 + B사 + C사] 연결재무제표를 나타내면 다음과 같다.

① (A사 + B사) 연결

자산	1,500,000	부채	900,000
영업권	100,000	자본	900,000
투자지분	400,000	비지배지분	200,000
합계	2,000,000	합계	2,000,000

\+

② C사

자산	400,000	부채	300,000
		자본	100,000
합계	400,000	합계	400,000

⬇

③ (A사 + B사) 합산

자산	1,900,000	부채	1,200,000
영업권	100,000	자본	1,000,000
투자지분	400,000	비지배지분	200,000
합계	2,400,000	합계	2,400,000

\+

④ 연결조정분개

자본(C)	100,000	투자지분	400,000
영업권	198,000		
비지배지분	102,000		
합계	400,000	합계	400,000

B사 투자지분 400,000 × 60%(A→B 지분율) = ₩240,000
C사 순자산 100,000 × 70%(B→C) × 60%(A→B) = ₩42,000
실질 영업권 ₩240,000 – ₩42,000 = ₩198,000

⑤ (A사 + B사) + C사 연결

자산	1,900,000	부채	1,200,000
영업권	298,000	자본	900,000
		비지배지분	98,000
합계	2,198,000	합계	2,198,000

[A사 + B사 + C사] 연결시 영업권을 구할 때 (A + B) 연결재무제표상 투자지분 ₩400,000은 비지배지분이 40% 해당되므로 지배지분에 해당하는 실질투자지분은 ₩400,000 × 60% = ₩240,000으로 구해야 된다. 그러므로 [A사 + B사 + C사] 연결시 영업권은 ₩400,000 × 60% - (₩100,000 × 70% × 60%) = ₩198,000이 된다.

02 간접소유 사례

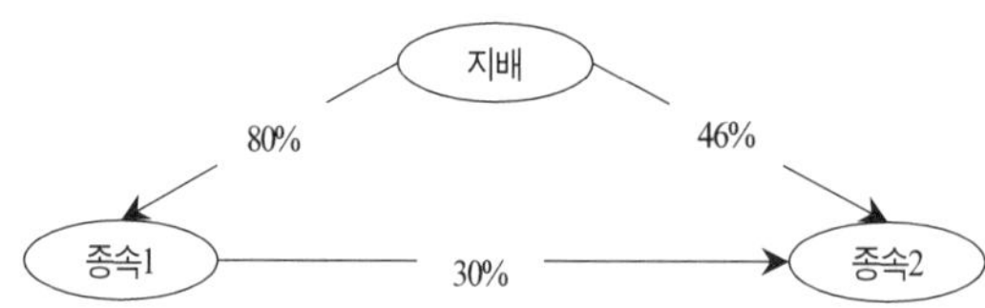

기본정보 7 간접소유

(1) 취득자 개요

지배기업명	종속기업명	지분율	취득일	취득대가
지배	종속1	80%	2X01.01.01.	₩200,000,000
종속1	종속2	30%	2X03.01.01.	₩90,000,000
지배	종속2	46%	2X03.01.01.	₩100,000,000

(2) 취득일의 피취득자 자본 현황

자 본	종속1	종속2
자본금	₩98,500,000	₩80,000,000
자본잉여금	₩10,000,000	₩10,000,000
이익잉여금	₩20,000,000	₩15,000,000

(3) 취득일의 피취득자 자산 중 장부금액과 공정가치 차이 내역

계정과목	종속1		종속2	
	금액	내용	금액	내용
재고자산	₩1,000,000	2X03.7.1. 50% 외부판매	₩600,000	2X04.7.1. 60% 외부판매
토지	₩800,000	2X04.2.1. 100% 외부판매	₩500,000	
기계장치	₩700,000	잔존내용연수 5년, 잔존가치 ₩0	₩400,000	잔존내용연수 5년, 잔존가치 ₩0

(4) 세율

지배	종속1	종속2
20%	22%	24%

(5) 내부거래 내역

판매회사	자산	내부거래일	송장번호	매입회사	내부판매액	장부금액(외부매입)	내부거래이익	외부판매일	외부판매비율(100%기준)
지배	재고자산	2X03.1.1.	AA001	종속1	₩1,000,000	₩600,000	₩400,000	2X03.4.1.	20%
								2X04.6.1.	10%
지배	재고자산	2X04.2.1.	AA002	종속2	₩1,100,000	₩500,000	₩600,000	2X04.3.1.	20%
								2X04.7.1.	10%
종속1	재고자산	2X04.2.1.	AB001	종속2	₩900,000	₩400,000	₩500,000	2X04.3.1.	20%
								2X04.7.1.	20%
종속1	기계장치	2X03.2.1.	AB002	지배	₩2,000,000	₩400,000	₩1,600,000	–	–
종속2	재고자산	2X04.2.1.	AC001	종속1	₩600,000	₩400,000	₩200,000	2X04.3.1.	20%
								2X04.7.1.	10%
종속2	재고자산	2X04.2.1.	AC002	지배	₩400,000	₩100,000	₩300,000	2X04.3.1.	20%

기계장치의 잔존내용연수는 5년(60개월)이다.

(6) 취득 후 종속기업 당기순이익 및 배당 현황

기업	내용	2X01년	2X02년	2X03년	2X04년
		금액	금액	금액	금액
종속1	배당			₩9,000,000	₩10,000,000
	당기순이익	8,000,000	9,000,000	₩12,000,000	₩14,000,000
종속2	배당			₩14,000,000	₩8,000,000
	당기순이익			₩11,000,000	₩13,000,000

(7) 연결재무제표는 2X04년 12월 31일 기준으로 작성한다.

(1) 투자와 자본 상계제거

[2X04년] 연결조정분개	(차변)	(대변)
1단계 : 투자와 자본 상계제거		
(종속1)		
종속기업투자지분(종속1)		200,000,000
자본금(종속1)	98,500,000	
자본잉여금(종속1)	10,000,000	
이익잉여금(종속1)	20,000,000	
재고자산	1,000,000	
토지	800,000	
기계장치	700,000	
이연법인세부채 주1)		220,000
이연법인세부채 주2)		176,000
이연법인세부채 주3)		154,000
비지배지분		26,090,000
영업권 주4)	95,640,000	

주1) ₩1,000,000(재고자산 가산할 일시적차이) × 22%(보유자인 종속1 세율) = ₩220,000

주2) ₩800,000(토지 가산할 일시적차이) × 22%(보유자인 종속1 세율) = ₩176,000

주3) ₩700,000(토지 가산할 일시적차이) × 22%(보유자인 종속1 세율) = ₩154,000

주4) (₩98,500,000 + ₩10,000,000 + ₩20,000,000 + ₩1,000,000 + ₩800,000 + ₩700,000 - ₩220,000 - ₩176,000 - ₩154,000) × 20%(종속1의 비지배지분율) = ₩26,090,000

[2X04년] 연결조정분개	(차변)	(대변)
(종속2)		
종속기업투자지분(종속2)		100,000,000
종속기업투자지분(종속2)		90,000,000
자본금(종속1)	80,000,000	
자본잉여금(종속1)	10,000,000	
이익잉여금(종속1)	15,000,000	
재고자산	600,000	
토지	500,000	
기계장치	400,000	
이연법인세부채 주1)		144,000
이연법인세부채 주2)		120,000
이연법인세부채 주3)		96,000
비지배지분 주4)		31,842,000
영업권 주5)	97,702,000	
비지배지분 주6)	18,000,000	

주1) ₩600,000(재고자산 가산할 일시적차이) × 24%(보유자인 종속2 세율) = ₩144,000
주2) ₩500,000(토지 가산할 일시적차이) × 24%(보유자인 종속2 세율) = ₩120,000
주3) ₩40,000(토지 가산할 일시적차이) × 24%(보유자인 종속2 세율) = ₩96,000
주4) 종속 2의 비지배지분율 : (1 - 80% × 30% - 46%) = 30%
(₩80,000,000 + ₩10,000,000 + ₩15,000,000 + ₩600,000 + ₩500,000 + ₩400,000 - ₩144,000 - ₩120,000 - ₩96,000) × 30%(종속2의 비지배지분율) = ₩31,842,000
주5) 실질취득원가 : 90,000,000 × 80%(지배 → 종속1 지분율) + ₩100,000,000 = ₩172,000,000
(₩80,000,000 + ₩10,000,000 + ₩15,000,000 + ₩600,000 + ₩500,000 + ₩400,000 - ₩144,000 - ₩120,000 - ₩96,000) × 70%(종속2 지배지분율) = ₩74,298,000
실질 영업권 : ₩172,000,000 - ₩74,298,000 = ₩97,702,000
주6) 대차평균

(2) 공정가치차이 및 영업권의 후속처리

[2X04년] 연결조정분개	(차변)	(대변)
2단계 : 공정가치차이 및 영업권의 후속처리		
(종속1) 재고자산		
재고자산 주1)		500,000
이익잉여금	500,000	
이연법인세 주2)	110,000	
이익잉여금		110,000
비지배지분 주3)	78,000	
이익잉여금		78,000
주1) 2X03.7.1. 50% 외부판매 : ₩1,000,000 × 50% = ₩500,000		
주2) ₩500,000 × 22%(종속1 세율) = ₩110,000		
주3) (₩500,000 – ₩110,000) × 20%(비지배지분율) = ₩78,000		
(종속1) 토지		
토지(종속1) 주1)		800,000
유형자산처분이익	800,000	
이연법인세 주2)	176,000	
법인세비용		176,000
비지배지분 주3)	124,800	
비지배지분순이익(이익잉여금)		124,800
주1) 2X04.2.1. 100% 외부판매 : ₩800,000 × 100% = ₩800,000		
주2) ₩800,000 × 22%(종속1 세율) = ₩176,000		
주3) (₩800,000 – ₩176,000) × 20%(비지배지분율) = ₩124,800		
(종속1) 기계장치		
전기 감가상각		
기계장치-순액 주1)		420,000
이익잉여금	420,000	
이연법인세 주2)	92,400	
이익잉여금		92,400
비지배지분 주3)	65,520	
이익잉여금		65,520
주1) ₩700,000 × 36개월/60개월 = ₩420,000		
주2) ₩420,000 × 22%(종속1 세율) = ₩92,400		
주3) (₩420,000 – ₩92,400 × 20%(비지배지분율) = ₩65,520		
당기 감가상각		
기계장치-순액 주1)		140,000
감가상각비	140,000	
이연법인세 주2)	30,800	
법인세비용		30,800
비지배지분 주3)	21,840	
비지배지분순이익(이익잉여금)		21,840
주1) ₩700,000 × 12개월/60개월 = ₩140,000		
주2) ₩140,000 × 22%(종속1 세율) = ₩30,800		
주3) (₩140,000 – ₩30,800) × 20%(비지배지분율) = ₩21,840		

[2X04년] 연결조정분개	(차변)	(대변)
(종속2) 재고자산		
재고자산 주1)		360,000
매출원가	360,000	
이연법인세 주2)	86,400	
법인세비용		86,400
비지배지분 주3)	82,080	
비지배지분순이익(이익잉여금)		82,080
주1) 2X04.7.1. 60% 외부판매 : ₩600,000 × 60% = ₩360,000		
주2) ₩360,000 × 24%(종속2 세율) = ₩86,400		
주3) (₩360,000 – ₩86,400) × 30%(비지배지분율) = ₩82,080		
(종속2) 기계장치		
전기 감가상각		
기계장치-순액 주1)		80,000
이익잉여금	80,000	
이연법인세 주2)	19,200	
이익잉여금		19,200
비지배지분 주3)	18,240	
이익잉여금		18,240
주1) ₩400,000 × 12개월/60개월 = ₩80,000		
주2) ₩80,000 × 24%(종속2 세율) = ₩19,200		
주3) (₩80,000 – ₩19,2000) × 30%(비지배지분율) = ₩18,240		
당기 감가상각		
기계장치-순액 주1)		80,000
감가상각비	80,000	
이연법인세 주2)	19,200	
법인세비용		19,200
비지배지분 주3)	18,240	
비지배지분순이익(이익잉여금)		18,240
주1) ₩400,000 × 12개월/60개월 = ₩80,000		
주2) ₩80,000 × 24%(종속2 세율) = ₩19,200		
주3) (₩80,000 – ₩19,2000) × 30%(비지배지분율) = ₩18,240		

(3) 지배기업과 종속기업간의 내부거래 제거

[2X04년] 연결조정분개	(차변)	(대변)
3단계 : 지배기업과 종속기업간의 내부거래 제거		
지배 ➡ 종속1 : 재고자산		
재고자산 주1)		400,000
이익잉여금	400,000	
이연법인세 주2)	88,000	
이익잉여금		88,000
주1) 내부거래이익 ₩400,000		
주2) ₩400,000 × 22%(종속1 세율) = ₩88,000		
이익잉여금 주1)		80,000
재고자산	80,000	
이연법인세 주2)		17,600
이익잉여금	17,600	
주1) ₩400,000 × 20%(외부판매비율) = ₩80,000		
주2) ₩80,000 × 22%(종속1 세율) = ₩17,600		
매출원가 주1)		40,000
재고자산	40,000	
이연법인세 주2)		8,800
법인세비용	8,800	
주1) ₩400,000 × 10%(외부판매비율) = ₩40,000		
주2) ₩40,000 × 22%(종속1 세율) = ₩8,800		
지배 ➡ 종속2 : 재고자산		
매출	1,100,000	
매출원가		1,100,000
재고자산		600,000
매출원가 주1)	600,000	
이연법인세	144,000	
법인세비용 주2)		144,000
주1) 내부거래이익 ₩600,000		
주2) ₩600,000 × 24%(종속2 세율) = ₩144,000		
매출원가		180,000
재고자산 주1)	180,000	
이연법인세		43,200
법인세비용 주2)	43,200	
주1) ₩600,000 × (20% + 10%)(외부판매비율) = ₩180,000		
주2) ₩180,000 × 24%(종속2 세율) = ₩43,200		
종속1 ➡ 종속2 : 재고자산		
매출	900,000	
매출원가		900,000
재고자산		500,000
매출원가 주1)	500,000	
이연법인세	120,000	
법인세비용 주2)		120,000
비지배지분 주3)	76,000	
비지배지분순이익(이익잉여금)		76,000
주1) 내부거래이익 ₩500,000		

[2X04년] 연결조정분개	(차변)	(대변)
주2) ₩500,000 × 24%(종속2 세율) = ₩120,000		
주3) (₩500,000 − ₩120,000) × 20%(종속1 비지배지분율) = ₩76,000		
매출원가		200,000
재고자산 주1)	200,000	
이연법인세		48,000
법인세비용 주2)	48,000	
비지배지분 주3)		30,400
비지배지분순이익(이익잉여금)	30,400	
주1) ₩500,000 × (20% + 20%)(외부판매비율) = ₩200,000		
주2) ₩200,000 × 24%(종속2 세율) = ₩48,000		
주3) (₩200,000 − ₩48,000) × 20%(종속1 비지배지분율) = ₩30,400		
종속1 ➡ 지배 : 기계장치		
기계장치-순액 주1)		1,600,000
이익잉여금	1,600,000	
이연법인세 주2)	320,000	
이익잉여금		320,000
비지배지분 주3)	256,000	
이익잉여금		256,000
주1) 내부거래이익 ₩1,600,000		
주2) ₩1,600,000 × 20%(지배 세율) = ₩320,000		
주3) (₩1,600,000 − ₩320,000) × 20%(종속1 비지배지분율) = ₩256,000		
기계장치-순액	293,333	
이익잉여금 주1)		293,333
이연법인세 주2)		58,666
이익잉여금	58,666	
비지배지분 주3)		46,933
이익잉여금	46,933	
주1) 내부거래이익 ₩1,600 × 11개월/60개월 ≒ ₩293,333		
주2) ₩293,333 × 20%(지배 세율) = ₩58,666		
주3) (₩293,333 − ₩58,666) × 20%(종속1 비지배지분율) = ₩46,933		
기계장치-순액	320,000	
감가상각비 주1)		320,000
이연법인세 주2)		64,000
법인세비용	64,000	
비지배지분 주3)		51,200
비지배지분순이익(이익잉여금)	51,200	
주1) 내부거래이익 ₩1,600,000 × 12개월/60개월 = ₩320,000		
주2) ₩320,000 × 20%(지배 세율) = ₩64,000		
주3) (₩320,000 − ₩64,000) × 20%(종속1 비지배지분율) = ₩51,200		
종속2 ➡ 종속1 : 재고자산		
매출	600,000	
매출원가		600,000
재고자산		200,000
매출원가 주1)	200,000	
이연법인세	44,000	
법인세비용 주2)		44,000
비지배지분 주3)	46,800	
비지배지분순이익(이익잉여금)		46,800

[2X04년] 연결조정분개	(차변)	(대변)
주1) 내부거래이익 ₩200,000		
주2) ₩200,000 × 22%(종속1 세율) = ₩44,000		
주3) (₩200,000 – ₩44,000) × 30%(종속2 비지배지분율) = ₩46,800		
매출원가		60,000
재고자산 주1)	60,000	
이연법인세		13,200
법인세비용 주2)	13,200	
비지배지분 주3)		14,040
비지배지분순이익(이익잉여금)	14,040	
주1) 내부거래이익 ₩200,000 × (20% + 10%) = ₩60,000		
주2) ₩60,000 × 22%(종속1 세율) = ₩13,200		
주3) (₩60,000 – ₩13,200) × 30%(종속2 비지배지분율) = ₩14,040		
종속2 ➡ 지배 : 재고자산		
매출	400,000	
매출원가		400,000
재고자산		300,000
매출원가 주1)	300,000	
이연법인세	60,000	
법인세비용 주2)		60,000
비지배지분 주3)	72,000	
비지배지분순이익(이익잉여금)		72,000
주1) 내부거래이익 ₩300,000		
주2) ₩300,000 × 20%(지배 세율) = ₩60,000		
주3) (₩300,000 – ₩60,000) × 30%(종속2 비지배지분율) = ₩72,000		
매출원가		60,000
재고자산 주1)	60,000	
이연법인세		12,000
법인세비용 주2)	12,000	
비지배지분 주3)		14,400
비지배지분순이익(이익잉여금)	14,400	
주1) 내부거래이익 ₩300 × 20% = ₩60,000		
주2) ₩60 × 20%(지배 세율) = ₩12,000		
주3) (₩60,000 – ₩12,000) × 30%(종속2 비지배지분율) = ₩14,400		

(4) 종속기업의 배당에 대한 내부거래 제거

[2X04년] 연결조정분개	(차변)	(대변)
4단계 : 종속기업의 배당에 대한 내부거래 제거		
종속1 : 2X03년 전기배당		
이익잉여금		9,000,000
이익잉여금 [주1)]	7,200,000	
비지배지분 [주2)]	1,800,000	
주1) ₩9,000,000 × 80%(종속1 지배지분율) = ₩7,200,000		
주2) ₩9,000,000 × 20%(종속1 비지배지분율) = ₩1,800,000		
종속1 : 2X04년 당기배당		
이익잉여금		10,000,000
배당금수익 [주1)]	8,000,000	
비지배지분 [주2)]	2,000,000	
주1) ₩10,000,000 × 80%(종속1 지배지분율) = ₩8,000,000		
주2) ₩10,000,000 × 20%(종속1 비지배지분율) = ₩2,000,000		
종속2 : 2X03년 전기배당		
이익잉여금		14,000,000
이익잉여금 [주1)]	10,640,000	
비지배지분 [주2)]	4,200,000	
이익잉여금 [주3)]		840,000
주1) ₩14,000,000 × 30%(종속1 ➡ 종속2 지배지분율) = ₩4,200,000		
₩14,000,000 × 46%(지배 ➡ 종속2 지배지분율) = ₩6,440,000		
주3) ₩14,000,000 × 30%(종속2 비지배지분율) = ₩4,200,000		
주4) ₩14,000,000 × 30%(종속1 ➡ 종속2 지배지분율) × 20%(종속1 비지배지분율) = ₩840,000		
종속2 : 2X04년 당기배당		
이익잉여금		8,000,000
배당금수익 [주1)]	6,080,000	
비지배지분 [주3)]	2,400,000	
비지배지분순이익(이익잉여금) [주4)]		480,000
주1) ₩8,000,000 × 30%(종속1 ➡ 종속2 지배지분율) = ₩2,400,000		
₩8,000,000 × 46%(지배 ➡ 종속2 지배지분율) = ₩3,680,000		
주2) ₩8,000,000 × 30%(종속2 비지배지분율) = ₩2,400,000		
주3) ₩8,000,000 × 30%(종속1 ➡ 종속2 지배지분율) × 20%(종속1 비지배지분율) = ₩480,000		

(5) 비지배지분의 증가 회계처리

[2X04년] 연결조정분개	(차변)	(대변)
5단계 : 비지배지분의 증가 회계처리		
종속1 : 2X01년 전기 순이익		
비지배지분 주1)		1,600,000
이익잉여금	1,600,000	
주1) ₩8,000,000 × 20%(종속1 지배지분율) = ₩1,600,000		
종속1 : 2X02년 전기 순이익		
비지배지분 주1)		1,800,000
이익잉여금	1,800,000	
주1) ₩9,000,000 × 20%(종속1 지배지분율) = ₩1,800,000		
종속1 : 2X03년 전기 순이익		
비지배지분 주1)		2,400,000
이익잉여금	2,400,000	
주1) ₩12,000,000 × 20%(종속1 지배지분율) = ₩2,400,000		
종속1 : 2X04년 당기 순이익		
비지배지분 주1)		2,800,000
비지배지분순이익(이익잉여금)	2,800,000	
주1) ₩14,000,000 × 20%(종속1 지배지분율) = ₩2,800,000		
종속2 : 2X03년 전기 순이익		
비지배지분 주1)		3,300,000
이익잉여금	3,300,000	
주1) ₩11,000,000 × 30%(종속2 지배지분율) = ₩3,300,000		
종속2 : 2X04년 당기 순이익		
비지배지분 주1)		3,900,000
비지배지분순이익(이익잉여금)	3,900,000	
주1) ₩13,000,000 × 30%(종속2 지배지분율) = ₩3,900,000		

(6) 종속기업 누적 지분변동액에 대한 이연법인세 회계처리

[2X04년] 연결조정분개	(차변)	(대변)
6단계 : 종속기업 누적 지분변동액에 대한 이연법인세 회계처리		
종속1 : 2X01년 당기순이익으로 인한 이연법인세 증가액		
이연법인세 주1)		1,632,000
이익잉여금	1,632,000	
비지배지분 주1)	352,000	
이익잉여금		352,000
주1) 연결실체이론에 따라 지배지분과 비지배지분에 해당하는 금액을 합산한다. 지배지분 ₩1,280,000 + 비지배지분 ₩352,000 = ₩1,632,000 지배지분 : 2X01년 종속1 당기순이익 ₩8,000,000 × 80%(지배지분율) × 20%(지배 세율) = ₩1,280,000 비지배지분 : 2X01년 종속1 당기순이익 ₩8,000,000 × 20%(비지배지분율) × 22%(종속1 세율) = ₩352,000		
종속1 : 2X02년 당기순이익으로 인한 이연법인세 증가액		
이연법인세 주1)		1,836,000
이익잉여금	1,836,000	
비지배지분 주1)	396,000	
이익잉여금		396,000
주1) 연결실체이론에 따라 지배지분과 비지배지분에 해당하는 금액을 합산한다. 지배지분 ₩1,440,000 + 비지배지분 ₩396,000 = ₩1,836,000 지배지분 : 2X02년 종속1 당기순이익 ₩9,000,000 × 80%(지배지분율) × 20%(지배 세율) = ₩1,440,000 비지배지분 : 2X02년 종속1 당기순이익 ₩9,000,000 × 20%(비지배지분율) × 22%(종속1 세율) = ₩396,000		
종속1 : 2X03년 당기순이익으로 인한 이연법인세 증가액		
이연법인세 주1)		2,448,000
이익잉여금	2,448,000	
비지배지분 주1)	528,000	
이익잉여금		528,000
주1) 연결실체이론에 따라 지배지분과 비지배지분에 해당하는 금액을 합산한다. 지배지분 ₩1,920,000 + 비지배지분 ₩528,000 = ₩2,448,000 지배지분 : 2X03년 종속1 당기순이익 ₩12,000,000 × 80%(지배지분율) × 20%(지배 세율) = ₩1,920,000 비지배지분 : 2X03년 종속1 당기순이익 ₩12,000,000 × 20%(비지배지분율) × 22%(종속1 세율) = ₩528,000		
종속1 : 2X03년 배당으로 인한 이연법인세 감소액		
이연법인세 주1)	1,836,000	
이익잉여금		1,836,000
비지배지분 주1)		396,000
이익잉여금	396,000	
주1) 연결실체이론에 따라 지배지분과 비지배지분에 해당하는 금액을 합산한다. 지배지분 ₩14,400,000 + 비지배지분 ₩3,960,000 = ₩18,360,000 지배지분 : 2X03년까지 종속1 배당지급액 ₩9,000,000 × 80%(지배지분율) × 20%(지배 세율) = ₩1,440,000 비지배지분 : 2X03년까지 종속1 배당지급액 ₩9,000,000 × 20%(비지배지분율) × 22%(종속1 세율) = ₩396,000		
종속1 : 2X04년 당기순이익으로 인한 이연법인세 증가액		
이연법인세 주1)		2,856,000
법인세비용	2,856,000	
비지배지분 주1)	616,000	
비지배지분순이익(이익잉여금)		616,000
주1) 연결실체이론에 따라 지배지분과 비지배지분에 해당하는 금액을 합산한다. 지배지분 ₩2,240,000 + 비지배지분 ₩616,000 = ₩2,856,000 지배지분 : 2X04년 종속1 당기순이익 ₩14,000,000 × 80%(지배지분율) × 20%(지배 세율) = ₩2,240,000 비지배지분 : 2X04년 종속1 당기순이익 ₩14,000,000 × 20%(비지배지분율) × 22%(종속1 세율) = ₩616,000		

[2X04년] 연결조정분개	(차변)	(대변)
종속1 : 2X04년 배당으로 인한 이연법인세 감소액		
이연법인세 주1)	2,040,000	
법인세비용		2,040,000
비지배지분 주1)		440,000
비지배지분순이익(이익잉여금)	440,000	

주1) 연결실체이론에 따라 지배지분과 비지배지분에 해당하는 금액을 합산한다.
지배지분 ₩1,600,000 + 비지배지분 ₩440,000 = ₩2,040,000
지배지분 : 2X09년 종속1 배당지급액 ₩10,000,000 × 80%(지배지분율) × 20%(지배 세율) = ₩1,600,000
비지배지분 : 2X09년 종속1 배당지급액 ₩10,000,000 × 20%(비지배지분율) × 22%(종속1 세율) = ₩440,000

종속2 : 2X03년 전기순이익으로 인한 이연법인세 증가액	(차변)	(대변)
이연법인세 주1)		2,332,000
이익잉여금	2,332,000	
비지배지분 주1)	792,000	
이익잉여금		792,000

주1) 연결실체이론에 따라 지배지분과 비지배지분에 해당하는 금액을 합산한다.
지배지분 ₩1,540,000 + 비지배지분 ₩792,000 = ₩2,332,000
지배지분 : ₩1,540,000
2X08년 종속2 당기순이익 ₩11,000,000×80%(지배→종속1) × 30%(종속1→종속2) × 20%(지배 세율) = ₩528,000
2X08년 종속2 당기순이익 ₩11,000,000×46%(지배→종속2) × 20%(지배 세율) = ₩1,012,000
비지배지분 : ₩792,000
2X08년 종속2 당기순이익 ₩11,000,000×(1–80%) × 30%(종속1→종속2) × 24%(종속2 세율) = ₩158,400
개념적으로는 22%(종속1 세율)을 곱하여야 하나 여기서는 편의상 24%(종속2 세율)을 곱하기로 한다.
2X08년 종속2 당기순이익 ₩11,000,000×{30%(비지배지분율)–(1–80%)×30%(종속1→종속2)} × 24%(종속2 세율) = ₩633,600

종속2 : 2X03년 배당으로 인한 이연법인세 감소액	(차변)	(대변)
이연법인세 주1)	2,968,000	
이익잉여금		2,968,000
비지배지분 주1)		1,008,000
이익잉여금	1,008,000	

주1) 연결실체이론에 따라 지배지분과 비지배지분에 해당하는 금액을 합산한다.
지배지분 ₩1,960,000 + 비지배지분 ₩1,008,000 = ₩2,968,000
지배지분 : ₩1,960,000
2X09년 종속2 배당 ₩14,000,000×80%(지배→종속1) × 30%(종속1→종속2) × 20%(지배 세율) = ₩672,000
2X09년 종속2 배당 ₩14,000,000×46%(지배→종속2) × 20%(지배 세율) = ₩1,288,000
비지배지분 : ₩1,008,000
2X09년 종속2 배당 ₩14,000,000×(1–80%) × 30%(종속1→종속2) × 24%(종속2 세율) = ₩201,600
개념적으로는 22%(종속1 세율)을 곱하여야 하나 여기서는 편의상 24%(종속2 세율)을 곱하기로 한다.
2X09년 종속2 배당 ₩14,000,000×{30%(비지배지분율)–(1–80%)×30%(종속1→종속2)} × 24%(종속2 세율) = ₩806,400

종속2 : 2X04년 당기순이익으로 인한 이연법인세 증가액	(차변)	(대변)
이연법인세 주1)		2,756,000
법인세비용	2,756,000	
비지배지분 주1)	936,000	
비지배지분순이익(이익잉여금)		936,000

주1) 연결실체이론에 따라 지배지분과 비지배지분에 해당하는 금액을 합산한다.
지배지분 ₩1,820,000 + 비지배지분 ₩936,000 = ₩2,756,000
지배지분 : ₩1,820,000
2X09년 종속2 당기순이익 ₩13,000,000×80%(지배→종속1) × 30%(종속1→종속2) × 20%(지배 세율) = ₩624,000
2X09년 종속2 당기순이익 ₩13,000,000×46%(지배→종속2) × 20%(지배 세율) = ₩1,196,000
비지배지분 : ₩936,000
2X09년 종속2 당기순이익 ₩13,000,000×(1–80%) × 30%(종속1→종속2) × 24%(종속4 세율) = ₩187,200

[2X04년] 연결조정분개	(차변)	(대변)

개념적으로는 22%(종속1 세율)을 곱하여야 하나 여기서는 편의상 24%(종속2 세율)을 곱하기로 한다.
2X09년 종속2 당기순이익 ₩13,000,000×{30%(비지배지분율)-(1-80%)×30%(종속1→종속2)} × 24%(종속2 세율) = ₩748,800

종속2 : 2X04년 배당으로 인한 이연법인세 감소액

	(차변)	(대변)
이연법인세 주1)	1,696,000	
법인세비용		1,696,000
비지배지분 주1)		576,000
비지배지분순이익(이익잉여금)	576,000	

주1) 연결실체이론에 따라 지배지분과 비지배지분에 해당하는 금액을 합산한다.
지배지분 ₩1,120,000 + 비지배지분 ₩576,000 = ₩1,696,000
지배지분 : ₩1,120,000
2X09년 종속2 배당 ₩8,000,000×80%(지배→종속1) × 30%(종속1→종속2) × 20%(지배 세율) = ₩384,000
2X09년 종속2 배당 ₩8,000,000×46%(지배→종속2) × 20%(지배 세율) = ₩736,000
비지배지분 : ₩576,000
2X09년 종속2 배당 ₩8,000,000×(1-80%) × 30%(종속1→종속2) × 24%(종속2 세율) = ₩115,200
개념적으로는 22%(종속1 세율)을 곱하여야 하나 여기서는 편의상 24%(종속2 세율)을 곱하기로 한다.
2X09년 종속2 배당 ₩8,000,000×{30%(비지배지분율)-(1-80%)×30%(종속1→종속2)} × 24%(종속2 세율) = ₩460,800

Fraudit ExCon 실 습 : 제4장 7 원가법

(1) 사례파일

제4장_7_원가법_기초정보.xlsx, 제4장_7_원가법_원화시산표.xlsx

(2) [기초정보.xlsx] 작성

1) 보고기간 sheet

목차	구분	일자	검증_보고기간
보고기간	보고기간초	2004-01-01	OK
보고기간	보고기간말	2004-12-31	

① 보고기간 초와 보고기간 말을 입력한다.

주의 연결재무제표 작성 기준일이 2004-12-31일이므로 보고기간초는 **2004-01-01**로, 보고기간말은 **2004-12-31**로 입력한다.

2) 기업목록 sheet

일련번호	목차	기업명	약식명칭	기능통화	표시통화	세율	이연법인세계산
1	기업목록	지배	AA	원화	원화	20%	예
2		종속1	AB	원화	원화	22%	예
3		종속2	AC	원화	원화	24%	예
4			AD				

① 기업명을 입력한다. 지배, 종속1, 종속2라고 입력한다.
② 기능통화와 표시통화를 원화로 선택한다.
③ 세율은 각각 20%, 22%, 24%로 입력한다.
④ 지배, 종속1, 종속2의 이연법인세 계산을 **예**로 선택한다.

3) 지분구조 sheet

목차	지배기업명	종속기업명	지배기업약식	종속기업약식	취득차수	취득일	간주취득일	외화취득원가	통화	환율	취득원가	균등유상증자_취득원가	불균등유상증자_취득원가	지분율
지분구조	지배	종속1	AA	AB	1	2001-01-01	2001-01-01		원화		200,000,000			80.00%
	종속1	종속2	AB	AC	1	2003-01-01	2003-01-01		원화		90,000,000			30.00%
	지배	종속2	AA	AC	1	2003-01-01	2003-01-01		원화		100,000,000			46.00%

① 지배기업명과 종속기업명을 1대1 관계로 입력한다. 기초정보의 지분관계 그림에서 보듯이 지배-종속1, 종속1-종속2, 지배-종속2로 구분하여 입력한다.
② 취득차수를 입력한다. 최초취득이므로 1을 입력한다.

주의 추가취득인 경우에는 해당 차수에 따라 2, 3, 4... 식으로 입력한다.

③ 취득일을 입력한다. 여기서는 1대1 관계에서 취득일을 차례대로 2001-01-01, 2003-01-01, 2003-01-01로 입력한다.
④ 간주취득일을 입력한다. 여기서는 1대1 관계에서 간주취득일을 차례대로 2001-01-01, 2003-01-01, 2003-01-01로 입력한다.

주의 간주취득일은 최초취득일로부터 가장 근접한 결산재무제표의 결산일을 의미한다.

⑤ 통화는 모두 '원화'를 선택한다.
⑥ 취득원가를 입력한다. 여기서는 1대1 관계에서 차례대로 200,000,000원, 90,000,000원, 100,000,000원을 입력한다.
⑦ 지분율을 입력한다. 여기서는 1대1 관계에서 차례대로 80%, 30%, 46%로 입력한다.

4) 취득시지분구조_공정가치차이 sheet

기업명	약식명칭	취득차수_1	취득일_1	간주취득일_1	자본계정명_1	자본금액_1_외화	자본금액_1	공정가치차이계정명	외화_공정가치차이금액	공정가치차이금액	상각여부	잔존내용연수_월	잔존가치	외부판매일_1차	외부판매비율_1차
종속1	AB	1	2001-01-01	2001-01-01	자본금		98,500,000	상품		1,000,000	비상각			2003-07-01	50%
종속1	AB				자본잉여금		10,000,000	토지		800,000	비상각			2004-02-01	100%
종속1	AB				이익잉여금		20,000,000	기계장치		700,000	상각	60	0		
종속1	AB														
종속1	AB														
종속1	AB														
종속1	AB														
종속1	AB														
종속1	AB														
종속1	AB														
종속2	AC	1	2003-01-01	2003-01-01	자본금		80,000,000	상품		600,000	비상각			2004-07-01	60%
종속2	AC				자본잉여금		10,000,000	토지		500,000	비상각				
종속2	AC				이익잉여금		15,000,000	기계장치		400,000	상각	60	0		
종속2	AC														
종속2	AC														
종속2	AC														
종속2	AC														
종속2	AC														
종속2	AC														
종속2	AC														

① 종속1의 2001-01-01자의 자본계정명과 종속2의 2003-01-01자의 자본계정명을 K열에 차례대로 입력한다.
② 종속1의 2001-01-01자의 자본금액과 종속2의 2003-01-01자의 자본금액을 M열에 차례대로 입력한다.
③ 공정가치와 장부금액이 차이가 나는 계정과목명을 N열에 입력한다.
④ 공정가치와 장부금액의 차이금액을 P열에 입력한다.
⑤ 공정가치와 장부금액이 차이가 나는 계정과목이 상각 또는 비상각대상인지를 선택한다.
⑥ 상각여부에서 상각을 선택하는 경우 잔존내용연수를 월할로 기입한다.
⑦ 잔존가치를 입력한다.
⑧ 공정가치와 장부금액이 차이가 나는 계정과목의 외부판매일과 외부판매비율을 입력한다.

5) 재무정보 sheet

일련번호	목차	기업명	약식명칭	기간	계정명	금액
2	재무정보	종속1	AB	2001-12-31	배당	
					당기순이익	8,000,000
					기타포괄손익	
					해외사업환산손익	
2		종속1	AB	2002-12-31	배당	
					당기순이익	9,000,000
					기타포괄손익	
					해외사업환산손익	
2		종속1	AB	2003-12-31	배당	9,000,000
					당기순이익	12,000,000
					기타포괄손익	
					해외사업환산손익	
2		종속1	AB	2004-12-31	배당	10,000,000
					당기순이익	14,000,000
					기타포괄손익	
					해외사업환산손익	
3		종속2	AC	2003-12-31	배당	14,000,000
					당기순이익	11,000,000
					기타포괄손익	
					해외사업환산손익	
3		종속2	AC	2004-12-31	배당	8,000,000
					당기순이익	13,000,000
					기타포괄손익	

① 2001-01-01~2004-12-31 동안 종속1과 종속2의 재무변동사항을 기입한다.

주의 당기순손실인 경우는 마이너스(-)를 붙인다.

6) 내부거래현황 sheet

판매회사	매입회사	판매회사약식	매입회사약식	계정과목	상각여부	내부거래번호	통화	내부거래일	내부판매액	환율	환산후_내부판매액	장부금액_원화	내부거래이익	잔존내용연수_월	잔존가치	외부판매일_1차	외부판매비율_1차	외부판매일_2차	외부판매비율_2차
지배	종속1	AA	AB	상품	비상각	AA001	원화	2003-01-01	1,000,000	1	1,000,000	600,000	400,000			2003-04-01	20.00%	2004-06-01	10.00%
지배	종속2	AA	AC	상품	비상각	AA002	원화	2004-02-01	1,100,000	1	1,100,000	500,000	600,000			2004-03-01	20.00%	2004-07-01	10.00%
종속1	종속2	AB	AC	상품	비상각	AB001	원화	2004-02-01	900,000	1	900,000	400,000	500,000			2004-03-01	20.00%	2004-07-01	20.00%
종속1	지배	AB	AA	기계장치	상각	AB002	원화	2003-02-01	2,000,000	1	2,000,000	400,000	1,600,000	60	0				
종속2	종속1	AC	AB	상품	비상각	AC001	원화	2004-02-01	600,000	1	600,000	400,000	200,000			2004-03-01	20.00%	2004-07-01	10.00%
종속2	지배	AC	AA	상품	비상각	AC002	원화	2004-02-01	400,000	1	400,000	100,000	300,000			2004-03-01	20.00%		

① 내부거래에서 판매회사와 매입회사를 차례대로 입력한다.
② 내부거래 대상 계정과목명과 상각여부를 차례대로 입력한다.
③ 내부거래번호를 입력한다. 입력시 중복이 발생하지 않도록 한다.
④ 내부거래일을 입력한다.
⑤ 내부판매액을 입력한다. 원화 또는 외화로 입력한다.
⑥ 환율은 원화일 경우 1로, 외화일 경우에는 내부거래일 시점의 환율로 입력한다. 여기서는 1로 입력한다.
⑦ 내부거래 대상 항목의 장부금액(원화 환산)을 입력한다.

⑧ 상각여부가 상각인 내부거래대상 항목에 대해서는 잔존내용연수(월할)와 잔존가치를 입력한다.
⑨ 외부판매일과 외부판매비율을 차수별로 입력한다.

(3) [원화시산표.xlsx] 작성

1) 보고기간 sheet

구분	일자
보고기간초	2004-01-01
보고기간말	2004-12-31

① 보고기간 초와 보고기간 말을 입력한다.

주의 기초정보의 보고기간 초와 보고기간 말과 동일하여야 한다.

2) 기업목록 sheet

기업명	시산표일자	표시통화	ERP	검증_빈값	검증_표시통화	검증_ERP
지배	2004-12-31	원화	더존	OK	OK	OK
종속1	2004-12-31	원화	더존	OK	OK	OK
종속2	2004-12-31	원화	더존	OK	OK	OK

① 기업명을 입력한다.
② 표시통화를 원화로 선택한다.
③ ERP는 더존이라고 가정하고 선택한다.

3) 원화시산표_1 sheet

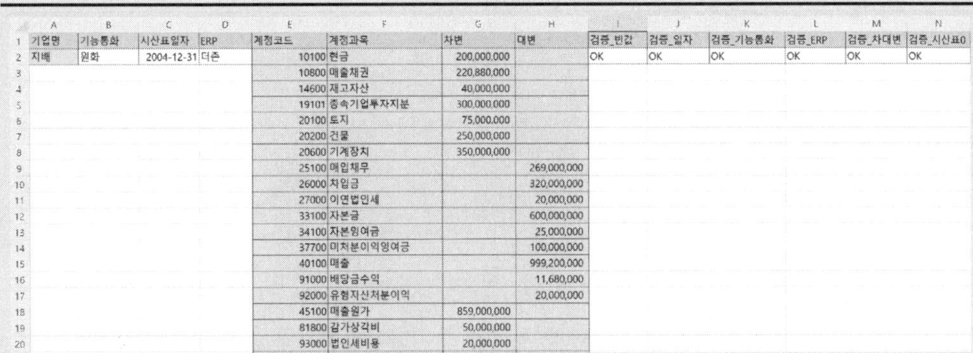

기업명	기능통화	시산표일자	ERP	계정코드	계정과목	차변	대변	검증_빈값	검증_일자	검증_기능통화	검증_ERP	검증_차대변	검증_시산표0
지배	원화	2004-12-31	더존	10100	현금	200,000,000		OK	OK	OK	OK	OK	OK
				10800	매출채권	220,880,000							
				14600	재고자산	40,000,000							
				19101	종속기업투자지분	300,000,000							
				20100	토지	75,000,000							
				20200	건물	250,000,000							
				20600	기계장치	350,000,000							
				25100	매입채무		269,000,000						
				26000	차입금		320,000,000						
				27000	이연법인세		20,000,000						
				33100	자본금		600,000,000						
				34100	자본잉여금		25,000,000						
				37700	미처분이익잉여금		100,000,000						
				40100	매출		999,200,000						
				91000	배당금수익		11,680,000						
				92000	유형자산처분이익		20,000,000						
				45100	매출원가	859,000,000							
				81800	감가상각비	50,000,000							
				93000	법인세비용	20,000,000							

① 기업명을 입력한다. 여기서는 P사로 입력한다.
② 해당 계정코드, 계정과목, 차변, 대변 금액을 차례로 입력한다.
③ 검증 칼럼에서 OK가 아닌 경우 해당 원인을 해결한다.

4) 원화시산표_2 sheet

	A	B	C	D	E	F	G	H	I	J	K	L	M	N
1	기업명	기능통화	시산표일자	ERP	계정코드	계정과목	차변	대변	검증_빈값	검증_일자	검증_기능통화	검증_ERP	검증_차대변	검증_시산표0
2	종속1	원화	2004-12-31	더존	10100	현금	48,000,000		OK	OK	OK	OK	OK	OK
3					10800	매출채권	74,000,000							
4					14600	재고자산	30,000,000							
5					19101	종속기업투자지분	90,000,000							
6					20100	토지	40,000,000							
7					20200	건물	50,000,000							
8					20600	기계장치	100,000,000							
9					25100	매입채무		90,000,000						
10					26000	차입금		170,500,000						
11					27000	이연법인세		19,000,000						
12					33100	자본금		98,500,000						
13					34100	자본잉여금		10,000,000						
14					37700	미처분이익잉여금		30,000,000						
15					40100	매출		191,600,000						
16					91000	배당금수익		2,400,000						
17					92000	유형자산처분이익		20,000,000						
18					45100	매출원가	166,000,000							
19					81800	감가상각비	15,000,000							
20					93000	법인세비용	19,000,000							

① 기업명을 입력한다. 여기서는 P사로 입력한다.
② 해당 계정코드, 계정과목, 차변, 대변 금액을 차례로 입력한다.
③ 검증 칼럼에서 OK가 아닌 경우 해당 원인을 해결한다.

5) 원화시산표_3 sheet

	A	B	C	D	E	F	G	H	I	J	K	L	M	N
1	기업명	기능통화	시산표일자	ERP	계정코드	계정과목	차변	대변	검증_빈값	검증_일자	검증_기능통화	검증_ERP	검증_차대변	검증_시산표0
2	종속2	원화	2004-12-31	더존	10100	현금	45,000,000		OK	OK	OK	OK	OK	OK
3					10800	매출채권	33,000,000							
4					14600	재고자산	25,000,000							
5					20100	토지	20,000,000							
6					20200	건물	40,000,000							
7					20600	기계장치	80,000,000							
8					25100	매입채무		68,000,000						
9					26000	차입금		50,000,000						
10					27000	이연법인세		18,000,000						
11					33100	자본금		80,000,000						
12					34100	자본잉여금		10,000,000						
13					37700	미처분이익잉여금		4,000,000						
14					40100	매출		123,000,000						
15					92000	유형자산처분이익		20,000,000						
16					45100	매출원가	100,000,000							
17					81800	감가상각비	12,000,000							
18					93000	법인세비용	18,000,000							

① 기업명을 입력한다. 여기서는 P사로 입력한다.
② 해당 계정코드, 계정과목, 차변, 대변 금액을 차례로 입력한다.
③ 검증 칼럼에서 OK가 아닌 경우 해당 원인을 해결한다.

(4) [Fraudit-ExCon.exe] 실행

제4장_7_원가법_기초정보.xlsx과 제4장_7_원가법_원화시산표.xlsx을 Frau dit-ExCon이 있는 폴더에 복사하여 이동한다. 그리고 **접두어를 제거**하고 **기초정보.xlsx와 원화시산표.xlsx**로 이름을 변경한다. **그 다음에 Fraudit-ExCon.exe를 실행한다.**

1) Main Sheet

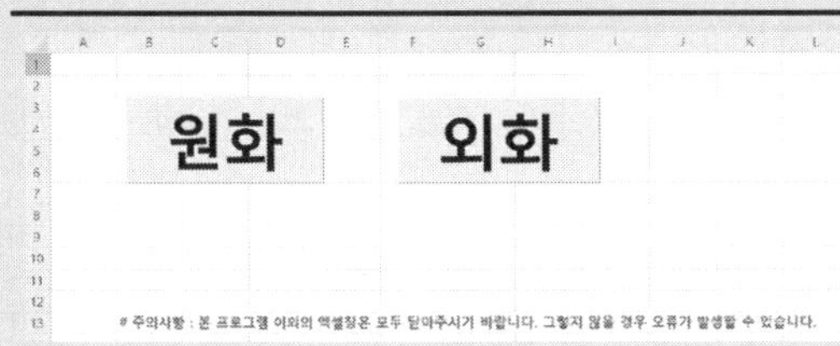

① 기능통화가 외화인 종속법인이 없으므로 원화 버튼을 누른다.

주의 원화 버튼을 누른 후 에러메시지가 뜨면 해당 에러 원인을 **기초정보.xlsx, 원화시산표.xlsx**에서 적절하게 수정한 후 다시 누른다.

2) out_연결분개_투자자본_0, 1 sheet

공정가치번호	계정과목	계정유형	차변	대변
	AA종속기업투자지분	BS	0	200000000
	AB자본금	HE	98500000	0
	AB자본잉여금	BS	10000000	0
	AB이익잉여금	BS	20000000	0
FA0000	AB상품	BS	1000000	0
	AB이연법인세	BS	0	220000
FA0001	AB토지	BS	800000	0
	AB이연법인세	BS	0	176000
FA0002	AB기계장치	BS	700000	0
	AB이연법인세	BS	0	154000
	AB비지배지분	NCI	0	26090000
	AB영업권	BS	95640000	0
FA0000	AB상품	BS	0	500000
FA0000	AB미처분이익잉여금	RE	500000	0
FA0000	AB이연법인세	BS	110000	0
FA0000	AB미처분이익잉여금	RE	0	110000
FA0000	AB비지배지분	NCI	78000	0
FA0000	AB미처분이익잉여금	RE	0	78000
FA0001	AB토지	BS	0	800000
FA0001	AB토지처분이익	BS	800000	0
FA0001	AB이연법인세	BS	176000	0
FA0001	AB법인세비용	IS	0	176000
FA0001	AB비지배지분	NCI	124800	0
FA0001	AB비지배지분순이익	RE	0	124800
FA0002	AB기계장치	BS	0	420000
FA0002	AB미처분이익잉여금	RE	420000	0
FA0002	AB이연법인세	BS	92400	0
FA0002	AB미처분이익잉여금	RE	0	92400
FA0002	AB비지배지분	NCI	65520	0
FA0002	AB미처분이익잉여금	RE	0	65520
FA0002	AB기계장치	BS	0	140000
FA0002	AB감가상각비	IS	140000	0
FA0002	AB이연법인세	BS	30800	0
FA0002	AB법인세비용	IS	0	30800
FA0002	AB비지배지분	NCI	21840	0
FA0002	AB비지배지분순이익	RE	0	21840

① **[out_연결분개_투자자본_0]** 연결분개 중 지배와 종속1의 투자와 자본 상계제거 분개 부분에 해당한다. 검증 목적으로 차변, 대변 칼럼의 금액과 계정과목을 확인하면 된다(분개에 대한 상세 설명은 본문에서 확인하기 바람).

공정가치번	계정과목	계정유형	차변	대변
	AA종속기업투자지분	BS	0	100000000
	AB종속기업투자지분	BS	0	90000000
	AC자본금	HE	80000000	0
	AC자본잉여금	BS	10000000	0
	AC이익잉여금	BS	15000000	0
FA0010	AC상품	BS	600000	0
	AC이연법인세	BS	0	144000
FA0011	AC토지	BS	500000	0
	AC이연법인세	BS	0	120000
FA0012	AC기계장치	BS	400000	0
	AC이연법인세	BS	0	96000
	AC비지배지분	NCI	0	31842000
	AC영업권	BS	97702000	0
	AC비지배지분	NCI	18000000	0
FA0010	AC상품	BS	0	360000
FA0010	AC상품매출원가	IS	360000	0
FA0010	AC이연법인세	BS	86400	0
FA0010	AC법인세비용	IS	0	86400
FA0010	AC비지배지분	NCI	82080	0
FA0010	AC비지배지분순이익	RE	0	82080
FA0012	AC기계장치	BS	0	80000
FA0012	AC미처분이익잉여금	RE	80000	0
FA0012	AC이연법인세	BS	19200	0
FA0012	AC미처분이익잉여금	RE	0	19200
FA0012	AC비지배지분	NCI	18240	0
FA0012	AC미처분이익잉여금	RE	0	18240
FA0012	AC기계장치	BS	0	80000
FA0012	AC감가상각비	IS	80000	0
FA0012	AC이연법인세	BS	19200	0
FA0012	AC법인세비용	IS	0	19200
FA0012	AC비지배지분	NCI	18240	0
FA0012	AC비지배지분순이익	RE	0	18240

② **[out_연결분개_투자자본_1]** 연결분개 중 지배, 종속1과 종속2의 투자와 자본 상계제거 분개 부분에 해당한다. 검증 목적으로 차변, 대변 칼럼의 금액과 계정과목을 확인하면 된다(분개에 대한 상세 설명은 본문에서 확인하기 바람).

3) out_연결분개_내부거래_0, 1, 2, 3, 4, 5 sheet

V	W	X	Y
계정과목_1	계정유형	차변	대변
AA상품	BS	0	400000
AA미처분이익잉여금	RE	400000	0
AA이연법인세	BS	88000	0
AA미처분이익잉여금	RE	0	88000
AA비지배지분	NCI	0	0
AA미처분이익잉여금	RE	0	0
AB미처분이익잉여금	RE	0	80000
AB상품	BS	80000	0
AB이연법인세	BS	0	17600
AB미처분이익잉여금	RE	17600	0
AA비지배지분	NCI	0	0
AA미처분이익잉여금	RE	0	0
AB매출원가	IS	0	40000
AB상품	BS	40000	0
AB이연법인세	BS	0	8800
AB법인세비용	IS	8800	0
AA비지배지분	NCI	0	0
AA비지배지분순이익	RE	0	0

① **[out_연결분개_내부거래_0]** 내부거래번호 AA001에 대한 연결분개 내부거래제거 부분에 해당한다(분개에 대한 상세 설명은 본문에서 확인하기 바람).

V	W	X	Y
계정과목_1	계정유형	차변	대변
AA상품매출	IS	1100000	0
AA상품매출원가	IS	0	1100000
AA상품	BS	0	600000
AA상품매출원가	IS	600000	0
AA이연법인세	BS	144000	0
AA법인세비용	IS	0	144000
AA비지배지분	NCI	0	0
AA비지배지분순이익	RE	0	0
AC매출원가	IS	0	180000
AC상품	BS	180000	0
AC이연법인세	BS	0	43200
AC법인세비용	IS	43200	0
AA비지배지분	NCI	0	0
AA비지배지분순이익	RE	0	0

② **[out_연결분개_내부거래_1]** 내부거래번호 AA002에 대한 연결분개 내부거래제거 부분에 해당한다(분개에 대한 상세 설명은 본문에서 확인하기 바람).

V	W	X	Y
계정과목_1	계정유형	차변	대변
AB상품매출	IS	900000	0
AB상품매출원가	IS	0	900000
AB상품	BS	0	500000
AB상품매출원가	IS	500000	0
AB이연법인세	BS	120000	0
AB법인세비용	IS	0	120000
AB비지배지분	NCI	76000	0
AB비지배지분순이익	RE	0	76000
AC매출원가	IS	0	200000
AC상품	BS	200000	0
AC이연법인세	BS	0	48000
AC법인세비용	IS	48000	0
AB비지배지분	NCI	0	30400
AB비지배지분순이익	RE	30400	0

③ **[out_연결분개_내부거래_2]** 내부거래번호 AB001에 대한 연결분개 내부거래제거 부분에 해당한다(분개에 대한 상세 설명은 본문에서 확인하기 바람).

V	W	X	Y
계정과목_1	계정유형	차변	대변
AB기계장치감가상각누계액	BS	0	1600000
AB미처분이익잉여금	RE	1600000	0
AB이연법인세	BS	320000	0
AB미처분이익잉여금	RE	0	320000
AB비지배지분	NCI	256000	0
AB미처분이익잉여금	RE	0	256000
AA기계장치감가상각누계액	BS	293333	0
AA미처분이익잉여금	RE	0	293333
AA이연법인세	BS	0	58666
AA이익잉여금	BS	58666	0
AA비지배지분	NCI	0	46933
AA이익잉여금	BS	46933	0
AA기계장치감가상각누계액	BS	320000	0
AA기계장치감가상각비	IS	0	320000
AA이연법인세	BS	0	64000
AA법인세비용	IS	64000	0
AA비지배지분	NCI	0	51200
AA비지배지분순이익	RE	51200	0

④ **[out_연결분개_내부거래_3]** 내부거래번호 AB002에 대한 연결분개 내부거래제거 부분에 해당한다(분개에 대한 상세 설명은 본문에서 확인하기 바람).

V	W	X	Y
계정과목_1	계정유형	차변	대변
AC상품매출	IS	600000	0
AC상품매출원가	IS	0	600000
AC상품	BS	0	200000
AC상품매출원가	IS	200000	0
AC이연법인세	BS	44000	0
AC법인세비용	IS	0	44000
AC비지배지분	NCI	46800	0
AC비지배지분순이익	RE	0	46800
AB매출원가	IS	0	60000
AB상품	BS	60000	0
AB이연법인세	BS	0	13200
AB법인세비용	IS	13200	0
AC비지배지분	NCI	0	14040
AC비지배지분순이익	RE	14040	0

⑤ **[out_연결분개_내부거래_4]** 내부거래번호 AC001에 대한 연결분개 내부거래제거 부분에 해당한다(분개에 대한 상세 설명은 본문에서 확인하기 바람).

V	W	X	Y
계정과목_1	계정유형	차변	대변
AC상품매출	IS	400000	0
AC상품매출원가	IS	0	400000
AC상품	BS	0	300000
AC상품매출원가	IS	300000	0
AC이연법인세	BS	60000	0
AC법인세비용	IS	0	60000
AC비지배지분	NCI	72000	0
AC비지배지분순이익	RE	0	72000
AA매출원가	IS	0	60000
AA상품	BS	60000	0
AA이연법인세	BS	0	12000
AA법인세비용	IS	12000	0
AC비지배지분	NCI	0	14400
AC비지배지분순이익	RE	14400	0

⑥ **[out_연결분개_내부거래_5]** 내부거래번호 AC002에 대한 연결분개 내부거래제거 부분에 해당한다(분개에 대한 상세 설명은 본문에서 확인하기 바람).

4) out_연결분개_기타_0, 1, 2, 3, 4, 5, 6, 7, 8, 9 sheet

	A	B	C	D	E	F	G	H	I	J	K	L	M	N
1	기업명	약식명칭	기간	계정명	금액	지배지분세율	마지막기업_비지배지분세율	명목지배지분율	최종_실질비지배지분율	외화환산	계정과목	계정유형	차변	대변
2	종속1	AB	2001-12-31	당기순이익	8,000,000	20.00%	22.00%	80.00%	20.00%		비지배지분	NCI	0	1,600,000
3											미처분이익잉여금	RE	1,600,000	0

① **[out_연결분개_기타_0]** 종속1의 2001년 당기순이익에 대한 비지배지분 연결분개 부분에 해당한다(분개에 대한 상세 설명은 본문에서 확인하기 바람).

	A	B	C	D	E	F	G	H	I	J	K	L	M	N
1	기업명	약식명칭	기간	계정명	금액	지배지분세율	마지막기업_비지배지분세율	명목지배지분율	최종_실질비지배지분율	외화환산	계정과목	계정유형	차변	대변
2	종속1	AB	2002-12-31	당기순이익	9,000,000	20.00%	22.00%	80.00%	20.00%		비지배지분	NCI	0	1,800,000
3											미처분이익잉여금	RE	1,800,000	0

② **[out_연결분개_기타_1]** 종속1의 2002년 당기순이익에 대한 비지배지분 연결분개 부분에 해당한다(분개에 대한 상세 설명은 본문에서 확인하기 바람).

	A	B	C	D	E	F	G	H	I	J	K	L	M	N
1	기업명	약식명칭	기간	계정명	금액	지배지분세율	마지막기업_비지배지분세율	명목지배지분율	최종_실질비지배지분율	외화환산	계정과목	계정유형	차변	대변
2	종속1	AB	2003-12-31	당기순이익	12,000,000	20.00%	22.00%	80.00%	20.00%		비지배지분	NCI	0	2,400,000
3											미처분이익잉여금	RE	2,400,000	0

③ **[out_연결분개_기타_2]** 종속1의 2003년 당기순이익에 대한 비지배지분 연결분개 부분에 해당한다(분개에 대한 상세 설명은 본문에서 확인하기 바람).

	A	B	C	D	E	F	G	H	I	J	K	L	M	N
1	기업명	약식명칭	기간	계정명	금액	지배지분세율	마지막기업_비지배지분세율	명목지배지분율	최종_실질비지배지분율	외화환산	계정과목	계정유형	차변	대변
2	종속1	AB	2003-12-31	배당	9,000,000	20.00%	22.00%	80.00%	20.00%		미처분이익잉여금	RE	0	9,000,000
3											미처분이익잉여금	RE	7,200,000	0
4											비지배지분	NCI	1,800,000	0

④ **[out_연결분개_기타_3]** 종속1의 2003년 배당에 대한 비지배지분 연결분개 부분에 해당한다(분개에 대한 상세 설명은 본문에서 확인하기 바람).

	A	B	C	D	E	F	G	H	I	J	K	L	M	N
1	기업명	약식명칭	기간	계정명	금액	지배지분세율	마지막기업_비지배지분세율	명목지배지분율	최종_실질비지배지분율	외화환산	계정과목	계정유형	차변	대변
2	종속1	AB	2004-12-31	당기순이익	14,000,000	20.00%	22.00%	80.00%	20.00%		비지배지분	NCI	0	2,800,000
3											비지배지분순이익	RE	2,800,000	0

⑤ **[out_연결분개_기타_4]** 종속1의 2004년 당기순이익에 대한 비지배지분 연결분개 부분에 해당한다(분개에 대한 상세 설명은 본문에서 확인하기 바람).

	A	B	C	D	E	F	G	H	I	J	K	L	M	N
1	기업명	약식명칭	기간	계정명	금액	지배지분세율	마지막기업_비지배지분세율	명목지배지분율	최종_실질비지배지분율	외화환산	계정과목	계정유형	차변	대변
2	종속1	AB	2004-12-31	배당	10,000,000	20.00%	22.00%	80.00%	20.00%		미처분이익잉여금	RE	0	10,000,000
3											배당금수익	BS	8,000,000	0
4											비지배지분	NCI	2,000,000	0

⑥ **[out_연결분개_기타_5]** 종속1의 2004년 배당에 대한 비지배지분 연결분개 부분에 해당한다((분개에 대한 상세 설명은 본문에서 확인하기 바람).

	A	B	C	D	E	F	G	H	I	J	K	L	M	N
1	기업명	약식명칭	기간	계정명	금액	지배지분세율	마지막기업_비지배지분세율	명목지배지분율	최종_실질비지배지분율	외화환산	계정과목	계정유형	차변	대변
2	종속2	AC	2003-12-31	당기순이익	11,000,000	20.00%	24.00%	76.00%	30.00%		비지배지분	NCI	0	3,300,000
3											미처분이익잉여금	RE	3,300,000	0

⑦ **[out_연결분개_기타_6]** 종속2의 2003년 당기순이익에 대한 비지배지분 연결분개 부분에 해당한다(분개에 대한 상세 설명은 본문에서 확인하기 바람).

	A	B	C	D	E	F	G	H	I	J	K	L	M	N
1	기업명	약식명칭	기간	계정명	금액	지배지분세율	마지막기업_비지배지분세율	명목지배지분율	최종_실질비지배지분율	외화환산	계정과목	계정유형	차변	대변
2	종속2	AC	2003-12-31	배당	14,000,000	20.00%	24.00%	76.00%	30.00%		미처분이익잉여금	RE	0	14,000,000
3											미처분이익잉여금	RE	10,640,000	0
4											비지배지분	NCI	4,200,000	0
5											미처분이익잉여금	RE	0	840,000

⑧ **[out_연결분개_기타_7]** 종속2의 2003년 배당에 대한 비지배지분 연결분개 부분에 해당한다(분개에 대한 상세 설명은 본문에서 확인하기 바람).

	A	B	C	D	E	F	G	H	I	J	K	L	M	N
1	기업명	약식명칭	기간	계정명	금액	지배지분세율	마지막기업_비지배지분세율	명목지배지분율	최종_실질비지배지분율	외화환산	계정과목	계정유형	차변	대변
2	종속2	AC	2004-12-31	당기순이익	13,000,000	20.00%	24.00%	76.00%	30.00%		비지배지분	NCI	0	3,900,000
3											비지배지분순이익	RE	3,900,000	0

⑨ **[out_연결분개_기타_8]** 종속2의 2004년 당기순이익에 대한 비지배지분 연결분개 부분에 해당한다(분개에 대한 상세 설명은 본문에서 확인하기 바람).

기업명	약식명칭	기간	계정명	금액	지배지분세율	마지막기업_비지배지분세율	명목지배지분율	최종_실질비지배지분율	외화환산	계정과목	계정유형	차변	대변
종속2	AC	2004-12-31	배당	8,000,000	20.00%	24.00%	76.00%	30.00%		미처분이익잉여금	RE	0	8,000,000
										배당금수익	BS	6,080,000	0
										비지배지분	NCI	2,400,000	0
										비지배지분순이익	RE	0	480,000

⑩ **[out_연결분개_기타_9]** 종속2의 2004년 배당에 대한 비지배지분 연결분개 부분에 해당한다(분개에 대한 상세 설명은 본문에서 확인하기 바람).

5) out_연결분개_이연법인세_0, 1, 2, 3, 4, 5, 6, 7, 8, 9 sheet

기업명	약식명칭	기간	계정명	금액	지배지분세율	마지막기업_비지배지분세율	명목지배지분율	최종_실질비지배지분율	외화환산	계정과목	계정유형	차변	대변
종속1	AB	2001-12-31	당기순이익	8,000,000	20.00%	22.00%	80.00%	20.00%		이연법인세	BS	0	1,632,000
										미처분이익잉여금	RE	1,632,000	0
										비지배지분	NCI	352,000	0
										미처분이익잉여금	RE	0	352,000

① **[out_연결분개_이연법인세_0]** 종속1의 2001년 당기순이익에 대한 투자지분 이연법인세 연결분개 부분에 해당한다(분개에 대한 상세 설명은 본문에서 확인하기 바람).

기업명	약식명칭	기간	계정명	금액	지배지분세율	마지막기업_비지배지분세율	명목지배지분율	최종_실질비지배지분율	외화환산	계정과목	계정유형	차변	대변
종속1	AB	2002-12-31	당기순이익	9,000,000	20.00%	22.00%	80.00%	20.00%		이연법인세	BS	0	1,836,000
										미처분이익잉여금	RE	1,836,000	0
										비지배지분	NCI	396,000	0
										미처분이익잉여금	RE	0	396,000

② **[out_연결분개_이연법인세_1]** 종속1의 2002년 당기순이익에 대한 투자지분 이연법인세 연결분개 부분에 해당한다(분개에 대한 상세 설명은 본문에서 확인하기 바람).

기업명	약식명칭	기간	계정명	금액	지배지분세율	마지막기업_비지배지분세율	명목지배지분율	최종_실질비지배지분율	외화환산	계정과목	계정유형	차변	대변
종속1	AB	2003-12-31	당기순이익	12,000,000	20.00%	22.00%	80.00%	20.00%		이연법인세	BS	0	2,448,000
										미처분이익잉여금	RE	2,448,000	0
										비지배지분	NCI	528,000	0
										미처분이익잉여금	RE	0	528,000

③ **[out_연결분개_이연법인세_2]** 종속1의 2003년 당기순이익에 대한 투자지분 이연법인세 연결분개 부분에 해당한다(분개에 대한 상세 설명은 본문에서 확인하기 바람).

기업명	약식명칭	기간	계정명	금액	지배지분세율	마지막기업_비지배지분세율	명목지배지분율	최종_실질비지배지분율	외화환산	계정과목	계정유형	차변	대변
종속1	AB	2003-12-31	배당	9,000,000	20.00%	22.00%	80.00%	20.00%		이연법인세	BS	1,836,000	0
										미처분이익잉여금	RE	0	1,836,000
										비지배지분	NCI	0	396,000
										미처분이익잉여금	RE	396,000	0

④ **[out_연결분개_이연법인세_3]** 종속1의 2003년 배당에 대한 투자지분 이연법인세 연결분개 부분에 해당한다(분개에 대한 상세 설명은 본문에서 확인하기 바람).

기업명	약식명칭	기간	계정명	금액	지배지분세율	마지막기업_비지배지분세율	명목지배지분율	최종_실질비지배지분율	외화환산	계정과목	계정유형	차변	대변
종속1	AB	2004-12-31	당기순이익	14,000,000	20.00%	22.00%	80.00%	20.00%		이연법인세	BS	0	2,856,000
										법인세비용	IS	2,856,000	0
										비지배지분	NCI	616,000	0
										비지배지분순이익	RE	0	616,000

⑤ **[out_연결분개_이연법인세_4]** 종속1의 2004년 당기순이익에 대한 투자지분 이연법인세 연결분개 부분에 해당한다(분개에 대한 상세 설명은 본문에서 확인하기 바람).

기업명	약식명칭	기간	계정명	금액	지배지분세율	마지막기업_비지배지분세율	명목지배지분율	최종_실질비지배지분율	외화환산	계정과목	계정유형	차변	대변
종속1	AB	2004-12-31	배당	10,000,000	20.00%	22.00%	80.00%	20.00%		이연법인세	BS	2,040,000	0
										법인세비용	IS	0	2,040,000
										비지배지분	NCI	0	440,000
										비지배지분순이익	RE	440,000	0

⑥ **[out_연결분개_이연법인세_5]** 종속1의 2004년 배당에 대한 투자지분 이연법인세 연결분개 부분에 해당한다(분개에 대한 상세 설명은 본문에서 확인하기 바람).

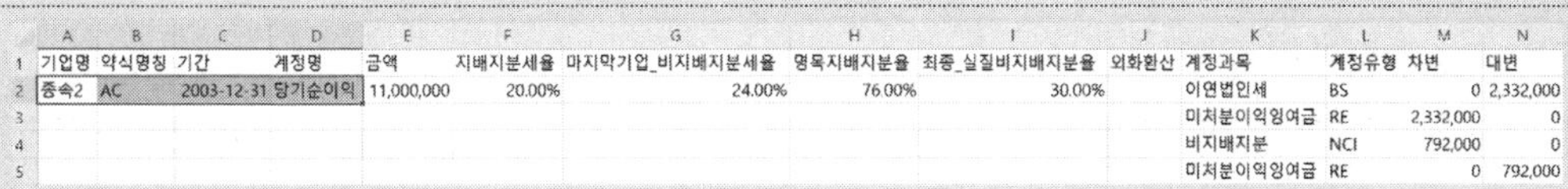

	기업명	약식명칭	기간	계정명	금액	지배지분세율	마지막기업_비지배지분세율	명목지배지분율	최종_실질비지배지분율	외화환산	계정과목	계정유형	차변	대변
2	종속2	AC	2003-12-31	당기순이익	11,000,000	20.00%	24.00%	76.00%	30.00%		이연법인세	BS	0	2,332,000
3											미처분이익잉여금	RE	2,332,000	0
4											비지배지분	NCI	792,000	0
5											미처분이익잉여금	RE	0	792,000

⑦ **[out_연결분개_이연법인세_6]** 종속2의 2003년 당기순이익에 대한 투자지분 이연법인세 연결분개 부분에 해당한다(분개에 대한 상세 설명은 본문에서 확인하기 바람).

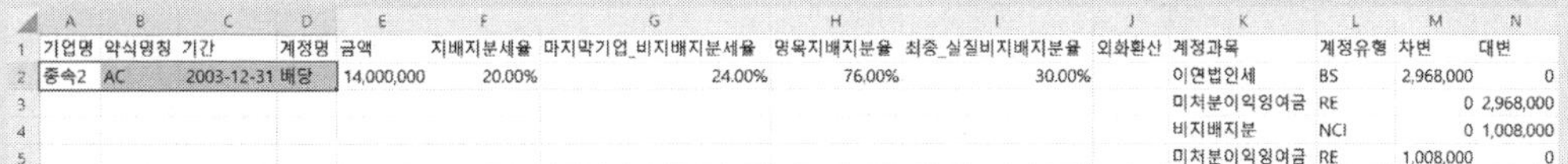

	기업명	약식명칭	기간	계정명	금액	지배지분세율	마지막기업_비지배지분세율	명목지배지분율	최종_실질비지배지분율	외화환산	계정과목	계정유형	차변	대변
2	종속2	AC	2003-12-31	배당	14,000,000	20.00%	24.00%	76.00%	30.00%		이연법인세	BS	2,968,000	0
3											미처분이익잉여금	RE	0	2,968,000
4											비지배지분	NCI	0	1,008,000
5											미처분이익잉여금	RE	1,008,000	0

⑧ **[out_연결분개_이연법인세_7]** 종속2의 2003년 배당에 대한 투자지분 이연법인세 연결분개 부분에 해당한다(분개에 대한 상세 설명은 본문에서 확인하기 바람).

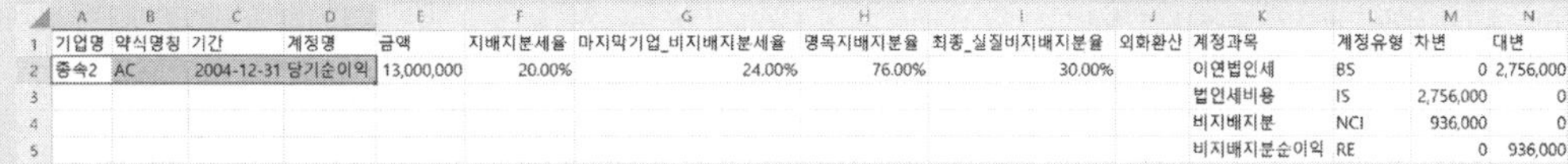

	기업명	약식명칭	기간	계정명	금액	지배지분세율	마지막기업_비지배지분세율	명목지배지분율	최종_실질비지배지분율	외화환산	계정과목	계정유형	차변	대변
2	종속2	AC	2004-12-31	당기순이익	13,000,000	20.00%	24.00%	76.00%	30.00%		이연법인세	BS	0	2,756,000
3											법인세비용	IS	2,756,000	0
4											비지배지분	NCI	936,000	0
5											비지배지분순이익	RE	0	936,000

⑨ **[out_연결분개_이연법인세_8]** 종속2의 2004년 당기순이익에 대한 투자지분 이연법인세 연결분개 부분에 해당한다(분개에 대한 상세 설명은 본문에서 확인하기 바람).

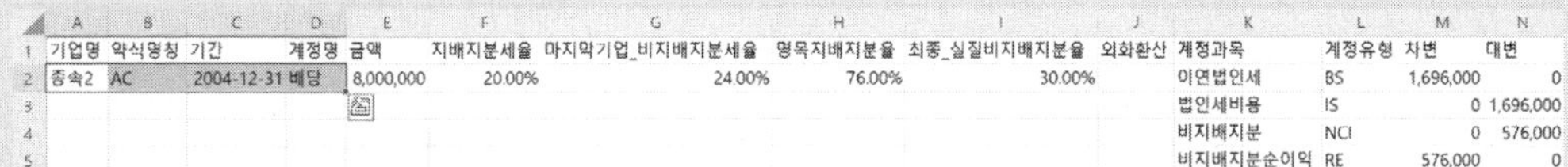

	기업명	약식명칭	기간	계정명	금액	지배지분세율	마지막기업_비지배지분세율	명목지배지분율	최종_실질비지배지분율	외화환산	계정과목	계정유형	차변	대변
2	종속2	AC	2004-12-31	배당	8,000,000	20.00%	24.00%	76.00%	30.00%		이연법인세	BS	1,696,000	0
3											법인세비용	IS	0	1,696,000
4											비지배지분	NCI	0	576,000
5											비지배지분순이익	RE	576,000	0

⑩ **[out_연결분개_이연법인세_9]** 종속2의 2004년 배당에 대한 투자지분 이연법인세 연결분개 부분에 해당한다(분개에 대한 상세 설명은 본문에서 확인하기 바람).

6) tmp_연결분개_통합

	A	B	C	D	E	F	G	H	I	J
1	계정과목	매핑계정과목	신설필요_계정과목	후보_매핑계정과목_1	후보_매핑계정과목_2	차변잔액	대변잔액		확인	
2	AA기계장치감가상각누계액	AA기계장치		AA기계장치		613,333	0			
3	AA기계장치감가상각비	AA감가상각비		AA기계장치		0	320,000			
4	AA매출원가	AA매출원가		AA매출원가	AA매출채권	0	60,000			
5	AA미처분이익잉여금	AA미처분이익잉여금		AA미처분이익잉여금	AB미처분이익잉여금	18,667	0			
6	AA법인세비용	AA법인세비용		AA법인세비용	AB법인세비용	0	68,000			
7	AA비지배지분	비지배지분		비지배지분순이익	비지배지분	0	98,133			
8	AA비지배지분순이익	비지배지분순이익		비지배지분순이익		51,200	0			
9	AA상품	AA상품	AA상품			0	940,000			
10	AA상품매출	AA상품매출	AA상품매출			1,100,000	0			
11	AA상품매출원가	AA매출원가		AA매출원가		0	500,000			
12	AA이연법인세	AA이연법인세		AA이연법인세	AB이연법인세	97,334	0			
13	AA이익잉여금	AA미처분이익잉여금		AA미처분이익잉여금		105,599	0			
14	AA종속기업투자지분	AA종속기업투자지분		AA종속기업투자지분	AB종속기업투자지분	0	300,000,000			
15	AB감가상각비	AB감가상각비		AB감가상각비	AA감가상각비	140,000	0			
16	AB기계장치	AB기계장치		AB기계장치	AA기계장치	140,000	0			
17	AB기계장치감가상각누계액	AB기계장치		AB기계장치		0	1,600,000			
18	AB매출원가	AB매출원가		AB매출원가	AB매출채권	0	100,000			
19	AB미처분이익잉여금	AB미처분이익잉여금		AB미처분이익잉여금	AA미처분이익잉여금	1,535,680	0			
20	AB법인세비용	AB법인세비용		AB법인세비용	AA법인세비용	0	304,800			
21	AB비지배지분	비지배지분		비지배지분순이익	비지배지분	0	25,498,240			
22	AB비지배지분순이익	비지배지분순이익		비지배지분순이익		0	192,240			
23	AB상품	AB상품	AB상품			180,000	0			
24	AB상품매출	AB상품매출	AB상품매출			900,000	0			
25	AB상품매출원가	AB매출원가		AB매출원가		0	400,000			
26	AB영업권	AB영업권	AB영업권			95,640,000	0			
27	AB이연법인세	AB이연법인세		AB이연법인세	AA이연법인세	259,600	0			
28	AB이익잉여금	AB미처분이익잉여금		AB미처분이익잉여금		20,000,000	0			
29	AB자본금	AB자본금		AB자본금	AB자본잉여금	98,500,000	0			
30	AB자본잉여금	AB자본잉여금		AB자본잉여금	AB자본금	10,000,000	0			
31	AB종속기업투자지분	AB종속기업투자지분		AB종속기업투자지분	AA종속기업투자지분	0	90,000,000			
32	AB토지	AB토지		AB토지		0	0			
33	AB토지처분이익	AB유형자산처분이익		AB토지		800,000	0			
34	AC감가상각비	AC감가상각비		AC감가상각비	AA감가상각비	80,000	0			
35	AC기계장치	AC기계장치		AC기계장치	AA기계장치	240,000	0			
36	AC매출원가	AC매출원가		AC매출원가	AC매출채권	0	380,000			
37	AC미처분이익잉여금	AC미처분이익잉여금		AC미처분이익잉여금	AA미처분이익잉여금	42,560	0			
38	AC법인세비용	AC법인세비용		AC법인세비용	AA법인세비용	0	118,400			
39	AC비지배지분	비지배지분		비지배지분순이익	비지배지분	0	13,633,080			
40	AC비지배지분순이익	비지배지분순이익		비지배지분순이익		0	190,680			
41	AC상품	AC상품	AC상품			120,000	0			
42	AC상품매출	AC상품매출	AC상품매출			1,000,000	0			
43	AC상품매출원가	AC매출원가		AC매출원가		0	140,000			
44	AC영업권	AC영업권	AC영업권			97,702,000	0			
45	AC이연법인세	AC이연법인세		AC이연법인세	AA이연법인세	0	222,400			
46	AC이익잉여금	AC미처분이익잉여금		AC미처분이익잉여금		15,000,000	0			
47	AC자본금	AC자본금		AC자본금	AC자본잉여금	80,000,000	0			
48	AC자본잉여금	AC자본잉여금		AC자본잉여금	AC자본금	10,000,000	0			
49	AC토지	AC토지		AC토지		500,000	0			
50	미처분이익잉여금	AA미처분이익잉여금		AA미처분이익잉여금	AB미처분이익잉여금	0	12,120,000			
51	배당금수익	AA배당금수익		AA배당금수익	AB배당금수익	14,080,000	0			
52	법인세비용	AA법인세비용		AA법인세비용	AB법인세비용	1,876,000	0			
53	비지배지분	비지배지분		비지배지분	비지배지분순이익	0	4,200,000			
54	비지배지분순이익	비지배지분순이익		비지배지분순이익	비지배지분	5,684,000	0			
55	이연법인세	이연법인세		이연법인세	AA이연법인세	0	5,320,000			

① 상기와 같이 매핑한다.

주의 적절한 계정과목을 신설하여야 하는 경우에는 신설필요_계정과목에 신설하고 동일한 계정과목을 매핑계정과목에 입력하여야 한다.

② 확인 버튼을 누른다.

7) out_최종연결정산표 sheet

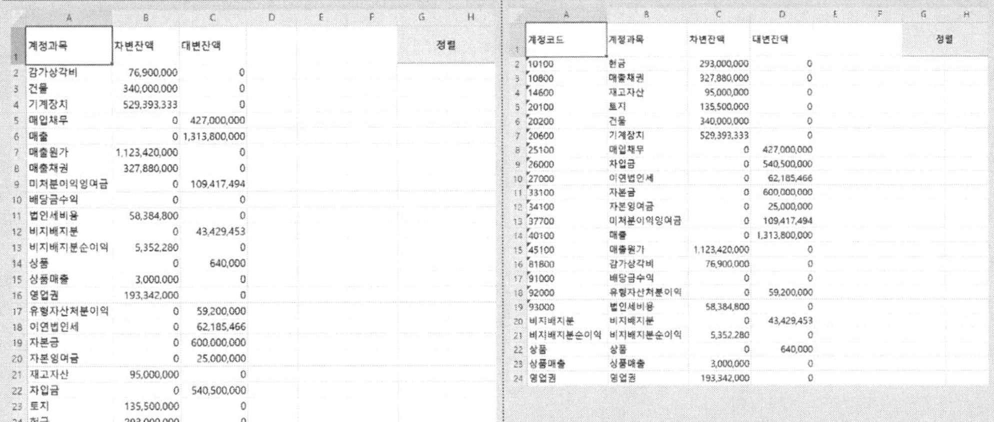

	A	B	C
1	계정과목	차변잔액	대변잔액
2	감가상각비	76,900,000	0
3	건물	340,000,000	0
4	기계장치	529,393,333	0
5	매입채무	0	427,000,000
6	매출	0	1,313,800,000
7	매출원가	1,123,420,000	0
8	매출채권	327,880,000	0
9	미처분이익잉여금	0	109,417,494
10	배당금수익	0	0
11	법인세비용	58,384,800	0
12	비지배지분	0	43,429,453
13	비지배지분순이익	5,352,280	0
14	상품	0	640,000
15	상품매출	3,000,000	0
16	영업권	193,342,000	0
17	유형자산처분이익	0	59,200,000
18	이연법인세	0	62,185,466
19	자본금	0	600,000,000
20	자본잉여금	0	25,000,000
21	재고자산	95,000,000	0
22	차입금	0	540,500,000
23	토지	135,500,000	0
24	현금	293,000,000	0

① 계정과목이 한글로 오름차순으로 되어 있다.
② 정렬 버튼을 누른다.

	A	B	C	D
1	계정코드	계정과목	차변잔액	대변잔액
2	10100	현금	293,000,000	0
3	10800	매출채권	327,880,000	0
4	14600	재고자산	95,000,000	0
5	20100	토지	135,500,000	0
6	20200	건물	340,000,000	0
7	20600	기계장치	529,393,333	0
8	25100	매입채무	0	427,000,000
9	26000	차입금	0	540,500,000
10	27000	이연법인세	0	62,185,466
11	33100	자본금	0	600,000,000
12	34100	자본잉여금	0	25,000,000
13	37700	미처분이익잉여금	0	109,417,494
14	40100	매출	0	1,313,800,000
15	45100	매출원가	1,123,420,000	0
16	81800	감가상각비	76,900,000	0
17	91000	배당금수익	0	0
18	92000	유형자산처분이익	0	59,200,000
19	93000	법인세비용	58,384,800	0
20	비지배지분	비지배지분	0	43,429,453
21	비지배지분순이익	비지배지분순이익	5,352,280	0
22	상품	상품	0	640,000
23	상품매출	상품매출	3,000,000	0
24	영업권	영업권	193,342,000	0

③ 계정코드별로 오름차순되며, 계정코드가 없이 새롭게 삽입된 계정과목은 맨 아래에 위치하고 그러한 계정과목은 계정과목으로(한글순으로) 오름차순으로 정렬이 된다.

제 5 절 지배성립 이후 종속기업 주식 추가 취득

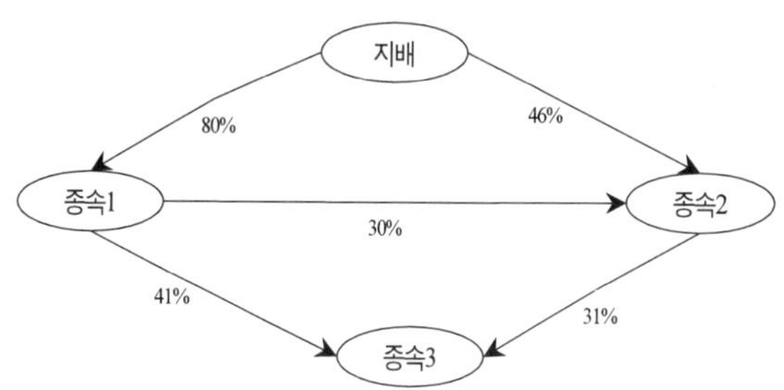

기본정보 8 지배 성립 이후 종속기업주식 추가 취득

(1) 취득자 개요

지배 기업	종속 기업	지분율	최초 취득일	취득대가	추가 취득일	추가 지분율	추가취득대가
지배	종속1	80%	2X08.01.01.	₩200,000,000	2X09.01.01.	6%	₩20,000,000
종속1	종속2	30%	2X08.01.01.	₩90,000,000	2X09.01.02.	5%	₩7,000,000
지배	종속2	46%	2X08.01.01.	₩100,000,000			
종속1	종속3	41%	2X08.01.01.	₩40,000,000			
종속2	종속3	31%	2X08.01.01.	₩ 30,000,000	2X09.01.03.	4%	₩4,000,000

(2) 최초 취득일의 피취득자 자본 현황

	종속1	종속2	종속3
자본금	₩98,500,000	₩80,000,000	₩70,000,000
자본잉여금	₩10,000,000	₩10,000,000	₩5,000,000
이익잉여금	₩20,000,000	₩15,000,000	₩10,000,000

(3) 취득일의 피취득자 자산 중 장부금액과 공정가치 차이 내역

기업	자산/부채 종류	차이	후속처리
종속1	재고자산	₩1,000,000	2X08.7.1. 30% 외부판매
	토지	₩800,000	2X09.2.1. 100% 외부판매
	기계장치	₩700,000	잔존내용연수 5년, 잔존가치 ₩0
종속2	재고자산	₩600,000	2X09.7.1. 60% 외부판매
	토지	₩500,000	
	기계장치	₩400,000	잔존내용연수 5년, 잔존가치 ₩0
종속3	재고자산	₩10,000	
	토지	₩30,000	
	기계장치	₩20,000	잔존내용연수 5년, 잔존가치 ₩0

(4) 추가 취득일과 가장 근접한 결산일의 연결재무제표상 종속기업의 순자산 현황

구분	종속1	종속2	종속3
추가 취득일	2X09.01.01.	2X09.01.02.	2X09.01.03.
추가 취득일 근접 결산일	2X09.01.01.	2X09.01.01.	2X09.01.01.
자본금	₩98,500,000	₩80,000,000	₩70,000,000
자본잉여금	₩10,000,000	₩10,000,000	₩5,000,000
이익잉여금	₩23,000,000	₩12,000,000	₩12,500,000

(5) 세율

지배	종속1	종속2	종속3
20%	22%	24%	26%

(6) 내부거래 현황 : 기계장치 내부매각시 잔존내용연수 5년, 잔존가치 ₩0

내부 거래일	자산	판매 회사	장부금액 (외부매입)	내부 판매액	내부거래이익	매입 회사	외부 판매일	외부판매비율 (100%기준)
2X08.3.1.	재고자산	종속1	₩400,000	₩900,000	₩500,000	종속2	2X08.4.1.	20%
							2X09.7.1.	20%
2X09.2.1.	재고자산	종속2	₩400,000	₩600,000	₩200,000	종속1	2X09.3.1.	20%
							2X09.7.1.	10%
2X09.2.1.	재고자산	종속2	₩100,000	₩400,000	₩300,000	지배	2X09.3.1.	20%
2X09.2.1.	재고자산	종속3	₩30,000	₩50,000	₩20,000	지배	2X09.7.1.	20%

(7) 종속기업 당기순이익 및 배당 현황

		2X08년	2X09년
종속1	배당	₩9,000,000	₩10,000,000
	당기순이익	₩12,000,000	₩14,000,000
종속2	배당	₩14,000,000	₩8,000,000
	당기순이익	₩11,000,000	₩13,000,000
종속3	배당	₩6,000,000	₩7,000,000
	당기순이익	₩8,500,000	₩12,000,000

(8) 2X09년 12월 31일 기준으로 연결재무제표를 작성하고자 한다.

(1) 종속기업투자지분과 종속기업 자본 상계

[2X09년] 연결조정분개 (단위: 원)	(차변)	(대변)
1단계 : 투자와 자본 상계제거		
(종속1)		
종속기업투자지분(종속1)		200,000,000
자본금(종속1)	98,500,000	
자본잉여금(종속1)	10,000,000	
이익잉여금(종속1)	20,000,000	
재고자산	1,000,000	
토지	800,000	
기계장치	700,000	
이연법인세부채 주1)		220,000
이연법인세부채 주2)		176,000
이연법인세부채 주3)		154,000
비지배지분		26,090,000

[2X09년] 연결조정분개 (단위: 원)	(차변)	(대변)
영업권 주4)	95,640,000	

주1) ₩1,000,000(재고자산 가산할 일시적차이) × 22%(보유자인 종속1 세율) = ₩220,000
주2) ₩800,000(토지 가산할 일시적차이) × 22%(보유자인 종속1 세율) = ₩176,000
주3) ₩700,000(토지 가산할 일시적차이) × 22%(보유자인 종속1 세율) = ₩154,000
주4) (₩98,500,000 + ₩10,000,000+ ₩20,000,000 + ₩1,000,000 + ₩800,000 + ₩700,000 - ₩220,000 - ₩176,000 - ₩154,000) × 20%(종속1의 비지배지분율) = ₩26,090,000

(종속2)		
종속기업투자지분(종속2)		90,000,000
종속기업투자지분(종속2)		100,000,000
자본금(종속1)	80,000,000	
자본잉여금(종속1)	10,000,000	
이익잉여금(종속1)	15,000,000	
재고자산	600,000	
토지	500,000	
기계장치	400,000	
이연법인세부채 주1)		144,000
이연법인세부채 주2)		120,000
이연법인세부채 주3)		96,000
비지배지분 주4)		31,842,000
영업권 주5)	97,702,000	
비지배지분 주6)	18,000,000	

주1) ₩600,000(재고자산 가산할 일시적차이) × 24%(보유자인 종속2 세율) = ₩144,000
주2) ₩500,000(토지 가산할 일시적차이) × 24%(보유자인 종속2 세율) = ₩120,000
주3) ₩40,000(토지 가산할 일시적차이) × 24%(보유자인 종속2 세율) = ₩96,000
주4) 종속 2의 비지배지분율 : (1 - 80% × 30% - 46%) = 30%
(₩80,000,000 + ₩10,000,000 + ₩15,000,000 + ₩600,000 + ₩500,000 + ₩400,000 - ₩144,000 - ₩120,000 - ₩96,000) × 30%(종속2의 비지배지분율) = ₩31,842,000
주5) 실질취득원가 : 90,000,000 × 80%(지배 → 종속1 지분율) + ₩100,000,000 = ₩172,000,000
(₩80,000,000 + ₩10,000,000 + ₩15,000,000 + ₩600,000 + ₩500,000 + ₩400,000 - ₩144,000 - ₩120,000 - ₩96,000) × 70%(종속2 지배지분율) = ₩74,298,000
실질 영업권 : ₩172,000,000 - ₩74,298,000 = ₩97,702,000
주6) 대차평균

(종속3)		
종속기업투자지분(종속2)		40,000,000
종속기업투자지분(종속2)		30,000,000
자본금(종속1)	70,000,000	
자본잉여금(종속1)	5,000,000	
이익잉여금(종속1)	10,000,000	
재고자산	10,000	
토지	30,000	
기계장치	20,000	
이연법인세부채 주1)		2,600
이연법인세부채 주2)		7,800
이연법인세부채 주3)		5,200
비지배지분 주4)		38,695,202
영업권 주5)	6,650,802	
비지배지분 주6)	17,000,000	

주1) ₩100,000(재고자산 가산할 일시적차이) × 26%(보유자인 종속3 세율) = ₩2,600
주2) ₩30,000(토지 가산할 일시적차이) × 26%(보유자인 종속3 세율) = ₩7,800
주3) ₩20,000(토지 가산할 일시적차이) × 26%(보유자인 종속3 세율) = ₩5,200

[2X09년] 연결조정분개 (단위: 원)	(차변)	(대변)
주4) 종속 3의 비지배지분율 : 1 - (80% × 41% + 70% × 31%) = 45.5%		
(₩70,000,000 + ₩5,000,000 + ₩10,000,000 + ₩10,000 + ₩30,000 + ₩20,000 - ₩2,600 - ₩7,800 - ₩5,200) × 45.5%(종속3의 비지배지분율) = ₩38,695,202		
주5) 실질취득원가 : ₩40,000,000×80%(종속1 지배지분율) + ₩30,000,000×70%(종소2 지배지분율) = ₩53,000,000		
순자산공정가치의 지배지분율 : (₩70,000,000 + ₩5,000,000 + ₩10,000,000 + ₩10,000 + ₩30,000 + ₩20,000 - ₩2,600 - ₩7,800 - ₩5,200) × 54.5%(종속3 지배지분율) = ₩46,349,198		
실질 영업권 : ₩53,000,000 - ₩46,349,198 = ₩6,650,802		
주6) 대차평균		

(2) 공정가치차이 및 영업권의 후속처리

[2X09년] 연결조정분개 (단위: 원)	(차변)	(대변)
2단계 : 공정가치차이 및 영업권의 후속처리		
(종속1) 재고자산		
재고자산 주1)		300,000
이익잉여금	300,000	
이연법인세 주2)	66,000	
이익잉여금		66,000
비지배지분 주3)	32,760	
이익잉여금		32,760
주1) 2X08.7.1. 30% 외부판매 : ₩1,000,000 × 30% = ₩300,000		
주2) ₩300,000 × 22%(종속1 세율) = ₩66,000		
주3) (₩300,000 – ₩66,000) × 14%(종속1의 2X09년 12월 31일 비지배지분율)* = ₩32,760		
* 종속1 지분 추가 취득시 최초 취득일(2X06년 1월 1일)부터 추가 취득일(2X09년 1월 1일)까지의 종속 1의 개별 이익잉여금 증가분은 연결분개상 공정가치차이의 후속 처리가 반영되지 않았으므로 (₩300,000 – ₩66,000) 만큼 이익잉여금이 더 많이 계상됨. 이에 대하여 추가 취득일(2X09년 1월 1일)에 6%에 해당하는 비지배지분 만큼 감소시킬 때 (₩300,000 – ₩66,000) × 6% 만큼은 제거되었으므로 공정가치차이의 후속처리 반영시에는 14%(1 – 86%)만 제거한다.		
(종속1) 토지		
토지(종속1) 주1)		800,000
유형자산처분이익	800,000	
이연법인세 주2)	176,000	
법인세비용		176,000
비지배지분 주3)	87,360	
비지배지분순이익(이익잉여금)		87,360
주1) 2X09.2.1. 100% 외부판매 : ₩800,000 × 100% = ₩800,000		
주2) ₩800,000 × 22%(종속1의 2X09년 12월 31일 비지배지분율) = ₩176,000		
주3) (₩800,000 – ₩176,000) × 14%(비지배지분율)* = ₩87,360		
* 상기 설명 참조		
(종속1) 기계장치		
전기 감가상각		
기계장치-순액 주1)		140,000
이익잉여금	140,000	
이연법인세 주2)	30,800	
이익잉여금		30,800
비지배지분 주3)	15,288	
이익잉여금		15,288
주1) ₩700,000 × 12개월/60개월 = ₩140,000		
주2) ₩140,000 × 22%(종속1 세율) = ₩30,800		
주3) (₩140,000 – ₩30,800) × 14%(종속1의 2X09년 12월 31일 비지배지분율)* = ₩15,288		

[2X09년] 연결조정분개 (단위: 원)	(차변)	(대변)
* 상기 설명 참조		
당기 감가상각		
기계장치-순액 주1)		140,000
감가상각비	140,000	
이연법인세 주2)	30,800	
법인세비용		30,800
비지배지분 주3)	15,288	
비지배지분순이익(이익잉여금)		15,288
주1) ₩700,000 × 12개월/60개월 = ₩140,000		
주2) ₩420,000 × 22%(종속1 세율) = ₩30,800		
주3) (₩140,000 – ₩30,800) × 14%(종속1의 2X09년 12월 31일 비지배지분율)* = ₩15,288		
* 상기 설명 참조		
(종속2) 재고자산		
재고자산 주1)		360,000
매출원가	360,000	
이연법인세 주2)	86,400	
법인세비용		86,400
비지배지분 주3)	65,390	
비지배지분순이익(이익잉여금)		65,390
주1) 2X09.7.1. 60% 외부판매 : ₩600,000 × 60% = ₩360,000		
주2) ₩360,000 × 24%(종속2 세율) = ₩86,400		
주3) (₩360,000 – ₩86,400) × 23.9%(종속2의 2X09년 12월 31일 비지배지분율)* ≒ ₩65,390		
* 종속1 지분 추가 취득시 종속2의 비지배지분 감소율 : 6% × 30% = 1.8% 종속2 지분 추가 취득시 종속2의 비지배지분 감소율 : 86% × 5% = 4.3% 총 비지배지분 감소율 : 1.8% + 4.3% = 6.1% 최초 취득일(2X08년 1월 1일)부터 추가 취득일(2X09년 1월 2일)까지의 종속 2의 개별 이익잉여금 증가분은 연결분개상 공정가치차이의 후속 처리가 반영되지 않았으므로 (₩360,000 – ₩86,400) 만큼 이익잉여금이 더 많이 계상됨. 이에 대하여 추가 취득일(2X09년 1월 2일)에 6.1%에 해당하는 비지배지분 만큼 감소시킬 때 (₩360,000 – ₩86,400) × 6.1% 만큼은 제거되었으므로 공정가치차이의 후속처리 반영시에는 23.9%(1 – 73.9%)만 제거한다.		
(종속2) 기계장치 **전기 감가상각**		
기계장치-순액 주1)		80,000
이익잉여금	80,000	
이연법인세 주2)	19,200	
이익잉여금		19,200
비지배지분 주3)	14,531	
이익잉여금		14,531
주1) ₩400,000 × 12개월/60개월 = ₩80,000		
주2) ₩80,000 × 24%(종속2 세율) = ₩19,200		
주3) (₩80,000 – ₩19,200) × 23.9%(종속2의 2X09년 12월 31일 비지배지분율) ≒ ₩14,531		
당기 감가상각		
기계장치-순액 주1)		80,000
감가상각비	80,000	
이연법인세 주2)	19,200	
법인세비용		19,200
비지배지분 주3)	14,531	
비지배지분순이익(이익잉여금)		14,531
주1) ₩400,000 × 12개월/60개월 = ₩80,000		
주2) ₩80,000 × 24%(종속2 세율) = ₩19,200		
주3) (₩80,000 – ₩19,200) × 23.9%(속2의 2X09년 12월 31일 비지배지분율) ≒ ₩14,531		

[2X09년] 연결조정분개 (단위: 원)	(차변)	(대변)
(종속3) 기계장치		
전기 감가상각		
기계장치-순액 주1)		4,000
이익잉여금	4,000	
이연법인세 주2)	1,040	
이익잉여금		1,040
비지배지분 주3)	1,128	
이익잉여금		1,128

주1) ₩20,000 × 12개월/60개월 = ₩4,000
주2) ₩4,000 × 26%(종속3 세율) = ₩1,040
주3) (₩4,000 – ₩1,040) × 38.105%(종속3의 2X09년 12월 31일 비지배지분율)* = ₩1,128
* 종속1 지분 추가 취득시 종속3의 비지배지분 감소율 : 6% × 30% × 31% = 0.558%
종속1 지분 추가 취득시 종속3의 비지배지분 감소율 : 6% × 41% = 2.46%
종속2 지분 추가 취득시 종속3의 비지배지분 감소율 : 86% × 5% × 31% = 1.333%
종속3 지분 추가 취득시 종속3의 비지배지분 감소율 : 86% × 35% × 4% = 1.204%
종속3 지분 추가 취득시 종속3의 비지배지분 감소율 : 46% × 4% = 1.84%
총 비지배지분 감소율 : 7.395%
최초 취득일(2X08년 1월 1일)부터 추가 취득일(2X09년 1월 3일)까지의 종속 3의 개별 이익잉여금 증가분은 연결분개상 공정가치차이의 후속 처리가 반영되지 않았으므로 (₩4,000 – ₩1,040) 만큼 이익잉여금이 더 많이 계상됨.
이에 대하여 추가 취득일(2X09년 1월 3일)에 7.395%에 해당하는 비지배지분 만큼 감소시킬 때 (₩80,000 – ₩19,200) × 7.395% 만큼은 제거되었으므로 공정가치차이의 후속처리 반영시에는 38.105%(1 – 61.895%)만 제거한다.

	(차변)	(대변)
당기 감가상각		
기계장치-순액 주1)		4,000
감가상각비	4,000	
이연법인세 주2)	1,040	
법인세비용		1,040
비지배지분 주3)	1,128	
비지배지분순이익(이익잉여금)		1,128

주1) ₩20,000 × 12개월/60개월 = ₩4,000
주2) ₩4,000 × 26%(종속3 세율) = ₩1,040
주3) (₩4,000 – ₩1,040) × 38.105%(종속3의 2X09년 12월 31일 비지배지분율) = ₩1,128

(3) 지배기업과 종속기업간의 내부거래 제거

[2X09년] 연결조정분개 (단위: 원)	(차변)	(대변)
3단계 : 지배기업과 종속기업간의 내부거래 제거		
종속1 ➡ 종속2 : 재고자산		
재고자산		500,000
이익잉여금 주1)	500,000	
이연법인세	120,000	
이익잉여금 주2)		120,000
비지배지분 주3)	53,200	
이익잉여금		53,200

주1) 내부거래이익 ₩500,000

주2) ₩500,000 × 24%(종속2 세율) = ₩120,000

주3) (₩500,000 − ₩120,000) × 14%(종속1의 2X09년 12월 31일 비지배지분율)* = ₩53,200

* 종속1 지분 추가 취득시 최초 취득일(2X06년 1월 1일)부터 추가 취득일(2X09년 1월 1일)까지의 종속 1의 개별 이익잉여금 증가분은 연결분개상 내부거래 회계처리가 반영되지 않았으므로 (₩500,000 − ₩120,000) 만큼 이익잉여금이 더 많이 계상됨. 이에 대하여 추가 취득일(2X09년 1월 1일)에 6%에 해당하는 비지배지분을 감소시킬 때 (₩500,000 − ₩120,000) × 6% 만큼은 제거되었으므로 내부거래 회계처리에는 14%(1 − 86%)만 제거한다.

계정	(차변)	(대변)
이익잉여금		100,000
재고자산 주1)	100,000	
이연법인세		24,000
이익잉여금 주2)	24,000	
비지배지분 주3)		10,640
이익잉여금	10,640	

주1) ₩500,000 × 20% (외부판매비율) = ₩100,000

주2) ₩100,000 × 24%(종속2 세율) = ₩24,000

주3) (₩100,000 − ₩24,000) × 14%(종속1의 2X09년 12월 31일 비지배지분율) = ₩10,640

계정	(차변)	(대변)
매출원가		100,000
재고자산 주1)	100,000	
이연법인세		24,000
법인세비용 주2)	24,000	
비지배지분 주3)		10,640
비지배지분순이익(이익잉여금)	10,640	

주1) ₩500,000 × 20% (외부판매비율) = ₩100,000

주2) ₩100,000 × 24%(종속2 세율) = ₩24,000

주3) (₩100,000 − ₩24,000) × 14%(종속1의 2X09년 12월 31일 비지배지분율)* = ₩10,640

종속2 ➡ 종속1 : 재고자산	(차변)	(대변)
매출	600,000	
매출원가		600,000
재고자산		200,000
매출원가 주1)	200,000	
이연법인세	44,000	
법인세비용 주2)		44,000
비지배지분 주3)	37,284	
비지배지분순이익(이익잉여금)		37,284

주1) 내부거래이익 ₩200,000

주2) ₩200,000 × 22%(종속1 세율) = ₩44,000

주3) (₩200,000 − ₩44,000) × 23.9%(종속 2의 2X09년 12월 31일 비지배지분율)*= ₩37,284

* 지배 → 종속1 → 종속2 : 86% × 35% = 30.1%　　지배 → 종속2 : 46%

실질지분율 : 30.1% + 46% = 76.1%　　비지배지분율 : 1 − 76.1% = 23.9%

[2X09년] 연결조정분개 (단위: 원)	(차변)	(대변)
매출원가		60,000
재고자산 주1)	60,000	
이연법인세		13,200
법인세비용 주2)	13,200	
비지배지분 주3)		11,185
비지배지분순이익(이익잉여금)	11,185	

주1) 내부거래이익 ₩200,000 × (20% + 10%) = ₩60,000
주2) ₩60,000 × 22%(종속1 세율) = ₩13,200
주3) (₩60,000 − ₩13,200) × 23.9%(종속 2의 2X09년 12월 31일 비지배지분율) = ₩11,185

종속2 ➡ 지배 : 재고자산

	(차변)	(대변)
매출	400,000	
매출원가		400,000
재고자산		300,000
매출원가 주1)	300,000	
이연법인세	60,000	
법인세비용 주2)		60,000
비지배지분 주3)	57,360	
비지배지분순이익(이익잉여금)		57,360

주1) 내부거래이익 ₩300,000
주2) ₩300,000 × 20%(지배 세율) = ₩60,000
주3) (₩300,000 − ₩60,000) × 23.9%(종속 2의 2X09년 12월 31일 비지배지분율) = ₩57,360

	(차변)	(대변)
매출원가		60,000
재고자산 주1)	60,000	
이연법인세		12,000
법인세비용 주2)	12,000	
비지배지분 주3)		11,472
비지배지분순이익(이익잉여금)	11,472	

주1) 내부거래이익 ₩300 × 20% = ₩60,000
주2) ₩60 × 20%(지배 세율) = ₩12,000
주3) (₩60,000 − ₩12,000) × 23.9%(종속 2의 2X09년 12월 31일 비지배지분율) = ₩11,472

종속3 ➡ 지배 : 재고자산

	(차변)	(대변)
매출	50,000	
매출원가		50,000
재고자산		20,000
매출원가 주1)	20,000	
이연법인세	4,000	
법인세비용 주2)		4,000
비지배지분 주3)	6,097	
비지배지분순이익(이익잉여금)		6,097

주1) 내부거래이익 ₩20,000
주2) ₩20,000 × 20%(지배 세율) = ₩4,000
주3) (₩20,000 − ₩4,000) × 38.105%(종속 3의 2X09년 12월 31일 비지배지분율)* = ₩6,097
* 지배 → 종속1 → 종속2 → 종속3 : 86% × 35% × 35% = 10.535%
지배 → 종속1 → 종속3 : 86% × 41% = 35.26%
지배 → 종속2 → 종속3 : 46% × 35% = 16.1%
실질지분율 : 10.535% + 35.26% + 16.1% = 61.895%
비지배지분율 : 1 − 61.895% = 38.105%

[2X09년] 연결조정분개 (단위: 원)	(차변)	(대변)
매출원가		4,000
재고자산 주1)	4,000	
이연법인세		800
법인세비용 주2)	800	
비지배지분 주3)		1,219
비지배지분순이익(이익잉여금)	1,219	
주1) 내부거래이익 ₩20,000 × 20% (외부판매비율) = ₩4,000		
주2) ₩4,000 × 20%(지배 세율) = ₩800		
주3) (₩4,000 − ₩800) × 38.105%(종속 3의 2X09년 12월 31일 비지배지분율) = ₩1,219		

(4) 추가 취득/처분 연결 회계처리

[2X09년] 연결조정분개 (단위: 원)	(차변)	(대변)
종속1에 대한 2X09년 1월 1일 추가 취득분에 대한 상계		
종속기업투자지분		20,000,000
비지배지분 주1)	7,710,000	
비지배지분 주2)	180,000	
비지배지분 주3)		180,000
이익잉여금	180,000	
자본잉여금	12,110,000	
주1) 최초 취득시 2X08년 1월 1일 종속 1 자본에 대하여 추가취득으로 인한 비지배지분 감소액 (₩98,500,000 + ₩10,000,000 + 20,000,000) × 6% = ₩7,710,000		
주2) 2X08년 1월 1일~ 2X09년 1월 1일 종속 1 자본증가액에 대하여 추가 취득으로 인한 비지배지분감소액 (2X08년 당기순이익 ₩12,000,000 − 2X08년 배당 ₩9,000,000) × 6% = ₩180,000		
주3) 2X08년 1월 1일~ 2X09년 1월 1일 종속 1 자본증가액에 대한 비지배지분 증가액 (2X08년 당기순이익 ₩12,000,000 − 2X08년 배당 ₩9,000,000) × 6% = ₩180,000		
종속2에 대한 2X09년 1월 2일 추가 취득분에 대한 상계		
종속기업투자지분		7,000,000
비지배지분 주1)	6,405,000	
비지배지분 주2)		183,000
비지배지분 주3)	183,000	
이익잉여금		183,000
자본잉여금	778,000	
주1) 최초 취득시 2X08년 1월 1일 종속 2 자본에 대하여 추가취득으로 인한 비지배지분 감소액 (₩80,000,000 + ₩10,000,000 + ₩15,000,000) × 6% × 30% = ₩1,890,000 (₩80,000,000 + ₩10,000,000 + ₩15,000,000) × 86% × 5% = ₩4,515,000		
주2) 2X08년 1월 1일~ 2X09년 1월 1일 종속 2 자본감소액에 대하여 추가 취득으로 인한 비지배지분증가액 (2X08년 당기순이익 ₩11,000,000 − 2X08년 배당 ₩14,000,000) × 6% × 30% = ₩54,000 (2X08년 당기순이익 ₩11,000,000 − 2X08년 배당 ₩14,000,000) × 86% × 5% = ₩129,000		
주3) 2X08년 1월 1일~ 2X09년 1월 1일 종속 2 자본감소액에 대한 비지배지분 감소액 (2X08년 당기순이익 ₩11,000,000 − 2X08년 배당 ₩14,000,000) × 6% × 30% = ₩54,000 (2X08년 당기순이익 ₩11,000,000 − 2X08년 배당 ₩14,000,000) × 86% × 5% = ₩129,000		
종속3에 대한 2X09년 1월 3일 추가 취득분에 대한 상계		
종속기업투자지분		4,000,000
비지배지분 주1)	6,285,750	
비지배지분 주2)	184,875	
비지배지분 주3)		184,875
이익잉여금	184,875	
자본잉여금		2,470,625

[2X09년] 연결조정분개 (단위: 원)	(차변)	(대변)
주1) 최초 취득시 2X08년 1월 1일 종속 3 자본에 대하여 추가취득으로 인한 비지배지분 감소액		
(₩70,000,000 + ₩5,000,000 + ₩10,000,000) × 6% × 41% = ₩2,091,000		
(₩70,000,000 + ₩5,000,000 + ₩10,000,000) × 6% × 30% × 31% = ₩474,300		
(₩70,000,000 + ₩5,000,000 + ₩10,000,000) × 86% × 5% × 31% = ₩1,133,050		
(₩70,000,000 + ₩5,000,000 + ₩10,000,000) × 86% × 35% × 4% = ₩1,023,400		
(₩70,000,000 + ₩5,000,000 + ₩10,000,000) × 46% × 4% = ₩1,564,000		
주2) 2X08년 1월 1일~ 2X09년 1월 1일 종속 3 자본에 대하여 추가취득으로 인한 비지배지분 감소액		
(2X08년 당기순이익 ₩8,500,000 – 2X08년 배당 ₩6,000,000) × 6% × 41% = ₩61,500		
(2X08년 당기순이익 ₩8,500,000 – 2X08년 배당 ₩6,000,000) × 6% × 30% × 31% = ₩13,950		
(2X08년 당기순이익 ₩8,500,000 – 2X08년 배당 ₩6,000,000) × 86% × 5% × 31% = ₩33,325		
(2X08년 당기순이익 ₩8,500,000 – 2X08년 배당 ₩6,000,000) × 86% × 35% × 4% = ₩30,100		
(2X08년 당기순이익 ₩8,500,000 – 2X08년 배당 ₩6,000,000) × 46% × 4% = ₩46,000		
주3) 2X08년 1월 1일~ 2X09년 1월 1일 종속3 자본증가액에 대한 비지배지분 증가액		
(2X08년 당기순이익 ₩8,500,000 – 2X08년 배당 ₩6,000,000) × 6% × 41% = ₩61,500		
(2X08년 당기순이익 ₩8,500,000 – 2X08년 배당 ₩6,000,000) × 6% × 30% × 31% = ₩13,950		
(2X08년 당기순이익 ₩8,500,000 – 2X08년 배당 ₩6,000,000) × 86% × 5% × 31% = ₩33,325		
(2X08년 당기순이익 ₩8,500,000 – 2X08년 배당 ₩6,000,000) × 86% × 35% × 4% = ₩30,100		
(2X08년 당기순이익 ₩8,500,000 – 2X08년 배당 ₩6,000,000) × 46% × 4% = ₩46,000		

(5) 종속기업의 배당에 대한 내부거래 제거

[2X09년] 연결조정분개 (단위: 원)	(차변)	(대변)
4단계 : 종속기업의 배당에 대한 내부거래 제거		
종속1 : 전기배당		
이익잉여금		9,000,000
이익잉여금 주1)	7,740,000	
비지배지분 주2)	1,260,000	
주1) ₩9,000,000 × 86%(종속 1 2X09년 12월 31일의 지배지분율) = ₩7,740,000		
주2) ₩9,000,000 × 14%(종속 1 2X09년 12월 31일의 비지배지분율) = ₩1,260,000		
종속1 : 당기배당		
이익잉여금		10,000,000
배당금수익 주1)	8,600,000	
비지배지분 주2)	1,400,000	
주1) ₩10,000,000 × 86%(종속 1 2X09년 12월 31일의 지배지분율) = ₩8,600,000		
주2) ₩10,000,000 × 14%(종속 1 2X09년 12월 31일의 비지배지분율) = ₩1,400,000		
종속2 : 전기배당		
이익잉여금		14,000,000
이익잉여금 주1)	11,340,000	
비지배지분 주2)	3,346,000	
이익잉여금 주3)		686,000
주1) ₩14,000,000 × 35%(2X09년 12월 31일의 종속1 ➠ 종속 2 지배지분율)= ₩4,900,000		
₩14,000,000 × 46%(2X09년 12월 31일의 지배 ➠ 종속 2 지배지분율) = ₩6,440,000		
주2) ₩14,000,000 × 23.9%(2X09년 12월 31일의 종속 2 비지배지분율) = ₩3,346,000		
주3) ₩14,000,000 × 35%(2X09년 12월 31일의 종속1 ➠ 종속 2 지배지분율) × 14%(2X09년 12월 31일의 종속1 비지배지분율) = ₩686,000		

[2X09년] 연결조정분개 (단위: 원)	(차변)	(대변)
종속2 : 당기배당		
이익잉여금		8,000,000
배당금수익 주1)	6,480,000	
비지배지분 주2)	1,912,000	
비지배지분순이익(이익잉여금) 주3)		392,000

주1) ₩8,000,000 × 35%(2X09년 12월 31일의 종속1 ➡ 종속 2 지배지분율) = ₩2,800,000
₩8,000,000 × 46%(2X09년 12월 31일의 지배 ➡ 종속 2 지배지분율) = ₩3,680,000
주2) ₩8,000,000 × 23.9%(2X09년 12월 31일의 종속 2 비지배지분율) = ₩1,912,000
주3) ₩8,000,000 × 35%(2X09년 12월 31일의 종속1 ➡ 종속 2 지배지분율) × 14%(2X09년 12월 31일의 종속1 비지배지분율) = ₩392,000 또는 대차평균

	(차변)	(대변)
종속3 : 전기배당		
이익잉여금 주4)		6,000,000
이익잉여금 주1)	4,560,000	
비지배지분 주2)	2,286,300	
이익잉여금 주3)		846,300

주1) ₩6,000,000 × (41% + 35%)(2X09년 12월 31일의 종속3 명목 지배지분율) = ₩4,560,000
주2) ₩6,000,000 × 38.105%(2X09년 12월 31일의 종속3 비지배지분율) = ₩2,286,300
주3) 대차평균
주4) ₩6,000,000(전기 배당)

	(차변)	(대변)
종속3 : 당기배당		
이익잉여금 주4)		7,000,000
배당금수익 주1)	5,320,000	
비지배지분 주2)	2,667,350	
비지배지분순이익(이익잉여금) 주3)		987,350

주1) ₩7,000,000 × (41% + 35%)(2X09년 12월 31일의 종속3 명목 지배지분율) = ₩5,320,000
주2) ₩7,000,000 × 38.105%(2X09년 12월 31일의 종속3 비지배지분율) = ₩2,667,350
주3) 대차평균
주4) ₩7,000,000(당기 배당)

(6) 비지배지분의 증가 회계처리

[2X09년] 연결조정분개 (단위: 원)	(차변)	(대변)
5단계 : 비지배지분의 증가 회계처리		
종속1 : 전기 순이익		
비지배지분 주1)		1,680,000
이익잉여금	1,680,000	
주1) ₩12,000,000 × 14%(2X09년 12월 31일의 종속 1 비지배지분율) = ₩1,680,000		
종속1 : 당기 순이익		
비지배지분 주1)		1,960,000
비지배지분순이익(이익잉여금)	1,960,000	
주1) ₩14,000,000 × 14%(2X09년 12월 31일의 종속 1 비지배지분율) = ₩1,960,000		
종속2 : 전기 순이익		
비지배지분 주1)		2,629,000
이익잉여금	2,629,000	
주1) ₩11,000,000 × 23.9%(2X09년 12월 31일의 종속 2 지배지분율) = ₩2,629,000		
종속2 : 당기 순이익		
비지배지분 주1)		3,107,000
비지배지분순이익(이익잉여금)	3,107,000	
주1) ₩13,000,000 × 23.9%(2X09년 12월 31일의 종속 2 지배지분율) = ₩3,107,000		
종속3 : 전기 순이익		
비지배지분 주1)		3,238,925
이익잉여금	3,238,925	
주1) ₩8,500,000 × 38.105%(2X09년 12월 31일의 종속3 비지배지분율) = ₩3,238,925		
종속3 : 당기 순이익		
비지배지분 주1)		4,572,600
비지배지분순이익(이익잉여금)	4,572,600	
주1) ₩12,000,000 × 38.105%(2X09년 12월 31일의 종속3 비지배지분율) = ₩4,572,600		

(7) 종속기업 누적 지분변동액에 대한 이연법인세 회계처리

[2X09년] 연결조정분개 (단위: 원)	(차변)	(대변)
6단계 : 종속기업 누적 지분변동액에 대한 이연법인세 회계처리		
종속1 : 2X08년 당기순이익으로 인한 이연법인세 증가액		
이연법인세 주1)		2,433,600
이익잉여금	2,433,600	
비지배지분 주1)	369,600	
이익잉여금		369,600

주1) 연결실체이론에 따라 지배지분과 비지배지분에 해당하는 금액을 합산한다.
지배지분 ₩2,064,000 + 비지배지분 ₩369,600 = ₩2,433,600
지배지분 : 2X08년 종속1 당기순이익 ₩12,000,000 × 86%(지배지분율) × 20%(지배 세율) = ₩2,064,000
비지배지분 : 2X08년 종속1 당기순이익 ₩12,000,000 × 14%(비지배지분율) × 22%(종속1 세율) = ₩369,600

	(차변)	(대변)
종속1 : 2X08년 배당으로 인한 이연법인세 감소액		
이연법인세 주1)	1,825,200	
이익잉여금		1,825,200
비지배지분 주1)		277,200
이익잉여금	277,200	

주1) 연결실체이론에 따라 지배지분과 비지배지분에 해당하는 금액을 합산한다.
지배지분 ₩1,548,000 + 비지배지분 ₩277,200 = ₩1,825,200
지배지분 : 2X08년 종속1 배당지급액 ₩9,000,000 × 86%(지배지분율) × 20%(지배 세율) = ₩1,548,000
비지배지분 : 2X08년 종속1 배당지급액 ₩9,000,000 × 14%(비지배지분율) × 22%(종속1 세율) = ₩277,200

	(차변)	(대변)
종속1 : 2X09년 당기순이익으로 인한 이연법인세 증가액		
이연법인세 주1)		2,839,200
법인세비용	2,839,200	
비지배지분 주1)	431,200	
비지배지분순이익(이익잉여금)		431,200

주1) 연결실체이론에 따라 지배지분과 비지배지분에 해당하는 금액을 합산한다.
지배지분 ₩2,408,000 + 비지배지분 ₩431,200 = ₩2,839,200
지배지분 : 2X09년 종속1 당기순이익 ₩14,000,000 × 86%(지배지분율) × 20%(지배 세율) = ₩2,408,000
비지배지분 : 2X09년 종속1 당기순이익 ₩14,000,000 × 14%(비지배지분율) × 22%(종속1 세율) = ₩431,200

	(차변)	(대변)
종속1 : 2X09년 배당으로 인한 이연법인세 감소액		
이연법인세 주1)	2,028,000	
법인세비용		2,028,000
비지배지분 주1)		308,000
비지배지분순이익(이익잉여금)	308,000	

주1) 연결실체이론에 따라 지배지분과 비지배지분에 해당하는 금액을 합산한다.
지배지분 ₩1,720,000 + 비지배지분 ₩308,000 = ₩2,028,000
지배지분 : 2X09년 종속1 배당지급액 ₩10,000,000 × 86%(지배지분율) × 20%(지배 세율) = ₩1,720,000
비지배지분 : 2X09년 종속1 배당지급액 ₩10,000,000 × 14%(비지배지분율) × 22%(종속1 세율) = ₩308,000

	(차변)	(대변)
종속2 : 2X08년 당기순이익으로 인한 이연법인세 증가액		
이연법인세 주1)		2,305,160
이익잉여금	2,305,160	
비지배지분 주1)	630,960	
이익잉여금		630,960

주1) 연결실체이론에 따라 지배지분과 비지배지분에 해당하는 금액을 합산한다.
지배지분 ₩1,674,200 + 비지배지분 ₩630,960 = ₩2,305,160
지배지분 : ₩1,674,200
2X08년 종속2 당기순이익 ₩11,000,000×86%(지배→종속1) × 35%(종속1→종속2) × 20%(지배 세율) = ₩662,200

[2X09년] 연결조정분개 (단위: 원)	(차변)	(대변)

2X08년 종속2 당기순이익 ₩11,000,000×46%(지배→종속2) × 20%(지배 세율) = ₩1,012,000
비지배지분 : ₩630,960
2X08년 종속2 당기순이익 ₩11,000,000×14%(지배→종속1) × 35%(종속1→종속2) × 24%(종속2 세율) = ₩129,360
개념적으로는 22%(종속1 세율)을 곱하여야 하나 여기서는 편의상 24%(종속2 세율)을 곱하기로 한다.
2X08년 종속2 당기순이익 ₩11,000,000×{23.9%(종속2 비지배지분율)-14%×35%} × 24%(종속2 세율) = ₩501,600

종속2 : 2X08년 배당으로 인한 이연법인세 감소액		
이연법인세 주1)	2,933,840	
이익잉여금		2,933,840
비지배지분 주1)		803,040
이익잉여금	803,040	

주1) 연결실체이론에 따라 지배지분과 비지배지분에 해당하는 금액을 합산한다.
지배지분 ₩2,130,800 + 비지배지분 ₩803,040 = ₩2,933,840
지배지분 : ₩2,130,800
2X08년 종속2 배당 ₩14,000,000 × 86%(지배→종속1) × 35%(종속1→종속2) × 20%(지배 세율) = ₩842,800
2X08년 종속2 배당 ₩14,000,000 × 46%(지배→종속2) × 20%(지배 세율) = ₩1,288,000
비지배지분 : ₩803,040
2X08년 종속2 배당 ₩14,000,000 × 14%(지배→종속1) × 35%(종속1→종속2) × 24%(종속2 세율) = ₩164,640
개념적으로는 22%(종속1 세율)을 곱하여야 하나 여기서는 편의상 24%(종속2 세율)을 곱하기로 한다.
2X08년 종속2 배당 ₩14,000,000×{23.9%(종속2 비지배지분율)-14%×35%} × 24%(종속2 세율) = ₩638,400

종속2 : 2X09년 당기순이익으로 인한 이연법인세 증가액		
이연법인세 주1)		2,724,280
법인세비용	2,724,280	
비지배지분 주1)	745,680	
비지배지분순이익(이익잉여금)		745,680

주1) 연결실체이론에 따라 지배지분과 비지배지분에 해당하는 금액을 합산한다.
지배지분 ₩1,978,600 + 비지배지분 ₩745,680 = ₩2,724,280
지배지분 : ₩1,978,600
2X09년 종속2 당기순이익 ₩13,000,000 × 86%(지배→종속1) × 35%(종속1→종속2) × 20%(지배 세율) = ₩782,600
2X09년 종속2 당기순이익 ₩13,000,000 × 46%(지배→종속2) × 20%(지배 세율) = ₩1,196,000
비지배지분 : ₩745,680
2X09년 종속2 당기순이익 ₩13,000,000 × 14%(지배→종속1) × 35%(종속1→종속2) × 24%(종속2 세율) = ₩152,880
개념적으로는 22%(종속1 세율)을 곱하여야 하나 여기서는 편의상 24%(종속2 세율)을 곱하기로 한다.
2X09년 종속2 당기순이익 ₩13,000,000×{23.9%(종속2 비지배지분율)-14%×35%} × 24%(종속2 세율) = ₩592,800

종속2 : 2X09년 배당으로 인한 이연법인세 감소액		
이연법인세 주1)	1,676,480	
법인세비용		1,676,480
비지배지분 주1)		458,880
비지배지분순이익(이익잉여금)	458,880	

주1) 연결실체이론에 따라 지배지분과 비지배지분에 해당하는 금액을 합산한다.
지배지분 ₩1,217,600 + 비지배지분 ₩458,880 = ₩1,676,480
지배지분 : ₩1,217,600
2X09년 종속2 배당 ₩8,000,000 × 86%(지배→종속1) × 35%(종속1→종속2) × 20%(지배 세율) = ₩481,600
2X09년 종속2 배당 ₩8,000,000 × 46%(지배→종속2) × 20%(지배 세율) = ₩736,000
비지배지분 : ₩458,880
2X09년 종속2 배당 ₩8,000,000 × 14%(지배→종속1) × 35%(종속1→종속2) × 24%(종속2 세율) = ₩94,080
개념적으로는 22%(종속1 세율)을 곱하여야 하나 여기서는 편의상 24%(종속2 세율)을 곱하기로 한다.
2X09년 종속2 배당 ₩8,000,000×{23.9%(종속2 비지배지분율)-14%×35%} × 24%(종속2 세율) = ₩364,800

[2X09년] 연결조정분개 (단위: 원)	(차변)	(대변)
종속3 : 2X08년 당기순이익으로 인한 이연법인세 증가액		
이연법인세 주1)		1,894,335
이익잉여금	1,894,335	
비지배지분 주1)	842,120	
이익잉여금		842,120

주1) 연결실체이론에 따라 지배지분과 비지배지분에 해당하는 금액을 합산한다.
지배지분 ₩1,052,215 + 비지배지분 ₩842,120 = ₩1,894,335
지배지분 : ₩1,052,215
종속3 당기순이익 ₩8,500,000×76.1%(종속2)×35%(종속3)×20%(지배 세율) = ₩452,795
종속3 당기순이익 ₩8,500,000×86%(종속1)×41%(종속3)×20%(지배 세율) = ₩599,420
비지배지분 : ₩842,120
2X08년 종속3 당기순이익 ₩8,500,000×14%×41%×26%(종속3 세율) = ₩126,854
개념적으로는 22%(종속1 세율)을 곱하여야 하나 여기서는 편의상 26%(종속3 세율)을 곱하기로 한다.
2X08년 종속3 당기순이익 ₩8,500,000×14%×35%×35%×26%(종속3 세율) = ₩37,901
개념적으로는 22%(종속1 세율)을 곱하여야 하나 여기서는 편의상 26%(종속3 세율)을 곱하기로 한다.
2X08년 종속3 당기순이익 ₩8,500,000×19%×35%×26%(종속2 세율) = ₩146,965
개념적으로는 24%(종속2 세율)을 곱하여야 하나 여기서는 편의상 26%(종속3 세율)을 곱하기로 한다.
2X08년 종속3 당기순이익 ₩8,500,000×(38.105% − 14%×41% − 14%×35%×35% − 19%×35%)×26%(종속3 세율) = ₩530,400

	(차변)	(대변)
종속3 : 2X08년 배당으로 인한 이연법인세 감소액		
이연법인세 주1)	1,337,178	
이익잉여금		1,337,178
비지배지분 주1)		594,438
이익잉여금	594,438	

주1) 연결실체이론에 따라 지배지분과 비지배지분에 해당하는 금액을 합산한다.
지배지분 ₩742,740 + 비지배지분 ₩594,438 = ₩1,337,178
지배지분 : ₩742,740
2X08년 종속3 배당 ₩6,000,000×76.1%(종속2)×35%(종속3)×20%(지배 세율) = ₩319,620
2X08년 종속3 배당 ₩6,000,000×86%(종속1)×41%(종속3)×20%(지배 세율) = ₩423,120
비지배지분 : ₩594,438
2X08년 종속3 배당 ₩6,000,000×14%×41%×26%(종속3 세율) = ₩89,544
개념적으로는 22%(종속1 세율)을 곱하여야 하나 여기서는 편의상 26%(종속3 세율)을 곱하기로 한다.
2X08년 종속3 배당 ₩6,000,000×14%×35%×35%×26%(종속3 세율) = ₩26,754
개념적으로는 22%(종속1 세율)을 곱하여야 하나 여기서는 편의상 26%(종속3 세율)을 곱하기로 한다.
2X08년 종속3 배당 ₩6,000,000×19%×35%×26%(종속3 세율) = ₩103,740
개념적으로는 24%(종속2 세율)을 곱하여야 하나 여기서는 편의상 26%(종속3 세율)을 곱하기로 한다.
2X08년 종속3 배당 ₩6,000,000×(38.105% − 14%×41% − 14%×35%×35% − 19%×35%)×26%(종속3 세율) = ₩374,400

	(차변)	(대변)
종속3 : 2X09년 당기순이익으로 인한 이연법인세 증가액		
이연법인세 주1)		2,674,356
법인세비용	2,674,356	
비지배지분 주1)	1,188,876	
비지배지분순이익(이익잉여금)		1,188,876

주1) 연결실체이론에 따라 지배지분과 비지배지분에 해당하는 금액을 합산한다.
지배지분 ₩1,485,480 + 비지배지분 ₩1,188,876 = ₩2,674,356
지배지분 : ₩1,485,480
2X09년 종속3 당기순이익 ₩12,000,000×76.1%(종속2)×35%(종속3)×20%(지배 세율) = ₩639,240
2X09년 종속3 당기순이익 ₩12,000,000×86%(종속1)×41%(종속3)×20%(지배 세율) = ₩846,240
비지배지분 : ₩1,188,876
2X09년 종속3 당기순이익 ₩12,000,000×14%×41%×26%(종속3 세율) = ₩179,088
개념적으로는 22%(종속1 세율)을 곱하여야 하나 여기서는 편의상 26%(종속3 세율)을 곱하기로 한다.

[2X09년] 연결조정분개 (단위: 원)	(차변)	(대변)
2X09년 종속3 당기순이익 ₩12,000,000×14%×35%×35%×26%(종속3 세율) = ₩53,508		
개념적으로는 22%(종속1 세율)을 곱하여야 하나 여기서는 편의상 26%(종속3 세율)을 곱하기로 한다.		
2X09년 종속3 당기순이익 ₩12,000,000×19%×35%×26%(종속3 세율) = ₩207,480		
개념적으로는 24%(종속2 세율)을 곱하여야 하나 여기서는 편의상 26%(종속3 세율)을 곱하기로 한다.		
2X09년 종속3 당기순이익 ₩12,000,000×(38.105% – 14%×41% – 14%×35%×35% – 19%×35%)×26%(종속3 세율) = ₩748,800		
종속3 : 2X09년 배당으로 인한 이연법인세 감소액		
이연법인세 주1)	1,560,041	
법인세비용		1,560,041
비지배지분 주1)		693,511
비지배지분순이익(이익잉여금)	693,511	
주1) 연결실체이론에 따라 지배지분과 비지배지분에 해당하는 금액을 합산한다.		
지배지분 ₩866,530 + 비지배지분 ₩693,511 = ₩1,560,041		
지배지분 : ₩866,530		
2X09년 종속3 배당 ₩7,000,000×76.1%(종속2)×35%(종속3)×20%(지배 세율) = ₩372,890		
2X09년 종속3 배당 ₩7,000,000×86%(종속1)×41%(종속3)×20%(지배 세율) = ₩493,640		
비지배지분 : ₩693,511		
2X09년 종속3 배당 ₩7,000,000×14%×41%×26%(종속3 세율) = ₩104,468		
개념적으로는 22%(종속1 세율)을 곱하여야 하나 여기서는 편의상 26%(종속3 세율)을 곱하기로 한다.		
2X09년 종속3 배당 ₩7,000,000×14%×35%×35%×26%(종속3 세율) = ₩31,213		
개념적으로는 22%(종속1 세율)을 곱하여야 하나 여기서는 편의상 26%(종속3 세율)을 곱하기로 한다.		
2X09년 종속3 배당 ₩7,000,000×19%×35%×26%(종속4 세율) = ₩121,030		
개념적으로는 24%(종속2 세율)을 곱하여야 하나 여기서는 편의상 26%(종속3 세율)을 곱하기로 한다.		
2X09년 종속3 배당 ₩7,000,000×(38.105% – 14%×41% – 14%×35%×35% – 19%×35%)×26%(종속3 세율) = ₩436,800		

Fraudit ExCon 실 습 : 제4장 8 원가법

(1) 사례파일

제4장_8_원가법_기초정보.xlsx, 제4장_8_원가법_원화시산표.xlsx

(2) [기초정보.xlsx] 작성

1) 보고기간 sheet

	A	B	C	D
1	목차	구분	일자	검증_보고기간
2	보고기간	보고기간초	2009-01-01	OK
3	보고기간	보고기간말	2009-12-31	

① 보고기간 초와 보고기간 말을 입력한다.

주의 2X09년 12월 31일 기준으로 연결재무제표를 작성하므로 보고기간 초는 2009-01-01, 보고기간말은 2009-12-31로 입력한다.

2) 기업목록 sheet

	A	B	C	D	E	F	G	H
1	일련번호	목차	기업명	약식명칭	기능통화	표시통화	세율	이연법인세계산
2	1	기업목록	지배	AA	원화	원화	20%	예
3	2		종속1	AB	원화	원화	22%	예
4	3		종속2	AC	원화	원화	24%	예
5	4		종속3	AD	원화	원화	26%	예

① 기업명을 입력한다. 지배, 종속1, 종속2, 종속3 이라고 입력한다.
② 기능통화와 표시통화를 원화로 선택한다.
③ 세율은 각각 20%, 22%, 24%, 26%로 입력한다.
④ 지배, 종속1, 종속2의 이연법인세 계산을 **예**로 선택한다.

3) 지분구조 sheet

	B	C	D	E	F	G	H
1	지배기업명	종속기업명	지배기업약식	종속기업약식	취득차수	취득일	간주취득일
2	지배	종속1	AA	AB	1	2008-01-01	2008-01-01
3	종속1	종속2	AB	AC	1	2008-01-01	2008-01-01
4	지배	종속2	AA	AC	1	2008-01-01	2008-01-01
5	종속1	종속3	AB	AD	1	2008-01-01	2008-01-01
6	종속2	종속3	AC	AD	1	2008-01-01	2008-01-01
7	지배	종속1	AA	AB	2	2009-01-01	2009-01-01
8	종속1	종속2	AB	AC	2	2009-01-02	2009-01-01
9	종속2	종속3	AC	AD	2	2009-01-03	2009-01-01

	I	J	K	L	M	N	O
1	외화취득원가	통화	환율	취득원가	균등유상증자_취득원가	불균등유상증자_취득원가	지분율
2		원화		200,000,000			80.00%
3		원화		90,000,000			30.00%
4		원화		100,000,000			46.00%
5		원화		40,000,000			41.00%
6		원화		30,000,000			31.00%
7		원화		20,000,000			6.00%
8		원화		7,000,000			5.00%
9		원화		4,000,000			4.00%

① 지배기업명과 종속기업명을 1대1 관계로 입력한다. 기초정보의 지분관계 그림에서 보듯이 지배-종속1, 종속1-종속2, 지배-종속2, 종속2-종속3 으로 구분하여 입력한다.
② 취득차수를 입력한다. 최초취득은 1을, 추가취득은 2를 입력한다.
주의 추가취득인 경우에는 해당 차수에 따라 2, 3, 4... 식으로 입력한다.
③ 취득일을 입력한다. 여기서는 1대1 관계에서 취득일을 차례대로 입력한다.
④ 간주취득일을 입력한다. 여기서는 1대1 관계에서 간주취득일을 차례대로 입력한다.
주의 간주취득일은 최초취득일로부터 가장 근접한 결산재무제표의 결산일을 의미한다.
⑤ 통화는 모두 '원화'를 선택한다.
⑥ 취득원가를 입력한다. 여기서는 1대1 관계에서 차례대로 입력한다. 추가취득시 원가도 입력한다.
⑦ 지분율을 입력한다. 여기서는 1대1 관계에서 차례대로 입력한다. 추가취득시 지분율도 입력한다.

4) 취득시지분구조_공정가치차이 sheet

	E	F	G	H	I	J	K	L	M
1	목차	기업명	약식명칭	취득차수_1	취득일_1	간주취득일_1	자본계정명_1	자본금액_1_외화	자본금액_1
2	자본_공정가치	종속1	AB	1	2006-01-01	2006-01-01	자본금		98,500,000
3		종속1	AB				자본잉여금		10,000,000
4		종속1	AB				이익잉여금		20,000,000
5		종속1	AB						
6		종속1	AB						
7		종속1	AB						
8		종속1	AB						
9		종속1	AB						
10		종속1	AB						
11		종속1	AB						
12		종속2	AC	1	2008-01-01	2008-01-01	자본금		80,000,000
13		종속2	AC				자본잉여금		10,000,000
14		종속2	AC				이익잉여금		15,000,000
15		종속2	AC						
16		종속2	AC						
17		종속2	AC						
18		종속2	AC						
19		종속2	AC						
20		종속2	AC						
21		종속2	AC						
22		종속3	AD	1	2008-01-01	2008-01-01	자본금		70,000,000
23		종속3	AD				자본잉여금		5,000,000
24		종속3	AD				이익잉여금		10,000,000
25		종속3	AD						

	N	O	P	Q	R	S	T	U
1	공정가치차이계정명	외화_공정가치차이금액	공정가치차이금액	상각여부	잔존내용연수_월	잔존가치	외부판매일_1차	외부판매비율_1차
2	상품		1,000,000	비상각			2008-07-01	30%
3	토지		800,000	비상각			2009-02-01	100%
4	기계장치		700,000	상각	60	0		
5								
6								
7								
8								
9								
10								
11								
12	상품		600,000	비상각			2009-07-01	60%
13	토지		500,000	비상각				
14	기계장치		400,000	상각	60	0		
15								
16								
17								
18								
19								
20								
21								
22	상품		10,000	비상각				
23	토지		30,000	비상각				
24	기계장치		20,000	상각	60	0		
25								

① 종속1의 2006-01-01자의 자본계정명, 종속2의 2008-01-01자의 자본계정명, 종속3의 2008-01-01자의 자본계정명을 K열에 차례대로 입력한다.
② 종속1의 2006-01-01자의 자본금액, 종속2의 2008-01-01자의 자본금액, 종속3의 2008-01-01자의 자본금액을 M열에 차례대로 입력한다.
③ 공정가치와 장부금액이 차이가 나는 계정과목명을 N열에 입력한다.
④ 공정가치와 장부금액의 차이금액을 P열에 입력한다.
⑤ 공정가치와 장부금액이 차이가 나는 계정과목이 상각 또는 비상각대상인지를 Q열에서 선택한다.
⑥ 상각여부에서 상각을 선택하는 경우 잔존내용연수를 월할로 기입한다.
⑦ 잔존가치를 입력한다.
⑧ 공정가치와 장부금액이 차이가 나는 계정과목의 외부판매일과 외부판매비율을 입력한다.
⑨ 종속1, 종속2, 종속3의 추가취득일의 자본계정명, 자본금액을 차례대로 입력한다.

5) 재무정보 sheet

일련번호	목차	기업명	약식명칭	기간	계정명	금액
2	재무정보	종속1	AB	2008-12-31	배당	9,000,000
					당기순이익	12,000,000
					기타포괄손익	
					해외사업환산손익	
2		종속1	AB	2009-12-31	배당	10,000,000
					당기순이익	14,000,000
					기타포괄손익	
					해외사업환산손익	
3		종속2	AC	2008-12-31	배당	14,000,000
					당기순이익	11,000,000
					기타포괄손익	
					해외사업환산손익	
3		종속2	AC	2009-12-31	배당	8,000,000
					당기순이익	13,000,000
					기타포괄손익	
					해외사업환산손익	
4		종속3	AD	2008-12-31	배당	6,500,000
					당기순이익	8,500,000
					기타포괄손익	
					해외사업환산손익	
4		종속3	AD	2009-12-31	배당	7,000,000
					당기순이익	12,000,000
					기타포괄손익	
					해외사업환산손익	

① 2008-01-01~2009-12-31 동안 종속1, 종속2, 종속3의 재무 변동사항을 기입한다.

주의 당기순손실인 경우는 마이너스(-)를 붙인다.

6) 내부거래현황 sheet

목차	판매회사	매입회사	판매회사약식	매입회사약식	계정과목	상각여부	내부거래번호	통화	내부거래일	내부판매액	환율	환산후_내부판매액
내부거래현황	종속1	종속2	AB	AC	상품	비상각	AB001	원화	2008-03-01	900,000	1	900,000
	종속2	종속1	AC	AB	상품	비상각	AC001	원화	2009-02-01	600,000	1	600,000
	종속2	지배	AC	AA	상품	비상각	AC002	원화	2009-02-01	400,000	1	400,000
	종속3	지배	AD	AA	상품	비상각	AD001	원화	2009-02-01	50,000	1	50,000

장부금액_원화	내부거래이익	잔존내용연수_월	잔존가치	외부판매일_1차	외부판매비율_1차	외부판매일_2차	외부판매비율_2차
400,000	500,000			2008-04-01	20.00%	2009-07-01	20.00%
400,000	200,000			2009-03-01	20.00%	2009-07-01	10.00%
100,000	300,000			2009-03-01	20.00%		
30,000	20,000			2009-07-01	20.00%		

① 내부거래에서 판매회사와 매입회사를 차례대로 입력한다.
② 내부거래 대상 계정과목명과 상각여부를 차례대로 입력한다.
③ 내부거래번호를 입력한다. 입력시 중복이 발생하지 않도록 한다. 통화를 선택한다.
④ 내부거래일을 입력한다.
⑤ 내부판매액을 입력한다. 원화 또는 외화로 입력한다.
⑥ 환율은 원화일 경우 1로, 외화일 경우에는 내부거래일 시점의 환율로 입력한다. 여기서는 1로 입력한다.
⑦ 내부거래 대상 항목의 장부금액(원화 환산)을 입력한다.
⑧ 상각여부가 상각인 내부거래대상 항목에 대해서는 잔존내용연수(월할)와 잔존가치를 입력한다.
⑨ 외부판매일과 외부판매비율을 차수별로 입력한다.

(3) [원화시산표.xlsx] 작성

1) 보고기간 sheet

구분	일자
보고기간초	2009-01-01
보고기간말	2009-12-31

① 보고기간 초와 보고기간 말을 입력한다.

주의 기초정보와 동일하게 입력한다.

2) 기업목록 sheet

기업명	시산표일자	표시통화	ERP
지배	2009-12-31	원화	더존
종속1	2009-12-31	원화	더존
종속2	2009-12-31	원화	더존
종속3	2009-12-31	원화	더존

① 기업명을 입력한다.

② 표시통화를 **원화**로 선택한다.

③ ERP는 **더존**이라고 가정하고 선택한다.

3) 원화시산표_1 sheet

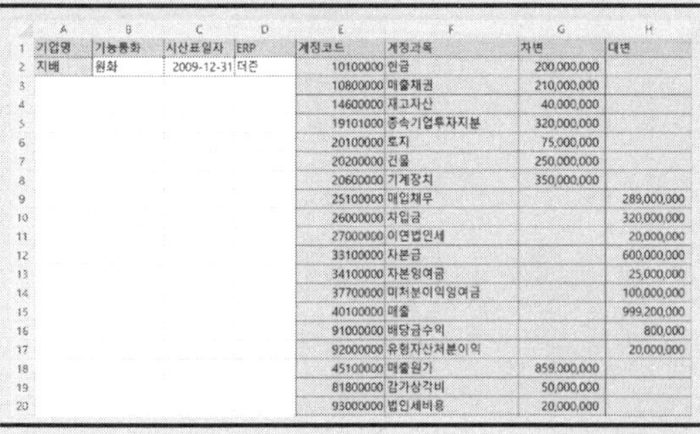

기업명	기능통화	시산표일자	ERP	계정코드	계정과목	차변	대변
지배	원화	2009-12-31	더존	10100000	현금	200,000,000	
				10800000	매출채권	210,000,000	
				14600000	재고자산	40,000,000	
				19101000	종속기업투자지분	320,000,000	
				20100000	토지	75,000,000	
				20200000	건물	250,000,000	
				20600000	기계장치	350,000,000	
				25100000	매입채무		289,000,000
				26000000	차입금		320,000,000
				27000000	이연법인세		20,000,000
				33100000	자본금		600,000,000
				34100000	자본잉여금		25,000,000
				37700000	미처분이익잉여금		100,000,000
				40100000	매출		999,200,000
				91000000	배당금수익		800,000
				92000000	유형자산처분이익		20,000,000
				45100000	매출원가	859,000,000	
				81800000	감가상각비	50,000,000	
				93000000	법인세비용	20,000,000	

① 기업명을 입력한다. 여기서는 **지배**로 입력한다.

② 해당 계정코드, 계정과목, 차변, 대변 금액을 차례로 입력한다.

③ 검증 칼럼에서 OK가 아닌 경우 해당 원인을 해결한다.

4) 원화시산표_2 sheet

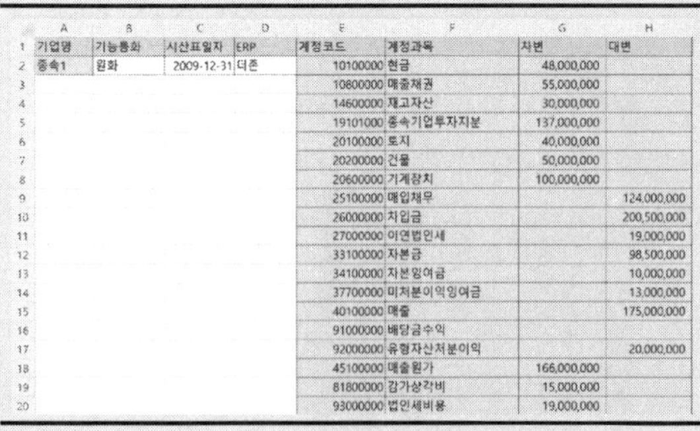

기업명	기능통화	시산표일자	ERP	계정코드	계정과목	차변	대변
종속1	원화	2009-12-31	더존	10100000	현금	48,000,000	
				10800000	매출채권	55,000,000	
				14600000	재고자산	30,000,000	
				19101000	종속기업투자지분	137,000,000	
				20100000	토지	40,000,000	
				20200000	건물	50,000,000	
				20600000	기계장치	100,000,000	
				25100000	매입채무		124,000,000
				26000000	차입금		200,500,000
				27000000	이연법인세		19,000,000
				33100000	자본금		98,500,000
				34100000	자본잉여금		10,000,000
				37700000	미처분이익잉여금		13,000,000
				40100000	매출		175,000,000
				91000000	배당금수익		
				92000000	유형자산처분이익		20,000,000
				45100000	매출원가	166,000,000	
				81800000	감가상각비	15,000,000	
				93000000	법인세비용	19,000,000	

① 기업명 **종속1**을 입력한다.

② 해당 계정코드, 계정과목, 차변, 대변 금액을 차례로 입력한다.

③ 검증 칼럼에서 OK가 아닌 경우 해당 원인을 해결한다.

5) 원화시산표_3 sheet

기업명	기능통화	시산표일자	ERP	계정코드	계정과목	차변	대변
종속2	원화	2009-12-31	더존	10100000	현금	45,000,000	
				10800000	매출채권	33,000,000	
				14600000	재고자산	25,000,000	
				19101000	종속기업투자지분	34,000,000	
				20100000	토지	20,000,000	
				20200000	건물	40,000,000	
				20600000	기계장치	80,000,000	
				25100000	매입채무		102,000,000
				26000000	차입금		50,000,000
				27000000	이연법인세		18,000,000
				33100000	자본금		80,000,000
				34100000	자본잉여금		10,000,000
				37700000	미처분이익잉여금		4,000,000
				40100000	매출		120,550,000
				91000000	배당금수익		2,450,000
				92000000	유형자산처분이익		20,000,000
				45100000	매출원가	100,000,000	
				81800000	감가상각비	12,000,000	
				93000000	법인세비용	18,000,000	

① 기업명 **종속**2를 입력한다.
② 해당 계정코드, 계정과목, 차변, 대변 금액을 차례로 입력한다.
③ 검증 칼럼에서 OK가 아닌 경우 해당 원인을 해결한다.

6) 원화시산표_4 sheet

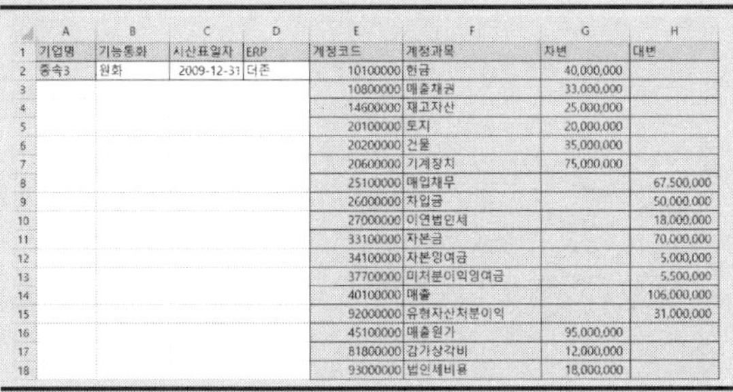

기업명	기능통화	시산표일자	ERP	계정코드	계정과목	차변	대변
종속3	원화	2009-12-31	더존	10100000	현금	40,000,000	
				10800000	매출채권	33,000,000	
				14600000	재고자산	25,000,000	
				20100000	토지	20,000,000	
				20200000	건물	35,000,000	
				20600000	기계장치	75,000,000	
				25100000	매입채무		67,500,000
				26000000	차입금		50,000,000
				27000000	이연법인세		18,000,000
				33100000	자본금		70,000,000
				34100000	자본잉여금		5,000,000
				37700000	미처분이익잉여금		5,500,000
				40100000	매출		106,000,000
				92000000	유형자산처분이익		31,000,000
				45100000	매출원가	95,000,000	
				81800000	감가상각비	12,000,000	
				93000000	법인세비용	18,000,000	

① 기업명 **종속**3을 입력한다.
② 해당 계정코드, 계정과목, 차변, 대변 금액을 차례로 입력한다.
③ 검증 칼럼에서 OK가 아닌 경우 해당 원인을 해결한다.

(4) [Fraudit-ExCon.exe] 실행

제4장_8_원가법_기초정보.xlsx과 제4장_8_원가법_원화시산표.xlsx을 Frau dit-ExCon이 있는 폴더에 복사하여 이동한다. 그리고 **접두어를 제거**하고 **기초정보.xlsx와 원화시산표.xlsx**로 이름을 변경한다. **그 다음에 Fraudit-ExCon.exe를 실행한다.**

1) Main sheet

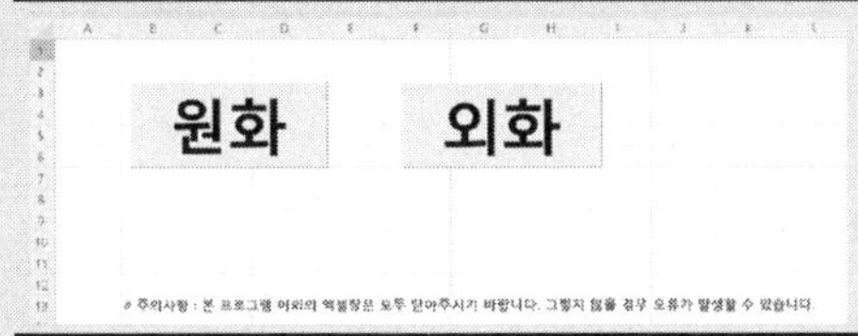

① 기능통화가 외화인 종속법인이 없으므로 원화 버튼을 누른다.

주의 원화 버튼을 누른 후 에러메시지가 뜨면 해당 에러 원인을 **기초정보.xlsx, 원화시산표.xlsx**에서 적절하게 수정한 후 다시 누른다.

2) out_연결분개_투자자본_0, 1, 2 sheet

T	U	V	W
계정과목	계정유형	차변	대변
AA종속기업투자지분	BS	0	200000000
AB자본금	HE	98500000	0
AB자본잉여금	BS	10000000	0
AB이익잉여금	BS	20000000	0
AB상품	BS	1000000	0
AB이연법인세	BS	0	220000
AB토지	BS	800000	0
AB이연법인세	BS	0	176000
AB기계장치	BS	700000	0
AB이연법인세	BS	0	154000
AB비지배지분	NCI	0	26090000
AB영업권	BS	95640000	0
AB상품	BS	0	300000
AB미처분이익잉여금	RE	300000	0
AB이연법인세	BS	66000	0
AB미처분이익잉여금	RE	0	66000
AB비지배지분	NCI	32760	0
AB미처분이익잉여금	RE	0	32760
AB토지	BS	0	800000
AB토지처분이익	BS	800000	0
AB이연법인세	BS	176000	0
AB법인세비용	IS	0	176000
AB비지배지분	NCI	87359	0
AB비지배지분순이익	RE	0	87359
AB기계장치	BS	0	140000
AB미처분이익잉여금	RE	140000	0
AB이연법인세	BS	30800	0
AB미처분이익잉여금	RE	0	30800
AB비지배지분	NCI	15288	0
AB미처분이익잉여금	RE	0	15288
AB기계장치	BS	0	140000
AB감가상각비	IS	140000	0
AB이연법인세	BS	30800	0
AB법인세비용	IS	0	30800
AB비지배지분	NCI	15288	0
AB비지배지분순이익	RE	0	15288

① **[out_연결분개_투자자본_0]** 연결분개 중 지배와 종속1의 투자와 자본 상계제거 분개 부분에 해당한다. 음영 이하는 공정가치차이 후속 처리부분이다.
검증 목적으로 차변, 대변 칼럼의 금액과 계정과목을 확인하면 된다(분개에 대한 상세 설명은 본문에서 확인하기 바람).

T	U	V	W
계정과목	계정유형	차변	대변
AA종속기업투자지분	BS	0	100000000
AB종속기업투자지분	BS	0	90000000
AC자본금	HE	80000000	0
AC자본잉여금	BS	10000000	0
AC이익잉여금	BS	15000000	0
AC상품	BS	600000	0
AC이연법인세	BS	0	144000
AC토지	BS	500000	0
AC이연법인세	BS	0	120000
AC기계장치	BS	400000	0
AC이연법인세	BS	0	96000
AC비지배지분	NCI	0	31842000
AC영업권	BS	97702000	0
AC비지배지분	NCI	18000000	0
AC상품	BS	0	360000
AC상품매출원가	IS	360000	0
AC이연법인세	BS	86400	0
AC법인세비용	IS	0	86400
AC비지배지분	NCI	65390	0
AC비지배지분순이익	RE	0	65390
AC기계장치	BS	0	80000
AC미처분이익잉여금	RE	80000	0
AC이연법인세	BS	19200	0
AC미처분이익잉여금	RE	0	19200
AC비지배지분	NCI	14531	0
AC미처분이익잉여금	RE	0	14531
AC기계장치	BS	0	80000
AC감가상각비	IS	80000	0
AC이연법인세	BS	19200	0
AC법인세비용	IS	0	19200
AC비지배지분	NCI	14531	0
AC비지배지분순이익	RE	0	14531

② **[out_연결분개_투자자본_1]** 연결분개 중 지배, 종속1과 종속2의 투자와 자본 상계제거 분개 부분에 해당한다. 음영 이하는 공정가치차이 후속 처리부분이다.검증 목적으로 차변, 대변 칼럼의 금액과 계정과목을 확인하면 된다(분개에 대한 상세 설명은 본문에서 확인하기 바람).

T	U	V	W
계정과목	계정유형	차변	대변
AB종속기업투자지분	BS	0	40000000
AC종속기업투자지분	BS	0	30000000
AD자본금	HE	70000000	0
AD자본잉여금	BS	5000000	0
AD이익잉여금	BS	10000000	0
AD상품	BS	10000	0
AD이연법인세	BS	0	2600
AD토지	BS	30000	0
AD이연법인세	BS	0	7800
AD기계장치	BS	20000	0
AD이연법인세	BS	0	5200
AD비지배지분	NCI	0	38695202
AD영업권	BS	6650802	0
AD비지배지분	NCI	17000000	0
AD기계장치	BS	0	4000
AD미처분이익잉여금	RE	4000	0
AD이연법인세	BS	1040	0
AD미처분이익잉여금	RE	0	1040
AD비지배지분	NCI	1127	0
AD미처분이익잉여금	RE	0	1127
AD기계장치	BS	0	4000
AD감가상각비	IS	4000	0
AD이연법인세	BS	1040	0
AD법인세비용	IS	0	1040
AD비지배지분	NCI	1127	0
AD비지배지분순이익	RE	0	1127

③ **[out_연결분개_투자자본_2]** 연결분개 중 종속1, 종속2와 종속3의 투자와 자본 상계제거 분개 부분에 해당한다. 음영 이하는 공정가치차이 후속 처리부분이다. 검증 목적으로 차변, 대변 칼럼의 금액과 계정과목을 확인하면 된다(분개에 대한 상세 설명은 본문에서 확인하기 바람).

3) out_연결분개_내부거래_0, 1, 2, 3 sheet

V	W	X	Y
계정과목_1	계정유형	차변	대변
AB상품	BS	0	500000
AB미처분이익잉여금	RE	500000	0
AB이연법인세	BS	120000	0
AB미처분이익잉여금	RE	0	120000
AB비지배지분	NCI	53200	0
AB미처분이익잉여금	RE	0	53200
AC미처분이익잉여금	RE	0	100000
AC상품	BS	100000	0
AC이연법인세	BS	0	24000
AC미처분이익잉여금	RE	24000	0
AB비지배지분	NCI	0	10640
AB미처분이익잉여금	RE	10640	0
AC매출원가	IS	0	100000
AC상품	BS	100000	0
AC이연법인세	BS	0	24000
AC법인세비용	IS	24000	0
AB비지배지분	NCI	0	10640
AB비지배지분순이익	RE	10640	0

① **[out_연결분개_내부거래_0]** 내부거래번호 AB001에 대한 연결분개 내부거래제거 부분에 해당한다(분개에 대한 상세 설명은 본문에서 확인하기 바람).

V	W	X	Y
계정과목_1	계정유형	차변	대변
AC상품매출	IS	600000	0
AC상품매출원가	IS	0	600000
AC상품	BS	0	200000
AC상품매출원가	IS	200000	0
AC이연법인세	BS	44000	0
AC법인세비용	IS	0	44000
AC비지배지분	NCI	37284	0
AC비지배지분순이익	RE	0	37284
AB매출원가	IS	0	60000
AB상품	BS	60000	0
AB이연법인세	BS	0	13200
AB법인세비용	IS	13200	0
AC비지배지분	NCI	0	11185
AC비지배지분순이익	RE	11185	0

② **[out_연결분개_내부거래_1]** 내부거래번호 AC001에 대한 연결분개 내부거래제거 부분에 해당한다(분개에 대한 상세 설명은 본문에서 확인하기 바람).

V	W	X	Y
계정과목_1	계정유형	차변	대변
AC상품매출	IS	400000	0
AC상품매출원가	IS	0	400000
AC상품	BS	0	300000
AC상품매출원가	IS	300000	0
AC이연법인세	BS	60000	0
AC법인세비용	IS	0	60000
AC비지배지분	NCI	57360	0
AC비지배지분순이익	RE	0	57360
AA매출원가	IS	0	60000
AA상품	BS	60000	0
AA이연법인세	BS	0	12000
AA법인세비용	IS	12000	0
AC비지배지분	NCI	0	11472
AC비지배지분순이익	RE	11472	0

③ **[out_연결분개_내부거래_2]** 내부거래번호 AC002에 대한 연결분개 내부거래제거 부분에 해당한다(분개에 대한 상세 설명은 본문에서 확인하기 바람).

V	W	X	Y
계정과목_1	계정유형	차변	대변
AD상품매출	IS	50000	0
AD상품매출원가	IS	0	50000
AD상품	BS	0	20000
AD상품매출원가	IS	20000	0
AD이연법인세	BS	4000	0
AD법인세비용	IS	0	4000
AD비지배지분	NCI	6096	0
AD비지배지분순이익	RE	0	6096
AA매출원가	IS	0	4000
AA상품	BS	4000	0
AA이연법인세	BS	0	800
AA법인세비용	IS	800	0
AD비지배지분	NCI	0	1219
AD비지배지분순이익	RE	1219	0

④ **[out_연결분개_내부거래_3]** 내부거래번호 AD001에 대한 연결분개 내부거래제거 부분에 해당한다(분개에 대한 상세 설명은 본문에서 확인하기 바람).

4) out_연결분개_추가취득_1, 3, 5 sheet

S	T	U	V
계정과목	계정유형	차변	대변
AA종속기업투자지분	BS	0	20,000,000
AB비지배지분	NCI	7,710,000	0
AB비지배지분	NCI	0	180,000
AB미처분이익잉여금	RE	180,000	0
AB비지배지분	NCI	180,000	0
AB자본조정	BS	12,110,000	0

① **[out_연결분개_추가취득_1]** 지배 - 종속1의 2009-1-1 2차 취득에 대한 연결분개에 해당한다(분개에 대한 상세 설명은 본문에서 확인하기 바람).

S	T	U	V
계정과목	계정유형	차변	대변
AB종속기업투자지분	BS	0	7,000,000
AC비지배지분	NCI	6,405,000	0
AC비지배지분	NCI	183,000	0
AC미처분이익잉여금	RE	0	183,000
AC비지배지분	NCI	0	183,000
AC자본조정	BS	777,999	0

② **[out_연결분개_추가취득_3]** 종속1-종속2의 2009-1-2 2차 취득에 대한 연결분개에 해당한다(분개에 대한 상세 설명은 본문에서 확인하기 바람).

S	T	U	V
계정과목	계정유형	차변	대변
AC종속기업투자지분	BS	0	4,000,000
AD비지배지분	NCI	6,285,750	0
AD비지배지분	NCI	0	184,875
AD미처분이익잉여금	RE	184,875	0
AD비지배지분	NCI	184,875	0
AD자본조정	BS	0	2,470,625

③ **[out_연결분개_추가취득_5]** 종속2-종속3의 2009-1-3 2차 취득에 대한 연결분개에 해당한다(분개에 대한 상세 설명은 본문에서 확인하기 바람).

5) out_연결분개_기타_0, 1, 2, 3, 4, 5, 6, 7, 8, 9, 10, 11 sheet

	A	B	C	D	E	F	G	H	I	J	K	L	M	N
1	기업명	약식명칭	기간	계정명	금액	지배지분세율	마지막기업_비지배지분세율	명목지배지분율	최종_실질비지배지분율	외화환산	계정과목	계정유형	차변	대변
2	종속1	AB	2008-12-31	당기순이익	12,000,000	20.00%	22.00%	86.00%	14.00%		비지배지분	NCI	0	1,680,000
3											미처분이익잉여금	RE	1,680,000	0

① **[out_연결분개_기타_0]** 종속1의 2008년 당기순이익에 대한 비지배지분 연결분개 부분에 해당한다.(분개에 대한 상세 설명은 본문에서 확인하기 바람).

	A	B	C	D	E	F	G	H	I	J	K	L	M	N
1	기업명	약식명칭	기간	계정명	금액	지배지분세율	마지막기업_비지배지분세율	명목지배지분율	최종_실질비지배지분율	외화환산	계정과목	계정유형	차변	대변
2	종속1	AB	2008-12-31	배당	9,000,000	20.00%	22.00%	86.00%	14.00%		미처분이익잉여금	RE	0	9,000,000
3											미처분이익잉여금	RE	7,740,000	0
4											비지배지분	NCI	1,260,000	0

② **[out_연결분개_기타_1]** 종속1의 2008년 배당에 대한 비지배지분 연결분개 부분에 해당한다.(분개에 대한 상세 설명은 본문에서 확인하기 바람).

	A	B	C	D	E	F	G	H	I	J	K	L	M	N
1	기업명	약식명칭	기간	계정명	금액	지배지분세율	마지막기업_비지배지분세율	명목지배지분율	최종_실질비지배지분율	외화환산	계정과목	계정유형	차변	대변
2	종속1	AB	2009-12-31	당기순이익	14,000,000	20.00%	22.00%	86.00%	14.00%		비지배지분	NCI	0	1,960,000
3											비지배지분순이익	RE	1,960,000	0

③ **[out_연결분개_기타_2]** 종속1의 2009년 당기순이익에 대한 비지배지분 연결분개 부분에 해당한다.(분개에 대한 상세 설명은 본문에서 확인하기 바람).

	A	B	C	D	E	F	G	H	I	J	K	L	M	N
1	기업명	약식명칭	기간	계정명	금액	지배지분세율	마지막기업_비지배지분세율	명목지배지분율	최종_실질비지배지분율	외화환산	계정과목	계정유형	차변	대변
2	종속1	AB	2009-12-31	배당	10,000,000	20.00%	22.00%	86.00%	14.00%		미처분이익잉여금	RE	0	10,000,000
3											배당금수익	BS	8,600,000	0
4											비지배지분	NCI	1,400,000	0

④ **[out_연결분개_기타_3]** 종속1의 2009년 배당에 대한 비지배지분 연결분개 부분에 해당한다.(분개에 대한 상세 설명은 본문에서 확인하기 바람).

기업명	약식명칭	기간	계정명	금액	지배지분세율	마지막기업_비지배지분세율	명목지배지분율	최종_실질비지배지분율	외화환산	계정과목	계정유형	차변	대변
종속2	AC	2008-12-31	당기순이익	11,000,000	20.00%	24.00%	81.00%	23.90%		비지배지분	NCI	0	2,629,000
										미처분이익잉여금	RE	2,629,000	0

⑤ **[out_연결분개_기타_4]** 종속2의 2008년 당기순이익에 대한 비지배지분 연결분개 부분에 해당한다.(분개에 대한 상세 설명은 본문에서 확인하기 바람).

기업명	약식명칭	기간	계정명	금액	지배지분세율	마지막기업_비지배지분세율	명목지배지분율	최종_실질비지배지분율	외화환산	계정과목	계정유형	차변	대변
종속2	AC	2008-12-31	배당	14,000,000	20.00%	24.00%	81.00%	23.90%		미처분이익잉여금	RE	0	14,000,000
										미처분이익잉여금	RE	11,340,000	0
										비지배지분	NCI	3,346,000	0
										미처분이익잉여금	RE	0	686,000

⑥ **[out_연결분개_기타_5]** 종속2의 2008년 배당에 대한 비지배지분 연결분개 부분에 해당한다.(분개에 대한 상세 설명은 본문에서 확인하기 바람).

기업명	약식명칭	기간	계정명	금액	지배지분세율	마지막기업_비지배지분세율	명목지배지분율	최종_실질비지배지분율	외화환산	계정과목	계정유형	차변	대변
종속2	AC	2009-12-31	당기순이익	13,000,000	20.00%	24.00%	81.00%	23.90%		비지배지분	NCI	0	3,107,000
										비지배지분순이익	RE	3,107,000	0

⑦ **[out_연결분개_기타_6]** 종속2의 2009년 당기순이익에 대한 비지배지분 연결분개 부분에 해당한다.(분개에 대한 상세 설명은 본문에서 확인하기 바람).

기업명	약식명칭	기간	계정명	금액	지배지분세율	마지막기업_비지배지분세율	명목지배지분율	최종_실질비지배지분율	외화환산	계정과목	계정유형	차변	대변
종속2	AC	2009-12-31	배당	8,000,000	20.00%	24.00%	81.00%	23.90%		미처분이익잉여금	RE	0	8,000,000
										배당금수익	BS	6,480,000	0
										비지배지분	NCI	1,912,000	0
										비지배지분순이익	RE	0	392,000

⑧ **[out_연결분개_기타_7]** 종속2의 2009년 배당에 대한 비지배지분 연결분개 부분에 해당한다.(분개에 대한 상세 설명은 본문에서 확인하기 바람).

기업명	약식명칭	기간	계정명	금액	지배지분세율	마지막기업_비지배지분세율	명목지배지분율	최종_실질비지배지분율	외화환산	계정과목	계정유형	차변	대변
종속3	AD	2008-12-31	당기순이익	8,500,000	20.00%	26.00%	76.00%	38.11%		비지배지분	NCI	0	3,238,925
										미처분이익잉여금	RE	3,238,925	0

⑨ **[out_연결분개_기타_8]** 종속3의 2008년 당기순이익에 대한 비지배지분 연결분개 부분에 해당한다.(분개에 대한 상세 설명은 본문에서 확인하기 바람).

기업명	약식명칭	기간	계정명	금액	지배지분세율	마지막기업_비지배지분세율	명목지배지분율	최종_실질비지배지분율	외화환산	계정과목	계정유형	차변	대변
종속3	AD	2008-12-31	배당	6,000,000	20.00%	26.00%	76.00%	38.11%		미처분이익잉여금	RE	0	6,000,000
										미처분이익잉여금	RE	4,560,000	0
										비지배지분	NCI	2,286,300	0
										미처분이익잉여금	RE	0	846,300

⑩ **[out_연결분개_기타_9]** 종속3의 2008년 배당에 대한 비지배지분 연결분개 부분에 해당한다.(분개에 대한 상세 설명은 본문에서 확인하기 바람).

기업명	약식명칭	기간	계정명	금액	지배지분세율	마지막기업_비지배지분세율	명목지배지분율	최종_실질비지배지분율	외화환산	계정과목	계정유형	차변	대변
종속3	AD	2009-12-31	당기순이익	12,000,000	20.00%	26.00%	76.00%	38.11%		비지배지분	NCI	0	4,572,600
										비지배지분순이익	RE	4,572,600	0

⑪ **[out_연결분개_기타_10]** 종속3의 2009년 당기순이익에 대한 비지배지분 연결분개 부분에 해당한다.(분개에 대한 상세 설명은 본문에서 확인하기 바람).

기업명	약식명칭	기간	계정명	금액	지배지분세율	마지막기업_비지배지분세율	명목지배지분율	최종_실질비지배지분율	외화환산	계정과목	계정유형	차변	대변
종속3	AD	2009-12-31	배당	7,000,000	20.00%	26.00%	76.00%	38.11%		미처분이익잉여금	RE	0	7,000,000
										배당금수익	BS	5,320,000	0
										비지배지분	NCI	2,667,350	0
										비지배지분순이익	RE	0	987,349

⑫ **[out_연결분개_기타_11]** 종속3의 2009년 배당에 대한 비지배지분 연결분개 부분에 해당한다.(분개에 대한 상세 설명은 본문에서 확인하기 바람).

6) out_연결분개_이연법인세_0, 1, 2, 3, 4, 5, 6, 7, 8, 9, 10, 11 sheet

기업명	약식명칭	기간	계정명	금액	지배지분세율	마지막기업_비지배지분세율	명목지배지분율	최종_실질비지배지분율	외화환산	계정과목	계정유형	차변	대변
종속1	AB	2008-12-31	당기순이익	12,000,000	20.00%	22.00%	86.00%	14.00%		이연법인세	BS	0	2,433,600
										미처분이익잉여금	RE	2,433,600	0
										비지배지분	NCI	369,600	0
										미처분이익잉여금	RE	0	369,600

① **[out_연결분개_이연법인세_0]** 종속1의 2008년 당기순이익에 대한 투자지분 이연법인세 연결분개 부분에 해당한다.(분개에 대한 상세 설명은 본문에서 확인하기 바람).

기업명	약식명칭	기간	계정명	금액	지배지분세율	마지막기업_비지배지분세율	명목지배지분율	최종_실질비지배지분율	외화환산	계정과목	계정유형	차변	대변
종속1	AB	2008-12-31	배당	9,000,000	20.00%	22.00%	86.00%	14.00%		이연법인세	BS	1,825,200	0
										미처분이익잉여금	RE	0	1,825,200
										비지배지분	NCI	0	277,200
										미처분이익잉여금	RE	277,200	0

② **[out_연결분개_이연법인세_1]** 종속1의 2008년 배당에 대한 투자지분 이연법인세 연결분개 부분에 해당한다.(분개에 대한 상세 설명은 본문에서 확인하기 바람).

기업명	약식명칭	기간	계정명	금액	지배지분세율	마지막기업_비지배지분세율	명목지배지분율	최종_실질비지배지분율	외화환산	계정과목	계정유형	차변	대변
종속1	AB	2009-12-31	당기순이익	14,000,000	20.00%	22.00%	86.00%	14.00%		이연법인세	BS	0	2,839,200
										법인세비용	IS	2,839,200	0
										비지배지분	NCI	431,200	0
										비지배지분순이익	RE	0	431,200

③ **[out_연결분개_이연법인세_2]** 종속1의 2009년 당기순이익에 대한 투자지분 이연법인세 연결분개 부분에 해당한다.(분개에 대한 상세 설명은 본문에서 확인하기 바람).

기업명	약식명칭	기간	계정명	금액	지배지분세율	마지막기업_비지배지분세율	명목지배지분율	최종_실질비지배지분율	외화환산	계정과목	계정유형	차변	대변
종속1	AB	2009-12-31	배당	10,000,000	20.00%	22.00%	86.00%	14.00%		이연법인세	BS	2,028,000	0
										법인세비용	IS	0	2,028,000
										비지배지분	NCI	0	308,000
										비지배지분순이익	RE	308,000	0

④ **[out_연결분개_이연법인세_3]** 종속1의 2009년 배당에 대한 투자지분 이연법인세 연결분개 부분에 해당한다.(분개에 대한 상세 설명은 본문에서 확인하기 바람).

기업명	약식명칭	기간	계정명	금액	지배지분세율	마지막기업_비지배지분세율	명목지배지분율	최종_실질비지배지분율	외화환산	계정과목	계정유형	차변	대변
종속2	AC	2008-12-31	당기순이익	11,000,000	20.00%	24.00%	81.00%	23.90%		이연법인세	BS	0	2,305,160
										미처분이익잉여금	RE	2,305,160	0
										비지배지분	NCI	630,960	0
										미처분이익잉여금	RE	0	630,960

⑤ **[out_연결분개_이연법인세_4]** 종속2의 2008년 당기순이익에 대한 투자지분 이연법인세 연결분개 부분에 해당한다.(분개에 대한 상세 설명은 본문에서 확인하기 바람).

기업명	약식명칭	기간	계정명	금액	지배지분세율	마지막기업_비지배지분세율	명목지배지분율	최종_실질비지배지분율	외화환산	계정과목	계정유형	차변	대변
종속2	AC	2008-12-31	배당	14,000,000	20.00%	24.00%	81.00%	23.90%		이연법인세	BS	2,933,840	0
										미처분이익잉여금	RE	0	2,933,840
										비지배지분	NCI	0	803,040
										미처분이익잉여금	RE	803,040	0

⑥ **[out_연결분개_이연법인세_5]** 종속2의 2008년 배당에 대한 투자지분 이연법인세 연결분개 부분에 해당한다.(분개에 대한 상세 설명은 본문에서 확인하기 바람).

기업명	약식명칭	기간	계정명	금액	지배지분세율	마지막기업_비지배지분세율	명목지배지분율	최종_실질비지배지분율	외화환산	계정과목	계정유형	차변	대변
종속2	AC	2009-12-31	당기순이익	13,000,000	20.00%	24.00%	81.00%	23.90%		이연법인세	BS	0	2,724,280
										법인세비용	IS	2,724,280	0
										비지배지분	NCI	745,680	0
										비지배지분순이익	RE	0	745,680

⑦ **[out_연결분개_이연법인세_6]** 종속2의 2009년 당기순이익에 대한 투자지분 이연법인세 연결분개 부분에 해당한다.(분개에 대한 상세 설명은 본문에서 확인하기 바람).

기업명	약식명칭	기간	계정명	금액	지배지분세율	마지막기업_비지배지분세율	명목지배지분율	최종_실질비지배지분율	외화환산	계정과목	계정유형	차변	대변
종속2	AC	2009-12-31	배당	8,000,000	20.00%	24.00%	81.00%	23.90%		이연법인세	BS	1,676,480	0
										법인세비용	IS	0	1,676,480
										비지배지분	NCI	0	458,880
										비지배지분순이익	RE	458,880	0

⑧ **[out_연결분개_이연법인세_7]** 종속3의 2009년 배당에 대한 투자지분 이연법인세 연결분개 부분에 해당한다.

(분개에 대한 상세 설명은 본문에서 확인하기 바람).

기업명	약식명칭	기간	계정명	금액	지배지분세율	마지막기업_비지배지분세율	명목지배지분율	최종_실질비지배지분율	외화환산	계정과목	계정유형	차변	대변
종속3	AD	2008-12-31	당기순이익	8,500,000	20.00%	26.00%	76.00%	38.11%		이연법인세	BS	0	1,894,335
										미처분이익잉여금	RE	1,894,335	0
										비지배지분	NCI	842,120	0
										미처분이익잉여금	RE	0	842,120

⑨ **[out_연결분개_이연법인세_8]** 종속3의 2008년 당기순이익에 대한 투자지분 이연법인세 연결분개 부분에 해당한다.(분개에 대한 상세 설명은 본문에서 확인하기 바람).

기업명	약식명칭	기간	계정명	금액	지배지분세율	마지막기업_비지배지분세율	명목지배지분율	최종_실질비지배지분율	외화환산	계정과목	계정유형	차변	대변
종속3	AD	2008-12-31	배당	6,000,000	20.00%	26.00%	76.00%	38.11%		이연법인세	BS	1,337,178	0
										미처분이익잉여금	RE	0	1,337,178
										비지배지분	NCI	0	594,438
										미처분이익잉여금	RE	594,438	0

⑩ **[out_연결분개_이연법인세_9]** 종속3의 2008년 배당에 대한 투자지분 이연법인세 연결분개 부분에 해당한다.(분개에 대한 상세 설명은 본문에서 확인하기 바람).

기업명	약식명칭	기간	계정명	금액	지배지분세율	마지막기업_비지배지분세율	명목지배지분율	최종_실질비지배지분율	외화환산	계정과목	계정유형	차변	대변
종속3	AD	2009-12-31	당기순이익	12,000,000	20.00%	26.00%	76.00%	38.11%		이연법인세	BS	0	2,674,356
										법인세비용	IS	2,674,356	0
										비지배지분	NCI	1,188,876	0
										비지배지분순이익	RE	0	1,188,876

⑪ **[out_연결분개_이연법인세_10]** 종속3의 2009년 당기순이익에 대한 투자지분 이연법인세 연결분개 부분에 해당한다.(분개에 대한 상세 설명은 본문에서 확인하기 바람).

기업명	약식명칭	기간	계정명	금액	지배지분세율	마지막기업_비지배지분세율	명목지배지분율	최종_실질비지배지분율	외화환산	계정과목	계정유형	차변	대변
종속3	AD	2009-12-31	배당	7,000,000	20.00%	26.00%	76.00%	38.11%		이연법인세	BS	1,560,041	0
										법인세비용	IS	0	1,560,041
										비지배지분	NCI	0	693,511
										비지배지분순이익	RE	693,511	0

⑫ **[out_연결분개_이연법인세_11]** 종속3의 2009년 배당에 대한 투자지분 이연법인세 연결분개 부분에 해당한다.(분개에 대한 상세 설명은 본문에서 확인하기 바람).

7) tmp_연결분개_통합 sheet

계정과목	매핑계정과목	신설필요_계정과목	후보_매핑계정과목_1	후보_매핑계정과목_2	차변잔액	대변잔액		확인
AA매출원가	AA매출원가		AA매출원가	AA매출채권	0	64,000		
AA법인세비용	AA법인세비용		AA법인세비용	AB법인세비용	12,800	0		
AA상품	AA상품	AA상품			64,000	0		
AA이연법인세	AA이연법인세		AA이연법인세	AB이연법인세	0	12,800		
AA종속기업투자지분	AA종속기업투자지분		AA종속기업투자지분	AB종속기업투자지분	0	320,000,000		
AB감가상각비	AB감가상각비		AB감가상각비	AA감가상각비	140,000	0		
AB기계장치	AB기계장치		AB기계장치	AA기계장치	140,000	0		
AB매출원가	AB매출원가		AB매출원가	AB매출채권	0	60,000		
AB미처분이익잉여금	AB미처분이익잉여금		AB미처분이익잉여금	AA미처분이익잉여금	1,000,416	0		
AB법인세비용	AB법인세비용		AB법인세비용	AA법인세비용	0	193,600		
AB비지배지분	비지배지분		비지배지분순이익	비지배지분	0	18,166,809		
AB비지배지분순이익	비지배지분순이익		비지배지분순이익		0	92,007		
AB상품	AB상품	AB상품			260,000	0		
AB영업권	AB영업권	AB영업권			95,640,000	0		
AB이연법인세	AB이연법인세		AB이연법인세	AA이연법인세	0	78,000		
AB이익잉여금	AB미처분이익잉여금		AB미처분이익잉여금		20,000,000	0		
AB자본금	AB자본금		AB자본금	AB자본잉여금	98,500,000	0		
AB자본잉여금	AB자본잉여금		AB자본잉여금	AB자본금	10,000,000	0		
AB자본조정	자본조정	자본조정	AB자본금	AB자본잉여금	12,110,000	0		

21	AB종속기업투자지분	AB종속기업투자지분		AB종속기업투자지분	AA종속기업투자지분	0	137,000,000
22	AB토지	AB토지		AB토지		0	0
23	AB토지처분이익	AB토지		AB토지		800,000	0
24	AC감가상각비	AC감가상각비		AC감가상각비	AA감가상각비	80,000	0
25	AC기계장치	AC기계장치		AC기계장치	AA기계장치	240,000	0
26	AC매출원가	AC매출원가		AC매출원가	AC매출채권	0	100,000
27	AC미처분이익잉여금	AC미처분이익잉여금		AC미처분이익잉여금	AA미처분이익잉여금	0	212,731
28	AC법인세비용	AC법인세비용		AC법인세비용	AA법인세비용	0	185,600
29	AC비지배지분	비지배지분		비지배지분순이익	비지배지분	0	7,270,561
30	AC비지배지분순이익	비지배지분순이익		비지배지분순이익		0	151,908
31	AC상품	AC상품	AC상품			0	60,000
32	AC상품매출	AC상품매출	AC상품매출			1,000,000	0
33	AC상품매출원가	AC매출원가		AC매출원가		0	140,000
34	AC영업권	AC영업권	AC영업권			97,702,000	0
35	AC이연법인세	AC이연법인세		AC이연법인세	AA이연법인세	0	179,200
36	AC이익잉여금	AC미처분이익잉여금		AC미처분이익잉여금		15,000,000	0
37	AC자본금	AC자본금		AC자본금	AC자본잉여금	80,000,000	0
38	AC자본잉여금	AC자본잉여금		AC자본잉여금	AC자본금	10,000,000	0
39	AC자본조정	자본조정		AC자본금	AC자본잉여금	777,999	0
40	AC종속기업투자지분	AC종속기업투자지분		AC종속기업투자지분	AA종속기업투자지분	0	34,000,000
41	AC토지	AC토지		AC토지		500,000	0
42	AD감가상각비	AD감가상각비		AD감가상각비	AA감가상각비	4,000	0
43	AD기계장치	AD기계장치		AD기계장치	AA기계장치	12,000	0
44	AD미처분이익잉여금	AD미처분이익잉여금		AD미처분이익잉여금	AA미처분이익잉여금	186,708	0
45	AD법인세비용	AD법인세비용		AD법인세비용	AA법인세비용	0	5,040
46	AD비지배지분	비지배지분		비지배지분순이익	비지배지분	0	15,402,321
47	AD비지배지분순이익	비지배지분순이익		비지배지분순이익		0	6,004
48	AD상품	AD상품	AD상품			0	10,000
49	AD상품매출	AD상품매출	AD상품매출			50,000	0
50	AD상품매출원가	AD매출원가		AD매출원가		0	30,000
51	AD영업권	AD영업권	AD영업권			6,650,802	0
52	AD이연법인세	AD이연법인세		AD이연법인세	AA이연법인세	0	9,520
53	AD이익잉여금	AD미처분이익잉여금		AD미처분이익잉여금		10,000,000	0
54	AD자본금	AD자본금		AD자본금	AD자본잉여금	70,000,000	0
55	AD자본잉여금	AD자본잉여금		AD자본잉여금	AD자본금	5,000,000	0
56	AD자본조정	자본조정		AD자본금	AD자본잉여금	0	2,470,625
57	AD토지	AD토지		AD토지		30,000	0
58	미처분이익잉여금	AA미처분이익잉여금		AA미처분이익잉여금	AB미처분이익잉여금	0	23,975,500
59	배당금수익	AA배당금수익		AA배당금수익	AB배당금수익	20,400,000	0
60	법인세비용	AA법인세비용		AA법인세비용	AB법인세비용	2,973,315	0
61	비지배지분	비지배지분		비지배지분	비지배지분순이익	0	3,242,508
62	비지배지분순이익	비지배지분순이익		비지배지분순이익	비지배지분	7,354,886	0
63	이연법인세	이연법인세		이연법인세	AA이연법인세	0	3,510,192

① 계정과목(A열)과 매핑계정과목(B열)을 비교한 후 매핑계정과목이 적절하지 않으면,
② 후보_매핑계정과목_1(D열)과 후보_매핑계정과목_2(E열)에서 적절한 매핑계정과목이 있는지를 검토하고,
③ 적절한 후보_매핑계정과목을 복사하여 매핑계정과목에 붙이거나,
④ 적절한 후보_매핑계정과목이 없는 경우 계정과목을 신설하여 신설필요_계정과목(C열)에 입력하고 이를 매핑계정과목(B열)에도 동일하게 입력한다.

주의 계정과목을 신설하는 경우 **매핑계정과목**과 **신설필요_계정과목**에 모두 동일하게 기입하여야 한다.

여기서는 상기와 같이 AB자본조정에 대해서 신설계정과목 자본조정을 넣고 나머지 AC자본조정, AD자본조정에 대해서는 매핑계정과목에 자본조정을 입력한다.

주의 신설계정과목은 한번만 신설하여야 하며 신설한 후에는 매핑계정과목에만 넣고 동일한 것으로 추가로 신설하지 않도록 한다.

⑤ 확인 버튼을 누른다.

8) out_최종연결정산표 sheet

	A	B	C
1	계정과목	차변잔액	대변잔액
2	감가상각비	89,224,000	0
3	건물	375,000,000	0
4	기계장치	605,672,000	0
5	매입채무	0	582,500,000
6	매출	0	1,414,080,000
7	매출원가	1,219,606,000	0
8	매출채권	361,480,000	0
9	미처분이익잉여금	0	100,688,931
10	배당금수익	0	0
11	법인세비용	77,601,875	0
12	비지배지분	0	44,112,775
13	비지배지분순이익	7,104,967	0
14	상품	254,000	0
15	상품매출	1,050,000	0
16	영업권	199,992,802	0
17	유형자산처분이익	0	91,000,000
18	이연법인세	0	78,851,312
19	자본금	0	600,000,000
20	자본잉여금	0	25,000,000
21	자본조정	10,417,374	0
22	재고자산	120,000,000	0
23	차입금	0	620,500,000
24	토지	156,330,000	0
25	현금	333,000,000	0

① 계정과목이 한글로 오름차순으로 되어 있다.
② 정렬 버튼을 누른다.

	A	B	C	D
1	계정코드	계정과목	차변잔액	대변잔액
2	10100000	현금	333,000,000	0
3	10800000	매출채권	361,480,000	0
4	14600000	재고자산	120,000,000	0
5	20100000	토지	156,330,000	0
6	20200000	건물	375,000,000	0
7	20600000	기계장치	605,672,000	0
8	25100000	매입채무	0	582,500,000
9	26000000	차입금	0	620,500,000
10	27000000	이연법인세	0	78,851,312
11	33100000	자본금	0	600,000,000
12	34100000	자본잉여금	0	25,000,000
13	37700000	미처분이익잉여금	0	100,688,931
14	40100000	매출	0	1,414,080,000
15	45100000	매출원가	1,219,606,000	0
16	81800000	감가상각비	89,224,000	0
17	91000000	배당금수익	0	0
18	92000000	유형자산처분이익	0	91,000,000
19	93000000	법인세비용	77,601,875	0
20	비지배지분	비지배지분	0	44,112,775
21	비지배지분순이익	비지배지분순이익	7,104,967	0
22	상품	상품	254,000	0
23	상품매출	상품매출	1,050,000	0
24	영업권	영업권	199,992,802	0
25	자본조정	자본조정	10,417,374	0

③ 계정코드별로 오름차순되며, 계정코드가 없이 새롭게 삽입된 계정과목은 맨 아래에 위치하고 그러한 계정과목은 계정과목으로(한글순으로) 오름차순으로 정렬이 된다.
④ 차변과 대변이 모두 0인 계정은 삭제한다. 여기서는 배당금수익이 해당된다.
⑤ 통합이 가능한 계정과목은 적절하게 통합한다.

제 6 절 해외종속법인 연결

해외사업장의 취득으로 생기는 **영업권**과 자산·부채의 장부금액에 대한 **공정가치 조정액**은 **해외사업장의 자산·부채**로 본다. 따라서 이러한 영업권과 자산·부채의 장부금액에 대한 공정가치 조정액은 **해외사업장의 기능통화**로 표시하고 **마감환율**로 환산한다. *[K-IFRS 1021 문단 47]*

상기 요구사항으로 인하여 해외종속법인의 연결은 다음과 같은 절차를 통하여 수행하는 것이 바람직하다.

사전단계 : 해외종속법인 기능통화 재무제표에 다음을 반영

(1) 영업권과 공정가치 조정액 반영

(2) 영업권과 공정가치 조정액의 후속회계처리

준비단계 : 지배기업과 종속기업의 재무제표 합산

1단계 : 종속기업 투자지분과 종속기업 자본계정의 상계제거

(1) 종속기업투자지분과 종속기업의 자본계정 상계제거

(2) 종속기업 자산 · 부채의 장부금액과 공정가치의 차이(일명 '공정가치차이) 및 영업권(또는 염가매수차익) 발생

(3) 이연법인세 회계처리

2단계 : 공정가치차이의 후속처리 및 영업권(염가매수차익)의 후속처리

(1) 재고자산, 유 · 무형자산 등 공정가치차이의 후속처리

(2) 영업권의 후속처리(손상 등)

(3) 관련 비지배지분 증감 후속처리

(4) 관련 이연법인세 회계처리

3단계 : 지배기업과 종속기업간의 내부거래 제거

(1) 지배기업과 종속기업 간의 채권 · 채무 및 수익 · 비용 등의 내부거래 제거

(2) 지배기업과 종속기업 간의 내부거래로 인한 미실현손익 제거

(3) 관련 비지배지분 증감 후속처리

(4) 관련 이연법인세 회계처리

4단계 : 종속기업의 배당에 대한 내부거래 제거

(1) 당해연도 종속기업 배당 중 지배지분 배당금수익 제거

(2) 당해연도 종속기업 배당 중 비지배지분 해당분 제거

5단계 : 비지배지분의 증감 회계처리

⑴ 취득일부터 직전년도 말까지 종속기업 자본(이익잉여금, 기타포괄손익, 기타자본 등)의 증감 중 비지배지분 해당액 처리

⑵ 당해년도의 종속기업 자본(당기순이익, 기타포괄손익, 기타자본 등)의 증감 중 비지배지분 해당액 처리

6단계 : 종속기업투자지분의 이연법인세 회계처리

01 해외종속법인 연결사례

기본정보 9 해외종속법인 연결사례

⑴ 취득일 : 2X08년 1월 1일

⑵ 취득자 : P사(한국기업) - 세율 20%

⑶ 피취득자 : S사(미국기업) - 세율 30%

⑷ 취득시 취득원가 : USD 310,000(P사는 종속기업투자지분을 원가법으로 처리)

⑸ 취득시 지분율 : 80%

⑹ 취득당시 S사 순자산 장부금액 : 자본금 USD 200,000과 이익잉여금 USD 100,000

⑺ 취득당시 공정가치와 장부금액의 차이 발생 항목 내역(단위 : USD)

항목	장부금액	공정가치	차이	비고
재고자산	$ 80,000	$ 85,000	$ 5,000	2X09.2.1.에 전액 외부 판매
토지	$ 40,000	$ 50,000	$ 10,000	계속 보유
기계장치(순액)	$260,000	$320,000	$ 60,000	내용연수 10년, 정액법, 잔존가치₩0
합계			$ 75,000	

상기 자산을 제외하고는 장부금액과 공정가치의 차이가 나는 항목은 없다.

⑻ P사는 취득시 비지배지분을 S사 순자산에 비례적으로 측정하였음

⑼ S사의 연도별 당기순이익과 배당내역(단위 : USD)

내용	2X08년	2X09년
당기순이익	$ 40,000	$ 75,000
배당지급액(각 년도 3.31.)	$ 30,000	$ 40,000

⑽ 환율정보

① 취득시점(2X08년 1월 1일)의 환율 : ₩1,000/$

② 연도별 환율정보

년도	평균	기말	배당금 지급시점
2X08년	₩1,100/$	₩1,050/$	₩1,070/$
2X09년	₩1,150/$	₩1,200/$	₩1,000/$

⑾ 내부거래 정보 : 전액 외상거래이며 기말 현재 매출채권/매입채무는 전액 미결제 상태이다.

기간	자산	판매 회사	외부매입원가 (장부금액)	내부 판매액	내부거래이익	매입 회사	외부 판매여부
2X09.1.1.	재고자산	S	$15,000	$20,000	$5,000	P	내부보유

⑿ S사 2X09년 12월 31일 시산표(단위 : USD)

과목	차변	대변
현금	75,000	
외상매출금	80,000	
상품	90,000	
토지	40,000	
기계장치	260,000	
외상매입금		100,000
단기차입금		100,000
자본금		200,000
미처분이익잉여금		70,000
상품매출		300,000
상품매출원가	160,000	
감가상각비	20,000	
법인세비용	45,000	
합계	770,000	770,000

⒀ 연결재무제표는 2X09년 12월 31일 기준으로 작성한다.

(1) 사전단계 : 해외종속법인 기능통화 재무제표에 영업권과 공정가치조정액 반영

[2X09년] 연결조정분개 (단위: USD)	(차변)	(대변)
사전단계 : 공정가치차이 인식		
재고자산	5,000	
토지	10,000	
기계장치	60,000	
공정가치차이조정		5,000
공정가치차이조정		10,000
공정가치차이조정		60,000
이연법인세 주1)		1,500
이연법인세 주2)		3,000
이연법인세 주3)		18,000
공정가치차이조정	1,500	
공정가치차이조정	3,000	
공정가치차이조정	18,000	
주1) $5,000 × 30%(S사 세율) = $1,500		
주2) $10,000 × 30%(S사 세율) = $3,000		
주3) $60,000 × 30%(S사 세율) = $18,000		
사전단계 : 영업권차이 인식		
영업권 주1)	28,000	
영업권조정		28,000
주1) $310,000 − ($200,000 자본금 + $100,000 이익잉여금 + $75,000 공정가치차이합계 − $22,500 이연법인세부채) × 80% = $28,000		
사전단계 : 공정가치차이 후속 - 재고자산		
재고자산 주1)		5,000
매출원가	5,000	
이연법인세 주2)	1,500	
법인세비용		1,500
주1) 2X09년 전액 외부판매로 인한 실현		
주2) $5,000 × 30%(S사 세율) = $1,500		
사전단계 : 공정가치차이 후속 – 기계장치(전기감가상각)		
기계장치 주1)		6,000
이익잉여금	6,000	
이연법인세 주2)	1,800	
이익잉여금		1,800
주1) 2X08년 감가상각비 : $60,000 × 1/10 = $6,000		
주2) $6,000 × 30%(S사 세율) = $1,800		
사전단계 : 공정가치차이 후속 – 기계장치(당기감가상각)		
기계장치 주1)		6,000
감가상각비	6,000	
이연법인세 주2)	1,800	
법인세비용		1,800
주1) 2X09년 감가상각비 : $60,000 × 1/10 = $6,000		
주2) $6,000 × 30%(S사 세율) = $1,800		

(2) 영업권 및 공정가치차이조정 후 시산표(원화 환산후)

과목	영업권 및 공정가치조정전 (USD)		영업권 및 공정가치조정 (USD)		영업권 및 공정가치조정후 (USD)		환율	환산후 (원화)	
	차변	대변	차변	대변	차변	대변		차변	대변
영업권			28,000		28,000		1,200	33,600,000	
이연법인세부채			5,100	22,500		17,400	1,200		20,880,000
공정가치차이조정			22,500	75,000		52,500	주1) 역사적환율		52,500,000
영업권조정				28,000		28,000	주1) 역사적환율		28,000,000
현금	75,000				75,000		1,200	90,000,000	
외상매출금	80,000				80,000		1,200	96,000,000	
상품	90,000		5,000	5,000	90,000		1,200	108,000,000	
토지	40,000		10,000		50,000		1,200	60,000,000	
기계장치	260,000		60,000	12,000	308,000		1,200	369,600,000	
외상매입금		100,000				100,000	1,200		120,000,000
단기차입금		100,000				100,000	1,200		120,000,000
자본금		200,000				200,000	주1) 역사적환율		200,000,000
미처분이익잉여금		70,000	6,000	1,800		65,800	역사적환율		주2) 67,700,000
상품매출		300,000				300,000	1,150		345,000,000
상품매출원가	160,000		5,000		165,000		1,150	189,000,000	
감가상각비	20,000		6,000		26,000		주3)	29,000,000	
법인세비용	45,000			3,300	41,700		주3)	48,450,000	
해외사업환산손익							대차평균		69,570,000
합계	770,000	770,000	147,600	147,600	863,700	863,700		1,023,650,000	1,023,650,000

주1) 최초 취득일 환율 ₩1,000/$
주2) 아래 음영 합산

2X08년	조정전($)	조정전 적용환율	영업권 공정가치 차이조정($)	영업권 공정가치차이조정 적용환율 (최초 취득환율)	조정후($)	원화
기초이익잉여금	100,000	₩1,000			100,000	100,000,000
당기순이익(평균)	40,000	₩1,100	(4,200)	₩1,000	35,800	39,800,000
배당금(3.31.)	(30,000)	₩1,070			(30,000)	(32,100,000)
기말이익잉여금	110,000				105,800	107,700,000

2X09년						
기초이익잉여금	110,000				105,800	107,700,000
당기순이익(평균)	75,000	₩1,150	(7,700)	₩1,000	67,300	78,550,000
배당금(3.31.)	(40,000)	₩1,000			(40,000)	(40,000,000)
기말이익잉여금	145,000				133,100	146,250,000

주3) 평균환율 및 역사적환율

(3) 종속기업투자지분과 종속기업 자본 상계

[2X09년] 연결조정분개 (단위: 원)	(차변)	(대변)
종속기업투자지분(종속1)		310,000,000
자본금(종속1)	200,000,000	
이익잉여금(종속1)	100,000,000	
공정가치조정 주1)	5,000,000	
공정가치조정	10,000,000	
공정가치조정	60,000,000	
공정가치조정 주2)		1,500,000
공정가치조정		3,000,000
공정가치조정		18,000,000
비지배지분 주3)		70,500,000
영업권조정 주4)	28,000,000	

주1) $5,000(재고자산 공정가치차이조정) × 취득일 환율 ₩1,000/$ = ₩5,000,000
주2) $5,000(재고자산 공정가치차이조정) × 30%(S사 세율) × 취득일 환율 ₩1,000/$ = $1,500,000
주3) (₩200,000,000 + ₩100,000,000 + ₩75,000,000 - ₩22,500,000) × 20%(종속1의 비지배지분율) = ₩70,500,000
주4) 영업권조정 $28,000 × ₩1,000(취득시점 환율) = ₩28,000,000

(4) 영업권 및 공정가치차이 후속 회계처리

[2X09년] 연결조정분개 (단위: 원)	(차변)	(대변)
재고자산 후속		
비지배지분 주1)	700,000	
비지배지분순이익(이익잉여금)		700,000
주1) (2X09년 재고자산 판매에 따른 매출원가 $5,000 – 법인세비용 $1,500) × 20%(비지배지분율) × ₩1,000(취득일 환율) = ₩700,000		
기계장치 후속(전기 감가상각)		
비지배지분 주1)	840,000	
이익잉여금		840,000
주1) (전기 감가상각비 $6,000 – 법인세비용 $1,800) × 20%(비지배지분율) × ₩1,000(취득일 환율) = ₩840,000		
기계장치 후속(당기 감가상각)		
비지배지분 주1)	840,000	
비지배지분순이익(이익잉여금)		840,000
주1) (당기 감가상각비 $6,000 – 법인세비용 $1,800) × 20%(비지배지분율) × ₩1,000(취득일 환율) = ₩840,000		

(5) 지배기업과 종속기업간의 내부거래 제거

[2X09년] 연결조정분개 (단위: 원)	(차변)	(대변)
채권 채무 상계		
매출채권		24,000,000
매입채무 주1)	24,000,000	
주1) $20,000 × ₩1,200(2X09.12.31. 기말환율) = ₩24,000,000		
종속 1 ➡ 지배 미실현손익		
매출 주1)	21,000,000	
매출원가		21,000,000
주1) $20,000 × ₩1,050(2X09.1.1. 거래일 환율) = ₩21,000,000		
재고자산 주1)		5,250,000
매출원가	5,250,000	
이연법인세 주2)	1,050,000	
법인세비용		1,050,000
비지배지분 주3)	840,000	
비지배지분순이익(이익잉여금)		840,000
주1) $5,000 × ₩1,050(거래일 2X09.1.1. 환율) = ₩5,250,000		
주2) ₩5,250,000 × 20%(P사 세율) = ₩1,050,000		
주3) (₩5,250,000 − ₩1,050,000) × 20%(비지배지분율) = ₩840,000		

(6) 종속기업의 배당에 대한 내부거래 제거

[2X09년] 연결조정분개 (단위: 원)	(차변)	(대변)
2X08년		
이익잉여금 주1)	25,680,000	
비지배지분	6,420,000	
이익잉여금 주2)		32,100,000
주1) $30,000 × 80%(지배지분율) × ₩1,070(배당금 지급일 환율) = ₩25,680,000		
주2) $30,000 × ₩1,070(배당금 지급일 환율) = ₩32,100,000		
2X09년		
배당금수익 주1)	32,000,000	
비지배지분	8,000,000	
이익잉여금 주2)		40,000,000
주1) $40,000 × 80%(지배지분율) × ₩1,000(배당금 지급일 환율) = ₩32,000,000		
주2) $40,000 × ₩1,000(배당금 지급일 환율) = ₩40,000,000		

(7) 비지배지분의 증가 회계처리

[2X09년] 연결조정분개 (단위: 원)	(차변)	(대변)
2X08년 당기순이익에 대한 비지배지분		
비지배지분 주1)		8,800,000
이익잉여금	8,800,000	
주1) 2X08년 S사 당기순이익 $40,000 × 20% × ₩1,100(2X08년 평균환율) = ₩8,800,000		
2X09년 당기순이익에 대한 비지배지분		
비지배지분 주1)		17,250,000
비지배지분순이익(이익잉여금)	17,250,000	
주1) 2X09년 S사 당기순이익 $75,000 × 20% × ₩1,150(2X09년 평균환율) = ₩17,250,000		
2X09년 해외사업환산손익에 대한 비지배지분		
비지배지분 주1)		12,794,000
해외사업환산손익	12,794,000	
주1) [₩69,570,000 − ₩5,600,000*]× 20%(비지배지분) = ₩12,794,000		
* 영업권 해외사업환산손익분 : $28,000 × (1,200 − 1,000) = ₩5,600,000		
※ P사는 취득시 비지배지분을 S사 순자산에 비례적으로 측정하였으므로 영업권 중 비지배지분에 해당하는 부분은 없다. 따라서, 영업권으로 인한 해외사업환산손익 역시 비지배지분에 해당하는 부분이 없으므로, 비지배지분에 배분되는 해외사업환산손익에서 영업권으로 인한 해외사업화산손익을 차감하는 것이다.		

(8) 종속기업 누적 지분변동액에 대한 이연법인세 회계처리

[2X09년] 연결조정분개 (단위: 원)	(차변)	(대변)
종속1 : 2X08년 당기순이익으로 인한 이연법인세 증가액		
이연법인세 주1)		9,680,000
이익잉여금	9,680,000	
비지배지분 주1)	2,640,000	
이익잉여금		2,640,000
주1) 연결실체이론에 따라 지배지분과 비지배지분에 해당하는 금액을 합산한다. 지배지분 ₩7,040,000 + 비지배지분 ₩2,640,000 = ₩9,680,000 지배지분 : 2X08년 종속1 당기순이익 $40,000 × ₩1,100(2X08년 평균환율) × 80%(지배지분율) × 20%(지배 세율)= ₩7,040,000 비지배지분 : 2X08년 종속1 당기순이익 $40,000 × ₩1,100(2X08년 평균환율) × 20%(비지배지분율) × 30%(종속1 세율) = ₩2,640,000		
종속1 : 2X09년 당기순이익으로 인한 이연법인세 증가액		
이연법인세 주1)		18,975,000
법인세비용	18,975,000	
비지배지분 주1)	5,175,000	
비지배지분순이익(이익잉여금)		5,175,000
주1) 연결실체이론에 따라 지배지분과 비지배지분에 해당하는 금액을 합산한다. 지배지분 ₩13,800,000 + 비지배지분 ₩5,175,000 = ₩18,975,000 지배지분 : 2X09년 종속1 당기순이익 $75,000 × ₩1,150(2X09년 평균환율) × 80%(지배지분율) × 20%(지배세율) = ₩13,800,000 비지배지분 : 2X09년 종속1 당기순이익 $75,000 × ₩1,150(2X09년 평균환율) × 20%(비지배지분율) × 30%(종속1 세율) = ₩5,175,000		
종속1 : 2X08년 배당으로 인한 이연법인세 감소액		
이연법인세 주1)	7,062,000	
이익잉여금		7,062,000
비지배지분 주1)		1,926,000

[2X09년] 연결조정분개 (단위: 원)	(차변)	(대변)
이익잉여금	1,926,000	

주1) 연결실체이론에 따라 지배지분과 비지배지분에 해당하는 금액을 합산한다.
지배지분 ₩5,136,000 + 비지배지분 ₩1,926,000 = ₩7,062,000
지배지분 : 2X08년 종속1 배당지급액 $30,000 × ₩1,070(배당금 지급시 환율) × 80%(지배지분율) × 20%(지배 세율) = ₩5,136,000
비지배지분 : 2X08년 종속1 배당지급액 $30,000 × ₩1,070(배당금 지급시 환율) × 20%(비지배지분율) × 30%(종속1 세율) = ₩1,926,000

종속1 : 2X09년 배당으로 인한 이연법인세 감소액

계정	(차변)	(대변)
이연법인세 주1)	8,800,000	
법인세비용		8,800,000
비지배지분 주1)		2,400,000
비지배지분순이익(이익잉여금)	2,400,000	

주1) 연결실체이론에 따라 지배지분과 비지배지분에 해당하는 금액을 합산한다.
지배지분 ₩6,400,000 + 비지배지분 ₩2,400,000 = ₩8,800,000
지배지분 : 2X09년 종속1 배당지급액 $40,000 × ₩1,000(배당지급시 환율) × 80%(지배지분율) × 20%(지배세율) = ₩6,400,000
비지배지분 : 2X09년 종속1 배당지급액 $40,000 × ₩1,000(배당지급시 환율) × 20%(비지배지분율) × 30%(종속1 세율) = ₩2,400,000

종속1 : 2X09년 해외사업환산손익으로 인한 이연법인세 증액

계정	(차변)	(대변)
이연법인세 주1)		14,073,400
해외사업환산손익	14,073,400	
비지배지분 주1)	3,838,200	
해외사업환산손익		3,838,200

주1) 연결실체이론에 따라 지배지분과 비지배지분에 해당하는 금액을 합산한다.
지배지분 ₩10,235,200 + 비지배지분 ₩3,838,200 = ₩14,073,400
지배지분 : [₩69,570,000 – ₩5,600,000(영업권 해외사업환산손익분)] × 80%(지배지분율) × 20%(지배세율) = ₩10,235,200
비지배지분 : [₩69,570,000 – ₩5,600,000(영업권 해외사업환산손익분)] × 20%(지배지분율) × 30%(지배세율) = ₩3,838,200

Fraudit ExCon

실 습 : 제4장 9

(1) 사례파일

제4장_9_기초정보.xlsx, 제4장_9_외화시산표.xlsx, 제4장_9_원화시산표.xlsx

(2) [기초정보.xlsx] 작성

1) 보고기간 sheet

	A	B	C	D
1	목차	구분	일자	검증_보고기간
2	보고기간	보고기간초	2009-01-01	OK
3	보고기간	보고기간말	2009-12-31	

① 보고기간 초와 보고기간 말을 입력한다.

주의 취득일 이후의 연결이므로 보고기간초는 **2009-01-01**로, 보고기간말은 **2009-12-31**로 입력한다.

2) 기업목록 sheet

	A	B	C	D	E	F	G	H
1	일련번호	목차	기업명	약식명칭	기능통화	표시통화	세율	이연법인세계산
2	1	기업목록	지배	AA	원화	원화	20%	예
3	2		종속	AB	USD	원화	30%	예

① 기업명을 입력한다. 지배, 종속이라고 입력한다.
② 지배는 기능통화를 **원화**, 종속은 기능통화를 **USD**로 선택한다.
③ 지배와 종속 모두 표시통화는 **원화**로 선택한다.
④ 지배는 **20%**, 종속은 **30%**로 입력한다.
⑤ 이연법인세계산은 지배와 종속 모두 **"예"**를 선택한다.

3) 지분구조 sheet

	B	C	D	E	F	G	H	I	J	K	L	M	N	O
1	지배기업명	종속기업명	지배기업약식	종속기업약식	취득차수	취득일	간주취득일	외화취득원가	통화	환율	취득원가	균등유상증자_취득원가	불균등유상증자_취득원가	지분율
2	지배	종속	AA	AB	1	2008-01-01	2008-01-01	310,000	USD	1000	310,000,000			80.00%
3														

① 지배기업명과 종속기업명을 1대1 관계로 입력한다.
② 취득차수를 입력한다. 최초취득이므로 1을 입력한다.
③ 취득일을 입력한다. 여기서는 2008-01-01로 입력한다.
④ 간주취득일을 입력한다. 취득일과 동일하다고 가정하여 2008-01-01로 입력한다.
⑤ 외화취득원가를 입력한다. 여기서는 310000을 입력한다.
⑥ 통화를 선택한다. 여기서는 USD를 선택한다.
⑦ 환율을 입력한다. 여기서는 1000을 입력한다.
⑧ 취득원가는 외화취득원가에 환율을 곱한 금액을 입력한다. 여기서는 310000000을 입력한다.

4) 취득시지분구조_공정가치차이 sheet

	K	L	M	N	O	P	Q	R	S	T	U
1	자본계정명_1	자본금액_1_외화	자본금액_1	공정가치차이계정명	외화_공정가치차이금액	공정가치차이금액	상각여부	잔존내용연수_월	잔존가치	외부판매일_1차	외부판매비율_1차
2	자본금	200,000	200,000,000	상품	5,000	5,000,000	비상각			2009-02-01	100%
3	이익잉여금	100,000	100,000,000	토지	10,000	10,000,000	비상각				
4				기계장치	60,000	60,000,000	상각	120	0		

① 종속의 2008-01-01자의 자본계정명을 K열에 차례대로 입력한다.
② 종속의 2008-01-01자의 외화 자본금액을 M열에 차례대로 입력한다.
③ 종속의 2008-01-01자의 외화 자본금액을 표시통화로 환산한 금액을 M열에 차례대로 입력한다.
④ 공정가치와 장부금액의 차이가 나는 계정과목명을 N열에 입력한다.
⑤ 공정가치와 장부금액이 차이가 나는 계정과목의 그 차이금액을 외화로 입력한다.
⑥ 공정가치와 장부금액이 차이가 나는 계정과목의 그 차이금액을 환산한 원화금액을 입력한다.
⑦ 상각여부를 선택한다. 드롭다운 리스트에서 비상각과 상각 중 하나를 선택한다.
⑧ 상각여부에서 상각을 선택하는 경우 잔존내용연수를 월할로 기입한다.
⑨ 잔존가치를 입력한다.
⑩~⑪ 공정가치와 장부금액이 차이가 나는 계정과목의 외부판매일(1차)과 외부판매비율(1차)을 입력한다.

5) 재무정보 sheet

	A	B	C	D	E	F	G
1	일련번호	목차	기업명	약식명칭	기간	계정명	금액
2	2	재무정보	종속	AB	2008-12-31	배당	32,100,000
3						당기순이익	44,000,000
4						기타포괄손익	
5						해외사업환산손익	
6	2		종속	AB	2009-12-31	배당	40,000,000
7						당기순이익	86,250,000
8						기타포괄손익	
9						해외사업환산손익	

① 종속의 2008-01-01~2009-12-31 동안 재무 변동사항을 기입한다.
주의 해외사업환산손익의 경우 **환산후시산표**의 **out_환산후시산표_0 sheet**의 **배분대상_해외사업환산손익**을 입력하여야 한다.

6) 내부거래현황 sheet

	B	C	D	E	F	G	H	I	J	K	L	M	N	O
1	판매회사	매입회사	판매회사약식	매입회사약식	계정과목	상각여부	내부거래번호	통화	내부거래일	내부판매액	환율	환산후_내부판매액	장부금액_원화	내부거래이익
2	종속	지배	AB	AA	상품	비상각	AB001	USD	2009-01-01	20,000	1050	21,000,000	15,750,000	5,250,000
3												-		-

① 내부거래에서 판매회사와 매입회사를 차례대로 입력한다.
② 내부거래 대상 계정과목을 기입한다.
③ 내부거래 대상의 상각여부를 선택한다. 비상각과 상각 중 적절한 것을 선택한다.
④ 내부거래번호를 입력한다. 입력시 중복이 발생하지 않도록 한다.
⑤ 내부거래시 거래시 통화를 입력한다. 통화를 드롭다운 리스트에서 적절한 것을 선택한다.
⑥ 내부거래일을 입력한다.
⑦ 내부판매액을 입력한다. 여기서는 외화금액을 입력한다.
⑧ 내부판매액이 외화인 경우 해당 환율을 입력한다.
⑨ 내부거래 항목의 장부금액을 원화로 입력한다.

(3) [외화시산표.xlsx] 작성

1) 보고기간 sheet

	A	B
1	구분	일자
2	보고기간초	2009-01-01
3	보고기간말	2009-12-31

① 보고기간 초와 보고기간 말을 입력한다.

주의 보고기간초는 **2009-01-01**로, 보고기간말은 **2009-12-31**로 입력한다.

2) 환산기업목록 sheet

	A	B	C	D	E	F	G	H	I	J
1	환산종속기업명	시산표일자	기능통화	ERP	최초취득일	검증_빈값	검증_시산표일자	검증_기능통화	검증_ERP	검증_자본환산_기업명
2	종속	2009-12-31	USD	SAP	2008-01-01	OK	OK	OK	OK	OK

① 환산종속기업명, 시산표일자, 기능통화, ERP, 최초취득일을 차례대로 입력한다.

주의 환산종속기업명은 종속, 시산표일자는 2009-12-31, 기능통화는 USD, ERP는 SAP, 최초취득일은 2008-01-01로 입력한다.

3) ERP별_COA sheet

	A	B	C	D	E	F	G	H	I
1	ERP	계정코드	계정과목	분류	환율유형	검증_빈값	검증_계정코드	검증_계정과목	검증_분류
2	SAP	10100	현금	자산	기말	OK	OK	OK	OK
3	SAP	10800	외상매출금	자산	기말	OK	OK	OK	OK
4	SAP	14600	상품	자산	기말	OK	OK	OK	OK
5	SAP	20100	토지	자산	기말	OK	OK	OK	OK
6	SAP	20200	기계장치	자산	기말	OK	OK	OK	OK
7	SAP	20600	기계장치	자산	기말	OK	OK	OK	OK
8	SAP	25100	외상매입금	부채	기말	OK	OK	OK	OK
9	SAP	26000	단기차입금	부채	기말	OK	OK	OK	OK
10	SAP	27000	이연법인세부채	부채	기말	OK	OK	OK	OK
11	SAP	33100	자본금	자본	발생	OK	OK	OK	OK
12	SAP	37500	이월이익잉여금	이익잉여금	발생	OK	OK	OK	OK
13	SAP	40100	상품매출	수익	평균	OK	OK	OK	OK
14	SAP	45100	상품매출원가	비용	평균	OK	OK	OK	OK
15	SAP	81800	감가상각비	비용	평균	OK	OK	OK	OK
16	SAP	93000	법인세비용	비용	평균	OK	OK	OK	OK

① ERP는 연결대상회사가 사용하는 ERP를 선택한다. 선택가능 ERP 리스트는 SAP, 오라클, QuickBook, MS, Xeon, 더존, 기타이다.
② 계정코드는 해당 ERP에서 사용하는 계정코드를 입력한다.
③ 계정과목은 해당 ERP에서 사용하는 계정과목을 입력한다.
④ 분류는 계정과목이 속하는 대분류를 의미한다. 드롭다운 리스트에서 자산, 부채, 자본, 수익, 비용, 이익잉여금, 영업권조정, 공정가치조정 중 하나를 선택한다.
⑤ 환율유형은 기능통화가 외화인 종속기업의 재무제표를 표시통화로 환산할 때 각 계정과목에 대하여 적용하여야 하는 환율을 의미한다. 드롭다운 리스트에서 최초취득, 기말, 평균, 배당, 발생 중 하나를 선택한다.

주의 자산.부채는 기말, 수익.비용은 평균, 기타 분류는 최초취득, 배당, 발생 중에 적절한 것을 선택한다.

4) 환율총괄 sheet

	A	B	C	D	E	F	G	H	I
1	기능통화	일자	환율	환율유형	평균환율	검증_빈값	검증_일자	검증_환율	검증_유형
2	USD	2008-01-01	1,000.00	최초취득	-	OK	OK	OK	OK
3	USD	2008-03-31	1,070.00	배당	-	OK	OK	OK	OK
4	USD	2008-06-30	1,100.00	평균	-	OK	OK	OK	OK
5	USD	2008-12-31	1,050.00	기말	-	OK	OK	OK	OK
6	USD	2009-03-31	1,000.00	배당	-	OK	OK	OK	OK
7	USD	2009-06-30	1,150.00	평균	-	OK	OK	OK	OK
8	USD	2009-12-31	1,200.00	기말	-	OK	OK	OK	OK

① 기능통화는 해외종속기업이 사용하는 기능통화를 선택한다.

주의 기능통화는 USD, 유로화, 엔화, 위안화, 베트남화, 싱가폴달러 중 하나를 선택한다.

② 해당 기능통화의 환율을 적용할 일자를 입력한다.

주의 일자 양식은 XXXX-XX-XX로 입력한다.

③ 환율을 입력한다.

④ 환율유형은 기능통화가 외화인 종속기업의 재무제표를 표시통화로 환산할 때 각 계정과목에 대하여 적용하여야 하는 환율을 의미한다. 드롭다운 리스트에서 최초취득, 기말, 평균, 배당, 발생 중 하나를 선택한다.

5) 자본환산 sheet

	A	B	C	D	E	F	G	H	I
1	기업명	기능통화	일자	환율	환율유형	변동유형	계정과목_자본	계정과목_자본_외화_변동	계정과목_자본_원화_변동
2	종속	USD	2008-01-01	1,000.00	최초취득	최초취득	자본금	200,000.00	200,000,000
3	종속	USD	2008-01-01	1,000.00	최초취득	최초취득	이월이익잉여금	100,000.00	100,000,000
4	종속	USD	2008-03-31	1,070.00	배당	과거배당	이월이익잉여금	(30,000.00)	(32,100,000)
5	종속	USD	2008-06-30	1,100.00	평균	과거순이익	이월이익잉여금	40,000.00	44,000,000
6	종속	USD	2008-12-31	1,050.00	기말				0
7	종속	USD	2009-03-31	1,000.00	배당	당기배당	이월이익잉여금	(40,000.00)	(40,000,000)
8	종속	USD	2009-06-30	1,150.00	평균	당기순이익	이월이익잉여금	75,000.00	86,250,000
9	종속	USD	2009-12-31	1,200.00	기말				0

① 해외종속법인의 명칭을 기입한다.

② 환산대상이 되는 해외종속법인의 자본항목이 발생하거나 변동원인이 된 일자를 입력한다.

주의 자본의 최초취득, 배당, 당기순이익, 전기순이익, 과거배당 등 변동원인이 된 사건과 관련된 일자를 입력한다.

③ 변동유형은 자본항목이 변동하는 유형을 의미한다. 최초취득, 과거순이익, 과거배당, 당기순이익, 당기배당 중 적절한 항목을 선택한다.

④ 계정과목_자본은 계정과목 중 대분류가 자본에 해당하는 계정과목을 입력한다.

⑤ 계정과목_자본_외화변동은 해당 계정과목_자본이 변동한 금액을 입력한다. 감소한 경우에는 마이너스 금액을 입력한다.

6) 외화시산표_1 sheet

	A	B	C	D	E	F	G	H	I	J	K	L	M	N	O	P	Q
1	기업명	기능통화	시산표일자	ERP	최초취득일	평균일자	기말환율	평균환율	차이조정환율	분류	환율유형	계정코드	계정과목	차변_환산전	대변_환산전	차변_환산_자본	대변_환산_자본
2	종속	USD	2009-12-31	SAP	2008-01-01	2009-06-30	1,200.00	1,150.00	1,000.00	자산	기말	10100	현금	75,000	0	0	0
3										자산	기말	10800	외상매출금	80,000	0	0	0
4										자산	기말	14600	상품	90,000	0	0	0
5										자산	기말	20100	토지	40,000	0	0	0
6										자산	기말	20200	기계장치	260,000	0	0	0
7										부채	기말	25100	외상매입금	0	100,000	0	0
8										부채	기말	26000	단기차입금	0	100,000	0	0
9										자본	발생	33100	자본금	0	200,000	0	200,000,000
10										이익잉여금	발생	37500	이월이익잉여금	0	70,000	0	71,900,000
11										수익	평균	40100	상품매출	0	300,000	0	0
12										비용	평균	45100	상품매출원가	160,000	0	0	0
13										비용	평균	81800	감가상각비	20,000	0	0	0
14										비용	평균	93000	법인세비용	45,000	0	0	0

① 해외종속법인의 명칭을 기입한다.
② 평균일자를 기입한다. 이 평균일자는 환율총괄 sheet에 있어야 하며, 환율총괄 sheet에 없으면 평균환율 칼럼에 '평균일자 입력 또는 매핑'이라는 메시지가 생긴다. 만약 이러한 메시지가 생기면 평균일자에 해당하는 일자를 환율총괄 sheet에 새로 넣고 해당 sheet에서 매핑을 먼저 하여야 한다.
③ 외화시산표상 적절한 계정코드를 입력한다.
④ 외화시산표상 적절한 계정과목을 입력한다.
⑤ 외화시산표를 표시통화로 환산하기 전 차변금액을 입력한다.
⑥ 외화시산표를 표시통화로 환산하기 전 대변금액을 입력한다.

주의 만약 외화시산표가 2개 이상인 경우에는 외화시산표_1을 복사하여 외화시산표_2, 3,....와 같이 붙인 후 상기 ①~⑥을 수행한다. 한편, 총괄검증 sheet에서도 R칼럼~U칼럼을 복사하여 오른쪽에 붙여서 검증을 해야 한다.

(4) [Fraudit-ExCon.exe] 실행

제4장_9_기초정보.xlsx, 제4장_9_외화시산표.xlsx, 제4장_9_원화시산표.xlsx을 Fraudit-ExCon이 있는 폴더에 복사하여 이동한다. 그리고 **접두어를 제거**하고 **기초정보.xlsx, 외화시산표.xlsx, 원화시산표.xlsx**로 이름을 변경한다. **그 다음에 Fraudit-ExCon.exe를 실행한다.**

1) Main sheet

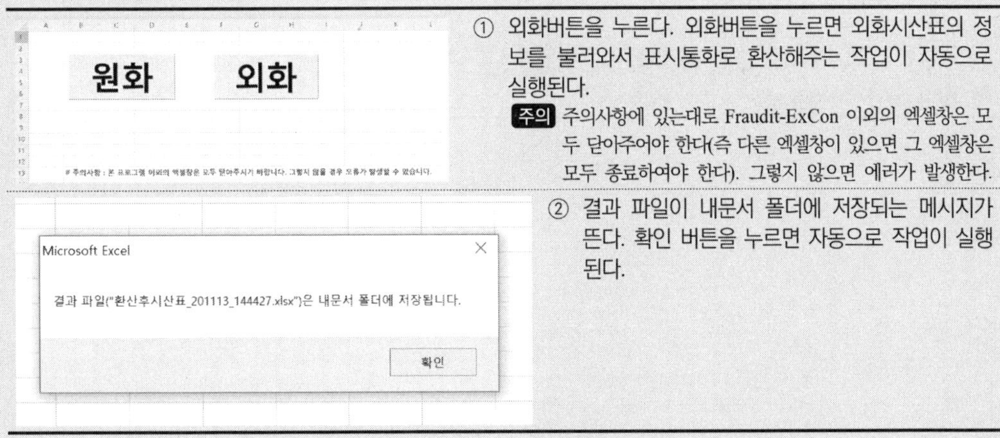

① 외화버튼을 누른다. 외화버튼을 누르면 외화시산표의 정보를 불러와서 표시통화로 환산해주는 작업이 자동으로 실행된다.

주의 주의사항에 있는대로 Fraudit-ExCon 이외의 엑셀창은 모두 닫아주어야 한다(즉 다른 엑셀창이 있으면 그 엑셀창은 모두 종료하여야 한다). 그렇지 않으면 에러가 발생한다.

② 결과 파일이 내문서 폴더에 저장되는 메시지가 뜬다. 확인 버튼을 누르면 자동으로 작업이 실행된다.

2) tmp_연결분개_사전단계_통합_재그룹핑_0 sheet

	A	B	C	D	E	F	G	H	I	J	K	L
1	종속기업명	종속기업약식	계정과목	매핑계정과목	신설필요_계정과목	후보_매핑계정과목_1	후보_매핑계정과목_2	차변_환산	대변_환산		확인	
2	종속	AB	AB감가상각비	AB감가상각비		AB감가상각비		6000	0			
3	종속	AB	AB공정가치차이조정	AB공정가치차이조정		AB공정가치차이조정		22500	75000			
4	종속	AB	AB기계장치	AB기계장치		AB기계장치		60000	12000			
5	종속	AB	AB미처분이익잉여금					6000	1800			
6	종속	AB	AB법인세비용	AB법인세비용		AB법인세비용		0	3300			
7	종속	AB	AB상품	AB상품		AB상품	AB상품매출	5000	5000			
8	종속	AB	AB상품매출원가	AB상품매출원가		AB상품매출원가	AB상품매출	5000	0			
9	종속	AB	AB영업권	AB영업권		AB영업권	AB영업권조정	28000	0			
10	종속	AB	AB영업권조정	AB영업권조정		AB영업권조정	AB영업권	0	28000			
11	종속	AB	AB이연법인세	AB이연법인세		AB이연법인세		5100	22500			
12	종속	AB	AB토지	AB토지		AB토지		10000	0			

① tmp_연결분개_사전단계_통합_재그룹핑_0 sheet는 외화시산표상 사용하는 계정과목을 Fraudit- ExCon상 사용하는 계정과목에 매핑해주는 sheet이다.

② 매핑계정과목은 외화시산표에서 사용하는 계정과목 중 계정과목과 성격이 일치하는 항목을 매핑하는 계정과목이다. 이 매핑계정과목이 빈칸이라면 드롭다운 리스트에서 적절한 계정과목을 선택하여 매핑하여야 한다.

③ 후보_매핑계정과목_1과 2는 매핑계정과목 중 가장 유사한 것을 Fraudit-ExCon에서 자동으로 추천해주는 계정과목이다. 매핑 알고리즘은 Fuzzy 매칭이므로 주로 한글의 유사도로 추천해주는 방식이다.

④ AB미처분이익잉여금은 매핑계정과목이 빈칸이다. 이는 매핑 알고리즘으로 매핑계정과목을 찾지 못한 경우이다. 이 경우에는 수동으로 매핑을 해주어야 한다.

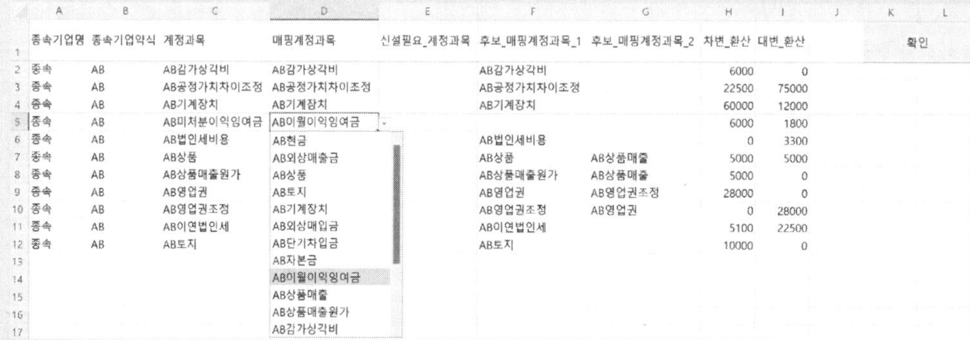

	A	B	C	D	E	F	G	H	I	J	K	L
1	종속기업명	종속기업약식	계정과목	매핑계정과목	신설필요_계정과목	후보_매핑계정과목_1	후보_매핑계정과목_2	차변_환산	대변_환산		확인	
2	종속	AB	AB감가상각비	AB감가상각비		AB감가상각비		6000	0			
3	종속	AB	AB공정가치차이조정	AB공정가치차이조정		AB공정가치차이조정		22500	75000			
4	종속	AB	AB기계장치	AB기계장치		AB기계장치		60000	12000			
5	종속	AB	AB미처분이익잉여금	AB이월이익잉여금				6000	1800			
6	종속	AB	AB법인세비용	AB현금		AB법인세비용		0	3300			
7	종속	AB	AB상품	AB외상매출금		AB상품	AB상품매출	5000	5000			
8	종속	AB	AB상품매출원가	AB상품		AB상품매출원가	AB상품매출	5000	0			
9	종속	AB	AB영업권	AB토지		AB영업권	AB영업권조정	28000	0			
10	종속	AB	AB영업권조정	AB기계장치		AB영업권조정	AB영업권	0	28000			
11	종속	AB	AB이연법인세	AB외상매입금		AB이연법인세		5100	22500			
12	종속	AB	AB토지	AB단기차입금		AB토지		10000	0			
13				AB자본금								
14				AB이월이익잉여금								
15				AB상품매출								
16				AB상품매출원가								
17				AB감가상각비								

⑤ 드롭다운 리스트에서 적절한 계정과목인 AB이월이익잉여금을 선택한다.

⑥ 확인 버튼을 누른다.

3) out_환산후시산표_0 sheet

	A	B	C	D	E	F	G	H	I	J	K	L	M	N	X	Y	Z
1	기업명	약식명칭	기능통화	시산표일자	ERP	최초취득일	평균일자	기말환율	평균환율	차이조정환율	분류	환율유형	계정코드	계정과목	차변_시산표	대변_시산표	배분대상_해외사업환산손익
2	종속	AB	USD	2009-12-31	SAP	2008-01-01	2009-06-30	1,200.00	1,150.00	1,000.00	자산	기말	10100	현금	90,000,000	0	63,970,000
3	종속	AB	USD	2009-12-31	SAP						자산	기말	10800	외상매출금	96,000,000	0	
4	종속	AB	USD	2009-12-31	SAP						자산	기말	14600	상품	108,000,000	0	
5	종속	AB	USD	2009-12-31	SAP						자산	기말	20100	토지	60,000,000	0	
6	종속	AB	USD	2009-12-31	SAP						자산	기말	20200	기계장치	369,600,000	0	
7	종속	AB	USD	2009-12-31	SAP						부채	기말	25100	외상매입금	0	120,000,000	
8	종속	AB	USD	2009-12-31	SAP						부채	기말	26000	단기차입금	0	120,000,000	
9	종속	AB	USD	2009-12-31	SAP						자본	발생	33100	자본금	0	200,000,000	
10	종속	AB	USD	2009-12-31	SAP						이익잉여금	발생	37500	이월이익잉여금	0	67,700,000	
11	종속	AB	USD	2009-12-31	SAP						수익	평균	40100	상품매출	0	345,000,000	
12	종속	AB	USD	2009-12-31	SAP						비용	평균	45100	상품매출원가	189,000,000	0	
13	종속	AB	USD	2009-12-31	SAP						비용	평균	81800	감가상각비	29,000,000	0	
14	종속	AB	USD	2009-12-31	SAP						비용	평균	93000	법인세비용	48,450,000	0	
15											부채	기말		이연법인세	0	20,880,000	
16											자산	기말		영업권	33,600,000	0	
17											영업권조정	발생		영업권조정	0	28,000,000	
18											공정가치차이조정	발생		공정가치차이조정	0	52,500,000	
19														해외사업환산손익	0	69,570,000	

① 외화시산표.xlsx의 외화시산표_1 sheet의 정보를 기초로 하여 표시통화로 환산한 시산표가 자동으로 작성된다.

② 배분대상_해외사업환산손익은 영업권에 해당하는 해외사업환손익은 제외되어야 한다.

주의 P사는 취득시 비지배지분을 S사 순자산에 비례적으로 측정하였으므로 영업권 중 비지배지분에 해당하는 부분은 없다. 따라서, 영업권으로 인한 해외사업환산손익 역시 비지배지분에 해당하는 부분이 없으므로, 비지배지분에 배분되는 해외사업환산손익에서 영업권으로 인한 해외사업화산손익을 차감하는 것이다.

③ 시산표상 해외사업환산손익은 영업권과 관련된 해외사업환산손익이 포함되어 있으므로 ②의 배분대상_해외사업환산손익과는 차이가 날 수 있다.

④ 환산후시산표 엑셀 파일을 저장한다.

주의 환산후시산표 엑셀 파일 종료한 후 Fraudit-ExCon도 종료하여야 한다.

(5) [기초정보.xlsx]의 재무정보 sheet

	A	B	C	D	E	F	G
1	일련번호	목차	기업명	약식명칭	기간	계정명	금액
2	2	재무정보	종속	AB	2008-12-31	배당	32,100,000
3						당기순이익	44,000,000
4						기타포괄손익	
5						해외사업환산손익	
6	2		종속	AB	2009-12-31	배당	40,000,000
7						당기순이익	86,250,000
8						기타포괄손익	
9						해외사업환산손익	63,970,000

① 종속의 2008-01-01~2009-12-31 동안 재무 변동사항 중 해외사업환산손익을 기입한다.

주의 해외사업환산손익의 경우 **환산후시산표**의 out_**환산후시산표**_0 sheet의 **배분대상_해외사업환산손익**을 입력하여야 한다.

(6) [원화시산표.xls] 작성

1) 보고기간 sheet

	A	B
1	구분	일자
2	보고기간초	2009-01-01
3	보고기간말	2009-12-31

① 보고기간초와 보고기간말을 입력한다.

주의 기초정보의 보고기간 초와 보고기간 말과 동일하여야 한다.

2) 기업목록 sheet

	A	B	C	D	E	F	G
1	기업명	시산표일자	표시통화	ERP	검증_빈값	검증_표시통화	검증_ERP
2	지배	2009-12-31	원화	더존	OK	OK	OK
3	종속	2009-12-31	원화	SAP	OK	OK	OK

① 기업명을 입력한다.
② 표시통화를 원화로 선택한다.
③ ERP는 해당기업이 사용하는 ERP를 선택하면 된다.

주의 선택가능 ERP 리스트는 SAP, 오라클, QuickBook, MS, Xeon, 더존, 기타이다.

3) 원화시산표_1 sheet

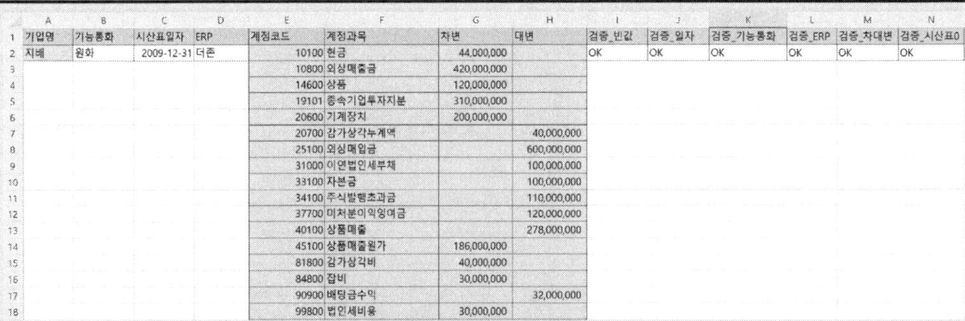

	A	B	C	D	E	F	G	H	I	J	K	L	M	N
1	기업명	기능통화	시산표일자	ERP	계정코드	계정과목	차변	대변	검증_빈값	검증_일자	검증_기능통화	검증_ERP	검증_차대변	검증_시산표0
2	지배	원화	2009-12-31	더존	10100	현금	44,000,000		OK	OK	OK	OK	OK	OK
3					10800	외상매출금	420,000,000							
4					14600	상품	120,000,000							
5					19101	종속기업투자지분	310,000,000							
6					20600	기계장치	200,000,000							
7					20700	감가상각누계액		40,000,000						
8					25100	외상매입금		600,000,000						
9					31000	이연법인세부채		100,000,000						
10					33100	자본금		100,000,000						
11					34100	주식발행초과금		110,000,000						
12					37700	미처분이익잉여금		120,000,000						
13					40100	상품매출		278,000,000						
14					45100	상품매출원가	186,000,000							
15					81800	감가상각비	40,000,000							
16					84800	잡비	30,000,000							
17					90900	배당금수익		32,000,000						
18					99800	법인세비용	30,000,000							

① 기업명을 입력한다. 여기서는 지배로 입력한다.
② 해당 계정코드, 계정과목, 차변, 대변 금액을 차례로 입력한다.
③ 검증 칼럼에서 OK가 아닌 경우 해당 원인을 해결한다.
④ 차변과 대변금액 잔액을 각각 입력한다.

주의 차변과 대변 중 어느 한쪽에만 입력하여야 한다.

4) 원화시산표_2 sheet

기업명	약식명칭	기능통화	시산표일자	ERP	최초취득일	평균일자	기말환율	평균환율	차이조정환율	분류	환율유형	계정코드	계정과목	차변_시산표	대변_시산표	배분대상_해외사업환산손익
종속	AB	USD	2009-12-31	SAP	2008-01-01	2009-06-30	1,200.00	1,150.00	1,000.00	자산	기말	10100	현금	90,000,000	0	63,970,000
종속	AB	USD	2009-12-31	SAP						자산	기말	10800	외상매출금	96,000,000	0	
종속	AB	USD	2009-12-31	SAP						자산	기말	14600	상품	108,000,000	0	
종속	AB	USD	2009-12-31	SAP						자산	기말	20100	토지	60,000,000	0	
종속	AB	USD	2009-12-31	SAP						자산	기말	20200	기계장치	369,600,000	0	
종속	AB	USD	2009-12-31	SAP						부채	기말	25100	외상매입금	0	120,000,000	
종속	AB	USD	2009-12-31	SAP						부채	기말	26000	단기차입금	0	120,000,000	
종속	AB	USD	2009-12-31	SAP						자본	발생	33100	자본금	0	200,000,000	
종속	AB	USD	2009-12-31	SAP						이익잉여금	발생	37500	이월이익잉여금	0	67,700,000	
종속	AB	USD	2009-12-31	SAP						수익	평균	40100	상품매출	0	345,000,000	
종속	AB	USD	2009-12-31	SAP						비용	평균	45100	상품매출원가	189,000,000	0	
종속	AB	USD	2009-12-31	SAP						비용	평균	81800	감가상각비	29,000,000	0	
종속	AB	USD	2009-12-31	SAP						비용	평균	93000	법인세비용	48,450,000	0	
										부채	기말		이연법인세	0	20,880,000	
										자산	기말		영업권	33,600,000	0	
										영업권조정	발생		영업권조정	0	28,000,000	
										공정가치차이조정	발생		공정가치차이조정	0	52,500,000	
													해외사업환산손익	0	69,570,000	

① **환산후시산표 엑셀 파일**의 **out_환산후시산표_0 sheet**에서 **상기 음영 부분**을 복사한다. **복사시 M, N, X, Y 칼럼을 각각 따로 복사한다.**

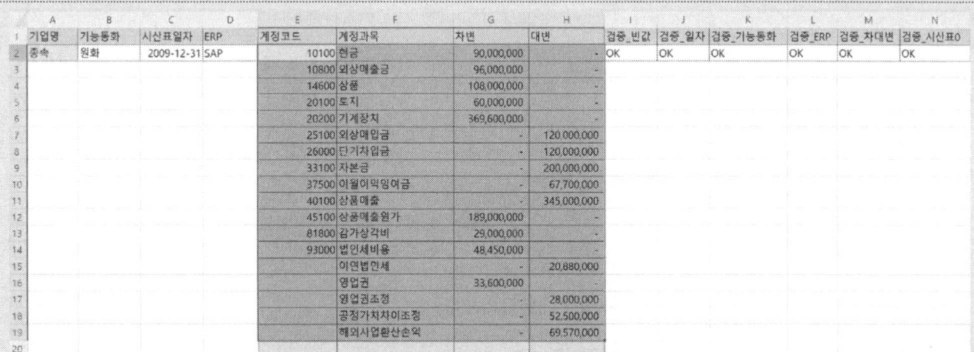

기업명	기능통화	시산표일자	ERP	계정코드	계정과목	차변	대변	검증_빈값	검증_일자	검증_기능통화	검증_ERP	검증_차대변	검증_시산표0
종속	원화	2009-12-31	SAP	10100	현금	90,000,000	-	OK	OK	OK	OK	OK	OK
				10800	외상매출금	96,000,000	-						
				14600	상품	108,000,000	-						
				20100	토지	60,000,000	-						
				20200	기계장치	369,600,000	-						
				25100	외상매입금	-	120,000,000						
				26000	단기차입금	-	120,000,000						
				33100	자본금	-	200,000,000						
				37500	이월이익잉여금	-	67,700,000						
				40100	상품매출	-	345,000,000						
				45100	상품매출원가	189,000,000	-						
				81800	감가상각비	29,000,000	-						
				93000	법인세비용	48,450,000	-						
					이연법인세	-	20,880,000						
					영업권	33,600,000	-						
					영업권조정	-	28,000,000						
					공정가치차이조정	-	52,500,000						
					해외사업환산손익	-	69,570,000						

② 복사한 부분을 원화시산표_2의 상기 영역에 칼럼명에 맞추어 붙여넣기 한다. 붙여넣기 할 때 **값복사**로 붙여 넣는다.

주의 원화시산표 작성을 완료하면 환산후시산표와 원화시산표 엑셀 파일을 모두 종료하여야 한다.

(7) [Fraudit-ExCon] 실행

1) Main sheet

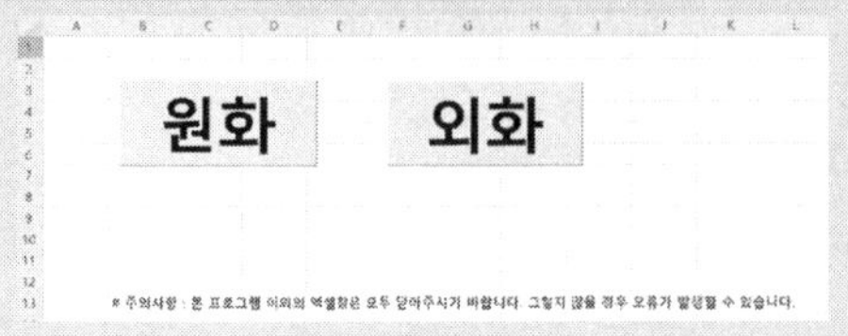

① 원화버튼을 누른다. 원화버튼을 누르면 원화시산표의 정보를 불러와서 연결후 시산표를 작성하는 작업이 자동으로 실행된다.

주의 주의사항에 있는대로 Fraudit-ExCon 이외의 엑셀창은 모두 닫아주어야 한다(즉 다른 엑셀창이 있으면 그 엑셀창은 모두 종료하여야 한다). 그렇지 않으면 에러가 발생한다.

주의 원화 버튼을 누른 후 에러메시지가 뜨면 해당 에러 원인을 기초정보.xlsx, 원화시산표.xlsx에서 적절하게 수정한 후 다시 누른다.

2) out_연결분개_투자자본_0 sheet

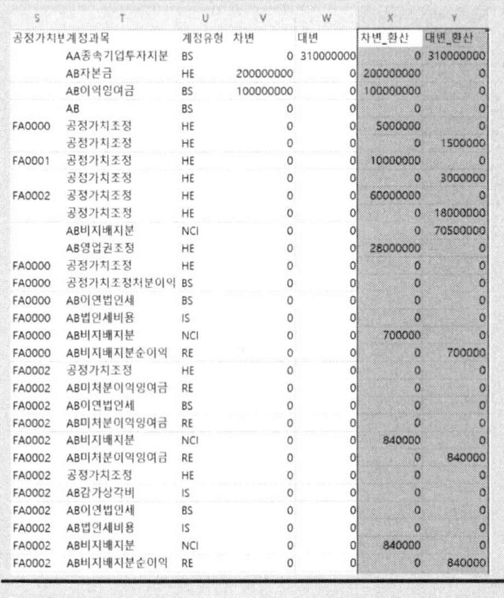

공정가치번	계정과목	계정유형	차변	대변	차변_환산	대변_환산
	AA종속기업투자지분	BS	0	310000000	0	310000000
	AB자본금	HE	200000000	0	200000000	0
	AB이익잉여금	BS	100000000	0	100000000	0
	AB	BS	0	0	0	0
FA0000	공정가치조정	HE	0	0	5000000	0
	공정가치조정	HE	0	0	0	1500000
FA0001	공정가치조정	HE	0	0	10000000	0
	공정가치조정	HE	0	0	0	3000000
FA0002	공정가치조정	HE	0	0	60000000	0
	공정가치조정	HE	0	0	0	18000000
	AB비지배지분	NCI	0	0	0	70500000
	AB영업권조정	HE	0	0	28000000	0
FA0000	공정가치조정	HE	0	0	0	0
FA0000	공정가치조정처분이익	BS	0	0	0	0
FA0000	AB이연법인세	BS	0	0	0	0
FA0000	AB법인세비용	IS	0	0	0	0
FA0000	AB비지배지분	NCI	0	0	700000	0
FA0000	AB비지배지분순이익	RE	0	0	0	700000
FA0002	공정가치조정	HE	0	0	0	0
FA0002	AB미처분이익잉여금	RE	0	0	0	0
FA0002	AB이연법인세	BS	0	0	0	0
FA0002	AB미처분이익잉여금	RE	0	0	0	0
FA0002	AB비지배지분	NCI	0	0	840000	0
FA0002	AB미처분이익잉여금	RE	0	0	0	840000
FA0002	공정가치조정	HE	0	0	0	0
FA0002	AB감가상각비	IS	0	0	0	0
FA0002	AB이연법인세	BS	0	0	0	0
FA0002	AB법인세비용	IS	0	0	0	0
FA0002	AB비지배지분	NCI	0	0	840000	0
FA0002	AB비지배지분순이익	RE	0	0	0	840000

① 연결분개 중 지배와 종속의 투자와 자본 상계제거 분개 부분에 해당한다. 검증 목적으로 차변, 대변 칼럼의 금액과 계정과목을 확인하면 된다(분개에 대한 상세 설명은 본문에서 확인하기 바람)..

주의 여기서는 차변_환산 칼럼과 대변_환산 칼럼에 결과가 나온다.

3) out_연결분개_내부거래_0 sheet

V	W	X	Y
계정과목_1	계정유형	차변	대변
AB상품매출	IS	21000000	0
AB상품매출원가	IS	0	21000000
AB상품	BS	0	5250000
AB상품매출원가	IS	5250000	0
AB이연법인세	BS	1050000	0
AB법인세비용	IS	0	1050000
AB비지배지분	NCI	840000	0
AB비지배지분순이익	RE	0	840000

① 내부거래번호 AB001에 대한 연결분개 내부거래제거 부분에 해당한다(분개에 대한 상세 설명은 본문에서 확인하기 바람).

4) out_연결분개_기타_0, 1, 2, 3, 4 sheet

	A	B	C	D	E	F	G	H	I	J	K	L	M	N
1	기업명	약식명칭	기간	계정명	금액	지배지분세율	마지막기업_비지배지분세율	명목지배지분율	최종_실질비지배지분율	외화환산	계정과목	계정유형	차변	대변
2	종속	AB	2008-12-31	당기순이익	44,000,000	20.00%	30.00%	80.00%	20.00%		비지배지분	NCI	0	8,800,000
3											미처분이익잉여금	RE	8,800,000	0

① **[out_연결분개_기타_0]** 종속의 2008년 당기순이익에 대한 비지배지분 연결분개 부분에 해당한다(분개에 대한 상세 설명은 본문에서 확인하기 바람).

	A	B	C	D	E	F	G	H	I	J	K	L	M	N
1	기업명	약식명칭	기간	계정명	금액	지배지분세율	마지막기업_비지배지분세율	명목지배지분율	최종_실질비지배지분율	외화환산	계정과목	계정유형	차변	대변
2	종속	AB	2008-12-31	배당	32,100,000	20.00%	30.00%	80.00%	20.00%		미처분이익잉여금	RE	0	32,100,000
3											미처분이익잉여금	RE	25,680,000	0
4											비지배지분	NCI	6,420,000	0

② **[out_연결분개_기타_1]** 종속의 2008년 배당에 대한 비지배지분 연결분개 부분에 해당한다(분개에 대한 상세 설명은 본문에서 확인하기 바람).

	A	B	C	D	E	F	G	H	I	J	K	L	M	N
1	기업명	약식명칭	기간	계정명	금액	지배지분세율	마지막기업_비지배지분세율	명목지배지분율	최종_실질비지배지분율	외화환산	계정과목	계정유형	차변	대변
2	종속	AB	2009-12-31	당기순이익	86,250,000	20.00%	30.00%	80.00%	20.00%		비지배지분	NCI	0	17,250,000
3											비지배지분순이익	RE	17,250,000	0

③ **[out_연결분개_기타_2]** 종속의 2009년 당기순이익에 대한 비지배지분 연결분개 부분에 해당한다(분개에 대한 상세 설명은 본문에서 확인하기 바람).

	A	B	C	D	E	F	G	H	I	J	K	L	M	N
1	기업명	약식명칭	기간	계정명	금액	지배지분세율	마지막기업_비지배지분세율	명목지배지분율	최종_실질비지배지분율	외화환산	계정과목	계정유형	차변	대변
2	종속	AB	2009-12-31	배당	40,000,000	20.00%	30.00%	80.00%	20.00%		미처분이익잉여금	RE	0	40,000,000
3											배당금수익	BS	32,000,000	0
4											비지배지분	NCI	8,000,000	0

④ **[out_연결분개_기타_3]** 종속의 2009년 배당에 대한 비지배지분 연결분개 부분에 해당한다(분개에 대한 상세 설명은 본문에서 확인하기 바람).

	A	B	C	D	E	F	G	H	I	J	K	L	M	N
1	기업명	약식명칭	기간	계정명	금액	지배지분세율	마지막기업_비지배지분세율	명목지배지분율	최종_실질비지배지분율	외화환산	계정과목	계정유형	차변	대변
2	종속	AB	2009-12-31	해외사업환산손익	63,970,000	20.00%	30.00%	80.00%	20.00%		비지배지분	NCI	0	12,794,000
3											해외사업환산손익	OCI	12,794,000	0

⑤ **[out_연결분개_기타_4]** 종속의 2009년 해외사업환산손익에 대한 비지배지분 연결분개 부분에 해당한다(분개에 대한 상세 설명은 본문에서 확인하기 바람).

5) out_연결분개_이연법인세_0, 1, 2, 3, 4 sheet

기업명	약식명칭	기간	계정명	금액	지배지분세율	마지막기업_비지배지분세율	명목지배지분율	최종_실질비지배지분율	외화환산	계정과목	계정유형	차변	대변
종속	AB	2008-12-31	당기순이익	44,000,000	20.00%	30.00%	80.00%	20.00%		이연법인세	BS	0	9,680,000
										미처분이익잉여금	RE	9,680,000	0
										비지배지분	NCI	2,640,000	0
										미처분이익잉여금	RE	0	2,640,000

① **[out_연결분개_이연법인세_0]** 종속의 2008년 당기순이익에 대한 투자지분 이연법인세 연결분개 부분에 해당한다(분개에 대한 상세 설명은 본문에서 확인하기 바람).

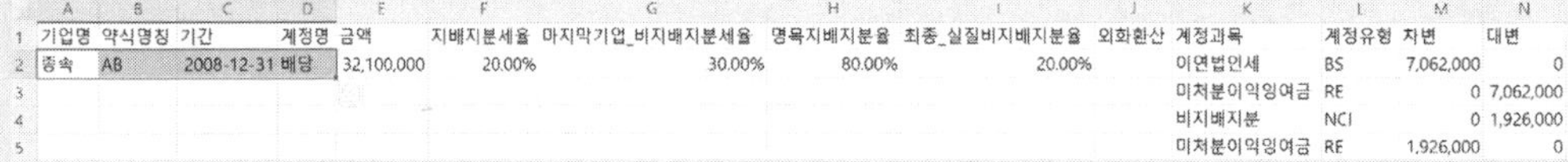

기업명	약식명칭	기간	계정명	금액	지배지분세율	마지막기업_비지배지분세율	명목지배지분율	최종_실질비지배지분율	외화환산	계정과목	계정유형	차변	대변
종속	AB	2008-12-31	배당	32,100,000	20.00%	30.00%	80.00%	20.00%		이연법인세	BS	7,062,000	0
										미처분이익잉여금	RE	0	7,062,000
										비지배지분	NCI	0	1,926,000
										미처분이익잉여금	RE	1,926,000	0

② **[out_연결분개_이연법인세_1]** 종속의 2008년 배당에 대한 투자지분 이연법인세 연결분개 부분에 해당한다(분개에 대한 상세 설명은 본문에서 확인하기 바람).

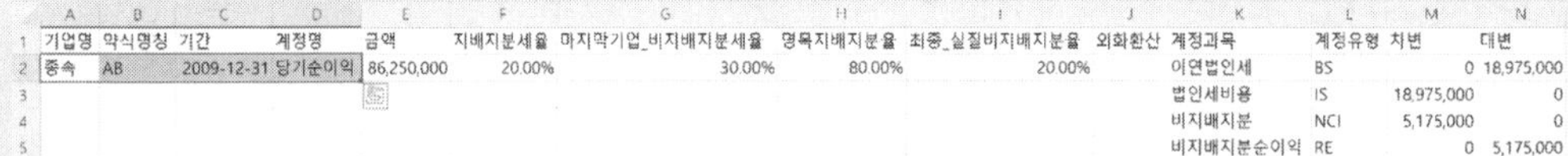

기업명	약식명칭	기간	계정명	금액	지배지분세율	마지막기업_비지배지분세율	명목지배지분율	최종_실질비지배지분율	외화환산	계정과목	계정유형	차변	대변
종속	AB	2009-12-31	당기순이익	86,250,000	20.00%	30.00%	80.00%	20.00%		이연법인세	BS	0	18,975,000
										법인세비용	IS	18,975,000	0
										비지배지분	NCI	5,175,000	0
										비지배지분순이익	RE	0	5,175,000

③ **[out_연결분개_이연법인세_2]** 종속의 2009년 당기순이익에 대한 투자지분 이연법인세 연결분개 부분에 해당한다(분개에 대한 상세 설명은 본문에서 확인하기 바람).

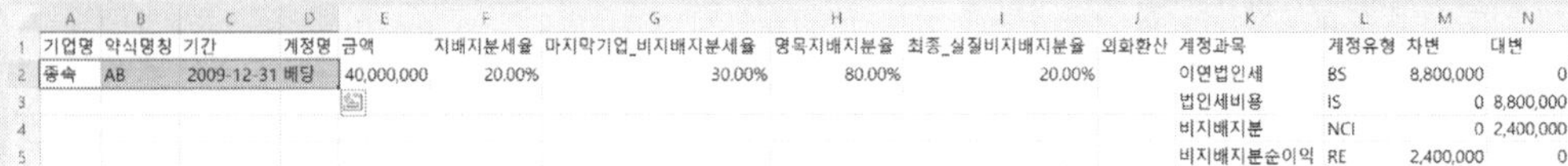

기업명	약식명칭	기간	계정명	금액	지배지분세율	마지막기업_비지배지분세율	명목지배지분율	최종_실질비지배지분율	외화환산	계정과목	계정유형	차변	대변
종속	AB	2009-12-31	배당	40,000,000	20.00%	30.00%	80.00%	20.00%		이연법인세	BS	8,800,000	0
										법인세비용	IS	0	8,800,000
										비지배지분	NCI	0	2,400,000
										비지배지분순이익	RE	2,400,000	0

④ **[out_연결분개_이연법인세_3]** 종속의 2009년 배당에 대한 투자지분 이연법인세 연결분개 부분에 해당한다(분개에 대한 상세 설명은 본문에서 확인하기 바람).

기업명	약식명칭	기간	계정명	금액	지배지분세율	마지막기업_비지배지분세율	명목지배지분율	최종_실질비지배지분율	외화환산	계정과목	계정유형	차변	대변
종속	AB	2009-12-31	해외사업환산손익	63,970,000	20.00%	30.00%	80.00%	20.00%		이연법인세	BS	0	14,073,400
										해외사업환산손익	OCI	14,073,400	0
										비지배지분	NCI	3,838,200	0
										해외사업환산손익	OCI	0	3,838,200

⑤ **[out_연결분개_이연법인세_4]** 종속의 2009년 해외사업환산손익에 대한 투자지분 이연법인세 연결분개 부분에 해당한다(분개에 대한 상세 설명은 본문에서 확인하기 바람).

6) tmp_연결분개_통합 sheet

계정과목	매핑계정과목	신설필요_계정과목	후보_매핑계정과목_1	후보_매핑계정과목_2	차변잔액	대변잔액	확인
AA종속기업투자지분	AA종속기업투자지분		AA종속기업투자지분		0	310,000,000	
AB미처분이익잉여금	AA미처분이익잉여금		AA미처분이익잉여금		0	840,000	
AB비지배지분	비지배지분		비지배지분순이익	비지배지분	0	68,120,000	
AB비지배지분순이익	비지배지분순이익		비지배지분순이익		0	1,540,000	
AB영업권조정	영업권조정		영업권조정	영업권조정	28,000,000	0	
AB이익잉여금	AB이월이익잉여금		AB이월이익잉여금		100,000,000	0	
AB자본금	AB자본금		AB자본금		200,000,000	0	
공정가치조정	공정가치조정		공정가치조정	공정가치차이조정	52,500,000	0	
미처분이익잉여금	AA미처분이익잉여금		AA미처분이익잉여금	AB이월이익잉여금	0	35,716,000	
배당금수익	AA배당금수익		AA배당금수익		32,000,000	0	
법인세비용	AA법인세비용		AA법인세비용	AB법인세비용	10,175,000	0	
비지배지분	비지배지분		비지배지분	비지배지분순이익	0	17,096,800	
비지배지분순이익	비지배지분순이익		비지배지분순이익	비지배지분	14,475,000	0	
이연법인세	이연법인세		이연법인세	이연법인세	0	26,866,400	
해외사업환산손익	해외사업환산손익		해외사업환산손익		23,029,200	0	

① tmp_연결분개_통합_ sheet는 원화시산표상 사용하는 계정과목을 Fraudit- ExCon상 사용하는 계정과목에 매핑해주는 sheet이다.
② 매핑계정과목은 원화시산표에서 사용하는 계정과목 중 계정과목과 성격이 일치하는 항목을 매핑하는 계정과목이다. 이 매핑계정과목이 빈칸이라면 드롭다운 리스트에서 적절한 계정과목을 선택하여 매핑하여야 한다.
③ 후보_매핑계정과목_1과 2는 매핑계정과목 중 가장 유사할 것을 Fraudit-ExCon에서 자동으로 추천해주는 계정과목이다. 매핑 알고리즘은 Fuzzy 매칭이므로 주로 한글의 유사도로 추천해주는 방식이다. 여기서는 매핑계정과목이 빈 칸이 없으며 모두 적절하게 매핑이 되었으므로 확인 버튼을 누른다.

7) out_최종연결정산표 sheet

계정과목	차변잔액	대변잔액	정렬
감가상각누계액	0	40,000,000	
감가상각비	69,000,000	0	
공정가치조정	52,500,000	0	
공정가치차이조정	0	52,500,000	
기계장치	569,600,000	0	
단기차입금	0	120,000,000	
미처분이익잉여금	0	156,556,000	
법인세비용	88,625,000	0	
비지배지분	0	85,216,800	
비지배지분순이익	12,935,000	0	
상품	228,000,000	0	
상품매출	0	623,000,000	
상품매출원가	375,000,000	0	
영업권	33,600,000	0	
외상매입금	0	720,000,000	
외상매출금	516,000,000	0	
이연법인세	0	47,746,400	
이연법인세부채	0	100,000,000	
이월이익잉여금	32,300,000	0	
자본금	0	100,000,000	
잡비	30,000,000	0	
주식발행초과금	0	110,000,000	
토지	60,000,000	0	
해외사업환산손익	0	46,540,800	
현금	134,000,000	0	

계정코드	계정과목	차변잔액	대변잔액	정렬
10100	현금	134,000,000	0	
10800	외상매출금	516,000,000	0	
14600	상품	228,000,000	0	
20100	토지	60,000,000	0	
20600	기계장치	569,600,000	0	
20700	감가상각누계액	0	40,000,000	
25100	외상매입금	0	720,000,000	
26000	단기차입금	0	120,000,000	
31000	이연법인세부채	0	100,000,000	
33100	자본금	0	100,000,000	
34100	주식발행초과금	0	110,000,000	
37500	이월이익잉여금	32,300,000	0	
37700	미처분이익잉여금	0	156,556,000	
40100	상품매출	0	623,000,000	
45100	상품매출원가	375,000,000	0	
81800	감가상각비	69,000,000	0	
84800	잡비	30,000,000	0	
99800	법인세비용	88,625,000	0	
공정가치조정	공정가치조정	52,500,000	0	
공정가치차이조정	공정가치차이조정	0	52,500,000	
비지배지분	비지배지분	0	85,216,800	
비지배지분순이익	비지배지분순이익	12,935,000	0	
영업권	영업권	33,600,000	0	
이연법인세	이연법인세	0	47,746,400	
해외사업환산손익	해외사업환산손익	0	46,540,800	

① 계정과목이 한글로 오름차순으로 되어 있다.
② 정렬 버튼을 누른다.

③ 계정코드별로 오름차순되며, 계정코드가 없이 새롭게 삽입된 계정과목은 맨 아래에 위치하고 그러한 계정과목은 계정과목으로(한글순으로) 오름차순으로 정렬이 된다.

Fraudit-ExCon 내 것으로 만들기

Fraudit-ExCon 프로그램 설치방법

1. 개인 PC에 MS Excel이 설치되어 있어야 한다. MS Excel은 32bit, 64bit 모두 가능하며 2010, 2013, 2016, 2019 버전 모두 사용가능하다.
2. 라온비트 홈페이지(https://www.fraudit.io/main.do)에 접속한다.
3. Fraudit-ExCon을 다운로드 받는다.
4. Fraudit-ExCon은 Excel 파일을 exe로 변환한 파일이다.

Fraudit-ExCon 프로그램 개요

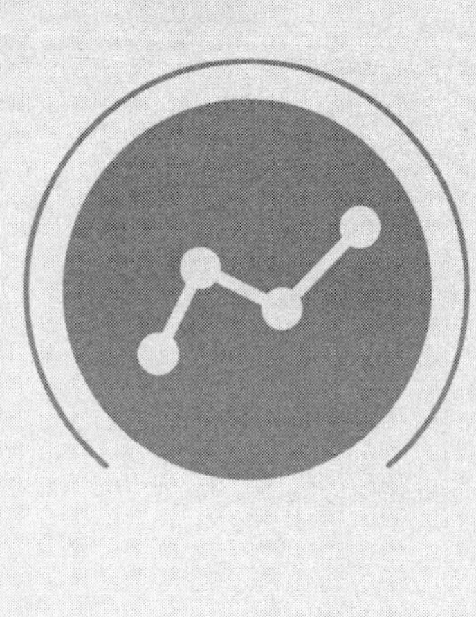

제1절 Fraudit-ExCon 실행

01 Fraudit-ExCon 프로그램 설치방법

(1) 윈도우 7이상의 운영체제 : 32bit, 64bit 모두 가능

(2) MS Excel : 2010버전 이상의 버전으로 32bit, 64bit 용 모두 가능

(3) 라온비트 홈페이지(https://www.fraudit.io/main.do)에 접속한다.

(4) Fraudit-ExCon을 다운로드 받아서 설치한다.

02 Fraudit-ExCon 프로그램 폴더 저장방법

Fraudit-ExCon을 설치할 때 경로를 별도로 설정하지 않으면 다음과 같이 C 드라이브 FrauditExCon 폴더에 FrauditExCon이 설치된다.

FrauditExCon 폴더 안을 살펴보면 다음과 같이 기초정보, 외화시산표, 원화시산표 엑셀 파일이 3개 들어가 있다. 이 3개의 파일명은 반드시 기초정보, 외화시산표, 원화시산표로 하여야 하며 Fraudit_ExCon.exe 파일과 함께 이 폴더 안에 모두 있어야 한다.

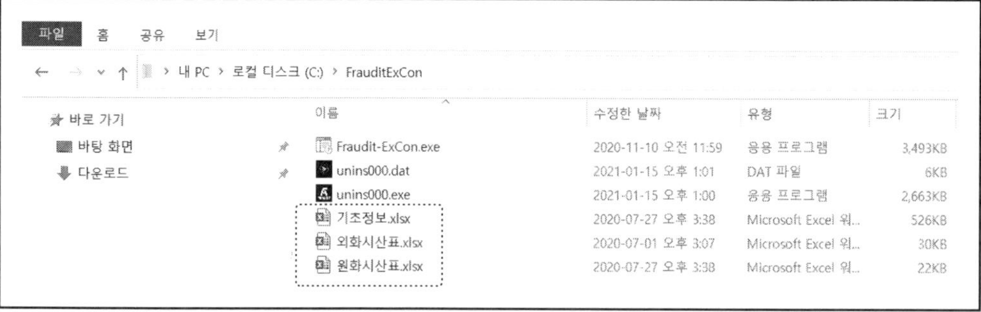
파일
홈
공유
보기
내 PC > 로컬 디스크 (C:) > FrauditExCon
바로 가기
바탕 화면
다운로드
이름
수정한 날짜
유형
크기
Fraudit-ExCon.exe
2020-11-10 오전 11:59
응용 프로그램
3,493KB
unins000.dat
2021-01-15 오후 1:01
DAT 파일
6KB
unins000.exe
2021-01-15 오후 1:00
응용 프로그램
2,663KB
기조정보.xlsx
2020-07-27 오후 3:38
Microsoft Excel 워...
526KB
외화시산표.xlsx
2020-07-01 오후 3:07
Microsoft Excel 워...
30KB
원화시산표.xlsx
2020-07-27 오후 3:38
Microsoft Excel 워...
22KB

제2절 Fraudit-ExCon 프로그램 개요

01 연결대상회사의 기초정보 작성

Fraudit-ExCon을 사용하기 위해서는 먼저 모든 연결대상회사의 기초정보를 입력하여야 한다. [기초정보.xlsx] 템플렛의 sheet와 주요 내용은 다음과 같다.

sheet명	주요내용	자료입력	검증
총괄검증	■ 총괄검증 행에서 OK가 아닌 에러 표시가 나오는 경우를 해결하지 않으면 Fraudit-ExCon.exe를 실행시 에러 표시가 나온다.	X	
보고기간	■ 보고기간초 cell(C2)와 보고기간말 cell(C3)에 일자를 입력한다. 주의 일자는 XXXX(년)-XX(월)-XX(일) 형식으로 입력한다.	O (노란색 부분만 입력)	보고기간말과 보고기간초의 차이가 1년을 초과하는 경우 경고 메시지
기업목록	■ 기업의 기본정보를 입력한다. • 기업명 입력 주의 기업수는 50개로 제한이 있다. • 기능통화 선택(원화, USD, 유로화, 엔화, 위안화, 베트남화, 싱가폴달러 중 선택) • 표시통화 입력(원화, USD, 유로화, 엔화, 위안화, 베트남화, 싱가폴달러 중 선택) • 세율 입력 • 이연법인세계산 선택(예, 아니오 중 선택)	O (노란색 부분만 입력)	검증 칼럼에 OK가 아닌 항목이 뜨는 경우 총괄검증 sheet에서 에러 표시
지분구조	■ 지배 · 종속관계(1대1)에 대한 기본정보를 입력한다. • 지배기업명 입력 • 종속기업명 입력 • 취득차수(최초취득의 경우 1을 입력하고 그후 추가 취득처분은 해당 차수를 입력함) • 최초취득일 입력 • 간주취득일 입력(예 : 최초취득일에 가장 근접한 재무제표 결산일 • 외화취득원가 입력 • 통화(외화취득원가인 경우 해당 통화 입력하고 원화취득원가인 경우 원화 선택)	O (노란색 부분만 입력)	검증 칼럼에 OK가 아닌 항목이 뜨는 경우 총괄검증 sheet에서 에러 표시

sheet명	주요내용	자료입력	검증
	• 환율입력(외화취득원가인 경우 환율 입력) • 취득원가 입력(원화 취득원가) • 균등유상증자_취득원가 입력 • 불균등유상증자_취득원가 입력 • 지분율 입력(단위 : %) 주의 취득차수는 동일한 일대일 지배.종속관계에서 최대 10차까지 입력할 수 있다.		
취득시자본구조_공정가치차이	■ 최초취득시 종속기업의 자본계정 및 공정가치차이를 입력한다. • 최초취득시 종속기업의 『자본계정명_1』 입력(K열) • 최초취득시 종속기업의 『자본금액_1_외화』 입력(외화인 경우)(L열) • 최초취득시 종속기업의 『자본금액_1』 입력 (외화를 원화로 환산하거나 원화인 경우)(M열) • 최초취득시 종속기업의 『공정가치차이계정명』 입력(N열) • 최초취득시 종속기업의 『외화_공정가치차이금액』 입력(O열) • 최초취득시 종속기업의 『공정가치차이금액』 입력(P열) • 최초취득시 종속기업의 『공정가치차이계정』 중에서 상각여부 선택(상각, 비상각 중 선택)(Q열) • 최초취득시 종속기업의 『공정가치차이계정』 중에서 상각 선택시 『잔존내용연수_월』 입력(월로 입력)(R열) • 최초취득시 종속기업의 『공정가치차이계정』 중에서 상각 선택시 『잔존가치』 입력(S열) • 『공정가치차이계정』 중 『외부판매일_1차』 일자 입력(T열) • 『공정가치차이계정』 중 『외부판매비율_1차』 % 입력(U열) • 『공정가치차이계정』 중 『외부판매일_2차』 ~ 『외부판매일_10차』 일자 입력(V열~AL열) • 『공정가치차이계정』 중 『외부판매비율_2차』 ~ 『외부판매비율_10차』 % 입력(W열~AM열)	O (노란색 부분만 입력)	검증 칼럼에 OK가 아닌 항목이 뜨는 경우 총괄검증 sheet에서 에러 표시
	■ 추가취득시 종속기업의 자본계정명과 자본금액을 입력한다. • 추가취득시 종속기업의 『자본계정명_2』 입력(AQ열) • 추가취득시 종속기업의 『자본금액_2』 입력(외화인 경우)(AR열) • 추가취득시 종속기업의 『자본금액_2』 와 『자본금액_1』 의 차이 중 『균등유상증자차이금액_2』 입력(AT열) • 추가취득시 종속기업의 『자본금액_2』 와 『자본금액_1』 의 차이 중 『불균등유상증자차이금액_2』 입력(AT열) • AY열~DG열까지 해당사항 있는 경우 입력	O (노란색 부분만 입력)	검증 칼럼에 OK가 아닌 항목이 뜨는 경우 총괄검증 sheet에서 에러 표시
재무정보	■ 종속기업 자본의 누적 증감액을 입력한다. • 종속기업의 과거 및 당기 배당 입력 • 종속기업의 과거 및 당기순이익 입력	O (노란색 부분만	검증 칼럼에 OK가 아닌 항목이 뜨는

sheet명	주요내용	자료입력	검증
	• 종속기업의 과거 및 당기 기타포괄손익 증감액 입력 • 종속기업의 과거 및 당기 해외사업환산손익 증감액 입력	입력)	경우 총괄검증 sheet에서 에러 표시
내부거래현황	■ 내부거래 기본정보를 입력한다. • 판매회사명 입력 • 매입회사명 입력 • 내부거래 대상 계정과목 입력(예: 상품) • 내부거래 대상 항목의 상각여부 입력 • 내부거래번호 입력(예: AB001) • 내부거래 대상의 적용 통화 선택 • 내부거래일 입력 • 환율 입력 • 내부거래시 장부금액_원화 입력(원화로 환산한 금액) • 내부거래 대상 항목의 잔존내용연수_월 입력(월할 계산) • 내부거래 대상 항목의 잔존가치 • 내부거래 대상 항목의 『외부판매일_1차』 일자 입력 • 내부거래 대상 항목의 『외부판매비율_1차』 % 입력 • 내부거래 대상 항목의 『외부판매일_2차~10차』 일자 입력 • 내부거래 대상 항목의 『외부판매비율_2차~10차』 % 입력	O (노란색 부분만 입력)	검증 칼럼에 OK가 아닌 항목이 뜨는 경우 총괄검증 sheet에서 에러 표시

02 [외화시산표.xlsx] 개요

[기초정보.xlsx]를 입력한 후에 **기능통화가 외화인 종속법인이 있는 경우 [외화시산표.xlsx]**를 작성하여야 한다. **[외화시산표.xlsx]**의 sheet와 주요 내용은 다음과 같다.

sheet명	주요내용	자료입력	검증
총괄검증	■ 총괄검증 행에서 OK가 아닌 에러 표시가 나오는 경우를 해결하지 않으면 **Fraudit-ExCon.exe**를 실행시 에러 표시가 나온다. **주의** 외화시산표 대상 기업이 복수인 경우 R열~U열을 복사하여 그 옆에 칼럼에 붙인다음 시트명을 적절하게 수정한다.	X	
보고기간	■ 보고기간초 cell(B2)와 보고기간말 cell(B3)에 일자를 입력한다. **주의** 기초정보의 보고기간초, 보고기간말과 동일하여야 한다.	O (노란색 부분만 입력)	
환산기업목록	■ 환산대상기업의 기본정보를 입력한다. • 환산종속기업명 입력 **주의** 기업수는 50개로 제한이 있다. • 시산표일자 입력 • 기능통화 선택(원화, USD, 유로화, 엔화, 위안화, 베트남화, 싱가폴달러 중 선택) • 환산종속기업의 ERP 종류 선택 • 최초취득일 입력	O (노란색 부분만 입력)	검증 칼럼에 OK가 아닌 항목이 뜨는 경우 총괄검증 sheet에서 에러 표시
ERP별_COA	■ ERP 벤더별 계정코드, 계정과목, 분류 등을 입력한다. • ERP 선택(SAP, 오라클, QuickBook, MS, Xeon, 더존, 기타 중 선택) • ERP 벤더별 계정코드 입력 • ERP 벤더별 계정과목 입력 • ERP 벤더별 해당 계정과목의 상위계정분류 선택(자산, 부채, 자본, 수익, 비용, 이익잉여금, 영업권조정, 공정가치조정 선택) • 환율유형 선택(최초취득, 기말, 평균, 배당, 발생 중 선택)	O (노란색 부분만 입력)	검증 칼럼에 OK가 아닌 항목이 뜨는 경우 총괄검증 sheet에서 에러 표시
환율총괄	■ 환율정보를 입력한다. • 기능통화 선택(USD, 유로화, 엔화, 위안화, 베트남화, 싱가폴달러 중 선택) • 환율이 적용될 일자 입력 • 환율입력 • 환율유형 선택(최초취득, 기말, 평균, 배당, 발생 중 선택)	O (노란색 부분만 입력)	검증 칼럼에 OK가 아닌 항목이 뜨는 경우 총괄검증

sheet명	주요내용	자료입력	검증
			sheet에서 에러 표시
자본환산	■ 자본에 대한 환산을 별도로 처리한다. • 기업명 칼럼에 해당 환산대상법인을 입력 • 일자에는 환율이 적용될 일자를 입력 • 변동유형 칼럼에서 변동유형 선택(최초취득, 과거순이익, 과거배당, 당기순이익, 당기배당 중 선택) • 계정과목_자본 입력(예: 자본금, 이월이익잉여금 등) • 계정과목_자본_외화_변동 칼럼 입력(외화 변동금액 입력)	O (노란색 부분만 입력)	검증 칼럼에 OK가 아닌 항목이 뜨는 경우 총괄검증 sheet에서 에러 표시
외화시산표_1	■ 환산대상기업의 외화시산표 입력 • 기업명 칼럼에 해당 환산대상법인을 입력 • 평균일자는 손익계산서 항목에 적용될 환율이 적용될 일자 입력(환율총괄 sheet에서 refer 받음) • 계정코드는 ERP 벤더별 계정코드 입력 • 계정과목은 ERP 벤더별 계정과목 입력 • 차변_환산전 칼럼은 환산전 외화기준 차변금액 입력 • 대변_환산전 칼럼은 환산전 외화기준 대변금액 입력	O (노란색 부분만 입력)	검증 칼럼에 OK가 아닌 항목이 뜨는 경우 총괄검증 sheet에서 에러 표시
추가 외화시산표	■ 환산대상기업이 추가되는 경우 • 외화시산표_2,3,4... 식으로 외화시산표_1을 copy & paste하여 만들고 외화시산표_1처럼 작성한다.	O (노란색 부분만 입력)	검증 칼럼에 OK가 아닌 항목이 뜨는 경우 총괄검증 sheet에서 에러 표시

03 [원화시산표.xlsx] 개요

[기초정보.xlsx]와 [외화시산표.xlsx]를 작성한 후 **[원화시산표.xlsx]**를 작성하여야 한다. **[원화시산표.xlsx]**의 sheet와 주요 내용은 다음과 같다.

sheet명	주요내용	자료입력	검증
총괄검증	■ 총괄검증 행에서 OK가 아닌 에러 표시가 나오는 경우를 해결하지 않으면 Fraudit-ExCon.exe를 실행시 에러 표시가 나온다. 주의 원화시산표 대상 기업이 3개 이상인 경우 F열~I열을 복사하여 오른쪽 끝에 붙인다음 시트명을 적절하게 수정한다.	X	검증 칼럼에 OK가 아닌 항목이 뜨는 경우 총괄검증 sheet에서 에러 표시
보고기간	■ 보고기간초 cell(B2)와 보고기간말 cell(B3)에 일자를 입력한다. 주의 기초정보의 보고기간초, 보고기간말과 동일하여야 한다.	O (노란색 부분만 입력)	
기업목록	■ 연결대상기업의 기본정보를 입력한다. • 기업명 입력(연결대상기업명 모두 입력) 주의 기업수는 50개로 제한이 있다. • 표시통화 선택(원화, USD, 유로화, 엔화, 위안화, 베트남화, 싱가폴달러 중 선택) • 연결대상기업의 ERP 종류 선택	O (노란색 부분만 입력)	검증 칼럼에 OK가 아닌 항목이 뜨는 경우 총괄검증 sheet에서 에러 표시
원화시산표_1	■ 연결대상기업의 원화시산표 입력 • 기업명 칼럼에 연결대상법인을 입력 • 계정코드는 ERP 벤더별 계정코드 입력 • 계정과목은 ERP 벤더별 계정과목 입력 • 차변 칼럼은 원화기준 차변금액 입력 • 대변 칼럼은 원화기준 대변금액 입력	O (노란색 부분만 입력)	검증 칼럼에 OK가 아닌 항목이 뜨는 경우 총괄검증 sheet에서 에러 표시
원화시산표_2	■ 연결대상기업의 원화시산표 입력 • 기업명 칼럼에 연결대상법인을 입력 • 계정코드는 ERP 벤더별 계정코드 입력 • 계정과목은 ERP 벤더별 계정과목 입력 • 차변 칼럼은 원화기준 차변금액 입력	O (노란색 부분만 입력)	검증 칼럼에 OK가 아닌 항목이

sheet명	주요내용	자료입력	검증
	• 대변 칼럼은 원화기준 대변금액 입력		뜨는 경우 총괄검증 sheet에서 에러 표시
추가 원화시산표	■ 연결대상 기업이 3개 이상인 경우 • 원화시산표_3,4... 식으로 원화시산표_1을 copy & paste 하여 만들고 원화시산표_1, 2처럼 작성한다.	O (노란색 부분만 입력)	검증 칼럼에 OK가 아닌 항목이 뜨는 경우 총괄검증 sheet에서 에러 표시

저자 소개 - 김 태식	
· 저자 약력 • 서울대학교 경영학과 졸업 • 서울대학교 대학원 경영학과 졸업 • 동국대학교 박사 수료(회계학) • 공인회계사/세무사 • (전) 삼일회계법인 근무 • (전) 한국회계기준원 근무 • (전) K-IFRS 질의회신 연석회의 위원 • (현) 한국공인회계사회 수석조사역 • (현) 한국공인회계사회 정보화전략본부장	**· 주요 저서** • 재무빅데이터분석사 제2급 (와이북스, 2020) • R과 파이썬을 활용한 회계프로그래밍 (와이북스, 2017) • K-IFRS 금융상품과 수익인식회계 (와이북스, 2018) • K-IFRS 연결재무제표 작성실무 (와이북스, 2016) • 국제회계기준해설 (삼일인포마인, 2016) • IFRS 적용 매뉴얼 (한국공인회계사회, 2008) • 기업회계기준실무해설 (한국공인회계사회, 2009) • Simulation, Real Option and IFRS (이레테크, 2009)

연결재무제표 작성실무

지은이와 협의 인지 생략

인 쇄 : 2023년 11월 05일
발 행 : 2023년 11월 10일
저 자 : 김태식
발 행 처 : 도서출판 아진
437-120
경기도 의왕시 이미로 40 (포일동 653번지)
인덕원IT밸리 A동 1019호
TEL:02-737-0663 FAX:02-737-0664
Homepage:ajin.to
E-mail:kgb@ajin.to
발 행 인 : 김 근 배
등록번호 : 제330-1995-56호
I S B N : 978-89-5761-724-3 13320

가격 50,000원